KB158279

이승만과 김구

제3권

손세일 지음

ChosunMedia
조선뉴스프레스

손 세 일 (孫世一)

서울대학교 문리과대학 정치학과를 졸업하고,
미국 인디애나대학교 저널리즘스쿨과 일본 도쿄대학 법학부대학원(국제정치 전공)에서 수학했다.
조선일보사 기자, 동아일보사 신동아 부장과 논설위원, 뿌리깊은나무 편집위원,
(사)서울언론문화클럽 이사장 등 언론인으로 활동하다가
정계에 투신하여 3선 국회의원을 지냈다.

저서로 『이승만과 김구』(1970), 『인권과 민족주의』(1980), 『한국논쟁사(I~V)』(편)(1976) 등이 있고,
역서로 『트루먼 회고록(상, 하)』(1968) 등이 있다.

초판발행   2015년 7월 1일

지은이   손세일
발행   (주)조선뉴스프레스
발행인   김창기
기획편집   배진영
디자인   이민형 한재연 송진원

편집문의   724-6782, 6784
구입문의   724-6796, 6797
등록   제301-2001-037호
등록일자   2001년 1월 9일
주소   서울시 마포구 상암산로 34 DMC 디지털큐브 13층

값 43,000원
ISBN 979-11-5578-370-2 04340

이승만과 김구

제3권

제2부 임시정부를 짊어지고 1919~1945 (I)

손세일 지음

ChosunMedia
조선뉴스프레스

차 례

31장

"이승만 박사는 어디 있소?"

1. 와전된 '대한공화국' 임시정부

1

　3·1운동은 40대 중반에 이른 이승만과 김구의 인생을 완전히 바꾸어놓았다. 이승만은 3·1운동 이후에 국내외에서 선포되거나 논의되던 여러 임시정부에서 정상의 지도자로 추대되고 상해(上海)로 간 김구는 임시의정원(臨時議政院) 의원으로 참여함으로써, 두 사람은 고난의 직업적 독립운동자의 생애를 대한민국 임시정부와 같이했다.

　3월1일 저녁에 상해에 도착한 현순(玄楯)은 먼저 한국에서 알았던 피치(George A. Fitch) 선교사를 찾아갔다. 그의 소개로 선우혁(鮮于爀)을 만나고, 이튿날 신규식(申圭植: 申檉), 이광수(李光洙), 김철(金澈), 여운홍(呂運弘) 등 상해에 있는 독립운동자들을 만났다. 그들은 거의가 신한청년당 당원들이었다. 3월4일자 조간《차이나프레스(The China Press)》에 연합통신(AP) 기사로 3·1운동이 일어났다는 뉴스가 전해지자 현순은 상해에 있는 인사들과 연락하여 그날로 프랑스 조계 보창로(寶昌路) 329호에 임시사무소를 설치했다. 중국과 서양의 보도기관들을 상대로 한 통신관계 업무는 이광수와 여운홍이 맡고, 신규식과 신석우(申錫雨: 申憲民)가 일반사무, 김철과 선우혁이 재무, 그리고 현순 자신은 총무를 맡았다.

　현순이 이처럼 주동적인 역할을 할 수 있었던 것은 서울에서 떠나올 때에 민족대표 33인의 파견원 자격으로 출발하면서 천도교단이 이승훈(李昇薰)을 통하여 기독교계에 일차로 제공한 운동자금 2,000원 가운데서 1,000원을 가지고 왔기 때문이었다. 천도교단의 준비를 총괄하던 최린(崔麟)은 현순이 떠나올 때에 상해의 김철에게 1만원을 운동자금으로 주었으니까 필요한 일에 쓰라는 말도 했다고 한다.[1] 김철은 3·1운동 직전에 본국에 들어가서 천도교단으로부터 3만원을 얻어가지고 와서, 그 돈으로 김규식(金奎植)을 신한청년당 대표로 파리로 보내고, 여운형(呂運亨)을 시베리아로, 선우혁을 국내로, 장덕수(張德秀)를 일본으로 보냈다는 말도 있다.[2]

미주와 하와이의 한인동포들이 국내에서 3·1운동이 일어난 사실을 알게 된 것은 현순이 3월9일에 대한인국민회 중앙총회장 안창호(安昌浩)와 국민회 하와이지방총회장 이종관(李鍾寬) 앞으로 친 전보를 통해서였다.

한인 3백만명 독립단은 예수교회 3천과 천도교회 5천과 각 대학교와 모든 학교들과 및 각 단체들이 일어나 조직한 자라. 독립단은 3월1일 하오 1시에 서울, 평양과 및 그 밖의 각 도시에서 대한독립을 선언하고, 대표자는 손병희(孫秉熙), 이상재(李商在), 길선주(吉善宙) 3씨를 파송하얏소. 리승만 박사는 어디 있소. 회전(回電)하시오.

상해특별대표원 현순[3]

이종관은 이 전보를 받자마자 안창호에게 "오늘 한국 독립선언의 소식을 받으셨습니까. 이번 외교의 전권은 중앙총회장에게 맡기나이다"라고 타전하고,[4] 12일에는 워싱턴의 이승만에게 현순의 전보내용을 알렸다.[5] 3·1운동의 소식은《신한민보(新韓民報)》의 표현대로 재미동포들에게 "마른하늘에 굴러떨어지는 벽력"이었다. 안창호는 각 지역의 동포들

1) David Hyun & Yong Mok Kim ed. Soon Hyun, *My Autobiography*(玄楯自史), Yonsei University Press, 2003, pp.127~128, pp.293~294.
2) 李光洙,「나의 告白」,『李光洙全集(十三)』, 三中堂, 1962, p.231.
3) 《新韓民報》1919년3월13일자,「號外: 大韓獨立宣言」.
4) 《新韓民報》1919년3월13일자,「號外: 하와이총회에서 보낸 전보」.
5) Lee Chongkwan to Syngman Rhee, Mar. 12, 1919, The Institute for Modern Korean Studies ed., *The Syngman Rhee Telegrams*, vol. I., Kukhakcharyowon, 2000, p.31.

에게 전보를 쳤고, 전보를 받은 사람들은 중앙총회로 감격에 넘치는 답전을 쳤다.

필라델피아에서 열릴 대한인 총대표회의[제1차 한인회의]의 준비에 골몰하던 이승만은 서재필(徐載弼)에게 보낸 안창호의 전보와 이종관의 전보를 통하여 3·1운동 소식을 듣고는 샌프란시스코의 국민회 중앙총회로 현순의 해저전신 번호와 새로운 소식이 있으면 알려 달라고 타전했다.[6]

현순이 전보에서 손병희, 이상재, 길선주 세 사람을 대표자로 파송했다는 말은 이들을 파리강화회의에 한국인 대표로 파송했다는 뜻이었다. 이미 구속된 손병희와 길선주는 물론, 민족대표 33인이나 48인에도 포함되지 않는 이상재를 거명한 것은 얼핏 보면 매우 의아스럽다. 그러나 이는 기독교계의 3·1운동 논의과정에 일찍이 독립협회의 자주민권운동을 주도했던 기독교계 원로 이상재가 깊이 관여하고 있었음을 말해 주는 것이어서 매우 주목된다. 현순이 상해로 떠날 때까지는 독립선언서에 서명할 민족대표 명단은 확정하지 않고 있었는데, 임시사무소 멤버들은 독립선언서에 서명할 인사로는 손병희, 박영효(朴泳孝), 이상재, 윤치호(尹致昊) 등이 머리에 들 것으로 알고 있었다.[7] 그러나 이상재는 함태영(咸台永)과 마찬가지로 거사의 뒷수습과, 특히 일본정부와 교섭할 대표로 남기 위하여 서명자 명단에서 빠진 것이었다.[8] 그러한 사정은 여운홍의 회상으로도 짐작할 수 있다. 도쿄에서 거사준비를 하는 유학생들을 만나고 2월16일에 귀국한 여운홍은 친구 박영래(朴榮來)의 집에 머물면서 이상재, 최남선(崔南善), 함태영, 이갑성(李甲成) 등을 만났는데, 그들은 머지않아 전민족적인 궐기로 일본의 통치를 반대하는 독립운동이 전개될 것이라면서 여운홍더러는 속히 국외로 탈출하여 파리로 가라고 했다. 여

6) 《新韓民報》 1919년3월13일자, 「독립선언을 들은 후 각처에서 중앙총회에 보낸 전보」.
7) 李光洙, 앞의 책, p.232.
8) 전택부, 『월남 이상재의 생애와 사상』, 연세대학교출판부, 2001, pp.150~156.

운홍은 국내 정세가 매우 급박함을 깨닫고 선배들이 시키는 대로 2월27일 밤에 남대문역을 출발하여 상해로 갔다.[9]

현순의 전보에서 눈길을 끄는 것은 이승만의 소재를 거듭 찾고 있는 점이다. 그는 15일에 다시 국민회 중앙총회로 이승만을 찾는 전보를 쳤다.

3·1운동이 일어났다는 소식이 전해지자 상해에 임시사무소를 설치하고 연락을 맡았던 현순(위)과 이광수(아래).

일백여 곳에서 날마다 독립시위운동을 거행하는데, 예수교인들과 천도교인들과 불교인들과 남학생들과 여학생들이 회집하야 독립을 부르며, 대표자 32명을 뽑으며, 일본정부를 공격하는 동시에, 5천여명이 포착되얏고, 5백명이 죽었고, 일본인 회사에서 일하던 한인들은 일시 동맹파공을 하며, 한인들이 일본 물건을 배척하니, 우리 내지의 정형이 사람과 돈을 아울러 요구합니다. 리승만 박사가 유럽에 갔는지요? 그의 번지를 알기 원합니다. 그이더러 유럽에 가기를 권고하시오.[10]

---

9) 呂運弘, 『夢陽 呂運亨』, 靑廈閣, 1967, p.34.
10) 《新韓民報》 1919년3월20일자, 「현순씨의 발한 전보」.

현순의 이러한 전보는 상해에 있던 인사들이 만세 시위운동의 전국적
인 확산 소식을 듣고 파리강화회의에 한층 큰 기대를 걸게 되었음을 말
해 준다. 그리고 현순이 이승만을 거듭 찾고 그에게 파리행을 권고하라
고 말한 것을 보면, 국내외의 지도자들 사이에서 파리강화회의에 대한
기대가 증대됨에 따라 이승만에 대한 기대도 급속히 증대되고 있었음을
알 수 있다. 3·1운동이 일어나기 직전에도 국내에서는, 윌슨(Woodrow
Wilson) 대통령의 주도로 파리강화회의에서 식민지들이 독립된 공화국
이 될 것이고 그렇게 되면 한국에서는 박영효나 이승만이 대통령이 될 것
이라는 풍문이 나돌았다.[11] 그뿐만 아니라 뒤에서 보듯이, 천도교단은
3·1운동의 계획단계에서부터 임시정부 수립문제를 구상하고 있었는데,
임시정부가 수립되면 대통령은 손병희가 맡기로 하고 부통령이나 국무
총리로는 이승만을 생각하고 있었다.

　현순이 이승만을 급히 찾은 데는 개인적인 친분도 작용했을 것이다.
두 사람의 교분은 매우 오래 된 것이었다. 현순의 아버지 현제창(玄濟昶)
은 이상재, 남궁억(南宮檍) 등과 함께 1898년11월4일에 체포된 17명의
독립협회 간부 가운데 한 사람이었고, 이승만과 함께 독립협회 소속의 중
추원 의관에 임명되었다. 현순 자신도 독립협회에 참가하여 이승만과 교
분을 나누었다고 한다.[12]

　이승만이 1910년에 서울 YMCA의 한국인 총무가 되어 귀국했을 때에
현순은 상동교회(尙洞敎會)의 부목사로 사역하고 있었다. 그동안 그는
1903년에 제2차 이민단을 인솔하고 하와이에 갔다가 1907년에 귀국했
다. 이승만이 국내에 머무는 동안 이들은 미국에 유학했던 김규식, 백상
규(白象圭), 신흥우(申興雨) 등과 '바보클럽'을 만들어 식민지 조국의 운

11) 朝鮮憲兵隊司令部 編, 『朝鮮三·一獨立騷擾事件 槪況·思想及運動』, 巖南堂書店影印版,
　　1969, p.4.
12) 한규무, 「玄楯(1878~1968)의 인물과 활동」, 《國史館論叢》 제40집, 國史編纂委員會, 1992,
　　pp.71~89.

명에 대하여 비분강개하고 있었다. 그러므로 막중한 사명을 띠고 상해로 파견된 현순이 서둘러 이승만을 찾는 것은 당연했다.

2

애원하다시피 했던 윌슨 대통령과의 "2~3분 동안의 면담"조차 좌절되고 말아 실의에 빠져 있던 이승만이 3·1운동의 소식을 듣고 얼마나 흥분했을 것인지는 짐작하기에 어렵지 않다. 안창호에게 쓴 편지에서 "피가 끓고 담이 떨리는 처지를 당하야" 곧 중국으로도 가고 싶고 본국으로도 들어가고 싶다고 자신의 심경을 토로한 것은 과장이 아니었을 것이다. 이 편지를 쓰기에 앞서 그는 3월16일에 안창호에게 "제가 상해로 갈수 있겠습니까?"라는 전보를 쳤다.[13] 자기를 대한인국민회 대표로 상해로 파견해 줄 수 있겠느냐는 뜻이었다. 같은 날 이승만은 호놀룰루의 이종관에게도 상해행 여권발급을 주선하라고 타전했다.[14]

이날 이승만은 기자회견을 갖고 윌슨 대통령에게 보낸 자신의 편지를 공개했다.[15] 안창호는 3·1운동 소식을 듣자 바로 자신이 상해로 가기로 결심했다. 이승만은 처음 뉴욕에서 대규모의 연회를 열고 각국의 신문기자들을 초청하여 서재필과 정한경(鄭翰景)과 함께 한국의 실정을 알리는 연설을 할 계획을 세웠다. 그랬다가 국내 사태가 계속해서 미국신문에 보도되는 것을 보고는 서재필과 상의하여 미국 본토는 물론 하와이의 동포들도 참석하는 대규모의 정치집회를 열기로 한 것이다.

그런데 이때까지의 이승만의 활동은 국민회 대표자격으로 하는 것이었다. 그러한 사정은 이승만이 파리행 여권발급 교섭에 실패한 뒤에 국민회 중

---

13) Syngman Rhee to Changho Ahn, Mar. 16, 1919, *The Syngman Rhee Telegrams*, vol. I., p.36.
14) Syngman Rhee to Lee Chongkwan, Mar. 16, 1919, *op. cit.*, vol. I., p.39.
15) *The New York Times*, Mar. 16, 1919, "Koreans Petition Wilson".

앙총회로 자신이 뉴욕에서 한달 더 머물면서 외교활동을 할 것을 건의하고 중앙총회 임시위원회가 이 건의를 승인한 사실로도 짐작할 수 있다.[16] 안창호에게 보낸 전보나 편지도 마찬가지였다. 그러므로 필라델피아 한인대표회도 명목상으로는 대한인국민회의 행사라는 형식을 취했다. 그리하여 이승만은 안창호에게도 대회에 참석할 것을 요청했다. 그러나 안창호는 이승만에게 다음과 같은 편지를 띄우고 4월1일에 상해로 떠났다.

> 동방의 국민대회를 여시는 것은 매우 좋은 일이오며, 창호가 진참[進參: 나아가 참예함]할 뜻이 간절하오나 이미 동양으로 가기로 결정하야 금일 하오에 발정하므로 가지 못하오니 매우 섭섭하오이다. 민찬호(閔燦鎬), 윤병구(尹炳求), 이대위(李大爲) 3씨가 대회에 참석키 위하야 갈 터이오니 그리 아소서.…[17]

그러나 안창호가 국민회 중앙총회 대표로 참가할 것이라고 말한 세 사람 가운데 이대위는 업무폭주를 이유로 대회에 참가하지 않았다.[18]

안창호가 상해로 가겠다는 이승만의 요청을 묵살하고 서둘러 자신이 직접 상해로 가기로 한 것은 거족적인 봉기를 계기로 새로운 전기를 맞은 민족독립운동을 자신이 주도하겠다는 의욕 때문이었음은 말할 나위도 없다. 안창호는 국민회가 모금한 자금 가운데 6,000달러를 가지고 정인과(鄭仁果)와 황진남(黃鎭南)을 대동하고 급히 상해로 떠났다.[19] 그는 상해로 가는 길에 호놀룰루와 마닐라에 들렀는데, 이승만은 그의 『일기(Log Book of S. R.)』에 안창호가 알리지도 않고 캘리포니아를 떠났다고

---

16) 「安昌浩가 李承晩에게 보낸 1919년3월13일자 편지」, 『梨花莊所藏 雩南李承晩文書 東文篇(十七) 簡札 2』, 中央日報社・延世大學校現代韓國學研究所, 1998, p.235.
17) 「安昌浩가 李承晩에게 보낸 1919년4월1일자 편지」, 위의 책, p.239.
18) David Lee to Syngman Rhee, Apr. 1, 1919, Apr. 19, 1919, The Syngman Rhee Telegrams, vol. I., p.58, p.72.
19) 《新韓民報》 1920년1월6일자, 「중앙총회 재정결산서」.

불편한 심기를 적어놓았다.[20] 알리지도 않고 떠났다는 말은, 호놀룰루에 들른다는 말을 자기에게 하지 않았다는 뜻이었을 것이다. 안창호는 4월 27일까지 하와이에 머물렀다.[21]

안창호의 편지는 필라델피아 한인대회가 중앙총회장의 승인 아래 대한인국민회의 권위를 빌어 소집된 것이었음을 말해 준다. 그것은 대회의 소집을 알리는 「대한인총대표회의 청첩」이 「대한인국민회 총대표위원 이승만 정한경 서재필」의 명의로 되어 있는 것으로도 확인할 수 있다. 그러나 「청첩」의 내용은 실제로는 이 대회가 국민회 중앙총회와는 아무런 사전협의 없이 전적으로 이승만과 서재필의 합의로 준비되었음을 말해 준다.

미주 동편 및 지방의 동지가 수차 의논한 결과로 4월14일로 16일까지 필라델피아성(城)에서 북미 대한인연합대회를 열고 미국의 각 사업계, 교회계, 교육계, 신문 잡지계의 모든 단체적 대표될 만한 신사 숙녀를 다수히 청하야 방청으로 참여케 하고, 서재필 박사와 다른 고명한 웅변대가로 국어와 영어로 연설하야 대한독립 선고의 주의를 발표하며, 독립운동에 대하야 우리는 생명과 재산을 바쳐서 도울 뜻을 선고하며, 평화회에 글을 보내어 독립을 승인하라 하며, 옥에 갇힌 충애지사를 일인의 악형과 학살에서 보호하라고 공포하며, 우리가 독립을 회복한 후에는 공화정체를 쓸 것과 외교, 통상, 선교 등에 국제상 책임을 담임하며, 동양 평화와 만주 개방을 보호한다는 뜻을 공포하며, 그 외에 몇가지 문제를 첨부하야 순서를 정하고 연일 개회하야 세계에 알리겠으며, 마지막 날에는 다수한 미국 동지자들로 합동하야 이 도성의 큰 길로 국기를 받치고 행렬하야 독립관에 가서 큰 연설과

---

20) Syngman Rhee, *Log Book of S. R.*, 1919년4월10일조.
21) 「上海에서의 韓國獨立運動」, 國會圖書館 編, 「韓國民族運動史料(中國篇)」, 國會圖書館, 1976, p.23.

축사와 만세로 폐회할 터이외다.…22)

독립된 한국이 공화제를 실시하고 동양평화와 만주의 개방을 보장하겠다고 천명하는 것과 시가행진까지 대회의 중요한 목적으로 명시한 것은 미국인들의 관심과 지지를 얻기 위한 이승만과 서재필의 세심한 배려에서 나온 것이었다. 만주의 문호개방 문제는 극동지역에서의 미국의 중요한 관심사였다. 대회 개최지를 필라델피아로 정한 것도 상징적인 의미가 있었다. 필라델피아는 미국 독립전쟁 때의 미국의 수도였다. 대회의 대외적인 명칭을 「제1차 한인회의(First Korean Congress)」라고 정한 것도 미국 독립전쟁 당시의 중심조직이었던 대륙회의(Continental Congress)에서 착안한 것이었다.23) 대륙회의는 1774년과 1775년의 두 차례에 걸쳐서 필라델피아에서 열렸다.

세 사람 명의로 된 「청첩」과는 별도로 이승만은 《신한민보》를 통하여 일반 동포들에게 공개편지를 썼다. 이 편지는 만세 시위운동이 국내외로 활기차게 전개되고 있을 때의 이승만의 시국인식을 보여주는 것이었다. 그는 만세시위를 "독립전쟁"이라고 표현했다.

이번 대한독립 선고는 천고에 희한한 일이외다. 이 기회에 이 일이 생긴 것은 하나님의 도우심이오니, 다수한 동포의 피를 흘리고 저렇듯 시작한 독립전쟁을 그치지 말고 독립을 회복하는 날까지 계속하여야 할 터인데, 저 운동을 도우려면 세계의 공론을 돌리는 데서 더 지나친 것이 없습니다.…

---

22) 《新韓民報》 1919년4월3일자, 「대한인총대표회의 청첩」.
23) 유영익, 「3·1운동 후 서재필의 신대한(新大韓) 건국 구상」, 서재필기념회 편, 『서재필과 그 시대』, 서재필기념회, 2003, p.343; 고정휴, 『이승만과 한국독립운동』, 연세대학교출판부, 2004, p.325.

이승만은 편지의 서두를 이렇게 적고 나서 재외동포들이 외국인들을 상대로 말할 적에 다음 두가지 요점을 잊지 말라고 강조했다. 첫째는 "우리가 전쟁하여 독립을 회복하려는 뜻을 보일지니, 이것이 지금 세상에 동정을 많이 얻는 본의라"라고 했다. 곧 외국인들에게 "우리의 전쟁을 대신하여 달라거나 일인을 대신 욕해 달라는 것이 아니라 오직 공평하기만 해 달라는 태도를 보여야 한다"는 것이었다.

둘째는 "우리가 큰 단체가 있어서 통신기관이 비밀히 있는 것을 보이면" 사람들이 와서 뉴스거리를 구하려 할 것이지만 그렇지 않으면 인심을 선동하는 자로 지목받기 쉽다고 했다. 그러고는 이번 필라델피아 회의가 우리의 "실력"을 보여주는 대회이므로 많은 동포들이 참석해야 한다고 다음과 같이 강조했다. 이승만은 필라델피아 회의에서 한인들의 "큰 단체"가 결성되기를 내심 기대했던 것이다.

　　이번 필라델피아 독립관에서 총대표회를 열자는 것이 이 세계에 우리의 실력을 보이고자 함이니, 이것은 우리가 아무것도 아니하고 앉아서 남더러 동정만 달라고 하자는 것이 아니요, 다수한 한인들이 목숨을 바쳐서 나라를 기어이 회복하고야 말 결심이라는 것을 세계에 보여서 남의 동정이 스스로 발하게 하야 신문상에 공포하야 한인이 어떠한 인민인 것을 알리자 함이니, 천재일시로 이 기회를 잃지 말고 다수한 우리 동포가 참여하심을 바라나이다.[24]

이승만은 이러한 공개편지뿐만 아니라 각 지방의 동포들에게 전보를 쳐서 많은 사람들이 참가할 것을 촉구했다. 유학생들에게도 연락이 닿는 대로 통보했다. 오하이오주립대학교(Ohio State University)에 재학하는 임병직(林炳稷)이 「미주한인학생단 서기」 명의로 이 회의에 유학생들이

─────────
24) 《新韓民報》 1919년 4월 3일자, 「리박사의 편지」.

많이 참석할 것을 촉구하는 신문광고를 내기도 했다.[25] 임병직은 이승만의 YMCA 학원 제자였고, 1913년에 미국으로 유학 갈 때에는 호놀룰루에 들러 이승만의 집에 머물렀었다.

3

3·1운동이 일어나자 국내외의 독립운동자들은 상해로 모여들었다. 그들은 앞으로의 운동을 통일적으로 지도할 최고기관을 조직할 필요가 있다는 데 공감했다. 최고기관의 수립논의는 여러 갈래에서 급속히 진행되었다. 그러나 최고기관을 정당 형태로 할 것이냐 임시정부를 수립할 것이냐의 논쟁은 쉽사리 결론이 나지 않았다. 3월27일 무렵에 상해에 있던 인사들과 연해주에서 온 이동녕(李東寧), 만주에서 온 이회영(李會榮)과 이시영(李始榮), 북경에서 온 이광(李光), 조성환(曹成煥), 조소앙(趙素昻) 등 인사들의 합동회의가 열렸을 때에는 격론이 벌어졌다. 회의는 조소앙의 열변으로 임시정부를 즉시 수립해야 한다는 주장이 채택될 분위기였으나, 먼저 민족대표 33인의 "남겨 놓고 간 의사"를 확인해야 한다는 현순과 이광수 등 임시사무소 멤버들의 주장에 따라 양쪽 대표로 8인위원회를 구성하여 논의하기로 했다. 현순은 3·1운동이 일어났다는 뉴스가 전해지자 바로 기독교계 대표들의 실무를 맡아보던 이규갑(李奎甲)에게 국내에서 후속조치를 취할 것을 촉구하는 편지를 보내놓고 있었다.[26] 8인위원회는 몇차례 회합을 가졌으나 진전이 없었다. 조소앙은 국내파 인사들의 존내심[尊內心: 국내를 너무 존중한다는 뜻] 때문에 아무것도 못하겠다면서 불평했다.[27]

---

25) 《新韓民報》 1919년4월8일자, 「廣告」.
26) 大韓民國臨時政府, 『韓日關係史料集(四)』, 「獨立運動에 관한 略史」, 『대한민국임시정부자료집(7) 한일관계사료집』, 국사편찬위원회, 2005, p.174.
27) Soon Hyun, *op. cit.*, p.130, pp.298~299; 呂運弘, 앞의 책, pp.38~40.

북경에서 신채호(申采浩)가 오고, 국내에서 신익희(申翼熙), 이봉수(李鳳洙), 임득산(林得山) 등이 도착했다.[28] 신익희는 국내 인사들로부터 외국에 있는 유수한 인사들을 망라하여 임시정부를 조직하라는 사명을 위촉받고 왔다면서 신석우, 이동녕, 이시영, 신규식 등 주로 기호지방 인사들을 부지런히 만났다. 이봉수는 일본 메이지(明治)대학에 유학한 천도교계 청년이었다. 그는 임시사무소 멤버들을 만나서 자기는 '경성독립단 본부'에서 파견되었다고 말하고 임시정부를 조직하라는 것이 '독립단 본부'의 뜻이라고 주장했다. 그러면서 그는 현순에게 손병희를 대통령, 박영효를 부통령, 이승만을 국무총리로 하는 정부조직안을 전했다.[29] 그러나 임시사무소 멤버들은 임시정부의 조직은 본부에서 하는 것이 마땅하다면서 이봉수를 서울로 되돌려 보냈다.[30] 이때의 일에 대하여 임시사무소를 이끌던 이광수는 주목할 만한 글을 남겼다.

아무리 기다려도 본국서 기별이 없으므로 나는 이봉수를 서울로 들여보내고 열흘 내에 돌아오라고 말하였다. 이봉수의 임무는 천도교의 정광조(鄭廣朝)거나 정광조도 잡혀가고 없거던 남아 있는 천도교의 중심인물이거나, 김성수(金性洙), 송진우(宋鎭禹)거나 현상윤(玄相允)이거나 중의 하나를 보고 정부조직에 관한 33인의 의사를 들어오는 일이었다. 그리고 만일의 준비로 새 나라 이름과 내각의 직제와 사안인 각원 명부 하나를 만들어 가지고 가게 하였으니, 이것은 국내에서 정부조직에 대한 준비가 없는 경우에는 이 안을 참고로 하거나 또는 그대로 승인하여 달라기 위함이었다.[31]

---

28) 신익희는 3월19일에 상해에 도착했다(柳致松, 『海公 申翼熙一代記』, 海公申翼熙先生紀念會, 1984, p.176).
29) Soon Hyun, op. cit., p.131, p.299.
30) 『韓日關係史料集(四)』, 「獨立運動에 관한 略史」, 『대한민국임시정부자료집(7) 한일관계사료집』, p.174.
31) 李光洙, 앞의 책, pp.234~235.

이처럼 이광수의 글에는 이봉수가 '경성독립단 본부'에서 파견되어 왔었다는 말은 없다. 그리고 이광수가 이봉수에게 주어 보냈다는 내각의 직제와 각료명단이 어떤 것이었는지는 알려진 것이 없다. 그것은 아마 이봉수가 현순에게 전달한 천도교계의 의견을 참작하여 임시사무소 핵심 멤버들이 작성한 임시정부안이었을 것으로 짐작된다.[32]

한편 여운형은 임시정부를 조직할 때의 상황에 대해, 블라디보스토크에 갔다가 상해에 돌아왔더니 윤현진(尹顯振), 현순, 신익희, 최창식(崔昌植), 이시영, 이동녕, 이광수, 조성환 등이 조선 내외에서 상해로 모여들어 신석우, 조동호(趙東祜), 김철, 신규식, 조용은[조소앙], 여운홍, 이광수 외 4명(4명의 이름은 기억하지 못한다고 했다) 등과 끼리끼리 모여 국내의 독립운동에 호응하여 조선의 독립운동을 일으키자고 부단히 획책하고 있었으므로 자기도 이에 가담하여, 이상 20명 일동이 1919년4월1일쯤에 상해 프랑스 조계 하비로(霞飛路)의 어떤 서양인 소유의 집을 빌려가지고 그곳에 모여서 열흘 동안 구수모의를 했는데, 정부조직으로 할 것이냐 정당조직으로 할 것이냐 하는 문제를 두고 논란이 많았으나 결국 하나의 정부를 건설하여 독립운동을 해나가기로 했다고 진술했다.[33] 이때에 있었던 논쟁에 대해 여운형은 다음과 같이 진술했다.

나는 당조직을 극력 주장했다. 그 이유는 만일 정부로 하면 주권, 국토, 인민이 필요하다. 그러나 우리가 조직하려고 하는 독립운동기관에는 이것이 없다. 또한 정부를 거창하게 만들면 반드시 실패할 소지가 있다는 이유에서였다. 그러나 임시정부를 주장하는 쪽은 정부가

---

32) 高珽烋, 「대한민국임시정부의 성립과정에 대한 검토」, 《한국근현대사연구》 제12집, 한울, 2000, p.103, 주 42.
33) 「被告人(呂運亨)審問調書(제3회)」 1930년2월28일, 金俊燁·金昌順 共編, 『韓國共産主義運動史 資料篇Ⅰ』, 高麗大學校亞細亞問題硏究所, 1979, p.372.

있어야 비로소 민심이 쏠린다, 조선은 정부를 잃고 민심이 떠난 지 10년이다, 먼저 민심을 붙잡는 것이 긴요하다고 했다. 대부분은 임시정부설을 따랐고, 당조직을 주장하는 사람은 나 이외에 두 사람뿐이었다. 다수결에 따라 임시정부설이 대다수로 결정되어 임시정부의 명칭을 사용하게 되었다.[34]

이처럼 3월 하순에 이르면 임시정부 수립논의는 상해에 모인 독립운동자들 사이에서 경쟁적으로 진행되었다. 그리하여 임시사무소 멤버들은 프랑스 조계 김신부로(金神父路)에 임시정부 청사로 사용할 큰 양옥을 대양(大洋) 300원이나 주고 빌려 놓았다. 이 집은 잔디를 심은 뜰도 넓고 방도 여럿이 있고 식당도 큰 것이 있고 댄스를 할 수 있게 반반한 마루를 깐 큰 홀도 있었다.[35]

또한 이즈음에는 한국독립운동자들이 임시정부 수립을 추진하고 있다는 정보는 상해주재 일본 총영사관에도 알려졌다. 일본 총영사 아리요시 아키라(有吉明)는 3월31일에 본국 정부에 다음과 같이 보고했다.

이곳에서 주요한 조선인과 은밀히 왕래하면서 어느 정도까지 그 계획에 참여하고 있는 인도인 샤스트리(夏士)가 말하는 바에 따르면 조선독립운동 수뇌자들은 조만간 이곳에 임시정부를 설립하려는 음모를 가지고 내밀히 진행 중이며, 그것을 이곳의 어떤 장소에 설치할 것인가는 미정이지만 설립 후에는 평화회의 기타 각국에 통고하여 그 승인을 구하려고 목하 헌법초안 등을 기초하는 중으로서, 지금 그에게도 임시정부의 고문이 되어 줄 것을 종용하고 있음.[36]

---

34) 「被告人(呂運亨)審問調書(제7회)」 1930년3월8일, 金俊燁·金昌順 共編, 위의 책, p.356.
35) 李光洙, 앞의 책, p.236.
36) 日本外務省史料館 소장, 「秘 제142호: 有吉上海駐在總領事가 內田外務大臣에게 보낸 報告」, 1919년3월31일, 『不逞團關係雜件 鮮人ノ部 上海假政府(一)』.

샤스트리는 이전에 와세다(早稻田)대학 철학 강사였던 사람으로서 이때는 상해에서 미국인이 경영하는 영자 신문의 기자로 일하면서 임시정부의 영문문서를 교정해 주고 있었다고 한다.[37]

4

임시사무소 멤버들은 이제 임시정부 문제를 더 이상 미룰 수 없게 되었다. 그들은 자신들이 준비한 임시정부안을 공표하기로 하고, 그에 앞서 재미동포들과 특히 이승만의 동의를 얻기로 했다. 현순은 3월29일에 먼저 국민회 하와이지방총회 앞으로 다음과 같은 전보를 쳤다.

일본은 간계(奸計)를 쓰고 있소. 몇몇 친일파를 매수했소. 시천교인(侍天敎人)들과 부상(負商)들이 우리에 대항하는 시위를 하느라고 자치연맹(self-government league)을 조직했소. 사람들은 독립반대 서명을 하도록 강압받고 있소. 25일과 26일에 서울에서 대규모 시위가 있었소. 언덕들은 우리 국기로 덮였소. 200명이 체포되고 양쪽에서 희생자가 났소. 삼남(三南)에서 매일 봉기하오. 우리 군대 600명이 두만강을 건넜소. 시위는 시베리아와 만주에서 계속되고 있소. 대표자들에 의하여 임시정부가 수립되었소. 대통령 손병희, 부통령 박영효, 국무장관 이승만, 내무장관 안창호, 재무장관 윤현진, 법무장관 남형우(南亨祐), 군무장관 이동휘(李東輝), 참모총장 유동열(柳東說), 파리대표 김규식. 곧 공표할 예정이오. 당신들의 의견을 급히 회신하시오. 70만엔을 일본인들에게 몰수당했소. 재정지원이 시

---

37) 姜德相, 『呂運亨評傳(1) 朝鮮三·一獨立運動』, 新幹社, 2002, p.185 註 123 [補註].

급하오. (보내준) 돈은 받았소.····[38]

　현순이 타전한 임시정부의 정부형태는 미국의 정부형태와 같은 대통령중심제 정부였다. 이러한 현순의 전보를 받고 감격한 이종관은 3월31일에 필라델피아에 있는 이승만에게 "하와이는 선생과 임시정부 소식을 기뻐합니다"라고 타전했다.[39] 이때에 하와이에서 발행되던 《국민보(國民報)》가 보존되어 있지 않아서 영문으로 된 이 전보가 어떻게 번역되어 보도되었는지는 확인할 수 없다. 아마도 몇달 뒤에 하와이에서 발행된 김영우(金永遇)의 『대한독립혈전긔』에 있는 번역문과 같았을 것으로 짐작되는데, 그것은 과장되기도 하고 잘못 번역되기도 한 것이었다. 원문에는 "임시정부"라고만 되어 있는 것을 "임시대한공화정부"라고 하고 또 그 임시정부가 "한·청·러시아 삼국 접계되는 간도"에서 수립되었다고 했는데, 그것은 시베리아와 만주에서 시위가 계속되고 있다고 한 데서 그렇게 유추한 것 같다. "삼남에서는 매일 봉기가 일어나고, 우리 군대 600명이 두만강을 건넜다"는 문장은 "만주와 시베리아 등지로 매일 600명가량의

---

38) Hyun Soon to Korean National Association Honolulu, Mar. 29, 1919, 國立中央圖書館 소장 Hei Sop Chin Archival Collection 367. Box 2 Folder 8, Korean Provisional Government Papers, Cablegrams. 전보의 원문은 다음과 같다. "JAPAN EMPLOYS CUNNING TRICKS BRIBED FEW PROJAPANESE SHICHUNKYOINS PUSHANGS FORMED SELFGOVERNMENT LEAGUE INTENDING DEMONSTRATION AGAINST US PEOPLE ARE FORCED TO SIGN AGAINST INDEPENDENCE ON TWENTYFIFTH TWENTYSIXTH GRAND DEMONSTRATIONS AT SEOUL HILLS DECORATED WITH OUR FLAGS 200 ARRESTED CAUSALTIES BOTH SIDES SAMNAM UPRISING EVERYDAY 600 OUR TROOPS CROSSED TUMANKANG DEMONSTRATIONS IN SIBERIA MANCHURIA PROVISIONAL GOVERNMENT ORGANISED BY REPRESENTATIVES PRESIDENT SONPYUNGHI VICEPRESIDENT PAKYUNGHYO SECRETARY STATE RHEEYNGMAN[sic] HOME AHNCHANGHO FINANCE YUNHYUNJIN JUSTICE NAMHYUNGWOO WAR LITONGWHI COMMANDER LYUTONGYUL DELEGATE AT PARIS KIMKYUSIK ANNOUNCEMENT FOLLOWS ANSWER YOUR OPINION IMMEDIATELY SEVENHUNDRED THOUSAND YEN CONFISCATED BY JAPANESE FINANCIAL HELP URGENT MONEY RECEIVED KIMKYUSIK CHANGED NAME CHINCHUNGWEN BOITE POSTALE 369 PARIS HYUNSOON."

39) Lee Chongkwan to Syngman Rhee, Mar. 31, 1919, *The Syngman Rhee Telegrams*, vol. I., p.55.

대한독립군이 두만강을 건너 내지로 들어오는데…"라고 잘못 번역하여 재미동포들을 놀라게 했다.

현순은 4월4일에 같은 내용의 전보를 샌프란시스코의 국민회 중앙총회로도 쳤고, 이 전문을 보도한 4월5일자《신한민보》의 호외는 서울에서 발표된 3·1독립선언서 전문과 함께 임시정부가 수립되었다는 뉴스로 전면을 메웠다.《신한민보》는 "우리 군대 600명이 강을 건넜다"는 문장은

'대한공화국임시정부'가 수립되었다고 보도한 1919년4월5일자《신한민보》.

"대한공화국 군대 600명은 벌써 두만강을 건넙니다"라고 번역하고, "대표자들에 의해" 임시정부가 수립되었다는 구절을 "만주에 있는 각 단체 대표들을 소집한 후에" '대한공화국' 임시정부 내각을 조직했다고 번역했다. 각료들의 직함은 하와이에서는 "총장"으로, 《신한민보》는 "경(卿)"으로 번역했는데, 주목되는 것은 이승만의 직함이었다. 현순의 전문에는 국무장관(Secretary State)이라고 한 것을 하와이에서는 "국무급 외교 총장"이라고 번역하여 마치 국무총리로서 외무장관을 겸하는 것처럼 번역한 것이다. 《신한민보》는 "국무경"으로 번역했다.

현순의 전보를 받은 국민회 중앙총회장 대리 백일규(白一圭)는 이튿날로 4대국[미국, 영국, 프랑스, 이탈리아] 정부에 "대한독립단(Korean Independent Union) 특별대표" 현순으로부터 만주에 한국임시정부가 수립되었다는 전보를 받았다면서 대통령 손병희 이하 각료명단을 알리는 전보를 쳤고,[40] 《신한민보》는 홀로살음(이살음:李薩音)의 「대한공화국 건설 정부와 우리」, 「대한공화국임시정부 대통령 손병희 선생」 등 장문의 논설을 잇달아 게재함으로써 '대한공화국' 임시정부를 기정사실화했다. 그리하여 이승만은 한동안 자신의 사진명함에 "국무경 겸 외무경"이라고 표기하여 사용했다.

그런데 매우 눈길을 끄는 것은 하와이에서나 《신한민보》에서나 현순이 전보문 끝에 "곧 공표할 예정이오. 당신들의 의견을 급히 회신하시오"라고 한 문장을 생략한 점이다. 양쪽 국민회 간부들이 그것은 일반 동포들에게까지 알릴 필요가 없는 문제라고 생각했기 때문이었을 것이다. 그러나 그 때문에 일반 동포들은 '대한공화국' 임시정부의 수립이 이미 완료된 것으로 인식할 수밖에 없었다.

한편 현순은 이승만에게는 3월31일에 "임시정부가 건설 중에 있음

---

40) 《新韓民報》 1919년4월8일자, 「중앙총회에서 4대국 정부에 발한 전보」.

(provisional government under construction)"이라는 전보를 치고,[41] 이어 4월4일에 하와이와 샌프란시스코의 두 국민회로 타전한 것과 같은 내용의 임시정부 각료명단을 타전하면서, 다음과 같이 덧붙였다.

　　곧 공표할 예정이오. 귀하의 의견을 알려주시오. 귀하는 풍족한 재정지원을 받을 것임. 완전한 독립을 원하오.[42]

　　풍족한 재정지원을 받을 것이라는 말은 현순이 천도교쪽에서 자기에게 장담한 말을 근거로 한 것이었을 것이다. 현순은 이봉수를 통하여 손병희를 대통령으로 하는 천도교쪽의 임시정부안을 전해받으면서 그 조건으로 임시정부에 풍족한 재정지원을 하겠다는 약속을 받았던 것 같다.[43] 그리고 완전한 독립이 요망된다는 말은 이승만의 위임통치청원 문제가 상해 사회에서 벌써 논란되기 시작했음을 뜻하는 것이었다.

5

　　이렇게 알려진 '대한공화국' 임시정부에 대해서는 한동안 1919년3월17일에 시베리아 연해주의 니콜리스크-우수리스크[현재의 Ussurijsk]에서 공표된 대한국민의회(大韓國民議會)가 조직한 정부였던 것처럼 알려져 왔다. 그리하여 이 정부를 흔히 "노령정부(露領政府)"라고 불렀다. 이러한 오류는 1959년에 출판된 김원용의 『재미한인50년사』에서 비롯된 것이었다. 김원용은 이 각료명단이 대한국민의회에 의하여 1919년3

---

41) 「玄楯이 李承晩에게 보낸 1919년3월31일자 전보」, 『대한민국임시정부자료집(8) 정부수반』, 2006, p.18.
42) 「玄楯이 李承晩에게 보낸 1919년4월4일자 전보」, 위와 같음; 이승만, 「대한민국 임시정부에 관한 통신」, 《新韓民報》 1919년8월16일자.
43) 고정휴, 앞의 책, pp.41~42.

월21일에 공표되었다고 했으나,[44] 그것을 확인할 만한 자료는 없다. 이날 대한국민의회는 5개항의 「결의안」만 발표했을 뿐이다. 각료명단은 《신한민보》의 오보를 그대로 따른 것이었던 것 같다.[45] 그러나 대한국민의회는 볼셰비키혁명 뒤의 러시아를 본떠서 입법기능뿐만 아니라 행정과 사법기능까지도 통합한 소비에트제를 표방했기 때문에 따로 행정부를 조직할 필요가 없었다.[46]

대한국민의회는 볼셰비키혁명이 일어난 뒤인 1917년12월에 연해주 한인사회의 통일적 중앙기관으로 조직된 전로한족회(全露韓族會) 중앙총회를 바탕으로 하여, 시베리아의 각 지역과 북간도(北間島), 서간도(西間島), 훈춘(琿春)의 대표들과 함께 국내인사들도 참가하여 조직한, 말하자면 3·1운동 이후에 수립된 최초의 임시정부였다.[47]

이 무렵 연해주지역에는 20만명가량의 한인들이 거주하고 있었다. 그러나 대한국민의회에는 「독립선언서」와 5개항의 「결의안」 이외에 조직체계를 알 수 있는 헌장이나 강령 같은 것은 없었다.[48] 의장에는 러시아에 귀화한 한족회 중앙총회 회장 문창범(文昌範), 부의장에는 한족회 중앙총회 부회장 김철훈(金哲勳), 서기에는 오창환(吳昌煥)이 선출되었는데, 문창범은 시베리아의 한인들 사이에서 대통령으로 불리기도 했다. 독립전쟁을 수행할 선전부장으로는 이동휘를 선임했다. 러시아에 귀화하지 않고 연해주와 북만주지역에서 활동하던 이동휘는 러시아혁명 뒤에 볼셰비키의 지원을 얻어 1918년4월28일(러시아력)에 한인사회당(韓

44) 金元容, 『在美韓人五十年史』, Reedly, Calif, 1959, p.452.
45) 高珽烋, 앞의 글, p.108 및 정병준, 「1919년 李承晩의 臨政대통령 자임과 '漢城政府'법통론」, 《한국독립운동사연구》 제16집, 독립기념관 한국독립운동사연구소, 2001, pp.189~210 참조.
46) 潘炳律, 「大韓國民議會의 성립과 조직」, 《韓國學報》 46, 一志社, 1987, p.148.
47) 위의 글, pp.145~167 참조.
48) 「三月十七日浦潮新韓村に於ける獨立運動集會宣言書」, 「三月二十日琿春ニ於ケル獨立運動集會宣言書」, 姜德相 編, 『現代史資料(26) 朝鮮(二) 三·一運動(二)』, みすず書房, 1967, pp.42~47.

人社會黨)을 창당했다.[49]선전부는 뒤에 군무부로 개칭되었다. 국민의회의 집행부에는 선전부 이외에 외교부와 재무부가 있었는데, 외교부장에는 최재형(崔在亨)이, 재무부장에는 한명세(韓明世)가 선정되었다. 연해주 한인사회의 장로격인 최재형은 일찌감치 러시아에 귀화하여 제정러시아 정부와 친밀한 관계를 맺고 큰 재산을 모았다.

이처럼 대한국민의회는 문창범, 최재형 등의 귀화 한인그룹과 이동휘 등의 한인사회당 세력이 중심이 되어 조직한 것인데, 이들 주동자들은 모두 함경도 출신이었다. 함경도 출신이 아니면서 대한국민의회 조직에 참여했던 기호파의 이동녕, 조완구(趙琬九), 조성환 등은 국민의회 설립과정에 불만을 품고 곧 상해로 떠났다. 대한국민의회 주동자들은 이들을 무마하기 위해 최고기관인 상설의회 의원수를 15명에서 30명으로 늘려 기호파의 이동녕, 조완구 등 5명과 서북파의 이강(李剛), 정재관(鄭在寬) 등 5명을 상설위원으로 선정했으나 이동녕이 상해에서 설립된 임시의정원의 의장으로 선출되자 이동녕과 조완구를 제명해 버렸다.[50] 대한국민의회는 선포되고 나서 한참 뒤에 재미동포사회에도 알려졌으나,[51] 재미동포들의 관심을 끌지 못했다.

현순이 하와이와 샌프란시스코의 국민회로 보낸 전보에서 독립군 600명이 두만강을 건너서 본국으로 진격했다고 한 정보의 근거가 어떤 것이었는지는 알 수 없다. 연해주와 북만주지역에는 무장 독립운동자그룹들이 산재해 있었고 이들은 한결같이 본국 진격을 호언하고 있었으므로 현순에게도 과장된 정보가 전해졌을 개연성은 충분히 있다. 또 이 무렵의 일본 정보기관의 한 보고서는 하와이에 있는 이승만일파의 원조와 연락으로 4월2일에 블라디보스토크에서 대한국정부(大韓國政府)가 조

49) 반병률, 『성재 이동휘 일대기』, 범우사, 1988, pp.145~152.
50) 「獨立運動ニ關スル件」, 姜德相 編, 『現代史資料(26) 朝鮮(二)』, pp.173~175; 「李東輝竝ニ國民議會」, 姜德相 編, 『現代史資料(27) 朝鮮(三) 獨立運動(一)』, 1970, pp.173~174.
51) 《新韓民報》 1919년4월27일자, 「아령 중령을 대표한 대한국민의회의 선언과 의결」.

직되었다고 했지만, 이 대한국정부는 각료명단도 없고 고종의 위패를 모시고 있다고 하는 등 첩보수준의 허위정보였다.[52]

---

52) 「獨立運動ニ關スル件」, 1919年4月19日, 姜德相 編, 『現代史資料(26) 朝鮮(二)』, p.133; 「浦潮における大韓政府樹立說および間島における大韓國民會會員募集等に關する件」, 金正明 編, 『朝鮮獨立運動 民族主義運動篇 Ⅲ』, 原書房, 1967, p.34.

2. "이승만은 이완용보다 더 큰 역적이오"

1

민족대표 33인을 비롯한 3·1운동 관련 인사들과 학생 등 시위자들이 잇달아 검거되고 일본인들의 탄압이 더욱 악랄해지는 속에서도 만세시위는 전국적으로 확산되었다. 이러한 분위기 속에서 국내에서도 임시정부 수립운동이 여러 그룹에 의하여 경쟁적으로 추진되었다.

임시정부 수립에 가장 적극적이었던 것은 천도교쪽이었다. 천도교단은 3·1운동의 기획단계에서부터 이미 임시정부 수립을 구상하고 있었다. 그리하여 천도교단은 3·1독립선언서를 인쇄한 보성사(普成社)에서 3월 1일자로 등사판 《조선독립신문(朝鮮獨立新聞)》을 창간하여 대량으로 배포했는데, 3월2일자로 발행된 신문에는 다음과 같은 기사가 실렸다.

> 가정부[假政府: 임시정부] 조직설. 일간 국민대회를 열고 가정부를 조직하며 가대통령을 선거한다더라. 안심 안심. 머지않아 좋은 소식이 있을지니…[53]

이 기사에서 눈여겨볼 점은 독립 이후의 정체에 대해 임시정부의 정부형태로 대통령중심제를 천명하고 있는 점이다. 그것은 "세계에는 임금이라고 하는 자가 없게 될 것인즉 민주정체로 할 생각이다"라고 한 손병희의 법정진술에서 보듯이, 공화주의가 3·1운동 지도층의 일반적인 정치이념이었음을 말해 준다.[54] 이어서 사흘 뒤에는 예고했던 국민대

---

53) 《朝鮮獨立新聞》(제2호) 1919년3월2일자, 「假政府組織設」, 『雩南李承晚文書 東文篇(四) 3·1 運動關聯文書 1』, 1998, p.73.
54) 孫世一, 「大韓民國臨時政府의 政治指導體系: 臨時憲法改定過程을 中心으로」, 『三·一運動 50周年紀念論集』, 東亞日報社, 1969, p.913.

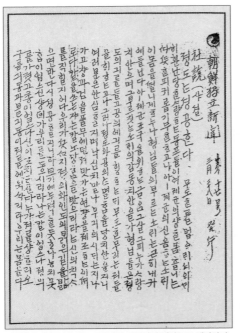
시위운동과 동시에 천도교단에서 비밀리에 대량으로 제작하여 서울 일원에 배포한 《조선독립신문》.

회가 3월6일에 서울 종로에서 열린다고 다음과 같이 보도했다.

13도 각 대표자를 선정하여 3월6일 오전 11시에 경성 종로에서 조선독립인대회를 개최할 것이므로 신성한 우리 형제자매는 일제히 회합하라.[55]

만세시위가 있은 직후인 3월6일에 일본 헌병경찰의 삼엄한 경계 속에서 정상적인 국민대회를 열 수는 물론 없었다. 그럼에도 불구하고 임시정부 수립의 절차로서 13도 대표들이 참석하는 국민대회를 전제하고 있어서 눈길을 끈다. 천도교단은 이때에 4월1일을 기하여 기호지역 안에 대한민간정부(大韓民間政府)를 조직하기로 하고, 다음과 같이 구체적인 인선작업까지 해놓고 있었다고 한다.

대통령 손병희, 부통령 오세창(吳世昌), 국무총리 이승만.
내무부 장관 이동녕, 외무부 장관 김윤식(金允植),
학무부 장관 안창호, 재무부 장관 권동진(權東鎭),

55) 《朝鮮獨立新聞》(제3호) 1919년3월5일자, 尹炳奭, 「硏究노트: 《朝鮮獨立新聞》의 拾遺」, 《中央史論》 제1집, 중앙대학교 사학연구소, 1972, p.92.

군무부 장관 노백린(盧伯麟),   법제부 장관 이시영,
교통부 장관 박용만(朴容萬),   노동부 장관 문창범,
의정부 장관 김규식,   총무부 장관 최린.

이 임시정부 조직안은 3·1운동을 주동했던 천도교단의 핵심인물 네 사람이 대통령, 부통령, 재무부 장관, 총무부 장관의 자리를 맡는 것으로 되어 있다. 이 임시정부안은 공표되지는 않았으나, 대통령 손병희, 국무총리 이승만이라는 구상은 상해로 파견된 이봉수가 현순에게 은밀히 제시한 임시정부안과 같은 것이었다. 그러나 이 대한민간정부 조직 구상은 글자 그대로 구상에 그쳤다.[56]

서울에서 처음으로 임시정부의 수립을 알리는 전단이 발견된 것은 4월9일이었다. 이날 일본경찰은 「조선민국(朝鮮民國) 임시정부 조직포고문」, 「조선민국 임시정부 창립장정」, 「도령부령(都令府令)」 제1호와 제2호라는 네가지 문서가 인사동에 뿌려진 것을 압수했다.[57] 12장 33조와 부칙으로 된 「창립장정」은 독립선언 이후에 국내외에서 선포된 여러 임시정부 조직강령 가운데 가장 구체적이며 짜임새 있는 것이었다. 이 '조선민국' 임시정부는 조선국민대회와 조선자주당(朝鮮自主黨)의 연합으로 수립했다고 발표되었으나, 실제로는 이 임시정부의 조직에 관여한 사람들은 천도교 관계자들이었다.[58] 조선민국 임시정부 내각구성은 천도교와 미국에 있는 독립운동자들의 연립정부 형태를 취하고 있는 것이 특징이었다. 「조직포고문」에 발표된 각료명단은 다음과 같았다.

56) 李炫熙, 「天道敎의 大韓民間政府樹立始末: 서울지방의 民間政府樹立意志」, 《鄕土서울》 제48호, 서울시사편찬위원회, 1984, pp.140~175 참조.
57) 「獨立運動ニ關スル不穩文書發見ノ件」, 姜德相 編, 『現代史資料(25) 朝鮮(一) 三·一運動(一)』, 1965, pp.449~452; 「大韓民國臨時政府に關する文書發見の件」, 金正明 編, 『朝鮮獨立運動Ⅱ』, 1967, pp.13~17.
58) 高珽杰, 「3·1운동과 天道敎團의 臨時政府 수립구상」, 《韓國史學報》 3·4호 합집, 高麗史學會, 1998, pp.226~235 참조.

도령부(都領府): 정도령 손병희, 부도령 이승만.

내각(內閣): 내각총무경 이승만, 외무경 민찬호(閔燦鎬),

　　　　　 내무경 김윤식, 군무경 노백린, 재무경 이상(李相),

　　　　　 학무경 안창호, 법무경 윤익선(尹益善), 식산무경 오세창,

　　　　　 교통무경 조용은(趙鏞殷: 趙素昻).

만국평화회의에 열석할 만국외교위원: 이승만, 민찬호.

　이처럼 이 조선민국 정부안에서는 이승만은 부도령으로서 정도령 손병희와 함께 도령부를 구성하고, 내각총무경으로서 내각을 총괄할 뿐만 아니라, 외무경 민찬호와 함께 파리강화회의에 참가할 만국외교위원으로 선정되어 있었다. 이 조선민국 임시정부의 수립 사실은 재미 한인사회에도 알려졌는데, 정부 이름은 '대한정부' 임시정부라고 했고, 이승만의 직함은 부통령이라고 했다.[59] 그러나 이 조선민국 임시정부는 재미동포 사회에서 주목받지 못했다.

　임시정부를 조직할 모태가 될 국민대회 문제로 여러 독립운동 그룹들의 의견의 일치를 보지 못한 채 조선민국 임시정부에 이어 '신한민국(新韓民國)' 임시정부라는 또하나의 임시정부가 조직되었다. 이 임시정부를 조직한 그룹의 중심인물은 이춘숙(李春塾)이었다. 이춘숙은 함경도 출신으로서 일본 주오(中央)대학을 졸업하고, 3·1운동이 나기 전에 홍진의(洪鎭義: 洪濤)와 함께 만주와 시베리아를 여행하면서 문창범, 윤해(尹海) 등의 그곳 유력인사들을 만나고 왔었다. 이들은 집정관(執政官)을 정부 수반으로 하는 각료명단을 선정했는데, 집정관에는 이동휘를 추대하고, 이승만은 국무총리로 선정했다. 이들이 선정한 각료명단은 다음과 같았다.

---

59)《新韓民報》 1919년6월2일자, 「내지 독립단 소식」, 「서울」.

집정관 이동휘

국무총리 이승만.

내무부장 (미정)　차장 조성환

외무부장 박용만　차장 김규식

재정부장 이시영　차장 이춘숙

교통부장 문창범　차장 이희경(李喜儆)

노동부장 안창호　차장 민찬호[60]

강대현(姜大鉉)[61]이라는 청년이 '경성독립단 본부'에서 왔다면서 이동휘를 집정관으로 하는 임시정부 각료명단과 7개조로 된 약법(約法)을 가지고 상해에 나타난 것은 4월8일이었다. 강대현이 가지고 온 임시정부 뉴스로 상해에 모였던 독립운동자들 사이에 큰 물의가 일어났다. 이때의 상황에 대해 상해임시정부의 공식문서는 "4월8일에 경성독립본부로부터 강대현이 이동휘를 집정관으로 하는 각원명단과 임시정부 헌법의 원문을 가지고 오자, 다소 분의[紛議: 분분한 의론]가 있었다"라고 간략하게 기술했다.[62]

'경성독립단 본부'란 물론 실체가 없는 것이었으나, 상해에 모인 인사들로서는 여간 당혹스럽지 않았다. 이때에 강대현이 가지고 간 각료명단과 헌법초안이 어떤 것이었는지는 확실히 밝혀지지 않았으나, 이동휘를 집정관으로 한 임시정부는 이춘숙 등이 조직한 신한민국 임시정부밖에 없었으므로 그것은 아마도 신한민국의 각료명단과 헌법이었을 것이다.

새로 상해에 온 인사들의 주동으로 4월9일 저녁에 어느 예배당에서

---

60) 「騷擾事件に關する民情彙報(第八報)」, 金正明 編, 『朝鮮獨立運動 II』, p.20.

61) 이현주, 『한국사회주의세력의 형성 1919~1923』, 일조각, 2003, pp.57~59, p.65, p.79 참조.

62) 『韓日關係史料集 四』, 「獨立運動에 관한 略史」, 『대한민국임시정부자료집(7) 한일관계사료집』, p.175.

회합이 열렸다. 이 자리에 모인 인사들은 50~60명이나 되었다. 상해에 와 있는 독립운동자들 거의 전원이 모인 셈이었다. 참석자들은 한결같이 임시정부의 수립이 시급함을 역설했다. 일이 급전직하로 진행되자 참석자들의 의견을 듣고만 있던 이광수가 일어났다.

"독립선언을 했으므로 정부를 조직하는 것은 당연한 일입니다. 그러나 독립선언서에 서명한 33인의 의사를 듣지 아니하고 우리가 여기서 정부를 조직한다면 미국 동포들도, 하와이 동포들도, 시베리아에서도, 북간도 서간도에서도 저마다가 정부를 조직하게 될지도 모릅니다. 그리되면 우리 독립운동이 분열될 염려가 있습니다. 그러므로 서울에 보낸 사람이 돌아오기를 기다리는 것이 옳을 것입니다."[63]

강대현이 이미 각료명단과 헌법초안까지 가지고 왔는데도 이광수가 무슨 이유에서 이봉수가 돌아오기를 기다려야 한다고 주장했는지는 알 수 없다. 이광수의 글에는 강대현이 상해에 온 이야기는 아예 없다. 이광수의 회고에 따르면 위와 같은 자기의 말에 대해 사람들은 왜 밤낮 33인만 거드느냐, 나라의 법통이 하필 33인에게 있느냐, 만일 33인이 아무 의사도 남겨 놓은 것이 없으면 영영 정부조직을 못하느냐 하고 얼러 대면서 못마땅해했다. 그러나 이날은 그대로 해산했다.

그날 밤을 자고 나자 사태가 매우 심각해졌다. 지도자격인 이동녕을 비롯하여 모든 사람들이 상해를 떠나겠다는 것이었다. 대한국민의회의 결성에 실망하고 시베리아에서 상해로 왔던 이동녕 일행은 임시사무소 멤버들에게 큰 배신감을 느낀 것이었다. 왜냐하면 임시사무소 멤버들은 이때까지 그동안의 일을 이들에게는 비밀에 부치고 있었기 때문이다.

이동녕 등이 상해를 떠나겠다고 한 더 직접적인 동기는《독립신보(獨立新報)》의 호외 때문이었던 것 같다.《독립신보》는 3월28일에 상해에서 창간된 등사판 일간신문이었는데,《조선독립신보》등 서울의

---

63) 李光洙, 앞의 책, p.235.

지하신문들과 전단 등의 내용을 전재하고 있었다.[64] 4월10일자 호외에는 「작일[4월9일] 하오 10시 경성발 특전」으로 "경성에서 우리 임시정부가 다음과 같이 조직되었다더라"라면서 신한민국 임시정부의 각료 명단을 보도했다. 《독립신보》 호외에는 앞의 각료명단 가운데서 안창호가 내무총장으로 되어 있고, 교통차장이 이희경에서 현순으로 바뀌어져 있었다.[65]

이 임시정부의 소식은 천진(天津)에서 발행되던 《대공보(大公報)》(4월11일자), 길림(吉林)에서 발행되던 《신공화보(新共和報)》(4월15일자), 만주에서 발행되던 《우리들의 편지》 12호(4월22일자)에도 실렸는데, 국호나 직제는 조금씩 다르고 각료명단에서도 몇 사람의 차이가 있지만 기본적으로 신한민국 임시정부의 내용과 같은 것이었다.

신한민국이 수립되었다는 소식은 국내에서는 4월17일에야 만주 접경인 철산(鐵山), 선천(宣川), 의주(義州) 등지에 뿌려진 전단을 통하여 알려졌다.[66]

2

현순, 이광수 등 임시사무소 멤버들은 부랴부랴 각 여관으로 찾아다니면서 마지막으로 오전 10시에 한번만 더 모이자고 설득했다. 장소는 새로 얻어 놓은 양옥으로 정했다. 모이는 사람들은 이 집을 처음 보고 모두들 놀랐다.[67] 이날 모인 사람들은 모두 29명이었다. 대한민국임시정부의 창립멤버가 된 이들의 명단은 다음과 같다.

---

64) 姜德相 編, 『現代史資料(25) 朝鮮(一) 三·一運動(一)』, p.165.
65) 이현주, 앞의 책, p.58.
66) 「騷擾事件に關する民情彙報(第八報)」, 金正明 編, 『朝鮮獨立運動Ⅱ』, p.20.
67) 李光洙, 앞의 책, pp.236~237.

현순, 손정도(孫貞道), 신익희, 조성환, 이광, 이광수, 최근우(崔謹愚), 백남칠(白南七), 조소앙, 김대지(金大地), 남형우, 이회영, 이시영, 이동녕, 조완구, 신채호, 김철, 선우혁, 한진교(韓鎭敎), 진희창(秦熙昌), 신철(申鐵), 이영근(李渶根), 신석우, 조동진(趙東珍), 조동호, 여운형, 여운홍, 현창운(玄彰運), 김동삼(金東三).[68]

마침 이봉수도 이날 상해로 돌아왔다. 때를 같이하여 서울에서 몇차례의 임시정부 수립에 관여했던 홍진의 등도 상해로 왔다. 이봉수는 서울에 가서 천도교의 정광조도 만나고 김성수도 만났으나 송진우, 현상윤, 최남선 등은 다 잡혀갔다고 했다. 상해에서 그토록 알고 싶어하는 정부조직에 관해서는 33인은 아무 말도 남긴 것이 없었으므로 상해에 모인 인사들이 좋도록 하라고 하더라고 했다. 그리고 이봉수가 가지고 갔던 정부조직 강령과 각원명단에 대해서는 아무 반대할 것도 없다고 하더라는 것이었다. 이광수는 모인 사람들에게 이때까지의 일을 그대로 보고했다. 이제 상해에 모인 사람들의 뜻대로 임시정부를 건설할 수 있게 된 것이었다.[69]

모인 사람들 가운데는 권총과 몽둥이를 든 청년들도 있었다. 이들은 한편으로 참석자들을 보호하고 또 한편으로는 그들을 위협하여 회의를 원만히 진행시키는 역할을 했다.[70] 참석자들의 의견이 엇갈려 어떤 사람이 "나는 가오" 하고 자리에서 일어나서 나가려고 하자 한위건(韓偉健)이 문을 막아섰다.

"못나가십니다. 정부조직이 끝나기 전에는 한걸음도 이 방에서 못나가십니다. 지금 국내에서는 수많은 남녀 동포들이 피를 흘리고 감옥에

---

68) 「臨時議政院紀事錄 제1회(1919.4.)」, 『대한민국임시정부자료집(2) 임시의정원 I 』, 2005, p. 16.
69) 李光洙, 앞의 책, pp.237~238.
70) Soon Hyun, op. cit., p.131, p.300.

들어가고 있습니다. 여러분이 그 동포들을 생각하는 마음이 있으시면 밤이 아홉이라도 이 자리에서 정부를 조직하시고야 말 것입니다."

한위건이 눈물을 뿌리면서 외치는 말에 참석자들은 숙연해졌다. 경성의전(京城醫專)의 학생대표로서 3월 1일의 학생시위를 이끌었던 한위건은 며칠 전에 상해에 왔다.[71]

대한민국임시정부 임시의정원 초대의장으로 선출된 이동녕.

고깃국을 끓여 저녁을 먹은 다음 식당에 앉은 채로 밤 10시부터 정식으로 회의를 시작했다. 이날 밤의 회의진행 과정은 이때에 상해에 모인 독립운동자들의 정치성향을 잘 드러내 보이는 것이어서 흥미롭다.

먼저 회의의 명칭은 조소앙의 동의와 신석우의 재청에 따라 임시의정원이라고 부르기로 결의했다. 정식 의장 1명을 선거하자는 조소앙의 동의가 있은 다음 먼저 임시의장 1명을 선거하자는 김대지의 개의가 있었으나, 정식의장 1명, 부의장 1명, 서기 2명을 선거하자는 이광수의 재개의가 가결되었다. 선거는 여운형의 동의에 따라 무기명 단기식투표로 실시되어 이동녕을 의장, 손정도를 부의장으로 선출하고, 이광수와 백남칠을 서기로 선출했다.

손정도는 이승만이 호놀룰루의 한인중앙학원 학생들의 연극을 연출했을 때에 주인공의 한 사람으로 삼았던 한국인 최초의 해외선교사였다.

---

71) 李光洙, 앞의 책, p.237.

이승만이 위임통치를 청원한 사실을 맹렬히 성토한 신채호.

남경의 금릉(金陵)대학에 다니던 백남칠은 3·1운동이 나자 상해로 와서 임시사무소의 일을 돕고 있었다.

임시정부 수립에 대한 토의에 들어가서, 먼저 본국에서 조직된 임시정부는 부인하자는 백남칠의 동의와 이영근의 재청이 있었으나 부결되었다. 토론이 장황하게 이어졌다. 그것은 이날의 회의가 강대현이 가지고 온 '경성독립단 본부'의 임시정부안을 완전히 무시하지는 않고, 그 안을 수정하는 형식으로 임시정부를 조직했음을 말해 준다.

자정이 지나서 국호와 정부형태와 국무원에 관한 문제를 토의하자는 현순의 동의와 조소앙의 재청이 가결되었다. 국호는 '대한민국'으로 하자는 신석우의 동의와 이영근의 재청이 가결되었다. 이어 정부형태 문제에 들어가서 집정관제를 총리제로 고치자는 최근우의 동의와 이영근의 재청이 가결되었다. 별다른 논란없이 집정관제가 국무총리제로 쉽게 개정된 것은 집정관제 자체에 대한 문제의식보다도 대한국민의회의 핵심멤버로 시베리아와 만주지역에서 무력활동에 주력하면서 소련 공산당과도 연결된 이동휘가 정부수반이 되는 데 대해 대부분의 참석자들이 거부감을 느끼고 있었기 때문이다. 그러한 분위기는 뒤이은 국무총리 선거에서 그대로 드러났다.

신한민국 임시정부의 각료명단에도 국무총리로 되어 있는 이승만을 만장일치로 국무총리로 추대하지 않고 투표를 하게 된 것은 신채호의 반대 때문이었다. 정식 회의를 시작하기 전에 임시정부를 수립하면 누구를 정부수반으로 할 것이냐는 문제가 화제가 되었는데, 손정도인가 현순인가가 이승만이 적임자라고 말하자 신채호가 자리에서 벌떡 일어나서 천만부당한 일이라고 소리쳤다.

"이승만은 이완용(李完用)보다 더 큰 역적이오. 이완용은 있는 나라를 팔아먹었지만 이승만은 아직 나라를 찾기도 전에 팔아먹은 놈이오!"

이승만이 윌슨 대통령에게 한국에 대한 국제연맹의 위임통치를 청원한 사실이 나라를 팔아먹은 반역행위였다는 것이었다.

"그런 사실을 잘 알아보기도 전에 그렇게 단정지을 수 없지 않소."

누군가가 옆에서 이렇게 말하자 신채호는 자리를 박차고 일어섰다. 사람들이 만류도 하고 위협도 했으나 그는 "나를 죽이구랴" 하며 고집을 부렸다.[72]

현순은 신채호가 위임통치 청원문제를 거론하면서 이승만을 반대하고 나온 것은 하와이에 있는 박용만이 신규식에게 전보로 이승만의 위임통치 청원 사실을 알려왔기 때문이었다고 썼다.[73] 신규식, 박용만, 신채호 등은 1917년 상해에서 발표된 「대동단결선언(大同團結宣言)」에 함께 참여했었다.

박용만은 이승만이 3월16일에 자신이 윌슨 대통령에게 보낸 청원서를 공개한 직후부터 이승만의 위임통치 청원 사실을 맹렬히 비난하고 나섰다. 그는 자신이 발행하던 《태평양시사(太平洋時事)》 3월19일자와 22일자에 잇달아 이승만의 위임통치 청원 사실을 "박멸하지 않으면 안되는 주의"라고 공격하고,[74] 각 지역으로 같은 취지의 전보를 쳤다. 상해에 있는 사람들에게도 전보를 쳤을 것은 말할 나위도 없다. 그리하여 상해에서도 이승만의 위임통치 청원문제가 논란거리가 되고 있었던 것은 현

---

72) 呂運弘, 앞의 책, p.39; 李光洙, 「脫出途中의 丹齋印象」, 『丹齋申采浩全集(下)』, 螢雪出版社, 1987, p.469.
73) Soon Hyun, *op. cit.*, p.131, p.300.
74) 「三·一運動關係新聞報道」, 國史編纂委員會 編, 『韓國獨立運動史 資料(5) 三·一運動Ⅰ』, 國史編纂委員會, 1975, p.56.

순이 이승만에게 친 전보에서 그 문제를 거듭 질문한 것으로도 짐작할 수 있다.

박용만은 안창호가 샌프란시스코를 떠나기 전에 두 차례나 전보로 이승만의 위임통치 청원문제에 대해 국민회 중앙총회의 입장을 질문했다. 그리하여 안창호는 상해로 떠나면서 이승만에게 "(박용만이) 맨데토리 문제로 양차 전보로 질문하였기로 안위(安慰)하는 말로 답전하였더니, 하와이지방총회는 내용을 모르고 의혹한 뜻으로 전보를 하였으니, 대형께서 통신으로 오해가 없게 하심을 바라나이다"라는 편지를 썼다.[75] 이처럼 위임통치 청원문제는 이승만의 정치생명의 아킬레스건이 되고 있었다. 그러나 "당시 형세는 내외지를 막론하고 인심의 추이가 오직 이승만에게 폭주하였었다"[76]는 현순의 말대로, 이승만은 이미 어느 누구와도 견줄 수 없는 임시정부의 대표자로 인식되고 있었다.

국무총리 선거에 들어가서, 국무총리는 서울에서 조직된 임시정부의 국무총리인 이승만으로 선거하자고 신석우가 동의하고 조완구가 재청했다. 그러자 신채호가 이승만의 위임통치 청원문제를 들어 이승만은 신임할 수 없다면서 국무총리도 따로 선거해야 한다고 주장했다. 신채호의 개의는 한진교의 재청에 따라 가결되었다. 선거는 이승만과 그 밖의 후보자 세 사람을 먼저 뽑은 다음 그들 가운데서 국무총리를 뽑자는 조소앙의 동의와 이영근의 재청이 가결되었다. 후보자 추천은 구두호천으로 하되 출석자 3분의 2의 가결이 있어야 추천이 되게 했다.

조소앙은 박영효를 추천했으나 부결되고, 신채호는 박용만을 추천했으나 부결되고, 김동삼은 이상재를 추천했으나 부결되었다. 이때에 젊은 현창운이 짓궂게 신채호를 추천하자 장내에 폭소가 터졌다. 신채호는 노발대발하여 회의장을 나가버렸다. 그런 다음 여운형이 안창호를 추천

---

75) 「安昌浩가 李承晩에게 보낸 1919년4월1일자 편지」, 『雩南李承晩文書 東文篇(十七) 簡札2』, p.240.
76) Soon Hyun, *op. cit.*, p.132, p.300.

하여 가결되고, 신석우가 이동녕을 추천하여 가결되었다. 이렇게 두 사람은 결정되었으나 나머지 한 사람은 좀처럼 결정되지 못했다. 현순은 조성환을 추천했으나 부결되고, 이영근은 김규식을 추천했으나 부결되고, 현순은 다시 이회영을 추천했으나 부결되었다. 그리하여 호천은 중지하고, 이승만, 안창호, 이동녕 세 사람을 놓고 국무총리를 선거하기로 하고, 조소앙의 특청으로 무기명 단기식투표를 실시했다. 그리하여 마침내 이승만이 대한민국임시정부의 국무총리로 선출되었다.

이어 각부 총장과 차장 선거에 들어갔다. 회의록에는 내무총장은 서울에서 조직된 임시정부의 내무총장인 안창호를 선거하자는 신석우의 동의와 조완구의 재청이 가결되었다고 기록되어 있는데, 신한민국 임시정부의 각료명단에는 내무부장은 미정이고 안창호는 노동부장으로 되어 있었다.

외무총장은 김규식을 선거하자는 조소앙의 동의가 가결되었다. 재무총장은 후보자 세 사람을 먼저 천거하여 그들 가운데서 선거하자는 최근우의 동의와 여운홍의 재청이 가결되어 남형우, 김정호(金正鎬), 최재형 세 사람을 천거하여 투표한 결과 최재형이 당선되었다. 교통총장은 서울에서 조직된 임시정부의 문창범으로 선거하자는 신석우의 동의와 한진교의 재청이 가결되었다. 문창범은 신한민국 임시정부의 교통총장이었다. 군무와 법무 두 총장은 재무총장 선거방법과 같은 방법으로 선출하자는 신석우의 특청이 가결되었다. 군무총장 후보로는 이동휘, 조성환, 유동열 세 사람을 천거하여 투표한 결과 이동휘가 당선되었고, 법무총장 후보로는 이시영, 남형우, 조소앙을 천거하여 투표한 결과 이시영이 당선되었다.

차장선거에서는 신한민국 임시정부의 재무차장 이춘숙만 그대로 재무차장으로 선출하고 나머지는 모두 상해에 있는 사람들 가운데 두배수를 추천하여 투표를 실시한 결과 다음과 같이 선정되었다.

내무차장 신익희,　외무차장 현순,

재무차장 이춘숙,　교통차장 선우혁,

군무차장 조성환.

각부 차장들까지 선거를 끝내고 임시헌장을 의결할 차례가 되었다. 신익희, 이광수, 조소앙 세 사람으로 하여금 30분 안으로 심사안을 보고하게 하자는 현순의 동의와 신석우의 재청이 가결되었다. 서울에서 가져온 헌장 초안이 발견되지 않아서 심의과정에 어떤 수정이 있었는지는 알수 없다. 그러나 그동안 상해에서도 헌법초안이 준비되고 있었으므로, 임시헌장에 대해서는 정식회의를 시작하기 전에 여러 가지 논의가 있었을 것이다. 그리하여 30분 뒤에 전체회의에 보고된 임시헌장안에서는 국민의 의무를 규정한 제6조에 병역의 의무가 추가되고, 구황실(舊皇室)을 우대한다고 한 조항(제8조)에서 "일생(一生)"이라는 기간이 삭제된 것밖에 수정된 것이 없었다.[77]

전체회의에서 가장 오래 논란이 된 것은 바로 이 구황실 우대조항이었다. 찬성론자들은 고종이 승하하자 수많은 군중이 대한문 앞에서 통곡했던 일로 미루어 보아 민심을 수습하기 위해서라도 황실의 우대는 필요하다고 주장했고, 반대론자들은 망국의 책임을 강조하면서 황실의 우대는 국민의 기강을 문란하게 하는 일이라고 역설했다. 이 조항에 반대했던 여운형은 논란 끝에 이 조항이 가결되자 임시정부의 어떤 직책도 맡지 않겠다고 말했다고 한다.[78] 실제로 임시정부의 정부로서의 활동에 회의적이었던 여운형은 임시의정원 의원으로는 참여했으나, 1929년7월에 일본경찰에 체포되어 국내로 송환될 때까지 임시정부의 각료로는 선임되지 않았다.

---

77) 「臨時議政院紀事錄 제1회(1919.4.)」, 『대한민국임시정부자료집(2) 임시의정원 I 』, pp.16~19 ; Soon Hyun, *op. cit.*, p.131, p.300.

78) 呂運弘, 앞의 책, pp.41~42.

임시헌장은 민주공화제(民主共和制) 채택(제1조), 임시정부와 임시의 정원으로 통치(제2조), 특권계급 부인과 남녀평등권 보장(제3조), 여러 기본권의 보장(제4조), 선거권과 피선거권(제5조), 교육과 납세와 병역의 의무(제6조), 국제연맹 가입(제7조), 구황실 우대(제8조), 생명형과 신체형과 공창제 폐지(제9조), 국토회복 후 1년 안에 국회소집(제10조)의 10개조로 되어 있었다. 그것은 간략하기는 하나 남녀평등권의 보장과 사형제와 태형제의 폐지 등 민주국가의 기본원리를 천명한 것이었다.

이 헌장에서 가장 눈에 띄는 것은 임시정부의 권력구조를 "대한민국은 임시정부가 임시의정원의 결의에 의하야 이를 통치함"(제2조)이라고 규정한 것이었다. 이는 국무총리 이승만을 비롯한 각부 총장들을 국민의 여망에 따라 미국과 시베리아 등지에 있는 명망가들로 추대하면서도 임시정부의 실질적인 운영은 헌법제정권자라고 할 수 있는 의정원의원 자신들이 주도하겠다는 의지를 반영한 것이었다.

밤을 새워 진행된 회의는 이튿날인 4월11일 오전 10시까지 계속되었다. 의사일정을 마치고 감격적인 만세 삼창을 부르고 해산할 때에는 회의장인 식당의 동창으로 아침 햇볕이 환하게 비쳤다.[79] 이것이 역사적인 대한민국 임시의정원 제1회 회의였다.[80]

이틀 뒤인 4월13일에는 대한민국임시정부가 수립된 사실을 각 신문사와 통신사에 알리고, 파리에 가 있는 김규식에게 외무총장 겸 전권대사의 신임장을 송부했다.[81] 임시정부 조직에 관한 기사는 이광수가 쓰고 백남칠이 타이프를 쳐서 여운홍이 각 신문사와 통신사에 돌렸다.[82] 국내에는 현순이 청년 두 사람에게 임시정부 조직 선포문과 임시헌장을 주어 들여보냈다.[83]

---

79) 李光洙, 앞의 책, p.238.
80) 「臨時議政院紀事錄 제1회(1919.4.)」, 『대한민국임시정부자료집(2) 임시의정원 I』, p.19.
81) 在上海日本總領事館警察部第二課, 『朝鮮民族運動年鑑』, 1919년4월13일조.
82) 李光洙, 앞의 책, p.238.
83) Soon Hyun, op. cit., p.132, p.300.

3

미국의 한인사회에서는 현순의 4월4일자 전보로 잘못 알려진 '대한공화국' 임시정부가 동포들의 열광 속에서 이내 현실의 임시정부로 인식되었다. 이승만은 그 열광을 선도했다. 이승만 자신도 '대한공화국'이 실체가 있는 것으로 믿었다. 그는 『일기』에 "만주에서 수립된 임시정부"의 내각을 4월5일에 신문을 보고 알았다고 적어 놓았다.[84]

4월4일에 임시정부가 수립되었다는 현순의 전보를 받은 이승만은 이튿날로 현순에게 다음과 같이 타전했다.

　　나에게 우리의 운동자금을 빌릴 수 있는 권한을 부여하는 임시정부명의의 신임장을 즉시 전보로 보내시오. 서면 신임장은 나중에.[85]

이처럼 이승만은 무엇보다도 재정 확보가 앞으로의 활동을 위하여 가장 필요한 문제라고 판단했다. 당장 필라델피아 회의를 준비하는 데도 자금이 필요했다. 게다가 3·1운동에 관한 "격동되는" 뉴스가 연일 미국 언론에 보도되고 있었으므로 이승만은 서재필과 협력하여 국채를 얻을 자신이 있었다.[86] 그러나 이때는 아직 상해임시정부가 수립도 되기 전이었다.

이승만으로서는 '대한공화국' 임시정부의 수립을 외국 언론에 홍보하는 것도 시급한 일이었다. 그는 워싱턴으로 가서 7일에 연합통신(AP)의 기자를 만났는데, 그 인터뷰 내용이《신한민보》에 다음과 같이 보도되었다.

---

84) Syngman Rhee, *Log Book of S. R.*, 1919년4월5일조.
85) 「李承晚이 玄楯에게 보낸 1919년4월5일자 전보」, 『대한민국임시정부자료집(8) 정부수반』, p.18; 리승만, 「대한민국림시정부에 관한 통신」,《新韓民報》1919년8월16일자.
86) 리승만, 「대한민국림시정부에 관한 통신」,《新韓民報》1919년8월16일자.

워싱턴 4월7일(연합통신으로)= 현금 만주에서 조직된 한국 임시 정부 내각의 국무경으로 선택된 리승만 박사는 오늘 연합통신을 대하야 말하기를 이번 독립운동에 인도자들의 주의는 한국으로 동양의 처음 되는 예수교국을 건설하겠노라 하더라.[87]

이승만은 자신이 이러한 선언을 했다는 사실을 현순에게도 알렸다.[88] 한국을 동양의 첫 기독교국가로 만들겠다는 주장은 평소의 그의 지론이기는 했지만, 그것을 특별히 강조한 것은 미국인들의 동정을 얻기 위한 것이었다. 일본경찰의 '극비' 연표는 이때의 이승만의 기자회견 내용을 두고 "조선임시정부 외무대신" 이름으로 "조선은 미국의 제도 및 동일정신 아래 기독교 독립국을 건설한다"는 선언서를 발표했다고 적었다.[89]

이승만의 이 발언과 관련하여 눈길을 끄는 것은 일본 정보기관이 상해에서 입수한 4월10일자 「조선공화국 가헌법」이라는 영문문서이다. 7개조로 된 이 임시헌법의 제1조는 "조선공화국은 북미합중국의 정부를 본받아 민주정부를 채용한다"라고 천명했다.[90] 이 헌법안의 그 밖의 조항들은 임시의정원에서 채택된 임시헌장의 내용과 같은 것으로 보아 조소앙 등이 준비하던 임시헌장 초안을 미국인들에게 선전하기 위해 영문으로 번역하면서 위와 같이 의역한 것 같다.

이승만은 며칠 앞으로 다가온 필라델피아 한인대회가 '대한공화국' 임시정부를 외국인들에게 알리고 그들의 성원과 협조를 촉구하는 기회가 되게 해야 한다고 생각했다. 그것은 물론 그 정부의 국무경인 자신의 위상을 더욱 높여주는 기회도 될 것이었다.

---

87) 《新韓民報》 1919년4월8일자, 「우리나라 예수교국으로 만들어」.
88) Syngman Rhee to Soon Hyun, Apr. 5, 1919, *The Syngman Rhee Telegrams*, vol. I., pp.66~67.
89) 朝鮮總督府警務局 編, 『(極秘) 朝鮮警察關係年表』(1929), 1919년4월7일조.
90) 「秘 제170호: 上海駐在有吉總領事가 內田外務大臣에게 보낸 報告」, 1919년4월12일, 『不逞團關係雜件 朝鮮人ノ部 上海假政府(一)』; 「大韓民國臨時政府に關する上海情報報告の件」, 金正明 編, 『朝鮮獨立運動II』, p.35.

한편 현순은 4월11일에 이승만의 국채교섭권 승인요청에 대해서는 언급이 없이 위임통치를 청원했는지를 거듭 묻는 전보를 쳤다. 이승만은 현순의 이러한 전보는 자기의 전보가 일본인들의 방해로 현순에게 전달되지 않았기 때문이라고 생각하고 그날로 다시 다음과 같이 타전했다.

　　우리는 절대 독립에 동의함. 자금이 필요하오. 여러 은행에 계좌를 개설하고 알려주시오. 임시정부가 공식으로 나에게 우리 운동자금 빌리는 권리를 부여할 것을 전보하시오.[91]

자금이 필요하다고 한 것은 "귀하는 풍족한 재정지원을 받을 것이오"라고 한 현순의 전보를 염두에 두고 송금을 요청한 것이었을 것이다.

이승만은 4월12일에 파리로 윌슨 미국대통령과 강화회의 의장인 클레망소(Georges Clémenceau) 프랑스 수상에게 '대한공화국(The Korean Republic)' 임시정부 국무경 명의로 공문을 보내어 강화회의가 한국의 독립을 승인할 것을 요구하고, 또 강화회의의 4대 강국[미국, 영국, 프랑스, 이탈리아] 행정위원회가 대한공화국임시정부가 강화회의에 파견한 강화대사들의 발언권을 허락할 것을 요청했다.[92] 이것은 국제사회에 한국 임시정부의 승인을 요청한 최초의 문서였다.

현순은 임시의정원의 첫 회의가 열리던 4월10일에 국민회 하와이지방총회로 전보를 쳐서 자신이 전번에 타전한 임시정부는 "잘못"이었고, "우리의 진정한 임시정부"가 새로 수립 중이라고 통보했다. 이 임시정부에는 대통령은 없고, 국무총리(Premier) 이승만 아래 내무총장 안창호, 외무총장 김규식, 재무총장 최재형, 군무총장 이동휘, 참모총장 조성환으로 되어 있다고 했다. 이때에 현순이 통보한 진정한 임시정부란 4월11일

---

91) 「李承晩이 玄楯에게 보낸 1919년4월11일자 전보」, 『대한민국임시정부자료집(8) 정부수반』, p.19.
92) 《新韓民報》 1919년5월13일자, 「국무경 리승만박사의 공첩」.

에 임시의정원에서 조직한 대한민국임시정부를 말하는 것이었다. 이종관은 이 통보내용을 바로 이승만에게 타전했다.[93] 현순은 상해임시정부가 정식으로 선포된 뒤인 4월15일에 같은 내용을 이승만에게 다시 알렸다.[94] 그러나 이승만은 현순의 이러한 전보를 일단 무시했다. 상해에서 오는 현순의 전보가 너무 혼란스러웠기 때문이다. 이승만뿐만이 아니었다. 상해에서 임시의정원이 설립되었다는 소식을 듣고 《신한민보》가 '대한공화국'의 국회가 "의정원"이라는 이름으로 조직되었다고 보도한 것도 그러한 혼란을 보여주는 것이었다. 마침 이날은 필라델피아 한인대회가 성공리에 끝나고 있는 날이었다.

필라델피아회의가 열리던 날 《신한민보》는 1면 제호 옆 머리기사 자리에 "바다 밖 동포 일동" 명의로 큼직한 축하 사고(社告)를 게재했고, 17일자에는 다음과 같은 「임시 국무경의 공고」를 보도했다.

필라델피아 4월14일발 전보= 대한공화국임시정부 국무경 리승만 박사는 말하기를 "일본이 년년 백만원 재정을 허비하야 가며 일본의 제국주의와 군국주의를 미국에 전도하는 동시에, 우리 국민대회는 장차 일본의 내정을 발간하야 미국에 큰 도움을 주고저 하노라" 하얏다더라.[95]

이처럼 이승만은 이제 재미동포들에게 감격스러운 '대한공화국'의 국무경이었다.

93) Lee Chongkwan to Syngman Rhee, Apr. 11, 1919, *The Syngman Rhee Telegrams*, vol. I., p.93.
94) 「玄楯이 李承晩에게 보낸 1919년4월15일자 전보」, 『대한민국임시정부자료집(8) 정부수반』, p.19.
95) 《新韓民報》 1919년4월17일자, 「전보: 림시국무경의 공고」.

3. 이동녕 주선으로 내무위원에 피선

1

김구 일행이 나흘 동안의 항해 끝에 상해의 포동(浦洞) 부두에 도착한 것은 바로 상해임시정부가 수립되었음을 선포한 4월13일이었다. 김구는 치마도 입지 않은 여자들이 거룻배의 노를 저으면서 선객들을 실어 나르는 모습이 신기했다. 안동현에서 배를 탈 때에는 옷을 입고도 추워서 고생했는데, 상해는 벌써 녹음이 우거진 초여름이었다. 등과 얼굴에서 땀이 흘러내렸다.

도착하던 날 김구는 공승서리(公昇西里) 15호의 어느 동포 집에서 담요만 깐 바닥에서 잤다. 이튿날 그는 상해에 있는 친지들을 수소문해 보았다. 3·1운동을 전후하여 상해에는 국내외 각지에서 모여든 동포들이 500명가량 되었다. 그들은 거의가 독립운동의 뜻을 품고 상해에 온 사람들이었다. 그러나 이들 가운데 김구가 알 만한 사람이라고는 이동녕, 이광수, 김홍서(金弘敍), 서병호(徐丙浩), 김보연(金甫淵) 등 몇 사람밖에 되지 않았다.

김보연이 찾아와서 자기 집으로 가자고 했다. 그날부터 김구는 김보연의 집에서 상해생활을 시작했다.[96] 김보연은 김구가 장연(長淵)에서 교육계몽운동에 종사할 때에 따르던 광진학교(光進學校) 출신의 청년으로서 몇년 전부터 가족과 함께 상해에 와서 살고 있었다. 그는 장연에서 3·1운동을 지도하다가 일본경찰에 체포되어 해주형무소에서 옥고를 치른 장연읍 김두원(金斗源)의 아들이었다. 김두원은 출옥한 뒤에도 남만주 독립단에서 특파된 이진태(李震台)와 같이 독립운동자금을 모집하기

---

96) 도진순 주해, 『김구자서전 백범일지』, 돌베개, 1997, p.299.

도 했다. 김보연의 어머니는 일본경찰의 심한 고문으로 목숨을 잃었다.[97]

이동녕은 김구와 10년 전에 신민회(新民會) 활동을 함께했으며, 이광수는 김구가 실무를 주관한 안악면학회 주최 사범강습회 때에 강사로 초빙되어 교재를 손수 만들어 가지고 열심히 가르쳤었다. 그러나 김홍서와 서병호는 『백범일지』에 전혀 언급이 없는 인물이어서 이렇게 이들과 아는 사이였는지 알 수 없다.

김구는 김보연을 앞세워 이동녕을 찾아갔다. 상해에 도착한 김구에게 가장 감격적인 일은 이동녕과의 재회였다. 이때의 감상을 『백범일지』는 다음과 같이 써놓았다.

> 김군을 안내자로 하여 10여년 동안 밤낮으로 그리던 이동녕 선생을 찾았다. 몇년 전 양기탁(梁起鐸)의 사랑에서 내게 서간도에 가서 무관학교를 세우도록 권하고, 지사들을 소집하여 장래에 광복사업을 준비하는 중임을 전권 위임하던 그때보다는 10여년 동안 무수한 고생을 겪어서인지 그토록 풍성함이 가득했던 얼굴에 주름살이 잡히었다. 서로 악수하고 나니 감개무량하여 무슨 말을 해야 할지도 생각나지 않았다.[98]

이동녕은 1906년에 북간도로 가서 이상설(李相卨) 등과 서전서숙(瑞甸書塾)을 설립하고 동포 2세들을 가르쳤고, 1907년에는 국내에서 안창호, 양기탁 등과 함께 신민회 조직에 참여했다가, 한일합병 뒤에 서간도로 망명하여 이회영, 이시영 형제와 이상룡(李相龍) 등과 함께 신흥무관학교(新興武官學校)를 설립하고 교장이 되었다. 1913년에 블라디보스토크로 간 그는 대종교(大倧敎)에 입교하고, 1914년에는 이상설, 이동휘 등

---

97) 黃海道誌編纂委員會 編, 『黃海道誌』, 黃海道誌編纂委員會, 1982, p.261.
98) 『백범일지』, pp.299~300.

과 함께 대한광복군정부(大韓光復軍政府)를 조직했다. 1917년에 이상설이 사망한 뒤에는 대종교 포교에 전념하다가 1918년 음력 11월의 독립선언서[戊午獨立宣言書] 선포에 참여했고, 3·1운동이 일어난 뒤에 니콜리스크−우수리스크에서 대한국민의회 결성에 참여했다가 상해로 온 것이었다. 이때에 그는 나이 쉰살로서 김구보다 여섯살 위였다.

처음으로 발을 딛는 이국땅에서 아는 사람도 없이 모든 것이 막막한 김구로서는 이동녕을 만난 것이 여간 의지가 되지 않았을 것이다. 이동녕은 이동녕대로 서북파들에게 둘러싸여 흉금을 터놓고 일을 상의할 만한 동지가 많지 않은 상황에서 김구를 만난 것이 여간 든든하지 않았을 것이다. 김구는 이동녕의 주선에 따라 상해에 도착한 지 열흘 뒤에 열린 제2회 임시의정원 회의 때부터 의정원 의원으로 활동할 수 있게 되었다. 이때부터 이동녕은 일생 동안 김구의 후견인이 되었다.

제2회 임시의정원 회의 때의 참가 자격은 알려져 있지 않으나, 4월22일 밤 9시부터 23일 아침 9시까지 열린 회의에는 제1회 회의에 참석한 29명의 두배가 넘는 69명이 참가했다. 그러나 회의에서 발언한 사람의 이름이 참가자 명단에 빠져 있는 것을 보면 이 숫자는 정확하지 않다.[99] 갑자기 인원수가 증가한 것은 제1회 회의에 참가하지 못한 사람들과 임시정부가 수립된 뒤에 국내와 국외의 여러 지역에서 상해로 온 독립운동자들이 한꺼번에 참여했기 때문이다. 김홍서, 서병호, 김보연 등을 비롯하여 김구와 함께 상해에 온 김병조(金秉祚), 안승원(安承源) 등도 이날 새로 임시의정원 회의에 참석했다.

이날 회의에서는 먼저 국무원 비서장과 내무차장이 제출한 사직청원을 수리한 다음 차장제를 폐지하고 위원제를 신설하여 새로 각부의 위원들을 선출했다. 법무총장에 선출된 이시영 말고는 총장들이 아무도 없는 상황에서 젊은 차장들만으로는 국내외에서 몰려오는 많은 인사들을 상

---

99) 「臨時議政院紀事錄 제2회(1919.4.)」, 『대한민국임시정부자료집(2) 임시의정원 I 』, pp.20~21.

대로 임시정부 업무를 수행하는 데에 한계가 있었기 때문이다.

임시정부를 이끌어갈 각부 위원은 15인의 선거위원이 선출하기로 했다. 김구는 이동녕 의장의 추천으로 선거위원의 한 사람으로 선출되었다. 이날 회의에서는 모두 7개부의 위원 48명을 선출했는데, 김구는 신익희, 서병호, 윤현진, 한위건 등과 함께 10인의 내무부 위원의 한 사람으로 선출되었다.[100]

4월25일 오후 4시에 개최된 제3회 임시의정원 회의에는 임시정부 역사상 가장 많은 70명의 의원이 참석했는데, 참석자들은 김구를 포함하여 제2회 회의에 참석한 인사들이 대부분이었다. 이날 회의에서는 전문 13장 57조로 된 임시의정원법이 의결되었다. 임시의정원법에 따라 비로소 의원의 자격이 명확히 규정되었다. 의원 자격은 대한국민으로서 중등교육을 받은 만 23세 이상의 남녀로 한정하고, 의원 수는 인구 30만명에 1명을 기준으로 각 지방별 인구비례로 정하되, 지방에 따라서는 30만명에 미치지 못해도 1명을 뽑을 수 있도록 했다. 이에 따라 의원의 정원을 경기도, 충청도, 경상도, 전라도, 함경도, 평안도는 각 6명씩, 강원도, 황해도, 중국령, 러시아령, 미국령은 각 3명씩 총 51명으로 정했다.[101] 해외거주 동포를 배려하여, 국내의 인구비율로나 또 해외지역별로도 차이가 있음에도 불구하고 중국, 러시아,,미주지역 대표를 각각 3명씩으로 한 것이 눈길을 끈다.

임시의정원은 국민적 대표성을 지녀야 했기 때문에 의원의 선거방법은 매우 중요한 문제였다. 그러나 국내에서 의정원 의원을 선출하여 보낸다는 것은 현실적으로 불가능한 일이었으므로 상해에 모인 인사들을 중심으로 각 도별로 의원선정협의회를 구성하여 4월29일에 각 도별 의원을 선출했다.[102] 그리고 해외 각 지역은 그곳에서 직접 대표를 선출하여 파견

---

100) 위의 책, p.21.
101) 같은 책, pp.3~5.
102) 「大韓民國臨時政府に關する上海情報報告の件」, 金正明 編, 『朝鮮獨立運動 Ⅱ』, p.34.

하는 형식을 취했다.

황해도 대표로는 김보연, 이치준(李致畯), 손두환(孫斗煥)이 선출되었다. 이들은 모두 김구와 가까운 인물들이었다. 김보연과 손두환은 김구의 제자였다. 이치준은 신천(信川) 출신으로만 알려졌는데, 김구와 신천지방과의 연고로 미루어 이치준도 김구가 전혀 모르는 사람은 아니었을 것으로 짐작된다. 김보연은 재정심사위원회 위원으로, 손두환은 청원법률심사위원회 위원으로 선출되어 의욕적인 의정활동을 시작했다. 그러나 이치준은 무슨 이유에서인지 알 수 없지만 얼마 지나지 않아서 의원직에서 해임되었다.[103] 김구는 이미 내무부 위원으로 선출되어 있었으므로 의원선거에서는 제외되었다. 김구가 임시정부의 경무국장으로 취임하는 것은 8월 중순의 일이다.

---

103) 『朝鮮民族運動年鑑』, 1919년 5월 13일조.

32장

인형 속에 숨겨 온 한성정부 문건

1. 대한인 총대표회의[제1차 한인회의] 주도

1

대한인 총대표회의[제1차 한인회의]는 1919년4월14일부터 16일까지 사흘 동안 필라델피아의 중심가에 있는 리틀 시어터(The Little Theater)에서 열렸다. 회의에는 미국 각지에 산재한 한국인 대표들과 학생 등 150여명이 참석했다. 『대한인 총대표회의 의사록(*First Korean Congress*)』에 따르면 이승만, 서재필(徐載弼), 정한경(鄭翰景) 등은 회의개최 사실을 국문과 영문 신문지상을 통하여 광고했고, 뉴욕, 오하이오, 일리노이 등 미국의 11개주와 하와이 준주에 있는 동포들뿐만 아니라 영국의 런던과 아일랜드, 그리고 중국에 있는 동포들에게까지 청첩장을 보내거나 초청 전보를 쳤다.

회의는 이승만과 서재필이 주도했다. 임시의장 서재필의 다음과 같은 개회사는 이 회의가 얼마나 큰 의욕을 가지고 개최되었는지를 짐작하게 한다.

"신사 숙녀 여러분! 여러분은 매우 엄숙하고 중대한 사명을 띠고 이 자리에 모였습니다. 여러분은 2,000만 한국인에게 지대한 영향을 끼칠 뿐만 아니라 중국과 일본과 동 러시아의 인민들에게 간접적인 영향을 미칠 문제들을 토의하기 위하여 이 자리에 모였습니다. 이들 지역의 총인구는 6억가량 되며 그것은 전 세계 인구의 3분의 1에 가깝습니다. 한국은 비록 면적에서는 작은 나라이지만 그 지리적 위치 때문에 아시아의 이 지역에서 매우 중요한 역할을 하고 있습니다. 그러므로 여러분은 대단히 분명한 사려를 가지고 동양의 영원한 평화를 가져올 확고하고 결정적인 조치를 취해야 합니다. 그래야만 아시아대륙에 민주주의와 기독교를 확립시킬 수 있습니다.…"[1]

---

1) 元聖玉 譯, 『*Frist Korean Congress*, (Philadelphia, 1919) 最初의 韓國議會』, 汎韓書籍株式會社, 1986, pp.7~8, p.116.

서재필은 먼저 필라델피아 성삼위일체교회(Holy Trinity Church)의 톰킨스(Floyd W. Tomkins) 목사에게 기도와 축사를 부탁했다. 회의는 오케스트라의 연주에 따라 미국 국가 「아메리카」의 제창으로 시작되었다. 이어 의장 선거에 들어가서, 정한경의 동의와 이승만의 재청에 따라 서재필이 만장일치로 선출되었다. 서재필은 인사말에서 가능하면 다른 사람이 의장직을 맡아 주었으면 좋겠다고 말했다. 그는 자신은 미국시민이기 때문에 한국인들의 독립운동에 앞장설 수 없다는 점을 분명히 하고, 미국의 국익과 법률에 저촉되지 않는 범위 안에서 사회자의 역할을 다하겠다고 말했다. 그러자 이승만은 서재필이 미국인이기 때문에 오히려 더욱 이 회의의 의장 적임자라고 말했다. 그러고 나서 이승만은 임병직(林炳稷), 김현구(金鉉九), 장기한(Kihan Chang) 세 사람을 대회 서기로 임명할 것을 제의하여 동의를 얻었다.

회의는 매일 오전과 오후로 나뉘어 진행되었다. 영어와 한국어가 같이 사용되었지만, 대부분의 참석자들은 영어로 발언했다. 특별연사로 초빙된 필라델피아 지역 미국인 성직자들의 기도와 축사로 시작하여 미국인 대학교수들의 연설과 한국에서 막 귀국한 선교사들의 증언, 거기에 한국인 음악가들의 독창과 기악 연주가 간간이 곁들여져서 마치 기독교 부흥회를 방불케 했다.[2]

초빙 연사로는 톰킨스 목사를 비롯하여 오하이오주 오벌린대학(Oberlin College)의 밀러(Herbert A. Miller) 교수, 빌라노바대학(Villanova College) 학장인 딘(James J. Dean) 신부, 샤트(Alfred J. G. Schadt) 교수, 필라델피아에서 가장 큰 유대교회당의 버코위츠(Henry Berkowitz) 랍비, 서울 세브란스병원에서 근무하고 1918년에 귀국한 쿡 부인(Mrs. E. L. Cook), 《이브닝 레저스(*The Evening Ledgers*)》지의 베네딕트(George Benedickt) 기자, 성 요한 교회(St. John's Church)

---

2) 홍선표, 『서재필: 생애와 민족운동』 독립기념관 한국독립운동사연구소, 1997, p.135; 유영익, 「3·1 운동 후 서재필의 신대한(新大韓) 건국 구상」 『서재필과 그 시대』 pp.343~344.

의 교구사제 맥비(Croswell McBee) 목사, 스워스모어대학(Swarthmore College)의 레이머(Reimer) 교수, 필라델피아 기독교계 지도자의 한 사람인 머카트니(Clarence E. McCartney) 목사, 여러 해 동안 한국에서 활동하고 귀국한 데밍(Deming) 선교사 등이었다.

이처럼 이 회의에 미국인 기독교 관계자들을 많이 초청한 것은, "독립과 기독교 민주주의를 위한 이 운동은 미국인들에게도 아주 뜻밖의 새로운 발견입니다"[3]라고 천명한 서재필의 대회사로도 짐작할 수 있듯이, 이 회의를 준비한 이승만이나 서재필 등의 독립 한국의 비전이 기독교 민주국가 건설이라는 사실과 함께 3·1운동을 계기로 미국인들의 한국에 대한 기독교적인 관심이 한결 높아졌음을 말해 주는 것이었다. 그러나 실제로 일본과 한국을 하나의 선교지역으로 정하여 선교활동을 하고 있는 감리교나 장로교의 선교본부는 이 회의의 초청에 응하지 않았다. 이에 대해 김영우는 "이 두 교회는 다 일인의 침을 맞아서" 그랬다고 기술했다.[4]

회의에서는 여러 가지 결의문이 채택되었다. (1) 대한공화국 임시정부(The Provisional Government of the Korean Republic)에 보내는 메시지, (2) 미국 국민에게 보내는 호소문, (3) 한국인의 목표와 열망, (4) 사려깊은 일본 국민에게 보내는 메시지, (5) 워싱턴의 적십자사본부에 보내는 전보, (6) 미국정부와 파리강화회의에 보내는 청원서가 그것이었다. 이 결의문들을 만드는 데에 직접 참여한 사람은 이승만과 서재필을 포함하여 민찬호(閔燦鎬), 정한경, 윤병구(尹炳求), 천세헌(千世憲), 유일한(柳一韓), 김현구, 임초(林超), 김노디(혜숙), 찰스 리(Charles L. Lee), 조안우(Joan Woo) 등이었다.

---

3) 『Frist Korean Congress』, p.9, p.118.
4) 김영우, 『대한독립혈전긔』, 『韓國獨立運動史 資料(4) 臨政篇IV』, 1974, p.312.

채택된 결의문들과 관련하여 무엇보다 주목되는 것은 역시 '대한공화 국'을 기정사실로 인정하고 있는 점이다. 「대한공화국 임시정부에 보내는 메시지」의 기초위원은 민찬호, 정한경, 천세헌 세 사람이었는데, 「메시지」에는 다음과 같은 구절이 들어 있었다.

1919년3월1일에 300여만명의 우리 동포들이 궐기하여 일본으로 부터의 독립을 선언하고 임시정부를 조직하였다. 이 임시정부는 고매한 기독교적 인격을 갖추었고 고등교육을 받았으며 민주적 통치원칙을 신봉하는 인사들로 구성되었다.

조국에 있는 이들 애국 동포들은 그들의 자유(liberty)뿐만 아니라 우리의 자유를 위하여, 최악의 조건하에서도 강적에 맞서서 자유(freedom)와 인류애라는 대의를 위하여 주저하지 않고 피를 흘리고 있다.

그러므로 미국 본토와 하와이로부터 이 회의에 참가한 우리 한인들은 우리나라의 자유를 위하여 우리의 도덕적, 물질적, 육체적 지원을 다할 것을 엄숙히 선언하기로 결의한다.[5]

첫날 오후 회의에서 이 결의안의 채택문제를 놓고 활발한 토론이 벌어졌다. '대한공화국' 임시정부의 존재에 대한 명확한 이해가 없는 상황이었으므로 논란이 있는 것은 당연했다. 컬럼비아대학교(Columbia University)에 재학 중인 조병옥(趙炳玉)이 문제를 제기했다. 그는 한국어로 발언했다.

"이 결의문을 임시정부에 보내는 것이 타당한 것인지의 여부를 이해

---

5) 『Frist Korean Congress』, pp.26~27, pp.135~136.

하기 위해서는 기초위원장이든지 또는 다른 어떤 분이라도 우리 임시정부의 존재에 대해 충분한 정보를 제공해 주시는 것이 타당할 것 같습니다."

조병옥의 요구에 대해 의장인 서재필이 대답했다. 그러나 서재필의 설명도 모호할 수밖에 없었다.

"한국독립연맹(The Korean Independence Union)이 만주 변경에서 임시정부를 조직하고, 대통령과 8~9명의 각료를 선출했습니다. 손(병희)씨가 임시대통령입니다. 그분들의 목적은 첫단계로 현재의 정부, 곧 일본인들의 정부에 대항할 정부를 가지는 것입니다. 임시정부는 무엇보다도 먼저 다른 강국들의 승인을 받아야 합니다. 일본인들의 지시를 받는 현재의 정부가 무엇을 하든 간에 우리는 세계와 직접 상대할 별개의 독립된 새로운 정부를 가지는 것이 절대로 필요합니다. 제가 알기로는 이승만 박사에게 전보로 공식 통보가 왔고, 그리고 새로운 임시정부가 조직되었음을 말해 주는 다른 정보들도 있습니다. 정부를 조직한 사람들은 국내의 혁명가들을 대표하는 사람들입니다."

'대한공화국' 임시정부의 지위와 지도부에 관한 토론이 벌어졌다. 리(W. H. Lee) 박사, 박(P. H. Park), 이승만, 정한경, 유일한 등의 발언이 이어졌는데, 아쉽게도 토론내용은 『회의록』에 수록되어 있지 않다. 한동안 토론이 계속된 뒤에 서재필이 토론을 마무리했다.

"임시정부의 대통령이 감옥에 있건 프랑스에 있건 그것은 문제가 되지 않습니다. 그는 혹시 미국에 있을지도 모릅니다.… 어느 분이 한국어로 잘 표현해 주셨듯이 한국의 새로운 임시정부는 '한국 국민의 의지의 화신'입니다. 정부가 만주에 있건 필라델피아에 있건 파리에 있건 그것은 아무런 문제가 되지 않습니다. 이들 한국 혁명가들이 천명한 의지가 있는 한 그들은 한국의 통치자가 되어야 합니다. 이제 우리는 그들을 인정하려고 합니다. 이들 한국인들이 오늘날 투쟁하고 있는 목적을 믿거나 믿지 않거나 하는 것은 우리 앞에 놓인 문제이고, 그들이 어디에 있는가 하는 의문은 때가 되면 자연히 해결될 것입니다."

이러한 논란 끝에 '대한공화국' 임시정부에 보내는 메시지는 원안대로 채택되었다.[6] 회의는 이어 이승만이 기초위원장을 맡은 「워싱턴 적십자사 본부에 보내는 호소문」 채택의 순서로 이어졌다. 워싱턴의 미국 적십자사에 보낸 전보는 서울을 비롯한 한국의 중요 도시에서 '혁명 활동'을 하다가 부상당한 사람들을 미국 적십자사가 치료해 줄 것을 요망하는 내용이었다. 그것은 한국의 독립운동을 지원하는 데 국제적 인도주의에 호소하는 방법을 쓴 것으로서, 주목할 만한 발상이었다.

「미국인들에게 보내는 호소문」도 이승만의 평소의 주장이 반영된 것이었다. 이 호소문은 '대한공화국' 임시정부의 수립을 기정사실로 언급한 다음, 기독교 신앙과 인류애의 나라인 미국을 "인류의 희망"이라고 찬양했다. 호소문은 이어 이승만이 기회 있을 때마다 주장하는 대로, 1882년에 맺은 조미수호통상조약의 거중조정(good offices) 조항을 상기시키면서 미국이 조약상의 의무를 이행할 것을 촉구하고, 다음과 같은 말로 끝맺었다.

그러므로 우리는 인류애와 자유와 민주주의의 이름으로, 그리고 한미조약의 이름으로, 또한 세계평화의 이름으로, 한국에 있는 평화애호자들의 생명을 구하기 위하여, 그리고 우리 국민에 대한 사랑과 그리스도에 대한 신앙 때문에 생명과 재산을 잃는 위험에 처한 미국 선교사들과 그들의 가족을 보호하기 위하여, 미합중국 정부에 거중조정을 다해 줄 것을 요망합니다.[7]

그런데 이 호소문을 채택하는 과정에서 사소한 논쟁이 있었다. 이승

---

6) 위의 책, pp.29~30, pp.138~139.
7) 같은 책, pp.32~33, pp.140~142.

만의 호소문 초안 낭독이 끝나자 서재필이 회의 참석자들을 향하여 호소문 초안에 첨가할 것이나 그 밖의 다른 의견이 없느냐고 물었다. 그러자 이승만은 그 결의문을 수정할 필요가 없다고 생각한다면서 그대로 채택할 것을 동의했다. 그러나 서재필은 이승만의 태도가 비민주적이라고 나무라면서 토론을 진행시켰다. 그리하여 잠시 티격태격하는 논쟁이 벌어졌다. 한 참석자가 자기는 머지않아 귀국할 예정이므로 자기 이름이 신문에 나는 것을 원치 않는다면서 발언권을 요구했다. 서재필이 이름을 밝히지 않는 사람에게는 발언권을 줄 수 없다고 하자 그는 자기의 성이 임(Im)이라고 말하고, 일반적인 연설을 짧게 하고 나서 다음과 같이 끝맺었다.

"동료 시민 여러분! 저는 진정으로 여러분과 뜻을 같이합니다. 저는 제 이름이 보도되는 것을 원치 않았습니다. 그러나 그것은 제가 그럴 필요가 없다고 생각했기 때문이고, 다만 「미국인들에게 보내는 호소문」 기초위원회가 제출한 결의안에 대해 이승만 박사에게 경하의 말씀을 몇마디 드리고자 했을 뿐입니다."

이에 대해 김(Paihynk Kim)이라는 사람이 한국말로 논쟁을 벌였으나 쓸데없는 비난이었기 때문에 의장이 발언을 중지시켰다. 이러한 논란 끝에 이승만의 동의와 유일한의 재청으로 결의안은 원안대로 채택되었다.[8]

필라델피아 한인대회의 『회의록』은 국민회 중앙총회의 결의에 따라 서재필의 주관 하에 신설된 한국홍보국(Korean Information Bureau)에서 발간되었는데, '대한공화국'에 대한 토론내용은 생략하면서 이러한 부질없는 논쟁까지 빠뜨리지 않고 기록하고 있어서 흥미롭다. 이승만은 이때의 일과 관련하여 그의 자서전 초록에 "제이슨(서재필)은 정치적으로 움직이고 있었다(playing politics)"라고 적어 놓았다.[9]

---

8) 같은 책, pp.35~36, pp.143~144.
9) Syngman Rhee, "Autobiography of Dr. Syngman Rhee", George A. Fitch Papers, Yenching Institute, Harvard University(unpublished), p.24.

3

　필라델피아 회의에서 채택된 여러 가지 결의문 가운데 가장 중요한 것은 「한국인의 목표와 열망」이었다. 10개 항목으로 된 이 결의문은 독립 이후의 국가 건설에 대한 비전을 집약한 것으로서, 헌법대강이라고 할 만한 것이었다.[10] 「목표와 열망」은 제1항에서 정부의 권력은 통치를 받는 민중으로부터 나온다고 천명하고 나서, 제2항에서 바람직한 정부형태에 대하여 다음과 같이 천명했다.

　　우리는 될 수 있는 대로 미국정부를 본떠서 대중교육에 부합하는 정부를 수립하기를 기한다. 정부를 수립한 뒤 10년 동안은 중앙정부에 권력을 집중하는 것이 필요할지 모른다. 그러나 민중의 교육수준이 높아지고 그들의 자치 경험이 증대되면 그들이 정부 업무에 더욱 폭넓게 참여하는 것이 허용될 것이다.

　독립 이후의 한국은 미국식 민주주의제도를 채택하는 것이 바람직하지만, 국민의 교육수준을 감안하여 처음 10년 동안은 강력한 중앙집권적인 정부로 국정을 운영해 나가야 한다는 것이었다. 이러한 주장은 서재필이 이듬해에 임시정부 각료들에게 보낸 편지에서 "(우리에게는) 앞으로 10년 동안 강력한, 또는 거의 전제적인 중앙집권적 정부가 필요합니다"[11] 라고 한 주장과 일치하는 것이었다. 일종의 교도민주주의 내지 민주주의 훈정(訓政)의 구상이라고 할 수 있는[12] 이러한 주장은 이 무렵의 미주 한인사회의 지도자들이나 유학생들의 일반적인 엘리트 의식을 보여 주는

---

10) 유영익, 앞의 글, p.378 ; 고정휴, 『이승만과 한국독립운동』, p.329.
11) Philip Jaison, *My Days in Korea and Other Essays*, Yonsei University Press, 1999, pp.204~205.
12) 유영익, 앞의 글, p.395.

것이었다.

그러나 이러한 주장이 알려지자 미주 한인사회에서는 반론이 제기되었다. 《신한민보(新韓民報)》는 이러한 주장을 하는 사람들은 "그전 군주시대에 성장하여 군주시대의 구습을 못 면한 노인측들이라"하고 신랄하게 비난했다.[13]

「목표와 열망」은 3항과 4항에서 독특한 권력구조를 천명했다. 제3항은 입법부에 관한 규정이었다.

그렇지만, 우리는 지방(local) 및 도단위(provincial) 의회의원을 선출할 보통선거권을 부여하며, 도의회에서 국회의원을 선거할 것을 제의한다. 국회의원들은 행정부와 권력을 적절히 공유하고, 또 국가의 법률을 제정하는 고유의 권한을 가지며, 그들이 대표하는 국민에 대하여 전적으로 책임을 진다.

제4항은 행정부에 대한 규정인데, 대통령중심제를 채택하면서도 미국 헌법과는 달리 내각책임제를 가미했다. 이러한 발상은, 뒷날의 한국 헌법의 역사와 관련하여 눈여겨볼 만한 내용이다.

행정부는 대통령, 부통령 및 내각 각료들로 구성되며, 그들은 국회에서 제정된 법률을 집행한다. 대통령은 국회의원이 선출하며, 대통령은 각료와 도지사와 외교사절을 포함한 중요 정부 관리를 임명한다. 대통령은 외국과 조약을 체결할 권한을 가지며, (조약은) 상원의 비준을 받아야 한다. 대통령과 각료들은 국회에 대하여 책임을 진다.[14]

---

13) 《新韓民報》 1919년 8월 28일자, 「論說: 인도자의 도덕」.
14) 『Frist Korean Congress』, pp. 36~37, p. 145.

미국식 민주정치를 이상으로 삼으면서도 대통령은 국회가 선출하고 대통령과 각료들은 국회에 대하여 책임을 진다고 하여 의회우월주의를 천명한 것이다. 대통령이 외국과 체결하는 조약은 상원의 비준을 받아야 한다고 하여 양원제를 채택할 것을 전제하고 있으면서도 입법기관에 대한 규정인 3항에는 그러한 내용이 없다. 그렇기는 하지만 그것은 이때까지 국내외에서 발표된 어떤 임시정부 헌법보다 권력구조를 자세히 규정한 것이었다.

「사려 깊은 일본인에게 보내는 메시지」가 상정되자 이승만은 그 필요성을 다음과 같이 설명했다.

"우리들 가운데는 일본사람들과 관계를 맺는 것을 반대하는 분이 계십니다.… 저는 오늘 이 자리에 모이신 모든 분들과 일본사람 자신들에게 우리가 기독교인이라는 것을 알리는 것 말고는 다른 어떤 것도 바라지 않는다는 것을 분명히 해두고 싶습니다. 우리는 그들이 우리 동포들을 학살할 것이라는 것을 잘 압니다. 따라서 우리가 그들과 무슨 일을 같이 하고 싶어 하지 않는 것은 당연합니다. 그러나 우리는 그들에게 만일 그들이 지금 하고 있는 것 이상의 일을 생각하지 못한다면 그것은 우리의 잘못이 아니라는 것을 알려 주자는 것입니다.… 또한 우리는 일본사람들에게 만일에 그들이 기독교와 민주주의정신에 따라 행동한다면 우리는 친구로 대할 것이지만 그렇지 않고 그들이 군국주의(Prussianism) 방식과 야만적이고 잔인한 행동을 고집한다면 우리는 그들이 잘못을 저지르고 있다는 것을 알려 주고, 윌슨(Woodrow Wilson) 대통령이 말했듯이 '악마처럼' 싸울 것이고 또 그렇게 해야 합니다. 그러나 이 메시지에서는 우리는 기독교정신을 보여 주고, 또한 우리의 입장이 어떤 것인지를 알려 주고, 그리고 그들에게 우리의 입장을 생각해 보게 하자는 것입니다."[15]

이승만의 이러한 주장은, 국내동포들이 일본인들의 잔혹한 탄압을 겪

---

15) 앞의 책, pp.55~56, pp.163~164.

고 있는 상황에서도, 독립한 뒤에는 아시아의 평화와 번영을 위해 일본과 우호관계를 유지해야 한다는 그의 지론을 기독교정신을 빌어 강조한 것이었다.

메시지의 요지도 2주일 전에 이승만과 정한경이 윌슨 대통령에게 보낸 위임통치 청원서의 내용과 같은 것이었다. 곧 한국을 독립시켜서 일본, 중국, 러시아 사이의 완충국(buffer state)으로 만들어 절대적 중립을 지키면서 평화롭고 민주적인 산업국가로 발전하게 하는 것이 일본의 국가 이익에도 도움이 된다는 것이었다.[16]

4

회의는 마지막 날에 윌슨 대통령과 파리강화회의에 '대한공화국' 임시정부의 승인을 요청하는 청원서를 채택했다. 이 결의안은 조병옥의 제의에 따라 「미국 대통령에게 보내는 청원서」로 작성되었으나, 윤병구의 수정 제의로 「미국 대통령 및 파리강화회의에 보내는 청원서」로 수정되었다. 청원서는 두가지로 작성하여 하나는 백악관으로, 또 하나는 파리강화회의로 보내기로 했다. 윌슨 대통령에게 보내는 청원서는 다음과 같았다.

해외에 살고 있는 모든 한국인을 대표하여 1919년4월14일부터 16일까지 펜실베이니아주의 필라델피아 회의에 모인 우리는 2,000만 이상의 전 한국인의 의지를 대표하여 1919년3월1일에 조직된 대한공화국 임시정부를 승인해 주실 것을 각하에게 정중하게 요망합니다.

이 임시정부는 형태는 공화제이며 지도이념은 진정한 민주주의 이념입니다. 이 정부는 고등교육을 받고 대체로 고매한 기독교적 인격

---

16) 같은 책, p.51, p.159.

을 갖춘 인사들로 구성되었습니다.

우리의 유일한 목적은 우리 민족의 양도할 수 없는 자결권을 '회복'하는 것이며, 그렇게 함으로써 우리는 기독교 민주주의의 지도 원칙에 따라 자유민으로서 발전할 수 있을 것입니다.

우리는 한국이 1905년까지 독립 왕국이었고, 미국은 1882년에 한국의 영토보전과 독립을 보장한 맹약의 한쪽 당사국이었음을 지적하고자 합니다.

우리는 각하께서 국제정의의 옹호에 앞장서 오신 것을 인정하면서, 그리고 언제나 민주주의와 약소국들의 권리편에 서 있는 위대한 공화국의 행정수반이신 각하에게 이 청원을 드립니다.

우리의 청원에 대해 각하께서 호의적으로 고려하실 것을 기쁘고 즐겁게 기대해도 좋겠습니까?[17]

'대한공화국' 임시정부는 형태는 공화제이고 지도이념은 민주주의 이념이며, 고등교육을 받고 기독교적 인격을 갖춘 인사들로 구성되었다고 강조한 것이 눈길을 끈다. 앞에서 보았듯이, 이승만은 사흘 전인 4월12일에 '대한공화국' 국무경 명의로 파리에 있는 윌슨 대통령과 클레망소(Georges Clémenceau) 수상에게 공문을 보냈다. 그러므로 4월5일에 국민회 중앙총회장 대리 백일규(白一圭)가 보낸 전보까지 합치면 '대한공화국' 임시정부의 수립과 관련된 청원서가 윌슨에게 타전된 것은 이때가 세번째였다.

필라델피아 한인대회가 막바지에 이른 15일 오후에 샌프란시스코에서는 대한인국민회 중앙총회 집행위원회가 열려 필라델피아에 홍보국을 설치하기로 결의하고 그 책임자로 서재필을 선임했다. 이러한 통보를 받은 필라델피아 회의에서는 각종 결의안 채택이 끝나자 16일 오전 회의의

---

17) 같은 책, p.77, pp.185~186.

마지막 순서로 이 홍보국 설치문제를 상정했다. 서재필은 홍보국 설치의 필요성에 찬성하면서도, 자신은 '고문' 자격으로 참여하겠다고 말했다. 그러면서 그는 이승만을 추어올렸다.

"이승만 박사는 놀랄 만큼 훌륭한 업적을 달성한 분입니다. 저는 여러 분이 지난 20년 동안의 역사를 통하여 그를 지도자로 절대적으로 신뢰하고 계신 것을 압니다. 그는 지옥의 열화와 유황 같은 고난을 극복한 분입니다. 그는 그리스도를 믿는다는 이유로 5년 동안 감옥에 갇혀 있었습니다. 그는 여러분의 신뢰를 받을 만합니다."[18]

이처럼 서재필은 일찍이 배재학당 시절의 제자였던 이승만을 한국독립운동의 최고지도자가 될 자격이 있는 인물로 믿었고, 다른 사람들도 그렇게 인정하고 지지해 줄 것을 기대했던 것 같다.[19] 그러한 사정은 회의가 끝나고 진행된 행사에서 두드러지게 나타났다.

마지막 날 오후 회의는 오전 회의 의사록 낭독에 이어 애국가 제창으로 시작되었다. 참가자들은 모두 일어서서 "동해물과 백두산이…"를 감격해서 불렀다. 정한경이 애국가의 곡이 스코틀랜드의 '올드 랭 사인 (Auld Lang Syne)'과 같은 것이라면서 노래의 기원에 대해 설명했다.

회의는 마지막 순서로 《필라델피아 레코드(*The Philadelphia Record*)》지의 「한국의 독립」이라는 사설을 낭독한 다음 민찬호 목사의 기도로 끝났다. 《레코드》지의 사설은 매우 호의적인 내용으로서, 1882년의 조약내용뿐만 아니라 1904년에 이승만과 윤병구가 시어도어 루스벨트(Theodore Roosevelt) 대통령을 상대로 벌인 외교활동까지 언급하고 있었다.

한국은 독립할 자격이 있다. 우리는 그들이 독립을 얻기 바란다.

---

18) 같은 책, p.79, p.187.
19) 유영익, 앞의 글, p.358.

한국인들은 이제 그들의 대표가 10여년 전에 백악관의 문을 헛되이 두드렸던 때보다는 세계가 자신들의 호소에 훨씬 더 호응해 준다는 것을 알게 될 것이다.[20]

필라델피아 한인회의의 하이라이트는 회의를 마치고 참가자들이 미국의 독립을 상징하는 독립기념관까지 시가행진을 하고 기념관에서 기념행사를 벌인 일이었다. 폐회선언을 한 다음 참가자들은 스미스(Thomas B. Smith) 필라델피아 시장이 제공한 기마대와 군악대의 선도로 리틀 시어터를 출발하여 독립기념관까지 대형 태극기를 앞세우고 시가행진을 했다. 가랑비가 내리고 있었다. 일행이 독립기념관에 도착하자 서재필은 관장에게 먼저 건물의 내력을 설명해 줄 것을 부탁했다. 그런 다음 이승만이 영어로 번역된 기미독립선언서를 낭독했다. 그리고 이승만의 선창에 따라 참가자들은 "대한공화국 만세"와 "미합중국 만세"를 각각 3창했다. 마지막으로 일행은 기념관에 보존되어 있는 '자유의 종'을 한 사람씩 손으로 어루만져보고 기념관 안을 둘러보았다. 이승만은 1787년의 미국헌법 선포 때에 조지 워싱턴(George Washington)이 앉았던 의자에 앉아서 일행과 함께 기념촬영을 했다.

이러한 퍼포먼스는 모두 서재필이 구상한 것이었다.[21] 몇달 전에 아일랜드인들과 체코슬로바키아인들도 비슷한 행사를 했었다.

5

필라델피아 한인회의를 계기로 미주동포들은 이제 '대한공화국' 임시정부와의 관계 속에서 생활하게 되었다. 그것은 지금까지 미주 한인

---

20) 『Frist Korean Congress』. p.83, p.192.
21) 유영익, 앞의 글, p.357.

대회참가자들은 필라델피아 시장이 제공한 기마대와 군악대의 선도로 대형 태극기를 앞세우고 미국 독립기념관까지 시가행진을 했다.

독립기념관 안의 조지 워싱턴이 앉았던 자리에 앉은 이승만. 뒤에 서 있는 사람들 가운데 오른쪽에서 첫번째가 윤병구, 두번째가 정한경, 세번째가 노디 김이다.

사회뿐만 아니라 형식상으로는 멕시코와 시베리아지역 동포사회까지도 통괄하는 해외 한인들의 '무형정부'를 자임해 온 대한인국민회, 특히 국민회 중앙총회의 위상이 약화되는 것을 의미했다. 반면에 이승만의 위상이 크게 제고되었다. 그는 미주 한인사회의 열광 속에서 새로 탄생한 '대한공화국'의 국무경이었다. 현순의 3월29일자 전보에 '국무장관'으로 되어 있는 이승만의 직책을 하와이에서는 "국무급 외교총장"으로, 《신한민보》에서는 "국무경"으로 번역하여 동포들 사이에서는 마치 이승만이 "국무총리"로 선출된 것처럼 인식되었다. 그리고 대통령 손병희(孫秉熙)나 부통령 박영효(朴泳孝)는 국내에 있었고 더구나 손병희는 투옥되었으므로, 이승만은 '대한공화국' 임시정부의 사실상의 수반인 셈이었다.

필라델피아 한인회의가 열리기에 앞서 국민회 북미지방총회는 산하 각 지방회에 공문을 보내어 4월15일 오후 7시30분에 '대한공화국' 임시정부의 수립을 축하하는 독립경축행사를 거행하도록 시달했다.[22] 하와이에서는 필라델피아 대회가 시작되는 4월14일을 독립 경축일로 정하고 호놀룰루를 중심으로 하여 성대한 경축행사가 벌어졌다. 호놀룰루 집회에는 1,200명의 동포들이 모였는데,[23] 이날 호놀룰루 시장은 특별히 하와이 악단을 보내주었다. 집회 주최자들은 이러한 사실을 전보로 필라델피아 한인대회에 보고하면서 "이곳 6,000명 한인들은 일본의 법을 거부하고 독립을 위해 끝까지 투쟁할 것을 필라델피아에서 열리고 있는 의회에 전달하기로 만장일치로 결의했습니다.… 여러분은 우리의 공감과 지지와 우리가 여러분에게 드릴 수 있는 모든 것을 가졌습니다"라고 통보했다.[24]

상해에서 "진정한 우리의 임시정부"의 수립이 정식으로 공표되었다는

---

22) 《新韓民報》 1919년4월17일자, 「北美總會報」.
23) 《新韓民報》 1919년4월17일자, 「하와이한인의 시위운동」.
24) 『Frist Korean Congress』, p.47, p.155.

현순의 전보가 하와이와 샌프란시스코의 국민회와 이승만에게 도착한 것은 필라델피아 한인회의가 끝나는 4월16일이었다. 이종관(李鍾寬)과 이대위(李大爲)는 현순의 전보를 받자마자 바로 이승만에게 알렸다.[25]

이튿날 이승만은 파리의 김규식(金奎植), 샌프란시스코의 국민회 중앙총회장 대리 백일규, 하와이의 이종관에게 필라델피아 회의의 "대성공"을 알리는 상세한 전보를 쳤다. 이 전보는 처음에 작성자인 정한경의 명의로 보낼 예정이었으나 이내 이승만의 명의로 바꾸었다. 이 전문에서 특히 주목되는 것은 이승만의 직명을 '대한공화국'의 직명인 국무경(Secretary of State)이 아니라, 상해임시정부의 직명인 국무총리(Premier)로 표기한 점이었다.

이종관은 이승만에게 16일자 현순의 전보내용을 알리면서 해외 동포 사회나 만주에 있는 정부를 이끄는 국민운동에서 국무총리로 행동해야 된다고 건의했는데, 그것은 이때까지도 이승만이나 미주 한인사회에서는 만주에서 조직되었다는 '대한공화국' 임시정부와 상해에서 4월13일에 선포된 대한민국(The Republic of Korea)임시정부에 대하여 정확한 정보를 얻지 못하고 있었음을 말해 준다.

필라델피아 한인회의가 끝나는 날 이승만은 이 회의의 서기 일을 맡아 수고한 임병직을 조용히 불렀다.

"자네가 내 비서가 되어 나의 독립운동을 협조해 주어야 하겠네."

임병직은 깜짝 놀라고 또 감격했다. 그러나 그는 사양했다.

"저는 아직 학업을 끝마치지 못했습니다. 설사 학업을 마쳤다고 하더라도 미숙한 제가 박사님을 모실 수 있는 적격자가 되지 못하는 만큼 딴 사람을 구하시는 것이 좋을 듯합니다."

임병직은 이때에 오하이오주립대학교(Ohio State University) 2학년에 재학 중이었다. 임병직이 사양하자 이승만은 꾸짖듯이 말했다.

---

25) David Lee to Syngman Rhee, Apr. 16, 1919, Lee Chongkwan to Syngman Rhee, Apr. 16, 1919, *The Syngman Rhee Telegrams*, vol.Ⅰ., p.128, p.133.

"이번 대전에서 미국의 많은 청년 학도들이 자기네 조국을 위하여 학창을 뛰쳐나와 일선으로 나간 사실을 보지 않았나. 장차 잃어버린 조국의 주권을 찾자는 운동에 나서라는 내 말을 거절할 생각인가. 자네에게 애국심이 있다면 나를 따르게."

이렇게 하여 임병직은 학업을 중단하고 이때부터 이승만의 비서가 되었다.[26]

---

26) 林炳稷, 『林炳稷回顧錄』, 女苑社 1964, pp.119~120.

2. 다시 위임통치 청원문제 논란

1

4월18일에 윤병구와 함께 필라델피아를 떠나 워싱턴으로 간 이승만은 이튿날 국무부를 찾아갔다. 그는 국무부 관리들에게 자기의 여권 신청서를 갱신해 줄 수 있느냐고 물었다. 3·1운동으로 미국 관리들의 일본과 한국에 대한 인식도 조금은 달라졌을 것이므로 자기의 여권발급 문제도 다시 검토될 수 있을지 모른다고 기대했기 때문이었을 것이다. 그러나 국무부 관리들의 대답은 그로 하여금 파리행을 완전히 단념하게 했다.[27]

이승만은 바쁘게 움직였다. 당장 필요한 것은 임시정부의 사무소를 개설하는 일이었다. 4월25일에 노스웨스트 14번가 H스트리트에 있는 컨티넨탈 트러스트 빌딩(Continental Trust Building) 위층 두 방을 빌려 정부 대표사무소를 개설하고, 그날로 국민회 중앙총회의 백일규와 하와이지방총회에 워싱턴의 사무소 개설을 알리면서 전신주소는 "Koric Washington"을 사용하라고 통보했다. 호놀룰루에는 돈을 부치라는 부탁도 함께 했다.[28] 이 사무소는 곧 한국임시정부 공관으로 알려졌고, 미국 전보국은 외국공관 통신에 대한 전시요금 규정을 적용해 주었다.

무엇보다 시급한 것은 자금문제였다. 4월5일 이후로 이승만은 상해로 여남은 차례나 공채발행권을 인증하는 전보나 문서를 보내라고 타전했으나 상해에서는 아무런 반응이 없었다. 이승만은 여간 초조하지 않았다. 4월26일이 되어서야 현순으로부터 전보가 왔다. 그러나 그것은 이승만의 억분을 돋우는 내용이었다.

---

27) Syngman Rhee, *Log Book of S. R.*, 1919년4월19일조.
28) Syngman Rhee to Earl K. Paik, Apr. 25, 1919, Syngman Rhee to Konation Honolulu, Apr. 25, 1919, *The Syngman Rhee Telegrams*, vol.I., p.144, p.146.

당신의 편지를 받았소. 당신은 임시의정원에서 국무총리로 선출되었소. 그 직무를 수행하거나 대리인을 지명하시오. 당신이 목표하는 바가 맨데토리[위임통치]인지 독립인지를 명확히 하는 긴급전보를 보내시오. 당신이 맨데토리를 청원했다는 소문이 퍼져서 우리 일이 막대한 장애를 받고 있소. 사실이라면 우리는 당신을 신임할 수 없소.[29]

이승만은 이튿날 장문의 답장을 썼다. 이 편지는 이 무렵의 그의 억분과 함께 그의 독립운동 방략 및 3·1운동 전후의 재미동포사회의 동향을 짐작하게 하는 것이어서 매우 주목된다. 이보다 앞서 보낸, 현순이 보았다고 한 편지는 보존되어 있지 않아서 내용을 알 수 없다. 이승만은 자기의 할 말을 여섯가지 항목으로 나누어 하나하나 설명했다.

먼저 전보 불통 문제였다. 임시정부가 수립되었고 자신이 국무경으로 선출되었다는 사실을 현순의 전보를 통하여 알고 10여 차례나 답전을 쳤을 뿐만 아니라 국민회 하와이지방총회와 파리의 김규식에게 부탁하여 답전을 치게도 했는데, 자기의 전보를 받았다는 말은 없고 계속하여 맨데토리 문제만 질문하는 것을 보면, 필경 일본인들이 중간에서 방해하는 것이라면서 잘 알아보라고 했다.

둘째는 국무총리로서 시무하는 문제였다. 만일에 정부가 자기더러 상해로 와서 시무하라고 하면 당장이라도 가겠고, 여기서 미국의 여론을 환기시키는 데 힘쓰라고 하면 그렇게 할 터이니 그곳 형편대로 하라면서, "만일 저로 인하야 불편한 일이 있으시면 즉시 해임하시고 다른 가합한 사람으로 대충(代充)하시기를 조금도 저로 인연하시와 주저치 마시기를 바라오며, 만일에 혹 그렇지 않고 저더러 만주로나 본국으로나 오라 하시면 저는 순종할 것뿐이외다"라고 책임을 상해 인사들에게 떠

---

29) 「玄楯이 李承晚에게 보낸 1919년4월26일자 전보」, 『대한민국임시정부자료집(8) 정부수반』, p.20.

넘겼다.

셋째는 문제의 위임통치 청원에 관한 것이었다. 이승만은 위임통치 청원서를 파리강화회의에 보낸 경위를 자세히 설명했다.

맨데토리로 말하면, 제가 병원에 체류할 시에 정우한경(鄭友翰景)이 미 대통령에게와 파리에 보내는 청원서를 지어가지고 와서 보라 하는 바, 그때 형편으로는 독립을 달라 하면 세인이 비소[鼻笑: 코웃음]할 번하게 되었으나 미국정부의 맨데토리로 얼마 두었다가 독립을 완전히 하겠다 하는 것이 미국인의 동정도 얻을 것이요 개구(開口)하기도 비교적 쉽다하기로 저 역시 그렇게 생각하고 서명하야, 한장을 미국 대통령에게 송교(送交)하니 대통령이 백악관을 떠난 뒤라고 돌려보냈고, 평화회에 보내는 것은 미 국무부를 통하야 부송하였으나 이것이 빠리에 갔는지도 미상이오, 갔다 할지라도 본국혁명 이전 일이니 형편이 대변인즉, 다른 나라도 평화적 정형에 하였던 것을 전시 이후에 변경되는 통례라 별로 문제될 것이 없거늘, 다만 하와이의 극소수인이 저를 백방으로 저해하야 이 일을 들어 각처에 전보하고 대사건을 만들려 하는 것뿐이라. 만일에 집정자(執政者)가 한결같은 언론으로 다시 거론하지 말라 하면 그만인데 무슨 폐단이 있으리까. 저는 형이 처음 문의하셨을 때에 즉시 답전하고 "We demand absolute independence(우리는 절대 독립을 요구한다)"라 하였는데, 그 답을 못 보신 고로 이를 이처럼 번거롭게 물으시니 저는 어찌할 바를 모르겠소이다. 이를 인연하야 저더러 사면하라 하시면 저는 감사할 것뿐이외다. 숨기지 말고 즉시 정직하게 말하시오.…

위임통치 청원문제는 이미 끝난 것인데 하와이의 극소수인, 곧 박용만(朴容萬) 일파가 각처에 전보를 쳐서 대사건을 만들려 하는 것뿐이라는 것이었다. 또 이승만은 사임하라면 감사할 것뿐이라고 해놓고는, 이어 국무총리 대리로는 누가 적임자겠느냐고 묻기도 했다. 그러나 임시의정원은 이승만의 회답을 기다리지 않고 4월30일에 열린 제4회 회의에서 이동녕(李東寧)을 국무총리 대리로 선출했다.[30]

넷째는 자금문제였다. 그는 안창호(安昌浩)가 대한인국민회 중앙총회장으로 있으면서 재정통일을 주장하여 각처의 재정을 샌프란시스코로 취합하여 그곳에서 각인 각처로 지급하게 되어 있고, 자기도 그러한 방침에 찬성하여 하와이에서 취합되는 자금을 샌프란시스코로 보내라고 누차 부탁했다고 썼다. 그러나 하와이의 주동자들은 상해로 직접 송금하기를 원하여 1,300달러를 부쳤다고 하는데 받았느냐고 묻고, 샌프란시스코의 국민회 중앙총회에서 4,000달러를 송금했다는 말도 했다. 그러고는 자신의 어려운 자금사정을 다음과 같이 설명했다.

안창호형이 두 사람을 대동하고 6,000달러 재정을 휴대하고 원동을 향하야 발정하였다 하오니, 저는 필라델피아성에서 한인공회를 개최한 경비도 아직 청산하지 못하였사외다. 사세가 이러한즉 제가 형께 재정을 한푼도 조력치 못함이 이 때문으로소이다. 지난번에 형의 전보 중에 "You are well financed(당신은 풍족한 재정지원을 받을 것이오)"라 하였기로, 저는 짐작하기를 귀처에 재정가가 있어서 이곳 운동에도 조급(助給)하겠다시는 줄로 오해하고 전청(電請)한 것이외다. 이곳에서도 약간의 재정만 유하오면 타인의 재정을 얻는 일도 가망이 없지 않사오이다.…

이는 현순이 천도교계의 장담을 믿고 임시정부 수립 소식과 함께 풍족한 재정지원을 받을 수 있을 것이라고 한 4월4일자 전보에 대하여 이승만이 큰 기대를 걸고 있었음을 말해 준다.

---

30) 「臨時議政院紀事錄 제4회(1919.4.)」, 『대한민국임시정부자료집(2) 임시의정원 I 』, p.26.

다섯째로는 국내에서 '독립전쟁'을 계속하게 하는 방법에 대하여 언급했다.

본국 내에서 전쟁을 계속할 능력이 무할지니, 밖에 있는 우리가 합동하야 바다를 건너 만주 등지로 들어가서 결전할 기회가 있으면 또한 좋은 일이 될듯 하오나, 여기 있어서 정형을 전혀 알지 못하므로 어떻게 해야 할지 모르겠나이다. 에어십[비행선]이라도 몇 개 가져다가 내지에 수만장 지편(紙片)으로 인심을 권장함이 또한 좋을 것이오나, 돈이 없으니 할 수 없소이다. 비밀을 엄수하시오.

이처럼 이승만은 만주 등지로 들어가서 국내 민중에게 비행선으로 대일항전을 독려하는 전단을 뿌리는 방안까지 생각했다. 또 그러한 구상을 남에게 발설하지 말라고 하고 있는 것도 흥미롭다.

마지막으로 이승만이 강조한 것은 미국인들을 상대로 여론 환기 운동을 벌이는 일이었다.

지금 우리는 극력할 것이 평화회 청원에도 있지 않고, 유럽에서의 유세도 긴요치 않으며, 미주에서 보통민심을 분발시켜야 미 정부에서 공중의 압제를 얻어 간섭하게 될지라. 평화회에 청원하는 일이 한편으로 필요하며, 내지에 결사전이 불필요한 중 외원(外援)을 얻기에 미국 인심을 분발시키는 데서 더 좋은 방책이 또 없을 줄로 인하오며, 내지에 있는 외국 선교인 등은 이번 일에 수수방관하려는 것이 아니오니, 이곳 각 종교 주무자들이 비록 무마하면서 넘어가려 하나 선교인 중 여러 사람은 극력 여행하면서 일인의 야심만행을 성토하는 중인즉, 우리가 차제에 공분을 격발시키기 어렵지 않은 줄로 생각하노이다.…

이승만은 이러한 여섯가지 사항을 설명하고 나서 3·1운동 이후의 자신의 활동을 설명하고, 임시정부의 승인문제에 대하여 다음과 같이 주장했다.

접때 필라델피아에서 공회한 것은 극히 좋은 성적을 득하야 그곳 인심을 일변하였으며, 그곳의 모모 유력종교가들이 발기하고 한인자유를 찬성하는 회를 조직 중인데, 서재필씨 내외가 이를 위해 전력하나이다. 단 미흡한 것은 워싱턴과 뉴욕 두 도시가 미국 중요처인데, 이곳은 이전과 다름없이 내버려두는 고로 저는 워싱턴으로 와서 엊그제 사무소를 개설하온 바 정부대표사무소로 정하고 신문, 외교, 교회 등계에 발론하오며, 외국인은 이것을 한국공화정부 공관이라 칭하며, 전보국에서는 공관통신이라고 전시세납을 면허(免許)하오니, 이 역시 생광이외다. 우리는 이것을 반정부인준(semi official recognition) 이라도 득하면 이 나라 재정가들의 공채를 득할 수 있겠고, 참전국의 대우를 득하면 미국인들은 중립자로 방조할 일이 많겠소이다. 그러므로 모 외교가의 언론이 현금 내지에서나 원동에서 저를 국무경이라든지 총상[總相: 국무총리]이라든지 명칭하야 (어떻든) 저를 복종하겠다고 열명(列名)하는 자 1백만명의 서명만 득하면 미국정부에서는 부득이 인증(認證)한다 하오니, 이는 self-determination주의로 이렇게 한다는 것이외다. 각 내지나 외양에서 한인이 혹 1~2인이나 혹 1~2백명이나 열명하야 본 사무소로 우송하면 이곳에서는 서기가 있어서 수합한 뒤에 명부를 만들터이라 하오니, 형은 어떻게 생각하실는지요. 서재필씨도 이를 호책(好策)이라 하며 이를 득하면 자기가 즉시 와서 대통령을 보겠다 하나이다.…

이렇듯 이승만은 미국정부의 임시정부 승인을 얻기 위하여 자신을 지지한다는 1백만명 서명운동을 벌이는 방안도 생각했다.

마지막으로 이승만은 공채를 얻을 권리를 위임하는 위임장을 임시국회 명의나 정부 명의로 만들어 보내라고 다시 요청했다. 그리고 편지 끝에 추신 형식으로 다음과 같은 말을 덧붙였다.

　　안창호군이 도달하거던 이때에 밖에 있는 한인 전체를 합동 연락하야 동일한 행동을 취하는 것이 상책이라고 하시오. 하와이에서 온 편지를 본즉 하와이에서는 모모인이 여전히 작폐하는 것 외에는 거개 동일하야 의연금을 수합중이라 하오며, 각처 재미한인계 언론을 들건대 제가 정부대표 및 주무자로 재외한인을 지휘하야 우리 정부운동을 일심 찬조하라 하오나, 이 역시 정부의 의향이 여하하신지. 저에게 위임하야 편한대로 행사하라 하시든지 좋은 훈의(訓意)가 있으시든지 하여야 아니하오리까. 대통령이 재(在)하시면 제가 그 동의를 얻고서야 행사하겠고, 대통령이 무재(無在)하시면 임시국회에서라도 어떤 정책을 표시하시든지 재외한인을 어찌하라는 위임이 유하여야 행공하기에 순서가 있겠소이다.[31]

　　현순이 4월16일의 전보에서 대통령은 없고 이승만 자신을 국무총리로 하는 임시정부가 건설 중이라고 통보했음에도 불구하고 이승만이 이처럼 대통령의 존재여부를 물은 것은 상해임시정부의 권력구조를 확인하고자 한 것이었다.

2

　　이승만은 현순에게 편지를 쓴 그날로 또 국민회 하와이지방총회와 파리의 김규식에게 현순이 보낸 전보의 전문을 알리면서, 4월5일 이후로

31) 「李承晚이 玄楯에게 보낸 1919년4월27일자 편지」, 『대한민국임시정부자료집(42) 서한집 I 』, 2011, pp.3~7.

자기가 여러 차례 절대독립을 요구한다는 답전을 쳤고, 그들이 필요하다면 자기가 상해로 가겠으며, 국채를 얻을 권리를 인증하는 전보를 보내라고 현순에게 타전해 줄 것을 부탁하는 전보를 쳤다.[32] 자신의 전보는 중간에서 일본인들에 의하여 차단되고 있다고 생각했기 때문이다.

국민회 하와이지방총회는 4월30일에 이승만에게 1,000달러를 송금했음을 통보하는 한편 상해임시정부에 의연금을 보낼 것과 이승만이 동의한다면 그를 돕기 위해 상해와 미국 본토에 대표를 파견하기로 결의한 사실을 알리면서 그의 의향을 물었다.[33] 같은 날 이승만은 다시 파리에 있는 윌슨 대통령에게 '대한공화국' 임시정부 국무경의 이름으로 청원서를 보냈다. 청원서에서 이승만은 한국이 "자유적 예수교인의 민주국"으로 발전하기 위해서는 절대 독립이 필요하다고 강조했다.[34] 청원서의 전문이 《신한민보》에 공개된 것을 보면, 그것은 위임통치 청원에 관한 상해임시정부 인사들의 의구심을 의식하여 절대독립의 요구를 강조하기 위해 윌슨에게 청원서를 다시 보낸 것으로 판단된다.

그날 또 이승만은 샌프란시스코의 이대위로부터 전보를 받았다. 그것은 전날에 열린 국민회 중앙총회 집행위원회가 이승만을 파리강화회의에 파견할 대표원에서 해임한 것과 워싱턴 사무소를 지원하되 돈은 서재필을 통하여 지급한다는 내용이었다.[35]

이승만은 5월 첫 주말을 뉴욕과 필라델피아에서 보냈다. 필라델피아로 간 것은 서재필을 만나기 위해서였다.[36] 이대위의 전보와 관련된 문제뿐만 아니라 서재필과 상의할 중요한 문제가 몇가지 더 있었다. 가장 중요한 문제는 필라델피아 한인회의에 참가했던 미국인들을 중심으로 하

---

32) Syngman Rhee to Konation, Honolulu, Apr. 27, 1919, Syngman Rhee to Korint, Paris, Apr. 27, 1919, *The Syngman Rhee Telegrams*, vol. I., pp.150~151.
33) Lee Chongkwan to Syngman Rhee, Apr. 30, 1919, *op. cit.*, vol. I., p.157.
34) 《新韓民報》 1919년5월8일자, 「국무경 리승만박사의 청원」.
35) David Lee to Syngman Rhee, Apr. 30, 1919, *The Syngman Rhee Telegrams*, vol. I., p.156.
36) Syngman Rhee, *Log Book of S. R.*, 1919년5월2일, 4일, 5일조.

여 미국 전역에 한국을 지원하는 미국인 조직을 결성하는 작업이었다. 서재필과 미국인인 그의 부인이 이 일에 적극적으로 나섰다. 그리하여 5월2일에는 필라델피아 한인회의 때에 개회 기도와 연설을 했던 톰킨스 박사 주최로 필라델피아 지역의 유지 22명이 시티 클럽에서 오찬 모임을 가졌다. 서재필은 이 모임에서 한 시간 동안 열변을 토했는데, 이 모임이 발기회가 되어 5월16일에 한국친우회(League of the Friends of Korea)가 정식으로 결성되었다.[37] 그것은 아일랜드의 독립운동에 동정적인 미국인들의 단체인 아일랜드자유친우회(The Friends of Irisch Freedom)를 본뜬 것이었다.[38]

또 한가지 중요한 문제는 서재필의 책임 아래 설치하기로 한 한국홍보국의 운영과 워싱턴의 이승만 사무소와의 관계 설정이었다. 한국홍보국에서는 5월호부터 《코리아 리뷰(*Korea Review*)》라는 영문 월간지를 발행했는데, 그것은 임병직이 중심이 되어 오하이오주립대학교 유학생들이 3월에 창간한 《코리언 퍼블리케이션(*Korean Publication*)》지를 계승한 것이었다.

5월5일에 워싱턴으로 돌아온 이승만은 상해로부터 답전이 와 있지 않은 것을 보고 이튿날 다시 현순에게 전보를 쳤다.

독립을 요구했소. 여러 번 전보를 쳤소. 받아보았소? 만약 필요하다면 상해로 가겠소. 국채를 얻기 위해 임시정부 신임장이 필요하오. 상황을 편지로 알려주시오. 나의 사무소는 컨티넨탈 빌딩이오. 전신부호는 코릭(Koric).[39]

---

37) *Korea Review*, June 1919, "League of the Friends of Korea", pp.12~13, "Activities of the League of the Friends of Korea", pp.14~15.
38) 朝鮮總督府警務局, 『米國ニ於ケル朝鮮獨立運動ニ關スル調査報告書』, 朝鮮總督府, 1921, pp.86~87.
39) 「李承晩이 玄楯에게 보낸 1919년5월6일자 전보」, 『대한민국임시정부자료집(8) 정부수반』, p.20.

같은 날 그는 샌프란시스코의 이대위에게도 전보를 쳐서 자기가 여러 차례 현순에게 위임통치 문제에 대한 입장을 밝혔고, 강화회의에도 김규식을 통하여 독립을 요구했다는 사실을 현순에게 타전해 줄 것을 부탁했다.[40] 그리고 5월8일에는 다시 현순에게 편지를 썼다.

그간에 형은 샌프란시스코에 누차 전보로 맨데토리 사건을 질문하신다 하오니, 이는 저의 답전을 받지 못하신 연고이온지, 다른 사고가 유함인지 미지오나 서신으로라도 귀처내용을 통지하시면 심히 감사하겠소이다. 이곳에서는 며칠 전에도 독립을 인증하라고 미 대통령과 평화회 회장에게 공함을 고쳐서 김(규식)형께로 통하야 부송하였소이다.…

저를 수상의 명의로 공포하셨으나 정식 문빙이 도무지 없은즉, 무엇을 의지하야 빙준을 삼으며, 항차 임시국회에서 선정하셨다 하오니 임시국회의 정형을 알려 주시든지 그렇지 않으면 국회의 정책으로 무슨 지시하시는 뜻이 유하든지 하여야 방향을 알 터이온데, 주야 고대하오되 어떤 소식이 무하오니 심히 고민이외다. 저는 이곳에 유재(留在)하야 있어서 도우라시든지 원동으로 오라 하시든지 분명히 지시하시기 바라오며, 이곳 일은 십분 여의한 모양이외다.…[41]

이 편지로 미루어 보면 현순은 샌프란시스코의 국민회 중앙총회에까지 이승만의 위임통치 청원문제를 조회하고 있었다. 상해임시정부가 이승만이 요구하는 공식 문서를 선뜻 보내지 않고 있었던 것도 그 때문이었다.

이승만은 5월8일에 워싱턴에 왔다가 귀임하는 상해 YMCA 총무 헤닝

40) Syngman Rhee to David Lee, May 6, 1919, *The Syngman Rhee Telegrams*, vol. I., p.162.
41) 「李承晩이 玄楯에게 보낸 1919년5월8일자 편지」, 『대한민국임시정부자료집(42) 서한집 I』, pp.8~9.

(S. E. Henning)편에 다시 현순에게 보내는 편지를 썼다.[42] 그를 통하여 확실히 전달될 수 있도록 같은 내용의 편지를 다시 쓰면서 이승만이 얼마나 분격했을지는 짐작하기에 어렵지 않다.

이처럼 이승만은 상해임시정부에 대한 정보를 제대로 얻지 못하고 있었다. 4월16일에 상해에서 보낸 'Pokyoungho Sonchungdo' 명의의 전보[43]를 받은 이승만은 그것이 박영효와 손정도(孫貞道)의 것이라고 판단하여 현순에게 보낸 4월27일자 편지에서, 박영효가 상해에 와 있다고 하니 매우 반갑다고 말하고, 손병희와 이상재(李商在)는 어디에 있느냐고 물었다.[44] 그것은 이승만이 얼마나 국내와 상해의 상황을 모르고 있었는지를 말해 준다. 그리하여 이승만은 이때까지도 상해임시정부 인사들의 의향에 따라 행동하겠다는 입장을 분명히 하고 있었다.

---

42) 「李承晚이 玄楯에게 보낸 1919년5월8일자 편지」, 위의 책, pp.7~8.
43) Pokyoungho Sonchungdo to Syngman Rhee, Apr. 16, 1919, *The Syngman Rhee Telegrams*, vol.Ⅰ., p.131.
44) 「李承晚이 玄楯에게 보낸 1919년4월27일자 편지」, 『대한민국임시정부자료집(42) 서한집 Ⅰ』, p.6.

3. 래드 교수와의 논쟁

1

　미국인들의 여론을 환기시키는 일을 가장 중요한 과제로 생각하는 이승만은 5월11일자 《뉴욕 타임스 매거진(*The New York Times Magazine*)》에 실린 예일대학교(Yale University)의 명예교수 래드(George T. Ladd)의 글은 도저히 그냥 보아 넘길 수 없었다. 래드는 이토 히로부미(伊藤博文)가 통감으로 있을 때에 그의 초청으로 일본을 거쳐 한국에 왔다가 돌아가서 『이토 후작과 함께 한국에서(*In Korea with Marquis Ito*)』(1908)라는 친일적인 내용의 책을 썼다. 3·1운동 이후에 미국의 신문과 잡지들이 일본에 대한 비판적인 기사를 많이 게재하자 일본정부는 친일인사들을 동원하여 한국에 대한 부정적인 여론을 유도하려고 안간힘을 썼는데, 래드의 글은 그 대표적인 것이었다.

　래드는 한국에서 일어나고 있는 폭동의 원인은 한국인들의 심리와 민족의 역사에 깊이 관련되어 있다고 설명했다. 전자는 훨씬 피상적이고 항구적인 영향을 끼치지는 않을 것이지만 후자는 다루기도 힘들고 일반 한국인들의 사회적, 경제적, 정치적 발전을 위한 일본의 계획에 항구적인 장애가 된다는 것이었다. 한국인들은 그들의 부당한 처지를 설명하기 위하여 관행적으로 이집트, 인도, 우크라이나, 리투아니아, 폴란드 및 그 밖의 비슷한 나라의 경우를 드는데, 한국은 이들 나라의 경우와는 다르다고 그는 주장했다. 그것은 다름 아닌 격심한 정치적 무지와 본질적으로 부패하고 자국 국민의 이익을 돌보지 않는 정부에 대하여 오래 계속되어 온 굴종이라고 래드는 말했다. 그리하여 이토 히로부미 후작에 의하여 일본의 보호국이 될 때까지 한국은 근절되지 않는 정치적 부패의 원천인 가장 저급한 외국(중국)의 지배를 받아왔다고 했다. 그런데 아직도 한국의 애국자들은 이미 사라진 그들의 지난날의 '자유'의 영광을 자랑하면서, 월슨 대통령의 「14조항」이 그들에게도 적용되어야 한다고 외치고 있다는 것이었다.

래드는 현재의 시위나 그 이전의 모든 시위의 원인은 외국에 있는 한 비밀결사의 선전활동 때문이라고 설명했다. 그 비밀결사는 이토 히로부미, 미국인 고문 스티븐스(Durham W. Stevens), 그 밖에 그들이 친일파라고 지목하는 국내의 가장 영향력 있는 인사들을 사살하게 했다는 것이었다. 래드는 이 비밀결사의 활동적인 회원수가 시베리아에 250여명, 만주에 800명, 하와이와 미국본토에 500명, 그리고 소규모의 회원들이 그 밖의 지역에 산재해 있다고 주장했다.

흥미로운 것은 천도교에 대한 설명이었다. 래드는 가장 위험한 단체는 천도교라고 말했다. 전 황제의 아들인 손병희가 창시한 이 정치적 비밀결사는 종교적인 면에서는 유교와 기독교를 혼합한 것처럼 보이는데, 그 종교적 색채 때문에 한국 기독교인들, 특히 미션학교의 남녀 학생들에게 영향력이 있다는 것이었다. 80만명가량의 열성적인 회원들이 있고 이들은 매월 7,000엔(약 3,500달러)의 경비를 헌금하는 것 말고도 연간 네 차례에 걸쳐서 1만엔씩 특별헌금을 한다고 했다. 손병희는 구속되었을 때에 수천엔을 소지하고 있었고, 감옥에서는 황족의 예우를 받아 편안하게 지내는 것으로 알려져 있다고 했다. 그리고 손병희의 열성적인 추종자들은 그가 주술을 부려 스스로 감옥에서 나올 것으로 기대하고 있다는 것이었다. 또한 봉기 초기에는 윌슨 대통령이 한국인들을 일본의 억압으로부터 구출하기 위해 서울을 직접 방문할 것이라는 소문이 나돌았고, 한국인들은 그렇게 믿었다고도 썼다. 이러한 일들이 폭도들과 일반시위자들을 연결시켜 대규모의 시위군중을 형성하고 미신적으로 무지한 한국 기독교인들을 흥분시켜 미션학교와 선교사들이 현명하지 못한 일본 관리들의 의혹을 사게 되었다는 것이었다.

래드는 한국인들은 자치를 하기에 부적합하다고 주장했다. 그는 한국인의 자치능력을 저해하는 요인으로 두가지를 들었다. 하나는 타락

한 미신의 만연과 믿기지 않을 만큼 모든 것을 쉽게 믿는 성향에 젖어 있
는 것이고, 다른 하나는 말과 행동이 거의 완전히 신뢰성이 없다는 것이
었다.[45]

　이승만은 5월15일에 긴 반박문을 써서 《뉴욕 타임스》로 보냈다. 그의
반박문은 5월18일자 《뉴욕 타임스》에 게재되었다. 이승만은 먼저 미국
유명 대학의 교수의 글이 미국 사회에 끼치는 영향이 얼마나 크고 따라서
그 책임이 얼마나 무거운가를 강조하고 나서, 특유의 위트 있는 필치로
래드의 주장을 하나하나 반박했다. 그는 래드가 한국에서 진행되고 있는
무저항 혁명이 어떤 한 비밀결사의 책동의 결과라고 주장하고 놀랍게도
여러 나라에 있는 비밀단체 회원들의 수까지 들고 있는데, 그 '정보'가 어
디서 나왔느냐고 물었다. 래드 교수 자신이 이 모든 단체들의 회원일 수
없는 이상 그것은 미국에 있는 일본 선전기관이 제공한 것이 분명하다고
지적했다. 천도교나 손병희에 대한 잘못된 서술에 대해서는 길게 언급할
필요도 없었다.

　이승만은 래드가 "한국인들은 가장 저급한 외국의 지배를 받았다"라
고 말하는데 그 말이 일본이 한국을 '보호국'이라고 선포한 1905년 이후
의 한국에 적용하는 것이라면 틀렸다고 비꼬고, 제국주의 역사에서 유례
가 없는 민비(閔妃: 明成皇后) 시해사건에 대하여 래드가 얼마나 왜곡된
서술을 했는지를 그의 저서의 페이지를 적시하면서 비판했다.

　이승만은 또한 한국인들은 너무 미신에 빠져 있어서 자치를 하기에
부적합하다고 말한 데 대해 그 말이 일본인들에게도 적용되느냐고 묻고,
일본인들이 얼마나 미신에 빠져 있는가를 러일전쟁의 영웅 토고 헤이하
치로(東鄕平八郎)의 말을 들어 설명했다. 토고는 1905년5월28일에 울
릉도 전투에서 그가 올린 승리의 '기적'은 "전적으로 천황의 빛나는 은
덕에 힘입은 것이었고, 모든 인간의 가능성을 초월한 것이었으며", "비교

---

45) George T. Ladd, "Causes of the Korean Uprising", *The New York Times Magazine*,
　　 May 11, 1919.

적 적은 손실은 황조(皇祖)의 영령들의 보호 덕분이었던 것으로 믿는다"라고 말했다는 것이었다. 이승만은 일본 군국주의의 정신적 바탕인 신토(神道)를 미신이라고 단정했다. 이승만은 자신이 인용한 토고의 말은 세계 컬럼비아 박람회의 일본제국위원회가 편찬한《일본제국사(*History of the Empire of Japan*)》에 들어 있다고 출처까지 밝혔다.

이승만은 또한 한국인들은 아직도 이미 사라진 그들의 지난날의 '자유'의 영광을 자랑한다고 비꼰 래드의 말에 대해서는, "우리는 결코 그와 같은 자랑을 한 적이 없으며, 래드 교수는 생존자이건 사망자이건 어떤 한국인으로부터도 그것을 입증할 만한 말을 인용할 수 없다"라고 단언했다.

이승만은 일본인들과 그들의 선전자들이 곧잘 옛 한국정부를 실정(失政)의 보기로, 일본 체제하의 발전을 자신들의 우월성의 보기로 드는데 대해 다음과 같이 설명했다.

옛 한국을 현대화된 일본과 비교하는 것은 옛 일본을 현대화된 한국과 비교하는 것과 마찬가지로 공평하지 못하다. 일본 자체를 두고 보자. 페리(Mathew G. Perry) 제독이 처음 찾아왔을 때만 해도 이 나라의 여건은 정치적으로나 도덕적으로나 물질적으로나 한국에 비하여 훨씬 열악했다. 정치적으로는 한국정부가 완전히 중앙집권화된 권력을 향유하고 있을 때에 일본은 수많은 봉건국가들로 분열되고 재분열되어 서로 싸우고 있었다. 물질적으로는 도로라고 할 만한 것이 없었고 일본인들이 자랑할 만한 건축물이나 개량된 위생시설도 없었다. 그들이 서양문명을 채용한 이후로 나라 전체가 변모했다. 한국은 서방제국에 문호를 개방한 이래 현대문명의 방향에 따른 필요한 개혁을 시작했다. 만일 한국인들이 그들 자신의 프로그램을 독자적으로 추진하게 했더라면, 한국인들은 일본인들이 그들의 나라에서 한 것과 같은 것을 그들 자신의 나라에서 달성할 수 있었을 것이다. 일본인들이 한국에서 수행한 모든 놀라운 물질적 성취는 사실은 한국인 자신들에 의하여 시작되었던 것이다. 일본인들이 한국인들로부터 무엇을 약탈해 갔는가를 보면 한국인들이 옛 정부 아래서 가졌던 "질박하지만 나의 것"이 어떤 것이었는지 알 수 있다.[46]

이승만은 이어 한국에서 취하고 있는 일본의 비문명적인 억압정책을 열거했다.

이승만의 반박문에 이어 정한경의 반박문도《뉴욕 타임스》에 게재되었다. 정한경은 래드의 글이 실린 그날로 뉴욕에서 반박문을 써서 투고했는데, 그의 글은 이승만의 글보다 사흘 뒤인 5월21일자《뉴욕 타임스》에 게재되었다. 정한경은 자기는 한국의 독립운동자들과 긴밀한 연락을 취하고 있어서 모든 지도자들과 운동의 조직과 목적을 알고 있는데, 매월 7,000엔(약 3,500달러)의 활동비를 헌금하는 것 말고도 네 차례에 걸쳐 1만엔씩 특별헌금을 하는 80만명가량의 열성적인 회원이 있는 비밀결사가 있다는 이야기는 처음 듣는다면서 래드 교수는 그 출처를 밝히라고 말했다. 정한경은 시위운동의 현장을 직접 목격한 외국 신문기자들과 선교사들의 말을 인용하면서, 한국인들의 봉기는 소수의 "불평분자들과 불량배들"의 소행이라고 한 래드의 말을 반박했다.[47]

래드도 가만 있지 않았다. 5월25일자《뉴욕 타임스》에는 두 사람의 글에 대한 래드의 반박문이 게재되었다. 래드는 미국과 일본의 관계가 상충되고 그러한 관계가 더욱 심화되기를 노리는 몇 지역으로부터의 노력이 너무 집요하기 때문에 이승만과 정한경의 글에 대해 논평할 필요를 느낀다면서 반론을 폈다. 그러나 그것은 지엽적이고 왜곡된 정보들에 지나지 않는 것으로서 설득력이 없었다. 또한 래드는 자기 저서의 내용에 대

---

46) Syngman Rhee, "Korea Against Japan: A Reply to Professor Ladd's View on the Independence Movement", *The New York Times*, May 18, 1919.
47) Henry Chung "Korean Independence: Not the Work of Agitators but a Popular Movement", *The New York Times*, May 21, 1919.

한 이승만의 비판과 관련하여 그것은 스티븐스의 감독 아래 번역된 중국어와 일본어 공문서에 근거했다고 해명함으로써 자신의 판단과 주장이 일본정부의 정보에 의존하고 있음을 드러냈다.[48]

래드의 반론에 대해 이승만은 5월27일에, 필라델피아에 가 있던 정한경은 29일에 각각 재반박문을 썼다. 이들의 장문의 재반박문은 6월1일자 《뉴욕 타임스》에 두면에 걸쳐서 크게 게재되었다.[49]

래드와의 논쟁은 동포사회에뿐만 아니라 미국 지식인들에게도 이승만의 명성을 한결 높여 주었다. 그의 명성을 높여 준 것은 그것만이 아니었다. 샌프란시스코에서 발행되는 중국어신문 《소년중국(少年中國)》은 도쿄(東京)발 기사로 일본인들이 해외 한국독립운동가인 이승만, 이완, 이위종(李瑋鍾) 세 사람에게 30만달러의 현상금을 걸고 자객을 밀파했다고 보도했는데, 이 기사를 다시 《신한민보》가 받아서 보도함으로써 동포사회에 큰 화제가 되었다.[50] 이 소식을 들은 하와이의 이종관은 놀라서 이승만에게 조심하라는 전보를 쳤고, 이승만은 이종관에게 "암살 소문 낭설이오. 걱정 없소"라고 답전했다.[51] 그런데 이 기사는 뒷날 이승만 자신과 그 지지자들에 의해 선전자료로 두고두고 활용되었다.

48) George T. Ladd, "The Korean Revolt: Professor Ladd Replies to Critics of His Defense of Japanese Position", *The New York Times*, May 25, 1919.
49) Syngman Rhee, Henry Chung, "Far Eastern Questions: Japan's Position Criticised in Regard to the Korean Independence Movement", *The New York Times*, Jun. 1, 1919.
50) 《新韓民報》1919년5월22일자, 「우리 三大 선생의 머리를 사고져 왜놈이 상금을 걸고 자객을 밀파」.
51) Leechongkwan to Rhee, Rhee to Leechongkwan, May 17, 1919, *The Syngman Rhee Telegrams*, vol.I., pp.172~173.

4. 신흥우가 가지고 온 한성정부 문건

1

5월29일에 이르러서야 이승만은 상해로부터 이동녕 명의의 때늦은 전보를 받았다.

> 리승만 선생
> 1919년4월11일에 소집된 임시국회(Provisional Congress)가 선거법에 따라 선생을 대한민국(The Republic of Korea)의 국무총리(Premier)로 선출했음을 알려드리는 것을 영광으로 생각합니다.
> 임시의정원 의장 이동녕[52]

이튿날 이동녕으로부터 다시 다음과 같은 전보가 왔다.

> 리승만 선생
> 선생의 전보를 받았으며 정식 빙준을 타전했습니다. 그것이 국채나 다른 특별한 일에 충분하겠습니까. 현순씨에게로 통신하지 마십시오. 해저전신 부호는 'Kopogo'입니다.[53]

임시의정원 의장으로서 상해임시정부의 수립에 산파역을 맡았던 이동녕은 4월30일의 의정원 회의에서 국무총리 대리로 선출됨에 따라 의장직을 사임했다.[54] 현순에게 연락하지 말라고 한 것은 5월25일에 안창호

---

52) Lee Tong Young to Syngman Rhee, May 29, 1919, *The Syngman Rhee Telegrams*, vol. I., p.193.
53) Lee Tong Young to Syngman Rhee, May 30, 1919, *op. cit.*, vol. I., p.196.
54) 「臨時議政院紀事錄 제4회(1919.4.)」, 『대한민국임시정부자료집(2) 임시의정원 I』, p.26.

가 상해에 도착함에 따라 상해의 독립운동자들 사이에 기호파와 서북파의 대립이 드러나기 시작한 상황을 반영한 것이었다.

이승만은 이동녕의 통보를 받자 이를 바로 공포했고, 그 사실은 《신한민보》를 통하여 재미동포사회에 알려졌다.

임시정부는 뒤늦게 1919년4월11일자로 된 이승만의 국무총리 선출통고서를 보냈다.

워싱턴 5월30일=대한공화국 주미한국대표 리승만 박사는 상해에 있는 대한국 임시국회에서 임시정부 수상을 리승만 박사로 선임하얏다는 국회의장의 해저전신을 오늘에 접수하얏다더라.[55]

상해로부터 두번째 전보를 받은 날 이승만은 다음과 같은 답전을 쳤다.

두 전보 받았소. 임시국회가 서명한 신임장이 속히 필요하오. 내 편지 받았소? 독립 문제 미국 국회 제출. 가능하거던 돈 좀 보내시오. 신흥우(申興雨) 여기 있소.[56]

임시정부는 6월25일에야 국무위원 조완구(趙琬九)와 위원 윤현진(尹

55) 《新韓民報》 1919년5월31일자, 「림시국회에서 수상을 임명, 리승만박사로 정식 서임」.
56) Koric to Kopogo, May 30, 1919, *The Syngman Rhee Telegrams*, vol. I., p.197.

顯振)이 대한민국임시정부 성립 선포문, 정부조직 관련 법률들을 수록한 「민국법령초집(民國法令初集)」, 「직원성명록」 등의 문건과 함께 4월11일자로 된 임시의정원 의장 이동녕 명의의 이승만의 국무총리 신임장을 보내왔다.[57] 그러나 이때는 이미 이승만이 서울에서 온 신흥우로부터 서울에서 비밀리에 조직된 임시정부의 문건을 입수한 뒤였다.

배재고등보통학교 교장과 조선중앙 YMCA 이사로 활동하고 있는 신흥우는 6월 중순에 오하이오주 콜럼버스(Columbus)에서 열릴 감리교 선교 100주년 기념대회에 참석하기 위하여 미국에 온 것이었다. 신흥우는 5월28일에 워싱턴에 도착했다.[58] 두 사람은 1916년에 신흥우가 감리교 4년차 총회에 가는 길에 하와이에 들렀을 때에 만나고 나서 3년 만에 만난 것이었다.

뒷날 한성정부(漢城政府)로 불리게 된 이 임시정부 문건을 가져오면서 신흥우는 아슬아슬한 고비를 겪었다. 그가 탄 배에는 한국에서 활동하는 선교사들이 많이 타고 있었는데, 그들은 한국인들이 만든 비밀문건을 지니고 있었다. 신흥우는 성서공회의 선교사 벡(S. A. Beck, 白端岩, 裵額)의 도움을 받았다. 벡은 종로에 성서공회 건물을 신축하고 성서의 번역출판 등의 활동을 하다가 귀국하는 길이었다. 일본은 3·1운동에 관련된 정보가 해외로 유출되는 것을 막기 위하여 혈안이 되어 있었다. 그리하여 신흥우는 한성정부 관련 문건들을 벡 선교사에게 부탁했고, 벡의 부인은 그것을 어린 딸의 인형 속에 감추고 배를 탔다. 승선한 뒤에는 신흥우와 벡 가족의 선실이 바뀌어져 일본경찰의 검문을 모면할 수 있었다고 한다.[59]

신흥우가 가져온 한성정부 문건은 상해로부터 오는 현순의 전보에

---

57) 「國務院函報 제1호」, 『대한민국임시정부자료집(8) 정부수반』, pp.25~43.
58) Syngman Rhee to Heung Wu Synn, May 27, 1919, Synn, Rhee to S. A. Beck, May 29, 1919, *The Syngman Rhee Telegrams*, vol. I., p.189, p.195.
59) 전택부, 『人間申興雨』, 大韓基督教書會, 1971, pp.127~128; 김영우, 『대한독립혈전긔』, 『韓國獨立運動史 資料(4) 臨政篇Ⅳ』, p.326.

일희일비하던 이승만에게 감격스러운 하늘의 메시지가 아닐 수 없었다. 25명의 명의로 된 「국민대회취지서」는 "우리 조선민족은 과반 손병희씨 등 33인을 대표로 하야 정의와 인도에 기본한 조선독립을 선언한지라. 지금에 그 선언의 권위를 존중하며, 독립의 기초를 공고케 하며, 인도 필연의 요구에 수응(酬應)키 위하야 전 민족일치의 동작으로 대소 단결과 각지방 대표를 종합하야써 본회를 조직하고 이를 세계에 선포하노라"라고 선언하고, 「결의사항」으로 (1) 임시정부 조직의 건, (2) 일본정부에 향하야 조선통치권의 철거와 군비의 철수를 요구할 건, (3) 파리강화회의에 출석할 인원을 선정할 건, (4) 조선인으로 일본 관청에 재직한 관공리는 일체 퇴직할 일, (5) 일반 인민에 대하야 일본 관청에 각항 납세를 거절할 일, (6) 일반 인민은 일본 관청에 대해야 일체 청원 및 소송행위를 하지 말 일을 천명했다.

이러한 6개항의 「결의 사항」은 일본의 통치를 전면적으로 거부하는 구체적인 내용이며, 특히 납세거부와 재판거부는 이보다 앞서 선포된 조선민국(朝鮮民國)임시정부의 「임시정부령」 제1호와 제2호[60]의 내용과 같은 것이어서 여러 갈래의 임시정부 수립운동자들이 공통적으로 인식하고 있던 독립투쟁 방안이었음을 알 수 있다.

임시정부 수립의 절차로 국민대회라는 대중집회를 상정하고 있는 것은 3월2일에 천도교단에서 발행한 《조선독립신문(朝鮮獨立新聞)》 제2호에서부터 제시된 방법이었다. 그리하여 앞서 선포된 조선민국이나 신한민국(新韓民國) 임시정부도 각각 "조선국민대회(朝鮮國民大會)와 조선자주당(朝鮮自主黨)연합회", "조선민족대표"의 명의를 표방했다. 그러나 13도 대표자의 이름이 명기되기는 이때의 「국민대회취지서」가 처음이었다. 「취지서」에는 다음과 같은 25명의 이름이 열거되어 있다.

---

60) 『雩南李承晩文書 東文篇(八) 大韓民國臨時政府關聯文書3』, 1998, p.40; 姜德相 編, 『現代史資料(25) 朝鮮(一) 三·一運動(一)』, pp.453~454.

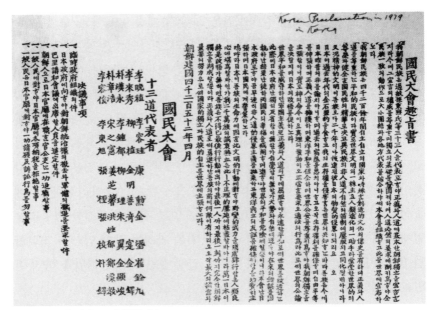

한성정부 수립을 알리는 국민대회취지서.

이만직(李晚稙), 이내수(李來秀), 박한영(朴漢永), 박장호(朴章浩), 이용준(李容俊), 이용규(李容珪), 유식(柳植), 이종욱(李鍾郁), 송지헌(宋之憲), 이동욱(李東旭), 강훈(康勳), 김명선(金明善), 유근(柳瑾), 강지형(姜芝馨), 장정(張梃), 김류(金瑬), 기식(奇寔), 주익(朱翼), 홍성욱(洪性郁), 장사(張梭), 최전구(崔銓九), 김탁(金鐸: 金鍾鐸), 김현준(金顯峻), 정담교(鄭潭敎), 박탁(朴鐸).

이들은 의병항쟁의 전력이 있는 양반 유생들을 비롯하여 불교, 기독교, 대종교 등 각 종교를 대표하는 인사들이었으나, 가명을 사용한 경우도 있었을 것이므로 아직도 신원이 파악되지 않는 사람이 많다.[61] 이승만은 물론 개인적으로는 이들을 거의 알지 못했을 것이다.

---

61) 高珽烋, 「世稱 漢城政府의 組織主體와 宣布經緯에 대한 檢討」, 《韓國史硏究》 97, 한국사연구회, 1997, pp.175~176.

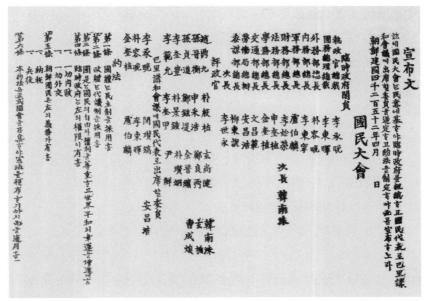

국민대회 선포문.

　「선포문」은 국민대회가 임시정부를 조직하고 각원(閣員)과 평정관
(評政官)과 파리강화회의에 국민대표로 출석할 위원을 다음과 같이 선
정했다고 밝혔다.

　○ 임시정부 각원
　집정관총재(執政官總裁) 이승만
　국무총리총재　이동휘(李東暉[輝])
　외무부 총장　박용만
　내무부 총장　이동녕
　군무부 총장　노백린(盧伯麟)
　재무부 총장　이시영(李始榮)　　차장　한남수(韓南洙)
　법무부 총장　신규식(申圭植)
　학무부 총장　김규식

노동국 총판　안창호
교통부 총장　문창범(文昌範)
참모부 총장　유동열(柳東說)　　차장　이세영(李世永).
○ 평정관
조정구(趙鼎九), 손진형(孫晉衡), 손정도, 이범윤(李範允), 박은식(朴殷植), 조완구, 신채호(申采浩), 정현식(鄭鉉湜), 박경종(朴景鍾), 이규갑(李奎甲), 현상건(玄尙健), 김진용(金晉鏞), 박찬익(朴贊翊), 윤해(尹解[海]), 한남수, 현순, 조성환(曹成煥).
○ 파리강화회의에 국민대표로 출석할 위원
이승만, 박용만, 김규식, 민찬호, 이동휘, 노백린, 안창호.

　각원 명단 가운데 특별히 눈길을 끄는 것은 안창호의 직책이다. 한성정부의 조직과 같은 때에 별도로 추진되던 신한민국 임시정부에서는 안창호가 '노동부장'으로 선임되었다. 그것은 국내에서 임시정부 수립을 추진하던 여러 그룹의 인사들이 한결같이 노동문제를 전담할 독립적인 정부기관의 필요성을 인식하고 있었음을 뜻한다. 한성정부 조직의 산파역을 맡았던 이규갑은 안창호를 '노동국 총판'으로 선임한 것은 "그의 특출한 외교적인 수완을 살려 러시아혁명을 계기로 세계적으로 일고 있는 노동운동에 중점적으로 대비하기 위한 조치였다"라고 회고했다.[62] 신한민국 임시정부 조직 주동자들도 비슷한 생각을 했을 것이다. 다만 한성정부의 각료명단에 안창호가 '노동부 총장'이 아니라 '노동국 총판'으로 격하된 것은 한성정부 수립에 참여한 양반 유림들의 노동운동 담당부서를 다른 중요한 정부부서와 동격의 독립부서로 설치하는 데 대한 거부감과 안창호의 상민신분에 대한 차별의식이 작용했기 때문이었을 것으로 짐작된다.

---

62) 李奎甲, 「漢城臨時政府樹立의 顚末」, 《新東亞》 1969년4월호, p.18.

「선포문」은 또 국민대회가 6개조의 약법(約法)을 제정했다고 천명했다. 그런데 이 약법은 '집정관총재'나 '평정관' 등의 임시정부의 직명과 함께 한성정부의 성격을 드러내고 있어서 꼼꼼히 톺아 볼 필요가 있다. 우선 국체(國體)는 민주제(民主制)를 채용하고(제1조), 정체(政體)는 대의제(代議制)를 채용하며(제2조), 국민의 자유와 권리를 존중하고 세계평화와 행운을 증진시키는 것이 '국시(國是)'라고 규정한 것(제3조)부터 근대국가의 보편적인 헌법 체제와는 괴리가 있다. 국민은 납세와 병역의 의무가 있다고 규정하면서도(제5조) 기본권에 관한 조항은 없다. '평정관'이 어떤 직책인지도 밝히지 않았다. 정체는 대의제를 채용한다고 한 것으로 보아 입법기관의 구성원들을 뜻하는 것 같기는 하나 명확하지 않다. 1919년9월11일에 상해임시정부가 한성정부를 계승하는 형식으로 헌법을 개정할 때에 '평정관'이라는 직명은 임시헌법에서 사라졌다. 그리고 뒤이어 개정되는 「임시정부 관제」 개정안 초안에 '평정원(平政院)' 조항(제1장)이 들어 있었는데, 이 조항도 임시의정원의 심의과정에서 삭제되었다.[63] 「임시정부 관제」 개정안이 보존되고 있지 않아서 '평정원' 규정의 내용은 알 수 없으나 「임시정부 관제」에 포함되었던 것으로 미루어 그것은 정부의 원로자문기구 같은 성격의 기구를 상정했던 것 같다. 또한 임시정부의 권한을 일체의 내정과 일체의 외교라고 규정하고(제4조), 이 약법은 정식 국회를 소집하여 헌법을 반포하기까지 적용한다고 못박음으로써(제6조) 독립운동기간 내내 정부운영의 권한을 이때에 발표한 집정관총재와 국무총리총재를 비롯한 각부 총장들에게 위임했다.

그것은 비록 10개조로 된 간략한 것이기는 하지만 근대적 민주주의국가의 기본원리를 천명한 상해임시정부의 임시헌장과는 이념면에서 차이가 있었다. 한성정부의 이러한 성격은 일단 대한제국을 부활시켜야 한다는 유림계의 복벽주의(復辟主義)와 기독교계 인사 등 공화주의자들의

---

63) 「臨時議政院紀事錄 제6회(1919.8.)」, 『대한민국임시정부자료집(2) 임시의정원 I 』, p.48.

정치이념의 절충의 산물이었다.[64] 그러나 그 가운데 특히 문제가 된 것은 '집정관총재'라는 생소한 직책명이었다.[65] 그것을 "President(대통령)"로 번역해서 사용하는 이승만과 상해임시정부 사이에 이내 격렬한 논쟁이 벌어지는 것은 뒤에서 보는 바와 같다.

한성정부의 수립에 관한 일련의 문건을 받아 본 이승만은 속으로 쾌재를 불렀다. 이화장 문서에는 「국민대회취지서」와 「선포문」과 함께 《조선독립신문》도 여러 호가 포함되어 있는데, 이 신문들도 신흥우가 같이 가지고 왔을 것으로 짐작된다. 그러므로 《조선독립신문》이 제시한 대로 13도 대표자들에 의하여 국민대회가 개최되고, 그 국민대회를 통하여 수립된 임시정부야말로 정통성과 합법성을 지닌 임시정부라고 이승만은 확신했을 것이다. 그는 일찍이 자신이 앞장섰던 만민공동회 때의 일이 상기되었을 것이다. 게다가 정식 국회를 소집하여 헌법을 발표할 때까지 내정과 외교의 일체의 권한이 자신에게 위임되지 않았는가! 이승만은 신흥우로부터 한성정부 수립경위에 관한 이야기를 자세히 들었다. 신흥우 자신도 한성정부 조직에 관여했었다.[66]

2

한성정부 수립 움직임은 상해의 현순과 연락을 취하던 이규갑과 대한제국 시대에 평리원 판사와 충주재판소 검사를 역임한 변호사 홍면희(洪冕憙: 洪震 또는 洪鎭)에 의하여 3월 상순부터 은밀히 추진되었다. 그들은 다방면으로 수완꾼인 한남수와 의병활동 경력이 있는 유림의 김규(金奎: 본명 金敎勳) 등을 끌어들여 홍면희의 동료인 현직 검사 한성오(韓聖

---

64) 李奎甲 증언(1969년1월19일).
65) '집정관총재'라는 명칭에 대해서는 韓哲昊, 「대한민국임시정부의 대통령제」, 한국근현대사학회, 「대한민국임시정부수립80주년기념논문집(상)」, 國家報勳處, 1999, p.130 및 정병준, 「우남이승만연구」, 역사비평사, 2005, p.188 참조.
66) 전택부, 앞의 책, p.128.

五)의 집을 비밀장소로 정하고 각계 인사들을 접촉했다. 한성정부의 조직과 관련하여 이규갑의 증언과 조선총독부의 재판기록에 나오는 사람들은 모두 21명(기독교 8명, 유교 7명, 천도교 1명, 불교 1명, 기타 4명)이다.[67] 이들은 4월2일에 인천 만국공원에서 13도 대표자회의를 열어 임시정부를 수립하고 국민대회를 통하여 공포하기로 했다.

그러나 4월2일의 13도 대표자회의에 서울에서 내려가기로 한 천도교 대표 안상덕(安商悳), 기독교 대표 장붕(張鵬), 이규갑, 홍면희, 권혁채(權赫采), 유림대표 김규 등은 거의 다 예정대로 참석했으나, 그 밖의 다른 지방 대표는 참석하지 못하고 수원, 강화, 인천 등의 인근 지방의 10명 남짓한 인사밖에 모이지 못했다. 그리하여 회의는 국민대회를 준비하는 모임으로 축소되었다. 이 자리에서 상해에서의 임시정부 수립여부와 파리강화회의의 진척상황 등이 논의되었다. 그리하여 상해에 사람을 파견하여 그곳 상황을 파악해서 보고하도록 하는 한편 국내에서는 원래의 계획대로 임시정부를 조직하고 국민대회 개최를 추진하기로 했다.

이러한 결정에 따라 4월8일에 한남수가 상해로 파견되었던 것이다. 회의참가자들은 임시정부 조직문제와 함께 「국민대회취지서」의 작성과 거기에 이름을 올릴 13도 대표자들을 선정하고 그들의 동의를 얻는 작업을 추진했다. 4월 중순에 이르러 임시정부의 조직을 끝내고 「국민대회취지서」를 발표하는 등의 실행계획을 최종적으로 확정했다. 이처럼 모든 준비가 끝나자 이규갑과 홍면희는 한성정부의 문건을 담뱃갑과 성냥갑 속에 감추어 가지고 상해로 떠났다. 한성정부의 수립사실을 대외적으로 알리기 위해서였다.[68]

임시정부 수립선포를 위한 국민대회를 개최하는 일은 김사국(金思國)이 지휘하는 학생조직이 맡았다. 김사국은 전북 익산 출신으로서 고

---

67) 高珽烋, 앞의 글, pp.181~182.
68) 李奎甲, 앞의 글, pp.181~184.

학으로 도쿄유학을 했다. 김사국, 김유인(金裕寅), 현석칠(玄錫七), 민강(閔橿) 등 국민대회 지도부는 4월23일을 대회일로 정했다. 현석칠과 민강 등은 「국민대회취지서」와 「선포문」을 서소문동 이민홍의 집 홍제당에서 목판에 새겨 6,000장을 인쇄했다.

국민대회 계획은 먼저 자동차 세대를 빌려 한 사람씩 타고 "국민대회"와 "공화만세"라고 쓴 깃발을 달고 동대문, 서대문, 남대문에서 각각 출발하여 길가마다 인쇄물을 살포하여 사람들이 정오에 종로 보신각 앞으로 모이게 하고, 노동자 3,000명은 보신각 앞에 배치하여 지휘자 세 사람에게 "국민대회" 등의 깃발을 게양케 하고 정오를 기하여 독립만세를 외치면서 시위를 벌이게 하는 한편, 시위의 시작과 함께 13도 대표자들은 서린동 봉춘관(鳳春館)에 모여 한성정부의 성립을 선포한다는 계획이었다. 3·1독립선언 때와 같은 방식으로 한성정부의 선포식을 거행하려고 했던 것이다.

그러나 일본 헌병경찰의 삼엄한 경계 속에서 이러한 행사계획은 처음부터 무모한 일이었다. 우선 13도 대표자들이 봉춘관에 나타나지 않았고, 대대적인 시위를 벌인다는 계획도 극히 소규모로 끝나고 말았다. 일본 헌병대의 보고에 따르면, 4월23일에 서울 보신각 부근에서 학생차림의 5명이 "국민대회", "공화만세"라고 쓴 깃발 세개를 들고 만세를 부르며 종로쪽으로 달려가는 것을 보고 추적하여, 그 가운데 2명을 이튿날 체포했다. 이날 서울 시내에는 「국민대회취지서」와 「선포문」뿐만 아니라 신한민국 문건인 「임시정부선포문」도 함께 다량으로 살포되었다.[69] 「국민대회취지서」에 서명한 인사들 가운데 이용규, 최전구, 이내수, 유근 네 사람은 당일로 일본경찰에 체포되었다.[70]

---

69) 「京城市內の萬歲事件等報告の件」, 金正明 編, 『朝鮮獨立運動 I』, p.649; 朝鮮憲兵隊司令部 編, 『朝鮮三·一獨立騷擾事件 槪況·思想及運動』, p.232.
70) 「獨立運動に關する不穩文書發見の件」, 金正明 編, 『朝鮮獨立運動 II』, p.17; 姜德相 編, 『現代史資料集(25) 朝鮮(一) 三·一運動(一)』, p.452.

한성정부의 수립을 주도한 세력은 기독교계였고, 표면에 나선 이규갑과 홍면희의 배후에는 이상재, 박승봉(朴承鳳), 신흥우, 오기선(吳基善) 등 YMCA의 지도급 인사들이 있었다.[71] 이상재는 이때에 벡 선교사편에 3·1운동의 배경이 된 일본의 한국침략과 식민지 통치관련 문서 등의 문건을 모아 이승만에게 보냈는데, 벡은 이 문서들을 캔디박스 모양으로 만들어 가지고 갔다. 이승만은 이 문서들을 「내지밀송서류(內地密送書類)」로 분류하여 보관했다.[72]

신흥우가 서울을 떠난 것은 국민대회가 열리기 하루 전인 4월22일이었다.[73] 그러므로 신흥우는 실제로 4월23일의 상황이 어떠했는지는 모른채 이승만을 만났던 것이다.

3

이 무렵 국내에서는 한성정부 조직활동과는 별도로 두가지의 중요한 움직임이 있었다. 하나는 유림의 움직임이었다. 3·1운동의 준비단계에 참여하지 못했던 유림은 파리강화회의에 한국독립을 호소하는 장문의 청원서를 보내는 것이 자신들의 할 일이라고 판단하고 비밀리에 그 일을 적극적으로 추진했다.

이 운동은 두 갈래로 추진되었다. 한쪽은 전 승지 김복한(金福漢)을 중심으로 한 충청도지방의 주로 의병 출신의 유림이었고, 다른 한쪽은 곽종석(郭鍾錫)과 김창숙(金昌淑)을 중심으로 한 경상도지방의 유림이었다. 충청도지방 유림은 임경호(林敬鎬)를, 경상도지방 유림은 김창숙을 각각 파리에 파견할 계획을 세웠으나 같은 유림에서 따로따로 대표를

---

71) 高珽烋, 앞의 글, p.200.
72) 『雩南李承晚文書 東文篇(四) 3·1運動關聯文書 1』, pp.191~446 및 『雩南李承晚文書 東文篇(五) 3·1運動關聯文書 2』, 1998, pp.1~504.
73) 《每日申報》 1919년11월30일자, 「慶賀祝福함에 足한 在米同胞의 消息, 새로 돌아온 申興雨氏談」.

파견한다는 것이 도리가 아니라고 하여 김창숙 한 사람을 파견하기로 합의했다. 그리하여 곽종석의 문안에 충청도 유림을 포함한 137명이 서명하여 3월22일에 김창숙을 파리로 파견했다. 3월27일에 상해에 도착한 김창숙은 이동녕, 이시영, 조성환 등과 만나 이미 김규식이 신한청년당 대표로 파리에 파견된 사실을 알고, 유림의 청원서를 김규식에게 송부하기로 했다. 그리고 국내의 각 향교에도 청원서의 사본을 우송했다. 이러한 사실은 4월12일에 있었던 경상북도 성주 장날의 만세시위에 관련되어 일본경찰에 체포된 송회근(宋晦根)에 의하여 전모가 드러남으로써 서명자들에 대한 대대적인 탄압이 시작되었다. 이것이 이른바 파리장서사건(巴里長書事件), 또는 제1차 유림단운동이라고 일컫는 사건이었다.[74]

또 하나의 움직임은 한성정부의 준비단계에 참여했던 일부 유림을 포함한 인사들이 조선민족대동단(朝鮮民族大同團)을 결성하고 대대적인 제2차 만세시위를 벌이는 동시에 고종(高宗)의 다섯째 아들 의친왕(義親王: 李堈)을 상해로 망명시키려고 한 일이었다. 이 운동의 중심인물은 일진회(一進會) 출신의 전협(全協), 최익환(崔益煥) 등이었다. 이들은 농상공부대신, 황해도 및 충청도 관찰사, 궁내부 특진과 등을 역임하고, 한일합병 뒤에 일본정부로부터 남작의 작위를 받은 김가진(金嘉鎭)을 총재로 추대하고, 1919년8월에는 기관지《대동보(大同報)》1만부를 발행하여 의욕적인 선전활동을 벌였다. 그러나 그해 11월에 의친왕의 상해망명이 만주 안동에서 일본인들에게 발각됨으로써 조직이 파괴되고 말았다.[75]

이 사건에서 특히 주목되는 것은 대동단을 주도한 사람들은 국민대회를 통한 정부수립은 시기상조라고 판단하고, 파리강화회의 등에 호소

---

74) 許善道, 「三・一運動과 儒敎界」, 『3・1運動50周年紀念論集』, 東亞日報社, 1969, pp.281~300 참조.
75) 張錫興, 「朝鮮民族大同團硏究」, 《한국독립운동사연구》 제3집, 독립기념관 한국독립운동사연구소, 1989, pp.257~280 참조.

하여 비록 당장 독립은 안 되더라도 국제연맹의 감독 아래 일본의 위임통치를 받을 것을 희망했다는 점이다.[76] 만세시위가 전국적으로 확산되던 상황에서도 이처럼 정부수립보다는 국제연맹의 위임통치, 그것도 일본의 위임통치를 기대했다는 것은 조선민족대동단 창립에 주도적인 역할을 한 인물들이 일진회 출신이라는 한계를 여실히 보여 주는 것이었다.

신흥우로부터 한성정부 문건을 전해 받은 이승만은 5월30일에 하와이의 이종관에게 전보를 쳐서 신흥우가 "긴한 소문"을 가져왔다고 알리고, 신문에는 내지 말고 자기의 편지를 기다리라고 했다. 그러면서 박용만에게 '서울국회(Seoul Congress)'가 그를 외무부 총장으로 선출한 사실을 알리라고만 했다.[77] 그것은 이승만이 위임통치 논란의 책동자인 박용만을 어떻게 해서든지 포섭하려고 하고 있었음을 시사한다. 그는 이틀 전에 하와이로부터 박용만이 도망갔다는 전보를 받았다.[78] 박용만은 5월17일에 미국 운수함 토머스 호(S. S. Thomas)를 타고 마닐라를 경유하여 블라디보스토크로 떠나고 하와이에 없었다.[79]

이승만은 한성정부에 관한 발표를 잠시 보류한 채 6월6일에 워싱턴 13가의 머소닉 템플(Massonic Temple)에서 대한자유공동대회(Mass Meeting for Korean Freedom)를 개최했다. 이 대회는 필라델피아에서 조직된 한국친우회와 같은 단체를 워싱턴에서도 조직하기 위하여 준비한 것이었다.[80] 회의에는 많은 내외국 인사들이 참석했다.[81] 회의는 필라델피아에서 열린 제1차 한인회의와 같은 형식으로 진행되었다. 『은둔의 나라 한국(Corea: The Hermit Nation)』(1882)의 저자 그리피스(William

---

76) 「崔益煥警察訊問調書」(제3회), 『韓民族獨立運動史資料集(5)』, 國史編纂委員會, 1988, p.49, p.424.
77) Syngman Rhee to Lee Chongkwan, May 30, 1919, The Syngman Rhee Telegrams, vol. I., p.198.
78) Seung Shon to Syngman Rhee, May 28, 1919, op. cit., vol. I., p.190.
79) 方善柱, 「朴容萬評傳」, 『在美韓人의 獨立運動』, 翰林大學校아시아文化研究所, 1989, p.108.
80) 國立中央圖書館 소장문서, Syngman Rhee to Youngki Kim, May 14, 1919, Hei Sop Chin Archival Collection 367, Box 1 Folder 1, Letters from Syngman Rhee.
81) 《新韓民報》 1919년6월14일자, 「리승만박사의 주최로 공동대회를 열어」.

E. Griffis)가 「한국의 문명」이라는 제목으로 연설을 했고, 필라델피아에서 한국친우회를 조직한 톰킨스 목사와 서재필은 각각 「한국친우회」와 「한국에서의 미국의 영향」이라는 제목으로 연설을 했다.

대한자유공동대회는 민중정부연맹(The Popular Government League)의 사무국장인 킹(Judson King)이 제안한 다음과 같은 결의문을 만장일치로 채택했다.

(1) 우리는 수십 세기 동안 독립되고 역사와 문화와 문명을 지닌 통일국가 한국의 자유민들이 처해 있는, 일본에 의하여 조성되고 또 현존하는 반기독교적이고 비인도적이고 전제적이고 심히 압제적인 상황에 대하여 엄숙하고 진지하게 항의한다.

(2) 우리는 미국정부가 1882년5월에 미국과 한국 사이에 체결한 엄숙한 조약상의 의무를 준수하여 즉각적이고 적극적인 행동을 취할 것을 촉구한다. 그 조약에서 미국은 두 정부 사이의 "영원한 평화와 우호가 지속될 것"이며 다른 강대국들이 한국을 부당하게 다루거나 억압할 때에는 거중조정을 할 것을 선언하였다.

(3) 이 결의문들의 사본이 미국 대통령, 파리평화회의의 미국대표단, 상원과 하원의 의원들에게 전달되게 한다.[82]

이러한 결의문의 채택은 대외선전 면에서만 본다면 필라델피아의 제1차 한인회의보다 한결 진전된 것이라고 할 수 있다. 필라델피아 한인회의의 결의문은 한인들에 의하여 작성된 것이었지만, 대한자유공동대회에서는 미국인들이 주동이 되어 미국정부와 의회를 상대로 결의문이 작성되고 채택되었기 때문이다. 일본에 대한 강력한 항의와 함께 미국정부에 대해서도 조약상의 의무를 이행할 것을 촉구한 것이었다.[83]

대한자유공동대회를 마친 이튿날인 6월7일자 미국 신문에는 한국 임

---

82) *Korea Review*, July 1919, "Address of Washington Meeting".
83) 고정휴, 앞의 책, p.336.

시정부가 새 헌법을 제정했다는 뉴스가 보도되었다.[84] 이승만은 급히 샌프란시스코의 이대위에게 "오늘 신문에 난 임시정부 새 헌법 사본을 속히 우송하시오"[85]라고 타전했다. 이대위는 이튿날 "헌법을 이미 부쳤습니다. 같은 사본을 다시 보냅니다"라고 타전했다.[86] 그리고 6월10일자《신한민보》에는 상해임시정부의 10개조의 임시헌장이 6대 강령과 함께 1면에 크게 보도되었다.[87] 상해에서는 이때까지도 이승만이나 재미동포들에게 임시헌장을 보내지 않고 있었던 것이다. 그런데《신한민보》가 이 임시헌장을 보도하면서 그것이 "대한공화국 임시헌법"이라고 소개한 것을 보면, 이때까지도 임시정부의 실체에 대하여 재미동포들은 명확한 인식을 하지 못하고 있었음을 알 수 있다.

바로 이 날짜《신한민보》는 5월11일 서울발 AP통신으로 국내에서 비밀리에 '대한공화국' 임시정부가 수립되었고 이승만이 대통령으로 선출되었다고 다음과 같이 보도했다.

[5월11일 서울 연합통신사 통신으로] 대한독립당 두회자들은 대한공화국 임시정부를 한국내지에 비밀히 건설하고 이승만 박사로 대통령을 뽑았는데, 임시정부 내각의 다수는 합중국에서 교육을 받은 사람들이라 하며, 임시헌법을 보건대 공화국제도를 쓰게 만들었고 국민의 대정책의 강령은 국민의 자유와 동등권을 주장하여 세계의 영구적 평화를 협찬하기로 위주하며, 대한국민 된 자는 누구든지 세납과 병역에 복무케 하얏더라. 13도의 대표자 25인이 회집하여 일본이 한국 통치권을 한국에 다시 돌리라고 강경히 요구하며, 일본은 한국내지에 있는 군대를 속히 거두어 가라고 요구하며, 한인들은 다 죽을지언

---

84) *The New York Times*, Jun. 7, 1919, "New Constitution Framed by Koreans".
85) Syngman Rhee to David Lee, Jun. 7, 1919, *The Syngman Rhee Telegrams*, vol. I., p.200.
86) David Lee to Syngman Rhee, Jun. 8, 1919, *op. cit.*, vol. I., p.201.
87)《新韓民報》1919년6월10일자, 「대한공화국 림시헌법」.

정 왜정부에 세납을 바치지 안키로 결심하얏다더라. 임시정부의 명령으로 왜정부의 명령을 복종치 말라 하며 각 동리마다 임시지방정부를 조직하야 원수 왜놈에게서 한국통치권을 다시 찾는 때까지 치안의 질서를 유지하기로 결심하얏더라.[88]

국내에서 또 임시정부가 수립되었다는 뉴스가 혼란스럽게 느껴졌는지《신한민보》는 이 뉴스를 3면에 2단기사로 보도했다.

이 AP통신뉴스가 워싱턴에서 발행되던 미국신문에 보도되었는지는 확인되지 않는다. 그러나 이승만이 6월11일에 상해로 한성정부의 수립을 알리는 전보를 친 것을 보면 AP통신의 기사도 읽었던 것이 틀림없어 보인다. 그는 상해에 보낸 전보에서, 4월23일에 서울에서 13도 대표들이 국회를 열고 임시정부 각원들을 선출했다고 말하고, "원문이 우리에게 있소. 하나 구해서 신문에 발표하시오"라고 타전했다.[89] 이승만의 이러한 고압적인 자세는 이제 그와 상해임시정부의 입장이 역전되었음을 보여주는 것이었다.

그러나 이승만은 신중했다. 국내에서 임시정부가 수립되었다는 사실을 대외적으로 공표하기에 앞서 6월13일에 뉴욕에 머물고 있는 신흥우에게 전보를 쳐서, 벡 선교사에게 「국민대회취지서」가 선포되고 각원들의 최종적인 선거가 실시된 날이 4월23일임을 확인하여 급히 회전하라는 전보를 쳤고,[90] 신흥우는 6월15일에 벡이 「취지서」의 선포와 각원선거가 4월23일 정오에 공공연히 실시된다는 사실을 사전에 알았고 사후에 확인했다고 말한다고 답전했다.[91]

---

88) 《新韓民報》 1919년6월14일자, 「한국내지에 임시정부가 조직되여, 각 지방에 임시정부를 조직하고 왜놈에게 세납을 절대 거절」.

89) Koric to Kopogo Shanghai, Jun. 11, 1919, *The Syngman Rhee Telegrams*, vol.Ⅰ., p.228.

90) Syngman Rhee to Heungwu Synn, Jun. 13, 1919, *op. cit.*, vol.Ⅰ., p.236.

91) Heungwu Synn to Syngman Rhee, Jun. 15, 1919, *ibid.*, p.242.

　드디어 이승만은 공식활동을 시작했다. 이승만은 6월14일에 대한공화국 대통령(President of the Republic of Korea)의 명의로 파리에 있는 월슨 대통령을 비롯하여 지난날 대한제국과 국교를 맺었던 영국, 프랑스, 이탈리아, 중국 등 열강의 정부 수반들에게 한국에 "완벽한 자율적 민주정부"가 수립되었음을 알리고 한성정부의 각료 명단까지 통보했다.[92] 월슨 대통령에게 보낸 편지에서는 자신을 포함한 많은 각료들이 미국에서 대학을 졸업했고, 미국은 한국이 "문호개방"조약을 체결한 최초의 국가임을 상기시켰다.[93] 같은 날 이승만은 미 국무장관 대리 포크(Frank L. Polk)에게도 공문을 보내어 한국의 수도 서울에서 13도 대표들이 모여 대한공화국을 선포했다고 말하고, 워싱턴 시내 컨티넨탈 트러스트 빌딩(Continental Trust Building) 908호에 개설한 본부에 자신의 비서 임병직(B. C. Lyhm)과 법률고문 돌프(Fred A. Dolph)가 상주하고 있으니까 앞으로 자신이나 대한공화국에 대한 제반 연락은 이곳으로 해달라고 통고했다.[94]

　이승만은 6월16일에 월슨 대통령에게 전보를 쳐서 김규식을 한국의 전권대표로, 이관용(李灌鎔)을 부대표로 임명했음을 통보하고 이들이 강화회의에서 한국인을 대표하여 발언할 수 있게 주선해 줄 것을 요청했다. 미국은 조미수호통상조약에 따라 그러한 중재를 할 의무가 있다고 그는 주장했다.[95]

　월슨에게 전보를 친 이튿날 이승만은 다시 상해임시정부로 전보를 쳐

---

92) *Korea Review*, July 1919, "President Rhee's Notification of the Organization of the Government of the Republic of Korea", p.8.
93) 미국무부문서 895. 01/5, Syngman Rhee to Wilson, Jun. 14, 1919, (*Records of the Department of State Relating to Internal Affairs of Korea 1919~1929*).
94) 미국무부문서 895. 01/4, Syngman Rhee to F. L. Polk, Jun. 14, 1919.
95) 미국무부문서 895. 01/7, Syngman Rhee to Wilson, Jun. 16, 1919.

서 자기가 대통령 명의로 파리의 김규식과 이관용에게 신임장을 보냈고, 한국과 조약을 맺은 나라들에 독립을 승인하라는 국서를 보냈으며, 머지않아 미국 국회에도 한국독립 문제를 제의할 것이라고 통보했다. 그는 또 앞으로 외교 사무는 워싱턴에서 주관할 테니까 서로 혼잡이 없도록 하라고 말하고, 완전 독립이 필요하다는 말을 덧붙였다.[96]

이승만은 6월18일에 일본 천황에게도 격식을 갖춘 공문을 보냈다. 이승만은 일본 천황에게 서울에서 4월23일에 한국 국민의회(Korean National Council)가 구성되어 자신을 대한공화국 대통령으로 선출했다고 말하고, 필요한 외교관들을 제외한 모든 일본인들을 한국에서 철수시킬 것을 요구했다. 그는 대한공화국을 일본과는 별개의 독립된 주권국가로 인정할 것을 촉구하고, 그럼으로써 이제 두 나라 사이의 지난날의 차별과 분쟁을 조정하고 해소하여 영원한 평화와 우호의 새로운 시대로 진입하자고 제의했다.[97] 이 공문은 비서 임병직이 일본대사관을 방문하여 대사직무를 대행하던 일등서기관 히로다 고오키(廣田弘毅)에게 전했다. 임병직과 히로다는 장시간 이야기를 나누었다. 이 사실은 이승만이 의도했던 대로 미국 기자들과 외국특파원들의 주목을 받았다.[98]

1919년1월18일에 개막된 파리강화회의가 정식으로 폐막된 것은 국제연맹이 발족한 1920년1월10일이었다. 그러나 1919년6월28일에 베르사유조약이 조인됨으로써 회의는 사실상 끝났다. 그런데 이 조약은 윌슨 대통령이 주창했던 민족자결주의 원칙은 구현하지 못하고 영국, 프랑스, 일본 등 열강의 이익만을 보장하는 것이 되고 말았다.

이승만은 조약이 체결되기 하루 전인 6월27일에 윌슨 대통령에게 다음과 같은 전보를 쳤다.

---

96) Syngman Rhee to Kopogo Shanghai, Jun. 17, 1919, *The Syngman Rhee Telegrams*, vol. Ⅰ., p.246.
97) 미국무부문서 895. 01/9, Syngman Rhee to The Emperor of Japan, Jun. 18, 1919.
98) 林炳稷, 앞의 책, pp.128~129.

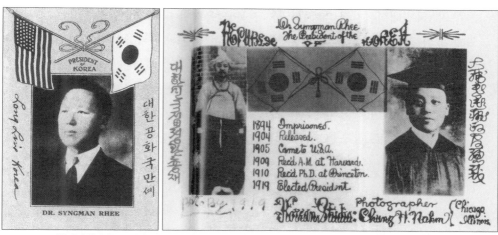

이승만이 한성정부의 집정관총재로 선포된 사실이 알려진 뒤에 재미동포들 사이에서 사용된 홍보용 우편엽서.

　　지금은 대한민국인 조선의 국민과 합법적인 정부를 대표하여 저는 각하와 미국 대표 단원들과 파리강화회의에 참석한 대표들에게 한국 국민과 정부는 한국의 영토 보전, 정부 정책, 또는 독립에 영향을 미치는 일본정부나 일본의 각료나 대표들의 서명이나 어떤 협정에도 구속받지 않을 것임을 통고합니다. 우리는 한국의 절대독립을 옹호해 왔고, 앞으로도 그것을 유지해 나갈 것입니다.[99]

　　한국대표단에게 발언의 기회마저 주지 않은 회의에서 한국문제에 대하여 어떠한 결정을 했더라도 한국인은 그 결정에 구속받지 않겠다는 이승만의 주장은 파리강화회의에 앞서 워싱턴에서 열렸던 소약속국동맹회의의 결의와 일치하는 것이었다.

　　이승만은 미국 독립기념일인 7월4일을 기하여 국내외 동포들에게 「대한민주국 임시집정관총재 선언서」를 발표했다. 이 선언서는 먼저 한성정

---

99) 미국무부문서 895. 01/8, Syngman Rhee to Wilson, Jun. 27, 1919.

부의 「국민대회취지서」와 「선포문」 전문을 공개한 다음 「일반 인민이 준행할 바 긴요한 조건」으로 7개항을 들었다. (1) 나라를 위하여 죽기를 결심할 일, (2) 동족을 서로 구원할 일, (3) 인도로 강포(强暴)를 이김, (4) 정부에 복종할 일, (5) 합심합력할 일, (6) 주권을 존중할 일, (7) 재정상 의무가 그것이었다.

3항 "인도로 강포를 이김"이라는 항목에서 이승만은 이렇게 주장했다.

> 우리 독립전쟁은 적국의 인명을 살해하거나 재산을 손상코저 함이 아니오 다만 화평적 반대로 적국의 강포 무도함을 억제하려 함이니, 이는 독립선포한 주장자들이 탁월한 지식으로 약법에 밝힌 바이라. 우리 충애남녀가 저 일병의 잔멸 도륙을 당하면서 이 약법을 지키므로 세상 사람이 역사상에 처음 되는 혁명이라 하야 우리의 인의(仁義)한 천성을 찬송하는 바이라. 조만간 우리가 준비를 필하야 공식으로 전쟁을 시작할 때까지 이 약법을 지켜 행함이 가하도다.

이처럼 이승만은 기미독립선언서에서 천명한 비폭력주의를 강조했다. 그리고 그것은 물론 전쟁준비가 완료되어 공식으로 전쟁을 시작할 때까지라는 것이었다. 그러나 4항의 「정부에 복종할 일」이라는 항목에서는 납세와 재판의 거부로 "죽기로써" 일본정부에 불복종할 것을 촉구했다. 5항의 「합심 합력」은 독립운동방략에 대한 의견 통일을 강조한 것이어서 눈길을 끈다.

> 합동하면 서고 나뉘면 쓰러지는 것은 원원(源源)한 정리라. 현금에 적국이 우리에게 자치권을 준다든지 우리의 속박을 풀어 준다든지 군인정부를 걷어간다는 모든 말로 일시 무마수단을 쓸지라도 우리는 결단코 속임을 받지 않을지며, 다만 민족의 귀한 충혈(忠血)과 의담

[義膽: 의로운 마음]으로 완전무결한 독립을 회복한 후에 말지니, 이에 대하야 다른 의견도 없고 다른 의론도 없을지라.…

이러한 주장은 자신의 위임통치 청원문제에 대한 상해 인사들의 논란을 의식한 것이었음은 말할 나위도 없다.

6항의 「주권을 존중할 일」은 그동안 해외동포들의 '무형정부'를 자임해 온 대한인국민회에 대하여 앞으로는 사회단체로서의 활동만 하라는 통고였다.

원동과 미주와 미국 영지(領地) 각처에 우리 한인 단체가 이주민의 안녕질서를 유지하며 국권회복하는 모든 운동에 공효가 다대한지라. 그 모든 단체가 인민 사회 자격으로 행할 만한 모든 일을 여전히 계속하려니와, 다만 정치계에 관한 공무와 외교상에 대한 중임은 정부주권이 자재(自在)하니 혹 참손하거나 혹 혼잡한 폐단이 없게 할지어다.

이승만의 이러한 언설은 원칙적으로 당연한 말이었지만 임시정부 자체에 대하여 동포들 사이에 통일적인 인식이 아직 명확하지 않은 상황에서 매우 당혹스러운 주장이 아닐 수 없었다. 그것은 결국 마지막의 「재정상 의무」와 직결되는 것이었다. 이승만은 다음과 같이 강조했다.

정부는 인민의 공납으로 공비를 지용(支用)하는 법이라. 현금 시정방침과 장차 행할 계획에 거대한 금액을 요구하나니, 충애인민은 이에 대하야 정성을 다하며 힘을 다할지어다. 재정 모집할 절차는 장차 공포하겠노라.[100]

---

100) 「대한민주국 임시집정관총재 선언서」, 『대한민국임시정부자료집(8) 정부수반』, pp.45~49; 《新韓民報》 1919년7월10일자, 「대한민주국 대통령의 선언서」.

요컨대 지금까지 대한인국민회가 맡아 하던 동포들의 애국금이나 의 연금 수합업무는 정부가 수립된 이상 당연히 '정부기관'이 맡아서 해야 한다는 것이었다. 이승만이 국민회 하와이지방총회장 이종관에게 임시정 부 경비는 하와이 동포들만 믿겠다면서 "샌프란시스코에는 재정을 보내 지 마시오"라고 타전한 것은 그 때문이었다.[101]

이승만의 이「선언서」는 7월10일자《신한민보》의 1면 전체에 걸쳐서 보도되었다. 하와이의《국민보(國民報)》는 이때의 신문이 보존되고 있지 않아서 확인할 수 없으나, 아마《신한민보》와 마찬가지였을 것이다. 그 리하여 미주와 하와이의 동포들은 다시 한번 크게 흥분했을 것이 틀림없 다. 그러나 이날의《신한민보》지면에는 "국무총리 이승만"을 비롯한 각 부총장 연명으로 된 상해임시정부의「임시징세령에 관한 건」이라는「통 유」(제3호)가 함께 눈에 띄게 실려 있어서 임시정부를 둘러싼 혼선이 이때 까지도 계속되었음을 보여 준다. 그리하여《신한민보》는 기사 끝에 다음 과 같은 편집자 주를 달았다.

내지에서 조직된 우리 임시정부 내각원과 원동에서 조직된 임시정 부 내각원이 서로 이동되며 또는 원동에서 6월16일에 발한 전보를 거 한 즉 대통령이 없다 하얏으니, 이는 원수의 가혹한 제한을 인하야 내 지와 원동이 서로 교통을 못하므로 피차간에 모순되는 일이 있는 듯 하나, 당국하신 제위 선생들이 장차 원만하게 될 줄 믿으며, 또는 우 리 일반 국민 된 자도 각각 의무와 책임을 다하야 하루바삐 우리 임시 정부가 원만히 조직하는데 힘쓰기를 경요.[102]

임병직은 그의 회고록에 이 무렵의 이승만의 동정과 관련하여 주목할

101) Koric to Leechongkwan Konation Honolulu, Jun. 9, 1919, *The Syngman Rhee Telegrams*, vol. I ., p.225.
102)《新韓民報》1919년7월10일자,「대한민주국 대통령의 선언서」.

만한 사실을 기술해 놓았다. 곧 이승만이 체코슬로바키아의 지도자 토머스 마사릭(Thomas G. Masaryk)을 만나서 두 나라의 장래문제에 대하여 난상토의를 하고 있었고, "마사릭 박사의 경력은 이 박사가 워싱턴에서 일하는 데 많은 참고가 되었다"는 것이다.[103]

이승만은 평소에 체코슬로바키아와 아일랜드의 독립운동에 큰 관심을 가지고 있었다. 필라델피아 한인회의도 1918년에 있었던 아일랜드인들과 체코슬로바키아인들의 필라델피아 집회를 본뜬 것이었다. 체코슬로바키아 민족의회는 1918년9월에 파리에서 임시정부를 수립하고 미국에 머물던 철학자이자 정치가인 마사릭을 대통령으로 선출했다. 마사릭은 1918년10월에 워싱턴에서 독립을 선언하고, 이어 체코슬로바키아 국가가 건설되자 1919년2월에 프라하로 돌아가서, 1920년, 1927년, 1934년에 잇달아 대통령에 당선될 만큼 체코슬로바키아의 국부로 추앙되는 인물이었다. 그러한 마사릭과 이승만이 언제부터 만나고 있었는지 올리버(Robert T. Oliver)의 전기나 이승만 자신의 자서전 초록 등에도 아무런 언급이 없다. 그러나 프란체스카는 이승만이 마사릭과 친교가 있었던 것으로 알고 있었다.[104]

윌슨 대통령을 만나고 뉴욕의 소약속국동맹회의를 지도하는 등의 활동을 하던 마사릭을 이승만이 찾아가서 공통 관심사를 논의했을 개연성은 없지 않다. 그런 점에서 마사릭의 경력이 이승만에게 많은 참고가 되었다는 임병직의 말은 사실일 수 있다.

---

103) 林炳稷, 앞의 책, p.123.
104) 曺惠子 증언.

33장

임시대통령과 경무국장

1. 임시정부의 문지기 자청

1919년4월22일 밤에 열린 제2회 임시의정원 회의에서 내무부위원의 한 사람으로 선출된 김구가 8월에 경무국장으로 임명되기까지 어떤 활동을 했는지는 분명하지 않다. 이 시기의 「임시의정원기사록(臨時議政院紀事錄)」에도 김구와 관련된 기록은 보이지 않는다.

그런데 국내에서 한성정부(漢城政府) 수립을 주도하고 「국민대회취지서」와 「선포문」 등 관련문건을 가지고 4월20일쯤에 상해에 도착한 이규갑(李奎甲)은 이 무렵의 김구의 활동과 관련하여 새겨볼 만한 증언을 남겼다.

> 나는 대한청년단(大韓靑年團)을 조직하여 상해에 망명해 있던 우리 청년들을 조직화하고 있었는데, 5월15일경에 김구 경무국장이 찾아와서 17일에 도산(島山: 安昌浩)이 상해에 들어오는데 신변이 위태하니 대한청년단 대원들을 동원해 달라고 부탁했다. 이때는 상해정부가 조직된 직후이고 또 각지에서 우리 독립운동자들이 상해로 많이 모여들던 때라 일본 총영사관 경찰부는 우리 요인들을 체포하려고 경찰과 첩자들을 풀어 놓고 목을 지키고 있었다. 신석우(申錫雨), 윤원삼(尹愿三)도 이즈음 일본경찰에 납치되었다. 하물며 도산은 임정의 사실상의 수반격이고 우리 독립운동자들에게 절대적인 영향력을 가진 사람이니 왜놈들의 표적이 된 것은 당연한 일이었다. 다행히 도산은 홍콩에서부터 현순(玄楯)의 안내를 받으며 무사히 임시정부에 도착했다.[1]

---

1) 李奎甲, 「漢城臨時政府樹立의 顚末」, 《新東亞》 1969년4월호, p.185.

안창호는 4월28일에 하와이를 출발하면서 상해임시정부에 알렸는데, 상해 일본 총영사관은 이 사실을 이튿날로 이미 파악하고 있을 만큼[2] 한국 독립운동자들의 동향에 대한 정보수집에 힘을 쏟고 있었다. 청년단은 기존의 재상해한인청년회(在上海韓人靑年會)와 청년단(靑年團)이 통합하여 임시정부를 지원할 목적으로 5월4일에 새로 조직한 단체였다. 청년단은 서무부, 통신부, 재무부를 두고 서무부 아래 군부, 경무부, 비밀부, 인쇄부의 4부를 두었다. 단장은 김정목(金鼎穆), 부단장은 한병기(韓炳基)였고, 이규갑은 핵심부서인 서무부의 부장이었다. 그는 서무부 산하의 비밀부원을 겸했다. 청년단은 단원을 길림(吉林)에 파견하여 군인을 양성할 것을 구상하고 있었다. 청년단은 《청년보(靑年報)》라는 등사판 기관지를 만들어 5월4일에 제1호를 발행했다.[3]

이규갑이 안창호가 상해에 올 즈음에 김구가 경무국장이었다고 한 것은 착오였다. 그러나 이규갑의 회고는 남다른 완력을 가진 김구가 공식적으로 경무국장에 임명되기 전부터 임시정부의 중요인사들을 경호하는 일을 맡고 있었음을 시사해 준다. 김구는 안창호보다 나이가 두살 위였다. 일찍이 안창호가 국내에서 신민회(新民會) 운동을 추진할 때에 김구도 적극적으로 참여했으나, 두 사람이 직접 만난 적은 없었다. 김구는 장련(長連)의 오진사 사랑에 설치한 광진학교(光進學校) 교원으로 있을 때에 평양에서 열린 사범강습회에 참가했다가 최광옥(崔光玉)의 소개로 안창호의 동생 안신호(安信浩)와 결혼까지 약속한 적이 있었다. 혼담은 하룻밤 사이에 없었던 일로 되었지만, 김구는 그때의 일을 두고두고 아쉬워했다. 이러한 사실은 미국에 있던 안창호도 알았다. 김구가 상해에 도착하는 안창호의 경호를 자임하고 나선 것은 안창호에 대한 김구의 남다른 감정을 보여 주는 것이었다.

2) 「上海에서의 韓國獨立運動(1919년4월29일)」, 『韓國民族運動史料(中國篇)』, p.23.
3) 위의 책, p.28.

이규갑이 홍면희(洪冕喜: 洪震), 한남수(韓南洙), 장붕(張鵬) 등과 함께 상해에 온 것은 한성정부 수립이 선포되기 직전이었다. 그들은 상해 인사들과 여러 차례 회합을 갖고 협상을 벌였으나, 상해 인사들은 한성 정부를 거부했고,[4] 4월22일 밤에 열린 제2회 임시의정원 회의에서는 서울 의 국민대회에 대하여 임시의정원이 성립되었다는 사실을 통고하기로 결 의했다.[5] 일본경찰의 정보보고는 5월3일에 열린 의정원회의에서 한성정 부를 인정하지 않기로 하고 상해임시정부의 수립사실을 국내에 알리기 위해 며칠 안으로 사람을 파견하려고 준비 중이라고 했으나,[6] 이날은 토 요일이었으므로 공식회의가 열리지는 않았다. 이날 회의가 열렸다면 그 것은 비공식 간담회였을 것이다. 이규갑 등은 더 이상 한성정부를 고집하 지 않고 임시의정원에 참여했다.

프랑스 조계는 일본경찰의 손길이 미칠 수 없는 안전지대로 알려져 서 3·1운동이 일어난 뒤에 많은 독립운동자들이 이곳으로 모여들었다. 1919년 이전에 100명쯤 되던 상해 거주 한인은 3·1운동 직후에는 500여 명으로 늘어났고, 이해 연말에는 1,000명 가까이 되었다.[7] 이들은 거의 모 두가 직업적 독립운동자들이었다.

한국 독립운동자들이 상해로 모여들자 상해주재 일본 총영사관은 경 찰부에 조선인계를 설치하고 한국인을 통역으로 고용하여 독립운동자 들에 대한 감시를 강화하고, 또 이들의 활동을 방해하기 위해 많은 밀정 을 고용했다. 조선총독부가 직접 경찰과 밀정을 파견하기도 했다. 밀정 들은 독립운동자들의 모임이나 행사가 있을 때마다 프랑스 조계에 잠입 했다.[8] 밀정들의 준동으로 적인지 동지인지 분간하기가 어려워서 계획을

---

4) Soon Hyun, *My Autobiography*, p.133, p.301.
5) 「臨時議政院紀事錄 제2회(1919.4.)」, 『대한민국임시정부자료집(2) 임시의정원 I 』, p.21.
6) 「上海에서의 韓國獨立運動」, 『韓國民族運動史料(中國篇)』, p.26.
7) 孫科志, 『上海韓人社會史』, 한울, 2001, p.55, p.110.
8) 위의 책, p.62, pp.106~107.

예정대로 진행하지 못하는 경우도 많았다.[9] 그리하여 임시정부의 각종 회의는 비밀장소에서 주로 밤에 열렸고, 독립운동자들이 묵고 있는 숙소도 관계자 말고는 비밀로 했다. 또 한곳에 오래 머물지 않고 너더댓새 내지 일주일이 지나면 다른 곳으로 옮겼다.[10]

밀정문제는 임시의정원에서 심각하게 논란되기도 했다. 임시의정원 회의는 장소를 옮기고 방청을 허락하지 않고 의원자격심사위원을 선정하여 새로 오는 사람들의 신원에 대한 심사보고를 하게 했다. 5월6일의 회의에서 의원자격심사 결의를 할 때에 한위건(韓偉健)은 의원 각자가 자신을 되돌아보아 과연 부끄러움이 없는지 생각해 보아야 한다고 역설했다. 사흘 뒤인 5월9일에 속개된 회의에서 의원자격심사위원 신석우가 "충청도 의원으로 선정된 이명교(李命敎)는 밀정 황옥(黃玉)과 함께 왔고 황옥의 주선으로 조선총독부로부터 여권까지 발급받았다"라고 보고했다. 그러자 이명교는 자기는 본국에 있을 때에 국민대회에서 일했으며 황옥에게 여권발급을 부탁한 것은 정략수단에 지나지 않았다고 말하고는 그 자리에서 의원직을 사퇴했다. 이 일이 있고 나서 닷새 뒤인 5월14일에 신석우는 일본경찰에 체포되어 국내로 압송되었다.[11]

상해에 모인 독립운동자들은 이처럼 불안한 상황 속에서 활동해야 했다. 그러므로 이들에게는 무엇보다도 신변안전이 가장 심각한 문제였다. 이처럼 실질적으로 가장 중요한 일을 김구는 임시정부에 참여하면서부터 수행하고 있었던 셈이다.

4월28일에 하와이를 떠난 안창호가 홍콩을 거쳐서 상해에 도착한 것은 5월25일이었다.[12] 안창호가 상해에 도착했을 때에는 임시정부는 총장

---

9) 「上海臨時政府의 狀況(1919년10월3일)」, 『韓國民族運動史料(三・一運動篇 其二)』, 1978, p.389.
10) 「上海에서의 韓國獨立運動」, 『韓國民族運動史料(中國篇)』, p.26.
11) 「臨時議政院紀事錄 제4회(1919.4.)」, 『대한민국임시정부자료집(2) 임시의정원 I』, p.28; 「韓人獨立運動者申錫雨와 尹應三逮捕의 件」, 『韓國民族運動史料(中國篇)』, pp.62~63.
12) 주요한 編著, 『安島山全集』, 三中堂, 1963, p.195; Soon Hyun, op. cit., p.133, p.301.

급 인사들이 취임하지 않아서 기능을 제대로 발휘하지 못했다. 초대 임시 의정원 의장으로서 임시정부 탄생의 산파역을 담당했던 이동녕(李東寧) 은 4월30일의 임시의정원 회의에서 국무총리 대리로 선출되었으나 열흘 만인 5월9일에 임무를 감당하지 못하겠다면서 사임했다. 상해에 있던 유 일한 총장인 법무총장 이시영(李始榮)도 5월10일에 사임했다.[13] 3·1운동 이 일어날 때까지 상해지역 독립운동의 중심인물이던 신규식(申圭植)은 이 무렵 신경쇠약으로 항주(杭州)에서 요양하고 있었다.[14] 이들 세 사람 은 모두 기호지방 출신이었다. 3·1운동 이후에 상해로 온 인사들 가운데 는 평안도와 황해도 인사들이 많았는데, 그들은 이동녕과 이시영의 말에 고분고분히 따르려 하지 않았다. 그들은 매일 토론을 거듭하면서 하와이 에 머물고 있는 안창호에게 빨리 상해로 오라고 연락하고 있었다.[15] 이동 녕은 "상해임시정부는 말만 잘하는 사람이 많아 도저히 목적을 달성할 수 없을 것이다"라고 탄식했다고 한다.[16]

안창호가 홍콩에 머물고 있는 동안 상해의 독립운동자들 사이에서는 큰 소동이 벌어졌다. 일본경찰이 프랑스 영사의 허락을 얻어서 프랑스 조 계에 들어온 것이었다. 신석우가 체포된 것은 이때였다. 그리하여 임시정 부 인사들은 서둘러 피신할 수밖에 없었는데, 이동녕, 이시영, 이광(李光) 등은 북경으로 갔다.[17]

2

안창호는 상해에 도착한 이튿날 국제조계 안의 북경로(北京路) 예배

---

13) 「臨時議政院紀事錄 제4회(1919.4.)」, 『대한민국임시정부자료집(2) 임시의정원 I 』, p.28.
14) 「上海에서의 韓國獨立運動」, 『韓國民族運動史料(中國篇)』, p.23.
15) 위의 책, pp.23~24.
16) 독립운동사편찬위원회, 『독립운동사자료집(9) 임시정부사자료집』, 독립유공자사업기금운용 위원회, 1975, p.53.
17) Soon Hyun, *op. cit.*, p.133, p.302.

당에서 열린 환영회에서 통일의 필요성을 강조했다. 그러나 그는 여러 사람들의 재촉에도 불구하고 바로 내무총장에 취임하지 않았다. 안창호는 여러 단체 주최의 모임에서 연설을 하고 다니면서 상해상황을 살펴보았다. 우선 자금 확보가 필요했다. 그는 6월8일에 샌프란시스코의 국민회 중앙총회로 "금전 1만달러를 곧 보내시오. 지극히 위급합니다"라고 타전했고, 국민회 중앙총회는 서둘러 5,000달러를 변통하여 보냈다.[18]

《신한민보(新韓民報)》는 이승만을 대통령으로 하는 임시정부가 수립되었다는 연합통신(AP)의 서울발 기사를 보도하면서 안창호에게도 연락했던 것 같다. 그리하여 안창호는 6월16일에 《신한민보》로 임시정부는 대통령은 선출하지 않았고, 자기는 아직 내무총장에 취임하지 않았으며, 임시정부는 위원제로 조직되어 사실상 집행 중이나 국내로부터는 자금을 얻을 수 없으므로 당장 활동비도 어려운 실정이라면서 1만달러를 곧 보내라고 타전했던 것이다.[19]

안창호의 취임에 앞서 임시정부는 6월15일에 「임시정부령」 제3호로 「임시징세령」을 제정하여 20세 이상의 모든 국민으로부터 1년에 금화 1달러씩 인구세를 징수하기로 했는데, 미주와 하와이 동포들의 인구세징수권은 「인구세 시행세칙」의 규칙(제4조)에 근거하여 6월21일자 「재발(財發)」 제58호로 샌프란시스코의 국민회 중앙총회에 위임했다. 인구세뿐만 아니라 같은 날 「재발」 제57호로 재미동포들의 애국금을 수합하는 일까지 국민회 중앙총회에 위임했다.[20] 국민회 중앙총회는 안창호의 직접적인 영향력 아래 있었으므로 이러한 조치가 실시되면 재미동포들로부터 나오는 모든 자금은 안창호의 손에 좌우될 것이었다.

안창호는 상해에 도착하고 한달이나 지난 6월28일에야 내무총장에 취임했다. 그는 취임에 앞서 6월25일에 교민친목회 사무소에서 소신을

---

18) 《新韓民報》 1919년6월17일자, 「도산선생의 적확한 전보 도착, 임시정부에 관계된 사항」.
19) 위의 글.
20) 『대한민국임시정부자료집(27) 내무부·교통부·재무부·문화부』, 2008, pp.75~77.

밝히는 연설을 했다. 그는 먼저 참석자들의 기탄없는 의견을 듣고 싶다고 말했다.

"만일 이 자리에서 말 아니하고, 집에 돌아가서만 시비를 하면 이는 정당치 못한 일이외다. 마음의 생각 숨기지 말고, 헐기 위하여 말고, 찢기 위하여 말고, 나누기 위하여 말고, 모우기 위하여 진정한 사상과 마음을 발표하여 주시기를 바랍니다."

능란한 웅변가다운 제스처였다. 그래도 발언하는 사람이 없자 안창호는 대뜸 이승만의 위임통치 청원문제를 거론하고 나섰다.

"말씀하시는 이가 아니 계시니 미주소식을 말하겠습니다. 이 박사가 맨데토리[위임통치]를 청한 것은 우리 독립운동 나기 전에 미주국민회를 대표하여 워싱턴에 가서 파리로 가려다가 전시조례 때문에 여행권을 얻지 못하여 가지 못하다가, 어떤 법학자의 의견이 한국독립으로 논하면 한국 내지에서 아무 거동이 없는 이상에는 외지에 있는 몇 사람으로 평화회의에 한국독립을 청원하더라도 용이하게 제출되지 못하리니, 완전한 독립요구의 계제[階梯: 단계]로 우선 위임통치를 요구함이 유리하다고 권고하므로 그렇게 요구한 것입니다. 그러나 이것은 시종 정식으로 제출되지 못하였습니다. 그러나 3월1일 독립선언 이후로는 그는 절대적으로 독립을 위하여 일하나니, 그가 제출한 청원서가 여기 있는데…"

그러면서 그는 이승만이 3·1운동 이후에 보낸 청원서가 실린 신문을 읽었다.

"절대독립 소리가 여러번 있소. 그러나 여기 대하여 말할 것은, 이미 어떠한 기회에라도 한번 맨데토리를 요구한 인물을 국무총리로 선정함은 안한 것보다 못하겠지요마는, 이미 선정한 그가 국무총리로 절대독립을 청원한 이때에 그이를 배척함은 대단히 이롭지 못한 일이외다. 이미 어떠한 관계가 있었어도 오늘날 우리가 그 세력을 후원함이 우리에게 큰 이익이외다."

장내에는 박수가 터져 나왔다. 안창호는 이어 꾸짖는 듯한 말투로 이

승만이나 김규식(金奎植)에게 위로하는 편지 한번 한 사람이 있느냐고 물었다.[21)

안창호가 이처럼 이승만을 옹호하고 나선 것은 상해에 모인 독립운동자들 사이에 위임통치 청원문제가 계속 논란되고 있었기 때문이다. 그리고 이승만의 위임통치 청원이 안창호 자신의 양해 아래 이루어졌던 것은 앞에서 본 대로이다.

안창호의 내무총장 취임식은 많은 사람들의 큰 기대 속에 6월28일에 북경로 예배당에서 거행되었다. 안창호는 취임사에서 그동안 심사숙고해 온 독립운동자들의 통합방안을 구체적으로 밝혔다.

"우리 목적은 세상이 독립을 주든지 안주든지 우리는 스스로 독립하는 것입니다. 이를 위하여서는 한덩어리가 되어야 하겠소. 여기 대하여 구체적으로 할 것은, 즉 다시 시베리아, 중국, 미주 각지로부터 정식 의정원을 소집하여 거기서 주권자(主權者) 세 사람을 택하여, 그 셋이 일곱 총장을 뽑아 의정원에 통과시키려 합니다. 이것은 두달이나 석달 동안에 되겠소. 지금 상해에 정부가 있으나 정부의 주권자도 다 상해에 있는 것도 아니오. 하므로 인심이 이리로 모이지 못했으니, 주권자 세분은 꼭 상해에서 일 볼 사람을 택하여야 하오. 이렇게 각각 자기가 선출한 대의사가 뽑은 주권자에게는 다 복종할 터이오.… 임시정부는 명의와 정신적 정부요 장차 경성에 세울 정부의 그림자외다. 우리 정부는 혁명당의 본부요 3천만은 모두 당원으로 볼 것이외다.…"[22)

안창호의 구상은 상해임시정부가 대표성에 문제가 있으므로 시베리아 지방과 중국과 미주에서 각각 새로 대표를 뽑아서 의정원을 다시 구성하고 거기에서 지도자 세 사람을 선출하여 이른바 3두 정치로 임시정부를 운영하게 한다는 것이었다. 세 사람이란 이승만과 이동휘(李東輝)

---

21) 주요한 編著, 앞의 책, p.531.
22) 위의 책, p.535.

와 자기 자신을 염두에 두고
한 말이었을 것은 말할 나위
도 없다. 그리고 임시정부의
권능에 대해서도 안창호는
국권회복 뒤에 수립될 정식정
부의 '그림자'에 지나지 않는
정신적 정부일 뿐이라고 말했
다. 그것은 임시정부에 대한
그의 기본인식을 말해 주는
것이었다.

그는 미국을 떠나 올 때에
도 독립운동을 지도할 중추
기관으로 정부형태보다 정당
형태가 더 바람직하다고 생

1919년5월25일에 상해에 도착한 안창호는 6월28일에 내무총장
에 취임하고 뒤이어 국무총리 대리를 겸하여 상해임시정부를
주도했다.

각했다. 그리하여 가능하면 각 지역에 흩어져 있는 지도자들이 한자리에
모여 먼저 독립당(獨立黨)을 결성하는 것이 바람직하고, 그것이 관철되
지 않으면 블라디보스토크의 대한국민의회와 상해임시정부와 한성정부
를 하나로 통합할 수밖에 없다고 생각했다.[23] 그러나 상해에 도착한 뒤에
임시정부수립의 당위성에 대한 독립운동자들의 움직일 수 없는 신념을
보고 나서 안창호는 첫번째 안은 이미 불가능하다고 판단한 것이었다.
내무총장에 취임한 안창호는 곧 국무총리대리를 겸하여 임시정부를 주
도했다. 샌프란시스코의 국민회 중앙총회가 보내주는 자금이 그의 지도
력을 뒷받침했다.

임시정부의 요청으로 7월7일부터 장안리(長安里)의 민단사무소에서
제5회 임시의정원 회의가 열렸다. 파리강화회의의 결의에 따라 머지않아

---

23) 같은 책, p.196.

창설될 국제연맹에 제출할 안건을 협의하기 위해서 소집된 회의였다. 안창호와 함께 상해에 온 정인과(鄭仁果)와 황진남(黃鎭南)은 재미교민 몫의 의정원 의원으로 선출되었는데, 정인과는 다시 교통위원장에 선출되었다. 이때에 김구는 의정원 의원명단에도 포함되지 않았는데, 그것은 이동녕의 국무총리 대리 사임과 연관이 있어 보인다.

안창호는 7월8일에 시정방침으로 (1) 인구조사, (2) 내외국공채 발행, (3) 인구세법 공포, (4) 가급적 군사상의 노력, (5) 구국재정단(救國財政團) 조직, (6) 외교에 관해서는 ㉠ 파리와 워싱턴에 외교를 진행했고 ㉡김규식을 국제연맹에 파견 ㉢ 서재필(徐載弼)을 공식대표로 위임 ㉣ 외교원의 증원 ㉤ 외국인의 사용, (7) 국무원에서 지금까지의 한일관계를 조사편찬 중이라고 보고했다. 인구조사를 실시하여 인구세의 수입을 확충하고 내외국공채를 발행하는 일에 더하여 50원 이상을 내는 사람들로 구국재정단을 조직하겠다는 구상은 이승만과 마찬가지로 안창호도 재정확보를 무엇보다도 중요한 우선과제로 판단하고 있었음을 말해 준다.

상해임시정부는 7월10일에 「국무원령」 제1호로 연통제(聯通制)를 실시할 것을 공포했다. 국내와 외국의 동포거류지에 연통부(聯通府)를 설치하고, 국내의 각 도에는 독판(督辦), 군에는 군감(郡監), 면에는 면감(面監)을 두기로 했는데, 연통각부의 주요 임무로 구국재정단원의 모집, 구국금과 그 밖의 정부에 보내는 금전의 수합과 납부, 앞으로 정부에서 발행할 공채의 발매[24] 등을 들고 있는 것을 보면 연통제의 가장 중요한 목적도 자금모집이었음을 알 수 있다.

안창호가 시정연설의 마지막에 보고한 한일관계사 조사 편찬 작업은 7월 초순부터 임시정부의 역점사업으로 추진되었다. 그것은 일본인들의 왜곡된 선전에 대항하여 한일관계의 역사와 일본의 식민지정책의 잔혹

---

24) 「大韓民國臨時政府國務院令」(제1호), 『雩南李承晚文書 東文篇(八) 大韓民國臨時政府關聯文書3』, pp.3~9; 연통제에 대해서는 李延馥, 「大韓民國臨時政府의 交通局과 聯通制」, 『韓國史論』 10, 國史編纂委員會, 1981, 박민영, 「도산 안창호와 임시정부 聯通制」, 《도산사상연구》 제7집, 도산사상연구회, 2001, pp.11~35 참조.

성 및 한국 민족의 독립역량에 관한 상세한 자료집을 작성하여 국제연맹에 제출하고 세계열국에 배포하기 위한 것이었다. 이 작업을 담당할 기구로 임시사료편찬회가 설치되었는데, 총재는 안창호가 직접 맡고 이광수(李光洙)를 주임, 김홍서(金弘敍)를 간사, 김병조(金秉祚), 이원익(李元益) 두 목사와 김두봉(金科奉) 등 5명의 위원, 그리고 그 아래 김명제(金明濟), 김석황(金錫璜), 우승규(禹昇圭) 등 22명의 조역이 임명되어 바쁘게 작업을 진행했다. 자료 수집을 위하여 국내로 파견한 너댓 사람 가운데 한 사람도 돌아오지 못하는 등 곡절을 겪은 끝에 8월 하순에 편찬을 위한 정리 작업이 일단 마무리되고, 10여명이 필경에 참가하여 9월23일에 『한일관계사료집』100질의 등사를 마치고 편찬사업을 완료했다.[25]

『사료집』 편찬작업이 마무리되자 임시정부는 기관지 발행을 준비했다. 이광수, 이영열(李英烈), 조동호(趙東祜), 주요한(朱耀翰) 등이 국한문 활자의 주조 등 준비작업을 담당했다. 신문사는 회사형태로 설립되어 《독립(獨立)》이라는 제호로 8월21일자로 창간호를 발행했다. 이광수는 의정원 의원을 사임하고 신문사의 사장 겸 주필(편집국장)을 맡았고,

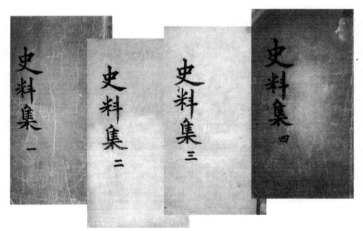

상해임시정부의 임시사료편찬위원회에서 편찬한 『한일관계사료집』.

---

25) 김희곤, 「해제」, 『대한민국임시정부자료집(7) 한일관계사료집』, pp. iii∼xii 참조.

이영열이 영업부장, 주요한이 출판부장을 맡았다. 조동호와 차리석(車利錫) 등이 기자로 참여했다. 임시정부는 두 차례에 걸쳐서 독립신문사에 1,100원을 보조했다. 《독립》은 1919년10월16일자(제21호)까지 순조롭게 발행되었으나 일본 총영사가 프랑스 조계당국에 계속 임시정부 청사와 신문사의 폐쇄를 요구하여, 신문사는 10월25일자부터 제호를 《독립신문(獨

1919년8월21일에 창간한 임시정부 기관지 《독립(獨立)》. 10월25일자부터 《독립신문(獨立新聞)》으로 제호를 바꾸었다.

立新聞)》으로 바꾸어 간행했다.[26]

임시정부는 8월5일에는 그동안 임시로 실시하던 위원제를 폐지하고 차장제를 부활하여 부임하지 않고 있는 총장들 대신에 차장들이 각부의 업무를 관장하도록 정부조직을 개편했다. 안창호는 상해에 있는 젊고 유능한 인물들을 찾아다니면서 직접 차장들을 선발했다. 그리하여 내무차장에 현순, 외무차장에 여운형(呂運亨), 재무차장에 윤현진(尹顯振), 법무차장에 신익희(申翼熙), 군무차장에 이춘숙(李春塾), 교통차장에 김철(金澈), 그리고 국무원 비서장에 최창식(崔昌植)을 임명했다.[27]

그런 다음 안창호는 국민회 중앙총회로부터 송금받은 2만5,000달러

---

26) 최기영, 「해제」, 『대한민국임시정부자료집 별책 1 독립신문』, 2005, pp.ⅶ~ⅷ.
27) Soon Hyun, *op. cit.*, p.134, p.303; 『朝鮮民族運動年鑑』, 1919년8월5일조.

임시정부는 차장제를 부활하여 부임하지 않은 총장들을 대행하게 했다. 앞줄 왼쪽부터 신익희, 안창호, 현순, 뒷줄 왼쪽부터 김철, 윤현진, 최창식, 이춘숙.

로[28] 프랑스 조계 하비로(霞飛路) 321호에 있는 꽤 큰 건물 한채를 임대하여 임시정부 청사를 마련했다.[29] 이 건물은 명성황후(明成皇后: 閔妃)의 조카로서 한성부 판윤과 병조판서 등을 지내고 1905년에 을사조약이 강제된 뒤에 상해로 망명했던 민영익(閔泳翊)이 쓰던 집이었다고 한다.[30] 국민회 중앙총회는 안창호가 출발할 때에 휴대금으로 지급한 6,000달러 이외에 1919년 말까지 안창호를 통하여 임시정부에 3만600달러를 송금했는데,[31] 임시정부 청사를 얻은 돈도 거기에 포함된 것이었을 것이다.

---

28) 「臨時議政院紀事錄 제6회(1919.8.)」, 『대한민국임시정부자료집(2) 임시의정원 I 』, p.41.
29) 李光洙, 「나의 告白」, 『李光洙全集(13)』, p.239.
30) 주요한 編著, 앞의 책, p.201.
31) 《新韓民報》 1920년1월6일자, 「중앙총회 재정결산서」.

김구가 정식으로 경무국장 발령을 받은 것은 8월12일이었다.[32] 김구
는 자신이 경무국장으로 임명될 때의 일을 『백범일지』에서 두번이나 자
세히 기술해 놓았다.

처음에 그는 안창호를 찾아가서 임시정부 청사의 문지기를 자원했다.
그 이유로 그는 두가지를 들었다. 하나는 서대문 감옥에서 옥살이를 할
때에 뒷날 우리 독립정부가 수립되면 정부의 뜰을 쓸고 창을 닦아보고
죽게 해달라고 하나님에게 기도했던 일이고, 또 하나는 교육계몽운동을
할 때에 어느 곳에서 순사시험 과목을 보고 집에 가서 혼자 시험을 쳐보
았는데, 합격하기 어렵다는 것을 깨달았던 일이었다.

안창호는 김구의 요청을 흔쾌히 받아들이면서 이렇게 말했다.

"내가 미국에서 보았는데, 백악관만 지키는 관리가 있었습니다. 우리
도 백범 같은 이가 정부청사를 수호하게 되면 얼마나 좋겠습니까. 내일
국무회의에 제출하여 결정하겠습니다."

이튿날 안창호는 김구를 불러서 뜻밖에도 경무국장의 사령장을 주었
다. 그러나 김구는 사양했다.

"순사의 자격도 못미치는 내가 경무국장의 직책을 어떻게 감당하겠
습니까."

안창호는 젊은 차장들이 나이 많은 이에게 문을 여닫게 하고 통과하
기가 미안하다고 말하고, 또 김구가 여러 해 감옥생활을 하여 일본인들
의 실정을 잘 알 것이라면서 사양하지 말라고 했다.

"백범이 만일 거절하여 피한다면 청년 차장들의 부하 되기가 싫다는
것으로 여러 사람이 생각할 터입니다."

그러면서 안창호는 이런 말도 했다.

---

32) 「內務部經過狀況報告(1920.12.20.)」, 『대한민국임시정부자료집(27) 내무부 · 교통부 · 재무
부 · 문화부』, p.63; 「內務部職員名簿」, 『朝鮮民族運動年鑑』, p.121.

"혁명시기에는 인재의 정신을 보아서 등용합니다.… 이미 임명된 것이니 사양하지 말고 행공하시오."[33]

이렇게 시작된 경무국장 직을 김구는 5년 동안 맡아보았다. 프랑스의 치외법권 지역이라고는 하지만 언제 어떤 위험이 닥칠지 모르는 긴장된 상황이었으므로 김구는 그 자신의 말대로 신문관, 검사, 판사뿐만 아니라 형 집행까지 담당해야 했다.

김구는 임시정부 문지기를 지망했다가 경무국장으로 임명되었다.

범죄자 처벌은 말로 타이르는 것이 아니면 사형일 수밖에 없었다. 『백범일지』는 경무국장의 임무를 다음과 같이 술회했다.

남의 조계지에 붙어사는 임시정부니만치, 경무국 사무는 현재 세계 각국의 보통 경찰행정과는 달랐다. 그 주요 임무는 왜적의 정탐활동을 방지하고, 독립운동자의 투항여부를 정찰하여, 왜의 마수가 어느 방면으로 침입하는가를 살피는 것이었다. 나는 정복과 사복 경호원 20여명을 임명하여 이 일을 수행하였다.… 그런데 당시 프랑스 조계당국은 우리 독립운동에 대해 특별히 동정적이었다. 그런 까닭으로 일본 영사가 우리 독립운동자의 체포를 요구할 때에 프랑스 당국은 미리 우리 기관에 통지하였고, 마침내 체포할 때에는 일본 경관을 대

33) 『백범일지』, pp.285~286, pp.301~302.

안창호가 상해에 온 뒤에 세 들어 사용하던 프랑스 조계 하비로의 임시정부 청사.

동하고 빈집을 수색하고 갈 뿐이었다.[34]

프랑스 조계당국이 한국 독립운동자들에 대하여 웬만큼 동정적이었
던 것은 사실이다. 그러나 임시정부가 일본경찰의 동향을 재빨리 파악하
고 대처할 수 있었던 것은 프랑스인 변호사를 한달에 600테일[tael: 銀兩]
의 보수를 주고 고문으로 용빙하여 프랑스 영사관과 연락을 취하게 하

---

34) 『백범일지』, pp.302~303.

고 있었기 때문이다.[35]

신규식의 사위로서 중국 국민정부의 교통부에 근무하면서 임시정부 초창기부터 임시정부와 국민정부를 연결하는 역할을 했고 1940년대에는 김구 주석의 판공실장 겸 외무차장으로 일했던 민필호(閔弼鎬)는 경무국장 시절의 김구의 활동을 다음과 같이 기술했다.

김구 선생은 상해 일본 영사관의 주구노릇을 하는 한인 밀정이 프랑스 조계 근처에 오기만 하면 비밀리에 체포하여 미리 준비한 장소(상해시 변두리의 세 얻은 집)로 끌고 가서 처치해 버렸고(그 수가 30여인에 달한다), 동지들 2~3인을 일본 영사관에 보내어 밀정행세를 하게 하고 일본 영사관의 동정과 우리나라 사람들 가운데 일본 영사관과 관계있는 자를 내사케 하기도 하였다. 이리하여 한인 출신의 일본 영사관 정탐은 프랑스 조계에 오기를 꺼리게 되었다.[36]

새로 마련된 임시정부 청사는 활기가 넘쳤다. 아래층 앞면의 오른쪽 방은 내무부와 교통부가 함께 쓰고 왼쪽 방은 재무부가 썼다. 뒷면의 오른쪽 방은 접대실이었다. 위층의 큰방은 국무총리실이고, 앞방은 법무부와 국무원 비서장이 함께 썼으며, 뒤쪽 방은 외무부와 군무부가 썼다. 그리고 긴 복도 건너편 방이 김구가 정사복 차림의 경호원 20명을 거느리고 사용하는 경호실이었다. 청사 정문은 인도인 경비가 지켰다. 직원들은 매일 오전 9시에 출근하여 오후 4시까지 근무했고, 아침마다 강당에 모여 국기에 경례하고 애국가를 부르고 안창호의 훈시를 들었다.[37] 그리하여 "상해임시정부는 도산의 출현을 계기로 출범했다고 해도 과언이 아니

---

35) Soon Hyun, *op. cit.*, pp.132~133, p.303; 일본 상해총영사관의 정보보고는 이때의 프랑스인 변호사에 대한 보수가 월 700엔(圓)이었다고 했다. 「上海에서의 韓國獨立運動」, 『韓國民族運動史料(中國篇)』, p.25.

36) 閔弼鎬, 「大韓民國臨時政府와 나」, 金俊燁, 『石麟 閔弼鎬傳』, 나남, 1995, p.76.

37) Soon Hyun, *op. cit.*, p.135, p.303; 주요한 編著, 앞의 책, p.201.

다"[38]라고 할만했다.

그러나 실제로 모든 부서에 인원이 충원된 것은 아니었다. 이광수의 회고에 따르면, 군무부와 학무부는 당장 업무가 없었으므로 아예 인원을 배치하지 않았다. 가장 많은 인원이 배치되어 실제로 업무를 본 것은 안창호가 총장으로 있는 내무부였고, 그 가운데도 "임시정부의 내무행정이라면 상해 거류민 중에 밀정을 단속하는 경무국 일밖에 없었다"[39]라고 할 만큼 경무국 업무, 곧 김구의 일이 큰 비중을 차지했다.

---

38) 李奎甲, 앞의 글, p.185.
39) 李光洙, 앞의 책, p.241.

2. 구미위원부 설치하고 순회강연

1

제5회 임시의정원 회의의 개회에 앞서 이승만은 7월3일에 상해임시정부로 재무총장이나 국무총리 명의로 임시의정원이 자신에게 대통령으로서 국채를 발행할 권한을 위임하는 전보를 보내라고 타전했다. 액수는 500만원을 넘지 않는 한도 안에서 5년 기한으로 연리 6퍼센트로 하겠다고 했다.[40] 이승만에게 애국공채 발행권을 위임하자는 임시정부의 제의안은 7월18일의 임시의정원 회의에 상정되었다. 안창호는 제안설명에서 현재 임시정부의 형편이 금전이 급히 요구되는 상태이므로 국채를 발행하고자 하는 것이며, 성공여부는 명확하게 예측하기 어렵지만 만일에 일이 지연되면 진행상 장애가 있으므로 서둘러야 한다고 말했다. 그리고 차관이 성립될 때에는 한 사람이 사용하지 못하게 하고 반드시 예산을 명백히 해서 지출하겠다고 다짐했다. 그리하여 이 제의안은 그날로 가결되었다. 그러나 그것은 이승만이 요구한 대로 '대통령' 이승만에게가 아니라 '국무총리' 이승만에게 위임하는 것이었다.[41]

임시의정원 회의가 끝나자 안창호는 7월20일에 이승만에게 전보를 쳐서 자신이 내무총장에 취임했음을 알리고, 한국인은 이승만을 지지하며 위임통치 청원문제도 해결되었다고 말하면서 상해로 오라고 타전했다.[42] 이때부터 안창호와 이승만 사이에 태평양을 건너는 전보가 바쁘게 오갔다. 이승만은 7월23일에 안창호에게 답전을 쳤다. 먼저 내무총장 취임을 축하한다고 말하고, 자기가 상해로 가기 바라느냐고 물었다. 그리

---

40) 「李承晩이 임시정부에 보낸 1919년7월3일자 전보」, 『대한민국임시정부자료집(8) 정부수반』, pp.51~52.
41) 「臨時議政院紀事錄 제5회(1919.7.)」, 『대한민국임시정부자료집(2) 임시의정원 I 』, pp.36~37.
42) 「安昌浩가 李承晩에게 보낸 1919년7월20일자 전보」, 『대한민국임시정부자료집(8) 정부수반』, p.52.

고 공채표는 준비가 되었다면서, "미국 국회의 우리나라일 잘되오. 김규식 여기 오겠소"라고 덧붙였다.[43] 안창호는 7월29일에 이승만에게 국채발행권 위임문제를 임시의정원에 제출했다고 말하고, 상해임시정부에는 대통령이 없으며 국무총리가 정부수반으로서 다른 나라의 대통령과 같은 권한을 갖는다고 타전했다.[44] 이미 임시의정원에서 의결한 국채발행권 위임문제를 안창호가 왜 이제야 상정했다고 했는지 알 수 없다. 같은 날 안창호는 다시 이승만에게 국제연맹에 제출할 문제들을 결정하기 위하여 임시의정원이 개회된 사실을 알리고, "당신의 아이디어와 요구사항들을 보내주시오"라고 타전했다.[45]

이승만은 격분했다. 그날로 그는 안창호에게 답전을 쳐서, 자신이 대통령 자격으로 "서울의 국민대회가 취한 조치", 곧 한성정부 수립 사실을 열강에 통보했기 때문에 그것을 바꾸기에는 때가 늦었고, 불일치한 보도는 우리의 목적을 해치게 될 것이라고 공박했다.[46] 한성정부의 정통성과 합법성을 확신하는 이승만은 상해임시정부가 자신의 뜻에 따르지 않는다면 독자적인 계획을 추진할 수밖에 없다는 결론을 내리고 있었다. 그는 8월3일에 임시정부 앞으로 전보를 쳐서 국제연맹의 전망이 불확실하다고 말하고, 임시정부가 국제연맹을 상대로 "내가 열강에 통보한 것과 모순되는 어떠한 연락"을 하더라도 그것은 우리의 목적을 손상시킬 것이라고 경고했다. 그리고 국채표는 준비되었고, 임시정부가 샌프란시스코로 보낸 애국금 수합명령은 혼란을 빚고 있다고 거부감을 표시했다.[47] 같은 날 이승만은 현순에게 따로 전보를 쳐서 "상해에서 합동하야 서울 국회의 선포 준행하게 하시오. 못하면 대단히 방해"라고 으름장

---

43) 「李承晩이 安昌浩에게 보낸 1919년7월23일자 전보」, 위와 같음.
44) 「安昌浩가 李承晩에게 보낸 1919년7월29일자 전보」, 같은 책, pp.52~53.
45) 「安昌浩가 李承晩에게 보낸 1919년7월29일자 전보」, 같은 책, p.53.
46) 「李承晩이 安昌浩에게 보낸 1919년7월29일자 전보」, 위와 같음.
47) 「李承晩이 임시정부에 보낸 1919년8월3일자 전보」, 위와 같음.

을 놓았다.[48]

그리고 그때까지 안창호와 주고받은 전보를 공개하면서 상해임시정부를 신랄하게 비난하는 성명서를 발표했다. 그는 먼저 한성정부의 문건 내용을 다시 자세히 소개하고 나서 다음과 같이 썼다.

사정이 이러하니 내가 어떻게 하리오. 완전한 공문이 다 내게 있으며 사실이 각 신문에 광포되었으니, 우리 동포들의 대동으로 원하는 바(가) 분명히 선포된지라. 내가 동포의 지원하는 바를 저버리고 다 모르는 체 할는지. 만일 내가 그렇게 한다할 지경이면 무엇을 할는지. 국무경으로 행세하고저 하나 총리로 행세하라 하였고, 총리로 행세하고저 하나 그것도 공식상 문자가 없으니 총리도 하지 못할 것이라. 임시국회에서 인쇄로 한 것은 하나도 보지 못하였소. 하늘이 아시거니와 나는 권리도 싫고 명예도 싫으며, 다만 우리의 원하는 바는 우리의 정부를 빙거(憑據)하여 만국공인을 얻으며 공채를 열어 우리 운동에 보용(補用)코저 함이라.…[49]

이처럼 이승만은 이때까지도 상해로부터 아무런 증빙문서도 받지 못하고 있었다.

안창호는 8월6일에 재무총장 최재형(崔在亨)과의 공동명의로 임시의정원에서 국채발행권을 이승만에게 전적으로 위임했음을 통보했다. 다른 총장들과 마찬가지로 최재형도 상해에 와 있지 않았다. 그러면서 안창호는 이승만이 상해로 부임하기를 거듭 촉구했다.[50]

그러나 8월7일에 안창호에게 보낸 이승만의 전보는 단호했다. 그는 3

---

48) 「李承晩이 玄楯에게 보낸 1919년8월3일자 전보」, 위와 같음.
49) 《新韓民報》 1919년8월19일자, 「대한민국임시정부에 관한 통신」.
50) 「安昌浩, 崔在亨 명의로 李承晩에게 보낸 1919년8월6일자 전보」, 『대한민국임시정부자료집 (8) 정부수반』, pp.53~54.

월1일부터 국무경으로나 국무총리로나 국채표를 발행할 권한을 요청했는데도 상해에서는 이를 듣지 않았다고 힐책한 다음, 한성정부가 연합통신(AP)을 통하여 미국 전역에 알려지고 자기가 대통령으로서 열강에 공문을 보낸 사실을 다시 언급하면서, 상해임시정부를 한성정부로 합칠 것을 요구했다. 그렇지 않으면 미국의 인심과 미국 의회를 통하여 임시정부를 승인받으려는 노력이나, 국채표를 발행하여 극동과 미국에서 필요한 자금을 마련하려는 계획이 수포로 돌아갈 수 있다고 위협했다.[51]

안창호는 마침내 이승만의 주장을 받아들이기로 했다. 그러지 않았다가는 이승만의 영향력 아래 있는 대다수의 하와이 동포사회로부터 상해임시정부가 지지를 받지 못하게 되고, 그러면 그들의 자금지원도 기대할 수 없게 될 것이라고 판단했기 때문이다. 그는 8월9일에 암호로 국민회 중앙총회로 "이승만은 대통령이오"라고 타전했고,[52] 중앙총회장 대리 백일규(白一圭)는 암호 해독문을 이승만에게 알렸다. 백일규는 이승만의 이름 앞에 '대통령(President)'이라는 호칭을 썼다. 그리고 이튿날 《신한민보》는 "대한민국 집정관총재의 취임을 축하"라는 머리기사와 함께 다음과 같은 '논설'을 실었다.

우리 대한민국 신정부의 대통령의 권리를 가진 집정관총재의 책임을 가지신 리승만 각하는 이제 우리 정부의 일과 해외 한인의 정신상 통일과 물질상 통일을 실시하기 위하여 국민회 북미총회의 중요한 인물 한 사람과 하와이 총회의 중요한 인물을 부르셨고, 또는 파리에 있는 우리 강화대사 김규식 각하를 청하였는데, 북미총회에서는 리대위(李大爲)씨가 집정관총재 리승만 각하의 부르시는 명령을 인하여 현금 워싱턴에 전왕(前往)하여 대사를 의논하는 중이며, 또는 김규식 대

---

51) Koric to Anchangho, Aug. 7, 1919, *The Syngman Rhee Telegrams*, vol. I., p.414.
52) 「安昌浩가 국민회 중앙총회에 보낸 1919년8월8일자 암호전보」, 『대한민국임시정부자료집(8) 정부수반』, p.54.

사와 하와이대표 송헌주(宋憲澍)씨는 장차 워싱턴에 도착할 예정이라 한즉, 우리 신정부의 일이 차츰 질서를 찾아 원만히 될 것은 염려 없거니와…[53]

이승만이 대통령이라는 안창호의 전보를 받고서도 "대한민국 신정부의 대통령의 권리를 가진 집정관총재의 책임을 가지신 이승만 각하"라고 지칭한 것은 국민회 중앙총회의 곤혹스러운 인식을 그대로 나타내고 있다. 국민회 중앙총회는 각 지방총회에 8월16일에 집정관총재 취임축하식을 거행하도록 지시했고,[54] 이에 따라 국민회가 조직된 전 지역에서 그날 일제히 축하식이 거행되었다. 하와이에서는 다음날에 거행되었다.[55]

안창호는 8월9일에 이승만에게 즉시 상해로 오라고 타전한 데[56] 이어 8월11일에는 다시 "당신을 대통령으로 선출하기 위해 무척 애쓰고 있는 중. 오시오"[57]라고 재촉했다. 같은 날 상해임시정부 명의로도 이승만에게 상해로 오라고 거듭 촉구하고, 중요하니까 곧 대답하라고 타전했다.[58]

이승만은 이튿날 "정부임원 지위와 내정은 둘째 일. 원동의 한인 합동과 내지활동 계속하시오. (나는) 여기서 국제운동 하리다. 내 지금 갈 수 없소. 김규식 (워싱턴으로) 오겠소. 헐버트(Homer B. Hulbert, 訖法, 轄甫) 여기서 일하오"라고 타전했다.[59] 상해에서 오라면 언제든지 가겠다고 했던 그는 이제 이처럼 독자적인 계획을 실행에 옮기고 있었다.

---

53) 《新韓民報》 1919년8월9일자, 「論說: 신정부의 통일을 축하」.
54) 《新韓民報》 1919년8월9일자, 「中央總會報」.
55) 《新韓民報》 1919년8월21일자, 「집정관총재의 축하식」, 8월23일자, 「집정관총재 축하식」, 8월26일자, 「따뉴바지방에 성대한 집회」, 8월28일자, 「집정관총재 취임축하식」.
56) 「安昌浩가 李承晩에게 보낸 1919년8월9일자 전보」, 『대한민국임시정부자료집(8) 정부수반』, p.54.
57) 「安昌浩가 李承晩에게 보낸 1919년8월11일자 전보」, 위와 같음.
58) 「임시정부가 李承晩에게 보낸 1919년8월11일자 전보」, 위와 같음.
59) 「李承晩이 임시정부에 보낸 1919년8월12일자 전보」, 같은 책, p.55.

한편 이승만은 국민회 하와이지방총회장 이종관(李鍾寬)의 제의를 받아들여 상해에는 믿을 만한 사람을 자기 대신 파견하기로 하고, 안현경(安玄卿)을 선임했다.[60] 노동이민으로 하와이에 정착한 안현경은 이종관에 앞서 국민회 하와이지방총회장이 되어 이승만을 충성스럽게 도와온 사람이었다. 이승만은 7월11일에 안현경에게 '원동시찰 겸 통신원' 임명장을 보내면서 다음과 같은 편지를 썼다.

거기 가서 남 보기에는 실정(實情)이 없이 온 듯이 하며, 내정을 소상히 탐지하야 누구는 어디 있어 무엇하며 주의가 어떠한 것과 누구는 또 어떻게 마음을 먹는 것을 다 상고한 후에 그중에 입이 무겁고 통정할 만한 사람을 붙들고 실정을 말하시오. 그 내각원 중에도 누구는 어떠하고 아무는 어떠한 것을 먼저 알아보아 통정하되… 만주, 블라디보스토크, 본국 등지에 교섭을 열 수 있는 대로 열고 재정을 좀 얻으며 내지통신을 할 수 있거든 미주에서 우리가 하는 일과 희망 있는 것을 좀 알게 하야 주시오. 외양으로는 정부와 간섭 없이 사행으로 다니는 것같이 하고 내용은 원동시찰 겸 통신원으로 정부의 책임을 가지고 가는 것이니, 증서를 깊이 간수하였다가 통정할 사람에게 내어 보이시오.…[61]

이승만의 지시로 국민회 하와이지방총회는 안현경을 하와이 대표위원으로 선임하고 월봉 50원의 활동비를 지급하기로 했다. 8월14일에 하와이를 떠나 9월초에 상해에 도착한 안현경은 이듬해 6월24일까지 모두 28통의 보고 편지를 이승만에게 보냈는데, 그 가운데 18통이 보존되어

---

60) Koric(Syngman Rhee) to Leechongkwan, Jul. 3, 1919, Leechongkwan to Rheesyngman Koric, Jul. 19, *The Syngman Rhee Telegrams*, vol. I., p.289, p.360.
61) 「李承晩이 安玄卿에게 보낸 1919년7월11일자 편지」, 『대한민국임시정부자료집(42) 서한집 1』, pp.10~11.

있다. 특히 상해에 도착한 직후인 9월14일부터 12월3일까지 무려 열번이나 자세한 보고 편지를 써 보냈다.[62]

2

그동안 이승만은, 4월27일에 현순에게 보낸 편지에서 강조한 대로, 미국인의 여론을 움직여 미국정부를 '압제'하기 위한 활동에 주력했다. 그 중요한 방법은 먼저 서재필이 주동하여 추진하는 한국친우회(League of the Friends of Korea)의 조직을 강화하는 것이었다. 한국친우회는 한국에 우호적인 미국인들의 단체였다. 이 작업은 서재필이 미국시민이었기 때문에 더욱 효과적으로 추진할 수 있었다. 필라델피아에서 5월16일에 결성된 한국친우회가 그 효시였다.

서재필이나 이승만이 한국친우회의 결성을 얼마나 중요하게 생각했는가는 다음과 같은 공고문으로도 짐작할 수 있다.

이 회를 돕는 방법은 다른 것이 아니라 지금 출판하는 입회청원서와 회원증서와 취지 설명서 등을 각처 동포들이 소용되리만큼 청구하는 대로 보낼 터인데, 여러 동포는 각각 그 아는 미국친구에게 이것을 소개하며 권면하야 이 회에 입회케 할지라. 우리가 만일 이 일에 크게 성공하야 일백만 이상의 회원을 얻으면 사람의 힘과 금전의 힘을 아울러 얻어 우리의 원하는 무삼 일을 사실로 드러나게 하여 볼 수 있을지라. 이는 오늘날 우리 미주 한인의 깊이 힘쓸 의무라 하노라.[63]

목표회원 100만명은 물론 과장된 희망사항이었을 것이지만, 그것은

---

62) 「安玄卿이 李承晩에게 보낸 1919년12월3일자 편지」, 위의 책, p.20.
63) 《新韓民報》 1919년5월27일자, 「대한친구회의 조직과 의결안」.

이 운동이 얼마나 큰 의욕을 가지고 추진되었던가를 말해 준다. 이승만은 각 지역을 여행하면서 YMCA나 교회 등에서 한국의 사정을 알리는 강연을 했다. 그가 처음 여행한 지역은 주로 워싱턴에서 가까운 동부지역이었다. 그리하여 이승만이 구미위원부(歐美委員部)를 설치하는 8월 말까지는 필라델피아에 이어 펜실베이니아주의 레딩(Reading), 오하이오주의 포스토리아(Fostoria)와 티핀(Tiffin), 그리고 어퍼 퍼키오멘 밸리 (Upper Perkiomen Valley)에 한국친우회가 조직되었다.

한국친우회의 목적과 회원구성 등은 필라델피아친우회의 규약에 잘 드러나 있다. 한국친우회의 목적은 (1) 미국 공중에게 극동의 진정한 사정을 알리고, (2) 억압받는 한국인들의 자유를 위한 투쟁에 대하여 동정과 격려를 넓히고, (3) 한국인들이 받아 온 잔혹한 학대의 재발을 방지하기 위하여 도덕적 영향력을 행사하고, (4) 한국 기독교인들의 종교의 자유를 보장하는 것이었다. 회원은 친우회의 활동에 직접 참여하는 정회원, 재정적으로 친우회의 활동을 돕는 찬조회원, 종신회원의 세가지로 구분되었다. 회비는 정회원은 1년에 1달러, 찬조회원은 1년에 5달러, 종신회원은 100달러 이상이었다.[64]

3·1운동 뒤의 한국사태와 특히 미국인 선교사들과 관련된 일본의 부당한 처사 등에 대해 미국 언론의 관심이 높아지고 미국의원들을 상대로 한 이승만 그룹의 선전활동이 활발해짐에 따라 미국의회에서 한국문제가 거론되기에 이르렀다. 그것은 주로 베르사유조약에 포함된 국제연맹규약에 반대하는 공화당 의원들에 의해 이루어졌다.

미국상원의 베르사유조약 비준 심의과정에서 가장 논란이 된 것은 조약에 포함된 국제연맹규약 제10조였다. 그것은 연맹 가맹국들은 각 회원국의 영토보전과 현재의 정치적 독립을 보장하고 외부의 침략에 대하여 공동으로 대응할 의무를 갖도록 한 규정으로서, 국제연맹규약의 핵심조

---

64) *Korea Review*, June 1919, "League of the Friends of Korea", p.47.

항이었다.[65] 공화당 의원들은 이 제10조가 열강의 기존 식민지 지배를 보장하는 것이며 그것은 미국의 외교전통인 먼로주의에 위배될 뿐만 아니라 윌슨(Woodrow Wilson) 대통령 자신이 제창한 민족자결의 원칙에도 부합되지 않는다면서 반대했다. 그리고 그러한 반대의 논거의 하나로 한국문제가 거론되었다. 미국이 국제연맹 가맹국이 되면 일본의 폭압적인 한국지배를 보장하게 된다는 것이었다.

미국상원의 이러한 움직임은 이 무렵에 미국에서 일고 있던 국제연맹 및 베르사유조약 반대운동과 고립주의로의 복귀경향, 반일무드 등을 반영하는 것이었다. 베르사유조약에 대해서는 윌슨을 지지했던 자유주의자들도 윌슨의 이상주의가 패배하고 말았다면서 반대했다.[66]

이승만은 파리에 가 있는 윌슨 대통령에게 마지막 전보를 친 6월27일에 미 국무장관 대리 포크(Frank L. Polk)에게도 편지를 보내어 1882년의 조미수호통상조약을 상기시키면서 한국문제에 대한 미국의 개입을 촉구하는 한편, 법률고문 돌프(Fred A. Dolph)로 하여금 미주리주 출신의 상원의원 스펜서(Seldon P. Spencer)에게 한국상황을 설명하는 장문의 편지를 쓰게 했다. 돌프는 이 편지에서 한국에서 3·1운동이 일어나고 그에 따라 공화국이 선포된 것과 현재 한국인들이 일본인들로부터 부당하게 억압받고 있는 사실을 설명하고, 미국이 조미수호통상조약에 따라 한국인을 도울 수 있는 방법을 강구해야 한다고 주장했다.[67]

스펜서 의원은 베르사유조약이 체결되고 이틀 뒤인 6월30일에 돌프의 편지 내용을 근거로 하여 미국이 한국의 현상황과 관련하여 조미수호통상조약의 거중조정 조항에 의한 어떤 조치를 취하는 것이 가능한지에 대하여 국무장관이 상원에 보고할 것을 요구하는 결의안을 제출했다.

---

65) 立作太郎, 『國際聯盟規約論』, 國際聯盟會, 1932, pp.140~164 참조.
66) 구대열, 『한국국제관계사연구(1)』, 역사비평사, 1995, p.276.
67) "Affairs in Korea", Jun. 30, 1919, *Congressional Record, 66th Congress, 1st Session,* vol.LVⅢ., Part 2, p.2050.

이것은 한국문제가 미국의회에 정식으로 상정된 최초의 일이었다. 이승만은 1905년의 포츠머스 강화회의 때에 시어도어 루스벨트(Theodore Roosevelt) 대통령을 상대로 벌인 외교활동이 무위로 돌아갔던 일을 되새기면서 남다른 감회를 느꼈을 것이다.

7월4일에는 워싱턴주 출신의 포인덱스터(Miles Poindexter) 상원의원이 뉴욕주 로체스터에서 거행된 미국독립기념일 연설에서, 국제연맹에 반대하는 이유로 한국의 경우를 보기로 들었다. 그는 국제연맹이 한국을 구제하기는커녕 3천만이나 되는 중국인을 일본의 지배 아래 두는 협정을 서둘러 일본과 체결했다고 비난했다. 이 연설은 7월15일의 상원의사록에 수록되었다.[68]

또한 7월15일에는 네브래스카주 출신의 노리스(George W. Norris) 의원이 강화회의가 중국 산동반도의 독립 조차지에 대한 일본의 요구를 수용한 것은 공명과 정의의 원칙을 침해하는 것이며 중국에 대한 배신행위라고 비난하면서, 일본의 한국통치의 문제점을 지적했다. 그는 한성정부 문건을 딸의 인형 속에 넣어가지고 온 벡(S. A. Beck, 白瑞岩, 裵額) 선교사로부터 한국의 사정을 세세히 듣고 있었다. 노리스 의원은 3·1운동 진압과정에서 일본이 자행한 잔혹행위를 제암리(提岩里) 사건 등의 구체적인 사례를 들어 비판하고, 한국 기독교인들에 대한 일본의 만행을 보도한 7월13일자《뉴욕 타임스》의 기사를 의사록에 수록하도록 했다.[69]

이어 7월17일에는 매코믹(Malcom C. McCormick) 의원이 미국기독교회 연합평의회 동양관계위원회(The Commission on Relation with the Orient of the Federal Council of the Churches of Christ in America)에서 발행한 『한국사정(The Korea Situation)』 전문을 의사록

---

68) "Speech of Poindexter at Rochester N.Y.", Jul. 4, 1919, *Congressional Record, 66th Congress, 1st Session*, vol.LVIII., Part 3, p.2591.
69) "The Procedure at the Peace Conference", *Congressional Record, 66th Congress, 1st Session*, vol.LVIII., Part 3, pp.2597~2600; *The New York Times*, Jul. 13, 1919, "Horrors in Korea Changed to Japan".

에 수록할 것을 요구하여 채택되었다.70)『한국사정』은 한국에 있는 미국인 선교사들이 3·1운동 이후의 한국사태에 대해 보내온 각종 보고서를 간추려서 작성한 125페이지짜리 팸플릿이었다.71) 매코믹에 이어 아이다호주 출신의 공화당의 거물 보라(William E. Borah) 의원은 국제연맹의 결성에 관여한 사람들이 이집트, 아일랜드, 중국의 주장에 귀를 기울이지 않고 한국을 어느 탐욕스러운 나라가 기다리고 있는 도살장으로 쫓아보냈다고 역설했다.72)

노리스 의원은 또 한달 뒤인 8월16일에 헐버트를 의회에 불러 증언하게 했다. 헐버트는 1905년에 을사조약이 강제될 때에 고종(高宗)이 자기를 미국에 파견했고, 자신은 시어도어 루스벨트 대통령과 루트(Elihu Root) 국무장관을 만나려 했으나 그들은 한국의 주장을 귀담아 들으려 하지 않았던 사실들을 진술하면서 일본의 한국 통치의 부당성을 설명했다.73) 노리스 의원은 뒤에 워싱턴 한국친우회의 부회장직을 맡았다.

이승만은 이러한 미국상원의 한국문제 토의상황을 하와이와 미주 각지의 국민회와 상해임시정부에 알리면서 해당 의원들에게 감사와 격려의 전보와 편지를 보내라고 요청했다. 국민회 하와이지방총회장 이종관에게는 각 섬의 동포들에게 편지 초안을 만들어 보내고 백인들이 고쳐서 정식으로 써 보내도록 하라고까지 자세하게 지시했다.74) 심지어 파리에서 뉴욕에 막 도착한 김규식에게까지 그러한 전보를 치라고 타전했다.75)

---

70) "Report on Situation in Korea", Jul. 17, 1919, *Congressional Record, 66th Congress, 1st Session,* vol.LVⅢ., Part 3, pp.2697~2717.
71) 長田彰文, 『日本の朝鮮統治と國際關係 朝鮮獨立運動とアメリカ1910−1922』, 平凡社, 2005, pp.212~213.
72) "Report on Situation in Korea", Jul. 17, 1919, *Congressional Record, 66th Congress, 1st Session,* vol.LVⅢ., Part 3, pp.2697~2717.
73) "Affairs in Korea", Aug. 18, 1919, *Congressional Record, 66th Congress, 1st Session,* vol.LVⅢ., Part 4, pp.3924~3926.
74) Syngman Rhee to Leechongkwan, Honolulu, Jul. 3, 1919, *The Syngman Rhee Telegrams,* vol.Ⅰ., p.289.
75) The Syngman Rhee to Kyusic Kimm, Aug. 22, Kyusic Kimm to Seldom P. Spencer, Aug. 22, *op. cit.,* p.474. p.478.

　이승만은 7월17일에 사무실을 컨티넨탈 빌딩에서 매사추세츠 애비뉴 1804번지에 있는 건물로 옮겼다.[76] 이승만은 처음에 대한제국의 공사관이던 건물을 사들이려고 했다. 그것은 국권회복의 상징이 될 수 있을 것이었다. 그러기 위하여 그는 6,000달러를 마련했는데, 그것은 주로 하와이 동포들이 보내온 돈이었다. 이종관은 이승만에게 돈을 보낼 테니까 공사관 건물을 사라고 건의하고 있었다.[77]

　이승만은 7월11일에 하와이의 안현경에게 보낸 편지에서 사무소 이전과 관련하여 다음과 같이 썼다.

　　내가 대통령의 지위로 각국에 공함을 발송한 이후로 국제상 체통을 보아야 하겠기로 이곳 사무소를 따로 내어, 신문에 말내기와 다른 사회상 일은 내가 외면으로 상관치 않고 국제상 관계와 공채증서 내는 일과 정부 대관 교섭 등사에만 전력하기로 한 고로, 서재필씨로 하여금 매주일 일이차씩 와서 보게 하고, 나는 혹 밤에나 조용히 사무소에 들여다보기 외에는 아주 남이 된 모양인 고로, 하루바삐 공관처소를 정하려고 주선 중인데, 당초에는 5,000~6,000달러 가치 되는 가옥을 사려 하였더니, 남들의 말이 집을 사면 모양을 아니 볼 수 없고 집값이 2만달러 내외를 주지 아니하면 못 된다 하는 고로, 몇천원 주고 매삭 부어 갚으려 하는 중이외다.[78]

　그런데 옛 대한제국 공사관 건물 주변이 흑인구역이 되어 있는 것을

---

76) Syngman Rhee, *Log Book of S. R.*, 1919년7월17일조.
77) Lee Chongkwan to Syngman Rhee, Jun. 9, 1919, *The Syngman Rhee Telegrams*, vol. I., p.224.
78) 「李承晩이 安玄卿에게 보낸 1919년7월11일자 편지」, 『대한민국임시정부자료집(42) 서한집 I 』, p.9.

보고 이승만은 생각을 바꾸었다. 그리하여 로드아일랜드 애비뉴에 있는 집 하나를 골라서 선불금 흥정까지 거의 끝냈을 때에 "불행하게도" 그 사실을 서재필과 돌프에게 이야기했다가 일을 그르치고 말았다고 이승만은 자서전 초록에 썼다. 두 사람은 더 싼값으로 더 훌륭한 집을 살 수 있다는 등 여러 가지 솔깃한 이야기를 했는데, 결국 집은 사지도 못하고 돈만 써버리고 말았다는 것이었다.[79]

이승만은 상해임시정부의 향배에는 구애됨이 없이 자신의 구상을 실행에 옮겼다. 가장 시급한 일은 자금조달이었다. 그는 8월13일에 집정관총재 명의로 「국채표에 대한 포고문」을 공포했는데, 그것은 집정관총재 명의로 발표한 첫 포고문이었다.

그는 먼저 임시정부가 수립되었다는 소식이 전해진 뒤로 상해의 대표원에게 전보와 편지로 국채발행권을 위임하는 문서를 보내라고 했으나 6월 초까지 아무런 연락이 없었다고 말하고, 국채발행의 의의를 다음과 같이 설명했다.

4월23일에 국민대회에서 포고한 공문 원본을 5월 그믐에 접수한 이후 정세가 변하고 시기가 달라지므로 아직 개론키 어려운지라. 그러므로 우선 공채표를 발행하여 내외국 사람에게 발매한 재정을 모아 국사에 만만 시급한 수요에 보충코저 하노라. 우리 국민들은 의례히 재정을 있는 대로 기울여 충애(忠愛)를 표할 이때에 공채와 이식(利息) 등설이 당한 말이리오마는 이는 각국의 통례인즉 타인의 통례를 내가 채용함에 형식상으로도 적합하고 정부가 성립된 이후로 공체(公體)상에도 온당한지라. 원래 이런 공채표를 사서 두는 것도 충애에서 나온 것이고 이익을 위함이 아니니 일후 자손에게 유존(遺存)하는 물건을 만들거나 혹 공중에서 권장하는 말을 돕는 데 증거가

---

79) Syngman Rhee, "Autobiograph of Dr. Syngman Rhee", p.25.

될지며, 타국인에게도 다수히 발매할수록 좋으니, 개인이나 혹 단체를 물론하고 우리나라에 동정을 표하는 남녀에게 극력 주선하여 이익을 도모할 주의가 아니요 의연(義捐)하는 일례로 하기를 설명할지며, 이 공채표를 발매하여 수입하는 금액은 전수히 대한독립운동에 수용할지니 임시 집정관총재가 택정한 바 재정위원부에서 종다수 의결로 각항 경비를 지발함.[80]

워싱턴의 사무실에서 집무하고 있는 임시대통령 이승만.

그리고 이 공채표 발매업무는 샌프란시스코에서 이미 와 있는 이대위(李大爲)와 파리에서 돌아오는 김규식과 하와이에서 오는 송헌주 세 사람으로 구성되는 재정위원부가 맡아서 시행할 것이라고 말했다. 베르사유조약이 체결됨으로써 사실상의 임무를 끝낸 김규식은 파리를 떠나 8월21일에 뉴욕에 도착했다.[81] 김규식의 도착을 기다렸던 이승만은 8월25일에 「집정관총재포고문」 제2호로 대한민국 특파구미주찰위원부(大韓民國特派歐美駐紮委員部)의 설치를 공포했다. 이 기구는 '구미위원부'로 통칭되었다. 영문표기는 "The Korean Commission to America and Europe for Republic Korea"였다. 흔히 줄여서 "Korean Commission"

---

80) 《新韓民報》 1919년8월21일자, 「국채표에 대한 포고문」.
81) Kiusic to Syngman Rhee, Aug. 21, 1919, *The Syngman Rhee Telegrams*, vol. I ., p.470.

이라고 했다.

구미위원부의 주된 임무는 대외적으로는 한국을 대표하여 외교 및 선전 활동을 전개하는 것이고, 대내적으로는 동포들로부터 독립운동에 필요한 자금을 거두는 일이었다. 구미위원부의 조직과 기능의 특성은 「포고문」에 수록된 조관(條款)에 잘 나타나 있다. 위원부의 조직과 기능을 규정한 6개조의 "위원부" 항목에서 위원부는 구미 각국에 대하여 대한민국임시정부를 대표하고 임시정부의 지휘를 받는다고 하면서도, 집정관총재가 그곳에 있을 때에는 그의 지휘를 받는다고 하여, 사실상 임시정부의 지휘를 배제했다. 그리고 위원부는 명망 있는 한국인 3인 이상으로 구성하되 위원의 임기는 집정관총재의 자의에 맡긴다고 했다. 7개조의 「위원부 규칙」은 거의가 재정과 관련된 내용이었다.[82]

이승만은 구미위원부를 설치하면서 상해임시정부와는 사전에 협의하지 않았다. 국내와 극동의 일은 상해에서 맡아서 하고 국제 활동과 재미동포들에 관한 일은 자기가 맡아서 하겠다고 안창호에게 타전한 것으로 사전통보를 했다고 생각했는지 모른다. 그는 「포고문」을 공포한 이틀 뒤인 8월27일에 상해임시정부에 "미국과 유럽의 사업을 촉진시키기 위하여 구미위원부를 구성했소. 위원부는 일반 업무와 재정업무를 담당할 것이오"라고 통보했다. 그리고 김규식, 이대위, 송헌주 세 사람을 위원으로 임명했음을 알리고, 자세한 것은 편지로 쓸 테니까 임시의정원에 즉시 알리라고 했다.[83] 세 사람을 위원으로 선임한 것은 김규식은 극동을, 이대위는 미국본토의 동포사회를, 송헌주는 하와이의 동포사회를 각각 대표하게 한 것이었다. 이승만은 김규식을 위원장으로 선임했다. 김규식을 워싱턴으로 오게 한 것은 파리강화회의의 임무를 사실상 끝낸

---

82) 「執政官總裁公佈文 第二號 : 大韓民國特派歐美駐箚委員部設置條款」, 『대한민국임시정부자료집(17) 구미위원부 I』, 2007, pp.3~4; 《新韓民報》 1919년9월18일자, 「임시정부 행정령 제2호, 한국위원회」.

83) Syngman Rhee to Kopogo Shanghai, Aug. 27, 1919, *The Syngman Rhee Telegrams*, vol. II., p.3.

김규식이 미국에 와서 이승만과 함께 외교활동을 벌이고 싶다고 요망한데다가 서재필의 추천이 있었기 때문이다.[84] 이승만은 1910년에 귀국하여 2년 뒤에 다시 도미할 때까지 김규식 등과 함께 '바보클럽'을 만들어 어울렸었다.

구미위원부의 본부인 워싱턴 사무소에는 위원장 김규식을 포함한 위원 3명 이외에 대한민국임시정부의 고문변호사로 임명된 돌프와 사무원 2명, 서기 1명이 임용되었다. 구미위원부가 설치되면서 필라델피아에 설치했던 대한공화국 홍보국과 파리에 설치했던 한국홍보국은 모두 구미위원부 산하기관이 되었다. 그리고 또 런던에 새로 사무소가 개설되었다. 파리 사무소는 미국군 지원병으로 유럽에 출전했다가 현지 제대한뒤에 김규식의 활동을 도왔던 황기환(黃玘煥: Earl K. Hwang)이 맡았고, 런던 사무소는 러일전쟁 때에 종군기자로 한국에 왔다가 『한국의 비극(*The Tragedy of Korea*)』(1908)이라는 책을 저술한 매켄지(Frederick A. Mckenzie)가 중요한 역할을 맡아 일했다. 매켄지는 이승만과 오랜 친교가 있었다.

구미위원부를 설치하면서 이승만이 무엇보다도 역점을 두고 추진한 사업은 미국 본토와 하와이는 말할 나위도 없고 멕시코와 쿠바에까지 지방 위원부를 설치하는 일이었다. 1920년4월에 발표된 「지방위원 조례」에 따르면 한인 10인 이상이 사는 곳이면 지방위원부를 설치하게 되어 있었다. 그리하여 미국 본토에 25개 지방, 하와이에 11개 지방, 멕시코와 쿠바의 6개 지방에 지방위원부가 설치되었다.[85] 지방위원부 설치의 주된 목적은 지역교민들로부터 공채금, 인구세, 의연금 등을 수합하는 것이었다. 국민회 조직을 활용할 수도 있었을 것이지만, 국민회 중앙총회가 이승만의 애국금 모금 금지 조치에 반발하고 있었기 때문에 각지방 국민회에

---

84) 李相勳, 「金奎植의 歐美委員部활동(1919~1920)」, 한림대학교 석사학위논문, 1995, pp.20~22.
85) 고정휴, 『이승만과 한국독립운동』, p.111.

구미위원부를 위한 모금활동을 기대하기는 어려웠다.

　구미위원부의 설립 사실을 대외적으로 알리기 위한 위원회 주최의 회의가 8월31일 밤에 워싱턴에서 개최되었다. 김규식의 주재로 진행된 회의의 주된 행사는 한국의 독립에 관한 선언서를 채택하고 그 선언서에 이승만과 김규식이 서명하는 것이었다. 김규식의 개회선언에 이어 이승만의 요구로 이대위가 기도를 인도했다. 이대위는 "우리만 위하야 기도함이 아니옵고 또 형벌받을 사람들을 위하야 기도하옵나니, 그들에게 인류의 값을 가르쳐 주시오며, 그들이 빛을 보고 빛으로 오게 하시옵소서…"라고 감동적인 기도를 했다. 이어 돌프 고문이 작성한 「선언서」가 만장일치로 채택되었다. 「선언서」에는 다음과 같은 구절이 포함되어 있었다.

　　아래 서명자는 2천만 한국민족을 대표하여 행동하는 바, 일본이 (한국인을) 무력으로 속박하여 노예로 만드는 것을 항의하며, 한국의 독립선언서와 정부의 성명서를 빙거하여 또는 우리 국가와 민족이 소위 일본연방의 한 자치국으로는 발전할 수도 없고, 더구나 일본 귀족정치와 군인정치 밑에 우리 민족이 한 분자가 되어서는 도저히 생존할 수 없는 까닭에, 우리는 한국민족의 절대적 독립과 완전한 자유를 기록한 뜻으로 성명하노라.…[86]

　「선언서」에 서명을 마치자 이승만은 돌프에게 「선언서」의 등본을 미국 국무부, 상하원의 외교위원회, 상하원 의장, 상하원 의원, 워싱턴 주재 외국공관에 발송하고, 또 한부를 파리에 있는 한국위원부에 보내어 프랑스어로 번역하여 그것을 연합통신(AP)과 각 외국신문 및 잡지사에 보내게 하라고 지시했다.[87] 이 선언서에는 3·1운동 때에 선포한 독립선언서와

---

86) 《新韓民報》 1919년9월2일자, 「한국은 일본의 속박을 벗어, 우리 집정관총재의 선언」.
87) 《新韓民報》 1919년9월23일자, 「한국위원회 회록」; 《新韓民報》 1919년11월20일자, 「韓國委員會錄(2)」.

임시헌법이 포함되어 있었다.[88]이승만은 선언서를 송부할 곳을 지시하고 나서 다음과 같은 연설을 했다.

"대한민국 국민과 친구 여러분! 오늘 저녁에 통과하고 서명한 선언서는 오늘날 자국의 독립을 위하야 일본과 싸우는 2,000만 한인들의 마음을 흔드는 자유정신으로 정성되고 진실한 성명이니이다. 이것이 곧 금년 3월1일에 경성에서 선포한 독립선언서에 서명한 33현 대표자들을 위하야 말하는 것이며, 이것이 여러 천만명 한인 남녀노소가 기념될 거룩한 3월1일에 일어나 패트릭 헨리(Patrick Henry)와 같이 선포하기를 '나에게 자유를 주거나 그렇지 않으면 죽음을 달라'고 한 것을 위하야 말하는 것이며, 이것이 한국의 수천만 민족을 위하야 일본의 감옥 중에서 악형을 당하며 도륙 받은 이를 위하야 말하는 것이며, 이것이 경성병원에서 충의열사들의 몸이 27처씩이나 창검에 찔리어 마지막 숨을 거둘 때에 그 죽음이 그의 사랑하고 한인 전체가 사랑하는 한국독립을 도와줄 줄을 바라던 것을 위하야 말하는 것이외다.…"

이러한 수사로 연설을 시작한 이승만은 그 특유의 비유법을 구사하면서 미국인들의 동정과 도덕상의 원조를 호소했다.

"우리가 이「선언서」를 만든 것은 다만 내지에서 나라의 자유를 위하야 싸우며 곤란 당한 백성의 사정을 말하는 것이외다. 나는 믿기를 이 생각이 세상에서 제일 큰 공화국, 곧 합중국 내의 자유를 사랑하는 이에게 소개될 줄 압니다. 한국 13도 사람들이 이 주의를 가지고 오늘날 싸우는 것이 아메리카 13주 백성들이 150년 전에 싸우던 일과 같소이다. 달리 말하자면 이 같은 정신, 곧 미국 혁명을 일으키던 조선(祖先)을 감동시키던 정신이 지금 한국 독립운동하는 인도자들을 감동시켰나이다. 한인들이 지금 자결주의를 위하야 싸우는 것이 곧 미국 군인들이 유럽대전란에 가서 이 세상 민주를 위하야 싸우던 것과 같소이다.

---

88) 《新韓民報》 1919년9월2일자, 「우리 정부는 열강에 요구해」.

한국이 이 큰 세계의 한 부분이지만, 그러나 아직까지 민주 안전을 얻을 날이 멀었습니다. 한인들이 그들의 아름다운 일을 위하야 제일 전제(專制)와 제일 제국주의를 가진 일본정부를 항거하야 자유와 민주를 안전케 하기를 다른 민주국들과 같이하려 함이외다. 우리 일이 정당하매 이 일이 장차 성공되고야 말 줄로 진실로 믿습니다. 이 한인들의 운동이 그들이 능히 외국의 군사적 원조를 받지는 아니하고 스스로 일본통치권을 벗어버릴 능력이 있는 것을 이 세상에 증거코자 합니다. 그러하나 (일본은) 지금 해육군으로 이 큰 도덕적 혁명을 진압합니다. 이 큰 전쟁 중에 우리가 믿으며 우리 백성들이 믿기를 미국사람들의 동정과 도덕상 원조를 받는 줄 압니다.”[89]

한국인의 거족적인 봉기에 당황한 일본정부는 조선 총독을 해군대신 출신인 사이토 마코토(齊藤實)로 경질하면서 조선통치의 ‘개혁’을 표방했다. 이른바 ‘문화정치’가 그것이었다. 그러나 일본정부가 표방하는 ‘개혁’에 대한 미국의 여론은 냉담했다. 《워싱턴 포스트(*The Washington Post*)》에 이승만의 다음과 같은 회견 기사가 실린 것도 그러한 반응의 하나였다. 8월29일의 국치일을 계기로 서울에서는 일본 관헌의 삼엄한 경계 속에서 대대적인 시위운동이 다시 벌어졌다. 모든 상점은 철시하고, 수천명의 군중이 대한문 앞에 모였다. 삼각산에는 태극기가 나부꼈다. 이러한 사태와 관련하여 《워싱턴 포스트》는 대한민국임시정부 대통령 이승만 박사가 다음과 같이 말했다고 보도했다.

“이 시위는 한국은 일본이 시행하겠다는 어떠한 개혁의 약속에도 결코 만족하지 않는다는 것을 뜻한다. 일본이 한국에 머무는 한 동양의 평화는 유지될 수 없다.…

시위가 분명히 확산되고 있다는 것은 한국인의 독립정신은 식지 않으리라는 것을 뜻한다. 그것은 한국이 자유로워질 때까지 계속 확대될 것

---

89) 《獨立新聞》 1919년11월20일자, 「李博士의 演說」.

이다.”[90]

이승만은 이어 조선총독부의 관제개혁이 발표되었을 때에도 “한국 인민은 절대적 자유 이외에는 아무것도 원치 않는다”라면서 그것을 비판하는 성명을 발표했고, 그러한 사실은 상해임시정부에도 알려졌다.[91]

4

구미위원부의 설립작업을 마친 이승만은 워싱턴의 업무는 김규식에게 맡기고 10월 초부터 이듬해 6월까지 8개월 동안 임병직을 대동하고 여러 지방을 순회하면서 강연활동에 주력했다. 그의 『일기(*Log Book of S. R.*)』에 보면 한 지방의 교회와 학교에서 연설을 한 다음 밤차로 이동하여 다른 지방의 로터리클럽 오찬모임에서 연설을 한 경우도 있었다. 강연회에는 서재필이나 정한경(鄭翰景), 그리고 구미위원부의 선전원으로 위촉된 헐버트와 벡 목사가 같이 참석하기도 했다. 헐버트와 벡에게는 월 200달러의 사례비를 지급했다. 강연회의 순서나 강연내용은 집회의 성격에 따라서 조금씩 달랐으나 대체로 비슷했다. 그 지방의 유학생들이나 교민들이 교회나 학교나 상업회의소 등을 통하여 청중들을 모으면 이승만과 그 밖의 연사들이 일본의 한국통치와 한국의 실정을 알리는 연설을 한 다음, 그 자리에서 동조자들을 모아 한국친우회를 결성하고, 이들로 하여금 미국정부와 의회에 탄원서를 보내고 지역 언론에 한국문제에 관한 기사를 내게 하는 것이었다.

이승만은 10월15일 저녁에 대학원 학생 시절을 보낸 프린스턴의 정치토론 클럽(Polity Club)과 필라델피아협회(Philadelphian Society)가 공동 주최한 모임에서 강연을 했는데,[92] 《독립신문》은 이 강연회가 ‘만국정

---

90) *The Washington Post*, Sept. 11, 1919, “Demonstrations in Korea”.
91) 《獨立》 1919년9월4일자, 「國務總理의 聲明」, 1919년9월13일자, 「李博士의 聲明」.
92) *Korea Review*, November 1919, “Dr. Rhee’s Speaking Tour”, pp.9~10.

치회'가 주최한 것이라면서 자세히 보도했다.[93]

이승만의 강연요지는 다음과 같았다.

"최근의 전쟁[제1차 세계대전]이 무엇을 위한 싸움이었는가 하면, 그것은 전제정치에 항거하는 민주주의를 위한 싸움이었습니다. 지금 2천만 한국인은 민주주의와 기독교의 원칙들을 위해 일본제국주의와 싸우고 있습니다.… 우리 한국인은 미국의 그것과 같은 원칙들을 위해 싸우고 있습니다. 우리는 기독교의 원칙들을 지지합니다. 우리는 한국의 건설을 위하여 미국의 자본이 필요합니다. 그러나 일본은 그것에 반대합니다. 우리는 만주뿐만 아니라 아시아 전역의 문호개방에 찬성합니다. 반대로 일본은 대전쟁의 원인이 되었던 제국주의 방식을 옹호합니다. 미국이 한국과 체결한 조약에 따르면 여러분은 외부의 침공으로부터 우리나라를 지켜주도록 되어 있습니다.…"[94]

그것은 1920년1월11일 오후에 매사추세츠주 보스턴(Boston)의 한 교회에서 열린 집회에서 한 연설내용이었다.

이렇게 하여 결성된 한국친우회는, 필라델피아 한국친우회 회장 톰킨스(Floyd W. Tomkins) 목사의 보고에 따르면, 1921년6월까지 미국내 21개 도시에 2만5,000명의 회원을 확보하게 되었다.[95] 일본경찰은 한국친우회의 회원수를 3,000명으로 추산했으나,[96] 1920년의 친우회 광고에 회원수가 1만명 이상이라고 한 것을 보면,[97] 친우회 회원수는 1만명쯤이었을 것으로 보는 것이 타당할 것 같다.[98] 하와이와 미 대륙에 거주하는 동포들의 총수가 1만명이 채 되지 않던 상황에서 각 지역의 정치가, 종교지도자, 실업가 등의 유지들로 구성된 한국친우회의 회원수가 1만명에 이르

---

93) 《獨立新聞》 1919년12월2일자, 「李大統領演說」.

94) *Korea Review*, March 1920, "Korea Meeting at the Boston Mass", p.15.

95) *Korea Review*, August 1921, "Friends of Korea Writes to Japanese Envoy", p.13.

96) 이정식, 「서재필: 미국 망명시절」, 정음사, 1984, p.113.

97) *Korea Review*, November, 1921, "Some Reasons Why You Should Join the League of the Friends of Korea", p.18.

98) 고정휴, 앞의 책, p.371.

렸다는 사실은 놀라운 일이 아닐 수 없다. 이렇게 하여 확보한 미국인 인맥은 해방 이후까지도 이승만의 큰 정치적 자산이 되었다.

한국친우회는 1920년10월26일에 영국에서도 결성되었는데, 창립멤버는 국회의원 17명을 포함하여 학자, 신문기자, 목사 등 62명이었다.[99]

이승만은 한국친우회 회원들의 협조를 얻어 미국 국회의원들을 상대로 한 홍보와 청원활동을 더욱 강화했다. 그는 돌프로 하여금 한국문제에 관한 진술서를 작성하여 스펜서 의원에게 전달하게 했다. 『대한민국을 위한 진술과 적요(Statement and Brief for the Republic of Korea)』라는 제목의 이 문서는 스펜서 의원에 의하여 9월18일의 상원 회의에서 낭독되었다. 진술서의 내용은, 일본이 1904년의 「한일의정서」 체결 때까지는 한국의 독립과 보전을 주장해 놓고 러일전쟁 뒤에 한국을 보호국으로 만들고 뒤이어 병탄해버린 것은 명백한 배신행위이며, 3·1운동이 일어났을 때에 일본이 보여 준 잔학성을 보더라도 일본은 한국을 통치할 자격도 능력도 없다고 비판한 것이었다.[100]

이러한 노력의 결과로 상원과 하원에 각각 한국문제에 대한 결의안이 제출되었다. 10월1일에는 캘리포니아주 출신의 펠런(James D. Phelan) 상원의원이 "미합중국 상원은 스스로 선택한 정부를 갖고자 하는 한국인의 열망에 대하여 동정의 뜻을 표한다"는 결의안을 제출했다. 이 결의안은 본회의에서 낭독된 뒤에 외교위원회에 회부되었다.[101] 또 10월9일에 메릴랜드주 출신의 프랜스(Joseph I. France) 상원의원은 베르사유조약에 대한 반대발언을 하면서, 그 이유로 한국에 대한 부당성을 거론했다. 그의 발언에는 4월의 필라델피아 한인대회[제1차 한인회의]에서 채택된

---

99) *Korea Review*, December 1920, "Friends of Korea in the United Kingdom", pp.6~9.
100) "The Korean Question", Sept. 19, 1919, *Congressional Record, 66th Congress, 2nd Session*, vol.LIX., Part 6, pp.5595~5608.
101) "Government of Korea", *Congressional Record, 66th Congress, 2nd Session*, vol.LIX., Part 7, p.6172.

결의문이 첨부되었다.[102] 10월13일에는 노리스 의원이 다시 국제연맹규약에 반대하는 입장에서 한국문제에 관하여 긴 연설을 했다. 그는 3·1운동 진압 때에 일본인들이 자행한 온갖 행동과 한국인들이 입은 피해는 말로 표현할 수 없으며, 특히 기독교인들의 경우는 더욱 격심하다고 말하고, 미국이 제10조를 그대로 둔 채 국제연맹 규약을 승인한다면 일본의 한국 영유를 보호해 주게 되므로 연맹규약 제10조가 수정될 때까지

필라델피아의 한국홍보국에서 발행한 《코리아 리뷰 (Korea Review)》지.

는 베르사유조약을 비준하고 국제연맹에 가입하는 것은 반대해야 한다고 역설했다.[103] 또한 10월24일에는 하원에서 일리노이주 출신의 메이슨 (William E. Mason) 의원이 펠런 상원의원의 결의안과 같은 내용의 결의안을 제출했다.[104]

월슨 대통령이 공화당 고립주의파 의원들과의 타협을 거부함에 따라 베르사유조약에 대한 비준표결은 11월19일에 실시되었다. 유보조건 없는 결의는 찬성 38 대 반대 53, 러지(Henry C. Lodge) 의원이 제안한 유보조건부 결의는 1차 투표에서 찬성 39 대 반대 51, 2차 투표에서 찬성 41 대 반대 51로 모두 부결되었다. 베르사유조약 비준문제에 대한

102) "Injustice to Korea", "Conclusion", *Congressional Record, 66th Congress, 2nd Session*, vol. LIX., pp. 6611~6612, p. 6614.

103) "Speech by Norris", *Congressional Record, 66th Congress, 2nd Session*, vol. LIX., pp. 6812~6826.

104) "Resolution by Mason", *Congressional Record, 66th Congress, 2nd Session*, vol. LIX., p. 7476.

상원의 심의는 1920년2월에 재개되는데, 이때에 다시 한국문제가 거론된다.

구미위원부의 역점사업의 하나는 여러 가지 형태의 홍보물을 만들어서 발행하거나 주문제작하여 널리 배포하는 일이었다. 워싱턴 본부는 돌프가 집필하여 스펜서 의원으로 하여금 상원의사록에 실리게 한『대한민국을 위한 진술과 적요』를 비롯하여『일본의 한국경영(*Japanese Stewardship of Korea*)』(1920) 등의 팸플릿을 출간했다. 가장 활발한 집필활동을 한 사람은 정한경이었다. 그는 뛰어난 영어실력을 구사하여『한국조약유취(*Korean Treaties*)』(1919),『미국의 동양정책(*The Oriental Policy of the United State*)』(1919),『한국사정(*The Case of Korea*)』(1921) 등의 무게 있는 책을 저술했다.『한국사정』에는 스펜서 의원이 서문을 썼는데, 정한경은 이 책으로 아메리칸대학교(American University)에서 명예 박사학위를 받았다.[105]

필라델피아 홍보국은 영문잡지《코리아 리뷰(*Korea Review*)》를 정기적으로 발행하는 한편으로 한국사정을 알리는 간단한 팸플릿을 만들어 배포했고, 파리 사무소도《자유한국(*La Cofee Libre*)》이라는 월간잡지와 선전책자를 발행하여 보급했다. 구미위원부와는 별도로 대한인국민회도《한국의 진상(*The Truth About Korea*)》(1919)을 비롯한 여러 가지 홍보 책자를 발행했다. 그리하여 이 시기에 미주한인들이 발행한 홍보 책자는 30~40종에 이르렀다.[106]

그 가운데 가장 유명한 것은 영국언론인 매켄지의 저서『한국의 자유를 위한 투쟁(*Korea's Fight For Freedom*)』(1919)이었다. 이승만은 이 책 출판을 위하여 자료를 제공하고 원고교정까지 해주었다.[107]

---

105) 고정휴, 앞의 책, p.307.
106) 위의 책, p.356.
107) 林炳稷,『林炳稷回顧錄』, p.122; F. H. Revell Co. to Syngman Rhee and Syngman Rhee to F. H. Revell Co., Oct. 22, 1919, *The Syngman Rhee Telegrams*, vol. Ⅱ., pp.212~213.

같은 저자의 저서인 『한국의 비극(*The Tragedy of Korea*)』(1908)의 속편이라고 할 수 있는 이 책은 개항 이후 3·1운동까지의 일본의 침략과 이에 대항하는 한국인의 투쟁을 서술한 다음, 3·1운동의 결과로 새 공화국이 수립되었고 초대 대통령으로 독립협회 이래의 개혁운동가인 이승만이 선출되었다고 기술했다. 이 책이 출판되기도 전에 《신한민보》가 1면에 워싱턴발 특전으로 이 책의 출판예고 기사를 싣고 "그 책을 살 사람들의 예비주문을 많이 얻는다더라"라고 보도한 것[108]은 이승만이 이 책의 출판에 얼마나 힘을 기울였는가를 말해 준다. 책이 출판되자마자 구미위원부는 즉시 출판사에 100부를 주문했다.[109]

---

108) 《新韓民報》 1919년9월4일자, 「맥큰 박사는 우리 사정의 책 저술」.
109) Korean Commission to F. H. Revell Co., Dec. 21, 1919, *The Syngman Rhee Telegrams*, vol. Ⅱ., p.370.

3. 집정관총재에서 대통령으로

1

8월18일부터 제6회 임시의정원 회의가 열렸다. 첫날 회의는 장안리(長安里) 민단사무실에서 열렸고, 이튿날부터는 하비로(霞飛路) 321호의 임시정부 청사에서 열렸다. 개원할 때의 의원총수는 28명이었다.[110] 이 회의는 임시정부 통합을 위한 헌법개정안과 임시정부개조안을 심의하기 위하여 정부요구로 소집된 것이었다.

8월28일 오후 3시에 열린 회의에서 안창호는 임시헌법 개정안에 대한 제안설명을 했다. 이날은 그가 내무총장에 취임한 지 꼭 두달이 되는 날이었다.

"본안의 주지는 현재 상해에 있는 정부를 개조하되 한성에서 발표된 각원을 표준으로 하자, 다만 집정관총재를 대통령으로 개정하자 함이니, 임시헌법의 개정도 실로 이를 위함입니다. 이는 정부가 좋아서 함이 아니요 부득이하야 함이니, 대개 실제 아닌 일에 시간을 허비함이라. 최초 현재의 임시정부를 조직할 때에도 장구한 시일을 소비하였고, 조직 후에도 각 총장의 대부분은 출석치 아니하야 응급책으로 위원제를 취하였으나, 이 역시 예기의 성적을 얻지 못하고 곤란한 중에 처하였다가, 한달 전에 차장제가 실시됨에 그 성적은 매우 만족스럽습니다. 지성과 노력의 일치를 요구하는 이때를 당하야 현재 각원 일동은 믿음과 사랑으로 단결하야 전도의 희망이 다대함을 분명히 말씀드립니다."

안창호는 자신이 부임한 뒤에 차장제를 실시하면서 비로소 임시정부가 제대로 가동되고 있음을 상기시키고 나서 다음과 같이 말했다.

"차제에 형식의 개정 같은 것을 피하고 실행에만 전력을 집주(集注)할

---

110) 「臨時議政院紀事錄 제6회(1919.8.)」 『대한민국임시정부자료집(2) 임시의정원 I 』 p.39.

것이어늘, 지금 이러한 개조를 감행하려 함은 실로 우리에게 절대로 필요한 전 민족의 정치적 통일의 실을 내와 외에 보이고자 함입니다. 그러므로 이는 양자의 우열 또는 법, 불법으로 연유함도 아니요 오직 피치 못할 사실문제입니다. 상해의 임시정부와 동시에 한성의 임시정부가 발표되어 이승만 박사는 전자의 국무총리인 동시에 후자의 대통령을 겸하야 세상으로 하여금 우리 민족에 두개 정부의 존재를 의심케 합니다. 동시에 우리 정부의 유일무이함을 내외에 표시함은 긴요한 일이니, 이렇게 하려면 상해정부를 희생하고 한성의 정부를 승인함이 온당할 것입니다.”

이처럼 그는 이 정부개조안이 상해임시정부를 “희생”하고 한성정부를 “승인”하는 것이라고 확언했다. 그 이유는 한성정부가 국토의 수부(首府)에서 조직되었기 때문이라는 것이었다.

“혁명시대를 맞아서는 피차의 교통과 의사의 소통이 불편하므로 각기 필요에 의하여 일시에 두셋의 정부가 출현됨이 또한 불가피한 사세이니, 이는 오직 애국심에서 나옴이요 결코 하등의 사욕이 있음이 아니외다. 둘 중에 하나를 위한다 하면 우리 국토의 수부에서 조직된 정부를 승인함이 또한 의미 있는 일입니다. 혹은 양자를 다 버리고 통일된 신정부를 조직할 것을 말하나, 이는 다만 또 한개의 정부를 만들어 세개의 정부의 존재를 의심하게 하는 결과를 낳는 것에 불과할 것입니다. 그러므로 집정관총재를 대통령으로 하는 외에 한성에서 조직된 정부에 일점일획도 바꾸어서는 안 됩니다.…”

그렇게 하면 두가지 기쁜 일이 있다고 안창호는 설명했다. 하나는 모국의 수부에서 조직된 정부를 승인하게 되는 것이고, 또 하나는 비록 한성의 정부 각원 가운데 재무총장 최재형 한 사람이 빠지는 것은 유감이나 그 대신에 박용만(朴容萬), 신규식, 노백린(盧伯麟), 이동녕, 이시영 다섯 사람을 더하게 되기 때문이라는 것이었다. 그는 다음과 같은 말로 제안설명을 마무리했다.

“지금 전 국민의 애국심과 통일의 요구는 날로 증가하야 각처의 개인 및 단체로서 상해정부를 향하야 충성을 다한다는 서신이 날로 답지하고 있소이다. 실로 대통일의 호기입니다. 현명하신 제위는 통일을 위하야 전력하시기를 희망하오이다."[111]

안창호의 설명은 취임사에서 밝힌 그 자신의 정부통합방안, 곧 러시아, 중국, 미주의 한인사회 대표자들로 정식 임시의정원을 구성하여 3거두가 이끄는 새정부를 수립한다는 방안도 포기하고, 이승만의 주장을 그대로 받아들인 것이었다.

의원들의 질의가 이어졌다. 최근우(崔謹愚)는 안창호의 설명이 명백하지 않다고 주장했다. 이어 조완구(趙琬九)가 다음과 같이 따져 물었다.

"만일 한성정부를 주장한다 하면 본 의정원은 이 문제를 토의할 권한이 없을 것이고, 또한 개조한다면 반드시 한성정부를 고집할 필요가 없는데, 절대로 한성정부를 고집하는 이유가 무엇이오?"

안창호가 다시 등단했다.

"한성정부를 고집하는 특별한 이유는 없고 다만 민족의 통일을 도모하며, 겸하야 통일되었음을 역설해야 할 것이외다. 그러기 위해서는 지금 있는 것을 합하고 결코 제3자를 다시 만들지 않는 것이 필요하오."

이어 김홍서(金弘敍)가 정부개조안에는 내무와 외무에 무슨 숨은 이유가 있다는 풍설이 있는데, 어떻게 된 것이냐고 물었다. 그러자 안창호의 언성이 높아졌다.

"위에 언명한 외에 다른 이유가 없거늘 무엇 때문에 중대하지 않은 것을 중대하다 하여 의운(疑雲)을 야기코저 하오? 다시 명언하면 그 이유는 상해에서 조직한 정부는 현순의 전보로, 경성에서 조직된 정부는 연합통신(AP)의 통신으로 다 세계에 공포되어 혹은 한국의 정부가 둘이 있나 하는 의심이 있기 때문에 지금 요구되는 바는 명실이 상부하는 완전한 통일이고 그 밖에 아무런 숨은 이유는 없소이다. 천백번이라도 이

---

111) 《獨立》 1919년9월2일자, 「臨時議院」.

답이 있을 뿐이오."[112]

임시헌법 개정안은 이러한 질의응답을 거쳐 법제위원회에 회부되었다. 안창호는 이 제안설명에서 시베리아에 있는 대한국민의회와의 통합문제는 언급도 하지 않았다. 제안설명에 앞서 제출한 제안서에서도 그랬다. 상해임시정부와 대한국민회의의 통합문제는 상해임시정부가 선포된 직후부터 거론되어 왔다. 대한국민의회는 4월29일에 블라디보스토크 신한촌의 한민학교(韓民學校)에서 간부회의를 열고 상해임시정부를 "잠정 승인"하고 임시정부가 시베리아로 이전한 뒤에 일치된 행동을 하기로 결의했다. 그리고 임시정부의 이전은 시베리아에 파병되어 있는 일본군이 철수한 뒤에 하기로 했다.[113] 국민의회의 분위기는 경쟁적인 입장에서 상해임시정부에 대하여 호의적이지는 않았다. 상설위원으로 선정했던 이동녕과 조완구가 자신들에게 알리지도 않고 상해로 가서 상해임시정부의 수립 작업에 주도적 역할을 했다고 하여 제명해 버린 것도 바로 이 회의에서였다. 그러나 상해임시정부의 국무총리를 포함한 7명의 각료명단에서는 국민의회의 인사 세 사람[이동휘, 문창범(文昌範), 최재형]이 포함되어 있기도 하여 통합의 명분을 거부할 수 없었던 것이다.

상해임시정부와 대한국민의회의 통합논의는 5월7일에 국민의회 상설회의 의장 원세훈(元世勳)이 상해로 와서부터 시작되었다. 논의의 주안점은 임시정부의 재구성이 아니라 정부 소재지와 의회통합 문제였다. 그러나 합의는 좀처럼 이루어지지 않았다. 상해임시정부는 국민의회와의 통합을 의회통합이라고만 생각했다. 그들은 국민의회가 볼셰비키 러시아와 같은 소비에트 체제를 취하고 있는 것을 인정하지 않았기 때문이다.

---

112) 「臨時議政院紀事錄 제6회(1919.8.)」, 『대한민국임시정부자료집(2) 임시의정원 I』, pp.43~44; 《獨立》 1919년9월2일자, 「臨時議院」.
113) 「獨立運動ニ關スル件」(1919년4월30일), 姜德相 編, 『現代史資料(26) 朝鮮(二) 三・一運動 (二)』, p.152.

통합에 관한 안건이 5월13일에 임시의정원에 제출된 뒤에 협상자격을 가진 사람을 국민의회로 파견한다는 임시정부의 협상안이 확정되기까지에는 한달이 넘게 걸렸다. 최종적으로 결정된 상해임시정부의 통합조건은 첫째로 정부와 의회를 분리하여 정부는 상해에 두고, 둘째로 임시의정원과 국민의회를 합하여 의원[의회]을 구성하되 의원은 블라디보스토크로 둘 수 있으며, 셋째로 의원은 의사기관(議事機關: 입법기관) 기능만 해야 한다고 하여 소비에트 체제를 인정하지 않았다. 6월17일에 국무총리 이승만의 명의로 의정원에 제출된 이 협상안은 다시 한달 가까이나 임시의정원에 계류되어 있다가 7월14일에 이르러 정부로 반송되었다.[114] 의원들은 임시의정원이 상해에 있기를 원했고, 또 임시의정원의 해체를 전제로 한 의회의 재구성에 반대한 것이었다.

안창호가 임시헌법 개정안과 정부개조안을 의정원에 제출하면서 국민의회를 언급하지 않은 것은 먼저 상해임시정부를 한성정부 체제로 고쳐 놓음으로써 국민의회와의 통합을 쉽게 추진할 수 있으리라고 기대했기 때문이었다.

대한국민의회와의 통합문제로 임시의정원이 논란을 벌이는 동안에 안창호는 법무차장 신익희로 하여금 상해임시정부를 한성정부 체제로 개조하기 위한 헌법개정안을 준비하게 했다. 4월11일의 임시헌장 제정 때에도 관여했던 신익희는 사실상 제정이나 다름없는 이 개정헌법조문 작성에 지식과 열정을 쏟았다.[115]

안창호는 임시헌법 개정안과 정부개조안을 임시의정원에 제출하는 것과 때를 같이하여 현순과 김성겸(金聖謙)을 블라디보스토크로 파견했다. 두 사람은 국민의회의 대표로 상해에 와 있던 원세훈과 동행했다.[116]

---

114) 「臨時議政院紀事錄 제4회(1919.4.)」, 『대한민국임시정부자료집(2) 임시의정원 I 』, pp.34~35.
115) 「被疑者(呂運亨)訊問調書」(제5회), 金俊燁·金昌順 共編, 『韓國共産主義運動史 資料篇 I 』, p.325; 柳致松, 『海公申翼熙』, 海公先生紀念會, 1984, p.211.
116) Soon Hyun, op. cit., p.135, p.304.

이들의 임무는 이미 안창호와 원세훈이 합의한 통합안에 대한 국민의회의 정식 동의를 얻고, 한성정부의 국무총리총재로 선정되어 있는 이동휘를 상해로 오게 하는 것이었다. 안창호는 동지이자 측근으로서 블라디보스토크에 머물고 있는 국민의회의 상설의원 이강(李剛)에게 보낸 편지에서, 국민의회를 될 수 있는 대로 해체하고 상해임시정부로 합류하게 하되, 만일 국민의회가 해체되지 않더라도 이동휘만은 꼭 배를 태워 상해로 보내라고 지시했다.[117]

만주를 거쳐 블라디보스토크에 도착한 현순과 김성겸은 이강의 집에 여장을 풀고 바로 이동휘를 만났다. 뒷날 현순은 이동휘가 그의 동지들과 함께 자기들을 만난 자리에서 상해로 오기로 합의했다고 회고했는데,[118] 이날 같이 만난 동지들이란 김립(金立) 등의 한인사회당 사람들이었을 것으로 판단된다. 그러므로 이동휘가 상해로 가기로 한 것은 대한민국임시정부라는 더 큰 간판을 활용하려고 한 한인사회당의 방침에 따른 것이었다.[119]

8월30일에 국민의회의 상설회의가 열렸다. 회의에는 이동휘를 포함한 상설회의 의원 35명과 상해에서 간 세 사람이 참석했다. 현순과 김성겸이 가지고 간 통합안을 이동휘가 찬성하자 회의는 그것을 만장일치로 통과시키고 국민의회의 해산을 선포했다고 한다.[120] 두 사람이 가지고 간 통합안이란 안창호와 원세훈이 합의했던 통합안일 것인데, 구체적인 내용은 밝혀진 것이 없다. 이 회의에 참석했던 이강은 국민의회 의원 5분의 4가 임시의정원으로 들어오라는 것이었다고 회고했으나[121] 확인할 수 없다. 현순은 9월2일에 안창호 앞으로 블라디보스토크 상황이 안전하다는

---

117) 島山記念事業會, 『續篇 島山安昌浩』, 三協文化社, 1954, pp.164~165.
118) Soon Hyun, op. cit., p.136, p.305.
119) 반병률, 『성재 이동휘 일대기』, p.208.
120) 『續篇 島山安昌浩』, p.165.
121) 위와 같음.

전보를 치고,[122]이동휘와 그의 두 측근인 김립과 남공선(南公善)과 함께 상해행 러시아배에 올랐다.[123]

2

임시헌법 개정안은 심의과정에서 논란이 없지 않았지만, 몇가지 수정을 거쳐 9월6일 회의에서 만장일치로 통과되었다. 출석의원 3분의 2를 채우기 위하여 와병 중인 손정도(孫貞道) 의장이 출석하자 의원들은 일어서서 박수로 맞았다.

전문과 56조로 구성된 이 임시헌법은 그 뒤에 개정되는 어느 임시헌법보다도 근대적 국민국가의 헌법전 체계를 갖춘 것이었다. 그러나 상해임시정부와 한성정부의 통합이라는 정치적 목적에 따라 서둘러 제정된 것이었던 만큼 기본적인 모순점이 있었다. 그것은 헌법제정권자라고 할 수 있는 상해독립운동자들의 권력구조에 대한 안이한 인식에서 기인하는 것이었다. "주권행사"는 헌법 범위 안에서 임시대통령에게 위임한다(제6조)고 하고서도 "행정권(行政權)"은 국무원(國務院)이 행사한다(제5조, 제35조)고 하여 대통령중심제와 내각책임제를 애매하게 절충한 것이 그 대표적인 보기이다. 상해 인사들은 내각책임제를 이상적인 제도로 생각하고 있었다. 헌법개정안 심의과정에서, 내각 조직은 대통령의 직권으로만 하느냐는 질문에 개정안 기초자인 법무부 차장 신익희가 "국무총리가 책임내각을 조직한다"라고 답변한 것도 그 때문이었다.[124] 국무원은 국무총리와 각부 총장 및 노동국 총판으로 조직하도록 하여(제317조), 이 헌법 규정대로라면 대통령은 국무회의를 주재하기는커녕 국무회의에 참석조차 할 수 없었다. 이러한 모순점은 실제로 이승만과 그의 의사와

---

122) 『朝鮮民族運動年鑑』 1919년9월2일조.
123) Soon Hyun, *op. cit.*, p.136, p.305.
124) 《獨立》 1919년9월6일자, 「臨時議政院」.

는 전혀 상관없이 선정된 국무총리와 각부 총장들 사이의 갈등을 격화시키는 요인으로 작용하는 것은 뒤에서 보는 바와 같다.

대통령과 국무원(國務員)에 대한 임시의정원의 탄핵규정도 모순된 점이 있다. 임시대통령이 "위법 또는 범법 행위"가 있을 때에는 임시의정원은 의원 5분의 4 이상의 출석과 출석의원 4분의 3 이상의 가결로 "탄핵 또는 심판"할 수 있다고 했는데(제21조 제14항), 탄핵과 심판이 어떤 조치를 뜻하는지는 규정하지 않았다. 그리고 국무원이 "실직(失職) 또는 위법"이 있다고 인정될 때에는 임시의정원은 의원 4분의 3의 출석과 출석의원 3분의 2의 가결로 "탄핵"할 수 있고(제21조 제14항), 국무원이 탄핵을 받으면 임시대통령은 비록 1차에 한하여 임시의정원에 재의를 청구할 수는 있지만, 그 국무원을 면직하게 한 것(제41조)도 이론상 모순이다.

이러한 모순점은 이때의 임시헌법개정이 중화민국 임시약법의 조문을 모방하면서 탄핵절차는 애매하게 처리했기 때문이다. 중화민국 약헌은 1912년11월에 공포된 뒤에 1914년의 약법[세칭 원세개(元世凱) 약법]으로 폐지되었다가 1916년6월에 원세개가 사망하자 부활한 것이었는데, 이 약헌에는 입법부인 참의원(參議院)이 임시대총통(臨時大總統)의 "탄핵"을 가결하면 최고법원의 전원심판관 호선으로 구성되는 특별법정의 "심판"을 받게 되어 있었다(제19조 제11항). 이러한 절차를 생략한 채 임시정부의 개정임시헌법은 뭉뚱그려서 임시의정원이 "탄핵 또는 심판"할 수 있다고 규정한 것이었다. 그런데 탄핵사유는 중화민국 임시약헌이 임시대총통이 "모반행위(謀反行爲)가 있다고 인정될 때"에만 탄핵할 수 있게 한 것을 상해임시정부의 개정임시헌법은 "위법 또는 범법행위"가 있다고 인정될 때라고 하여 사실상 의정원 의원들이 마음만 먹으면 쉽사리 임시대통령을 탄핵할 수 있게 한 것이었다. 이 조항 이외의 임시의정원의 직권조항(제21조)은, 전국의 도량형(度量衡)의 준칙을 의정한다는 조항(제21조 제3

항)에서 보듯이, 중화민국 임시약헌의 규정을 그대로 모방한 것이었다.[125] 통합임시정부가 출범한 뒤에도 이승만이 "대통령"보다는 "집정관총재"로 자임하면서 한성정부의 정통성에 집착한 이유도 이러한 점을 고려했기 때문이었을 것이다.

헌법개정안 심의과정에서 논란된 쟁점의 하나는 구황실 우대조항이었다. 4월11일에 공포된 임시헌장에 이 조항을 포함시킬 때에도 논란이 있었던 것인데, 그것을 감안해서인지 개정안에서는 삭제되었다. 그랬던 것을 조완구와 유정근(兪正根) 등 몇몇 의원들이 존치할 것을 주장하고 나왔다. 그 조항의 필요성을 조완구는 다음과 같이 주장했다.

"민주국 헌법에 황실을 운운함이 불가하다 할지나, 이를 삽입함은 우리 민족통일의 한 방침이 될 것이요, 혹 이 조항을 삭제한 결과 인민의 반항을 살까 두려워하며, 더욱이 우리의 전 황실은 적에게 주권을 탈취당한 것이오."

그러면서 조완구는 초(楚)나라의 마지막 왕 회왕(懷王)의 비극적 고사를 보기로 들었다. 최근우가 "당대에 한하여"라는 조건을 붙였다. 이에 여운형이 강력히 반대하고 나섰다.

"혁명은 철저해야 하고 집권자의 은혜를 운운함은 어리석은 소리요. 그렇다고 나는 황실을 벌하자는 것은 아니오."

조완구와 여운형 사이에 논전이 있은 끝에 투표를 실시한 결과 8 대 6으로 존치하자는 조완구 등의 수정안이 가결되었다.[126]

임시대통령의 임기규정이 없는 것도 논란거리였다. 이 점을 지적하자 신익희는 "임시인고로 정하지 아니하얏다"라고 답변했다.[127] 임시의정원 의원의 임기는 2년으로 임시의정원법(제3조)에 규정되어 있었다. 또한 이미 국경을 떠나 있는 임시정부의 입장에서 임시대통령은 임시의정원의 승

---

125) 荊知仁, 『中國立憲史』, 聯經出版, 1962, pp.494~496 참조.
126) 《獨立》 1919년9월6일자, 「臨時議政院」.
127) 위와 같음.

낙 없이는 국경을 떠날 수 없다(제16조)라고 규정하고 있는 것도 모순이다. 그것은 임시정부 소재지를 떠나서는 안된다는 뜻이었다.

헌법개정안 심의과정에서는 안창호의 직명도 논란되었다. 의원들은 노동국을 없애고 대신에 농업부를 신설할 것을 주장했지만 안창호는 강력히 반대하면서 한성정부의 직책을 바꾼다면 자신은 임시정부를 떠날 수밖에 없다고 주장했다. 그리하여 노동국 총판은 국무총리와 각부 총장과 함께 국무원(國務院)을 구성하는 국무원의 한 사람으로 규정되었다. 그리하여 노동국은 각부와 동격의 정부기관이 되었다(제37조).

임시헌법의 통과에 이어 그 자리에서 대통령선거에 들어갔다. 안창호가 등단하여 이승만을 만장일치로 대통령으로 선출하기 바란다는 간단한 연설을 했다. 무효 1표를 제외한 만장일치로 이승만이 임시대통령으로 선출되었다. 박수가 터져 나왔다. 만장일치라고 해야 16표에 지나지 않았다.[128]퇴장한 의원들이 많았기 때문이다. 임시대통령선거가 끝나자 의원들은 안창호의 선창으로 대한민국과 이승만 임시대통령을 위한 만세를 삼창했다. 임시의정원은 이어 한성정부 명단대로의 새 내각을 인준했다. 그리하여 9월11일에 새 내각의 성립이 선포되면서 상해임시정부의 개조작업은 끝났다.

그런데 임시의정원에서 모처럼 새 내각을 인준해 놓고도 임시대통령 이승만과 국무총리 이동휘가 상해에 없기 때문에 헌법규정에 따라 "유고"라면서 임시대통령 대리로 안창호를 선출한 것이 눈길을 끈다.[129] 그러나 이 선거는 안창호가 완강히 거부함에 따라 해프닝으로 끝났다.

그런데 이러한 임시헌법 개정과 관련하여 훨씬 더 모순을 느낀 사람은 이승만이었을 것이다. 왜냐하면 개정된 임시헌법은 국무원 임면권을 임시대통령에게 부여했는데, 정작 모든 총장들은 이미 한성정부의 명단

---

128)《獨立》1919년9월9일자, 「臨時議政院」; 「臨時議政院紀事錄 제6회(1919.8.)」, 『대한민국임시정부자료집(2) 임시의정원 Ⅰ』, p.47.
129)《獨立》1919년9월9일자, 「臨時議政院」.

으로 선임되어 있었기 때문이다. 이승만은 뒷날 그의 전기를 쓰는 올리버(Robert T. Oliver)에게도 이 점을 강조했던 것 같다. 올리버는 한성정부의 각료구성에 대해 "이승만은 미국에 있었기 때문에 각료들의 선임에 아무런 관여도 할 수 없었다. 인선은 사실상 파벌들의 절충으로 이루어졌다"라고 썼다.[130] 그러나 통합 임시정부의 각료는 모두 한성정부의 각료를 그대로 계승한 것이므로 상해에 있는 파벌들의 절충으로 이루어진 것은 물론 아니었다.

정부개조의 결과로 안창호는 노동국 총판이라는 모호한 직위로 격하되었으나, 그것은 별로 문제가 아니었다. 안창호는 신익희를 항주에서 요양 중인 신규식에게, 그리고 현순을 북경에 가 있는 이동녕과 이시영에게 보냈다. 신규식은 10월9일에, 이동녕과 이시영은 10월27일에 상해로 왔다. 드디어 11월3일 저녁에 국무총리 이동휘와 이들 세 총장의 합동취임식이 거행되었다.[131] 이렇게 하여 3·1운동이 일어난 지 여덟달 만에 마침내 통합임시정부가 발족했다.

---

130) Robert T. Oliver, *Syngman Rhee: The Man Behind the Myth*, 1960, Dodd Meed & Company, p.146.
131) 《獨立新聞》 1919년11월4일자, 「總理及三總長任命」.

34장

헤게모니로서의 자금

1. 애국금과 공채표

1

임시정부를 중심으로 한 독립운동은 독립선언으로 수립된 '정부'의 활동인 만큼 그 행동양식은 어디까지나 정치활동이었다. 정치를 작동하게 하는 절대적인 규범은 법률이며, 법률의 권위와 효력은 정치권력의 독점적인 물리적 강제력에 의하여 보장된다. 그런 점에서 독자적인 법질서를 갖추고 있지 못한 임시정부의 주도권 경쟁은, 국권회복이라는 숭고한 명분에도 불구하고, 적나라한 권력투쟁으로 나타날 수밖에 없었다. 갈등의 핵심은 자금문제였다. 자금이 곧 헤게모니의 원천이자 그 결과물이었기 때문이다.

임시정부의 재원확보 문제가 공식으로 논의된 것은 1919년5월2일의 제4회 임시의정원 회의에서였다. 여러 의원들이 저마다 의견을 제시한 결과 구급의연금과 인구세를 징수하고 내외공채를 모집하기로 결의했다. 구급의연금 모집은 정부와 관계없이 시행하기로 하여 먼저 의정원 의원들이 의연금을 낸 뒤에 각 도별로 세 사람씩의 의연금 모집위원을 선정하여 상해에 있는 동포들로부터 의연금을 거두기로 했다. 임시의정원의 결의에 따라 임시정부는 모든 동포들로부터 1인당 50전의 인구세를 징수하고 납부자의 자의에 의한 애국금을 수합하기로 했다.[1]

임시정부는 6월2일에 이승만 국무총리와 각 총장들 연명의 「통유(通諭)」 제3호로 일반동포들에게 "인민의 부담은 균일함과 시기의 일정함이 필요하다"면서 인구세 징수에 대한 양해를 구하고,[2] 6월15일에는 「임시정부령」 제3호로 「임시징세령」과 「인구세 시행세칙」을 공포했다. 인구

---

1) 「臨時議政院紀事錄 제4회(1919.4.)」, 『대한민국임시정부자료집(2) 임시의정원Ⅰ』, pp. 27~29.
2) 「통유(通諭) 제3호: 임시징세령에 관한 건」, 『대한민국임시정부자료집(27) 내무부·교통부·재무부·문화부』, p.75.

세는 만20세 이상의 남녀(제2조)로부터 1년에 금화 1원(제3조)을 연2회에 나누어 징수하기로(제4조) 했다. 「시행세칙」에서는 매년6월 말일과 11월 말일까지 납입키로 정하고(제2조), 자치단체가 설치된 지방에서는 자치 단체가 징수사무를 집행할 수 있게 했다(제4조).[3] 이「시행세칙」의 규정에 근거하여 임시정부는 6월21일자「재발(財發)」제57호와 제58호로 미주 와 하와이 동포들의 인구세 징수권뿐만 아니라 애국금을 수합하는 일까 지 안창호(安昌浩)의 직접적인 영향 아래 있는 샌프란시스코의 대한인국 민회 중앙총회에 위임했는데,[4] 이는 이내 이승만과 큰 분쟁거리가 되었다.

인구세는 상해와 미주, 하와이 및 평안도 일대에서 징수되었으나 성 적이 좋지 않았다. 인구세보다 애국금 수입이 훨씬 많았는데, 임시정부는 1920년2월24일에「재무부포고」제1호로 애국금 수합위원제를 폐지할 때 까지[5] 국내와 중국의 주요 지역에 134명의 수합위원을 파견했다. 지방별 수합위원 수는 평안도가 66명으로 절대적으로 많았고, 전라도 19명, 경 상도 13명, 충청도 10명, 경기도와 황해도 각 8명, 상해 4명, 함경도, 하얼 빈, 봉천 각 2명이었다.[6]

임시정부가 애국금 수합제도를 폐지한 것은 일본 관헌의 엄중한 단 속으로 말미암아 자금 수합성적이 그다지 좋지 않은 데다가[7] 수합위 원 가운데는 자금 모집을 하면서 폭력을 사용하거나 모집된 자금을 착 복하기도 하고 심지어 임시정부원을 사칭하는 가짜 애국금 수합위원 도 있어서 임시정부의 신망을 떨어트리는 사례가 없지 않았고,[8] 직접적 으로는 이승만이 공채표를 발매하면서 애국금 수합제도의 폐지를 거듭 지시했기 때문이었다. 임시정부는 애국금 수합제도를 폐지하면서 자발

---

3) 「임시정부령 제3호: 임시징세령」, 「재무부령 제1호: 인구세 시행세칙」, 위의 책, pp.76~77.
4) 「재발(財發) 제57호: 애국금 수입에 관한 건」, 「재발 제58호: 인구세 징수에 관한 건」, 같은 책, p.77.
5) 「재무부포고 제1호: 애국금 수합위원제 폐지」, 같은 책, p.79.
6) 「愛國金收合委員地方別總員數一覽表」, 같은 책, p.91.
7) 「財務部呈文 제7호: 事務報告書(1920년12월21일)」, 같은 책, p.84
8) 「一九二○年三月末의 大韓民國臨時政府窮狀」, 『韓國民族運動史料(中國篇)』, pp.153~154.

적인 애국금은 해당 관청에 직접 납부하거나 혹은 단체나 믿을 만한 사람을 통하여 납부하거나 1919년에 발행한 독립공채에 응모하라고 포고했다.[9]

애국금 수합제도를 폐지하기에 앞서 임시정부는 1919년11월20일에 「국채통칙(國債通則)」과 「대한민국원년 독립공채조례」를 발표했다.[10] 이 「국채통칙」과 「독립공채조례」는 7월16일의 임시의정원 회의에서 결의한 것이지만 그동안 정부통합을 위한 임시헌법 개정 등의 작업을 하느라고 미루어 왔었다. 독립공채는 연 1퍼센트 이자율의 액면가 1,000원(圓), 500원, 100원의 공채 총 4,000만원어치를 발행하고 응모 청약기간은 1919년 8월1일부터 11월 말까지로 했다. 그러나 청약기한이 너무 짧아서 현실성이 없었으므로 그 기한을 1919년12월1일부터 1920년11월 말일까지로 연장했다.[11]

임시정부는 1920년1월20일에 「교령(敎令)」 제3호로 재무총장 직속 하에 공채발매 및 상환에 관한 모든 사무를 관장하는 「임시공채관리국 관제」를 제정하고,[12] 공채발매 사무를 본격적으로 시작했다. 4월7일에는 「재무부령」 제1호로 「임시주외재무관서 관제」를 발표하고 정부에서 파견하거나 위탁한 재무관이 관내의 거류민단 또는 사설단체의 국고금수납사무를 감독하게 했다.[13] 이어 4월17일에는 「임시주외재무관서 관제」에 의거하여 「공채모집위원규정」을 제정했다. 도에는 공채관리국의 지휘 감독을 받는 도위원, 부(府)와 군에는 부·군위원을 두되 임시주외재무관서가 설치된 지방에는 재무관이 공채모집위원을 겸하도록 했다. 공채

9) 《獨立新聞》 1920년3월1일자, 「財務部布告」.
10) 《大韓民國臨時政府公報》 제6호(1919년11월21일), 『대한민국임시정부자료집(1) 헌법·공보』, 2005, pp.37~38.
11) 《獨立新聞》 1919년12월27일자, 「財務部令 제2호: 公債應募期限延長의 件」.
12) 「臨時公債管理局官制」, 《大韓民國臨時政府公報》 제10호(1920년2월20일), 『대한민국임시정부자료집(1) 헌법·공보』, p.69.
13) 「財務部令 제1호: 臨時駐外財務官署官制」, 『대한민국임시정부자료집(27) 내무부·교통부·재무부·문화부』, pp.80~81.

의 표준은 1만원 이상 재산소유자는 그 재산의 3분의 1, 5만원 이상 재산소유자는 그 재산의 20분의 1, 그리고 10만원 이상 재산소유자는 그 재산의 10분의 1로 정했다.[14] 그리하여 1920년 말 현재 시베리아, 간서(墾西), 간북 남부(墾北南部), 간북 북부 네곳에 임시재무관서가 설치되고[15] 39명의 공채모집위원이 국내와 시베리아, 간도, 중국 각지로 파견되었다.[16]

그러나 독립공채 모집은 부진했다. 1920년 12월 현재 공채권 발행 액수는 97만 5,000원에 이르렀으나 발매한 금액은 7,600원밖에 되지 않았다. 파견된 공채모집위원 가운데는 일본 관헌에게 체포되는 경우도 있었으므로 그들이 휴대했던 공채권으로 일본인들이 어떤 간계를 꾸밀지도 알 수 없었다. 또 체포되지는 않았더라도 일본 관헌의 수색이 위급하여 공채권을 믿는 곳에 맡겨 두고 단신으로 상해로 돌아오는 사람도 있었다. 그리하여 일본인들에게 빼앗긴 공채는 2만 2,000원어치나 되었다.[17] 또 국내에서 위험을 무릅쓰고 노력하여 얼마쯤 성적을 올렸더라도 교통편이 두절되어 돌아오지 못하는 사람도 있었다. 중국인들에게 발매하려고도 애써 보았지만, 중국의 현상은 이재민 구제문제로 경황이 없고, 또 중국정부에서 발행하는 공채가 민간의 신용을 잃었고, 게다가 중국 공채와 임시정부 공채의 이식과 할인방법 등에 차이가 많아서 뜻대로 되지 않았다. 이렇게 하여 1919년과 1920년의 임시정부의 수입은 다음과 같았다.[18]

애국금 수입이 1919년의 경우 총수입의 65.4퍼센트, 1920년의 경우 64.6퍼센트로서 다른 수입에 비하여 훨씬 많은 것은 그만큼 국내외 동포

14) 《獨立新聞》 1919년 4월 22일자, 「公債應募委員規定」.
15) 「臨時駐外財務官署職員一覽表」, 『대한민국임시정부자료집(27) 내무부·교통부·재무부·문화부』, p.109.
16) 「臨時公債管理同公債募集委員一覽表」, 위의 책, pp.118~119.
17) 「臨時公債管理局顚末狀況報告」, 같은 책, p.117.
18) 같은 책, p.92.

1919년도 및 1920년도 징수보고

(단위: 달러)

연도	항목	절	총조정액	총수입액	불납결손액	수입미필액	현금불입내역
1919년도 (1920.2.29)	조세	인구세	1,085.88	1,085.88	0	0	이달까지 총징수고 64,118.00
		월례금	125.21	125.21	0	0	
		애국금	41,983.95	41,983.95	0	0	
		충의금	14,487.12	14,487.12	0	0	이달까지 총불입고 64,101.53
		의연금	4,055.13	4,055.13	0	0	
		구국재정회	1,903.44	1,903.44	0	0	이월고 16.47
		잡수입	477.27	477.27	0	0	
	계		64,118.00	64,118.00			
1920년도 (1920.12.10)	조세	인구세	3,439.71	2,940.71	0	499	이달까지 총징수고 69,000.28
		인지세	2,004.00	45.00	0	1,959	
	잡수입	관유물매각대	32.70	32.70	0	0	
		애국금	44,583.47	44,583.47	0	0	이달까지 총불입고 68,969.81
		기타잡수입	30.80	30.80	0	0	
	과년도 수입		11,543.52	7,804.52	0	3,739	
	작년도 이월액		1,208.85	1,208.85	0	0	잔고 30.47
	구미위원부		12,354.23	12,354.23	0	0	
	계		75,197.28	69,000.28		6,197	

들의 임시정부에 대한 기대가 컸기 때문이었다. 위의 보고서에 집계되지 않은 기부금도 많았으리라고 짐작된다. 일본경찰의 한 정보보고는 임시 정부가 수립될 무렵의 상황을 다음과 같이 기술했다. 1919년4월14일에 미국에서 4,000달러를 송금한 것을 비롯하여 평안북도 교회에서 8,000 원, 그 밖에 양도(兩道)의 성명미상의 개인이 2,000원을 송금했고, 또 각 방면에서 송금한 액수가 10만원가량 되었다. 또 상해로 모이는 사람들 가운데는 상당한 자금을 휴대하고 오는 사람들도 있었다. 경북의 부호 최준(崔浚)의 동생 최완(崔浣)은 현금 2만원을 휴대하고 왔으나, 임시정 부의 활동과 독립 가능성에 대한 확신이 서지 않아서 그 돈을 임시정부에 내놓지 않고 있다고 했다.[19] 또한 1919년4월에 국내에서 결성된 대한애국 부인회는 여학생 김원경(金元慶)을 대표로 상해로 파견하여 6,000원가

---

19) 「騷密 제2219호: 獨立運動ニ關スル件(國外日報 제69호)」, 1919년5월13일, 姜德相 編, 『現代 史資料(26) 朝鮮(二) 三·一運動(二)』, pp.165~166.

량을 임시정부에 제공했다고도 했다.[20] 이러한 사례들은 1920년에도 계속되었다.[21]

2

집정관총재 명의로 1919년8월13일에 「국채표에 대한 포고문」을 공포한 데 이어 8월25일에는 「집정관총재 포고문」 제2호로 구미위원부 설치를 공포한 이승만은 9월4일에 대통령과 구미위원부 명의로 국민회 중앙총회와 하와이 지방총회에 전보를 쳐서 즉시 공채모집을 시작할 것을 지시했다.[22] 그는 공채권을 미리 인쇄해 놓고 있었다. 「공채권조례」에 따르면, 10달러, 25달러, 50달러, 100달러, 1,000달러의 다섯가지 공채를 연리 6%로 500만달러어치를 발행하는데, 공채발행의 목적은 미합중국 안에 대한민국 홍보국[곧 통신사무국]을 유지하는 경비와, 한국 민족과 그들의 자유에 관한 통신을 전파하는 경비에 충당하기 위한 것이었다. 그리고 공채권 보상에 대해서는, 구미위원부가 매년 이자보상에 관한 충분한 적립금을 확보하고 있으며, 원금을 미합중국이 대한민국을 승인한 뒤 1년 안에 한국 서울에 있는 재무총장이 상환하는 것을 원칙으로 한다고 했다.[23]

이승만의 이러한 공채발행 구상은 제1차 세계대전 때의 미국의 전시공채 발행과 특히 전후에 영국으로부터의 분리독립을 추진한 아일랜드 공화국(Republic of Ireland)이 미국민을 상대로 실시한 독립공채 모집

---

20) 「高警 제34497호: 大韓民國愛國婦人會檢擧の件」, 1919년12월5일, 金正明 編, 『朝鮮獨立運動 I 別冊』, 1967, pp.221~224.
21) 윤대원, 『상해시기 대한민국임시정부 연구』, 서울대학교출판부, 2006, p.59 표 2-10 참조.
22) President and Korean Commission to Earl K. Paik, Sept. 4, 1919, *The Syngman Rhee Telegrams*, vol. Ⅱ., pp.26~27; 《新韓民報》 1919년9월11일자, 「국채금을 속히 거두라고 명령」.
23) 《新韓民報》 1919년10월28일자, 「공채권조례」.

을 본뜬 것이었다.[24] 이승만이 4월4일에 임시정부 수립작업이 진행 중이라는 현순(玄楯)의 전보를 받자마자 바로 임시정부에 자신에게 공채발행권을 위임할 것을 요구한 것도 그것을 몹시 부러워하고 있었기 때문이다.

이승만은 이어 9월12일에 그때까지 국민회 중앙총회에서 실시해 오던 애국금 모집을 중단한다는 집정관총재 명의의 「공포문」을 김규식(金奎植), 송헌주(宋憲澍), 이대위(李大爲) 세 특파구미주차위원과 공동명의로 발표하고,[25] 9월 17일에는 그때까지 국민회 중앙총회가 모금한 애국금을 모두 구미위원부로 넘길 것을 요구했다.[26] 그 이유를 이승만은 《주차구미위원부 통신》 제2호로 다음과 같이 설명했다.

애국금으로 말하면 원동의 재정곤란을 인연하여 그 시 재무총장의 명의로 최재형(崔在亨)씨가 반포한 것이요, 공채표로 말하면 임시집정관총재가 원동 의정원의 인준을 얻은 후에 이 공채표를 발행한 것이며, 동시에 본 위원부가 성립되어 우리 임시정부를 대표하여 유럽과 아메리카 우리 인민에 행정하자는 일이나 외국으로 교섭하는 일이나 본 위원부가 임시정부 밑에서 지휘를 받아 집행하기로 하였으니, 재정에 관한 방침까지도 본 위원부에서 주관함이라.

공채표 발행하는 것을 집정관총재와 원동 의정원의 인준으로 본 위원부에 위임하였으며, 본 위원부에서는 원동 의정원에 보고하여 애국금을 물시[勿施: 해온 일을 그만둠]하기로 작정하고 국민회 중앙총회와 각 지방 인민에게 공채표를 사라 발표한 바이며, 이 공채표는 대한 인민에게 팔 뿐만 아니라 외국인에게도 산매하여, 수합되는 금액

24) 朝鮮總督府警務局, 『米國ニ於ケル朝鮮獨立運動ニ關スル調査報告書』, pp.78~94.
25) 「공포문」, 『雩南李承晩文書 東文篇(九) 歐美委員部關聯文書 1 』, 1998, p.2.
26) President and Korean Commission to Earl K. Paik, Sept. 17, 1919, *The Syngman Rhee Telegrams*, vol. II ., pp.56~57.

은 다 본부에서 받아 본부의 의결대로 원동과 유럽, 아메리카 공용에 분배하기로 하였소이다.[27]

상해임시정부가 대통령중심제로 헌법을 고치고 자신을 대통령으로 선출한 뒤인데도 이승만이 이《통신》에서 집정관총재로 자임하고 있는 것이 주목된다. 이승만은 상해임시정부 인사들이 한성정부를 그대로 받아들이지 않고 상해임시정부를 "개조"한 것을 인정하지 않았던 것이다. 7월17일에 열린 제5회 임시의정원은 "국무총리" 이승만에게 외국공채 발행권을 위임했었다.

국민회가 반발하는 것은 당연했다. 이승만의 요구대로 한다면 국민회 중앙총회의 권위와 역할이 크게 약화될 수밖에 없었기 때문이다. 그들은 이승만의 요구를 거부하면서 임시정부의 처분을 기다리겠다고 말했다.

재미동포들을 상대로 한 애국금 모집은 안창호가 상해에 도착하여 내무총장에 취임하기에 앞서서 임시정부로 하여금 재무총장 최재형 명의로 국민회 중앙총회에 위임하게 한 것이었다. 국민회 중앙총회가 애국금 모집사업을 할 수 없게 되면 임시정부 안에서의 안창호의 지도력도 타격을 받게 될 것이었다. 임시정부는 10월9일에 국민회 중앙총회 앞으로 애국금 모집사업을 계속할 것을 훈령하고 그 사실을 워싱턴에 알리라고 타전했다.[28] 그리고 이승만에게는 미주 재정문제를 담당할 재무관을 두는 것이 어떻겠느냐고 타전했다.[29]

그러나 이승만의 태도는 완강했다. 그는 이튿날 임시정부의 제의에 단호히 반대하는 장문의 전보를 임시정부로 쳤다. 국민회 중앙총회로 하여금 애국금을 모집하도록 허용하는 것은 불가능하며, 재무관도 필요없

27)《주차구미위원부 통신》제2호(1919년10월4일, 7일), 「애국금 불시의 리유」.
28) The Korean National Association to President and Korean Commission, Oct. 9, 1919, *The Syngman Rhee Telegrams*, vol. Ⅱ., p.184.
29) Kopogo to Koric, Oct. 9, 1919, *op. cit.*, vol. Ⅱ., p.185.

고, 구미위원부만이 미주 재정을 관장해야 한다고 그는 주장했다. 이승만은 "위원부는 당신들의 방해에 구애됨이 없이 계획대로 일을 계속할 것이오. 이곳 사정도 모르면서 너무나 동떨어진 반대정책을 주장하는 당신들을 이해할 수 없소"라고 임시정부 인사들을 몰아세웠다.[30]

이승만의 공채발행과 애국금 모집 중지 명령을 둘러싼 논란은 통합정부 출범 이후에 상해의 독립운동자 사이에 벌어지던 한성정부(漢城政府)의 "승인"이냐 상해임시정부의 "개조"냐의 논란과 겹쳐져서 한결 복잡해졌다.

"승인"이냐 "개조"냐의 논란은 블라디보스토크에 있는 대한국민의회 인사들에 의하여 제기되었다. 국민의회쪽의 주장은 통합교섭 때에 상해임시정부와 대한국민의회를 같이 해산하고 한성정부를 받아들이기로, 곧 "승인"하기로 했었는데, 임시의정원은 해산하지 않은 채 상해임시정부를 한성정부 각원대로 "개조"함으로써 자신들을 기만했다는 것이었다. 그리하여 교통총장으로 선출되어 상해까지 왔던 문창범(文昌範)은 끝내 취임하지 않고 블라디보스토크로 돌아갔고, 국무총리 이동휘(李東輝)도 두달 동안 취임을 미루고 사태를 관망했다. 이동휘가 한인사회당의 방침에 따라 총리에 취임함으로써 논란은 일단락되었으나, 이동휘의 태도에 반발한 귀화파 중심의 국민의회 인사들은 1920년2월15일에 국민의회의 부활을 선언하고, 북경에 있던 박용만(朴容萬), 신채호(申采浩) 등 임시정부 반대파들과 제휴했다.[31] 그리고 상해임시정부 설립 때에 각료구성과 임시헌장 제정 등의 근거가 된 신한민국임시정부의 조직세력이었던 이춘숙(李春塾), 홍진의(洪鎭義: 洪濤), 장도정(張道政), 한위건(韓偉健) 등 함경도 그룹은 임시정부를 떠났다. 이것은 통합임시정부의 원천적인 취약점이 되었고, 뒷날 독립운동에서 큰 분열요인으로 작용하게

---

30) President and Korean Commission to Kopogo, Oct. 10, 1919, *ibid.*, p.187.

31) 潘炳律, 「大韓國民議會와 上海臨時政府의 統合政府 수립운동」, 《한국민족운동사연구》2, 지식산업사, 1988, pp.90~129 참조.

1919년9월1일에 발행된 공채표. 100달러짜리 공채의 앞면(영문)과 뒷면(한글 및 한문).

된다. 통합교섭을 위하여 블라디보스토크로 갔던 현순은 사태의 책임을 지고 내무차장직을 사임했다.[32]

　　이승만은 9월1일자로 공채를 발행하면서 자기의 직명을 영어로 된 앞면에는 'President'로, 국문과 한문으로 된 뒷면에는 '집정관총재(執政官總裁)'로 표기했다. 이것이 상해임시정부와 갈등을 빚는 원인이 되었다. 안창호가 10월25일자로 이승만에게 보낸 편지에서 "형을 대통령으로 선정하고 또한 통일의 책(策)을 위하야 한성에서 발표한 정부를 준의(遵依)하야 써 개조하옵고 형으로 대통령을 선정하얏나이다"라고 한 것은 이승만이 통합임시정부의 대통령으로 행사할 것을 촉구한 것이었다. 안창호는 또 이 편지에서 애국금 모집은 자신이 정부에 들어오기 전부터 실시했던 것이고, 재무부에서는 애국금 모집을 국민회에 위임했으며, 이승만에게는 외국인을 상대로 한 공채발행권을 위임한 것이므로 성질이 각기 다른 것이라고 주장했다. 그러면서 "재무부 당국에서 여하한 이유가 없이 국민회의 애국금 수합을 정지키 어려울 것입니다"라고 항의했다.[33] 이승만은 순회강연으로 바쁜 일정 속에서도 상해에 파견해 놓은 안현경

32) Soon Hyun, *My Autobiography*, p.138, pp.306~307.
33) 「安昌浩가 李承晩에게 보낸 1919년10월25일자 편지」, 『대한민국임시정부자료집(42) 서한집 Ⅰ』, pp.16~17.

(安玄卿)을 통하여 상해 사정을 자세히 파악하고 있었다.

임시정부는 11월9일에 이승만에게 이동휘와 세 총장이 정식으로 취임한 사실을 알리고, 정부에서 구미위원부 및 공채와 애국금에 관한 논쟁의 해결책을 논의하고 있다고 타전했는데,[34] 이에 대해 이승만은 이튿날 다음과 같은 답전을 쳤다.

축하하오. 원동일은 총리가 주장하여 하고, 중대한 일은 나와 의론하시오. 구미일은 임시로 내게 맡기시오. 중대한 일은 임시정부에 묻겠소. 임시정부와 구미위원부는 절대 협력이 필요하오.[35]

그것은 구미위원부를 발족시키면서 천명한 자신의 방침을 통합임시정부의 각료들에게 다시 한번 주지시킨 것이었다. 그러한 조치는 현실적으로 재미동포들에 대한 임시정부의 권력행사를 제한하는 것이었음에도 불구하고, 이승만은 일방적인 통고로 그러한 조치를 기정사실로 인식시키려 한 것이었다.

3

이승만의 이러한 태도는 임시정부 수립 소식에 흥분해 있는 재미동포들의 그에 대한 환호와 기대에 힘입은 것이었다. 이승만은 지방순회를 하면서 그것을 확인하고 있었다. 샌프란시스코의 대한인국민회 기관지《신한민보(新韓民報)》가 이승만이 필라델피아에서 제1회 한인대회를 주동할 무렵에《필라델피아 퍼블릭 레저(The Philadelphia Public Leisure)》에 게재되었던 이승만과의 장문의 인터뷰기사를 석달이나 더 지난 9월20

---

34) Kopogo to Koric, Nov. 9. 1919, *The Syngman Rhee Telegrams*, vol. Ⅱ., p.285.
35) Syngman Rhee to Kopogo, Nov. 10. 1919, *op. cit*., vol. Ⅱ., p.287;《獨立新聞》1919년12월25일자,「大統領李博士의 祝電」.

일자와 23일자에 전문을 번역하여 소개한 것도 이때의 재미동포사회의 분위기를 반영한 것이었다.

《신한민보》는 기사머리에 "우리 민국 집정관총재 리승만 각하"의 "그 젊었을 때부터 오늘까지 고생하고 곤란당하던 일과 그 여러 가지 풍상을 겪던 일이 다 한국의 국가와 민족을 위함인 것과 또 우리나라의 당하는 고난과 수치가 곧 그의 역사와 생평인 일 등이라. 그를 사랑하는 우리는 마땅히 그의 입으로 말씀한 바 그의 경력담을 들어볼 좋은 기회가 이에 왔다 하노라"라는 편집자 주를 달았다. 이 기사는 이승만이 어릴 때부터 마흔다섯살이 된 이때까지의 일을 아주 인상적으로 술회한 것이었다. 그 것은 재미동포 사이에 이승만의 설화가 새로이 만들어지는 전거가 될 만 했다.

나는 공자교(孔子敎)하는 가정에서 생장하여 아주 어렸을 때부터 공자교의 철학과 종교를 나의 집(한국 서울)에서 배웠으니, 나의 첫번 기억되는 일은 곧 내 앞에 큰 책들을 놓고 그것을 장장이 외우던 일이 라. 나는 과거를 보려고 예비하였으나 그러나 과거라 하는 것은 이 나 라(미국)의 문과임용시험과는 조금도 같지 아니한 것이라. 다만 양반 만 과거를 보게 하고 그 과거에 급제하는 날에는 그 과거한 사람은 곧 정부 관인이며, 양반들은 아무 일도 농공업을 물론하고 하지 아니 하며, 만일 하면 그 사람은 양반 축에 섞여 행세를 못하게 되니, 이는 순전히 지체(문벌)의 관계인 까닭으로 양반들은 암만 구차하더라도 실업을 경영치 못하니, 그들은 빈부를 물론하고 무슨 짓을 하든지 놀 고먹기만 마련이라.

이렇게 말을 시작한 이승만은 이어 미국 선교사들을 만나고, 배재학 당에서 수학했던 일을 다음과 같이 술회했다.

내가 아이적에 미국 선교사들이 돌아다니며 길가에서 복음을 전도하는 것을 흔히 보았으나 우리는 그들을 몹시 업신여겼으며, 나는 스스로 항상 생각하기를 "다만 무식하고 빈한한 사람들만 저 선교사들의 말을 들으려 다니고 나는 공자와 석가여래의 일과 이 세상 여러 종교를 다 알거니" 생각하고 우리는 저 선교사들을 지목하여 "양고자"라고 부르고, 우리의 고유한 신령들에게 지성으로 기도하여 아무쪼록 저 예수교가 우리나라를 위해하기 전에 진작 이것을 망하게 하여 달라고 하였노라.

1894년에 일청전쟁 끝에 그때 집권하였던 유신당 정부가 과거 제도를 폐지하고 전국 청년들은 그 유신당들이 권장하여 외국어와 역사와 저 놀랄 만한 서양문명의 근세 과학적 신발명을 배우게 하니, 나의 가정 법칙을 불구하고 오랫동안 나의 속으로 반복하다가, 필경은 내가 영어를 배우겠다고 결심하여 나의 어머니에게 품고(稟告)하지도 아니하고 감리교회 부속학교에 입학하였으니, 그 학교는 곧 한국 안에 첫번 설립된 예수교 학교요 감리교인 헨리 지 아펜젤러(Henry G. Appenzeller) 박사가 설립한 바라.

비록 내가 예수교 학교에 입학은 하였으나 나는 굳게 결심하기를 다만 그 사람들이 가르치는 과정만 공부하고 그들의 종교에는 물들지 아니하리라 하얏으니, 아무렴 나도 다른 학생들과 같이 매일 아침 기도회에는 참여할 수밖에 없었지마는 그 사람들의 전도하는 말에는 도무지 주의하지 아니하였으며, 그 동시에 내가 점점 서재필 박사가 시작한 정치적 조직에 맛을 들이게 되어 그 사회 의회석에서 서양 민족들의 민주정부와 개인 자유라는 것들의 신기한 존재를 들었노라 (그 회는 독립협회이었음).

이승만은 이 인터뷰에서도 자신이 《매일신문》 창간을 주도하여 한국에 일간지 시대를 연 일을 가장 자랑스럽게 강조해서 말했다.

나는 그때에 한 신문을 발간하기 시작하였으니, 이는 곧 한국 안 처음으로 출생한 매일신문[일간신문]이요, 이는 곧 한인사회에는 제 일 용감한 일이라. 서 박사는 그때에 자기의 신문을 격일보(1주3차) 로 발행하나 그이는 미국 공민이로되 우리는 그이와 같이 외국사람의 보호도 받지 못하였는데, 나는 스스로 말하기를 "만일 서양 사람들이 자기들의 자손을(위하여) 이와 같은 일을 하였을 지경이면 우리는 우 리 민족을 위하여 그만한 일을 마땅히 할 일이라"하여 나는 그 일을 위하여 나의 생명까지도 희생하기를 즐겁게 생각하였으니, 나의《매 일신문》을 이용하여 저 개인 자유의 주의를 제일 용감하고 강력한 모 양으로 전도하였으니, 백성들이 우리 신문을 매우 좋아하여 이 신문 이 전국에 분전되었으며, 정부는 비록 우리를 항상 위협하나 저 도처 에 환영받는 군자를 감히 금지치 못하였더라.

　이승만은 이어 명성황후[민비]시해사건과 아관파천(俄館播遷) 때의 일을 설명하고 나서《매일신문》과 독립협회의 만민공동회 운동을 다음 과 같이 설명했다.

　나의 작은 신문은 그때에 할 말이 썩 많았다. 우리는 러시아 사 람 — 그때에는 그 세력이 다만 정부를 관할할 뿐만 아니라 온 산림 과 광산지의 특별 조차권을 얻어 한국물산을 가지고 부하여지는 외 국 사람 — 등을 반대하여 전국 민심을 경동시키니, 저 독립운동은 다 만 독립을 얻겠다는 목적이 있었고 일본과 러시아 두 나라를 다 동일 하게 반대하는 우리는 말하기를 황제께서는 마땅히 환궁하여 폐하의 정부를 폐하의 손으로 다스릴 일이라 하였더니, 이때에 우리에게 사면 에서 위협하는 고로, 서 박사는 한국을 떠나고 그후에도 그의 신문은 얼마동안 계속이 되었으며, 우리는 국민적 운동의 특별 주목받던 영 수들이 되어, 처음에는 우리가 위협을 당하다가 그 후에는 우리가 만일 우리의 민권운동을 정지하면 우리에게 고등 관직을 주겠다는 유린[회유]까지 당하였노라.

그 국민운동이 점점 자라 의회조직과 정부개량과 개인자유를 당장 허락하라고 전국이 요구한즉, 필경 한국 황제폐하가 그 세력에 눌려 국회를 조직하라고 조칙하시고 나를 선택하여 중추원(中樞院)의 의원을 삼으시니, 그 국회는 다만 순식간에 없어지고 우리 황실을 전복하고 (왕을) 미국과 같이 공선하려 한다는 거짓말로 우리 신문이 고소되니, 백성들이 분발하여 서울 각처 공지와 거리에서 공회를 연하여 여니, 그때에 처음에는 우리회의 회원 17인이 체포되고 정부와 경관과 러시아 공사는 우리 신문을 위협하기를 계속하니, 러시아 공사는 말하되 자기는 외부(外部)에 그 사고를 내어 놓고 만일 우리 신문이 계속되면 무슨 조치를 하겠다 하더라.

그러나 우리는 소년들이요 혈기가 등등한 터이라. 그 사람들이 무슨 말을 할수록 우리 노여움은 점점 올라 경성이 필경은 혁명상태를 표현하니, 상점과 학교가 다 닫히고 공중집회를 도처에 열었는데, 한두번 병정들이 총 끝에 창을 박아가지고 거리거리로 행렬하여 나아와서 공회를 해치려 하나, 그러나 나는 꼼짝하지 아니하고 가만히 서서 그들을 겨루니, 그들은 나를 잡아가기를 자제하는 까닭으로 필경 그들이 그대로 가더라. 그제는 반대운동으로 수구당이 조직되고 보황당(保皇黨)이 성립되었으니, 여러 번 그 두 당파 사이에 싸움이 일어났으며 한번은 내가 죽었다는 소문까지 낭자하였었더라.

독립협회는 해산되고 자신은 박영효(朴泳孝) 내란음모사건에 연루되어 체포되어 혹독한 고문을 당하던 일을 이승만은 다음과 같이 인상적으로 술회했다. 이 대목에서도《매일신문》의 일을 언급한 것이 눈길을 끈다.

한동안은 저와 같이 아우성하다가 필경은 정부에서 우리를 이겨 독립협회를 해산시키는 일을 성취하였으며, 하루는 어떤 병인 하나를 찾아보러 가는 길에 미국 선교사 한 사람과 거리에 나갔더니 길가에 병정들이 내달아 나를 붙들더니 발부리에서 바람이 나게 나를 몰아다가 감옥에 잡아넣은지라. 그러나 그들은 그때까지 계속하여 발행되는 우리 신문을 금지하기를 감히 생심치도 못하였더라.

조정거역과 국가난적이라는 죄목으로 나를 감옥에 잡아들이고 나의 목에 나무로 만든 칼(구한국시대의 일종의 형구)을 씌우니, 그 칼은 여러 치 되게 두껍고 넉자쯤 되게 길고 두자쯤 되게 넓으며 무거운 나무판의 한 옆에 나의 목 들어가리 만한 구멍이 있는 것이라.

나의 두 손을 그 판 위에 돌려 수갑을 채우고 나의 발은 그 판 끝에 잡아매었으니 여러 날, 여러 주일, 여러 달 동안 고생할 때에 드러누워 보지도 못하고 잠은 잠깐 동안씩밖에 잘 수가 없으며, 그 이외도 다른 여러 가지 악형이 이야기하기에도 너무 흉하고, 그 음식이라는 것이 어찌 추하든지 나는 이것을 이루 형언할 수도 없으며, 나를 사형에 선고하였는데, 하루는 나에게 무슨 문자를 보이는데 이는 곧 그 전날 밤에 나의 목을 베었다는 보고라. 목숨이 참 이상한 물건이로다. 나는 죽기만 고대하였으되 죽기를 못하였노라.

이승만은 이어 옥중에서 기독교에 입교하고 동료죄수들에게 전도했던 일 등을 자세히 설명했다.

그 후에는 그 전에 내가 저 예수교 학교에서 듣던 이야기들을 생각하였나니, 그 이야기를 들을 그때에는 내가 그 이야기로 말미암아 나의 마음을 영향 주지 못하게 하려 하였으나, 그러나 그것들은 다 나의 기억에 인상되어 있었도다. 나의 목에는 무거운 칼이 내려누르고 발은 착고에 끼우고 내가 그곳에 매달려 앉았을 때에 예수교의 원만한 의

미가 내게 돌아와 나에게 새 희망을 주니, 내가 그제는 하나님에게 기도하여 나의 영혼과 우리 국가를 건지리라고 하여, 그 모양으로 나는 영혼상 위안을 얻었으니, 비록 이 세상에는 아무 희망이 없었지마는 다음 세상의 희망으로 나에게 무한한 위로가 되더라. 그제는 악형을, 곤란을 견디기에 일층 더 많은 능력을 얻었노라.

그제는 내가 예수교 신앙에 귀복(歸伏)한 날로 다른 죄인들 다려 그 이야기를 하기 시작하니 절도, 강도, 살인, 그 이외 여러 가지 죄인들은 나 있는 속에 잡아넣어 나를 지키게 하는데, 그들은 나와 같이 악형을 당하지 아니하는지라. 내가 그들에게 예수교를 전도한즉, 그들은 성경 한권을 모르게 들여다가 내가 쓰고 있는 칼판 위에 그들이 성경을 들고 그 속에 포함된 희망과 위로의 신기한 복음을 읽으니, 그들도 그 복음으로 말미암아 평화와 위로를 얻고 나중에는 옥사장(간수장)이 그들의 선교를 알고 신기하게 생각하여 자기도 예수교로 귀화하였으니, 내가 필경 그 사람의 힘을 입어 좀 나은 칸으로 옮기고 칼을 벗게 되었겠노라. 그곳에서 내가 한 교습소를 설립하니 40여명 옥수가 다 예수교인이 되었으며, 그 방 옥사장(감옥서장)(썩 좋은 사람)의 힘으로 내가 도서관을 그 안에 설치하고 나의 동무 죄수들을 교육시키는 데 종사하였노라.

1904년 석방된 뒤에 도미하여 루스벨트(Theodore Roosevelt) 대통령과 헤이(John Hay) 미 국무장관을 만나고, 프린스턴대학교(Princeton University)에서 박사학위를 받았던 일을 이승만은 아주 그럴듯하게 과장해서 술회했다.

에라 고마워라. 1904년 일러전쟁 끝에 유신당의 세력이 등장하는 고로 내가 풀려나오니, 그 후에 나를 밀사로 정하여 1905년 포츠머스 일러평화조약에 한국대표자로 와서, 그곳에서 내가 대통

령 루스벨트 같은 영웅들을 만났으며, 2개년 후에 조지워싱턴대학
에 입학하여 나의 문학 득업사 학위를 얻고 1909년에 하버드대학
(Harvard University)에서 문학 석사를 받고 1910년, 곧 대통령 윌슨
(Woodrow Wilson)씨가 프린스턴대학 총장으로 재직한 마지막 해
졸업식에서 내가 철학박사 학위를 얻었노라.

그때에 한국 내지의 일본 보호권이 끝나고 일본이 한국을 전권
관할하게 되었는데, 1912년에 내가 기독청년회의 총서기로 피선되어
귀국하였었노라. 그 전 한국정부 밑에서는 선교사들이 순전한 자유
를 가졌으니, 황제폐하와 정부 관리들이 자기들의 힘에 닿는 온갖 힘
을 다하여 그들을 도왔으니, 그 관리들은 미국 선교사들을 친구로
안 까닭이라. 특별히 존 헤이씨가 만주 '문호개방주의'를 선언한 이
후로부터 사람들의 눈에는 아메리카는 사욕이 없는 세계의 도덕주
창자로 보았더라. 내가 한번 헤이씨더러 말하기를 일후에 한국을 위
하여서도 그만한 일을 할 줄로 한인들이 믿는다 한즉 그이는 매우
기뻐하더라.

마지막으로 이승만은 자신이 서울YMCA 한국인 총무로 선정되어 귀
국했다가 다시 도미하게 된 경위를 아시아의 제패를 노리는 일본인들의
반미정책과 관련하여 설명했다.

일인들이 한국통치권을 잡은 이후에 한국의 상태가 순전히 변경
되었으니, 그들이 선교사들을 좋아하지 아니하는 까닭이라. 일본이
아는 바에 아메리카가 동양사람들에게 저와 같은 세력을 계속하는
날까지는 일본은 다만 동양에 제2위의 세력밖에 가질 수 없는데 일본
은 절대적 동양통일의 주권을 원하는 까닭으로, 자기들(을) 세계최고
의 강국으로 대접하게 하기 위하여 일본인들은 그들이 벌써 러시아
세력을 토멸한 것과 같이 무슨 짓이든지 미국 것이라고는 다 없이하

려드는 터이라. 그러므로 그들이 자기들의 세력이 미칠 만한 온갖 것을 다하여 선교사들을 모욕하고, 외국 죄인 환송을 폐지한 까닭으로 일인들은(에게) 아메리카 사람을 다스리는 권리를 주었으며, 그들은 여러 선교사들과 기독청년회 서기 한 사람을 그들의 본국으로 내어 쫓았으며, 그들은 여러 가지 강제적 법률을 제정하여 "하나님의 나라" 와 "진리가 너희를 자유되게 하리라"는 등 성경 말로 전도한 목사들을 잡아 가두는지라. 내가 우리나라에 들어간 후 여섯달 만에 그곳에 더 있을 수가 도무지 없는 줄을 알고, 하와이로 가서 일후에 하와이와 본국 일을 할 그곳 한국 아이들을 교육하는 일을 주장하였노라.[36]

이러한 인터뷰 기사는 재미동포사회에서 이승만의 카리스마를 한결 제고시켰다. 이승만은 뒷날 두편의 자서전 초록을 영문으로 썼는데,[37] 이 인터뷰기사는 그 두 자서전 초록의 원형이 되었다. 다만 중요한 한성감옥서의 옥중생활 이야기는 이 글과 두편의 영문 자서전 초록 사이에 약간의 차이가 있다.

4

상해에서는 1919년11월4일부터 신임 총리 이동휘가 주재하는 국무회의가 계속해서 열렸다. 회의 때마다 "대통령 전보안"이 의제가 되었으나 얼른 결론이 나지 않았다. "대통령 전보안"이란 이승만의 전보 내용에 대하여 임시정부의 입장을 정리하여 밝히는 것이었다. 12월 들어서는 각부의 차장들도 참석하는 특별협의회가 열렸다.

---

36) 《新韓民報》 1919년9월20일자 및 9월23일자, 「이승만 박사의 경력담」.
37) "Autobiography of Dr. Syngman Rhee", George A. Fitch Papers; "Autobiographical Notes of Syngman Rhee", Chong-sik Lee, *Syngman Rhee: The Prison Years of a Young Radical*, Yonsei University Press, 2001, pp.145~180.

상해임시정부의 초대 국무총리 이동휘. 그는 비밀히 한국 공산당을 조직했다.

그러는 동안에 이동휘는 이승만에게 쟁점을 세가지로 정리하여 장문의 편지를 썼다. 첫째는 "승인"이냐 "개조"냐 하는 문제와 관련된 것이었다. 이동휘는 이승만에게 헌법을 존중하여 공식 문서에 명의를 대통령으로 통일해서 사용할 것을 요망했다.

둘째는 이른바 대정방침(大政方針)에 관한 질문이었다. 이동휘는 이승만에게 "우리 독립이 국제연맹에 대한 요구에 있다 하시나이까, 아니면 최후철혈주의로 해결되리라 하시나이까"라고 묻고, 자신은 철혈주의로 나가야 독립이 가능하다고 생각한다고 주장했다. 그리고는 이승만이 그것을 옳다고 생각한다면 그 일에 대한 시기, 위치, 준비를 어떻게 해야 되겠는지 밝혀 달라고 했다.

셋째는 재정 문제였다. 애국금 수합은 동포들이 애국하는 열성으로 절대독립을 원하기 때문에 가능한 것으로 생각되지만, 공채발행은 "아직 우리가 명의상 독립은 이미 완성이나 실질상 독립은 아직 세상이 신임할 만큼 되었다 단언하기 불능하니" 그 실효 유무는 단언하지 못한다고 말하고, 그러나 재무부가 공채발행에 필요한 법률을 이미 발포했다는 사실도 알렸다.[38] 이처럼 임시정부는 이승만이 말하는 공채는 외국인을 대상으로 한 것이라고 이해했던 것이다. 그리고 재무부에서 발포한 공채표와

---

38) 「李東輝가 李承晩에게 보내는 1919년11월29일자 편지」, 『대한민국임시정부자료집(42) 서한집 I』, pp.18~19.

관련된 법률이란 한국인들을 상대로 한 독립공채권 발행에 관한 법률을 말하는 것이었다.

"대통령 답전안"은 12월9일에 열린 특별협의회에서 최종적으로 논의되어, 12월12일의 국무회의 결의로 확정되었다. 그리고 이틀 뒤인 12월14일에 이승만에게 타전되었다. 그것은 안창호와 이동휘의 합동에 의한 단호한 견제책이었다.

각하의 직임은 이미 의정원에서 전보한 바와 같이 대통령이외다. 각하의 직권은 헌법에 있습니다. 그러나 이미 정부가 각하에게 요구하여 각하의 허락을 받음과 같이, 각하가 정부를 떠나 계실 동안은 주권행사를 국무원회의에 일임하고 오직 구미외교상 일만 지휘감독하십시오. 위원단은 대통령을 보좌하여 외교에만 전력하게 하시오. 애국금은 각하에게 공채권 발행권을 위임하기 전에 발령하여 국민회에 위임하였소이다. 각하에게 위임한 공채권은 외국공채로 알았소이다. 그러므로 정부로서 국민에게 발행할 독립공채 4,000만원 독립공채권은 특별히 실시케 하였소이다. 아직은 국민회로 하여금 이미 착수한 애국금을 수합하게 하고 예약한 것을 정부에 필납한 후에 다시 독립공채권으로 민국의 재정을 통일하겠으니, 그러므로 이미 각하의 명하신 공채권 발매는 아직 정지하고, 장래에는 주미재무관을 설치하여 재정을 처리케 하겠소.[39]

임시정부가 이러한 방침을 확정하기까지 이동녕(李東寧) 등 기호파의 태도가 어떠했는지는 안현경이 전하는 다음과 같은 대화록으로 짐작할 수 있다. 12월 초의 어느 날이었다. 이동녕, 이시영(李始榮), 신규식(申

39) Premier Lee et al. to Koric, Dec. 14, 1919, *The Syngman Rhee Telegrams*, vol. Ⅱ., pp.357~358;「國務會議案」,『雩南李承晚文書 東文篇(六) 大韓民國臨時政府關聯文書 1 』, 1998, pp.241~243.

圭植), 신익희(申翼熙)가 모여 있는 자리에 안현경이 찾아갔다. 그들은 안현경에게 지금은 이 박사가 재정을 상관하지 않는다고 말하면 어떻겠느냐고 물었다. 안현경은 물론 반대했다.

"상해정부에서 애국금이니 공채니 하는 일을 가지고 미주에서 시비가 나게 하지 말고, 워싱턴위원부만 신용하기가 불가능하면 차라리 위원부 중 누구를 상해정부에서 재무관으로 정하여 돈을 받게 하는 것이 옳지, 정부의 주권을 국민회에 다 주고 시비를 붙이며, 또한 통일하여야 한다는 말을 하면서 정부 행정권을 타락시키고 민간단체로 하여금 정부 주권을 가지게 하여 분란을 일으키는 것은 불공평하지 않습니까?"

국가를 위하여 쓸 돈을 국민들로부터 걷는 것은 정부만이 할 수 있는 일이며, 그 일을 민간단체에 맡길 수 없다는 것은 바로 이승만의 논리였다.

"그것이 옳은 줄은 알지만 큰 시비가 당장 여기서 나겠으니까 다 합동하려고 서로 양보케 하자는 것이오."

"오늘 미주에서 공채를 가지지 않고는 외교상 경비를 쓸 수 없을 터인데, 만약 공채가 잘못되면 상해에서 능히 외교비를 미주로 보낼 수 있겠습니까?"

그러자 이동녕이 대답했다.

"나도 그러한 말로 안창호씨에게 물었더니, 안씨도 답을 못합디다."

안현경이 다시 물었다.

"오늘 이 박사가 상해정부로 전보를 쳐서 애국금이나 공채를 상관치 않겠으니, 외교비로 쓸 돈으로 시방 몇만원이나 몇십만원 보내라 하면 능히 그 대답을 할 수 있겠습니까?"

이 말에 아무도 대답이 없었다. 이시영이 우스갯소리처럼 말했다.

"이 박사가 그런 전보를 한번 하면 어떻겠소. 안창호가 무엇이라 하는가 한번 보았으면 좋겠소."[40]

12월4일부터 12일까지 오하이오주와 뉴저지주의 대학 등에서 강연을 하고 돌아온 이승만은 임시정부의 12월14일자 전보를 보고 격분했다. 그는 17일에 임시정부로 장문의 반박전보를 쳤다. 그는 먼저 공채는 집정관총재가 의정원의 인준을 얻어서 위임 발행한 것이므로 각원들의 결의로 중지하기 어렵고, 또 이미 외국인들에게 발매했으므로 정부와 우리 민족의 신용에 크게 관계되는 일이며, 그것을 중지하는 것은 전체 사업에 방해되는 것이라고 역설했다. 공채의 이름은 '독립공채'로 고쳐도 무방하나 재무관은 구미위원부가 겸해서 재정업무를 통일적으로 행사해야만 임시정부로 자금도 보낼 수 있고 미국과 유럽을 상대로 한 사업도 잘 되겠다고 이승만은 잘라 말했다. 그는 또 지금이 가장 중요한 외교의 기회라고 강조했다. 미국 국회와 한국 독립문제를 교섭 중인데 우리 내부 의견이 합치되지 못하면 큰 낭패라는 것이었다. 그러고는 "임시정부와 위원부가 합일해야 민심이 안돈되오. 우리말도 참고하오. 불연즉 구미일 담책(擔責) 못 하겠소. 깊이 알아 하오"[41]라고 으름장을 놓았다.

그러나 이승만이 공채발행권을 '집정관총재'로서 임시의정원으로부터 인준을 얻었다고 한 것은 사실이 아니다. 그의 말은 '국무총리' 이승만에게 외국공채 발행권을 위임한 7월18일의 의정원 결의나 그보다 앞서서 이동녕이 임시의정원 의장 명의로 보냈던 5월29일자와 30일자 전보를 염두에 두고 한 것 같은데, 그 전보도 이승만이 국무총리로 선출되었음을 정식으로 알리면서 공채발행권을 위임한다는 내용이었다.

이동휘의 편지가 워싱턴에 도착한 것은 이러한 전보를 친 뒤인 1920년1월 하순이었다. 이승만은 바로 이동휘에게 답장을 썼다. 그는 먼저 "승인"이나 "개조"냐의 논쟁과 관련해서는 한성정부의 정통성을 강조하

40) 「安玄卿이 李承晩에게 보낸 1920년1월1일자 편지」, 『대한민국임시정부자료집(42) 서한집 Ⅰ』, p.258.
41) Commission to Kopogo, Dec. 17, 1919, *The Syngman Rhee Telegrams*, vol. Ⅱ., p.361.

고 나서, 그 해결책으로 다음과 같은 방안을 제시했다.

　　그 조처방법을 생각건대… 한성정부와 상해정부를 합일하야 통령이니 총재니 하는 명칭을 통용하고 의정원은 내지 국민대회를 대표한 양으로 입법부가 되어 지금 행하는 대로 계속하면 일변으로 내지 동포의 지의(志意)를 위반치 아니하며 일변으로 상해 개조를 무시치 아니함이라. 합동주의로 일거양편이니 십분 원만한지라. 중대한 충절이 무(無)하거던 이렇게 집행하심이 여하할는지요.…

그것은 어디까지나 한성정부의 정통성을 유지하면서 상해임시정부가 취한 "개조"작업의 합법성도 보장할 수 있도록 자기의 직명은 대내적으로는 '대통령'과 '집정관총재'를 같이 쓰고 대외적으로는 'President'로 쓰며, 의정원은 한성정부의 모체인 국민대회를 계승하는 형식을 취하면 되지 않겠느냐는 것이었다.

대정방침과 관련해서는 당초에 자기도 파리강화회의나 국제연맹에 대하여 희망을 건 적은 없었고 지금은 미국 상원의원들을 상대로 운동을 하고 있다고 말하면서도 궁극적으로는 독립전쟁이 필요하다는 것을 인정했다.

　　조만간 우리 사람들이 최후수단을 용(用)한 후에야 국토를 회복할 수도 있고 회복한 대도 완전한 기초가 설지라. 이에는 형과 내가 이견이 도무지 없소이다. 그러나 최후 운동에는 준비가 없이는 할 수 없나니, 형과 유동열(柳東說) 및 제우(諸友)가 원동에서 이를 준비하신 바, 저는 이곳에서 미국인심을 고동하려 하니 미국인으로 하여금 우리를 위하야 출력(出力)하기를 바람이 아니오, 단 미인(美人)의 배일상태가 수시로 증가한즉 그들의 배일열이 극도에 달하면 우리는 금전도 가득(可得)이요 다른 긴용물도 가득이라. 이를 득하면 내세외기(內勢外機)를 응하야 착수하게 될지니, 저는 이러한 우견으로 이에 재(在)하외다. 차제에 우리 사람이 위험사를 행함은 대사에 무익이고, 여전히 시위운동으로 계속하면 각국 신문계에서 방사원[訪事員: 記者]을 파송하야 실정을 광포하겠소이다.

재정문제에 관해서는 종래의 입장을 거듭 분명히 했다. 그는 공채표라는 것은 국채와 달라서 "내외국인이 일체로 연조와 같이 기부하는" 것이라면서, 그것으로 아직까지 거대한 금액을 획득하지는 못했지만 외국인들로부터 좋은 반응을 얻고 있다고 말했다. 그러나 재무관을 따로 설치하거나 국민회에 애국금 수합하는 일을 맡기는 것은 반대한다고 다음과 같이 썼다.

> 행정상 책임으로 원동일은 형이 이동녕, 이시영 및 제위 각원으로 협의처판하시고, 구미일은 저로 하여금 담임케 하셔야 각국인 교섭상에도 원만한 결과를 거두려니와 우리 동포를 통일하기에도 편의하겠고, 그렇지 않고 재무관을 따로 정하시거나 타단체로 분장케 하시면 편치 못한 사단이 적지 않겠소이다.[42]

이승만이 이 편지에서 이동녕과 이시영을 거명하면서도 안창호의 이름은 들지 않은 것이 눈길을 끈다. 그리고 편지 문투로 보면 안창호를 견제하기 위하여 이동휘를 자기쪽으로 끌어들이려고 애쓰는 것이 느껴진다. 이승만은 안현경이 상해로 떠나기 전에 그에게 보낸 편지에서 상해에 있는 사람들 한 사람 한 사람에 대하여 언급하면서 "이동휘, 이동녕 양씨는 그 중에서도 내가 많이 믿는 친구이니 찾아 의논하며…"라고

---

42) 「李承晩이 李東輝에게 보낸 1920년1월28일자 편지」, 『대한민국임시정부자료집(42) 서한집 Ⅰ』, pp.54~56.

했었다.[43] 이동휘는 이승만의 이 답장을 받기 전인 1919년12월22일자로 다시 이승만에게 구미외교에 "사무(事務)하심을 절망(切望)하나이다"라는 편지를 썼는데,[44] 이승만이 다시 답장을 보냈는지는 분명하지 않다.

이승만이 한성정부에 집착한 것은 국권이 회복되어 정식국회가 소집될 때까지의 "일체 내정과 일체 외교"를 임시정부, 곧 집정관총재에게 위임한 한성정부 약법(約法)의 규정에 집착했기 때문이었던 것은 아니다. 그보다는 통합임시정부의 국무회의가 자신이 상해로 부임할 때까지 대통령 직권행사를 정지시키고 있는 데서 보듯이, 임시정부가 헌법 규정을 내세워 어떤 일을 벌일지 모른다는 우려가 더 컸던 것이다. 그러한 사정은 현순과 안현경 등 그의 측근들이 대통령 명의를 사용하라고 건의하면서 한 말로도 짐작할 수 있다. 두 사람은 2월로 다가온 임시의정원 회의에서 이 문제가 논란되기 전에 이승만이 대통령 명의를 사용하라고 강력히 건의했다. 현순은 이승만에게 '집정관총재' 명의를 공문에 사용하지 말라는 전보를 치고 다시 편지로 그 이유를 다음과 같이 설명했다.

오는 2월에 개회되는 의정원에까지 문제를 일으켜서 혹 탄핵하기라도 될는지 미지이외다. 지금에 이르러서는 한성정부의 승인이나 상해정부의 개조라는 문제는 다시 제기하야 토의할 여지가 없고, 내외지가 다 대통령제 정부로 귀일하는 모양이오니, 상해정부가 다시 개조될까 염려마시고 일체 공문과 전보상에 대통령의 명의를 쓰시는 것이 사리에 적의함을 판증(辦證)하나이다.[45]

43) 「李承晩이 安玄卿에게 보낸 1919년7월11일자 편지」, 위의 책, p.11.
44) 「李東輝가 李承晩에게 보낸 1919년12월22일자 편지」, 尹炳奭 編, 『誠齊李東輝全書(上)』, 독립기념관 한국독립운동사연구소, 1998, pp.55~57.
45) 「玄楯이 李承晩에게 보낸 1920년1월17일자 편지」, 『대한민국임시정부자료집(42) 서한집 I』, p.43.

안현경은 이승만이 공채발행권을 임시의정원으로부터 승인받았다고 하면서 한성정부를 주장하는 것은 모순이며, 의정원에서 대통령으로 선출되었다는 전보를 받고 감사하다고 하고서는 지금에 와서 다시 한성정부를 주장하면 시비가 있을 터이므로, "상해개조정부와 내지정부를 특별히 드러낼 것 없이 어름어름하야 두고 대통령으로서 행하시는 것이 필요한 줄 아옵나이다"라고 건의했다.[46]

한편 임시정부는 자신들의 조치를 거부하는 이승만의 12월17일자 전보에는 언급하지 않은 채 1920년1월에 이승만에게 집정관총재 명의를 사용하는 것이 헌법에 위배되는 일이라면서 공채표의 '집정관총재' 명의를 '대통령'으로 고칠 것을 강력히 촉구하는 전보를 쳤다.[47] 그리하여 마침내 이승만은 1920년2월18일에 안창호에게 "정부제공의 권고하신 대로 대통령으로 행하오리다"라는 편지를 썼다.[48] 이렇게 하여 이승만의 직명을 둘러싼 논란은 일단락되었다.

5

그러나 이승만은 그 뒤에도 한성정부에 대한 집념을 포기하지 않았다. 그는 1920년6월31일에 국내의 이상재(李商在)에게 편지를 써서, 미국정부와 여러 가지 비밀교섭을 하고 있는 중인데, 뒷날 비밀협정 등을 진행하게 될 때에 한성에서 공식으로 선거한 집정관총재가 곧 대통령이라는 문빙(文憑)이 있으면 매우 요긴하겠다면서 가능하면 주선해 달라고 부탁했다.[49] YMCA를 중심으로 하여 기독교계를 주도하고 있는 이상재가 한성정부 조직에 깊숙이 관여했던 것은 이 편지로도 짐작할 수

---

46) 「安玄卿이 李承晚에게 보낸 1920년1월1일자 편지」, 위의 책, p.35.
47) Kopogo to Koric, Jan. 1920, *The Syngman Rhee Telegrams*, vol. Ⅱ., pp.462~463.
48) 「李承晚이 安昌浩에게 보낸 1920년2월18일자 편지」, 『대한민국임시정부자료집(42) 서한집 Ⅰ』, p.73.
49) 「李承晚이 李商在에게 보낸 1920년6월31일자 편지」, 위의 책, p.127.

있다.

이승만은 자신의 직명문제는 일단 양보했지만, 재정문제는 결코 양보할 수 없었다. 그는 2월18일에 안창호에게 보낸 편지에서도 공채는 폐지할 수 없고, 미주재무관 설치문제에 대해서는 구미위원부가 겸임하게해야 한다고 거듭 주장했다.[50] 이승만이 미주의 재정권 확보에 대하여 이처럼 완강했던 것은 그것을 통하여 자신의 외교활동에 필요한 자금을 확보할 수 있을 뿐만 아니라 미주 동포사회를 장악하고 나아가 상해임시정부에 대하여 절대적인 영향력을 행사할 수 있다고 판단했기 때문이었을 것이다. 그는 자신이 장악한 국민회 하와이지방총회에 대하여 하와이 재정은 샌프란시스코로 보내서는 안 된다고 지시해 놓고 있었고,[51] 이에 따라 국민회 하와이지방총회는 중앙총회나 상해임시정부에 대한 송금을 중단했다.[52]

샌프란시스코에 돌아가 있는 이대위는 애국금을 내겠다고 약조한 돈이 10만달러에 달하였고 이미 수합된 돈이 6만달러이므로 애국금으로 내겠다고 약조한 돈은 북미총회가 거두게 허락하고, 그 뒤에 공채표를 판매하자고 제의했다. 그러나 이승만은 애국금 모금은 폐지되었다고 말하고, 수합된 돈은 구미위원부로 보내라고 거듭 요구했다. 분쟁이 계속되자 이대위는 9월23일에 구미위원부 위원직을 사임했고, 이승만은 국민회 중앙총회가 이대위의 후임을 선정해서 보내 줄 것을 요청했다.[53] 국민회 중앙총회가 끝내 후임자를 선정해 보내지 않자 이승만은 상해에 있는 현순을 이대위의 후임으로 임명하고, 현순의 여비로 500달러를 송금했다.[54]

─────

50) 「李承晚이 安昌浩에게 보낸 1920년2월18일자 편지」, 같은 책, p.73.
51) Syngman Rhee to Leechongkwan, Jun. 1919, *The Syngman Rhee Telegrams*, vol. Ⅱ., p.225; 「李承晚이 安玄卿에게 보낸 1919년7월11일자 편지」, 『대한민국임시정부자료집(42) 서한집Ⅰ』, p.9.
52) 《新韓民報》 1919년10월21일자, 「하와이에서 원동청구를 거절」.
53) 《구미위원부통신》 제2호(1919년10월4일, 7일), 「국민회와도 왕복한 공문 대략」.
54) 《新韓民報》 1920년7월15일자, 「구미위원부 매월경비 예산표」.

이러한 상황에서 구미위원부 위원장 김규식이 10월11일부터 11월3일까지 국민회 중앙총회의 본거지인 미국 서부지역을 순방했다.[55] 김규식은 서부지역 한인사회의 구미위원부, 특히 이승만에 대한 불만을 감안하여 일단 국민회 중앙총회가 애국금 모집과 공채발매를 병행한다는 타협안을 이승만의 동의도 없이 받아들였다.[56] 이승만과 국민회 중앙총회 사이에서 고심하던 그로서는 이 타협안이 최선의 해결책일 수밖에 없었을 것이다.[57] 그러나 이승만은 이러한 타협안도 받아들이지 않고 자기가 이미 취한 조치와 결정을 승인할 것을 임시정부에 계속 요구했다.

1919년12월 말에서부터 이듬해 2월 사이에 벌어진 국민회 중앙총회와 하와이지방총회 사이의 격심한 분쟁은 임시정부로 하여금 미주지역의 재정문제에 대해 결단을 내리지 않을 수 없게 만들었다. 3·1운동 이후에 임시정부가 수립되면서 그동안 '무형정부'를 자처했던 국민회 중앙총회의 위상은 급격히 약화되었다. 반면에 이승만의 위상은 어느 누구도 도전할 수 없을 만큼 제고되었다. 이승만의 영향력 아래 있는 하와이지방총회는 중앙총회의 권위를 공공연히 무시하고 각종 자금송금 등의 의무를 이행하지 않게 되었다.

3·1운동 소식이 전해진 뒤로 하와이 동포사회는 열광의 연속이었다. 하와이에서 나서 자란 아이들도 신문을 보고 학교 교실에서 두세시간씩 통곡하여 백인 교사들까지 따라 울기도 했다. 독립운동을 위한 기도회가 열릴 때면 불신자까지 모여들었다. 하와이 왕국 백년 축제가 열렸을 때에 동포 한 사람이 "대한독립"이라고 쓴 기를 들고 나갔다가 일본인과 시비가 붙었다. 그것을 본 미국인이 "여기가 너희 나라냐"면서 일본인을 홀닦아 세우는 광경도 있었다. 이러한 분위기 속에서 의연금 모

55) 《新韓民報》 1919년10월16일자, 「학무총장 김규식각하 환영함」.
56) 《新韓民報》 1919년10월30일자, 「김규식각하 동행」.
57) 高珽烋, 「大韓民國臨時政府와 歐美委員部(1919~1925) 硏究」, 高麗大學校박사학위논문, 1991, p.123.

집운동이 전개되어 8월 초순까지 약 4만달러가 모금되고 그 돈은 워싱턴의 구미위원부로 보내졌다는 말도 나돌았다.[58] 그러나 그것은 과장된 소문이었다. 3·1운동 이후 8월까지 국민회 하와이지방총회가 이승만에게 보낸 자금은 1만5,000달러였고, 부인구제회에서도 별도로 송금한 것이 있었다.[59]

국민회 중앙총회와 하와이지방총회 사이의 분규의 발단은 1920년도 하와이지방총회 대의회를 앞두고 기관지《국민보(國民報)》의 주필자리에서 물러나게 된 승용환(承龍煥)의 고발을 빌미로 중앙총회가 하와이지방총회장 이종관(李鍾寬)에게 연락도 하지 않고 반대파들로 9인위원회를 구성하여 하와이지방총회를 개편하도록 한 데 있었다. 하와이지방총회가 이에 불복하자 중앙총회는 하와이지방총회에 해산령을 내렸고, 9인위원회는 완력으로 하와이지방총회 사무실을 폐쇄했다. 그러자 이종관과 한인기독학원장 민찬호(閔燦鎬)는 공동명의로 중앙총회장 윤병구(尹炳求)에게 만약 해산령을 철회하지 않으면 "전쟁을 면할 수 없다"면서 이 사건을 법정으로 끌고 가겠다고 했다.

이승만은 사태를 보고만 있을 수 없었다. 그는 2월4일에 윤병구에게 다음과 같이 타전했다.

　　하와이국민회 당국을 해산하라고 한 당신의 명령은 앞으로 '대풍파'를 일으킬 것이오. 지혜롭지 못한 걸음을 내딛지 마시오. 그것은 대의와 당신 개인을 손상시킬 것이오.[60]

그러면서 그는 또 하와이에는 필요하다면 구미위원부의 사람을 보내

58) 《獨立》1919년9월9일자, 「布哇의 韓人」.
59) 「李鍾寬이 李承晩에게 보낸 1919년8월6일자 편지」, 『대한민국임시정부자료집(42) 서한집 I 』, pp.14~15.
60) Rheesyngman to P. K. Yoon, Feb. 4, 1920, *The Syngman Rhee Telegrams*, vol. II., p.475; 《新韓民報》1920년2월7일자, 「國民會中總別報」.

겠다고 타전했다. 윤병구는 이승만에게 구미위원부는 정부기관이므로 민단의 자치행정에 관여하지 말라고 반박했다. 한편 구미위원부는 임시정부에 미주 재정문제에 대하여 결단을 내릴 것을 강력히 촉구하는 전보를 다시 쳤다.

미주 하와이 분란과 중앙회 처사가 미주인심 다수 의사 아니오. 대풍파 나겠고, 재정수입 대실패요. 모든 외교 결단이니 우리말 좀 들으시오.[61]

그리하여 마침내 임시정부는 이동녕, 이시영, 신규식 등의 주동으로 1920년3월1일부터 애국금 수합제도를 전면적으로 폐지하기로 결정하고, 국민회 중앙총회에 이를 통고했다.[62] 그리고 3월23일에는 재무총장 이시영 명의로 이승만과 구미위원부 앞으로 위원부를 재무관으로 위촉한다고 타전했다.[63]

국민회 중앙총회는 4월8일부터 사흘 동안 임시평의회를 열고 난상토론 끝에 "임시정부 재무총장 이시영 각하의 전훈에 의지하야 미주재무관은 워싱턴에 주차한 구미위원부를 임명한 바 본 중앙총회는 작년에 임시정부의 위임을 받아 인구세, 애국금, 공채 등을 수합하던 일을 재무관에게 교부할 일"을 결의했다고 발표했다.[64] 이렇게 하여 몇달 동안 계속된 애국금 수합과 공채표 판매사무를 둘러싼 논란은 결판이 났다.

국민회 중앙총회와 하와이지방총회 사이의 분규는 4월10일에 중앙총회가 타협안을 내놓음으로써 타결되었다. 그것은 중앙총회가 하와이

61) Kimmkiusic to Kopogo, Feb. 27, 1920, *The Syngman Rhee Telegrams*, vol. Ⅱ., p.546.
62) 「財務部布告 제11호, 애국금수합위원제 폐지」, 『대한민국임시정부자료집(27) 내무부·교통부·재무부·문화부』, p.79; 《獨立新聞》 1920년3월1일자, 「財務部訓令 제1호, 愛國金委員廢止」.
63) Finance Yishiyoung to President Rhee, Koric., Mar. 23, 1920, *The Syngman Rhee Telegrams*, vol. Ⅲ., p.75.
64) 《新韓民報》 1920년4월16일자, 「中央總會 공고, 임시평의회 소집」.

지방총회 사무실의 폐쇄를 해제하는 대신에 하와이지방총회는 소송을 취하하는 것이었다.[65] 이 사건을 계기로 하와이지방총회는 사실상 중앙총회의 관할에서 분리해 나가고 중앙총회 산하에는 북미지방총회만 남게 되어「국민회 헌장」에 규정된 기능을 수행할 수 없게 되었다. 중앙총회장 윤병구는 7월1일에 공고문을 내고 7월5일부터 중앙총회의 사무를 정지한다고 발표했다.[66] 그것은 국민회 중앙총회의 사실상의 해체를 뜻하는 것이었다.

이승만은 4월10일에「교령」제4호를 통하여 임시정부를 중심으로 한 단합의 필요성을 강조하고 "현금 임시정부에 지용이 곤란하며 구미 외교사무에 경비가 절박하다"면서 동포들이 자금모집에 적극적으로 협조해 줄 것을 호소했다. 그것은 1920년 말까지 미주동포를 상대로 총 30만달러의 공채표를 판매하기로 하고, 지역별로 판매액을 할당한 것이었다. 하와이에 12만5,000달러, 미국 본토에 15만달러, 멕시코에 2만5,000달러를 할당했다. 미국 본토 거주 동포는 한 사람이 100달러(여자는 25달러), 그 밖의 지방거주 동포는 한 사람이 40달러(여자는 15달러)어치 이상의 공채표를 사도록 했다.[67] 미국 본토거주 동포들에게 많이 할당된 것은 다른 지방 동포들보다 소득이 많은 점을 감안한 것이었다.

이 새로운「공채조례」는 1919년8월30일에 발표된 국민회 중앙총회의 애국금 수합제도와 비슷한 것이었다. 그것은, 공채는 내외국인이 의연금처럼 기부하는 것이라고 한 이승만 자신의 말에서도 짐작할 수 있듯이, 실질적으로는 지금까지의 애국금이 공채표로 바뀐 것이나 다름없었다. 구미위원부의 첫 위원으로 재정관리 책임을 맡았던 이대위가 구미위원부와 국민회 중앙총회가 애국금과 공채표 문제로 충돌한 것에 대해 "금번

65) 《新韓民報》 1920년4월16일자, 「中央總會 공고, 하와이 보낸 공문」.
66) 《新韓民報》 1920년7월8일자, 「중앙총회 공고」.
67) 「교령」(제4호) 및 「주차구미위원부공포서」, 『雩南李承晩文書 東文篇(九) 歐美委員部關聯文書 1』, p.16, pp.50~53.

충돌은 애국금과 공채표로 인하여 발생한 것이 아니요, 실상은 워싱턴위원부에서 미주 재정을 집중하고자 하며 중앙총회는 그것을 허락지 않고자 하는 데서 생긴 것이다"[68]라고 설명했다. 그러나 구미위원부와 국민회 중앙총회 사이의 오랜 갈등의 여파로 구미위원부의 공채모집은 당초의 기대에 미치지 못했다.

임시정부의 지시로 재정관할권을 구미위원부에 넘겨준 국민회 중앙총회는 재정수입이 급감했다. 중앙총회는 제1차 세계대전이 끝나면서 각종 의연금 모집사업을 시작하여 1년 동안(1918.11.24~1919.12.15)에 8만8,014달러를 모금했었는데, 1920년 들어서는 반년 동안(1919.12.16~1920.7.1)에 모금된 금액이 모두 2만6,874달러밖에 되지 않았다.[69] 그 가운데는 임시정부로 보낸 금액 1만4,891달러가 포함되어 있었으므로 중앙총회가 실제로 쓸 수 있는 자금은 1만1,000달러가량밖에 되지 않았다.

한편 구미위원부는 설립되고 나서 1922년4월까지 14만8,653달러를 모금했다.[70] 그러나 이 액수는 발표된 자료에 의한 것이므로 구미위원부에 대한 개인적인 후원금이나 비밀자금 등은 제외되었고 공채금 등도 집계에서 누락되었을 수 있으므로, 실제로는 훨씬 더 많이 모금되었을 것으로 추측된다. 가령 구미위원부의 발표로는 1920년1월의 수입이 예납금 3,000달러, 공채금 3,505달러, 기타 26달러로서 합계 6,531달러였지만[71] 하와이의 이종관이 1월17일에 구미위원부로 "독립금 일천원, 공채표 판 돈 팔천원 보냈소"라고 타전한 것이 그러한 보기이다.[72] 그러므로 구미위원부는 3·1운동 이후에 임시정부를 포함하여 국외의 단체들

---

68) 《新韓民報》 1919년10월11일자, 「리대위씨의 글」.
69) 「大韓人國民會中央總會 재정결산서(제一)(제二)」, 國家報勳處 編, 『美洲韓人民族運動資料 海外의 韓國獨立運動史料(XXⅡ) 美洲篇④』, 國家報勳處, 1998, p.361.
70) 고정휴, 『이승만과 한국독립운동』, p.122.
71) 《新韓民報》 1920년6월4일자, 「구미주차위원부 재정보고」.
72) Leechongkwan to Korea Commission, Jan. 17, 1920, *The Syngman Rhee Telegrams*, vol. Ⅱ., p.432.

가운데 가장 안정된 자금을 확보했다.[73]

임시정부는 앞에서 본 대로, 1919년5월부터 1920년12월까지 은양(銀兩: Shanghai silver dollar)으로 13만3,118달러의 재정수입이 있었는데,[74] 거기에는 국민회 중앙총회와 구미위원부로부터 보내온 자금이 포함되어 있었다. 국민회 중앙총회는 1919년 한해 동안에 임시정부에 3만600달러를 송금하고, 구미위원부에도 넉달 동안에 8,000달러를 송금했다.[75] 구미위원부는 1920년6월부터 1922년1월까지 열번에 걸쳐서 1만9,552달러를 임시정부에 송금했다.[76] 구미위원부의 송금액이 이처럼 적은 것은 수입금이 자체사업비에도 모자랐기 때문이다.

구미위원부는 발족하면서 예산안을 발표했는데, 최소한도의 경비로 한달 운영비를 6,500달러로 계상했다.[77] 그것은 물론 미국과 유럽에서의 외교와 선전활동에 사용될 경비였다. 그러나 실제의 재정수입은 그것을 뒷받침할 수 없었다. 그리하여 1921년8월까지 구미위원부가 사용한 비용은 월평균 3,630달러였다.[78] 경비절감을 위해 950달러로 계상했던 예비비 항목을 없애고, 헐버트(Homer B. Hulbert, 訖法, 轄甫)와 벡(S. A. Beck, 白瑞岩, 裵額)에게 지급하던 활동비도 1920년5월부터 중단했다. 파리사무소의 경비도 대폭 삭감하지 않으면 안되었고, 임시정부에 대한 송금도 계속할 수 없게 되었다.

임시정부는 1921년 하반기부터 구미위원부를 비롯한 미주지역의 자금송금이 크게 줄어들면서 심각한 재정난에 빠지게 되었고, 임시정부와

---

73) 고정휴, 앞의 책, p.122.
74) 「元年徵收報告」(1920.2.19.) 및 「二年總徵收報告書」(1920.12.10.), 『雩南李承晚文書 東文篇(七) 大韓民國臨時政府關聯文書 2』, 1998, pp.256~257.
75) 「大韓人國民會中央總會 재정결산서(제一)(제二)」, 『美洲韓人民族運動資料 美洲篇④』, p.361.
76) 고정휴, 앞의 책, p.125 표 2-6; Yisiyung to Koric, Oct. 5, 1920, *The Syngman Rhee Telegrams*, vol.Ⅲ., p.493, Commission to Yisiyung, Nov. 27, 1920, *op. cit.*, vol.Ⅲ., p.530, Minchanho to Syngmanree, Jan. 20, 1922, *ibid.*, vol.Ⅳ., p.267.
77) 《新韓民報》 1919년10월9일자, 「구미주차위원부 경비예산」.
78) 고정휴, 앞의 책, p.124.

이승만의 알력은 더욱 심화되었다. 이러한 사실은 한국 독립운동의 전 기간을 통하여 자금문제가 얼마나 심각한 영향력을 가진 변수로 작용했는가를 말해 준다.

2. 경무국장의 "죽자꾸나" 시대

1

임시정부의 기본적인 성격은 뢰벤슈타인(Karl Löwenstein)의 이른 바 위기정부(crisis government)였다.[79] 그것은 자금사정 때문만이 아니었다. 그보다도 더 큰 위험은 말할 나위도 없이 일본인들의 파괴공작이었다.

임시정부는 헌법개정을 통하여 정부통합작업을 끝내자마자 임시정부청사의 문을 닫아야 했다. 그것은 통합정부의 국무총리로 선출된 이동휘가 북경에 있는 내무총장 이동녕과 법무총장 이시영과 함께 취임하겠다고 하여 현순이 북경을 다녀온 직후인 10월 하순의 일이었다. 일본 총영사관의 집요한 항의와 요청을 받은 프랑스 영사가 임시정부 청사의 문을 닫을 것을 요구했기 때문이다.[80] 임시정부는 하는 수 없이 청사의 문을 닫고 각부의 사무실을 여러 곳에 나누어 둘 수밖에 없었다. 국무원과 외무부는 신민리(新民里) 24호, 군무부와 부설 육군사관학교는 그 옆의 신민리 23호, 내무부는 강녕리(康寧里) 3호, 재무부는 협평리(協平里) 1호, 법무부는 오흥리(吳興里) 59호, 교통부는 길림리(吉林里) 7호, 노동국은 개자이로(愷自爾路) 268호, 임시의정원은 명덕리(明德里) 8호 등으로 분산되었다. 노동국의 주소는 실제로는 안창호의 거주지였다. 그리고 김구는 안창호의 거주지와 가까운 개자이로 263호에 거처를 정했다.[81]

통합임시정부가 출범할 무렵에 김구가 어떤 활동을 하고 있었는지는

---

79) Karl Löwenstein, *Political Power and the Governmental Process*, University of Chicago Press, 1965, pp.217~227.

80) Soon Hyun, *op. cit.*, p.137, p.306.

81) 「一九二〇年二月末의 大韓民國臨時政府의 諸機關」, 『韓國民族運動史料(中國篇)』, pp.149~151.

분명하지 않다. 『백범일지』의 다음과 같은 서술은 김구가 통합임시정부 설립과정을 어떻게 보고 있었는지를 짐작하게 한다.

한편 정부의 사무가 실마리를 잡아가기 시작할 무렵 한성(漢城)에서 비밀리에 각 도 대표가 모여 이승만을 집정관총재로 하는 별도의 정부를 조직하였다. 그러나 본국에서 활동하기 어려워 그 권한을 상해로 보내니, 미리 짜거나 의논하지 않았는데도 비슷한 두개의 정부가 생겨나게 되었다. 이에 두 정부를 개조하여 이승만을 대통령에 임명하고, 4월11일에 헌법을 반포하였다.[82]

간략한 서술이기는 하나, 블라디보스토크의 대한국민의회와의 통합에 대해서는 아무런 언급이 없는 것이 주목된다.

1919년4월에 도착하여 1932년4월의 윤봉길(尹奉吉) 사건으로 가흥(嘉興)으로 피신할 때까지의 김구의 상해시대는 그 자신의 표현대로 "죽자꾸나 시대"였다.[83] 김구는 경무국장의 직무 말고도 많은 활동에 적극적으로 참가했다. 김구의 활동 가운데 가장 먼저 눈에 띄는 것은 통합임시정부가 출범하기 직전인 1919년10월31일에 발표된 「제2회 독립선언서」에 박은식(朴殷植)을 비롯한 30명의 '대한민족대표'의 명단에 그의 이름이 포함되어 있는 점이다. 「선언서」의 내용은 다음과 같이 임시정부의 합법성을 강조하면서 "최후의 혈전"을 촉구한 것이었다.

대한민국원년3월1일에 이미 우리 민족의 자유민임을 선언하고 인하야 금년4월10일에 임시의정원과 임시국무원이 성립되니, 이에 우리 민족은 우리 민족의 일치화협(一致和協)한 의사와 희망에서 출발한

---

82) 『백범일지』, p.301.
83) 『백범일지』, p.298.

대한민국의 국민이 된지라.… 우리 민족은 대한민국의 국민이요 우리
민족을 통치하는 자는 대한민국의 임시정부니, 우리민족은 영원히 다
시 일본의 지배를 받지 아니할지라….[84]

3·1운동 이후에도 국내에서는 만세시위운동이 계속되었다. 국치일인
8월29일, 사이토 마코토(齊藤實) 신임 총독이 도착한 8월31일, 일본이 시
정기념일로 선포한 10월1일, 일본 천황의 생일인 10월31일에 전국 각지에
서 잇달아 시위운동이 벌어졌다. 이러한 만세시위운동은 임시정부의 국
내 특파원과 국내 비밀단체가 협력하여 일으킨 것이었다.[85] 특히 10월 말
의 대규모의 제2회 만세시위운동은 국제연맹외교를 후원할 목적으로 임
시정부에서 계획한 것이었다.[86]

제2회 만세시위운동을 위하여 임시정부는 8월25일부터 경원선, 경의
선, 경부선 등 철도 연변을 중심으로 국내 각지에 특파원을 파견했다. 그
러나 사전에 일본경찰에 발각되어 시위운동은 예정대로 실행되지 못하고
경부선 연변의 20개 지역에서만 시위가 있었다.[87] 시위운동은 10월 말에
서 11월 초에 걸쳐 서울과 평양을 비롯하여 평안북도의 의주, 선천, 연변
등지에서 계속되었는데, 김구를 포함한 '대한민족대표' 30명의 명의로 된
「선언서」는 이때에 평북 일대에 뿌려졌다.[88] 서울에서는 10월27일에 「임
시정부포고문」 1, 2호가 뿌려지고 다음날 고등보통학교 학생 800여명이
동맹휴학을 하고 시위를 벌였다.[89] 이러한 사실은 모두 임시정부에 자세

---

84) 《獨立新聞》 1919년11월11일자, 「宣言書」.
85) 張錫興, 「대한민국임시정부와 국내독립운동: 1920년대를 중심으로」, 『대한민국임시정부수
　　립80주년기념논문집(상)』, 國家報勳處, 1999, pp.322~323.
86) 「布告 제2호: 商業에 從事하는 同胞에게」, 『대한민국임시정부자료집(27) 내무부 · 교통부 ·
　　재무부 · 문화부』, pp.47~48.
87) 《獨立新聞》 1919년11월11일자, 「第二回獨立示威運動」; 「內務部呈文 제16호: 內務部經過狀況
　　報告의 件, (七)第二回示威運動과 布告文」, 『대한민국임시정부자료집(27) 내무부 · 교통부 ·
　　재무부 · 문화부』, p.53.
88) 《獨立新聞》 1919년11월11일자, 「第二回獨立示威運動」.
89) 《獨立新聞》 1919년11월8일자, 「漢城市街에서 示威運動을 行함」.

히 보고되었고,[90] 임시정부는 그 사실을 워싱턴에 있는 이승만에게 알렸다. 그리고 이승만은 그때마다 미국의 신문과 통신을 상대로 일본의 억압정책을 비판하고 한국인의 절대독립 의지를 홍보했다.

김구가 어떤 경위로 「제2회 독립선언서」 서명에 참여했는지는 밝혀진 것이 없다. 서명에 참여한 사람들은 모두 상해 등지에 망명해 있던 인사들이었다. 또한 김구를 포함하여 박은식(황해도), 명제세(明濟世, 평북 영변), 안정근(安定根, 황해도), 도인권(都寅權, 평남 평양), 고일청(高一淸, 평북 의주), 김찬성(金燦星, 평남 안주), 최지화(崔志化, 평남 평양), 오능조(吳能祚, 평남 중화), 김경하(金景河, 평남 강서) 등 신원이 확인되는 대부분의 인사들은 서북지방 출신들이었다. 그것은 이때의 시위운동이 서울 말고는 평양을 비롯한 서북 일대에서만 일어난 것과도 관련이 없지 않았다.

서명에 참여한 인물 가운데 임시정부 고위직에 있는 사람은 김구뿐이었으나, 그 밖의 서명자들도 그 뒤에 임시정부에 참여하거나 임시정부를 지지하는 단체와 관련된 활동을 했다. 명제세, 박환(朴桓), 박세충(朴世忠), 조선홍(趙宣弘), 김철(金哲) 등은 임시정부를 지지하는 비밀결사 천진불변단(天津不變團) 간부들이었다. 이들은 「선언서」 작성을 비롯하여 제2회 만세시위운동 때에 큰 역할을 담당했다.[91] 김찬성, 최지화, 오능조는 뒤이어 안병찬(安秉瓚)을 총재로 하여 조직되는 대한청년단연합회의 주요 간부들이었다.[92] 청년단연합회는 평안도 출신들이 다수를 차지했고, 간부들은 안창호와 긴밀한 관계를 맺고 있었다. 그들 가운데서 김희선(金義善)은 임시정부 군무부 차장, 도인권은 무관학교 교관, 최지화는 군무부 참사 등의 요직에 임명되었다.

---

90) 「國務會議案」, 『雩南李承晚文書 東文篇(六) 大韓民國臨時政府關聯文書 1』, pp.196~197, p.202, p.221.
91) 金容達, 「대한민국임시정부의 국내특파원」, 『대한민국임시정부수립 80주년기념논문집(상)』, pp.393~394.
92) 《獨立新聞》 1920년1월13일자, 「大韓靑年團聯合趣旨書」, 1월17일자, 「大韓靑年團聯合會」.

김구는 임시정부의 적십자운동에도 참여했다. 한국은 1904년에 국제적십자사 기구에 정식으로 가입했으나 1909년에 일본적십자사에 통합되고 말았다. 임시정부가 독립적인 적십자사 기구의 설립을 주요 사업의 하나로 추진한 것은 그것이 독립국가 정부임을 표방하는 상징적인 사업으로 인식했기 때문이다. 1919년7월13일에 안창호, 이희경(李喜儆), 김성겸(金聖謙) 등이 발기하여 8월29일에 임시정부 내무총장 안창호 명의로 대한적십자회의 설립이 인가되었다. 회장 이희경, 부회장 김성겸, 이사 여운형(呂運亨)[후임 서병호(徐炳浩)], 그리고 사검(査檢)에는 안중근(安重根)의 동생인 안정근과 이광수(李光洙), 손정도(孫貞道), 원세훈(元世勳), 현순 등 안창호를 중심으로 한 주로 서북지방 인사들이 망라되었다.

일찍이 하와이의 개업의로서 한인기독학원 이사 등으로 이승만의 사업을 도왔던 이희경은 국내에서 이춘숙 등 함경도 그룹이 조직한 신한민국(新韓民國) 임시정부의 교통부 차장으로 선임되었다. 대한적십자회는 그 밖에 서재필을 명예총재로, 이승만, 이동휘, 안창호, 문창범을 고문으로 추대했는데, 그것은 이 대한적십자회가 중국뿐만 아니라 미주와 러시아에 있는 한인사회 전체의 적십자기구임을 표방한 것이었다.

대한적십자회는 8월에 「선언문」과 「결의문」을 발표했다. 이들은 「결의문」에서 "신성한 독립전쟁에 임하여 생명과 신체를 희생하고 국민의 의무를 다하는 동시에 구제함은 우리 적십자회의 제일의 요무요 급선무"라고 하여, 적십자회가 국제적인 인도주의와 연계된 독립운동단체임을 강조했다. 1919년11월15일자로 발표된 「대한적십자회 사업방침」에는 김구가 79명의 대표회원에 포함되었다.[93]

대한적십자회는 회원모집과 기금조성운동을 활발히 펼쳤다. 특히 외국인까지 회원으로 가입시켜 재정 지원뿐만 아니라 한국의 독립을 선전

---

93) Official Statement of The Korean Red Cross Society, Nov. 15, 1919, 『雩南李承晚文書 東文篇(八) 大韓民國臨時政府關聯文書 3』, p.441.

하고 홍보하는 데 적극 활용한 것은 눈여겨볼 만하다. 대한적십자회는 1919년11월 말부터 대대적인 회원모집 캠페인을 벌였다. 전 회원을 삼일대, 자유대, 독립대, 적십자대의 4개대로 나누어 회원모집 경쟁대회를 열었는데, 김구는 서병호, 정인과(鄭仁果) 등과 함께 김병조(金秉祚)를 대장으로 하는 자유대에 속했다.[94] 그리하여 창립 때에 789명이던 회원은 1920년 말에는 국내와 미국, 러시아, 중국 등지를 포함하여 무려 3,439명을 헤아리게 되었다.[95] 상해에 재류하는 전 동포수가 1,000명가량이던 상황에서, 비록 명의뿐인 경우가 많았다고 하더라도, 이처럼 많은 회원수를 확보할 수 있었던 것은 국내외 동포들의 독립운동에 대한 열의를 짐작하게 한다.

대한적십자회에서는 국내에 특파원을 파견하고 국내 조직과의 연계에도 크게 힘을 기울였다. 그리하여 평양의 대한애국부인회는 자체조직 안에 적십자회를 결성했고, 황해도에서는 대한적십자회 청년단이 조직되었다. 적십자운동을 목적으로 결성된 이 청년단은 활동범위를 넓혀 의용단으로 이름을 바꾸었다.[96]

2

그러나 김구가 수행한 가장 중요한 일은 말한 나위도 없이 임시정부 경무국장의 직무와 관련된 활동이었다. 그것은 제국주의 일본의 마수로부터 임시정부를 수호하는 일뿐만이 아니었다. 임시정부의 권위에 도전하는 한국인의 이러저러한 세력으로부터 임시정부를 보위하는 것도 중요한 임무였다.

---

94) 《獨立新聞》 1919년11월27일자, 「大韓赤十字會會員大募集競爭會」.
95) 大韓赤十字社, 『大韓赤十字社七十年史』, 大韓赤十字社, 1977, p.78.
96) 독립운동사편찬위원회, 『독립운동사(4) 임시정부사』, 독립유공자사업기금운용위원회, pp.476~477.

통합임시정부가 출범하자마자 상해재류민사회는 여운형의 일본 방문 문제로 걷잡을 수 없는 혼란에 휩싸였다. 여운형의 일본 방문은 한국 독립운동에 대한 일본정부의 분열책략에서 나온 것이었다. 일본정부는 한국에 와 있는 일본 기독교인들을 통하여 상해임시정부 요인들의 회유 공작을 벌이기로 하고, 그 첫 대상자로 여운형을 지목한 것이었다. 여운형 자신은 그것을 일본 정치인들과 언론기관을 상대로 한국독립의 필요성을 선전할 수 있는 좋은 기회라고 생각했다.[97]

여운형은 11월14일에 최근우(崔謹愚), 신상완(申尙琓) 두 사람과 함께 일본으로 떠났다. 최근우는 도쿄(東京) 유학생들의 2·8독립선언을 주도한 학생대표의 한 사람이었고, 신상완은 안창호의 신임을 받는 승려였다.[98] 이동휘는 이튿날로「국무총리 포고」제1호를 발포하여 여운형의 행동은 임시정부와는 아무런 관계가 없는 개인행동이라고 밝히고, 또 개인적으로 "민족의 수치"이자 "독립의 독균"이라고 격렬하게 비난했다.[99]

임시정부 밖에서《신대한(新大韓)》을 발간하던 신채호와 한위건 등도 여운형의 일본 방문을 성토하고 나섰다. 그리하여 여운형의 일본 방문에 동의했던 안창호 그룹과 여운형을 매도하는 이동휘 그룹 사이에 격렬한 논란이 벌어졌다. 11월17일부터 세차례에 걸쳐 민단사무소에서 '국민대회'가 열리고, 이 집회에서 발표할「선포문」의 내용과 절차를 둘러싸고 논쟁이 벌어지기도 했다.《독립신문(獨立新聞)》이 '국민대회'의 진행과 결의에 대하여 자세히 보도하고 최근우의「여운형씨 일행 도일기(呂運亨氏一行渡日記)」를 4회에 걸쳐서 연재한 것은《신대한》의 여운형 비판에 대한 반론의 성격을 띤 것이었다.[100]

여운형은 3주일 동안 도쿄에 머물면서 하라 타카시(原敬) 일본총리

97) 姜德相,『呂運亨評傳(1) 朝鮮三·一獨立運動』, pp.233~246.
98) 위의 책, p.274.
99)《獨立新聞》1919년11월20일자,「國務總理布告」및「李總理의 布告에 對하야」.
100) 최기영,「1910·20년대 노령과 중국에서의 申采浩의 언론활동」,『식민지시기 민족지성과 문화운동』, 한울, 2003, pp.197~198.

를 비롯한 관계 각료들과 조선총독부 정무총감 등을 만나고, 일본정부의 자치운동 권유에 맞서 절대독립을 주장함으로써 국내외로 개인적 명성을 제고시켰다.[101] 그러나 그의 일본 방문을 둘러싸고 전개된 임시정부 안팎의 논란과 분쟁은 이동휘와 《신대한》 그룹에 임시정부 반대세력인 박용만과 원세훈 등이 가세하고 이동녕, 이시영, 신규식 등 기호파가 이동휘를 견제하기 위해 은연중에 여운형을 두둔함으로써, 상해독립운동자들 사이의 반목을 부채질하는 한 요소가 되었다.

안현경은 이동휘의 여운형 규탄은 궁극적으로는 이승만을 겨냥한 것이라고 보고했다. 이동휘가 어떤 환영회 석상에서 "오늘 (우리는) 여(呂)씨 같은 외교가나 자치운동이나 위임통치운동하는 외교관을 원치 않는다"라고 말했다는 것이었다.[102]

《신대한》은 이승만이 임시정부 대통령으로 선출되자 임시정부를 떠난 신채호와 한위건 등이 주동이 되어 발간하는 신문이었다. 1919년10월28일에 창간호를 발간했을 때에 《독립신문》이 "지면의 광대와 언론의 장쾌함이 동지(同紙)의 특색인 듯하다"[103]라고 소개한 데서 보듯이 창간 당시부터 두 신문이 크게 반목하지는 않았다. 그러나 신채호가 여운형의 일본 방문을 맹렬히 비판하면서 《신대한》은 안창호 반대파를 대변하게 되었다. 그런데 이러한 와중에서 신대한사가 이승만에게 다음과 같은 편지를 보낸 것이 눈길을 끈다.

경계자. 본사에서 박약한 힘으로나마 우리 독립운동의 후순[後盾: 뒷방패]이 되야 안으로 국민동포의 의열을 선포하며 밖으로 세계 열방의 아족(我族)에게 동정과 원조 주는 사실을 소개하기 위하야 본보

---

101) 姜德相, 『呂運亨評傳(1) 朝鮮三・一獨立運動』, pp.221~413 참조.
102) 「安玄卿이 李承晚에게 보낸 1919년12월3일자 편지」, 『대한민국임시정부자료집(42) 서한집Ⅰ』, p.22.
103) 《獨立新聞》 1919년11월1일자, 「新大韓出刊」.

《신대한》을 발행하옵는 바 이미 6호까지 발행된지라. 이에 축호 진정하옵고 이로부터 발간되는 대로 계속 진정하겠사오니 혜수(惠收)하심을 경망(敬望)하오며, 겸하야 구미 각지 소식을 좌기 통신처로 수고스러우시더라도 통기하야 주심을 바라오며, 각하의 귀체 건강하심을 앙축하옵나이다.[104]

위임통치 청원문제로 이승만에게 매우 비판적이던 신채호의《신대한》이 그에게 기고를 청탁한 것은 적이 의아스러운 일이다. 안현경은《독립신문》은 안창호 신문인데 비해《신대한》은 "이동휘의 보조기관"이라면서, 안창호쪽 사람들이 "《신대한》 신문을 없이하자, 신문사를 부시자, 신문 주필을 죽이자 하야 상해 일판 분요타가 작일에 국민대회까지 된 바 아무 일 없이 되었으나 또 무슨 일이 생길지 알 수 없아오며…"라고 보고했다.[105]

두 신문사의 갈등이 심각해지자 이동휘는 총장과 차장 등 임시정부 간부들과 함께 1920년1월4일에 두 신문사의 관계자들을 초청하여 단합을 강조했다.[106] 독립신문사에서는 사장 이광수 외 8명, 신대한사에서는 편집장 김두봉(金枓奉) 외 9명이 참석했다. 그러나 그것으로 해결될 문제가 아니었다. 안창호의『일기』에는 이 무렵 그의 추종자들의 움직임이 상세하게 적혀 있다.

《신대한》에 대하여 가장 강경한 대응책을 주장한 사람은 김구였다. 이 무렵 김구는 1주일에 두어번 안창호를 만나서 업무와 관련된 크고 작은 일을 상의하고 국내에서 오는 사람들을 소개했다. 그는 밀정으로 의심나는 사람을 붙들어 조사할 때에도 안창호와 상의했다. 김구는 1월18

104) 「新大韓新聞社에서 李承晩에게 보낸 1919년12월5일자 편지」, 『대한민국임시정부자료집(42) 서한집 I 』, p.26.
105) 「安玄卿이 李承晩에게 보낸 1920년1월30일자 편지」, 위의 책, p.57.
106) 《獨立新聞》 1920년1월8일자, 「李國務總理의 兩新聞記者招待」.

일에 안창호를 찾아가서《신대한》문제를 상의했다. 그는 국민대회를 열어 공론에 부치는 것이 어떻겠느냐고 제의했다. 그러나 안창호는 반대하면서, 몇몇 청년들이 따지러 가겠다는 것을 만류했다고 말했다. 김구는 자기가 직접 신채호나 그 밖의 유력한 몇 사람을 만나서 설득해 보겠다고 말하고 돌아왔다.[107] 김구는 이동녕과도 상의했다. 김구가 경무국장을 사임하고 개인의 신분으로《신대한》주무자에게 충고하겠다고 말하자 이동녕은《신대한》은 누가 금지하지 않아도 저절로 폐간될 징조가 있으므로 내버려 두라고 말했다. 김구는 안창호를 찾아가서 이동녕의 말을 전했다.[108]

안창호와 이동녕의 권고대로 김구가 온건한 태도를 취하자 이번에는 거류민단에서 김구를 비판하고 나왔다. 경무국장으로서《신대한》을 금지하지 못한 책임을 물어 국민대회를 열고 김구를 탄핵하겠다는 것이었다. 김구는 안창호를 찾아가서 사직서를 제출하겠다고 했으나, 안창호는 동요하지 말라면서 만류했다.[109] 김구 말고도 안창호 지지자들은《신대한》에 대해 강경한 조치를 취할 것을 주장했다. 재무차장 윤현진(尹顯振)은《신대한》을 정간 또는 폐간시키는 방안을 국무회의에 제출하여 논의할 것을 제안했고, 옥관빈(玉觀彬)은《신대한》을 공격하기 위한 신문을 만들겠다고 나섰다. 그러나 안창호는 이러한 강경책을 반대하면서 자제할 것을 당부했다.[110]

일본경찰의 정보보고에 따르면《신대한》은 1920년2월 무렵에《독립신문》의 방해공작으로 폐간되었다. 국민대회에서 뜻대로《신대한》발행금지 조치가 결정되지 않자《독립신문》은 몰래《신대한》을 인쇄하는 인쇄소와 교섭하여 반일운동에 관한 인쇄물을 제작해야 할 인쇄

---

107)『島山日記』, 1920년1월18일조, 주요한 編著,『安島山全書』, p.626.
108)『島山日記』, 1920년1월19일조.
109)『島山日記』, 1920년1월25일조.
110)『島山日記』, 1920년1월19일조.

소에서 그와 다른 내용의 신문을 찍는 것은 곤란하다는 구실로 인쇄를 거절하도록 종용하여 얼마 뒤에 《신대한》은 휴간하게 되었다는 것이었다.[111]

1919년9월11일에 공포된 임시정부의 개정헌법은 삼권분립의 원칙에 입각하여 사법부의 독립조항까지 갖추어져 있었지만, 그것은 물론 정치적 선언에 지나지 않는 것이었다. 범죄자의 처벌은 김구의 말대로 "말로 타이르는 것 아니면 사형뿐이었다."[112] 이러한 상황에서 김구가 경무국장의 직무를 수행하는 데 큰 도움이 된 것은 서대문감옥에서 영어생활을 할 때에 활빈당 두목 '김진사'에게서 배운 배신자 처단방법이었다. 김구는 '김진사'로부터 배운 방법을 경호원들에게 연습시켜 밀정 처단에 활용했다.[113]

김구는 『백범일지』에 경무국장 시절의 몇가지 에피소드를 실감나게 적어 놓았다. 맨 먼저 쓴 이야기는 김도순(金道淳)이라는 열일곱살 난 소년을 밀정행위로 처단한 일이었다. 김도순은 국내에 파견되었다가 상해로 돌아오는 임시정부 특파원을 따라 상해로 왔는데, 여비 10원에 그만 일본 영사관에 매수되어 자기를 상해로 데려다 준 특파원을 체포하는 데 앞잡이 노릇을 했다. 김구는 김도순이 미성년자임에도 불구하고 극형에 처할 수밖에 없었다. 이때의 일에 대하여 김구는 "여러한 것은 기성국가에서는 보지 못할 특종사건이라 할 수 있다"라고 적어 놓았다.[114]

통합정부가 출범하고 얼마 되지 않았을 때의 일이다. 고등정탐꾼 선우갑(鮮于甲)을 체포하여 신문했다. 그는 죽을죄를 지었음을 시인하고 사형을 받겠다고 말했다. 김구는 그가 뉘우치는 것을 보고 물었다.

"살려줄 테니 큰 공을 세워 속죄하겠는가?"

---

111) 「上海方面 排日鮮人의 狀況」(1920.2.18.), 『韓國民族獨立運動史料(三·一運動篇 其二)』, pp. 749~750.
112) 『백범일지』, p.302.
113) 『백범일지』, p.307.
114) 『백범일지』, p.302.

선우갑이 그것이 소원이라고 말하므로 결박을 풀고 돌려보냈다. 그는 상해에서 정탐한 문건을 임시정부에 바치겠다는 뜻을 전해왔다. 김구는 시간을 약속하고 먼저 김보연(金甫淵)과 손두환(孫斗煥)을 약속장소인 일본 여관으로 보냈다. 선우갑은 정말로 일본인들에게 고발하지 않았다. 김구가 전화로 부르면 시간을 어기지 않고 약속장소에서 대기했다. 그러다가 나흘 뒤에 몰래 도망하여 국내로 돌아갔다.[115]

선우갑은 도쿄 유학생들의 2·8독립선언 주모자들을 체포하는 데 공을 세운 평양 출신의 일본 경시청 고등계 형사였다. 그가 상해에 가서 일본 여관에 묵으면서 무슨 일인가를 꾸미고 있다는 기사가 샌프란시스코의 《신한민보》에 실릴 정도로 그의 상해행은 해외 독립운동자들로부터 비상한 관심을 끌었다.[116] 《독립신문》은 그를 "반드시 죽여야 할 일곱가지 부류의 적"의 하나인 일본의 고등 탐정과 형사의 대표적인 인물로 꼽았다.[117] 이에 그는 임시정부가 폭탄을 제조하는 일을 조사하기 위하여 상해로 파견되었다가 경무국 청년들에게 체포되었던 것이다. 상해에서 돌아간 그는 도쿄에서 숨어 지내다가 생명의 위협을 느껴 1920년4월18일에 샌프란시스코로 피신했다.[118]

이 무렵 국내에서 온 한 선교사가 현순에게 돈 1만원을 전했는데, 해주에서 온 박희숙(朴熙淑)이 자기 돈이라고 주장하여 현순은 그 돈을 그에게 넘겨주었다. 그러나 김구는 박희숙을 잡아다 가두고 그 돈을 모두 압수하여 임시정부에 내어 놓았다.[119] 박희숙은 3·1운동 때에 YMCA에 소속된 기독교 목사로서 학생동원을 담당했던 박희도(朴熙道)의 동생이었다. 그는 배재학교를 거쳐 신학교를 졸업하고 1913년부터 황해도 옹진

---

115) 『백범일지』, p.304~305; Soon Hyun, *op. cit.*, p.137, p.306.

116) 《新韓民報》 1919년10월18일자, 「정탐 선우갑이 상해로 가」.

117) 《獨立新聞》 1920년2월5일자, 「七可殺」.

118) 《獨立新聞》 1920년5월15일자, 「惡魔의 出沒」; 《新韓民報》 1920년6월11일자, 「선우요의 사건 후문」.

119) Soon Hyun, *op. cit.*, p.138, p.306.

군(甕津郡)에서 전도활동을 하다가 3·1운동에 참가하고 상해로 망명했다. 그는 상해에서 추진된 대한적십자회운동에 참여하여 회원모집 위원으로 활동하기도 했다.[120]

일본경찰의 경부로 있는 강인우(姜麟佑)라는 자는 비밀 사명을 띠고 상해에 와서는 김구에게 자기가 상해에 온 임무를 보고하겠다면서 면담을 신청하는 편지를 보내왔다. 김구와 강인우가 이전에 아는 사이였는지는 알 수 없다. 강인우는 일본인과 동행하면 김구를 체포할 수 있는 영국 조계지의 신세계 음식점에서 만나자고 했다. 김구는 그것을 알고서도 약속된 시간에 그곳으로 나갔다. 강인우는 혼자 나와 있었다. 그는 김구에게 자신이 총독부에서 받은 밀명의 내용을 말하고 다음과 같이 덧붙여 말했다.

"선생께서 거짓 보고자료를 주시면 귀국하여 책임이나 얼버무리겠습니다."

김구는 흔쾌히 승낙하고 강인우가 부탁한 자료를 만들어 주었다. 강인우는 그 공으로 풍산(豊山)군수가 되었다고 한다.[121]

한번은 박(朴) 아무개라는 청년이 김구를 찾아와서 면회를 청했다. 그는 김구를 만나자마자 눈물을 흘리면서 품속에서 권총 한자루와 일본경찰이 준 수첩 하나를 내어놓았다. 청년은 본국에서 먹고살기가 어려워서 며칠 전에 상해에 왔다면서 다음과 같이 실토했다.

"일본 영사관이 나의 체격이 튼튼한 것을 보더니, 선생을 살해하고 오면 돈도 많이 주고 본국 가족들에게는 국가의 토지를 주어 경작하게 해주겠다고 했습니다. 만일 응하지 않으면 체포하여 취조하겠다고 하기에 응낙했습니다. 프랑스 조계지에서 독립을 위하여 애쓰시는 선생을 보고서, 나도 한인의 한 사람으로서 어찌 감히 살해할 마음을 품을 수 있겠습

---

120) 《獨立新聞》 1919년11월27일자, 「大韓赤十字會會員大募集競爭會」.
121) 『백범일지』, pp.304~305.

니까? 이런 까닭으로 권총과 수첩을 선생께 바치고, 중국지역으로 가서 상업에나 종사하고자 합니다."

김구는 "이 말을 듣고 나는 감사의 뜻을 표시하였다"라고 『백범일지』에 써 놓았다.[122]

이러한 일들은 아무리 일본의 밀정일지라도 동포는 믿을 수 있다는 김구의 동포에 대한 남다른 신뢰감을 한층 더 굳혀 주었을 것이다.

일본 밀정이라고 지목받는 사람을 데려다가 그 진위를 밝혀내는 것은 여간 어려운 일이 아니었다. 밀정이 아닌 사람을 억울하게 심문하는 경우도 없지 않았다. 이승만과 가까운 장두철(張斗徹)을 2주일 가까이 구금하고 신문한 것이 그 대표적인 경우였다. 장두철은 이승만이 서울 YMCA 학원 학감 때에 가르친 제자였던 것 같다. 이승만은 안현경이 상해로 가기에 앞서 안현경에게 보낸 편지에서 장두철은 비록 청년이지만 자기와 친근한 사람이라면서, 상해 YMCA를 통하여 연락이 될 것이라고 말했다. 장두철은 경기도 양반 출신으로서 3·1운동 뒤에 여성독립운동자 박정식(朴偵植)과 함께 상해로 갔다.[123] 그는 대한적십자회 결성에도 적극적으로 참여하여, 회원모집 경쟁회가 열렸을 때에는 삼일대에 속하여 활동했다.[124]

이승만은 1919년10월18일자로 그에게 편지를 썼다. 안현경은 장두철이 미주에 가겠다고 하여 하와이로 가라고 권하고, 승용환 후임으로 《국민보》의 주필로 천거하는 문제를 이종관과 의논하고 있던 참이었다.[125]

장두철의 혐의는 명확하지 않으나, 영자신문의 기사와 관련된 것이었

122) 『백범일지』, pp.306~307.
123) 「高警 제9174호: 救國團檢擧」, 1921년4월7일, 『韓國民族獨立運動史料(三·一運動篇 其一)』, p.911.
124) 《獨立新聞》 1919년11월27년, 「大韓赤十字會會員大募集競爭會」.
125) 「安玄卿이 李承晚에게 보낸 1920년1월1일자 편지」, 『대한민국임시정부자료집(42) 서한집 I 』, p.37.

던 것 같다. 안현경은 장두철이 의심받는 것은 그가 영어를 잘하여 상해에서 영어 하는 사람들로부터 시기를 받고 아울러 이승만과 친분관계가 있다는 점이 미움을 샀기 때문이라고 생각했다. 어떤 사람은 안현경에게까지도 장두철과 만나지 말라고 충고했다.

김구는 1920년1월27일에 장두철을 체포하여 신문하기 시작했는데, 이 사실을 보고받은 안창호는 신중하게 다루라고 말했다.[126] 김구는 안현경을 찾아가서 장두철의 혐의사실을 물어 보았으나 혐의사실은 안현경도 모르는 일이었다. 김구가 안현경을 찾아간 것은 장두철이 이 박사가 자기일을 대강 짐작한다고 말했기 때문이었다. 안현경은 이승만에게 보낸 편지에서 그동안 장두철과 어떤 교섭이 있는지 아는 대로 말해 달라고 적었다.[127] 김구는 장두철을 조사한 내용을 안창호에게 보고하고 2월11일에 석방했다. 석방하면서 장두철로부터 정부에 충성하겠다는 서약서를 받았다.[128] 석방된 장두철은 하와이로 가지 않고 상해에 있으면서 경기도 일대의 유림들을 위주로 구국단(救國團)을 조직하여 임시정부를 지원하기 위한 자금모집 활동을 벌였는데, 구국단 활동은 1921년4월에 일본경찰에 탐지되어 20여명이 검거되었다.[129]

3

농상공부 대신과 대한협회 회장 등을 역임한 원로 김가진(金嘉鎭)이 그의 아들 김의한(金毅漢)과 함께 국내를 탈출하여 1919년10월30일에 상해로 왔다. 한일합병 뒤에 비밀결사인 조선민족대동단(朝鮮民族大同團)의 총재에 추대되어 활동하던 김가진은 독립운동의 본거지인 상해에

---

126) 『島山日記』, 1920년1월27일조, 1월30일조.
127) 「安玄卿이 李承晩에게 보낸 1920년1월30일자 편지」, 『대한민국임시정부자료집(42) 서한집
  Ⅰ』, pp.60~61.
128) 『島山日記』, 1920년1월30일조, 2월11일조.
129) 「救國團檢擧」, 『韓國民族獨立運動史料(三·一運動篇 其一)』, p.909~912.

서 여생을 보내고자 온 것이었다. 이때에 그는 일흔네살이었다.

조선민족대동단은 1919년3월에 조선 민족의 정신통일과 실력양성을 표방하며 전협(全協), 최익환(崔益煥) 등이 주동이 되어 서울에서 결성한 비밀결사였다. 대동단은 의친왕(義親王) 이강(李堈)의 상해 망명공작이 좌절된 뒤 1919년11월에 지도부가 대거 검거되면서 조직이 와해되었다.[130]

임시정부는 김가진의 상해 망명을 크게 환영하여 그를 고문으로 예우했다. 김가진은 임시정부와 국내 귀족들의 연락을 담당했다.[131] 한편 조선총독부는 일본정부로부터 남작(男爵)의 작위까지 받은 인물이 독립운동에 참가한 것은 일본의 수치라고 하여 만주지역에서 밀정활동을 하던 정필화(鄭弼和)를 은밀히 상해로 파견하여 김가진을 설득하여 귀국시키려고 했다.[132] 정필화는 김가진의 며느리 정정화(鄭靖和)의 팔촌오빠뻘되는 사람이었다.[133] 이러한 정보를 입수한 김구는 비밀리에 정필화를 체포하여 신문한 결과 사실임을 확인하고 처단해 버렸다.[134]

의친왕을 상해로 데려오다가 실패했던 나창헌(羅昌憲)이 1920년1월말에 상해에 도착하면서 상해독립운동자 사회를 긴장시켰다. 그는 대동단원이 13도에 300만이 된다고 호언했다.[135] 그리고 3월6일에는 대동단본부를 서울에서 상해로 이전한다는 「통고문」과 함께 대동단 총재 김가진 명의의 「포고문」을 발표했다. 「포고문」은 "연유여일(年有餘日) 우리민족이 취한 평화적 수단은 도리어 문약(文弱)과 무혈(無血)이라는 환각을 줄 뿐이었다.… 단원 제군이여 혈전의 시기가 목전에 박도했다는 것

---

130) 이현주, 『한국사회주의세력의 형성』, pp.116~122.

131) 위의 책, p.123.

132) 『백범일지』, p.307.

133) 정정화, 『녹두꽃』, 未完, 1987, p.18.

134) 『백범일지』, p.307.

135) 《獨立新聞》 1920년2월2일자, 「獨立團理事 羅昌憲氏 來滬」.

을 각오하라"라고 선언했다.[136] 나흘 뒤에 발표된 「거금권고문(醵金勸告文)」 끝에 적힌 대동단 본부 간부명단에 북경에 있는 박용만이 '무정부장(武政部長)'으로 발표된 것이 눈길을 끈다.[137] 그리고 5월에는 대동단의 별동대로 철혈단(鐵血團)이 조직되었다.

6월 들어 철혈단이 임시정부를 습격하는 사건이 발생했다. 사건의 발단은 임시정부 내무부가 강위선(姜偉善)이라는 철혈단원을 강도 혐의로 체포한 일이었다. 분개한 철혈단원들은 6월9일 오전에 나창헌의 집 가까이에 있는 이춘숙의 집에 모여 대오를 갖춘 뒤에 경무국을 습격하여 구속중인 강위선을 빼내고는 김구를 찾아갔다. 이춘숙은 2월16일에 학무차장을 사임하고 이때에는 항주로 가고 없었다. 강위선을 구속할 당시에는 김구는 마침 입원해 있었다.[138]

철혈단이 김구에게 책임을 추궁하자 김구는 다음과 같이 대답했다.

"나에게 책임이 없다고는 말할 수 없지만, 내가 입원 중에 내무부에서 처리한 일이기 때문에 그 사정을 잘 알지 못하오."

철혈단원들은 김구를 추궁하는 것을 그만두고 다시 내무부로 몰려 갔다. 소식을 미리 전해 들은 내무총장 이동녕과 내무차장 이규홍(李圭洪)은 철혈단원들이 도착하기 전에 피신했으나, 화가 난 철혈단원들은 경호원들을 협박하여 두 사람을 데려오게 했다. 철혈단원들은 두 사람에게 무슨 까닭으로 경무국에서 처리해야 할 사건을 내무부가 나서서 강위선을 체포하여 구타했느냐고 따졌다. 흥분한 철혈단원들은 이규홍을 구타하여 큰 소란을 빚었다.

사태가 험악해지자 임시정부는 군무부 산하의 사관생도들을 동원하여 사태를 진압하고자 했으나 허사였다. 이때에 사관학교에는 생도 24명

---

136) 「大同團이 配布한 不穩印刷物의 件(1920.4.1.)」, 『韓國民族獨立運動史料(三·一運動篇其二)』, pp.835~836.
137) 「醵金勸告文」, 위의 책, p.836.
138) 『島山日記』, 1920년6월13일조.

이 등록되어 있었다.[139] 경호원들과 사관학교 생도들이 물러가자 철혈단원들도 영국 조계지로 철수했다.

임시정부는 총장들과 차장들이 참가하는 간부회의를 열고, 철혈단원들의 행동은 "적대행위"라면서 엄중히 처벌하기로 의견을 모았다. 한편 철혈단원들은 그들대로 오후 7시에 다시 모여 현재의 임시정부 당국자들을 우리 국민의 대표라고 할 수 없다면서 총사직시키기로 결의하고 선포문을 작성하여 국내외에 배부하기로 하는 한편, 이튿날 오전 10시에 다시 모이기로 하고 해산했다. 그러나 임시정부관계자들은 이튿날 새벽에 철혈단을 습격하여 난투 끝에 나창헌 이하 11명을 체포하여 구금했다. 이 충돌로 나창헌과 김기제(金基濟) 두 사람은 중상을 입고 입원했다.[140]

김구는 불상사의 원인을 조사했다. 그것은 해주 출신의 황학선(黃學善)이 일본 영사관의 자금을 받아 꾸민 음모에서 빚어진 일이었다. 황학선은 3·1운동 이전에 상해에 온 청년으로서, 3·1운동 뒤에 각지에서 몰려드는 망명객들을 자기 집에 묵게 함으로써 독립운동자들 사이에서 잘 알려진 인물이었다. 황학선은 이것을 빌미로 일본 영사관의 밀정이 되어 상해에 처음 오는 청년들에게 임시정부를 모함하는 말을 퍼뜨리고 있었다. 특히 나창헌 등에게 접근해서는 활동자금까지 제공했다. 이 때문에 나창헌을 비롯한 철혈단원들도 그의 말을 곧이듣고 임시정부를 불신하게 된 것이었다.

김구는 황학선을 비밀리에 체포하여 신문했다. 황학선이 나창헌 등의 애국열정을 이용하여 임시정부의 총장들을 비롯하여 김구까지 모두 암살할 계획을 꾸미고 있다는 사실이 밝혀졌다. 황학선은 나창헌이 경성의전 출신인 것을 이용하여 외진 곳에 3층 양옥집을 세내어 '민생의원'이라

---

139) 「一九二○年二月末의 大韓國民臨時政府의 諸機關」, 『韓國民族運動史料(中國篇)』, p.151.
140) 「高警 제18198호: 臨時政府의 內訌에 관한 件」, 『韓國民族獨立運動史料(三·一運動篇 其二)』, pp.717~718.

는 간판을 내걸고 정부요인들을 그곳으로 유인하여 암살하려는 음모를 꾸몄다.

김구는 황학선의 신문기록을 나창헌에게 보여 주었다. 나창헌은 놀라면서 황학선에게 속아 자기도 모르게 큰 죄를 저지를 뻔했다고 말하고, 황학선을 사형시킬 것을 주장했다. 그러나 그때는 이미 황학선은 처단된 뒤였다.[141]

내무부 습격사건이 있은 뒤에도 김구는 철혈단의 테러를 경계했다. 그는 7월8일에 안창호를 찾아가서 철혈단의 테러행위를 엄하게 징치할 것을 건의했다.

"철혈단이 오늘부터 정부 직원을 노상에서 봉변을 준다 하니 주의하십시오. 이들 무리를 모두 체포하여 엄히 다스리는 것이 어떻습니까?"

그러나 안창호는 여느 때와 마찬가지로 신중했다.

"그같은 소문은 믿기가 어렵소이다. 설혹 그것이 사실이라고 하더라도 무마책을 써야지 엄혹한 수단을 쓴다면 더욱 해로울 뿐이오."[142]

이튿날 박은식이 안창호를 찾아왔다. 박은식은 자기가 잘 아는 김덕(金德)이라는 철혈단원이 자기를 찾아와서 김구와 같은 말을 하더라면서 정부로서 청년들을 좋게 무마할 것을 당부했다. 안창호는 박은식에게 말했다.

"불평의 표준점이 된 정부로서는 이를 무마하기 어려우니 제3자인 민간에서 유력한 분이 나서서 무마해야만 안돈될 것입니다."[143]

안창호는 임시정부에 직접 참여하지 않고 있는 원로 역사학자 박은식이 나서서 이 문제를 수습해 달라고 부탁한 것이었다. 철혈단은 1922년7월에 총재 김가진이 사망한 뒤로 세력을 잃고 소멸되었다.

이렇게 하여 김구는 임시정부를 움직이는 중요한 실력자의 한 사람이

---

141) 『백범일지』, p.308.
142) 『島山日記』, 1920년7월8일조.
143) 『島山日記』, 1920년7월9일조.

되었다. 1920년1월에 일본경찰이 작성한 정보보고는 임시정부 요인 가운데 세력이 있는 사람으로 안창호, 이동휘, 박용만, 김규식, 김구 다섯 사람을 꼽았다. 임시정부 밖에 있는 인사로는 여운형을 들었다. 박용만과 김규식이 상해에 있지 않은 점을 감안하면 김구는 총장은 물론 차장도 아닌데도 일본인들에게 안창호와 이동휘에 버금가는 "실력자"로 간주되었던 셈이다. 이 정보보고는 또 임시정부 안의 파벌을 "이상파"와 "무력파"로 구분하여 김구는 이승만, 안창호, 여운형, 김규식, 이동녕, 이시영, 이광수, 신규식 등과 함께 이상파로 분류하는 한편 "무력파"로는 이동휘, 유동열, 노백린(盧伯麟), 신채호, 도인권, 이춘숙, 손정도, 현순 등을 꼽고 있어서 흥미롭다.[144]

144) 「臨時政府 其他의 件」, 『韓國民族運動史料(中國篇)』, p.143.

35장

공산당도 흥사단도 거부하고

1. 미국상원에서 한국문제 다시 거론

1

　이승만은 1920년에 접어들어서도 강연여행을 계속했다. 1월10일부터 1주일 동안 그는 임병직(林炳稷)을 대동하고 동부지방을 순회하면서 대학과 교회 등에서 강연을 했다. 그러나 이승만은 2월 한달은 워싱턴에 있어야 했다. 미국상원에서 베르사유조약의 비준문제가 다시 논란되기 시작했기 때문이다. 이때에는 비준을 전제로 15가지가 넘는 유보조건이 제출되어 토론이 계속되었는데, 한국문제도 그 가운데 포함되어 있었다.

　이승만은 워싱턴에 있으면서 의원들을 상대로 로비활동을 벌이면서도 강연과 기자회견 등의 선전활동 기회는 소홀히 하지 않았다. 2월8일에 영국 퓨리턴 교파인 세인트 폴 교회에서 한 강연내용이《신한민보(新韓民報)》에 보도되고, 또 그 기사를 상해의《독립신문(獨立新聞)》이 그대로 옮겨 싣고 있어서 눈길을 끈다. 이날의 연설에서 이승만은 다음과 같이 일본의 정책을 비판했다.

　"현재 합중국 안에서 일본을 위한 선전가들은 한국을 가리켜 일개 미개명국이라 하고 일본이 한국을 개척하고 발전시키기를 아메리카가 필리핀에 대하여 하는 것과 같다고 말하지만, 사실은 그와 정반대올시다. 일본인이 실제로 하는 일은 한인을 발전시키기는커녕 도리어 할 수 있는 데까지 한인의 자유와 지식발전을 막는 터이라.…

　일본인들은 한국 안에 15만명 병정과 한량없이 많은 순사와 정탐꾼을 풀어놓아 2천만 한족을 노예로 대우하고 세상에서 제일 험한 악형과 포학을 자행하고 있소이다."

　그러면서 그는 미국인 청중에게 다음과 같이 호소했다.

　"합중국 국민 여러분이 여러분의 독립을 위하여 중한 대가를 치른 것

같이 지금 우리 한인들도 그와 동일한 희생을 바치기를 원하오이다. 아울러 우리는 합중국의 원조를 바라오니, 이는 합중국 인민들의 군기와 군대를 청할 수는 없으나 우리는 합중국 공민들의 도덕상 원조를 청하고, 아메리카는 한국에서도 다른 데서와 같이 인도와 정의의 큰 소리를 질러 저 압제와 강박을 물리치라 청하오이다.…"[1]

이승만은 3월7일부터 나흘 동안 사우스 캐롤라이나주와 조지아주의 몇몇 도시를 방문하여 상업회의소와 레드서클 클럽(Red Circle Club) 등에서 강연을 하고 3월11일 새벽 4시에 워싱턴으로 돌아왔다.[2]

미국상원에서 한국문제가 다시 거론된 것은 3월16일부터였다. 이번에는 공화당 의원들이 아니라 민주당 소속의 토머스(Charles S. Thomas) 의원이 앞장섰다. 그는 콜로라도주 지사를 지내고 거기에서 상원의원으로 선출된 사람이었다. 이 무렵 콜로라도주의 덴버(Denver)에서는 한국친우회 결성 움직임이 추진되고 있었다. 이날 회의에서 오언(Robert L. Owen) 의원은 이집트의 독립문제와 관련된 유보조건안을 제출했고, 이어 쉴즈(John K. Shields) 의원이 아일랜드의 독립문제와 관련된 수정안을 제출했다. 그러자 토머스 의원이 쉴즈 의원의 유보조건안에 한국독립문제를 추가한 재수정안을 제출했다. 이러한 제안들을 놓고 긴 토론이 계속된 끝에 세가지 제안을 통합한 다음과 같은 수정안이 다시 제출되었다.

미합중국은 조약 제6항에 따른 보호는 단지 전쟁기간 동안 이집트의 영토와 독립의 보전을 위한 전쟁조치였다고 이해한다.
합중국은 나아가 국제연맹조약의 근본정신인 모든 민족의 자결과 평등의 대원칙을 실행하기 위하여 영국과 일본이 각각 아일랜드공

---

1) 《新韓民報》 1920년2월26일자, 「우리 대통령각하의 노심초사」; 《獨立新聞》 1920년4월22일자, 「李大統領의 活動」.
2) Syngman Rhee, *Log Book of S. R.*, 1920년3월7일조~11일조.

화국과 한국 구왕국(the ancient kingdom of Korea)의 존재와 정치적 독립을 즉시 인정하고 아일랜드와 한국이 다른 독립 주권국들과 동등한 대표권을 갖는 국제연맹 회원국이 되는 데 동의할 것으로 이해한다.[3]

이 유보조건안에서 한국의 존재가 "대한민국"이 아닌 "한국 구왕국"으로 되어 있는 데는 이유가 있었다. 그것은, 토머스 의원이 그의 주장의 근거로 강조한 것이 1882년에 조선왕국과 맺은 조미수호통상조약에 따른 미국의 책임문제였기 때문이다. 이 유보조건안의 표결은 연기되었다.

이틀 뒤에 게리(Peter G. Gerry) 의원은 아일랜드 독립에 관한 유보조건안만 분리하여 다시 제출했다. 그러자 토머스 의원은 그 유보안에 "또한 합중국은 역시 민족자결의 원칙에 따라, 한국인민의 울분과 그들의 구왕국을 회복하고 일본의 압제로부터 벗어나고자 하는 열망에 대한 동정을 표명하며, 나아가 그것이 달성될 때에는 즉시 국제연맹의 회원국으로 가입되어야 한다는 것을 표명한다"라는 내용을 첨부한 수정안을 제출했다.[4] 이 수정안을 놓고 의원들 사이에서 갑론을박이 전개되었다. 한 의원은 외교관계를 고려하여 "일본의 압제로부터 벗어난다"는 구절을 삭제하고 다만 신의적으로 동정을 표시하는 것이 좋겠다고 주장했다. 다른 한 의원은 "민족자결의 원칙에 따라"라는 문구의 삭제를 요구했다. 수정안에 반대하는 월쉬(Thomas J. Walsh) 의원은 토머스 의원의 수정안에는 아일랜드의 독립문제와 관련된 유보조건안을 부결시키려는 의도가 있다고 비난했다. 그는 또 이 수정안의 "구왕국을 회복한다"는 용어에서 보듯이 군주제 정부의 부활에 찬성의사를 밝히는 것은 미국의 의회 및 어떤 의회기관에서도 처음 있는 일이라고 비꼬았다. 토머스 의원은 이 모

---

3) "Proceedings and Debates", *Congressional Record, 66th Congress, 2nd Session*, vol. LIX., Part 5, p.4392.
4) *op. cit.*, p.4499.

든 수정요구를 받아들였다.[5]

　이러한 논란이 있은 뒤에 아일랜드와 한국에 대한 유보조건안은 각각 표결에 부쳐졌다. 아일랜드안은 38 대 36, 기권 22로 가결되었으나, 한국안은 34 대 46, 기권 16으로 부결되었다.[6] 아일랜드안이 가결된 데에는 아일랜드계 미국인들의 영향력이 작용한 것은 말할 나위도 없다. 이 시기에 아일랜드인 미국시민권자는 1,000만명가량 되었을 것으로 추산된다. 1820년에서 1920년까지의 유럽 나라들의 미국이민 통계에 따르면 아일랜드가 가장 많은 453만7,900명이었고, 그 다음이 이탈리아로 419만6,060명, 영국이 389만5,509명이었다.[7] 일반적으로 아일랜드인의 출산율은 매우 높다. 한편 일본경찰의 보고서는 이 시기에 미국시민권을 가진 아일랜드인이 3,000만명에 이르렀던 것으로 기술했으나,[8] 이는 과장된 숫자이다.

　한국안을 찬성한 34명 가운데는 미국의 국제연맹 가입을 극력 반대하는 러지(Henry C. Lodge) 외교위원장을 비롯하여 보라(William E. Borah), 존슨(Hiram W. Johnson) 등 강경파 고립주의자들이 포함되었는데, 이승만은 이처럼 국제연맹 반대파들의 협조를 얻어서 한국독립문제에 대한 미국의회의 결의안을 성립시키려 했던 것이다.[9]

　미국상원은 3월19일에 다시 베르사유조약 비준에 대한 표결을 실시했다. 결과는 찬성 49, 반대 35, 기권 12로 찬성표가 반대표보다 많았지만, 비준에 필요한 3분의 2에 미치지 못하여 부결되었다.[10] 이렇게 하여 국제연맹은 미국이 불참하고 또한 소비에트 러시아와 패전국 독일이 배제된 채 영국, 프랑스, 이탈리아, 일본의 4개국을 중심으로 설립되어 운영

---

5) *ibid.*, pp.4504~4505.
6) *ibid.*, p.4512, p.4522.
7) Bureau of the Census, *Historical Statistics of the United States 1789~1945*, U. S. Department of Commerce, 1949, pp.33~34.
8) 朝鮮總督府警察局, 『米國ニ於ケル朝鮮獨立運動ニ關スル調査報告書』, p.44, pp.56~57.
9) 고정휴, 『이승만과 한국독립운동』, pp.378~379.
10) *Congressional Record, 66th Congress, 2nd Session*, vol. LIX., Part 5, p.4599.

되게 되었다. 그것은 세계평화보장기구의 창설이라는 윌슨(Woodrow Wilson) 대통령의 꿈이 실현되는 첫 출발이었지만, 윌슨 자신의 정치생명에는 치명적인 패배였다.

상원에서 비준이 거부되자 윌슨은 국민투표를 검토했다. 그러나 그것이 실행 불가능한 것임을 알고는 1920년 가을의 대통령 선거를 실질적인 국민투표로 삼으려 했다. 그러나 윌슨의 이상주의 및 국제주의에 환멸을 느낀 미국 국민은 윌슨의 후임 후보로 지명된 민주당 소속의 오하이오주지사 콕스(James M. Cox) 대신에 뒷날 역사상 가장 저급한 대통령으로 평가받는 공화당의 하딩(Warren G. Harding)을 선택했다. 실의에 빠진 윌슨은 마침내 1921년의 연두교서에 국제연맹에 대해서는 한마디도 언급하지 않았다. 선거유세 때의 과로로 중병을 앓게 된 윌슨은 1924년2월3일에 사망할 때까지 폐인과 같은 생활을 보냈다. 그에게는 1920년에 받은 노벨평화상이 유일한 위안이었을 것이다. 프린스턴대학교 시절의 윌슨과의 교분을 자신의 정치적 자산으로 내세워 왔던 이승만이었지만 만년의 윌슨을 한번도 방문하지 않았다. 그것은 대통령 재임 때의 윌슨의 냉대에 대한 원한 때문이었을 것이다.

2

미국상원에서 한국독립과 관련된 유보조건안이 토의되는 것을 보고 이승만은 토머스 의원의 출신지인 덴버로 갔다. 3월17일 새벽에 워싱턴을 떠난 그는 시카고를 거쳐 이틀 뒤인 19일 아침에 네브래스카의 링컨(Lincoln) 역에 도착했다. 정한경(鄭翰景)이 마중 나와 있었다. 이승만의 덴버 방문은 이때가 세번째였다. 첫번째는 1908년에 박용만(朴容萬)의 주선으로 덴버에서 열린 애국동지대표회에 참석하기 위해서였다. 그것은 이승만이 하버드대학교 대학원에 재학 중일 때였다. 그는 의장으로서 대회를 이끌었고, 박용만은 그에게 정성을 다했었다. 두번째는 1910

년에 프린스턴대학교를 졸업하고 귀국에 앞서 헤이스팅스대학(Hastings College)에 들렀을 때였다. 이때에 이승만은 박용만이 설립한 소년병학교 학생들과 함께 2주일 동안 지내면서 부흥사경회 같은 집회를 인도했다. 이제 세번째로 대한민국임시정부의 대통령이 되어 10년 만에 다시 덴버를 찾은 것이다. 1905년쯤부터 한인들이 정착했던 덴버와 헤이스팅스는 미국 중부지역 한인독립운동의 거점이었다. 토머스 의원을 포함한 이 지역 출신 정치인들이 한국문제에 대해 호의적이었던 것도 그러한 배경이 있기 때문이었을 것이다.

이승만은 3월 말까지 덴버와 인근 도시를 순방하면서 대학, 교회, YMCA, 여성단체 등의 집회에서 강연을 했다. 동포들이 베푼 환영만찬회에서도 그는 한 시간이 넘는 긴 연설을 했다.[11] 그는 또 동포 농장을 방문하고, 바쁜 일정을 무릅쓰고 콜로라도 캐넌 관광도 했다.[12]

이승만이 미국상원의 한국문제에 대한 표결을 눈앞에 두고 콜로라도주를 방문한 데에는 그 나름의 계략이 있었다. 그것은 토머스 의원의 노력이 얼마나 중요한 의의를 갖는가를 그곳 미국시민들이나 동포들에게 주지시키고 그것을 기반으로 하여 활성적인 한국친우회를 결성하는 일이었다. 그 자신의 희망적인 전망과 과장된 선전에도 불구하고 미국상원이 한국독립과 관련된 유보조건안을 채택하리라고는 이승만 자신도 확신하지는 않았을 것이다. 그러나 비록 한국조항이 가결되지는 못했더라도 한국의 독립문제를 두고 미국의 도의적 책임이나 조약상의 의무와 관련하여 미국의회에서 열띤 토론이 전개되었다는 사실은 그와 구미위원부의 외교 노력의 큰 성과였다. 그러한 사정은 이승만에게 비판적 입장이었던《신한민보》의 다음과 같은 「논설」로도 짐작할 수 있다.

---

11) 《新韓民報》 1920년4월9일자, 「리승만 대통령각하 덴버에서」, 「정한경 학사의 애국활동과 성적」
12) Syngman Rhee, *Log Book of S. R.*, 1920년3월17일조~4월1일조.

우리는 한국에 향하여 막대한 동정을 주는 합중국 상의원들의 신의와 인도 정의의 주장을 조금도 의문할 여지가 없는 동시에, 이번 실패는 실상은 실패가 아니요 승리이니, 곧 미구에 합중국 상의원은 한국문제를 따로 제출하고 따로 토의한 후에 일반 한국동정 상의원들의 투표로 단독의 보류안을 성립할 기회를 예비함인 까닭이라.… 이번 첨가 개의안으로 말미암아 우리가 한번 더 확실히 아는 바는, 곧 합중국 상의원의 인도 주장이 참 굉장한 일이라. 의심없이 확인할 것은 만일 우리가 힘이 있거나 기회가 있어서 우리 독립을 찾으면 온 세계 여러 나라 중 먼저 우리 독립을 승인할 나라는 곧 합중국이라. 달리 말하면 우리의 독립은 첫째는 우리에게 있다 하며, 우리 독립을 위한 외국의 동정은 벌써 우리 외교대표들의 힘과 인도와 정의를 주장하는 외국, 특별히 합중국을 우리는 마땅히 마음을 다하여 감사하고, 우리의 실력 예비와 우리의 외교 계속에 진력하여, 이 다음 첫번 오는 독립전쟁 기회를 잃지 말 일이로다.…[13]

또한 상해의 《독립신문》도 「논설」에서 "회상하라, 국치 10년 이래로 언제 한국문제가 세계의 여론에 오르내렸더뇨.… 한국과 한족이라는 명칭은 다만 사학자의 필기장에나 희미히 기억된 명칭에 불과하였도다"라고 말하고, 미국상원에서 한국문제가 논의된 것은 3·1운동 이래 계속되어 온 우리의 독립운동이 전 민족적 운동임을 세계가 명확히 인식하게 되었음을 나타내는 "위대한 사업"이라고 평가하면서, "동포여, 이번 미국상원의 한국독립안을 경시치 말지어다"라고 강조했다.[14]

이승만은 한국의 독립문제가 미국의회에서 토의되는 일에 힘을 쏟으면서도, 새로 발족하는 국제연맹에 대해서는 큰 기대를 걸지 않았다. 역

---

13) 《新韓民報》 1920년 4월 2일자, 「論說: 합중국과 한국」.
14) 《獨立新聞》 1920년 3월 30일자, 「美國上院의 韓國獨立承認案」.

사상 처음으로 세계평화보장기구로 발족하는 국제기구이기는 하지만 미국이 참가하지 않는 한 그것은 제대로 기능을 발휘할 수 없을 것이라고 판단했기 때문이다. 이 점은 상해임시정부가 국제연맹에 대하여 큰 기대를 걸고 있던 것과는 대조적이었다. 앞에서 본 대로, 임시정부가 제일 먼저 착수한 작업이 국제연맹에 제출할 한국문제에 관한 보고서를 작성하는 것이었다. 또한 1920년부터 실시하기로 한 「대한민국임시정부 시정방침」에도 "국제연맹회에 대하야 대사를 파견하며, 독립승인을 요구하며, 또한 한국이 국제연맹에 가입함을 요구함"이라는 항목이 포함되어 있다.[15)]

미국상원에서 베르사유조약 비준이 거부되고 나자 미국의회에서의 한국문제 논의도 일단 끝났다. 이승만은 법률고문 돌프(Fred A. Dolph)에게 3·1운동 이후에 미국에서 진행된 구미위원부의 활동을 정리한 「업무보고서」를 작성하게 했다. 「업무보고서」는 1920년9월15일자로 위원장 김규식(金奎植)에게 제출되었는데, 국제연맹과 관련하여 다음과 같이 언급한 것이 눈길을 끈다.

> 국제연맹에 관하여는 저는 이를 죽은 기관이라고 판단합니다. 연맹으로는 아무것도 성취하지 못할 것이요, 본인의 추량(推諒)으로는 미국은 결코 연맹에 참입치 않을 것이요, 연맹은 근근이 유지되다가 자멸할 뿐이외다.[16)]

돌프의 「업무보고서」의 이러한 기술은 이승만을 비롯한 구미위원부 관계자들의 국제연맹에 대한 인식을 보여 주는 것이었다.

---

15) 「大韓民國臨時政府施政方針」, 『대한민국임시정부자료집(8) 정부수반』, p.126.
16) 「韓國問題報告」, 『대한민국임시정부자료집(17) 구미위원부Ⅰ』, pp.19~24; 《新韓民報》 1920년10월21일자, 「돌프 각하 주년보고서」 및 10월28일자, 「돌프씨의 보고」; 《獨立新聞》 1921년1월15일자, 「歐美委員部法律顧問의 報告」.

2. 볼셰비키 정부의 지원얻어 무장투쟁하기로

1

국제연맹을 통한 한국의 독립을 기대할 수 없다는 것이 명백해지자 한국 독립운동자들의 관심은 러시아 볼셰비키 정부의 지원을 받는 문제로 기울어졌다. 이 무렵에는 볼셰비키 정부가 극동 시베리아까지 거의 장악했다. 현실주의자인 이승만도 예외가 아니었다. 그는 서유럽 제국이 볼셰비키 정부를 승인하게 될 것이라고 판단하고, 볼셰비키 정부의 지원을 얻어서 독립군을 국내로 진격시키는 방안을 생각했다.

이승만은 미국상원에서 베르사유조약 비준안이 다시 논의되던 2월13일에 상해의 안현경(安玄卿)에게 보낸 편지에서 다음과 같이 썼다.

> 러시아의 볼셰비키는 점차 득승하는 모양인데, 구미의 인심이 그 정부를 인증(認證)하자는 언론이 유력하여 가는 중 국무원(國務院)에서 일전에 각 신문에 통신으로 발행케 한 것은, 한병(韓兵) 2천명이 시베리아에서 볼셰비키의 군물(軍物)을 얻어 한북(韓北)으로 건너와 일인을 공격하므로 일군이 퇴거라 하는 통신을 발송한지라. 우리는 침묵하고 이에 대하야 여하한 공포가 없으니, 이는 그 후보를 기다림 이외다. 이것을 모모 각원제공에게 보이시오.[17]

이승만이 자신의 이러한 편지 내용을 임시정부 각료들에게 보이라고 한 것이 눈여겨볼 만하다. 이 점과 관련하여 흥미로운 것은 일본경찰이 다음과 같이 보고한 점이다. 곧, 2월9일의 모스크바발 AP통신에 따르면 사흘 전인 2월6일에 만주에 있는 한인 2,000명이 볼셰비키의 원조로 무

---

17) 「李承晚이 安玄卿에게 보낸 1920년2월13일자 편지」, 『대한민국임시정부자료집(42) 서한집 I 』, p.72.

장을 갖추고 북한지방에 진입하여 일본군 300명을 살상하고 그 밖에도 각지의 수비대를 공략했다는 것이었다. 그리고 이들 한인들은 현재 길림(吉林)지방으로부터 진군하고 있으며, 혁명적 정신은 볼셰비키의 활동에 따라 한국 전역으로 확장되고 있고, 한인 혁명수뇌는 볼셰비키의 관헌과 밀접한 연락을 가지고 그들의 원조로 무장을 준비하고 있으며, 한국에 주둔한 일본군 3개 대대는 이번 침공으로 질서를 보전하기 어렵게 될 것이라고 일본인들 사이에 우려의 목소리가 높다는 것이었다.

이 일본 경찰보고서는 또, 이러한 보도가 있자 이승만은 워싱턴의 한 통신사에 한국의 독립운동이 볼셰비키와 관계가 있다는 이야기는 일본인의 반대선전에 지나지 않는다고 해명했다고 기술했다. 그리고 워싱턴 주재 일본 육군무관이 미국인 변호사 홉킨스(Hopkins)로부터 들은 바로는, 미국에 있는 볼셰비키 선전자 마틴스의 심문공술에 따르면 재미 한인독립운동자들은 아일랜드인을 통하여 러시아 볼셰비키로부터 자금 공급을 받았다고 했다면서, 이승만이 AP통신의 허위보도에 대하여 특별히 해명을 하려 드는 것은 주목할 필요가 있다고 기술했다.[18]

재미 한인독립운동자들이 아일랜드인을 통하여 볼셰비키의 자금을 공급받았다는 것은 믿기 어려운 이야기이다. 그러나 위의 이승만의 편지 내용으로 보아 볼셰비키의 지원을 받은 한인부대가 국경을 넘어 본국으로 진격했다는 보도가 있었던 것은 사실이었던 것 같다. 이 무렵 이승만은 블라디보스토크에 있는 박처후(朴處厚)를 통하여 극동 시베리아 지역의 상황에 관한 자세한 정보를 얻고 있었고, 또 자신의 활동을 그곳 동포들에게 알리고 있었다. 박처후는 박용만과 함께 덴버의 애국동지대표회와 소년병학교의 설립을 주동한 사람이었다. 이승만은 박처후에게 시베리아 지역에 관련된 일뿐만 아니라 북경(北京)에 있는 박용만을 설득

---

18) 『米國ニ於ケル朝鮮獨立運動ニ關スル調査報告書』, p.113.

하는 일도 부탁해 놓고 있었다.[19]

임시정부는 1920년을 맞으면서 「대한민국임시정부 시정방침」을 마련했다. 그것은 1) 통일, 2) 군사, 3) 외교, 4) 교육, 5) 사법, 6) 재정의 여섯 분야에 걸친 임시정부 활동목표를 천명한 것으로서, 기본적으로는 독립전쟁의 시작을 전제로 한 것이었다. 그리하여 심지어는 패전국 독일로부터 군사상 기술가를 고용하고 무기와 군수품을 차입하는 일까지 외교활동의 사업계획에 포함시켰다.

시정방침은 1월3일에 열린 상해 동포들의 신년축하회에서 행한 안창호(安昌浩)의 연설을 통하여 구체적으로 표명되었다. 그는 1920년을 "독립전쟁의 해"라고 천명했다.

"우리가 오래 기다리던 독립전쟁의 시기는 금년인가 하오. 나는 독립전쟁의 해가 이르른 것을 기뻐하오. 우리 국민은 일치하여 전쟁의 준비에 전력하기를 바라오. 외국의 동정을 요할지언정 외국에 의뢰하지는 마시오. 우리 국민은 대대적으로 일어나 독립전쟁다운 전쟁을 할지언정, 신성한 우리 국민에게 비도(匪徒)나 폭도라는 악명을 씌우지 마시오. 대규모로 준비 있게, 통일 있게 일어나면 독립전쟁이지마는 대부분 소부분 통일 없이 일어나면 비도라 하오."[20]

이렇게 시작된 안창호의 연설은 신병 때문에 그날 다 끝내지 못하고 5일 저녁에 다시 계속되었다. 모두 다섯시간에 걸친 그의 열띤 시정연설은 청중을 흥분시켰다. 그는 여러 가지 전쟁준비의 필요성을 구체적으로 설명하면서, "독립전쟁에 반대하는 자는 독립에 반대하는 자"라고 말하고, 또 "진실로 독립전쟁을 주장할진대 반드시 일제히 이동휘(李東輝)의 명령을 복종하여야 하오"하고 이동휘의 전쟁방침에 따를 것을 강조했다.

---

19) 「朴處厚가 李承晩에게 보낸 1920년1월27일자 편지」, 『대한민국임시정부자료집(42) 서한집 I』, pp.53~54; 「鮮人ノ行動ニ關スル件」, 1920년2월14일, 姜德相 編, 『現代史資料(27) 朝鮮 (三) 獨立運動(一)』, pp.192~193.
20) 《獨立新聞》 1920년1월17일자, 「戰爭의 年」; 주요한 編著, 『安島山全書』, pp.554~555.

안창호의 "독립전쟁의 해" 천명을 시작으로 임시정부 안팎에서 독립전쟁을 주장하는 목소리가 높아졌다. 《독립신문》은 안창호의 연설로 미루어 임시정부가 금년 안에 독립전쟁을 선언할 것이 확실하다면서 선동적인 맞장구를 쳤다.

원년(1919)3월1일 이래로 우리 국민은 평화의 수단으로 가능한 거의 모든 운동을 실시하였으나, 적은 점점 더 완폭(頑暴)하여 갈 뿐이니, 이제 취할 바는 오직 예정적 최후행동인 전쟁밖에 없소. 나는 오직 우리의 준비 없음을 염려하였더니, 우리 정부에 이미 여사한 성행(成行)이 있을진대 다만 환희하고 용약할 뿐이오.···21)

임시정부는 1920년1월13일에 러시아와 만주지역 동포들을 대상으로 1920년을 "독립전쟁의 제1년"으로 규정하면서 그들의 분발을 촉구하는 「국무원포고」 제1호를 발포했다.22) 이어 군무부에서도 노백린(盧伯麟) 군무총장 명의로 「군무부포고」 제1호를 발포하여 지금이 바로 전쟁을 감행할 시기라고 말하고, 독립전쟁의 수행을 위한 군대양성과 통일적인 군대조직을 위한 전 민족의 참여를 촉구했다.23) 이러한 임시정부의 독립전쟁 방침은 3월2일에 열린 임시의정원 회의에서 이동휘 국무총리가 공식으로 밝혔다.24)

2

임시정부는 수립 초기부터 외교활동과 함께 군사활동을 가장 중요

21) 《獨立新聞》 1920년1월17일자, 「戰爭의 年」.
22) 《獨立新聞》 1920년2월5일자, 「國務院布告 제1호」.
23) 《獨立新聞》 1920년2월14일자, 「軍務部布告제1호」.
24) 《獨立新聞》 1920년3월4일자, 「國務總理施政方針演說」.

한 독립운동 방략으로 채택하고 준비해왔다. 1919년11월5일에 법률 제2호로 공포한 「대한민국임시정부관제」는 독립전쟁의 최고지도기관으로서 임시대통령 직할의 대본영, 참의부, 군사참의회를 설치하고, 군무부에는 비서, 육군, 해군, 군사, 군수, 군법의 6개국을 둔다고 규정했다. 이 관제에 따르면 육군과 해군에 각각 비행대까지 설치하게 되어 있었다. 이어 12월18일에는 「임시군사주비단제」, 「대한민국육군임시군제」, 「대한민국육군 임시군구제(臨時軍區制)」, 「임시무관학교조례」, 「육군사학(陸軍士學)학칙」을 발포했다.[25] 그것은 서북간도와 북만주와 시베리아에 산재한 무장 독립운동단체들을 서간도, 북간도, 시베리아의 3개 군사지역으로 나누어 임시정부 총괄 아래로 통합시키고, 앞으로 실시할 독립전쟁에서 독립군을 지휘할 장교들을 양성할 사관학교 설립을 위한 법적 조치였다. 임시정부는 이러한 방침에 따라 1919년 말에 상해에 육군무관학교를 설립했다. 이 학교는 군무부 차장 김희선(金羲善)을 교장으로, 김구의 옥중동지였던 도인권(都寅權)을 학도대장으로 하여 6개월 과정으로 운영되어, 1920년5월과 12월 두 차례에 걸쳐서 졸업생 43명을 배출했다.[26]

이 무렵 만주와 시베리아 지역에는 50여개의 크고 작은 무장단체가 있었는데,[27] 그 가운데 북로군정서(北路軍政署), 서로군정서(西路軍政署), 대한청년단연합회, 광복군총영, 대한독립군, 한족회, 대한독립단, 보합단(普合團) 등 큰 단체들은 임시정부계이거나 임시정부의 명령을 따르는 단체들이었다.[28]

안창호의 신년축하회 연설과 임시정부의 「국무원포고」로 자극된 상해 동포사회는 당장에 독립전쟁을 선포할 것 같은 분위기가 되었다. 안

25) 『대한민국임시정부자료집(9) 군무부』, 2006, pp.12~17.
26) 《獨立新聞》 1921년1월1일자, 「過去一年間 우리의 獨立運動」.
27) 『한국독립운동사사전(1)』, 독립기념관 한국독립운동사연구소, 1996, pp.503~508.
28) 李延馥, 「대한민국임시정부의 군사정책」, 『대한민국임시정부수립80주년기념논문집(하)』, 國家報勳處, 1999, p.21.

창호의 『일기』에는 1월18일에 그가 군무국장 손두환(孫斗煥) 등과 사관학교 확장문제를 의논한 일[29]을 시작으로 군사활동과 관련된 여러 가지 이야기를 나눈 것이 자세히 적혀 있다. 안창호는 손두환에게 학생들을 완전사관학생, 반사관학생, 국민군 세가지로 구별하여 모집하되 어느 것을 택할 것인지는 지원자에게 맡기며, 강제징집은 시행하지 말고 일반 국민에게 권고하여 많은 사람들이 지원하도록 하는데, 처음에는 고루 권유하고 두번째는 정원 등록을 실시하자고 했다. 그리고 육군사관학교를 정식 관립으로 하여 졸업한 뒤에 참위(參尉)의 계급장을 주도록 하는 것이 좋겠다고 말했다. 손두환도 이 안에 찬성했다. 그러나 이들이 상정하는 "일반 국민"이란 상해를 비롯한 중국 관내지역에 재류하는 동포들에 한정될 수밖에 없었다.

임시정부는 국민개병제를 주창하면서 1920년1월20일부터 상해에 있는 18세 이상의 남자들을 대상으로 군적등록사업을 추진했다.[30] 이 사업은 애국부인회가 앞장섰다. 애국부인회는 동포들을 개별적으로 방문하여 국민군에 지원할 것을 권유했다.[31] 김구도 국민군 모집사업에 적극적으로 나섰다. 그는 양산학교 시절의 초립동이 제자였던 손두환이 실무책임자가 되어 열성을 쏟고 있는 것이 여간 대견스럽지 않았을 것이다. 김구는 2월3일에 손두환과 함께 안창호에게 가서 군인모집 사업을 주선할 것을 부탁했고, 안창호도 동의했다.[32]

임시정부가 군적등록사업에 열성을 기울인 것은 간부들 가운데 가장 연장자인 이동녕(李東寧)과 이시영(李始榮)을 제외한 대부분의 간부들이 등록한 것으로도 짐작할 수 있다. 국무총리 이동휘를 비롯하여 법무총장 신규식(申圭植), 노동국총판 안창호, 국무원 비서장 김립(金立), 내

---

29) 『島山日記』, 1920년1월18일조.
30) 「國民軍召集敎授訓練의 經過報告書」, 『대한민국임시정부자료집(9) 군무부』, p.17.
31) 『島山日記』, 1920년1월21일조, 2월5일조.
32) 『島山日記』, 1920년2월3일조.

무차장 이규홍(李圭洪), 재무차장 윤현진(尹顯振) 등이 솔선하여 등록했다.[33] 그리하여 등록자는 모두 163명에 이르렀다.[34] 김구도 군적등록을 했을 것이다.

바로 이 시점에 이승만이 워싱턴에서 부인했다는 2,000명 무장 한인의 국내 진공 뉴스가 워싱턴 2월9일발 로이터통신으로 상해에도 전해졌다. 《독립신문》은 이 뉴스를 크게 보도하면서 "이미 불은 당기었도다.… 독립전쟁의 제1보에 우리에게 돌아온 이 승리는 즉 독립전쟁의 전도를 점치는 승리요 동아대혁명의 성공을 축하하는 승리이로다.… 승리를 축하할 자는 나아오라. 승리를 향하여 돌진할 자는 나아오라"하고 선동적인 논설을 실었다.[35] 독립전쟁과 동아대혁명을 결부시키고 있는 것이 눈길을 끈다.

이러한 상황 속에서 임시정부의 활동적인 몇몇 간부들이 모여 한 비밀결사를 발기했다. 그것이 의용단(義勇團)이었다. 의용단은 임시정부가 「시정방침」에서 천명한 독립전쟁 방략을 효과적으로 실천하기 위하여 국내에 잠입하여 각종 활동을 벌이는 것을 목적으로 조직된 단체였다. 의용단을 발기한 사람들은 의정원 의장 손정도(孫貞道), 교통부 차장 김철(金澈), 국무원 비서장 김립, 재무부 차장 윤현진, 김규식의 부인 김순애(金淳愛) 등이었다. 김구도 경무국장의 격무 속에서도 의용단 조직에 적극적으로 참여했다. 1월31일에 손정도의 집에서 열린 발기회에는 안창호도 참석했다. 그는 사람들의 오해를 받을지 모른다는 이유로 정식으로 발기인에 참가하지는 않았지만,[36] 의용단 조직에 처음부터 깊이 관여하고 있었다.

의용단의 조직과 활동을 실질적으로 주도한 사람은 황해도 봉산(鳳

33) 《獨立新聞》 1920년3월23일자, 「다시 國民皆兵에 대하여」.
34) 「國民軍召集敎授訓練의 經過報告書」, 『대한민국임시정부자료집(9) 군무부』, p.17.
35) 《獨立新聞》 1920년2월17일자, 「二千의 獨立軍이…敵의 陣營을 夜襲하다」; 「獨立軍勝捷」.
36) 「島山日記」, 1920년1월31일조.

山) 출신의 김석황(金錫璜)이었다. 그는 경성사립보통학교에서 수학한 뒤 1918년4월에 일본으로 건너가서 와세다(早稻田)대학 입학을 준비하다가 2·8학생독립선언에 참여했다. 그는 서춘(徐椿)의 권고로 상해로 가서 1919년7월7일에 열린 제5회 임시의정원 때에는 황해도 대표의원에 선출되었고,[37] 안창호가 내무총장으로 취임한 뒤에는 임시사료편찬회에서 조역으로 일했다.《독립신문》발간경비로 2,200원의 거금을 내어 놓았던 그는 신문이 발간되자 평양과 황해도에 밀송했고, 또 10월에는《독립신문》발간비용을 모집하러 국내로 들어가서 최명식(崔明植)으로부터 2,000원을 받아오기도 했다.

3·1독립선언 이후로 국내에서는 의용단과 같은 비밀결사가 전국 각지에서 생겨나고 있었다. 1919년 한해 동안에 37개의 비밀결사가 임시정부와 연관을 가지고 활동하고 있었고, 1920년 초에는 그러한 비밀결사가 100여개에 이르렀다.[38] 이러한 비밀결사는 서울을 포함한 경기도와 평안도 지방에 집중되어 있었다. 이 단체들은 더러는 전국 규모의 기반을 가지고 임시정부의 연통부 또는 교통지국과 연계를 맺거나 그 역할을 대신하기도 했다.[39]

김석황은 의용단 발기회를 갖기에 앞서 손정도, 윤현진 등과 함께 「의용단취지서」와 「장정(章程)」의 초안을 안창호에게 보이고 교정을 받았다. 안창호는 「취지서」와 「장정」의 인쇄 교정까지 보아 주었다.[40] 그뿐만 아니라 단체의 이름도 처음에 '청년단(靑年團)'이라고 했던 것을 안창호가 '의용단'으로 고쳤다.[41] 의용단의 「취지서」는 "금일에 당하여 우리의 최양책과 최급무는 다른 데 있는 것이 아니라 다만 죽느냐 사느냐에 천

---

37) 「臨時議政院記事錄」 제5회(1919.7.), 『대한민국임시정부자료집(2) 임시의정원 I 』, p.31.
38) 張錫興, 「1920년대 초 國內秘密結社의 성격」,《한국독립운동사연구》제7집, 독립기념관 한국독립운동사연구소, 1993, p.246.
39) 윤대원, 『상해시기 대한민국임시정부 연구』, pp.174~177.
40) 「島山日記」, 1920년1월22일조, 1월24일조, 1월27일조, 1월30일조, 3월2일조.
41) 「島山日記」, 1920년1월24일조.

만이 합일하는 것뿐이다. 정연한 조직과 견고한 단결하에서 정부의 뜻을 체득하고 명령을 받들어… 일단 선전포고가 내리는 날에는 일고(一鼓)에 일어나 의군으로서 나라에 순국하여야 한다"라고 임시정부의 명령에 절대 복종할 것을 천명했다.[42] 의용단 「장정」은 단원들이 추진할 활동으로 열가지 사항을 들었는데,[43] 그것은 바로 안창호의 독립전쟁 방략을 반영한 것이었다.

3

안창호의 독립전쟁 방략은 다음과 같은 것이었다. 안창호는 독립전쟁은 3단계로 전개되어야 한다고 주장했다. 첫 단계는 일본의 통치를 일절 거부하는 행위, 다음은 전투를 준비하는 행위, 마지막 단계는 각국에 선전을 교섭하는 행위였다. 일본의 통치를 거부하는 행위란 총독부 기관에 종사하는 한인 관공리들의 퇴직, 납세의 거부, 소송의 거부였다. 모든 국민이 이를 실천하게 되면 일본은 한국인을 복종시키기 위하여 극단적인 압박을 가할 것이므로 그때에 국민들의 의분심을 집결하여 일제히 폭동을 일으키면 성공할 수 있다는 것이었다. 그렇지 않고 지금 산발적으로 폭탄을 사용해서는 통치거부의 효과를 거두기 어려울 뿐만 아니라, 일본으로 하여금 이에 대한 대비책을 철저히 하게 함으로써 오히려 지장을 초래할 따름이라고 했다. 그러므로 현 시점에서는 권총으로 각 요지에 있는 밀정 등을 토벌하여 독립운동자들의 왕래의 편의를 도모하고, 앞날을 위하여 준비할 것은 우선 인쇄물의 보급을 통하여 국민들의 일본 통치거부와 한인 관리들에 대한 퇴직 권고를 빠짐없이 하고, 비행기로 선전하여 인심을 크게 격발시키며, 깊은 산림 속에 폭탄제조창을

---

42) 「義勇團趣旨書」, 『韓國民族運動史料(三·一運動篇 其三)』, 1998, p.734.
43) 「義勇團章程」, 위의 책, p.735.

은밀히 설치하여 필요한 수량을 제작하게 하는 한편, 폭탄투쟁에 참가할 사람들은 군대식으로 편성하여 모험성과 기율을 훈련시키는 것이었다.[44] 그렇게 전투를 준비한 다음 열국의 동정을 이끌어 내어 전쟁을 시작하면 "명년이나 내명년으로 속히 독립을 완성"할 수 있을 것으로 전망했다.[45] 그리하여 그는 의열단 단장 김원봉(金元鳳)이 찾아와서 국내에 들어가겠다고 말했을 때에도 "부분적으로 모험을 행동치 말고 그 모험 행동하는 최고기관에 연락하야 적응시기에 대대적으로 행동하기"를 권고했다.[46]

안창호의 독립전쟁 구상에서 돋보이는 것은 비행기를 구입하는 문제를 진지하게 검토한 점이다. 그는 1월3일 밤의 연설에서도 독립전쟁을 위하여 준비할 것으로 대포, 소총 등의 무기와 함께 비행기도 꼽았다. 현재 보존되고 있는 그의 『일기』는 1920년1월14일치부터인데, 바로 1월14일치 일기에 귀국하는 《대륙보(大陸報)》의 미국인 기자 에번츠를 오찬에 초대하고 독립운동과 관련하여 몇가지를 부탁하면서, 특히 비행기를 구입하는 방법을 상의했다고 적혀 있다. 안창호는 이틀 뒤에는 황진남(黃鎭南)을 통역으로 대동하고 미국인 비행대장을 만났다. 며칠 뒤에 비행대장은 마닐라로 타전하여 구매방도를 알아보아 주겠다면서, 비행사는 러시아인 가운데서 구할 수 있을 것이라고 말했다. 얼마 뒤에 안창호는 미국인 비행사 애드먼을 고용하기로 결정했다.[47]

안창호는 비행기 구입을 위한 자금을 마련하기 위해서도 애를 썼다. 본국으로부터 천도교 간부 신숙(申肅)이 상해로 오자 천도교쪽의 자금 제공 가능성을 타진하기도 했다.[48] 그리하여 국내에는 임시정부가 사용할 비행기 60대의 구입비로 300만원을 모금한다는 과장된 소문까지 퍼

---

44) 『島山日記』, 1920년5월10일조.
45) 『島山日記』, 1920년7월11일조.
46) 『島山日記』, 1920년5월14일조.
47) 『島山日記』, 1920년1월19일조, 2월2일조, 2월8일조.
48) 『島山日記』, 1920년5월7일조.

졌다고 한다.[49] 그러나 구입하기로 한 비행기는 성능이 떨어져 임시정부가 기대했던 장거리 비행을 할 수 없을 뿐만 아니라 구입자금도 여의치 않아 비행기 구입계획은 결국 실현되지 못했다.

비행기를 사용하여 국내에 선전 전단을 살포하는 방법은 안창호뿐만 아니라 이승만도 3·1운동 소식이 전해진 직후인 1919년4월 시점에 국내에서 "전쟁을 계속할 전력"을 걱정하면서 에어십[비행선]이라도 몇개 가져다가 수만장 전단을 뿌리는 방법을 생각했던 것은 앞에서 본 바와 같다.

때를 같이하여 미국에 체류하던 임시정부 군무총장 노백린은 1920년 2월20일에 캘리포니아주 북쪽 글렌 카운티(Glenn County)의 윌로우스(Willows)에 있는 '쌀의 왕' 김종림(金宗林)의 도움을 얻어 그의 농장부지에 한인비행사 양성소를 개설했다. 그해 6월과 7월에 개방조종식 단발기 3대를 구입하여 훈련을 시작했고, 9월에는 무선장치를 갖춘 비행기 5대를 확보했다. 교수진은 미국인 기술자 1명과 한인비행사 6명이었고, 학생은 19명이었다. 그러나 이 비행사 양성소는 7월에 노백린이 상해임시정부의 군무총장에 부임하기 위하여 떠나고, 쌀값의 폭락으로 동포들의 지원이 어렵게 된 데다가 11월과 12월의 계속된 폭우 때문에 유지할 수 없게 되었다.[50]

의용단의 조직체계는 분명하지 않으나,「장정」을 통하여 그 윤곽을 짐작할 수 있다. 의용단의 최고의결기구는 총회에서 선출되는 6명의 이사와 약간명의 고문으로 구성되는 이사회이며, 이사의 임기는 1년으로 제한했다. 그 밑에 단장, 부단장, 총무와 서무부, 군무부, 장재부, 서기 등의 부서가 있었다. 단장과 부단장은 이사 6인의 호선으로 선임하고, 각부 부장은 단장이 임명하도록 했다. 단원은 일반단원과 특별단원으

---

49) 『島山日記』, 1920년6월1일조.
50) 鄭濟愚, 「대한민국임시정부의 비행사양성과 공군창설계획」, 『대한민국임시정부수립80주년 기념논문집(하)』, pp.38~47; 李炫熙, 『桂園盧伯麟將軍研究』, 新知書院, 2000, pp.115~134.

캘리포니아의 윌로우스에 설립된 한인비행학교 교관들과 노백린 군무총장(가운데).

로 구분하고, 일반단원의 자격은 만 15세 이상에서 45세 이하로 제한했
다. 45세가 넘으면 특별단원이 되게 했다. 입단은 단원 2명 이상이 소개
하여 이사부의 동의를 받도록 했다.[51] 입단할 때에 "임시정부를 절대 옹
호한다"는 내용을 선서하게 한 것이나, 단원 가운데 적과 내통한 사실이
분명히 밝혀졌을 때에는 임시정부 사법기관에 보고하고 그 명령에 따라
사형을 집행한다고 규정한 것은 의용단이 임시정부의 예하조직임을 말
해 준다.

김구가 의용단에서 어떤 역할을 맡았는지는 분명하지 않다. 『백범일
지』에도 의용단에 대해서는 아무런 서술이 없다. 일본경찰의 정보보고에
도 김석황이 총무라는 사실 말고는 의용단의 다른 간부에 대한 언급은
없다.[52]

김구는 김석황의 활동을 적극적으로 지원했다. 그는 3월8일에 최명

---

51) 「義勇團章程」, 『韓國民族運動史料(三 · 一運動篇 其三)』, pp.734~736.
52) 독립운동사편찬위원회, 『독립운동사자료집(11) 의열투쟁사자료집』, 독립유공자사업기금운
용위원회, 1976, p.100.

식과 함께 안창호를 찾아가서 김석황이 국내에 들어가는 데 필요한 여비로 100원을 지원해 줄 것을 요청했다. 안창호는 처음에 거절했다.[53] 그러나 김구는 1주일 뒤에 최명식과 함께 다시 안창호를 찾아가서 김석황을 하루 속히 파견해야 된다고 강력히 주장하여 여비 100원을 받아냈다.[54] 김석황은 곧바로 국내로 들어가서 평양에 있는 미국인 경영의 기홀(紀笏)병원에 입원하여 신경쇠약으로 치료 중인 것처럼 위장하고 동지들을 규합했다. 그는 먼저 평양과 서울에 지단을 설치하고, 뒤이어 대동군 선교리와 평원군 한천에 분단을 설치했다. 이어 황해도 사리원, 평안북도 의주에도 지단을 설치하고 전국으로 확대할 계획을 추진했다. 김석황은 1,000여원을 모금하여 5월말께 상해로 돌아왔다.[55] 그는 평양, 서울 황해도를 중심으로 1,000여명의 단원을 조직했다고 안창호에게 보고했다.[56]

안창호는 국내의 의용단 조직과는 별도로 서간도 일대의 무장독립운동단체의 통합운동을 추진하고 있었다. 군무부 차장 김희선과 서간도에서 온 이탁(李鐸)과 함께 대한독립단과 대한청년단연합회를 통하여 임시정부 산하의 광복군(光復軍)을 조직하고자 했던 것이다. 안창호는 김석황에게 이탁과 상의하여 의용단을 광복군사령부에 통합할 것을 종용했으나, 김석황은 자신은 손정도나 안창호의 직접 명령만 받지 이탁의 명령은 받을 수 없다면서 거절했다. 안창호는 만일 의용단이 독자적인 행동만 고집하면 자신은 의용단에서 탈퇴하겠다고 말하고, 무기도 사사로이 구입하지 말고 이탁과 협의하라고 종용했다.[57]

일본경찰은 이미 1919년10월쯤부터 김석황을 "최근 평안남도에서 일어난 중요한 사건에 그가 관계하지 않은 사건은 거의 없을 정도의 중대

---

53) 『島山日記』, 1920년3월8일조.
54) 『島山日記』, 1920년3월15일조.
55) 『독립운동사자료집(11) 의열투쟁사자료집』, pp.99~100.
56) 『島山日記』, 1920년7월4일조, 7월5일조.
57) 『島山日記』, 1920년7월5일조.

범인"58)으로 지목하고 체포에 열을 올렸다. 1920년8월20일에 김석황의 부하 김병도(金炳道)를 체포하여 김석황에 대한 정보를 파악한 일본경찰은 총독부의 상해 파견원으로부터 9월5일에 김석황이 상해를 출발했다는 연락을 받고 만주의 봉천[지금의 심양] 근방에서 그를 체포했다. 김석황은 일본경찰과 총격전과 난투극을 벌인 끝에 체포되었다.59)

김석황이 체포됨으로써 의용단의 활동도 중단되었다. 광복 뒤에 김석황이 장덕수(張德秀) 살해범으로 기소되었을 때에 김구가 증인으로 미군정 법정에 서게 되는 인연은 이때에 맺어진 것이었다.

---

58) 『독립운동사자료집(11) 의열투쟁사자료집』, p.98.
59) 위의 책, pp.98~103.

3. "독립문 앞에 이승만과 이동휘의 동상 세워야"

1

임시정부는 밖으로는 "독립전쟁의 해"를 공언하고 동포들의 단결과 협동을 강조하면서도 내부적으로는 헤게모니 장악을 위한 투쟁이 치열했다. 그것은 이승만의 리더십을 인정하려 들지 않는 국무총리 이동휘의 태도에서 기인하는 것이었다. 이승만을 실각시키기 위해서는 안창호의 힘이 절대적으로 필요했다. 이동휘는 일찍이 국내에서 신민회운동을 같이했던 안창호가 협조해 줄 것으로 기대했다. 현순(玄楯)을 블라디보스토크로 보내어 자기를 상해로 오게 한 것도 안창호가 아니었던가.

안창호의 『일기』에는 1920년1월16일치에서부터 이동휘가 찾아와서 "대통령에 관한 일"을 상의했다는 기록이 보인다. 2월26일에는 이동휘가 와서 시국에 대한 불평을 길게 늘어놓은 다음 "내가 책임을 부담하고 국면을 한번 번복할 터이니" 협조하라고 부탁했고, 이에 대해 안창호는 "만만불가(萬萬不可)하다"라며 만류했다.[60]

이동휘가 이승만을 실각시키려고 한 직접적인 동기는 이승만이 미주지역 자금을 독단하는 데 대한 반발 때문이었다. 재무총장 이시영이 임시정부의 재정형편이 어렵다는 말을 꺼내면 이동휘는 이승만에게 공채 판돈 좀 보내라고 하라면서 핀잔을 주곤했다.[61] 성미가 괄괄한 데다가 격정적인 이동휘는 정무처리에도 침착하지 못했다. 그리하여 신지식을 가졌다고 자부하는 젊은 차장들은 이동휘에게 심복하지 않는 태도였다.[62] 그러나 차장들은 이동휘의 이승만 규탄에는 동조했다. 그들은 상해임시정

---

60) 『島山日記』, 1920년2월26일조.
61) 「安玄卿이 李承晩에게 보낸 1920년3월26일자 편지」, 『대한민국임시정부자료집(42) 서한집 Ⅰ』, p.97.
62) 주요한 編著, 앞의 책, p.228.

부의 기능을 무력화시키는 이승만의 시정방침, 특히 재정운용방침에 대하여 큰 불만을 느끼고 있었다. 그러나 이동휘의 이승만에 대한 적대적 태도는 그의 성격이나 재정문제 때문만은 아니었다. 그보다 더 큰 이유는 앞으로 자기가 이끄는 공산주의자 그룹을 주축으로 한 임시정부와 소비에트 러시아의 유대관계를 구축해 나가기 위해서는 이승만의 존재가 방해가 된다고 판단한 것이었다.

임시정부는 1919년12월에 일본에서 추방되어 상해로 온 러시아의 장군 포타포프(Alexsei Potapov)와 접촉하고 그의 권유에 따라 1920년1월22일의 국무회의에서 여운형(呂運亨), 안공근(安恭根), 한형권(韓馨權) 세 사람을 볼셰비키 정부의 지원을 교섭하기 위하여 러시아로 파견하기로 결의했다.[63] 국무회의의 결의가 있기 하루 전에 이동휘가 안창호를 찾아와서, 포타포프가 한형권에게 "안창호는 미국에 있을 때에 이승만과 정한경이 미국의 보호를 요청하는 청원서에 서명하고 나온 미국 추수자요 독립사상이 없는 사람이므로 같이 일을 도모하지 말라"고 했다는 말을 전하는 것이 주목된다. 그것은 은근한 위협이었다. 안창호는 이동휘의 심복인 국무원 비서장 김립으로부터 이미 그런 말을 들었다고 응수했다.[64]

이동휘는 국무회의의 결의를 무시하고 자기 수하의 한형권 한 사람만 비밀리에 모스크바로 파견했다. 한형권의 여비는 김립과 윤현진 등 몇몇 차장들이 은밀히 상의하여 2,000원을 마련해 주었다. 이동휘에 대해 비판적인 인사들 사이에서는 이동휘가 모스크바로 한형권을 파견할 때에 상해임시정부는 민의로 조직된 것이 아니고 일본인들과 내통하는 분자가 섞여 있어서 믿을 수 없으므로 러시아에서 새로 정부를 조직할 것이라고

---

63) 『島山日記』, 1920년1월15일조, 16일조, 22일조; 韓馨權, 「革命家의 回想錄: 레닌과 談判」, 《三千里》 1948년10월호, p.10.
64) 『島山日記』, 1920년1월21일조.

말하라고 했다는 이야기가 나돌았다.[65]

이 무렵 3·1운동 이후에 하와이를 떠나 북경에 와 있으면서 외무총장에 부임하지 않고 있는 박용만을 데려오는 일에 임시정부가 적극적으로 힘쓰지 않는다는 비판도 제기되었다. 이럴 즈음에 박용만이 상해를 방문했다. 4월3일에 열린 환영만찬회에는 100여명이 모였는데, 이 자리에서 박용만은 자기는 군사활동에 주력하고자 하므로 외교업무는 보지 못하겠다고 말하고 북경으로 돌아갔다.[66] 박용만은 이승만이 대통령인 임시정부에 참여하지 않는 것이 자신의 활동에 유리하다고 생각하고 북경에서 신채호(申采浩) 등 이승만반대파들과 어울리고 있었다. 그리하여 임시정부는 마침내 박용만의 사임을 발표했다.[67]

차장급 가운데 이동휘의 동지이자 국무원 비서장인 김립 이외에 이승만 실각운동에 가장 적극적으로 동조하고 나선 사람은 재무차장 윤현진이었다. 그는 안창호에게 다른 차장들도 같은 생각이라면서 이동휘를 대통령으로 추대하고 안창호 자신이 국무총리직을 맡을 것을 건의했다.[68] 그러나 안창호는 냉철한 판단을 하고 있었다. 그는 이승만이 자기를 경원하고 있다는 것을 잘 알고 있었고, 그러한 이승만을 그도 그다지 탐탁하게 여기지 않았다. 그러나 그의 판단으로는 현 시점에서 이승만을 실각시킨다는 것은 독립운동 전체의 파탄을 뜻하는 것이었다. 임시정부가 그를 몰아낸다고 해서 순순히 물러날 이승만도 아니었다. 상해임시정부가 그런 조치를 취하는 경우 이승만은 그것은 "소수악당"의 소행이고 자기는 서울에서 2천만의 민의에 따라 국민대회를 통하여 추대된 대통령이라고 국내외로 선전할 것이 뻔했다. 그렇게 되면 임시정부는 두개가 될 수밖에 없고, 그러한 분열은 세계에 알려져서 외국인의 동정은 단절될 것이

---

65) 『島山日記』, 1920년5월20일조.
66) 『島山日記』, 1920년4월3일조.
67) 《獨立新聞》 1920년4월29일자 「外務總長朴容萬氏免官」.
68) 『島山日記』, 1920년3월12일조.

1920년3월1일에 상해의 올림픽대극장에서 열린 3·1운동 1주년 기념식은 울음바다가 되었다.

었다. 그렇게 되면 미주와 하와이 동포들의 자금지원도 기대하기 어렵게 될 것이고, 그나마 대부분 이승만에게로만 갈 것이었다. 그리고 그것은 일본의 더할 나위 없는 선전거리가 될 것이 뻔했다. 게다가 그러한 분열의 책임을 자신이 면하기 어려울 것이었다.[69]

이 무렵 임시정부의 혼란을 수습하기 위하여 안창호가 얼마나 고심했는가는 3월1일 오후 2시에 정안사로(靜安寺路)의 올림픽대극장에서 열린 민단 주최의 3·1운동 1주년 기념식에서 한 그의 연설에 잘 나타나 있다. 이날의 기념식에는 국무총리 이동휘와 각부 총장들과 의정원 의원 등 임시정부 관계자들뿐만 아니라 김가진(金嘉鎭), 박은식(朴殷植) 등 임시정부에 참여하지 않고 있는 원로들을 포함하여 상해 인근의 동포 700여명과 중국인 및 서양인 내빈들도 참석했다. 100여명이 넘는 외국인 기자들도 몰려와서 큰 관심을 나타냈다.

이 자리에서 안창호는 열변을 토했다. 그는 작년3월1일은 "하나님이 허락하신 자유와 평등과 정의의 생일"이라고 말하고, 이승만과 이동휘를

69) 『島山日記』, 1920년5월14일조, 15일조 참고.

중심으로 단합해야 한다고 다음과 같이 역설했다.

"일인의 최대 문제는 이날을 무효에 돌리려 함이오, 우리의 최대 의무는 이날을 영원히 유효케 함이외다. 이날, 우리나 일본이나 세계가 다 큰 문제를 삼는 이 비상한 날에 우리는 비상한 결심을 지을 필요가 있소.…"

청중은 "옳소"를 외치며 호응했다.

"기어코 이날을 유효케 하자, 그러기 위하야 우리는 작년3월1일에 가졌던 정신을 변치말고 잊지말자 함이오. 그날에 우리는 명예나 생명이나 재산을 다 생각지 않고 일하자, 죽자 하였소. 그날에 우리 민족은 우리 대표 33인의 인격이나 실력도 불계하고 오직 부모와 같이 여겼소. 그날에 우리에게는 의심도, 시기도 없고 오직 서로 사랑하야 한덩어리가 되었소.… 동포여, 이날을 유효케 하랴거든 그날을 기억하시오. 이 정신을 통틀어 말하면 여러분은 우리의 대통령 이승만 박사와 국무총리 이동휘 선생을 우리의 어깨 위에 떼메고 저 일본의 요시히토[嘉仁: 大正天皇의 이름]를 앞에 두고 싸움이 우리의 목표가 아닙니까! 위의 두 선생의 동상을 우리의 정신과 손으로 세운 독립문 앞에 세워야 하겠소!…"[70]

안창호는 매우 이례적으로 이때의 연설내용 요지를 그의 『일기』에 적어 놓았다. 그만큼 마음먹고 한 연설이었던 것이다.

뒤이어 안창호는 시국수습 활동에 나섰다. 그는 먼저 4월21일에 이동녕과 이시영을 오찬에 초대했다. 세 사람은 기탄없는 대화를 나누고, 이튿날 신규식을 포함한 네 사람이 다시 만난 다음, 이동휘를 설득하여 네 사람을 초청하도록 했다. 4월24일에 다섯 사람이 모인 자리에서는 총장들이 단합하여 임시정부를 주축으로 혁명당 최고중심기관을 조직하기로 어렵지 않게 합의가 이루어졌다.[71] 그러나 이동휘는 이내 태도를 바꾸어 5월6일에 안창호를 다시 만나서 이승만과 다른 총장들과는 같이 일할 수

---

70) 《獨立新聞》 1920년3월1일자 「盛大莊嚴한 民團主催의 大祝賀會」;『島山日記』, 1920년3월1일조.
71) 『島山日記』, 1920년4월21일조, 23일조, 24일조.

없다면서 자기는 서간도(西間島)로 떠나겠다고 말했다.[72] 이승만 밑에서는 일할 뜻이 없다는 것이었다.

2

이승만이 현순을 구미위원부 위원으로 결정하고 여비 500달러를 이시영 앞으로 송금한 사실이 알려지면서 이동휘와 차장들의 반발은 더욱 격화되었다. 비서장 김립과 차장들은 5월13일 저녁에 모여 이승만 불신임의 뜻으로 일제히 사퇴하기로 결의했다. 그들은 나흘 뒤에 열린 정무회의에 자신들의 요구사항으로 (1) 구미위원부를 폐지하고, (2) 주미외교위원부를 새로 설치하며, (3) 주미재정관을 따로 두고, (4) 대통령은 국무원을 거치지 않고 교령을 남발하지 말 것을 제의했다. 그것은 사실상 이승만을 임시정부에서 퇴출시키자는 주장이나 다름없었다. 이동휘는 안창호에게 "이승만 하나 타도하는 데 무슨 염려가 있느냐"면서 차장들의 요구에 동조할 것을 종용했다.[73]

이 무렵 이동휘는 하와이의 승용환(承龍煥) 등 여섯 사람이 연명으로 이승만과 박용만을 함께 비방하는 편지를 받았다. 편지는 이승만이 "미주에서 허언(虛言)을 제창하야 미국 상의원과 한국 독립승인 할 것을 다 약속되었으니 하와이에서 돈을 속히 보내야 된다고 사람을 속이며", 박용만은 "원동에서 군사운동을 한다고 전보를 하면서 돈을 보내라고 했다"고 비난하고, 하와이 한인사회가 단합되지 못하는 것은 두 사람의 개인적 행동 때문이라면서, 이들에 대한 임시정부의 특별조치를 촉구한 것이었다.[74] 이러한 편지가 이승만을 밀어내고자 하는 이동휘의 의욕을 더

---

72) 『島山日記』, 1920년5월6일조.
73) 『島山日記』, 1920년5월17일조.
74) 「安玄卿이 李承晩에게 보낸 1920년5월25일자 편지」, 『대한민국임시정부자료집(42) 서한집 I』, p.119.

욱 자극했을 것은 말할 나위도 없다. 비서장과 차장들은 자신들의 요구를 워싱턴에 타전하겠다고 했다. 그들을 설득하는 데 한계를 느낀 안창호는 고민 끝에 마침내 자신이 상해를 떠나 미국으로 돌아가기로 결심했다.

안창호의 단호한 태도로 수습되는 듯하던 상해독립운동자사회는 이승만이 미국에 온 적십자회 회장 이희경(李喜儆)을 임시정부의 대사로 모스크바에 파견하려는 계획이 알려지면서 다시 어런더런해졌다. 이승만과 이희경의 관계는 이승만이 하와이에 정착할 무렵부터 맺어졌다. 시카고의 로욜라대학교(Loyola University)를 졸업하고 호놀룰루에서 개업하고 있던 의사 이희경은 1916년에 이승만이 한인여자학원을 설립할 때에 의사부[이사회]의 부회장으로 선임되었을 만큼 이승만의 신뢰를 받았다. 1918년에 귀국한 그는 그해 12월에 상해로 망명했는데, 1919년4월에 제4회 임시의정원 회의가 열릴 때에 평안도 대표의원으로 선출되었고, 7월에 위원제가 실시될 때에는 군무위원장(軍務委員長)으로 선출되었다.[75]

이희경은 1919년10월 초에 미주지역의 적십자 회원 모집과 자금조달을 위하여 도미했다. 미주동포들의 호응은 좋았다. 그를 환영하는 재미동포들의 반응은 《독립신문》에도 보도되었다.[76] 그는 적십자 활동을 하는 한편으로 아시아동정회라는 모임을 발기하여 그 모임 명의로 집정관총재를 옹호하자는 편지를 상해로 보내어 물의를 일으키기도 했다.[77]

이승만이 어떤 경위로 이희경을 임시정부의 대사로 모스크바에 파견하기로 결정했는지는 분명하지 않다. 이희경 자신의 말로는 워싱턴에 주

<hr/>

75) 「臨時議政院紀事錄」 제4회(1919.4.) 및 「臨時議政院紀事錄」 제5회(1919.7.), 『대한민국임시정부자료집(2) 임시의정원 I』, p.25, p.32.
76) 《獨立新聞》 1920년2월3일자, 「李喜儆氏歡迎」.
77) 「安玄卿이 李承晩에게 보낸 1920년1월16일자 편지」, 『대한민국임시정부자료집(42) 서한집 I』, p.40.

재하는 러시아 대사가 자기에게 모스크바로 가라고 했다는 것이었다.[78] 미국이 소비에트 러시아와 외교관계를 맺는 것은 유럽 여러 나라보다 훨씬 늦은 1933년이었으므로 이때에 이희경이 만난 러시아 대사란 그때까지 워싱턴에 머물던 제정 러시아의 외교관이었거나 아니면 볼셰비키 정부와 연결된 어떤 러시아인이었을 것이다. 아무튼 이 무렵에 이승만이 이희경을 모스크바로 파견하기로 결심한 것은 볼셰비키 정부의 자금지원을 얻는 방안을 적극적으로 모색하고 있었음을 말해 준다.

이승만이 이희경을 모스크바로 파견한다는 소식을 듣자 이동휘는 당황했다. 5월31일에 열린 국무회의는 이승만에게 사실 여부를 확인하고 이미 상해정부에서 모스크바로 밀사를 파견했다고 타전하기로 결의했다.[79] 그때까지 상해임시정부는 모스크바에 밀사를 보냈다는 사실을 이승만에게 보고하지 않고 있었던 것이다. 이승만도 이희경을 모스크바로 보낸다는 이야기는 상해에 알리지 않았다. 그는 4월12일에 의정원 앞으로 자신이 상해로 가겠다는 전보를 쳤고,[80] 5월28일의 국무회의에서는 이승만의 편지가 낭독되었다. 이 편지에서 그는 동양시찰을 위한 미국 국회의원단이 상해에 도착할 때에 이들을 초대할 준비를 하라고 이르고, 자기는 그전에 상해로 가겠다고 적었는데,[81] 그러면서도 모스크바에 대사를 파견하는 일에 대해서는 언급하지 않았다.

한편 이승만은 임시정부가 자기에게 의논 없이 모스크바에 밀사를 보낸 것이 몹시 불쾌했다. 그런 일은 자기가 맡기로 한 구미외교사업에 속하는 일이었기 때문이다. 그는 6월13일에 임시정부에 다음과 같이 타전했다.

---

78) 『島山日記』, 1920년7월16일조.
79) 『島山日記』, 1920년5월31일조.
80) 「安玄卿이 李承晩에게 보낸 1920년4월23일자 편지」, 『대한민국임시정부자료집(42) 서한집 I』, p.101.
81) 『島山日記』, 1920년5월28일조.

밀사 아직 안 갔소. 가면 상해로 먼저 가오. 구미외교 일은 나와 먼저 의논 필요하오. 외교에 서로 모순되면 타국이 우리를 조직 없는 사람으로 알지니, 국사에 대방해. 밀사를 보낸 일 알려 주시오. 나는 하와이 다니러 가오.[82]

이 전보를 받고 열린 6월16일의 정무회의에서는 격론이 벌어졌다. 총장들은 모스크바에 정식으로 대사를 보내는 일을 이승만에게 위임하자고 말했으나, 격분한 이동휘는 막말을 주저하지 않았다.

"구미외교라는 것이 다 썩은 외교인데 또 무슨 일을 위임한단 말이오!"

그러자 이번에는 안창호가 이동휘를 질타했다.

"우리가 이승만씨 내각으로 있으면서 그 대통령이 잘못하는 일이 있으면 서로 권고하여 일하거나 만약 그렇지 않으면 차라리 사직하고 나가는 것이 가하지, 국무총리의 지위에 있으면서 사석이나 공석에서 대통령 험담이나 욕설을 하는 것은 합당치 않소이다."

그러나 이동휘는 "나는 그 대통령 밑에서 일 안 하겠소"하며 별별 욕설을 퍼부었다. 신규식과 이동휘 사이에 고함이 오가는 논쟁이 벌어졌다.[83]

이동휘는 6월18일에 이승만을 불신임한다는 이유를 들어 각부 총장 앞으로 사직서를 보냈다. 안창호가 찾아가서 사직서를 철회하라고 권고했으나, 이동휘는 완강히 거절했다. 이동녕과 이시영은 안창호에게 총리로 나서라고 했다. 그러나 안창호는 단호히 사양했다. 안창호의 추종자들 가운데는 안창호를 대통령으로 하고 이동녕을 국무총리로 하여 임시정부를 개편하자고 주장하는 사람도 있었다. 안창호는 이동휘가 사직서를 철회하도록 총장들이 노력하되 이동휘가 끝내 거절할 때에는 국내의 이상재(李商在)를 추대하기로 하고, 그도 응하지 않을 때에는 서간도의

---

82) Syngman Rhee to Kopogo, Jun. 13, 1920, *The Syngman Rhee Telegrams*, vol. Ⅲ., p.258.
83) 「安玄卿이 李承晚에게 보낸 1920년6월18일자 편지」, 『대한민국임시정부자료집(42) 서한집 Ⅰ』, pp.122~123.

이상룡(李相龍)이라도 초청하는 것이 좋겠다고 말했다.[84]

국무회의는 미국 의원단을 맞이하기 위하여 필리핀에 특파원을 보내기로 하고 안창호를 선임했는데, 이동녕은 안창호에게 임시정부의 소재지를 필리핀으로 옮기는 문제를 필리핀 당국에 교섭해 보라고 말했다. 그것은 불안한 상해정국의 돌파구로 생각한 것이었을 것이지만, 실현성은 없었다.[85] 안창호의 필리핀행도 실행되지 않았다.

3

이 무렵에 이동휘가 은밀히 힘을 기울이고 있던 것은 상해에 한국공산당(韓國共産黨: 한인공산당, 고려공산당, 대한공산당 등으로도 불린다)을 결성하는 일이었다. 한국공산당의 조직은 러시아공산당의 지시를 받은 보이틴스키(Gregorii N. Voitinski)와 러시아 이주민 2세 김만겸(金萬謙, 세레브랴코프), 그리고 티토프 세 사람이 1920년5월에 블라디보스토크에서 상해로 와서부터 급속히 추진되었다. 보이틴스키는 코민테른[국제공산당]과 러시아공산당 안에서 중국 전문가로 꼽히는 인물이었다. 그들의 임무는 한국, 중국, 일본 세 나라에서 사회주의를 선전하고 조직사업을 벌이는 일이었다.[86] 그들을 파견한 기관은 러시아공산당 극동국 블라디보스토크지부의 외국부였다. 상해에 도착한 그들은 곧바로 행동에 착수하여 임시중앙기관으로 '코민테른 임시 동아시아 비서부'를 발족시켰다. 이 비서부는 설립되자마자 중국부, 한국부, 일본부의 세 민족별 지부를 조직했는데, 한국부의 구성원들이 바로 이동휘, 김립 등 상해임시정부에 참가하고 있는 한인사회당 간부들이었다.

한국공산당을 결성하면서 이동휘와 김립은 임시정부 인사들을 포섭

---

84) 『島山日記』, 1920년6월18일조, 19일조, 20일조.
85) 『島山日記』, 1920년6월21일조.
86) 임경석, 『한국사회주의의 기원』, 역사비평사, 2003, pp.196~203 참조.

하기 위하여 부지런히 움직였다. 안창호의 주변인물들도 포섭대상에 올랐다. 6월23일에 이탁이 안창호를 찾아와서 이동휘와 김립이 안창호와 가까운 신두식(申斗植)에게 여러 차례 입당을 권한다면서 그들의 내막을 알아보기 위해 입당시켜 보는 것이 어떻겠느냐고 상의했다. 안창호는 신두식이 과격주의[공산주의]의 신념이 있어서 입당하면 몰라도 그렇지 않다면 찬성할 수 없다고 반대했다.[87]

김구도 이동휘의 포섭대상자의 한 사람이었다. 어느 날 이동휘가 김구에게 공원 산보나 하자고 하여 같이 갔다. 이동휘는 김구에게 조용히 말했다.

"나를 좀 도와주시오."

이동휘의 이 말에 김구는 얼핏 불쾌한 생각이 들었다. 자기에게 무슨 유감이 있어서 하는 말로 들렸기 때문이다.

"제가 경무국장으로서 총리를 보호하는 터에, 직책상 무슨 잘못된 일이 있습니까?"

그러자 이동휘는 손을 저으면서 말했다.

"그런 것이 아니오."

그러면서 그는 김구를 설득하기 시작했다.

"대저 혁명이란 유혈 사업으로 어느 민족에게나 대사인데, 현재 우리의 독립운동은 민주주의 혁명에 불과하오. 따라서 이대로 독립을 하고 나면 또다시 공산혁명을 하게 되니 두번 유혈은 우리 민족에게도 큰 불행이오. 그러니 적은이도 나와 같이 공산혁명을 하는 것이 어떠하오?"

'적은이'란 이동휘가 수하사람들에게 곧잘 쓰던 '아우님'이란 뜻의 말이었다. 김구는 반문했다.

"우리가 공산혁명을 하는 데 제3국제당의 지휘 명령을 받지 않고 독자적으로 공산혁명을 할 수 있습니까?"

---

87) 『島山日記』, 1920년6월23일조.

이동휘는 고개를 저으면서 말했다.

"불가능하오."

그러자 김구는 단호한 어조로 말했다.

"우리 독립운동이 우리 한민족의 독자성을 떠나서 어느 제3자의 지도 명령의 지배를 받는 것은 자존성을 상실한 의존성 운동입니다. 선생은 우리 임시정부헌장에 위배되는 말을 하심이 옳지 못하니, 저는 선생의 지도를 따를 수 없으며 선생의 자중을 권고합니다."

그러자 이동휘는 불만스러운 낯빛을 하며 헤어졌다.[88]

상해에 한국공산당이 결성된 날짜에 대해서는 자료에 따라 다르게 기록되어 있다. 이동휘는 총장들에 대한 불만의 표시로 차장들에게 사직서를 보내고 6월23일에 위해위(威海衛)로 떠났는데, 그가 떠나기 전날 저녁에 비밀결사로 조직된 '과격파' 당원들이 전별회를 열었다는 기록[89]으로 미루어 보면, 한국공산당의 창립은 늦어도 1920년6월 중순 무렵이었을 것으로 판단된다.

임시정부의 활동과는 별도로 자기가 주도하는 단체를 비밀리에 조직한 것은 이동휘만이 아니었다. 안창호도 마찬가지였다. 안창호는 흥사단(興士團)을 조직했다. 흥사단은 그가 1913년5월에 샌프란시스코에서 "무실역행[務實力行: 실사(實事)를 중히 하고 힘써 행함]"을 표방하는 엘리트 결사로 조직한 것인데, 상해에서도 흥사단 조직이 필요하다고 생각한 것이었다. 그와 함께 상해에 와서 임시정부 안에서 여러 중요한 직책을 맡아 활동하던 정인과(鄭仁果)는 흥사단의 핵심 단원이었다. 안창호는 상해에 도착하는 날부터 그의 '필생사업'인 흥사단 조직에 착수했다고 한다.[90] 『도산일기』에도 흥사단에 관련된 사항이 임시정부의 일과 관련된 사항이나 그 밖의 다른 어떤 일에 대한 것보다도 더 많이

---

88) 『백범일지』, p.310.
89) 『島山日記』, 1920년6월29일조.
90) 주요한 編著, 앞의 책, p.303.

적혀 있다.

안창호는 미국에 있는 흥사단원 박선(朴宣: 朴宣濟)과 김항작(金恒作)을 상해로 오게 하여 1920년1월에 영국 조계 안에 단소를 차리고 흥사단 조직에 착수했다. 그리하여 9월20일에는 국내를 비롯한 중국, 연해주, 일본을 관할권으로 하는 흥사단 원동임시위원부가 정식으로 결성되었다. 1919년부터 1949년까지 흥사단 원동위원부원으로 활동한 단원수는 190여명에 이르렀는데, 그 가운데는 1920년에 입단한 단원이 54명으로 가장 많다.[91] 『도산일기』에 따르면 1920년2월에서 7월까지 다섯달 동안 입단한 단원만 38명이었다.[92]

"독립전쟁의 해"라고 선포한 해의 상반기에 흥사단에 입단한 독립운동자들이 가장 많았다는 것은 적이 의아스러운 일이다. 그것은 안창호의 적극적인 설득으로 임시정부 안팎의 젊고 유능한 인물들이 흥사단에 입단했음을 보여 준다. 안창호가 맨 먼저 주목한 사람은 독립신문사 사장 이광수(李光洙)였다. 이어 손정도, 김홍서(金弘敍), 안정근(安定根), 이유필(李裕弼), 조상섭(趙尙燮), 주요한(朱耀翰), 백영엽(白永燁) 등이 흥사단원이 되었다. 흥사단원들은 거의가 전문학교 출신 이상의 엘리트들이었으며, 기독교인들이 많았다.[93] 일본경찰의 정보보고는 흥사단을 평안도와 황해도의 유력한 신진 청년들을 망라한 단체로서 큰 세력을 가지고 있고, 《독립신문》은 흥사단의 기관지라고 기술했다.[94]

흥사단의 조직이 드러나면서 독립운동자들 사이에서 문제가 되었다. 무엇보다도 흥사단의 비밀주의가 비난의 대상이 되었다.[95] 이 때문에 안창호를 의심하는 기호파 인사들 사이에서는 "도산이 흥사단을 조직하야 내외지에 선전하야 장래 대통령이 되기를 준비한다"라는 비판의 소리도

91) 李明花, 『島山安昌浩의 獨立運動과 統一戰線』, 景仁文化社, 2002, p.366.
92) 윤대원, 앞의 책, p.93 표 1-21.
93) 李明花, 앞의 책, pp.366~367.
94) 「上海韓人獨立運動者가 組織한 各種團體」, 『韓國民族運動史料(中國篇)』, p.211.
95) 『島山日記』, 1920년4월12일조, 주요한 編著, 앞의 책, p.307.

있었다.[96] 현순이 이승만에게 보낸 편지의 다음과 같은 서술은 안창호에 대한 비판의 대표적인 보기였다.

안(安)은 지위가 말석에 지나지 않는다는 불평심이 충일하야 외면으로는 공평, 통일, 충직, 애호 등으로 수식하야 민심을 끌어모으며, 내면으로는 비밀결사에 더욱 주력하야 남녀청년을 유인하야 흥사단에 입회케 하며, 손정도와 결합하야 안, 손 양인의 사진을 경성에 보내어 제반사에 자기를 신임하라는 사실도 드러났으며, 순량한 여자들을 매수하야 자기에 대한 민심의 취향을 탐문하며 자기의 성예(聲譽)를 선전하는 데 사용하는 사실도 발견하였으며, 샌프란시스코에서 보낸 금전은 짐작컨대 전부가 다 공전(公錢)임은 틀림이 없겠는데, 어떤 때는 개인이 보낸 돈이라 하며 얼마는 자기 사용으로 제하야 자기 동도인(同道人)들에게 몇십원, 몇백원씩 분급한 사실도 확실하오며, 장래의 대지(大志)를 품고 자기의 재능을 다하야 원대한 야심을 만족케 하고자 하나이다. 현금 주무하는 일은 언론으로 중심을 삼아 제반시정을 장악하고 명의만 이동휘에게 씌운 모양이외다.[97]

편지를 보낸 날짜가 1월17일인 것으로 미루어 보아 1920년1월부터 안창호의 흥사단 활동은 공공연한 비밀로서 빈축의 대상이 되고 있었음을 알 수 있다.

4

안창호는 김구에게도 흥사단 입단을 권유했다. 안창호는 2월29일에 김구와 최명식이 함께 방문했을 때에 처음으로 흥사단의 취지를 설명한

---

96) 『島山日記』, 1920년5월14일조.
97) 「玄楯이 李承晩에게 보낸 1920년1월17일자 편지」, 『대한민국임시정부자료집(42) 서한집 I』, pp.43~44.

데[98] 이어 3월11일에는 김구에게 두 사람이 흥사단에 입단할 준비를 하라고 말했다.[99] 그러나 김구는 "청년당 이사원으로서 흥사단에 입단하는 것이 관계가 있다"면서 입단을 거절했다.[100]

김구는 이때에 신한청년당(新韓靑年黨)의 이사로 선임되어 있었다. 안창호는 그것은 문제가 되지 않는다고 했지만, 김구는 안창호의 말을 쉽사리 받아들이려 하지 않았다. 입단 권유를 받은 지 두달이 지난 5월4일과 7일에도 그는 안창호의 독촉에 대해 확답을 하지 않았다.[101] 안창호의 집 가까이 살면서 사흘이 멀다하고 찾아가서 크고 작은 문제를 상의하는 안창호의 호의적인 입단 권유를 김구가 선뜻 받아들이지 않은 것은 눈여겨볼 만한 일이다. 이처럼 김구가 실질적으로 임시정부를 이끌고 있는 두 축인 이동휘와 안창호의 제의를 모두 거절할 수 있었던 것은 상해 독립운동자들의 공론을 의식함과 아울러 임시정부의 권위에 대한 남다른 신념과 사명감 때문이었을 것이다.

김구가 언제 신한청년당에 가입했는지는 분명하지 않다. 『백범일지』에는 신한청년당과 관련하여 "당시 상해에 먼저 도착한 인사들은 벌써 신한청년당을 조직하여 김규식을 파리회담의 대표로 파송하였고, 김철(金澈)을 본국 대표로 파견하였다"라고 아주 간략하게 언급했을 뿐이다.[102] 1919년 말 현재의 신한청년당 이사 명단에 김구가 포함되어 있는 것으로 미루어 보아,[103] 김구는 늦어도 1919년 연말 이전에 신한청년당에 가입한 것으로 판단된다.

신한청년당은 터키청년당을 모방하여 1918년11월28일에 상해에서 여운형, 장덕수, 김철, 한진교(韓鎭敎), 선우혁(鮮于爀), 조동호(趙東祜)

---

98) 『島山日記』, 1920년2월29일조.
99) 『島山日記』, 1920년3월11일조.
100) 『島山日記』, 1920년5월7일조.
101) 『島山日記』, 1920년5월4일조, 5월7일조.
102) 『백범일지』, pp.300~301.
103) 『朝鮮民族運動年鑑』, p.53.

등이 모여 조직한 독립운동단체였다.[104] 신한청년당의 창당을 주도한 사람은 여운형이었다. 창립 초기에는 따로 부서를 정하지 않고 여운형이 대표 겸 총무로서 업무를 주관했다.[105] 뒤에 당원이 증가하여 「당헌」과 「당강(黨綱)」 등을 제정하면서 총무제를 폐지하고 총재, 이사장, 이사제를 실시했다. 총재를 공석으로 비워두고 이사장으로는 김규식을 추대하고 10인 이내의 이사를 두기로 했다.[106] 신한청년당 당원들은 지역별로는 평안도와 황해도 출신이 가장 많았고, 해외유학 등의 고등교육을 받은 인물들이 다수였으며, 거의가 기독교인들이었다[107] 신한청년당은 당원의 자격 연령을 20세 이상에서 40세 이하로 한정한다고 했지만 실제로 이 규정은 지켜지지 않다.[108] 신한청년당 당원으로 확인되는 30여명 가운데, 1919년 현재 40세가 넘는 사람이 김구를 포함하여 7명이나 있었다.[109]

신한청년당 당원으로서 흥사단 입단 권고를 받고 망설인 사람은 김구뿐만이 아니었다. 김구의 친구인 최명식은 안창호가 "일종 이상의 학술을 학득(學得)하라는 것"을 이행하기 어렵다는 평계로 입단을 거절했다.[110] 신한청년당의 발기인들인 선우혁과 김철도 흥사단에 입당하는 것을 주저했다. 안창호는 이들에게 흥사단의 목적과 주의가 우리 국민에게 절대로 유익하다고 생각한다면 어떠한 일도 개의할 것이 없다면서 입단할 것을 강력히 권했다.[111]

신한청년당 당원이었던 이광수, 안정근, 손정도, 이유필, 송병조(宋秉

---

104) 愼鏞廈, 「新韓靑年黨의 獨立運動」, 《韓國學報》 44, 1986, pp.94~143 및 金喜坤, 「中國關內韓國獨立運動團體硏究」, 지식산업사, 1995, pp.74~113 참조.
105) 「呂運亨被疑者訊問調書」(제2회), 金俊燁·金昌順 共編, 『韓國共産主義運動史 資料篇Ⅰ』, pp.293~294.
106) 愼鏞廈, 앞의 글, pp.102~103.
107) 愼鏞廈, 위의 글, p.44; 金喜坤, 앞의 책, pp.81~82.
108) 「呂運亨被疑者訊問調書」(제5회), 金俊燁·金昌順 共編, 앞의 책, p.320.
109) 金喜坤, 앞의 책, pp.81~82.
110) 『島山日記』, 1920년3월11일조.
111) 『島山日記』, 1920년5월5일조, 5월7일조.

祚), 조상섭 등이 흥사단에 입단한 것으로 보아서 두 단체의 관계가 큰 문제가 된 것 같지는 않다. 김철은 끝내 흥사단에 입단하지 않았지만 선우혁은 입단했다. 김구의 경우 입단문제가 어떻게 마무리되었는지 확인할 수는 없으나,「흥사단 원동위원부 단원명단」에는 1920년경에 흥사단 특별단원이 된 것으로 기록되어 있다.[112] 그러나 『백범일지』에는 흥사단에 관한 이야기는 전혀 없다.

이승만은 임시의정원과 국무원에 미국 의원시찰단이 도착하기 전에 상해로 가겠다고 하기는 했으나 확실히 결정한 것은 아니었다. 미국 의원시찰단의 상해 방문은 8월로 예정되어 있었다. 이승만은 일단 하와이로 가기로 했다. 현순과 안현경이 하와이로 올 것이므로 그들에게서 상해 사정에 대해 자세한 이야기를 들을 수 있을 것이었다.

이승만은 6월12일 아침에 혼자서 워싱턴을 떠났다. 해리스버그(Harrisberg)역에서 미리 연락해 두었던 벡(S. A. Beck, 白瑞岩, 裵額)을 30분 동안 만나고 12시30분에 그곳을 떠나서 밤 12시20분에 클리블랜드(Cleveland)에 도착했다. 이튿날 아침에 오하이오주립대학교(Ohio State University)에 유학하고 있는 이병두(李炳斗)가 찾아왔다. 이병두는 방학 동안에 워싱턴에 와서 한국친우회 일을 도와주기로 되어 있었다.

오벌린대학(Oberlin College)이 그곳에서 전차로 한시간쯤 가는 거리에 있었다. 거기에는 이승만이 추천서를 써주어 보낸 김노디 등 하와이의 옛 제자 몇몇이 유학하고 있었다. 이들을 만나보고 하와이에 가면 그 부모들이 반가워할 것이었다. 이승만은 대학으로 전화를 걸었다. 김신실, 주영순, 김노디 세 사람이 달려왔다. 반갑게 만나서 이야기를 나눈 다음 같이 시카고행 기차에 올랐다. 반시간쯤 뒤에 엘리리아(Elyria)역에서 세 여학생은 내려서 학교로 돌아가고 이승만은 7시30분에 시카고에

---

112) 「遠東委員部團員名簿과 經歷事項」, 李明花, 앞의 책, p.375.

도착했다.

시카고에는 동지 여나믄명이 마중나와 있었다. 이승만은 콩그레스 호텔(Congress Hotel)에서 이틀 동안 묵으면서 찾아오는 동지들을 만났다. 6월15일에 김노디가 시카고로 왔다. 그녀는 여름방학에 하와이로 갈 예정이었지만 이승만을 보고 같이 가기로 하고 좇아온 것이었다. 이승만은 이튿날 밤 8시쯤에 김노디와 함께 샌프란시스코행 유니언 퍼시픽 (*Union Pacific*) 열차를 탔다. 열차에서는 샌프란시스코 YMCA 이사부원 존슨(Johnson) 내외와 친하게 지내고 6월19일 오후 3시에 새크라멘토 (Sacramento)에 도착했다. 연락을 받은 이순기(李舜基)가 역에 나와 있었다. 김노디는 근처 윌로우스 지방에 있는 그녀의 오빠가 와서 데려갔다. 이승만은 이순기와 함께 동지들을 찾아보고 이튿날 오후 1시30분에 새크라멘토를 떠나서 오후 5시30분에 샌프란시스코에 도착했다.

샌프란시스코에는 며칠 전에 김규식이 공채표 판매를 위하여 다녀간 뒤였다. 이때부터 이승만은 그곳에서 기다리던 정한경과 행동을 같이했다. 윌로우스를 다녀서 샌프란시스코에 도착한 김노디는 이튿날 먼저 하와이로 떠났다. 6월21일 저녁에는 한인교회에서 강영소(姜永韶)의 주관으로 많은 남녀동포들이 참가한 성대한 리셉션이 열렸다.

이승만과 정한경은 22일 오후 4시에 매노아 호(*S. S. Manoa*)에 올랐다.[113] 그런데 이때에 김노디와 동행한 사실이 뒷날 반대파들의 중상모략의 꼬투리가 되어 이승만은 큰 곤욕을 치러야 했다. 하와이에는 정한경을 대동하기로 서신으로 연락하고 있었으므로 워싱턴을 떠나면서 덴버에 있는 정한경에게 시카고로 와서 동행하자고 전보를 쳤는데, 정한경은 이미 샌프란시스코로 떠난 뒤였다.

이승만과 정한경은 6월29일 아침 8시에 호놀룰루에 도착했다. 부두

---

113) Syngman Rhee, *Log Book of S. R.*, 1920년6월12일조~29일조; 하와이대한인교민총단, 「가필드 여인 글에 대한 설명」, 『雩南李承晩文書 東文篇(十二) 하와이·美洲僑民團體關係文書』, pp.368~370.

에는 많은 사람들이 나와서 1년 반만에 "대통령"이 되어 돌아오는 이승만을 환영했다.[114)

호놀룰루에서 발행되는 《애드버타이저(*The Pacific Commercial Advertiser*)》지는 이승만의 도착사실을 한면 전체에 걸쳐서 보도하고, 그를 하와이에 머물면서 중국혁명을 준비했던 손문(孫文)에 비유했다.[115)

---

114) Syngman Rhee, *Log Book of S. R.*, 1920년6월29일조.
115) *The Pacific Commercial Advertiser*, Jun. 30, 1920.

36장

구미위원부의 내분과 미국 의원단의 방한

1. "구미위원부는 대통령의 도구 아니다"

1

이승만은 하와이에 도착하자마자 먼저 6월21일에 서울의 이상재(李商在)에게 편지를 썼다. 이 편지는 상해행을 앞두고 국내에 있는 여러 사람들에게 읽히기를 바라고 쓴 것이어서 꼼꼼히 검토해 볼 필요가 있다. 그는 먼저 극동 시베리아의 정세와 관련하여 다음과 같이 썼다.

> 미주(美洲)의 항일열은 유가무감[有加無減: 자꾸 더하고 덜해지지 않음]이고, 미국정부가 일병(日兵)을 시베리아에서 철수하라 하므로 일본이 응낙은 하고, 외면으로는 철수한다 하면서 한편으로는 볼셰비키가 만주와 조선으로 만연하니 이를 방비하기 위하여 일병을 소환키 불능하다 하더니, 지금은 연맹국이 볼셰비키 정부를 인준하자는 언론이 발생하며, 볼셰비키가 득승(得勝)하는 모양이니, 저는 미국정부와 은근히 교섭하야 우리 한인 기십만명을 군기(軍器)와 복장제구(服裝諸具)만 공급하면 이용할 수 있겠다 하야 비밀교섭 중이나, 미국정부가 일본을 극히 두려워하는 태도를 가지므로 촉망키 곤란하외다.…

제1차 세계대전 도중에 볼셰비키혁명이 일어나자 연합국은 혁명 저지를 목적으로 1918년8월에 일본군과 미국군을 주축으로 한 연합군을 시베리아에 파견했는데, 일본은 7만3,000명의 대규모 병력을 파견하여 동부시베리아를 석권했다. 연합국의 무력간섭이 실패함에 따라 각국은 군대를 철수했으나 일본은 거류민을 보호하고 한국과 만주에 혁명이 파급되는 것을 방지한다는 구실로 병력을 계속 주둔시키면서 시베리아를 지배하고자 했다. 그러나 볼셰비키 정부의 저항은 점점 격렬해지고 워싱턴회의에서도 열강의 압력이 강경하여 일본은 1922년6월부터 시베리아에서 철군을 시작했다.

이승만이 이상재에게 미국의 지원을 얻어서 대규모의 한인무장부대를 편성할 것을 미국정부와 비밀리에 교섭 중이라고 쓴 것은 물론 국내인사들을 상대로 한 그 특유의 과장이었다. 이승만은 또 7월부터 미국 전역을 돌면서 순회강연을 할 계획이라고 했다.

생은 이달 말에 미주 남방서 위시하야 전국을 유력(遊歷)하며 각 대도시 유력 상회(商會)와 다른 공회(公會) 약 60~70처에서 연설할 터인데, 그간에 각처에서 연설한 결과가 심히 양호하므로 이에 진력하려 하오니, 이는 다름 아니라 인심이 선동될 만치 되어야 미국정부에서도 원조할 생각을 낼지라. 미국정부의 반 공식승인이라도 얻으면 금전도 얻을 수 있고 다른 긴용물도 역시 얻을 수 있으니, 그 뒤에야 대사를 성취할 수 있음이라. 내지동포는 비록 간뇌도지[肝腦塗地: 간과 머릿골이 땅에 으깨어짐]라도 시위운동을 여전히 계속하여야 우리의 최후수단의 준비를 얻을 터이외다.

이승만은 이어 몇주일 전에 《시카고 뉴스(*Chicago News*)》의 특파원이 서울과 만주와 시베리아로 갔고, 허스트(William R. Herst) 신문사장이 상해에 있는 티몬스(Timmons)를 서울로 보냈으니까 이들을 만나 보라고 말했다. 이어 그는 선전활동의 중요성과 선교사 문제, 미국인들의 회합에서 자신이 하는 발언내용 등에 대하여 다음과 같이 썼다.

지금 금전만 몇만원 있으면 유력한 저술가를 특히 파송하야 정형을 세계에 공포하는 것이 제일 유력한 일이외다. 일인이 몇백만원을 비용하며 미국 내에 선전하야 한인이 불능독립(不能獨立)이라 함과 한인은 이미 모두 귀화했는데 미국 선교사가 선동한다 하므로, 선교사의 언론은 도리어 힘이 없을 뿐 아니라 감히 입도 열지 못한즉, 다른 사람을 이용하야 선교사도 보호하는 것이 필요하외다. 저는 미국인의 회석에서 말하기를 우리 내지 충애동포가 지금이라도 일인을 축출할 수 있으나 인명의 무수한 사상(死傷)을 면코저 하야, (일인들이) 한인을 자치나 경장(更張) 등 설로 안돈시킬 수 없는 줄을 자각하고 물러나 돌아가기를 바람이라. 일인이 이를 깨닫지 못하면 우리는 부득이하야 최후수단을 면하기 어려움이라. 오직 바라건대 미국인민은 일인의 만습(蠻習)을 문자나 언론으로 공격하여 달라 하매, 한목소리로 힘써 돕는 사람이 많아서 친우회를 각처에 확장하는 중이외다.…

이승만은 이어 한국친우회 결성 등 미국인들을 상대로 한 자신과 헐버트(Homer B. Hulbert, 訖法, 轄甫)와 벡(S. A. Beck, 白瑞岩, 裵額) 두 선교사의 활동과 매켄지(Frederic A. McKenzie)의 최근 저서 등의 이야기를 쓰고 나서, 국내 소식을 전해줄 것과 자금지원을 부탁했다.

　　내지 소식을 종종 녹시[錄示: 기록하여 보여 줌]하셔야 밖에 있는 우리는 방침을 알겠소이다. 특히 재정을 도모할 수 있으면 큰 효과를 거두겠소이다. 노블(William A. Noble, 魯普乙)이나 겐소(John F. Genso, 金昭) 두 사람 편으로 금전을 보내 주시면 염려 없이 도착하겠소이다.[1]

노블과 겐소는 국내에서 활동하는 선교사들이었다. 이승만은 이처럼 미국 선교사들을 통하여 국내와도 연락이 닿고 있었던 것이다.

끝으로 이승만은 이 편지를 여러 친지들과 부인회 중앙회장 등 각계

---

1) 「李承晩이 李商在에게 보낸 1920년6월31일자 편지」, 『대한민국임시정부자료집(42) 서한집 Ⅰ』, pp.126~127.

인사들에게 돌려가며 보일 것을 부탁했다. 이상재는 이듬해 이승만이 상해에 가 있을 때인 1921년5월에 은양 4,000원(元)을 이승만에게 보냈고, 이승만은 그 돈을 그대로 임시정부에 넘겼다.[2]

이러한 편지는 국내에 들어가 있던 유상기(柳常祈)를 통하여 전달되고 있었던 것으로 짐작된다. 하와이의 기독교 교직자이며 이승만 측근의 한 사람인 유상기는 3·1운동 이후에 상해로 가서 1919년12월에 국내로 들어갔다가 두달 뒤에 일본경찰에 체포되었고, 1920년5월에 석방되어 일단 상해로 갔다가 한달 뒤에 다시 국내로 들어갔다. 안현경(安玄卿)이나 그 뒤에 장붕(張鵬)이 이승만에게 보낸 국내 상황보고는 거의가 유상기가 보내오는 정보에 근거한 것이었던 것 같다.[3]

이승만은 상해로 떠나기 전에 구미위원부를 정비하기로 결심했다. 상해의 현순(玄楯)을 미국으로 부른 것은 그 때문이었다. 현순과 안현경은 1920년6월25일에 상해를 출발했다. 그러나 그들은 태평양을 건너서 바로 하와이로 향하는 배를 타지 않고 파리로 돌아가는 배를 탔다. 그리하여 두 사람이 워싱턴에 도착한 것은 두달이나 지난 8월25일이었다.[4] 이승만은 현순과 안현경이 상해를 떠난 뒤로는 독립협회의 만민공동회 때에 같이 활동했던[5] 장붕을 통신원으로 임명했다. 3·1운동 때에 새문안교회 장로였던 장붕은 기독교대표로 한성정부 수립에 참여했다가 이규갑(李奎甲)과 함께 상해로 갔다.[6] 그는 경기도 대표의 의정원 의원으로 활동하면서 상해에서 발행되는 영자 신문에 일본 신문 기사를 번역하는 일로 생활비를 벌어 쓰고 있었다. 안현경은 그를 "진실한 것으로 말하면 현순보

---

2) 「李承晩이 李商在에게 보낸 1921년7월29일자 편지」, 위의 책, p.204.
3) 「安玄卿이 李承晩에게 보낸 1920년1월1일자, 1월30일자, 3월3일자, 5월30일자 편지」, 같은 책, p.33, p.57, p.82, p.121; 「張鵬이 李承晩에게 보낸 1920년7월23일자, 8월12일자 편지」, 같은 책, p.137, p.150.
4) Kiusic Kimm to Reesyngman, Aug. 25, 1920, *The Syngman Rhee Telegrams*, vol. Ⅲ., p.414.
5) 愼鏞廈, 『獨立協會研究』, 一潮閣, 1978, p.98, p.100, p.312 참조.
6) 李奎甲, 「漢城政府樹立의 顚末」, 《新東亞》 1969년4월호, p.181; Soon Hyun, *My Autobiography*, p.133, p.301.

다 낫다고 할 수 있으며…"라고 칭찬하면서 자기가 해온 임무를 대신할 사람으로 이승만에게 추천했다.[7]

2

현순이 워싱턴에 도착하기도 전에 구미위원부의 분란이 벌어졌다. 이승만이 자신을 뒤따라 하와이에 온 구미위원부 장재[掌財: 재무책임자] 송헌주(宋憲澍)를 해임해 버린 것이었다. 송헌주는 자기의 연고지이기도 한 하와이에서 동포들의 공채구입을 독려하기 위하여 6월23일에 워싱턴을 떠나 7월6일에 하와이에 도착했다. 그러나 국민회 하와이지방총회장 이종관(李鍾寬)을 통하여 공채판매와 의연금 등의 자금수합을 하던 이승만으로서는 송헌주의 하와이 방문이 못마땅했다. 송헌주는 이승만이 구미위원부를 설립하면서 하와이 동포대표로 구미위원부 위원으로 임명한 사람이었는데, 그동안 위원부를 이승만의 간섭에서 벗어나 독자적으로 운영하고자 하는 김규식(金奎植)과 행동을 같이하고 있었다.

송헌주가 호놀룰루에 도착한 날 저녁에 하와이 여러 섬에서 온 국민회 하와이지방총회 대표자들은 그를 초대하여 공채판매와 독립운동자금을 수합할 임무를 국민회에 위임할 것을 요구했다. 그러나 송헌주는 대통령이 공포한 「공채조례」와 「지방위원조례」를 근거로 이들의 요구를 거부했다. 여러 차례의 협의 끝에 송헌주와 이종관이 공채발매를 위한 공동시찰(共同視察)을 맡기로 타협이 이루어졌고, 이러한 타협으로 송헌주와 국민회 하와이지방총회의 갈등은 해소되는 듯했다.[8]

송헌주와 이종관을 공동시찰로 임명했다는 사실이 발표된 직후인

7) 「安玄卿이 李承晩에게 보낸 1920년2월26일자 편지」, 『대한민국임시정부자료집(42) 서한집 Ⅰ』, p.77.
8) Hurn Joo Song to Syngman Rhee and Kiusic Kimm, Jul. 14, 1920, *The Syngman Rhee Correspondence in English 1904~1948*, vol.2, Yonsei University, 2009, pp.398~400.

7월21일자로 이승만은 하와이 동포들을 상대로「교령」제3호를 발포했다.

　　목금 임시정부에 재정이 경갈[罄竭: 다하여 없어짐]하며 구미위원부의 경비가 군박[窘迫: 어려운 고비에 막혀 형세가 급함]하니 일반충애국민은 정성을 다하며 재력을 기울여 조국강토를 속히 회복하기에 도움이 마땅할지라. 하와이군도에 재류한 우리 국민은 자래로 독립회복에 대하야 힘쓴 일도 많거니와 민주정부가 성립된 이후로 더욱 정성을 극진한 공효가 다대하니, 이는 일후에 정부에서 상당히 표창할 도리가 있으려니와, 주차구미위원부에서 기왕 발포한 조례를 의지하야 하와이 각 지방에 위원을 정하고 공채표를 발매하야 재정을 위원부나 하와이 각 구역 도시찰에게로나 속속히 부치되 각기 그 지방 편의를 따라 액수에 넘쳐서 하와이에 재류한 우리 국민의 충애를 표시하며, 내지에서 혈전하는 의용남녀의 의기를 더욱 권장하기를 바라노라.[9]

이「교령」은 전단으로 인쇄되어 하와이의 여러 섬에 배포되었다.「교령」의 문면으로 짐작할 수 있듯이, 이승만은 하와이 동포들의 공채 매입이나 의연금 납부는 자기에 대한 신뢰와 기대에서 나오는 것이라고 믿었다. 그러므로 송헌주가 따로 섬들을 순회하면서 공채 매입을 독려하고 그 결과를 송헌주 자신의 활동성과로 내세울 것이 탐탁하지 않게 여겨졌을 것이다.

「교령」을 포고하기 직전에 이승만은 송헌주를 만났다. 각 섬을 순방하겠다는 송헌주에게 이승만은 당분간 호놀룰루에 머물면서 이종관이 시찰로 임명된 사실이 발표된 뒤의 상황이 어떻게 진전되는지 지켜보라고 말했다. 그것은 사실은 자신의「교령」의 반응을 보고 결정하자는 뜻

---

9)「교령」제3호,『雩南李承晚文書 東文篇(九) 歐美委員部關聯文書Ⅰ』, p.20.

이었다. 화가 난 송헌주가 모든 일을 이승만에게 맡기고 자기는 워싱턴으로 돌아가겠다고 말하자 이승만은 통명스럽게 말했다.

"당신이 그처럼 독자적으로 행동한다면 구미위원부 위원 자격으로 돌아갈 수 있을지 없을지 모르겠소."[10]

그러고 나서 이승만은 7월22일과 27일에 거듭 송헌주에게 편지를 보내어 구미위원부 위원을 사임할 것을 요구했고[11], 송헌주가 아무런 응답이 없자 7월30일자로 해임을 통보했다.[12] 이승만이 송헌주를 전격적으로 해임하게 된 데에는 샌프란시스코에서부터 동행한 정한경(鄭翰景)의 건의도 영향을 미쳤다. 정한경은 그동안 구미위원부가 현재대로 운영된다면 존치시킬 필요가 없다고까지 주장했다. 그는 6월2일에 이승만에게 편지를 보내어 다음과 같이 물었다. 구미위원부의 목적은 첫째로 대통령의 정책을 이행하는 것이고 둘째로는 미국인들에게 선전을 계속하는 것인데, 지금의 구미위원부는 이 두가지 일을 모두 하지 않고 있으므로 현재의 구미위원부를 반대해야 한다는 성명서를 자기 이름으로 하와이 동포들에게 발표해도 괜찮겠느냐는 것이었다.[13] 이승만이 하와이로 오면서 정한경을 대동한 것도 그러한 경위가 있었기 때문이다. 하와이에 도착하자 이승만은 김규식에게 편지를 보내어 정한경을 자신의 비서로 임명했으니까 그에게 줄 월급 100달러를 자기 앞으로 송금하라고 지시했다.[14]

송헌주의 해임소식을 들은 김규식은 곧 8월2일에 이승만에게 "대사위해 송 해임 작소하시오. 개인관계 도무지 아니오"라고 타전했고,[15] 같

---

10) Syngman Rhee to Kiusic Kimm, Sept. 9, 1920, *The Syngman Rhee Correspondence*, vol. 1, p.323.
11) 「李承晩이 宋憲澍에게 보낸 1920년7월27일자 편지」, 『대한민국임시정부자료집(17) 구미위원부 I』, p.42.
12) 「李承晩이 宋憲澍에게 보낸 1920년7월30일자 公牒」, 위와 같음.
13) Henry Chung to Syngman Rhee, Jun. 2, 1920, *The Syngman Rhee Correspondence*, vol. 2, p.358.
14) Syngman Rhee to Kiusic Kimm, Jun. 23, 1920, *op. cit.*, vol. 1, p.279.
15) Kiusickimm to Reesyngman, Aug. 2, 1920, *The Syngman Rhee Telegrams*, vol. Ⅲ., p.361.

은 날 서재필(徐載弼)도 이승만에게 송헌주의 해임을 재고하라는 전보를 쳤다.[16] 이승만은 서재필에게도 하와이의 형편으로 보아 송헌주의 해임이 필요하다고 타전했고,[17] 8월5일에는 김규식에게 다음과 같은 답전을 쳐서 송헌주의 해임을 기정사실화했다.

　　하와이가 위원부를 받치기 위하야 송 해임 필요하오. 공채표 위원부가 발급하고 시찰이 위원부의 지휘받고 조례대로 행하게 한 것이니 오해 말고 편지 보시오. 하와이에서 위원부 조례대로 행하니 미주일 틀릴 것 없고 여기 일 잘되니 송 일로 섭섭히 알지 마시오.[18]

이승만은 이러한 전보와 함께 시찰로 임명된 이종관이 공채금으로 수합한 자금 가운데 2,000달러를 구미위원부로 보내어 임시정부로 송금하게 했다. 그리고 그 사실을 송헌주를 해임하고 그 후임으로 정한경을 의중에 두고 있다는 것과 함께 임시정부에 알렸다.[19]

이승만의 단호한 전보를 받은 김규식은 지금이 자기가 구미위원장을 사임하고 상해로 떠날 수 있는 기회라고 판단한 것 같다. 김규식은 이승만의 편지를 기다리지 않고 8월7일자로 다음과 같은 내용의 「청원서」를 썼다.

　　그저간 우리 진행사와 특별히 위원부의 제반 방책에 피차 의사가 부동하였으나 일 잘되기를 위하야 양심의 지도대로 지내왔나이다. 근자에 되는 사실로 말하오면 의견과 방략이 피차 불합할 뿐 아니라 각

16)　Jaison to Reesyngman, Aug. 2, 1920, *op. cit.*, vol. Ⅲ., p.363.
17)　Rhee to Phijasco Philadelphia, Aug. 4, 1920, *ibid.*, p.370.
18)　Reesyngman to Koric, Aug. 5, 1920, *ibid.*, p.366.
19)　Leechongkwan to Koric, Kiusickimm to Konation, Honolulu, Aug. 5, 1920, *ibid.*, vol. Ⅲ., pp.372~373;「臨時大統領函: 送金 및 歐美委員部任員交替」,『雩南李承晚文書 東文篇(六) 大韓民國臨時政府關聯文書 1』, pp.21~22.

하께서 본인을 신용치 아니하는 줄로 아나이다. 그런즉 사세가 이러한 경우에는 본인이 이 책임을 져가며 각하의 지휘대로 절대적 복종할 수도 없고 사방의 조화와 합동을 얻어 진행할 수도 없아오니, 대통령 각하께서 본인의 사직을 허시(許施)하시며 신임 위원으로 구월 초승부터 시무하도록 조처하심을 청원하나이다.[20]

이승만은 한국친우회 결성을 위하여 순회여행을 하는 동안 구미위원부의 운영을 김규식에게 일임해 놓고 있었다. 그는 구미위원부의 역할과 기능을 둘러싼 상해임시정부나 국민회 중앙총회와의 갈등에서도 김규식이 자신의 입장을 충실히 대변해 줄 것으로 기대했다. 그러나 김규식은 이승만의 구미위원부 운영방침에 문제가 있다고 생각하고 독자적인 판단에 따라 행동했다. 그 가장 대표적인 경우가 국민회 중앙총회에 대한 입장이었다. 김규식은 미주 동포들을 상대로 구미위원부의 자금모집사업을 순조롭게 추진하려면 국민회 중앙총회의 협조가 필요하다고 판단했다. 구미위원부와 국민회 중앙총회가 공채판매와 애국금수합문제를 두고 5개월 이상 격심한 논쟁을 벌일 때에도 김규식은 국민회 중앙총회와 협상을 통하여 문제를 해결하고자 했다.

그러나 이승만으로서는 재정문제를 가지고 국민회 중앙총회와 협상을 벌이는 것 자체가 부당한 일이었다. "정부"가 수립된 이상 국민들로부터 세금 등의 돈을 걷는 일은 '정부'만이 할 수 있는 일이고, 국민회 중앙총회와 같은 "민간단체"는 그러한 일을 할 수 없다고 그는 주장했다. 이승만은 구미위원부의 명령에 따르지 않는 단체들은 '역당(逆黨)'으로 규정하여 대처하겠다고까지 극언했다.[21]

김규식은 「청원서」에서 자기는 1920년1월에 상해로 돌아갈 생각을

---

20) 「청원서」, 『대한민국임시정부자료집(17) 구미위원부 I 』, p.43.
21) 「李承晩이 安玄卿에게 보낸 1919년7월11일자 편지」, 『대한민국임시정부자료집(42) 서한집 I 』, p.10.

했지만 신병 때문에 더 머물게 되었다고 말했다. 김규식은 신한청년당의 대표로 파리로 떠나기 2주 전인 1919년1월에 상해에서 서병호(徐丙浩)의 처제인 김순애(金淳愛)와 재혼했다. 이때에 그에게는 사별한 전처 조은애(趙恩愛)와의 사이에서 난 장남 진동(鎭東)이 있었다.[22] 김규식은 재혼한 지 얼마 되지 않은 아내와 어린 아들을 상해에 둔 채 미국에서 처음 기대했던 것과는 사뭇 다른 일을 하고 있었던 것이다.

김규식은 1920년1월부터 건강이 급속히 악화되고, 3월에는 뇌종양 수술까지 받게 되었다. 수술을 받은 뒤에 그는 5월20일부터 한달 동안 미주 본토의 27개 도시를 순회하면서 동포들로부터 4만달러어치의 공채 매입 청약을 받았다. 그러나 현금으로 판매한 것은 2,000달러어치밖에 되지 않았다. 나머지는 12월 안에 송금하겠다는 것이었다. 공채금 판매목표는 12월 말까지 네 번의 순회활동을 통하여 15만달러를 판매하는 것이었으므로 이때에 김규식이 거둔 성과는 꽤 큰 실적이었다.[23]

그러나 김규식은 여러 지역의 동포들을 방문하면서 공채매입만 권유한 것은 아니었다. 그는 구미위원부의 위상과 활동방침에 대해서도 자기의 입장을 분명히 했다. 그는 동포들에게 두가지 사실을 공언했다. 하나는 구미위원부가 임시대통령 이승만의 "마음대로 다루는 도구(handy tool)"가 아니라 미국과 유럽에서 임시정부를 대리하기 위한 기관이고, 다른 하나는 동포들로부터 수합되는 돈은 그 액수의 다과에 상관없이 총액의 절반을 임시정부로 송금하겠다는 것이었다.[24]

김규식의 이러한 공언은 그가 순회여행을 떠나기 전에 이승만이 구미위원부로 보낸 편지의 지시를 무시한 것이었다. 이승만은 4월7일자 편지에서 다음과 같이 썼다.

---

22) 李庭植, 「金奎植의 生涯」, 新丘文化社, 1974, pp.51~53.
23) 李相勳, 「金奎植의 歐美委員部활동(1919~1920)」, 翰林大學校석사학위논문, 1995, pp.40~41.
24) Kiusic Kimm to Earl K. Whang, Jun. 25, 1920, *The Syngman Rhee Correspondence*, vol. 5, pp.142~146.

모든 혼란과 있을 수 있는 오해를 피하기 위하여 우리는 상해에서 보내온 전보에 포함되어 있는 재가와 승인의 문구, 곧 "각하의 지시 아래서 행할 것"이라는 문구 그대로의 뜻에 따라야 할 것이오. 그러므로 나는 이제부터 구미위원부의 "직권상의(ex officio)" 멤버로서 계속 활동할 것이며, 구미위원부의 모든 공식적인 결의사항은 반드시 서면으로 나에게 제출하여, 최종적이고 유효한 것이 되기 전에, 나의 판단과 양심의 명령에 따른 승인 또는 불승인을 받아야 할 것이오.[25]

이승만의 이러한 지시가 있고 난 뒤로 구미위원부에서는 세 차례 회의가 열렸다. 6월22일에 열린 23회 회의에서는 여덟가지 사항이 결의되었는데, 그 가운데 세가지가 이승만에 의하여 "불승인"되었다. 불승인된 세가지는 (1) 구미위원부의 파리사무소를 런던으로 이전하는 문제는 파리의 황기환(黃玘煥)과 상의하여 위원장이 결정하고, (2) 하와이에 시찰원을 두는 일은 송헌주가 현지를 돌아본 뒤에 그의 의견에 따라 위원장이 통신으로 결정하며, (3) 위원부와 임시정부 사이의 통신은 위원장과 장재가 상의하여 결정한다는 것이었다.[26] 이러한 결의는 분명히 4월7일의 이승만의 지시에 위배되는 것이었다. 비록 그러한 지시가 없었더라도 이러한 일들은 사전에 이승만과 협의해야 할 중요한 사안이었다.

김규식의 독단적인 행동은 그뿐만이 아니었다. 그는 순회여행에서 돌아오자마자 현금으로 거두어 온 2,000달러 가운데 1,000달러를 임시정부로 송금했다. 구미위원부 수입금의 반액을 임시정부로 보내겠다고 한 동포들과의 약속을 실천한 것이었다. 송금하면서 그는 이승만에게 편지를 썼다.

---

25) Syngman Rhee to Kiusic Kimm, Apr. 7, 1920, *op. cit.*, vol. 1, p.257.
26) 「第23回會議議決事項訂定」, 『대한민국임시정부자료집(17) 구미위원부 Ⅰ』, p.19.

당신은 또한 제가 상해로 보낸 최근의 전보에서 제가 그들에게 1,000달러를 송금하기로 약속했다는 것을 알 수 있을 것이오. 송금은 월요일까지 할 예정이오. 실제로 나는 미주동포들에게 구미위원부는 현금 수합이 4,000달러가 되지 못하더라도 위원부의 매달 수입금의 반액을 상해로 송금하겠다고 약속했소이다. 우리는 흥망을 함께 할 것이오. 나는 이 계획이 위원부가 상해로 송금한 일이 없고 앞으로도 송금하지 않을 것이라는 일부 동포들의 심한 비판과 의심을 잠재울 것이라고 생각했소[27]

그것은 사전협의가 아니라 사후통고였다. 김규식은 이어 이러한 내용을 7월2일자 「업무보고서」로 임시정부에도 알렸다. 그는 이 보고서에서 자신의 동포순방은 시일이 너무 촉박하여 중요한 지역 열대여섯 군데를 방문하지 못했기 때문에 9월쯤에 누구든지 다시 순방하면 8~9만달러는 더 응모될 것이고 또 현금도 많이 수합될 것이며, 송헌주가 하와이로 가서 두세달 동안 하와이 섬들을 순방할 것이므로 두세달 뒤면 위원부의 수입이 크게 늘 것인데, 위원부는 예산을 월 4,000달러로 감축했으므로 4,000달러 이외의 수입은 모두 임시정부로 보내어 "정부나 구미위원부나 같이 계속하든지 같이 중지하든지 하기로 했다"라고 썼다.[28]

이승만이 7월30일자 전보로 임시정부에 송헌주의 구미위원 해임 사실을 알리면서 "하와이는 공채금 다 팔면 상해로 돈 얼마 보내리다"[29]라고 타전한 것도 김규식의 이러한 태도를 염두에 둔 것이었다. 이승만의 전격적인 송헌주 해임은 이러한 김규식의 계획을 일거에 무산시켰다.

27) Kiusic Kimm to Syngman Rhee, Jun. 26, 1920, *The Syngman Rhee Correspondence*, vol. 2, p.382.
28) 「구미위원부공문」 제146호(1920.7.2.), 『대한민국임시정부자료집(17) 구미위원부 Ⅰ』, p.141.
29) Datongyung Reesyngman to Kopogo, Jul. 30, 1920, *The Syngman Rhee Telegrams*, vol. Ⅲ., p.352.

8월에서 9월에 걸쳐서 이승만과 김규식, 김규식과 임시정부 사이에 전보와 편지가 빈번히 오갔다. 전보문은 통용대로 우리말을 알파벳으로 표기한 것이었고, 이승만과 김규식은 영문으로 편지를 주고받았다. 김규식은 8월16일에는 이승만에게 사임하겠다면서 8월7일자의 사임청원서를 보라고 말하고, 같은 날 임시정부에도 자신이 구미위원을 사임했다고 타전했다. 그런데 김규식이 임시정부에 보낸 전문에서 "원동으로 갈지, 혹 모스크바로 다녀갈지 전보로 답"이라고 한 것이 눈길을 끈다.[30] 볼셰비키 정부와의 교섭문제는 상해의 임시정부 인사들뿐만 아니라 이승만도 적극적으로 검토하던 일이었으므로, 이승만은 김규식과도 그 문제를 상의했을 것이 틀림없다. 김규식이 7월2일에 임시정부에 보낸 「업무보고서」에서 구미위원부가 "직접 간접적으로 비밀히 운동하고 교섭하야 우리의 금일 혈전 준비와 진행에 직접 간접간 방조가 있게 하며… 저간에 비밀히 운동되는 사건은 아직 다 말할 필요가 없고…"[31]라고 기술한 것이 그러한 사정을 짐작하게 한다. 위의 8월16일자 전보는 자신이 임시정부의 특사자격으로 모스크바를 방문할 것인지를 결정해 달라는 것이었다.

이승만은 김규식의 사임을 허락하지 않았다. 그는 8월19일에 김규식에게 다음과 같이 타전했다.

위원장 사면 받을 수 없소. 일 위하야 송 해임한 것이니 다른 의심 말고 참으시오. 현(玄)이 오니 돕겠고 다른 위원 곧 내겠소. 현이 위원 피임 후 가족 왔소. 미주 오려면 어렵소. 현 오거든 의논하시오. 공채

---

30) Kiusic Kimm to Kopogo, Aug. 16, 1920, *op. cit.*, vol. Ⅲ., p.388.
31) 「구미위원부공문」 제146호(1920.7.2.), 『대한민국임시정부자료집(17) 구미위원부 Ⅰ』, p.142, p.362.

표 서명하야 보내리다. 형이 사면하면 일 와해. 부디 인내.[32]

그러나 김규식은 이튿날 자기의 사임이 일에 아무런 지장이 없다면서 "원동이나 타처로나 난 곧 가야 하겠소"라고 타전했다.[33] 한편 임시정부는 8월23일에 김규식에게 곧 열릴 국제연맹회의에 파견하기로 수속을 준비 중이니까 워싱턴에서 대기하라고 타전했다.[34] 임시정부 인사들은 이때까지도 국제연맹에 대한 기대를 단념하지 않고 있었던 것이다. 그러나 김규식은 26일에 "연맹회는 아직 일소. 다른 사람 보내시오. 나는 곧 원동으로 가야 하겠소"라고 답전했다.[35]

이승만은 8월25일에 다시 김규식에게 원동행이 아무리 급하더라도 위원부의 새 위원이 충원되기 전에는 사면할 수 없겠고, 송헌주를 해임한 이유는 편지로 쓰겠다고 타전했다.[36] 파리 사무소의 황기환도 김규식의 사임을 반대하는 전보를 보내왔다.[37]

이러는 동안에 현순과 안현경이 워싱턴에 도착했다. 두 사람의 도착 소식을 들은 이승만은 8월28일에 김규식에게 다음과 같이 타전했다.

현(과) 안(安) 잘 온 것 반갑소.··· 현 위원 시무하라 하시오. 위원장 원동행도 급하나 미주일도 폐지 못하오. 나는 원동 속항. 안 곧 와야 볼 수 있소. 모처에 갈 일도 형이 원하면 합세다.[38]

"모처에 갈 일"이란 모스크바행을 말하는 것이었다. 이승만은 이처럼

---

32) Reesyngman to Kiusickimm Koric, Aug. 19, 1920, *The Syngman Rhee Telegrams*, vol. Ⅲ., p.401.
33) Kiusickimm to Reesyngman, Aug. 20, 1920, *op. cit.*, vol. Ⅲ., p.403.
34) Kopogo to Kiusickimm Koric, Aug. 23, 1920, *ibid.*, p.407.
35) Kiusickimm to Kopogo, Aug. 26, 1920, *ibid.*, p.417.
36) Reesyngman to Koric, Aug. 25, 1920, *ibid.*, p.415.
37) Whang to Koric, Aug. 27, 1920, *ibid.*, p.421.
38) Reesyngman to Koric, Aug. 28, 1920, *ibid.*, p.422.

김규식의 완강한 사임압력에 무르춤해진 것이었다. 김규식은 이승만과 같이 상해로 가기로 결심하고 8월30일에 이승만에게 전보를 치고, 또 장문의 편지를 썼다. 전보는 다음과 같은 내용이었다.

안 12일 호놀룰루 도착. 원동일 우리 둘이 가야 하겠소. 여기 일은 상당자 맡기시오. 누구든지 의논 없이 하지 마시오. 당신의 뜻대로만 한 때문에 지금 이렇게 어렵소. 즉답.[39]

편지는 더욱 신랄한 비판이었다. 그는 다음과 같이 썼다.

당신의 송헌주 해임은 당신 자신뿐만 아니라 위원부와 우리의 공동의 목적을 손상시키는, 지금까지 당신이 한 많은 무분별한 행동과 경솔한 처사의 극치일 따름이오. 나는 당신이 현재의 태도와 방법을 견지하는 한 내가 효과적으로 일할 수 있을 가능성이 없기 때문에 사임했을 뿐이오.

당신은 나에게 당신과 "협력"해야 한다고 말하고, 그러면 나를 "지원"하겠다고 말했소. 나는 당신이나 그 밖의 사람들과 가능한 모든 면에서 협력하려고 했지만, 솔직히 말해서 그것은 당신쪽에서 아무런 협력도 하지 않았기 때문에 불가능했소이다. 당신은 위원부를 창설했으면서도 나와 위원부가 당신의 일이나 계획을 방해하려고 하지 않나 하고 의심해 왔소이다. 당신은 무슨 일에 대해서나 나와 위원부를 신뢰한 적이 없고, 당신이 약속한 것들을 거의 지키지 않았소이다. 당신은 근거 없는 비난과 험담을 일삼아 왔고, 특히 지난 4월 이후로는 위원부에 대하여 아주 적극적인 태도를 보여 왔소이다.[40]

---

39) Kimm to Rheesyngman, Aug. 30, 1920, *ibid.*, p.426.
40) Kiusic Kimm to Syngman Rhee, Aug. 30, 1920, *The Syngman Rhee Correspondence*, vol. 2, p.475.

"지난 4월 이후"란 위원부의 모든 업무를 자신의 재가를 받아서 시행하라고 한 4월7일자 이승만의 편지를 말하는 것이었다. 김규식은 이튿날 임시정부 외무차장 정인과(鄭仁果) 앞으로 장문의 「업무보고서」를 보내어, 자신이 사임청원서를 제출했으나 대통령이 허가하지 않고 있음을 알리고, 자기는 일단 상해로 가서 임시정부의 내부갈등에 대하여 "근본적 조정"을 해 놓고 다시 구미에 와서 책임을 다하겠다고 기술했다.[41]

이승만은 이승만대로 구미위원부를 확실하게 개편하기로 결심했다. 그는 8월30일에 하와이에 와 있는 정한경을 새 구미위원으로 임명하여 워싱턴으로 보냈다.[42] 그리고 그 사실을 구미위원부는 물론 임시정부와 서재필과 돌프에게도 통보했다. 그리고는 김규식에게 다음과 같이 타전했다.

원동 가려면 속히 오시오. 위원장 겸대[兼帶: 겸임]하고 갈 수 있소. 정한경 그리로 갔소. 현과 일보게 하오. 당신이 미주 온 후 구미일 다 맡기고 내 임의로 한 것 없소. 오월부터 내 맘도 상했소. 친구보다 나랏일을 더 위하소. 송 위하야 나를 시비하는 편지 각처에 보내며 나를 쳐서 사직서를 만들어 각 신문 선전함이 내게만 해되지 아니하니 심량[深量: 깊이 헤아림]. 우리 둘이 서로 도와야 일에 해가 없겠소.[43]

그것은 이승만이 구미위원부를 개편하는 한편으로 김규식에게는 타협적인 태도를 보인 것이었다. 그리하여 김규식도 사임하지 않고 상해로 가서 3개월 뒤에 돌아오겠다고 말하고, 모든 것이 일 때문이니 오해하지 말라면서, 이승만의 출발계획과 동행 가능성을 묻는 전보를 쳤다.[44]

그러나 김규식의 8월30일자 편지를 받아본 이승만은 참았던 분노가

41) 「공문」 제244호, 『대한민국임시정부자료집(17) 구미위원부 I』, p.144.
42) 「주차대한민국위원 임명장」, 위의 책, pp.43~44.
43) Reesyngman to Kimmkiusic Koric, Sept. 2, 1920, *The Syngman Rhee Telegrams*, vol. III., p.437.
44) Kiusickimm to Reesyngman, Sept. 6, 1920, *op. cit.*, vol. III., p.444.

폭발했다. 그는 다음과 같은 답장을 썼다.

당신은 파리의 황기환에게 보낸 6월25일자 편지에서, 동포들에게 구미위원부는 대통령이 마음대로 다루는 도구가 아니라고 설명했다고 말했소. 당신은 당신이 미주 본토에 있는 동포들에게 이같이 설명하느라고 분주한 동안 송헌주가 하와이 동포들에게 당신이 미주본토에서 하고 있는 설명과 같은 설명을 할 것을 기대했소. 솔직히 말해서 송헌주가 설명하려고 했던 것이 바로 그것이었고, 나와 하와이 동포들은 그가 그런 수작을 하는 것을 바라지 않았소. 왜냐하면 그러한 설명은 필요없고 또 한편으로 오해만 불러일으키기 때문이오. 이것이 송헌주가 해임된 주원인이었소. 그리고 나는 우리 동포들이나 다른 외국인들에게 대통령과 위원부가 조화롭게 일하지 못하고 있다고 선전하고 다니는 위원이 있다면 어느 누구든지 해임할 것이오.… 나는 앞으로 자신의 개인적인 권위가 대통령의 권위에 대해 독립적이거나 그보다 상위에 있다고 사람들에게 알리려고 하기보다는 내가 일하는 것을 뒷받침해 줄 사람이 위원부에 있기 바라오.[45]

이승만은 자신의 권위에 도전하는 어떠한 사람도 용납하지 않겠다는 단호한 결심을 김규식에게 정식으로 통보한 것이었다.

이승만이 전보에서 5월 이후로 자기 마음도 상했다고 한 말은 김규식의 동포순방 때의 일과, 특히 이승만의 활동비와 관련된 마찰을 뜻하는 것이었다. 이승만은 하와이로 떠나기 직전에 수표로 505달러를 사용하고 김규식에게는 그 가운데 95달러에 관해서만 설명하고 왔었는데, 릭즈은행(Riggs Bank)의 통지를 받은 김규식은 나머지 410달러를 이승만이 개인적으로 입금할 것을 요구하여 이승만은 할 수 없이 500달러를 은

45) Syngman Rhee to Kiusic Kimm, Sept. 8, 1920, *The Syngman Rhee Correspondence*, vol. 1, pp.313~314.

행으로 송금하여 해결했다. 김규식은 또 이승만이 구입한 금강산 필름값 73달러 41센트도 이승만의 월급에서 제하겠다고 통보했다.[46] 그 필름은 아마 이승만이 미국인들을 상대로 강연할 때에 참고로 상영하기 위하여 구입했을 것이다.

이승만이 워싱턴에 있을 때인 3월, 4월, 5월에 구미위원부는 김규식의 병원비 2,163달러를 사무소 경비로 지출했다.[47] 파리에 있을 때부터 두통을 앓아 온 김규식은 미국에 와서 뇌종양의 의심을 받고 월터 리드(Walter Reed) 육군병원에서 머리뼈의 앞면 왼쪽을 절개하는 큰 수술을 받았는데,[48] 수술을 받은 시기가 이때였던 것 같다.[49] 김규식이 8월에 제출한 사임청원서에서 "저간 개인상 후의를 감사히 여기나이다"[50]라고 한 것은 이러한 이승만의 배려에 대한 언급이었을 것이다.

임시정부는 9월10일에 김규식에게 국제연맹회의에 가야 한다고 거듭 타전했으나,[51] 김규식은 자기 편지를 보라면서 자기는 상해로 먼저 가겠다고 답전했다.[52] 그리고 그는 9월21일에 다시 임시정부로 2,000달러를 송금했다.[53]

그러는 동안 구미위원부는 한가지 특이한 사업을 시도했다. 임시정부의 수익사업으로 어떤 미국인이 기선회사를 설립하여 운영하려는 일에 참여한 것이었다. 그것은 이승만의 주동으로 추진되었다. 제1차 세계대전 동안 미국에 나포된 독일 선박이 많이 있었는데, 스턴(G. W. Stearn)이라는 미국인이 발기하여 상선회사를 조직하고 미국정부와 교섭하여 나

---

46) 李相勳, 앞의 논문, pp.56~58.
47) 《新韓民報》 1920년7월15일자, 「구미위원부 매월경비예산표」.
48) 李庭植, 앞의 책, p.70; 강만길·심지연, 『우사 김규식 생애와 사상① 항일독립투쟁과 좌우합작』, 한울, 2000, p.66.
49) 「金奎植의 1920년3월16일자 休暇願」, 『대한민국임시정부자료집(17) 구미위원부 I』, p.39.
50) 「金奎植의 1920년8월7일자 청원서」, 위의 책, p.43.
51) Kopogo to Kimmkiusic Koric, Sept. 10, 1920, *The Syngman Rhee Telegrams*, vol. Ⅲ., p.454.
52) Kiusic Kimm to Kopogo, Sept. 11, 1920, *op. cit.*, vol. Ⅲ., p.456.
53) Commnision to Kopogo, Sept. 21, 1920, *ibid.*, p.481.

포된 선박을 불하받고 상당한 보조금까지 지원받기로 승인을 받았다. 미국의 각 항구로부터 한국, 러시아, 중국의 각 항구를 왕래하며 화물과 사람을 일본 항구를 거치지 않고 운반하는 선박을 운영하는 회사를 설립하는데, 그러한 상선회사에 한인단체나 상회가 참여하게 한다는 것이었다. 구미위원부는 위원장 김규식 명의로 1920년8월30일에 임시정부에 보낸 「업무보고서」에서 이 사실을 보고하면서 임시정부의 처리를 요망했고,[54] 임시정부는 10월에 이르러 이 안건을 승인했다.[55] 그러나 이 일은 그 뒤에 사업자 스턴이 현순의 한국 공사관 개설문제에 깊숙이 개입했다가 그 일로 현순이 해임되는 바람에 흐지부지되고 말았다.

김규식과 상해로 같이 가기로 한 이승만은 현순으로 하여금 위원장 대리로서 장재를 맡고 정한경은 위원으로서 서기 일을 맡도록 했다. 이승만은 자기가 상해로 가 있는 동안에 구미위원부가 다른 어떤 새로운 일을 벌이기를 바라지 않았다. 그는 9월28일에 현순과 정한경 앞으로 보낸 지시문에서 자신과 위원장의 인준 없이는 "무슨 새 정책이나 중요한 새 사건을 착수하지 못할 것이며…"라고 못박고, 모든 일을 서재필과 돌프와 상의하여 그들의 찬성을 얻어서 실행하라고 지시했다.[56] 김규식은 10월3일에 워싱턴을 떠나서 하와이로 갔다.

54) 「구미위원부공문」 제244호(1920.8.30.), 『대한민국임시정부자료집(17) 구미위원부 I』 p.143.
55) 外務部 「公函」 제35호(1920.10.26.), 『대한민국임시정부자료집(16) 외무부』, 2007, p.108.
56) 「대통령 및 구미위원장 부재중 업무처리 지시」(1920.9.28.), 『대한민국임시정부자료집(17) 구미위원부 I』 p.25.

2. 서간도에 광복군사령부 설치

1

이동휘(李東輝)가 위해위(威海衛)에 가 있는 동안 안창호(安昌浩)가 가장 열성적으로 추진한 사업은 임시정부가 1920년을 "독립전쟁의 해"로 선언하면서 발표한 서간도(西間島) 군구의 독립운동단체들을 임시정부 휘하로 통합하여 광복군을 조직하는 일이었다. 2월에 열린 제7회 임시의정원 회의에서 서간도 대표의원으로 상해에 온 윤기섭(尹琦燮) 등의 제의로 3월30일에 "군무부(軍務部)를 만주로 이동하고, 금년 안에 만주에서 10개 내지 20개 연대의 보병을 편성하여 훈련시키며 사관과 준사관 1,000명을 양성하여 금년 안에 독립전쟁을 개시할 것"을 건의한 「군사에 관한 건의안」이 채택되었다.[57] 그리하여 4월29일의 국무회의는 서북간도 지역에 특파원을 파견하기로 하고, 5월 말에 안정근(安定根), 윤기섭 등 5명을 서간도와 북간도 지역에 나누어 파견했다.[58] 서간도 지역에서 활동하던 독립운동단체들 사이에서도 임시정부가 수립되면서부터 통합운동이 일어나고 있었다.

이러한 움직임이 생긴 것은, 임시정부로서는 서북간도 지역의 크고 작은 무장단체들을 임시정부 산하로 통합하는 일이 임시정부의 존재이유와 직결되는 절대적인 과제였고, 또한 독립운동단체들의 입장에서는 임시정부의 권위를 통하여 국내외의 동포들을 상대로 자금조달이나 인원모집을 한결 효과적으로 할 수 있을 것으로 기대했기 때문이다.

한족회, 대한청년단연합회, 대한독립단 등은 1919년12월에 회합을 갖고 각 단체를 해체한 다음 압록강 연안에 통일기관을 설치하여 국내

---

57) 《獨立新聞》 1920년4월3일자, 「尹琦燮等이 提出한 軍事에 關한 建議案通過」.
58) 「島山日記」, 1920년5월23일조.

1920년에 중국 안동현에 광복군사령부 설치를 준비하던 이탁(오른쪽)과 안창호(가운데)와 김구.

에서의 자금조달과 일본 행정기관을 파괴하는 일에 일치된 보조를 취하기로 합의하고, 한족회의 이탁(李鐸), 대한독립단의 김승학(金承學), 대한청년단연합회의 안병찬(安秉瓚) 세 사람을 상해로 파견하기로 했다.[59] 세 사람은 개인사정에 따라 개별적으로 상해에 도착했는데, 맨 먼저 도착한 사람은 이탁이었다. 1920년5월에 도착한 이탁은 먼저 국무총리 이동휘를 만났다. 이동휘는 광복군 조직 이야기를 듣고 매우 기뻐하면서도, 이 사실은 다른 총장들이나 안창호에게는 발설하지 말고 자기의 직속기관으로서 자기의 지휘를 받게 하라고 말했다.[60] 그러나 이동휘는 그 뒤로 이승만 퇴진운동에 전념하느라고 이 문제는 뒤로 미루어 놓았다.

59) 愛國同志援護會 編, 『韓國獨立運動史』, 愛國同志援護會, 1956, p.257.
60) 『島山日記』, 1920년5월7일조.

안창호의 『일기』에 보면, 이탁은 5월 4일에 안창호를 찾아가서 광복군 조직문제와 관련하여 그동안에 있었던 일을 보고했고, 안창호는 이탁에게 이동휘를 통하여 군무부와 협의하라고 말했다.[61] 이탁은 일찍이 안창호가 설립한 평양 대성학교(大成學校)의 속성 사범과에 다녔고, 신민회(新民會)에 가입하여 안창호와 같이 활동했던 사람이었다. 그는 군무차장 김희선(金義善)에게 안창호가 광복군사령관이 되어야 일이 잘 추진되겠다고 말했다.[62] 이 무렵에 김구가 안창호와 이탁과 함께 기념촬영을 한 것을 보면, 김구도 광복군 조직문제에 처음부터 관여했던 것으로 여겨진다.

6월 14일에 김승학이, 6월 29일에는 안병찬이 상해에 도착했다.[63] 김승학은 무기구입 등에 사용할 자금을 가지고 왔다. 김승학과 이탁은 임시정부 직원들과 사관학교 학생, 독립신문사와 민단 직원 등을 초청하여 위로연을 베풀고, 각 기관에 얼마씩 기부도 했다. 그러자 돈을 꾸어달라는 사람들이 몰려와서 김승학은 서둘러 숙소를 옮겨야 했다.[64]

김구는 김승학이 무기구입하는 일에 관여했다가 난처한 일을 당했다. 김승학은 "(무기는) 극비밀리에 구입을 진행하였지마는 그래도 협잡배에게 사기도 몇번 당하고 위협을 당한 일도 한두번이 아니었다"라고 술회했는데,[65] 김승학과 함께 김구도 사기꾼에게 걸려들었던 모양이다. 안창호의 『일기』에는 6월 28일에 김구가 찾아와서 김승학의 부탁으로 권총을 구입하려다가 일이 뜻대로 되지 않아 김승학이 크게 의심하면서 불평을 하여 곤란하다고 고충을 털어놓았다고 적혀 있다. 또 이튿날에는 도인권(都寅權)이 안창호를 찾아가서 김구가 김승학의 권총구매에 관여했다가 '실수'를 해서 개인의 신용과 정부의 위신이 크게 손상되었으므로 그 돈

---

61) 『島山日記』, 1920년 5월 4일조.
62) 『島山日記』, 1920년 5월 29일조.
63) 金承學, 「亡命客行蹟錄」, 《한국독립운동사연구》 제12집, 독립기념관 독립운동사연구소, 1998, p.419.
64) 위의 글, p.420.
65) 위와 같음.

을 물어주는 수밖에 없겠는데, 지금 정부에 현금이 없으니 어쩌면 좋겠느냐고 걱정했고, 안창호도 별로 대책이 없다고 대답했다.[66] 김구가 어떤 실수를 했는지는 알려진 것이 없으나 적잖이 낭패스러운 일을 당했던 것 같다.

이 무렵에 김구의 아내 최준례(崔遵禮)도 세살배기 아들 인(仁)을 데리고 상해로 왔는데, 최준례는 우연히도 김승학과 함께 6월11일에 안동(安東)에서 이륭양행(怡隆洋行) 소속 기선을 타고 왔다. 그녀는 김구의 고향친구 김아무개의 부인과 동행이었다고 한다.[67] 일본경찰의 정보보고에는 최준례와 김인이 1920년8월에 행방불명되었다고 적혀 있는데,[68] 이처럼 일본경찰은 이때의 최준례가 집을 떠난 사실을 두달 동안이나 모르고 있었다.

김구가 가족을 데려온다는 소리를 듣고 최명식(崔明植)은 놀라면서 만류했다.

"지금 이판에 가족을 데려오면 어떻게 생활한단 말이오? 그래도 가족이 본국에 있어야 동지들을 의지하고 살 수 있지, 이곳에 가족들이 나와 있으면 가족들의 생활비까지 국내 동지들한테 요청해야 할 터이니 곤란한 일이 아니오?"

그러나 김구는 무덤덤하게 대답했다.

"무얼 딴 사람들도 다 와서 사는데, 어떻게 살길이 있겠지요."

최명식은 그런 사람들은 재산을 가지고 왔고 앞으로도 가져올 수 있는 사람들이 아니냐면서 극구 반대했지만, 김구는 "이미 오라고 한 것을 어떻게 하나"라면서 뜻을 굽히지 않았다.[69] 김구의 낙관적 사고방식과 함께 각별한 가족애를 느끼게 하는 에피소드이다. 그리고 사실 이때의 김구

---

66) 『島山日記』, 1920년6월28일조, 29일조.
67) 金承學, 앞의 글, p.419.
68) 朝鮮總督府亞細亞局第二課, 『要視察人名簿』, 『白凡金九全集(4)』, 대한매일신보사, 1999, p.101.
69) 崔明植, 『安岳事件과 三·一運動과 나』(打字本), 兢虛傳記編纂委員會, 1969, pp.86~87.

김구의 아내 최준례는 1920년6월에 세살배기 장남 인을 데리고 상해로 왔다.

의 처지로서는 가족들이 생활이 어렵기는 본국에 있으나 상해에 나와 있으나 마찬가지였을 것이다.

광복군사령부 설치안은 이동휘가 위해위로 가 있는 동안에 급속히 추진되어 7월20일쯤에는 국무회의에서 「대한광복군참리부규정(大韓光復軍參理部規定)」, 「대한광복군사령부규정」, 「대한광복군영규정(大韓光復軍營規定)」과 이에 따른 세칙들이 제정되었다. 이 「규정」들은 모두 8월1일부터 시행하는 것으로 되어 있었다.[70] 참리부는 군무부의 직할 아래 "광복군의 행동을 주비"하는 일을 관장하고, 사령부 역시 군무부의 직할 아래 "광복군의 작전계획과 실행에 관한 사무"를 관장하는 기구였다. 군영은 사령부 산하의 단위부대였다.

안창호는 광복군사령부의 설립에 큰 의욕을 보였다. 처음에 그는 광복군사령부와 함께 광복군주비원(光復軍籌備院)을 설치할 것을 구상했

---

70) 『雩南李承晚文書 東文篇(七) 大韓民國臨時政府關聯文書 2』, pp.515~536.

다. 주비원의 총재는 대통령이고, 그 간부들로는 각료 이하 주요 간부들이 망라되며, 직무는 정부의 행정사무를 모두 관장하는 것이었다. 그러나 그렇게 되면 임시정부는 유명무실해지고 정부가 광복군주비원으로 흡수될 수밖에 없었다.[71]

이러한 광복군주비원안을 적극적으로 추진한 사람들이 주로 서북인사들을 중심으로 한 안창호 그룹이었기 때문에 국무원비서장 김립(金立)을 비롯한 이동휘 그룹은 물론 이동녕, 이시영, 신규식 등 기호파들도 반대했다. 김립이 이동휘에게 보낸 편지에서 "이를 통과하는 날은 정부를 곧 안동(安東)으로 옮김이온즉 우리는 결코 이를 통과할 수 없다고 거절한 결과로…"[72]라고 쓴 것이 그러한 사정을 말해 준다. 실제로 광복군주비원안은 안창호의 임시정부 기능 축소 방안을 반영한 것이기도 했다. 이무렵 그는 정부는 "관청의 성질을 다 타파하고, 한 단체 기능의 성질로 개조하야" 뜻있는 몇몇 청년들이 생사를 같이할 각오로 모든 일을 보도록 해야 한다고 주장하고 있었다.[73] 국무회의에서는 광복군사령부안만 가결되고 주비원설치안은 부결되었다. 그리하여 주비원안의 대안으로 마련된 것이 군무부 예하의 광복군 참리부였던 것이다.

이렇게 설립된 광복군사령부는 비록 서간도 지역의 무장단체들을 다 통합하지는 못했지만, 기존의 무장단체들을 기반으로 하여 장비를 갖춤으로써 국내 진공이 용이해졌다. 광복군은 국경지대의 일본 기관들을 파괴하거나 일인과 친일분자들을 응징하고, 독립자금 모금과 병력모집에도 힘썼다.[74] 광복군은 1920년8월에 미국 의원시찰단이 한국을 방문했을 때에는 의주, 선천, 서울 등지에 특파대를 파견하여 일본의 행정기관과 경

---

71) 「張鵬이 李承晚에게 보낸 1920년7월23일자 편지」, 『대한민국임시정부자료집(42) 서한집 I 』, p.136.
72) 「金立이 李東輝에게 보낸 1920년7월17일자 편지」, 『雩南李承晚文書 東文篇(十六) 簡札 1 』, 1998, p.353.
73) 『島山日記』, 1920년7월12일조.
74) 金炳基, 「서간도光復軍司令部의 성립과 활동」《한국근현대사연구》 제9집, 한울, 1998, pp.168~172 참조.

찰서 등을 습격함으로써 일본에 불복하는 한국인의 의지를 나타내 보이
기도 했다.[75]

---

75) 蔡永國, 「3·1운동 이후 西間島지역 獨立軍團研究」, 『尹炳奭敎授華甲紀念韓國近代史論叢』, 知
識産業社, 1990, pp.848~849.

3. 미국 의원시찰단의 한국 방문

1

광복군사령부의 설치와 함께 이 시기에 임시정부가 수행한 또하나의 중요한 활동은 상해를 방문한 미국 의원시찰단에 한국인의 의사를 전달한 일이었다. 이승만은 5월에 임시정부로 편지를 보내어, 임시정부와 한국 국민이 미국 의원단을 어떻게 맞을 것인지를 아주 세밀히 지시했다. 그는 의원단을 연회에 초청할 때에 쓸 초청장과 진정서의 문안까지 직접 영어로 작성하여 보내고, 국내의 시위운동은 의원들이 탄 기차가 지나가는 철로 연변에 모여서 하는 것이 효과가 있을 것이라면서 그 방법까지 예시했다.[76)]

임시정부는 5월31일의 국무회의에서 이승만의 편지를 낭독한 다음 안창호를 접대위원장으로 선정했다.[77)] 6월18일에 열린 국무회의는 (1) 애국부인회 명의로 태극기와 편지를 보낼 것, (2) 국내에서는 시위운동 겸 환영행사를 할 것, (3) 일행이 상해에 도착하면 거류민단이 환영회를 열 것, (4) 필리핀에 정부대표 세 사람을 파견할 것, (5) 미국에 연락하여 재미동포 가운데서 수행원으로 동반하게 할 것, (6) 국내외를 망라하여 연명으로 진정서를 제출할 것, (7) 필리핀에 파견할 특파원은 안창호로 정하고 수행원 두 사람은 안창호가 선정할 것을 결의했다.[78)] 이러한 움직임은 이때에 이승만이나 상해의 임시정부 관계자들이 미국 의원시찰단의 방한에 대해 얼마나 큰 기대를 걸고 있었는지를 말해 준다.

안창호는 태극기를 제조하는 일을 직접 감독하면서, 이광수로 하여

---

76) 「美國議員團訪韓에 따른 指示」, 『雩南李承晚文書 東文篇(六) 大韓民國臨時政府關聯文書 1 』, pp.16~18.
77) 『島山日記』, 1920년5월31일조.
78) 『島山日記』, 1920년6월18일조.

금 미국 의원단에 전할 진정서와 국내 동포들에게 보내는 선전문을 작성하게 하고, 외무총장 서리 정인과에게는 한국 사정과 일본의 악정 등을 알리는 글을 만들어 상해에 있는 각국의 총독과 공영사에게 배포하게 했다.[79] 이러한 활동을 위하여 안창호는 국무총리에게 예산 1만1,400원을 요청했다.[80]

미국 의원단의 방문과 관련하여 천도교의 신숙(申肅)이 보인 관심이 흥미롭다. 안창호는 신숙의 요청으로 7월16일에 그를 찾아가서 만났는데, 신숙은 안창호에게 이번에 오는 미국의원들에게 천도교의 역사와 이상을 소개하는 책과 손병희(孫秉熙)에 관한 책자를 영문으로 번역하여 전달하겠다고 말했다. 그러나 안창호는 그것이 적절한 일이 아니라고 신숙을 설득했다.[81] 이러한 에피소드는 3·1운동의 준비단계에서부터 줄곧 천도교단이 가져온 민족운동의 주도권에 대한 관심을 말해 주는 또하나의 사례이다.

안창호는 7월27일에 황진남(黃鎭南)을 대동하고 홍콩으로 갔다. 그는 미국 의원단을 마중하러 마닐라까지 가려고 했으나 여권을 발급받지 못하여 홍콩까지만 간 것이었다.[82] 이때에 안창호가 광동(廣東)으로 건너가서 그곳의 미국 영사 버그헐츠(Leo A. Bergholz)를 만나 한시간 동안 나눈 대화는 눈여겨볼 만하다. 버그헐츠는 한국에 대해 매우 동정적인 미국 외교관이었다. 그는 서울 주재 미국총영사로 있으면서 3·1운동을 목격하고 크게 감동을 받았다고 말했다. 그는 국내에서 미국 선교사들과 독립운동자금을 수합하여 상해임시정부로 보내는 문제를 상의하기도 했었고, 중국에 와서는 중국 자산가들에게 한국 안의 토지를 사고 그 대금을 임시정부로 보내라고도 해보았으나 중국인들이 잘 응하지 않

---

79) 『島山日記』, 1920년6월29일조, 7월2일조.
80) 『朝鮮民族運動年鑑』, 1920년6월28일조.
81) 『島山日記』, 1920년7월16일조.
82) 「張鵬이 李承晩에게 보낸 1920년8월8일자 편지」, 『대한민국임시정부자료집(42) 서한집 Ⅰ』, p.146.

더라는 말도 했다. 안창호가 앞으로 한국인들이 해야 할 일이 어떤 것이 겠느냐고 묻자, 버그헐츠는 선전활동의 중요성을 강조하면서 특이한 제안을 했다.

"지금 한국인들에게 가장 필요한 것은 일본 국내에 사회주의를 선전하여 내란을 촉구하며, 러시아와 제휴하여 일본에 해가 될 행동을 하는 것입니다. 일본에서 큰 내란이 일어나면 동시에 한국의 독립이 이루어질 것입니다."

"지금 우리가 러시아와 내용적으로 악수하고 일본에 대항하고자 하나 이것이 세계의 오해를 불러일으키지나 않을까 염려됩니다."

안창호가 이처럼 미국 등의 오해를 염려하자 버그헐츠는 다음과 같이 대답했다.

"오늘날 한국인이 러시아와 악수한다고 하면 사정에 그럴듯합니다."

이처럼 이 시기에 한국 독립운동자들이 볼셰비키 정부와 제휴하는 것은 한국사정에 밝은 미국 외교관의 생각으로도 필요하다고 여겨졌던 것이다. 또한 안창호가 경제사정 때문에 모든 일이 어렵다고 말하자, 버그헐츠는 자기도 잘 안다면서, 미국으로부터 한국에 있는 선교사들에게 보내는 돈이 해마다 100만달러가량 되는데 그 돈을 국내에서 한국인들이 선교사들에게 주고 미국에서 보내는 돈을 임시정부가 사용하는 것이 좋겠다고 말했다. 안창호는 일본인들의 단속이 심하여 국내에서 100만원을 선교사들에게 거두어 주기는 어려울 것이라고 말하고, 그 대신 1년에 100만원씩 외채를 얻어서 5년만 계속하면 성공할 자신이 있다고 말했다.[83]

미국 의원단은 때마침 필리핀과 홍콩 사이에 태풍이 심하여 예정을 바꾸어 홍콩에 들르지 않고 곧장 상해로 갔고, 안창호도 8월5일에 홍콩을 떠나서 상해로 돌아왔다. 그런데 이때의 홍콩 주재 일본영사관의 움직

---

83) 『島山日記』, 1920년8월1일조.

임이 눈길을 끈다. 안창호는 홍콩을 떠나오기 전날 그곳에 있는 친지들을 찾아보았는데, 몇 사람은 이미 상해로 떠났고 이종구(李鍾九)는 집에 있었다. 이종구는 일본영사관 사람이 두 차례나 찾아와서 안창호가 김구, 정인과, 황진남 세 사람과 같이 홍콩에 왔다면서 어디에 묵고 있는지 묻더라고 말했다.[84] 안창호는 통역으로 황진남만을 대동하고 갔었는데, 일본영사관이 외무차장 정인과와 함께 경무국장 김구도 같이 간 것으로 알고 있었다는 것은 김구에 대한 이 시기의 일본인들의 관심을 짐작하게 한다.

상원의원 3명, 하원의원 39명과 그들의 가족을 합하여 81명으로 구성된 미국 의원단 일행은 7월에 미국을 출발했다. 그러나 일행 가운데 많은 사람들이 필리핀에 남았기 때문에 8월5일에 상해까지 온 사람은 모두 37명이었다.[85] 임시정부는 두 종류의 청원서를 각각 43장씩 준비하고 일행과 교섭할 교제위원으로 임시정부쪽에서 정인과, 여운형, 이희경, 여운홍 4명과 의정원 의원 이유필(李裕弼), 교회대표 서병호, 부인회대표 김순애를 선정했다. 임시정부 주최의 환영회는 열지 못했지만, 이들 교제위원들은 5일에 열린 태평양협회 주최 환영회, 이튿날 열린 21단체 연합주최 환영회, 8일에 열린 유학생 주최 환영회에 참석했고 청원서는 의원단 일행이 상해에 머무는 동안에 전달했다.

미국 의원단 일행은 항주(抗州)와 남경(南京)을 관광하고 태산(泰山)을 등반한 다음 제남(濟南)을 거쳐 8월14일 오후에 북경(北京)에 도착했다. 일행이 북경에 도착하여 각지를 관광하는 동안에 임시정부 간부들은 미국의원들을 만나 설득하기 위해 열성을 기울였다. 8월16일에는 안창호, 여운형, 황진남과 국내에서 온 《동아일보(東亞日報)》기자 장덕준(張德俊)이 하원 외교위원회 위원장 포터(Stephen G. Porter)를 방문하여

---

84) 『島山日記』, 1920년8월4일조.
85) 『朝鮮民族運動年鑑』, 1920년8월5일조.

한국의 비참한 현상과 일본 선전의 허위성을 설명했다.

포터는 귀국하면 대화 내용을 미국의회에 제출하겠다고 말하면서, 한국의 헌법과 일본인들의 불법행위를 기록해 달라고 말했다. 그리하여 임시정부는 임시헌장을 영문으로 번역하고, 「한일관계」와 「일본인의 제반 불법행위」라는 문서를 영어로 작성하여 전달했다.[86]

안창호는 포터와의 면담에서도 한국독립운동을 위해 소비에트 러시아와 제휴하여 일본에 대항하고자 하는데, 혹 세계가 우리를 의심하지 않을까 염려된다고 말하면서 그의 의견을 떠 보았다.[87] 그러나 포터의 반응에 관해서는 안창호의 『일기』에도 기록이 없다.

이튿날 안창호, 여운형 등은 의원단 단장 스몰(J. H. Small) 의원을 만나서 한국인은 자치나 위임통치가 아니라 오직 독립을 요구한다고 하자, 스몰은 자기들은 한국 사정에 대하여 동정하고 있으며 귀국하면 그것을 내외에 선전하겠다고 말했다. 그리고 자기들은 지금까지 여러 곳에서 한국인을 만났지만 한국에 가면 일본정부의 손님이 되기 때문에 지금까지처럼 한국인을 만나기는 어렵게 될 것이라면서, 그렇더라도 자기네 마음이 변했다고 생각하지 않기 바란다고 덧붙였다. 안창호 등은 미국 의원단이 8월21일에 북경을 떠날 때까지 한 사람 한 사람 개별적으로 만나서 한국의 사정을 설명하고, 임시정부의 승인을 요청했다.[88]

미국 의원단 일행은 중국 각지에서 열렬한 환영을 받았다. 상해에서는 손문(孫文)을 만났고, 북경에서는 당시의 대총통 서세창(徐世昌) 등을 만났다.

미국 의원단 일행은 8월21일 아침에 북경을 떠나서 천진(天津), 봉천[奉天: 지금의 瀋陽], 안동을 거쳐 8월24일 아침에 압록강을 건넜다. 그동

---

86) 『朝鮮民族運動年鑑』, 1920년8월16일조.
87) 『島山日記』, 1920년8월16일조.
88) 『島山日記』, 1920년8월18일조, 19일조, 20일조; 『朝鮮民族運動年鑑』, 1920년8월18일조, 19일조, 20일조.

미국 의원단의 방한을 환영한 《동아일보》의 국문 및 영문 사설.

안 국내에서는 조선총독부와 한국인들 사이에 미국 의원단 방문과 관련하여 긴장된 분위기가 고조되고 있었다. 상해까지 기자를 파견했던 《동아일보》는 일행의 도착날짜에 맞추어 국문과 영문으로 이들을 환영하는 사설을 실었다.[89] 의원단 일행은 오후 2시에 평양을 통과하여 저녁 8시30분에 남대문역에 도착했다. 열차가 지나가는 연변에는 삼엄한 경계에도 불구하고 사람들이 몰려나와 멀리서 환호성을 올렸고, 남대문역에는 수천명의 군중이 모였다가 일행이 도착하자 "독립만세"를 불러 100명가량이 구속되었다.[90]

긴장된 분위기 속에서 의원단 일행은 8월25일 아침에 비원과 창덕궁을 둘러보고 조선총독부를 방문하여 사이토 마코토(齊藤實) 총독을 만났다. 사이토는 이날 오후 4시에 관저에서 환영회를 열겠다고 말했다. 이

---

89) 《東亞日報》 1920년8월24일자, 「美國議員團을 歡迎하노라」, "Welcome to the American Congressional Party".
90) 《東亞日報》 1920년8월26일자, 「二十四日夜米議員團을 迎한 後 京城의 萬歲騷擾眞相」.

맘때부터 상점들은 문을 닫기 시작했다. 일행은 오후 1시에 숙소인 조선
호텔에서 일본인, 미국인, 유럽인들로 구성된 국제친화회 주최의 환영오
찬회에 참석했다.

한국쪽에서는 YMCA 총무 이상재와 배재학당 교장 신흥우(申興雨)
가 이날 오후 3시30분부터 종로 YMCA회관에서 한국인들만의 환영회를
열기로 하고 일행을 초청해 놓고 있었다. 조선총독부는 이날 오전까지도
의원단 일행이 한국인 주최 환영회에 참석하는 것을 양해했다가, 오후 들
어 환영회 자체를 금지했다. 그러나 시간이 되자 YMCA회관은 환영회가
금지된 줄 모르고 찾아온 사람들로 가득 찼다. 또한 환영회에 초대된 한
국주재 외국인들도 회관으로 찾아왔다가 어떻게 해야 할지 몰라서 한동
안 회관 밖에서 서성거렸다. 회관 안에는 한국인 500여명이 모여 만세를
불렀다.

그때에 하원의원 허스먼(Hugh S. Hersman) 내외가 YMCA회관에 나
타났다. 그러자 회관 밖에서 기다리던 외국인들도 허스먼 내외를 따라 회
관 안으로 들어갔다. 한국인들의 뜨거운 환영을 받은 허스먼은 한마디
해달라는 부탁을 받고 이상재, 윤치호(尹致昊), 그리고 1906년부터 한국
에 있는 영국인 그레그(George A. Gregg)와 함께 단상으로 올라갔다.
캘리포니아주 출신인 허스먼은 한국의 산을 보고 캘리포니아의 산을 연
상했다면서, 한국인 청중과 만난 사실을 돌아가서 캘리포니아 사람들에
게 이야기하겠다고 말했다. 그는 조심스러운 인사말 정도의 말밖에 하지
않았지만, 의원단의 한 사람이 한국인과 대화하러 온 것은 한국인들에게
큰 의미를 갖는 것이었다고, 이 자리에 있었던 한 외국인은 기술했다.[91]

이어서 이상재가 허스먼 의원에게 감사하다는 연설을 했는데, 흥분
한 청중은 이상재의 연설에 대해서도 박수갈채를 보냈다. 이때에 일본경

---

91) "Visit of American Congressional Party to Seoul", by an American YMCA Secretary
at Seoul, p.1, 長田彰文, 『日本の朝鮮統治と國際關係: 朝鮮獨立運動とアメリカ 1910〜1922』,
p.319.

찰들이 들이닥쳤다. 연설을 마친 이상재가 윤치호와 허스먼과 악수를 나누고, 세 사람이 단상에서 내려오려는 참이었다. 일본경찰들은 세 사람에게 회관에서 빨리 나가라고 말하고, 경찰서장은 단상에 올라가서 청중은 밖으로 나가지 말고 그 자리에 있으라고 소리쳤다. 서장은 회관 안에 있는 다른 외국인들에게도 나가라고 했으나 승강이 끝에 외국인 가운데 세 사람이 남았다. 허스먼은 경찰서장에게 자기가 회관에 찾아온 경위를 설명했으나 경찰서장은 들으려고 하지 않았다. 강당 안에서는 일본경찰들이 한국인 청중에게 주먹질과 발길질을 해댔다. 허스먼은 회관 안에 한국인 청중이 한 사람이라도 남아 있는 한 자기도 회관에서 떠나지 않겠다고 버티었다. 연락을 받은 서울 주재 미국총영사 밀러(Ransford S. Miller)와 하원 외교위원장 포터가 달려왔다. 이렇게 하여 회관 안에 갇혀 있던 한국인 청중은 모두 밖으로 나왔다.

미국 의원단 일행은 8월25일의 공식일정을 끝낸 뒤 오후 8시10분발 기차 편으로 부산으로 가서, 이튿날 시모노세키(下關)로 향하는 배에 올랐다. 미국 의원단 일행의 서울체재는 실제로는 하루밖에 되지 않았지만, 한국인들의 독립의지를 미국의원들에게 인상 깊게 심어 주었고, 일본의 한국 점령정책에도 미묘한 파문을 불러일으켰다.[92] 이들의 여행보고서는 미국 국회의사록에 수록되었다.

2

광복군사령부 설치문제와 미국 의원단 환영준비로 인성만성하던 상해 한인사회는 국무원 비서장 김립의 편지사건이 불거져서 큰 소동이 벌어졌다. 김립은 위해위에 가 있는 이동휘에게 사흘돌이로 편지를 쓰고 있었다. 이를 심상치 않게 보아온 국무원 직원들이 김립의 7월17일자 편지

---

92) 長田彰文, 위의 책, p.321.

를 빼돌려 안창호 측근에게 전달한 것이었다. 편지에는 놀라운 내용이 적혀 있었다. 김립은 이동휘에게 이제 자기들이 상해정부를 떠나는 것이 불가피해졌다면서 다음과 같이 썼다.

다만 전일까지도 승만(承晚)을 몰아내고 다시 국(局)을 정리하려 힘쓸 마음이 많았소이다. 그러나 이젠즉 승만이 상해에 오지 않음은 확연이온즉 전일 고하온 계책은 시험할 여지없이 되었고, 설사 승만이 상해에 오지 않을지라도 상해 국중(局中)에 안창호가 공심(公心)이 있는 자이면 동심협력하여 이 국을 일신할 수 있아오나, 통탄스럽게도 창호는 진정으로 승만을 옹호하나이다.[93]

김립의 이러한 언설은 그동안 임시정부 인사들이 이승만에게 상해로 오라고 집요하게 요구해 온 것이, 이승만의 측근들의 말대로, 그를 임시정부에서 퇴출시키기 위한 계책이었음을 입증해 준다. 이승만의 상해행이 늦어지자 김립은 이승만이 상해에 오지 않는다고 단정한 것이었다. 김립은 안창호가 이승만을 옹호하는 이유는 첫째는 위임통치의 "동모자"였으므로 이 문제로 이승만을 성토하면 그것이 곧 자신을 성토하는 것이 되며, 둘째는 이동휘가 사임하면 자기가 국무총리가 되려는 야심을 품었기 때문이라고 오해받을 것으로 추단했다는 것이었다. 그러면서 그는 이동휘에게 임시정부와 결별하고 빨리 모스크바로 갈 것을 권고했다.

김립은 이 편지를 쓰기 며칠 전에 안창호를 만나서 이동휘가 모스크바로 갈 의향이 있다고 넌지시 떠보았다. 이때에 안창호는 대한민국 국무총리인 이동휘가 모스크바로 간다면 비록 볼셰비키 정부의 지지는 얻을 수 있을지 모르지만 세계 열국의 동정을 잃게 될 것이고, 만일 정부에서 탈퇴하고 모스크바로 간다면 국민들의 통일집중에 큰 장애가 될 것이

93) 「金立이 李東輝에게 보낸 1919년7월17일자 편지」, 『雩南李承晚文書 東文篇(十六) 簡札1』, pp.351~352.

라면서 반대했다.[94] 김립의 편지에서 무엇보다 주목되는 내용은 다음과 같은 대목이었다.

　　근일에 모스크바로부터 온 러시아인이 있아온데, 거액으로 우리 정부를 돕는다는 의견이 있는 듯하옵기, 만겸(萬謙)씨에게 그이 만나기를 운동 중이오매 며칠 동안만 선생님이 상해 일을 세상에 공포 마시고 계시옵소서. 혹자는 그 사람을 국무총리 명의로 만나는 것이 중요할지 모르겠다고 하므로 며칠 동안만 조용히 계심을 원하오이다.[95]

김립은 이틀 뒤인 7월19일에 이동휘에게 "모스크바로부터 온 러시아인"을 만나 거액의 차관을 약속받은 사실을 보고하면서 "폐일언하고 만일 차관만 되오면 이승만, 안창호 상관할 것 없이 하여볼 수도 있아오이다"하고 흥분했다. 이 7월19일자 편지도 빼돌려져서 필사문이 안창호 그룹 사이에서뿐만 아니라 장붕을 통하여 17일자 편지와 함께 이승만에게까지 전달되었다.

　이때에 김립이 만난 "모스크바로부터 온 러시아인"이 누구였는지는 분명하지 않다. 김만겸과 함께 5월에 블라디보스토크로부터 상해에 와서 한인공산당 결성을 주도한 보이친스키(Gregorii N. Voitnski)를 김립이 그렇게 지칭하지는 않았을 것이다. 이 "러시아인"은 김립에게 러시아의 차관을 얻기 위해서는 이동휘가 국무총리의 직위에 있는 것이 필요하다면서 이동휘와 김립의 사직을 만류했다고 한다.[96]

　이 무렵에 안창호는 임시정부의 실질적인 지도자로서 온갖 일들을 처리하야 할 입장에 있었지만, 한편으로 그렇기 때문에 받는 오해와 비방도

---

94) 『島山日記』, 1920년7월12일조.
95) 「金立이 李東輝에게 보낸 1919년7월17일자 편지」 『雩南李承晚文書 東文篇(十六) 簡札1』, pp.354~355.
96) 「金立이 李東輝에게 보낸 1919년7월19일자 편지」, 위의 책, pp.357~358.

감당하기 어려울 정도였다. 파리에 갔다가 미국을 거쳐서 돌아온 여운홍 (呂運弘)이 전하는 미국 소식도 마찬가지였다. 여운홍은 미국에서는 자금수합이 어렵고 인심도 악화되어 안창호에 대한 불평이 심하다고 했다. 그 불평이란 안창호가 상해에 와서 황제노릇을 하고 또 앞으로 황제지위를 견고하게 하기 위하여 이승만 대통령을 방해한다고 말한다는 것이었다.[97] 그리하여 안창호는 바쁜 일과 속에서도 임시정부에서 물러날 것을 심각하게 고민했다. 이 무렵에 안창호는 신뢰할 만한 사람들과 자주 자신의 거취문제를 상의했는데, 그 가운데는 김구도 포함되어 있었다.[98]

이광수를 비롯한 안창호 그룹은 김립의 편지를 공개적으로 문제 삼으려고 했다. 그러나 안창호는 이들을 극력 만류했다. 그 일은 김립이 안창호에게 사과하는 것으로 일단락 짓고, 안창호는 내무차장 이규홍(李圭洪)을 위해위로 파견했다. 그리하여 이동휘는 8월11일에 이규홍과 함께 상해로 돌아왔다. 이동휘가 1개월 20일 동안의 사보타주 끝에 상해임시정부로 복귀한 것은 내면적으로는 볼셰비키 정부로부터 거액의 차관을 얻을 수 있게 된 때문이었으나, 외형상으로는 당초에 목표했던 이승만의 퇴진을 달성하지 못했다는 점에서 정치적 패배라고 할 수 있었다.[99] 그리하여 이승만에 대한 이동휘의 적대감은 더욱 격렬해졌다.

이동휘가 상해로 돌아온 지 며칠 지나지 않아서 찾아간 장붕에게 이동휘는 여러 가지 사례를 들어 이승만을 비판했다. 그는 먼저 자기가 위해위로 갔던 것은 "정신상 소치"에서 취한 행동이었다고 말하고, 앞으로는 국사에 전념하며 각원들과도 화합하겠다고 말했다. 이동휘는 위임통치 문제를 들어, 이완용(李完用)이 나라를 일본에 판 것과 이승만이 나라의 통치를 미국에 위임하려는 것이 일반이므로 철두철미 반대하겠다고 말하면서, 이승만을 "매국자"라고 매도했다. 그는 또 이승만이 각원들의 연서

---

97) 『島山日記』, 1920년7월13일조.
98) 『島山日記』, 1920년7월17일조, 19일조, 24일조.
99) 반병률, 『성재 이동휘 일대기』, p.262.

없이 「교령」을 반포하는 것이 위법이라고 주장했다. 이동휘의 이승만 비판 가운데 가장 흥미로운 것은 "이승만이 아직 사회주의의 소양이 없어서 식견이 미국 정치제도를 넘지 못하여 진정한 평등과 자유의 원리를 깨우치지 못한 듯하다"라고 비판한 점이었다. 그러면서 그는 극동의 일은 각원과 협동하여 행하고 이승만과는 연락하지 않겠다고 잘라 말했다.[100]

상해로 돌아온 이동휘는 안창호가 북경에서 미국의원들을 만나는 동안에 이시영 등 기호파들에게 적극적으로 접근했다. 9월6일에는 북경에 있던 교통총장 남형우(南亨祐)도 상해로 왔다. 경상도 지방의 계몽운동 지도자였던 남형우는 보성전문학교의 교수를 지냈고, 상해임시정부가 수립되자 법무총장에 피선되기도 했으나 사면하고 북경에 머무르고 있었다. 그러다가 1920년2월에 이동휘에 의하여 교통총장으로 선임되었다.[101] 그리하여 상해정국은 이제 이동휘 그룹과 기호파가 제휴하고 여기에 남형우가 가세하여 안창호 그룹과 대결하는 형국이 되었다. 그리하여 안창호 그룹은 김립의 편지사건을 다시 들추어내어 이를 규탄하는 대중집회를 준비하기까지 했다.

안창호가 북경에서 돌아온 뒤에 연일 국무회의가 열렸다. 어떤 날은 여관에서 오전에 시작한 회의가 새벽 2시까지 이어지기도 했다. 이동휘와 안창호 사이에 격렬한 논쟁이 벌어졌다. 마침내 안창호는 외국으로 가겠다고 말하고, 국제연맹에 파견하는 대표자격으로 떠날 수 있게 해줄 것을 요구했다. 그러면 "자기 마음에도 좋고 평안도 사람들도 좋게 여기겠다"고 말했다는 것이다. 그러나 국무회의는 이를 만류했다.[102]

결국 안창호는 상해를 떠나지는 않았다. 그는 9월에 중국, 러시아, 국내, 일본을 활동범위로 하는 흥사단 원동임시위원부를 정식으로 설립하

---

100) 「張鵬이 李承晩에게 보낸 1920년8월21일자 편지」, 『대한민국임시정부자료집(42) 서한집 I』, pp.155~156.
101) 《獨立新聞》 1920년3월25일자, 「南亨祐씨가 交通總長으로」
102) 「張鵬이 李承晩에게 보낸 1920년9월21일자 편지」, 『대한민국임시정부자료집(42) 서한집 I』, p.166.

고, 12월29일에는 흥사단 제7회 대회를 상해에서 개최하여 흥사단의 표면활동을 시작했다.[103] 이보다 앞서 8월에 그는 지방선전위원장 명의로 안동현 광복군사령부로 「적과 일체의 관계단절 권고문」과 「관공리 퇴직 경고문」을 보내기도 했다.[104]

이때에 안창호와 가까웠던 김구가 어떻게 행동하고 있었는지는 알 수 없다. 안창호의 『일기』도 8월20일치 뒤로는 없다. 이 무렵 김구의 거취를 확인할 수 있는 한가지 사례는 상해 대한교민단이 11월9일에 새로 의사원을 선출했을 때에 여운형, 선우혁(鮮于爀), 이광수, 윤기섭, 장붕, 김순애 등 16명과 함께 의사원의 한 사람으로 선출된 일이다. 1918년에 교민친목회로 발족한 교민단은 1920년3월16일에 「국무원령」 제2호로 임시거류민단제가 실시되고 10월7일에는 「내무부령」 제4호로 교민단제가 실시되면서 그 기능이 강화되고 있었다.[105]

103) 李明花, 『島山安昌浩의 獨立運動과 統一戰線』, pp.317~321.
104) 위의 책, p.487.
105) 『朝鮮民族運動年鑑』, 1920년3월16일조, 10월7일조, 11월5일조; 孫科志, 『上海韓人社會史 1920~1945』, pp.80~84.

37장

"임시대통령 각하, 상해에 오시도다"

1. 중국인 관 실은 배에서 한시 지어

1

이승만의 상해 방문과 관련하여 눈길을 끄는 것은 서재필의 태도였다. 그는 1920년9월8일자로 임시정부 간부들에게 이승만을 중심으로 단합할 것을 당부하는 편지를 썼다. 서재필은 먼저 이 편지를 "행정관 되신 제공과 입법부의 회의석에서 이를 낭독하여 주시기를 바라나이다"라고 한 다음 이렇게 적었다.

이 박사께서 많은 친구도 가지셨으며 또한 반대자도 많이 가지셨습니다. 그를 낙종[樂從: 즐거이 좇음]하는 사람도 많으며 그를 낙종치 않는 사람도 많은 것을 본인이 다 압니다. 아마 제공 중에도 동일한 사정이 있겠지요. 그를 정부의 수석으로 천거한 일이 양책인지 아닌지 모르겠으나, 이 일을 이미 세계에 공포하였는지라. 제공 중에 혹은 그를 낙종치 아니하며 혹은 대통령의 관칭을 쟁론하시는 이도 계시겠으나, 이 문제로 우리의 시간과 정력을 소비할 때가 아니올시다. 이미 된 일은 사실이니 우리는 마땅히 그를 옹호하십시다. 이승만으로 생각함이 아니라 대한민국 대통령으로 생각하십시다.…

금번에 이 박사께서 상해에 출왕(出往)하셔서 제공을 친히 만나고 정부 각 각원의 직무에 관하야 명확한 양해가 있을 것을 아오니, 이것이 좋은 동기이올시다. 또한 김규식(金奎植)군도 상해로 출왕하야 정부사업에 대한 확고 불변의 계획을 성립할 터이오니, 김군은 본인이 아는 바 지능(智能)겸비한 애국지사이올시다. 그의 권고와 협력이 제공의 큰 원조가 될 줄 믿습니다.…[1]

---

1) 「공문」 제251호, 「서재필박사 공함 태송」 『대한민국임시정부자료집(17) 구미위원부 I 』, pp.145~148; 《新韓民報》 1920년11월25일자, 「서재필박사가 임시정부 각원에게 보낸 공문」.

이 편지는 구미위원부를 통하여 《신한민보(新韓民報)》에도 공개되었다. 서재필은 이 편지를 상해로 보낸 데 이어 9월22일에는 하와이에 머물고 있는 이승만에게 애정 어린 조언을 담은 긴 편지를 썼다. 그는 편지의 서두에서 먼저 대통령에 대한 예의를 깍듯이 표명했다.

저는 각하의 평생의 목적이 고국을 타국의 기반(羈絆)에서 벗어나게 함에 있음과 또한 각하의 소망이 고국을 계발 진보시켜 고국의 인민으로 하여금 물질상, 정신상 및 교육상으로 현대 문명의 복리를 향유케 함에 있음을 압니다.… 그동안 각하는 국가를 위하야 많은 유익한 사업을 하셨거니와 또한 장래에도 더욱 위대한 사업을 성취하실 줄로 저는 확신하옵나이다.…

이러한 인사말을 한 다음 서재필은 임시정부 간부들과 협의하여 결정해야 할 중요한 당면과제를 9개항에 걸쳐 길게 설명하고, 그 과정에서 사람들과 화합할 것을 특별히 강조했다.

여러 사람의 의견에 혹 반대하는 자가 있을지라도 결코 노하지 말고 인내와 공손으로 그 반대하는 이유를 경청하는 금도를 가지면 개중에는 자기가 생각이 미치지 못한 좋은 방침을 얻는 경우가 적지 않습니다.
물론 자기의 의견이 최선함으로 확신할 때에는 전력을 다하여 논쟁함이 가하오며, 그러나 이때에는 그 언동이 항상 예의에 벗어나지 아니하도록 주의할 것이오며…

강한 고집과 독선으로 불필요한 충돌을 빚는 경우가 많은 이승만이, 바로 그런 성향 때문에 김규식과 논쟁을 벌이고 있을 때에, 서재필은 옛날 배재학당 시절의 혈기 넘치는 과격파 제자에게 타이르듯이 조근조근 적었다. 그리고 서재필이 권고한 대일 투쟁방략 가운데는 이승만의 지론과는 반대로 폭력행위도 포함되어 있어서 흥미롭다.

우리는 일인의 성정을 숙지하는 고로 우리가 일인의 모욕을 면하는 길은 오직 이 보복수단을 취하야 저들에게 두려운 생각이 나게 함이 가합니다. 그러므로 자주 주먹과 몽둥이를 사용할 필요가 있습니다. 이러한 결과는 한인 중에 다수의 피착자(被捉者)와 피수자(被囚者)가 생길 것은 명약관화이나, 그러나 이를 간단없이 계속할 때에는 필경 이익은 우리에게 돌아올지며, 그 반대로 일인은 손해를 당하지 아니치 못하게 될 것이오.…2)

그것은 비록 "3일천하"로 끝나기는 했지만 폭력적 방법으로 정권을 탈취했던 갑신정변(甲申政變)의 주모자다운 주장이었다. 서재필은 또 상해로 떠나는 김규식에게 「정부의 정책과 조직 대강(Outline of Policy and Organization of Government)」이라는 장문의 정책건의서를 작성해 보내면서 임시정부에 전하라고 했다.3) 이 「정책대강」의 말미에서 서재필은 임시정부가 자기에게 "고문(General Adviser)" 역할을 요구한다면 기꺼이 응하겠다고 덧붙였다. 임시정부는 그에게 고문역할을 부탁하지는 않았지만 이승만은 상해에 있는 동안 서재필을 구미위원부의 임시위원장으로 임명했다.

이승만은 상해로 출발하기에 앞서 반대파들을 어떻게 휘어잡아 임시정부를 정돈해야 할지 곰곰이 궁리했다. 9월23일부로 외무총장대리 차장으로 임명된 신익희(申翼熙)는 구미위원부에 보낸 공문에서 그동안 임

---

2) 「徐載弼이 李承晩에게 보낸 1920년9월22일자 편지」, 『대한민국임시정부자료집(42) 서한집 Ⅰ』, pp.168~170.
3) Philip Jaison, *My days in Korea*, Yonsei University Press, 1999, pp.204~209. 이 문서의 내용에 대해서는 柳永益, 「3·1운동후 서재필의 신대한건국구상」, 『서재필과 그 시대』, 서재필기념회, 2003, pp.391~402 참조.

시정부는 '당동벌이[黨同伐異: 뜻이 같은 사람끼리 한패가 되어 다른 사람을 물리침]'라는 평을 들어왔다고 기술했는데,[4] 그러나 당동벌이의 폐풍을 혁파할 수 있는 묘책은 없었다. 확실한 효과를 기대할 수 있는 것은 자금 뿐이었다. 그러므로 현순(玄楯)과 안현경(安玄卿)도 이승만의 상해 방문을 극구 반대하면서 굳이 방문하겠다면 자금을 얼마쯤이라도 가져와야 한다고 강조했다.

안현경은 4월12일에 이승만이 의정원 앞으로 상해에 가겠다고 타전하자 "결단코 이곳으로 오지 마시옵소서"라면서, 의정원에서 이승만이 상해에 올 것을 촉구하는 결의를 한 이유를 이렇게 설명했다. 곧, 샌프란시스코에 있는 사람들과 상해의 몇몇 '야심가들'이 내응이 되어서 이승만, 김규식, 여운홍(呂運弘) 세 사람을 상해로 오게 해야 미주와 하와이의 일이 통일된다는 논의가 있었고, 세 사람이 상해로 오면 안창호는 미국으로 간다는 말이 상해 동포사회에 비밀히 돌아다닌다는 것이었다.[5] 안현경은 워싱턴에 도착해서도 하와이에 머물고 있는 이승만에게 "상해를 가신다 하는 사건에 대하야 심히 난처한 일 많소이다. 그러나 안가실 수도 없게 되었은즉 난처하며…"하고 걱정했다.[6]

이승만으로부터 상해로 간다는 통보를 받은 뒤의 상해 인사들의 움직임을 장붕(張鵬)은 이렇게 보고했다.

이곳에서 호기회를 얻은 듯이 각하를 이곳까지 오시게 운동하는 중인데, 이는 다 공심(公心)에서 나온 것이 아니요, 다만 공채(公債) 사건이나 여러 가지 작은 허물을 찾아내어 공박하자는 의사에 불과하오며, 또 각하를 위하야 생각하는 사람은 다 오시는 것을 원치 아

4) 「임시정부 외무부 公函 제35호」, 『대한민국임시정부자료집(16) 외무부』, p.106.
5) 「安玄卿이 李承晩에게 보낸 1920년4월23일자 편지」, 『대한민국임시정부자료집(42) 서한집 I』, p.101.
6) 「安玄卿이 李承晩에게 보낸 1920년8월28일자 편지」, 위의 책, p.160.

니하나이다. 연일 국무회의도 하고 차장들이 비밀히 단결되어 각하를 공격할 하자도 찾고 방책도 연구하는 듯하외다.…

장붕은 추신으로 "만일 각하가 상해에 오시랴거든 돈 기만원을 가지고 오셔야 하며, 또 사용(私用)할 기밀비도 기만원 있어야만 하겠소이다" 하고 덧붙였다.[7]

그러나 이승만에게 그만한 자금이 있을 턱이 없었다. 이승만은 안현경과 장붕의 이러한 보고를 받고도 상해행을 포기하지 않았다. 그는 장붕에게 "성력(誠力)"으로 대신하겠다고 답장을 썼다.

재정을 다소간 휴대하고 와야 하겠다 하심에 대하야는 심히 난처한 일이라. 내가 어디에서 재력을 득하야 다른 유력정치객들의 수단을 당하오리까. 내게 있는 성력으로 대신하고저 할 따름이외다.[8]

9월12일에 안현경이 호놀룰루에 도착했다. 그러구러 이태 만의 재회였다. 안현경은 이승만에게 상해 이야기를 자세히 보고했다. 6월25일에 구미위원부의 임시위원을 사임하고 워싱턴을 떠난[9] 임병직(林炳稷)도 10월12일에 호놀룰루에 도착했고,[10] 뒤따라 10월20일에 김규식도 왔다.[11] 이들보다 앞서 임시정부의 군무총장 노백린(盧伯麟)도 하와이에 와 있었다. 7월5일에 캘리포니아의 윌로우스(Willows)에서 한인비행학교 개교식을 마친 노백린은 상해로 가기 위해서 샌프란시스코를 거쳐 7월16일에 호놀룰루에 도착했다.[12] 이승만과 노백린이 8월30일에 하와이를 떠나는

7) 「張鵬이 李承晚에게 보낸 1920년7월16일자 편지」, 같은 책, pp.132~133.
8) 「李承晚이 張鵬에게 보낸 1920년10월15일자 편지」, 같은 책, p.176.
9) 林炳稷, 「蘭汀職願」, 『대한민국임시정부자료집(17) 구미위원부 I 』, p.41.
10) Syngman Rhee, *Log Book of S. R.*, 1920년10월12일조.
11) 「李承晚이 張鵬에게 보낸 1920년10월15일자 편지」, 『대한민국임시정부자료집(42) 서한집 I 』, p.176.
12) 盧在淵, 『在美韓人史略(上卷)』, 로스앤젤레스, 1951, 1920년7월16일조.

상해로 가기 위해 호놀룰루에 온 노백린과 워싱턴으로 떠나는 정한경과 같이 선 이승만.

정한경과 같이 기념촬영을 한 것을 보면, 노백린은 호놀룰루에 도착하면서부터 바로 이승만과 만나고 있었음을 알 수 있다. 구미위원부는 네 사람의 여비로 4,000달러를 지급했는데,[13] 그것은 실제로는 이종관이 하와이에서 판 공채대금에서 내놓은 것이었다. 구미위원부의 공식 자금 이외에 이승만이 개인적으로 얼마나 자금을 마련했는지는 알 수 없다.

2

이승만의 상해행은 극적으로 이루어졌다. 이때의 이야기는 영문으로 쓴 이승만의 상해방문기에 자세히 적혀 있다.[14] 미국의 여권이나 비자도 없는 처지에서 일본총영사관이 눈치채지 못하게 호놀룰루를 벗어나 상해로 밀항하는 것은 쉬운 일이 아니었다. 우선 일본의 항구를 거치지 않는 배편을 구해야 했다. 이 무렵 호놀룰루에서 극동으로 가는 모든 배의 첫 기항지가 일본 항구였고, 극동에서 호놀룰루로 가는 모든 배의 마지막 기항지도 일본 항구였다. 그것은 일본정부의 작용에 따른 것이었다.

---

13) Koric to Leechongkwan, Nov. 16, 1920, *The Syngman Rhee Telegrams*, vol. Ⅲ., 2000, p.517.
14) 연세대학교 이승만연구원 소장 타이프 수기. 이 글에는 제목이 없으나, 柳永益 교수가 붙인 "Story of How I Went to Shanghai"를 그대로 사용한다.

일본 항구에 들르는 배를 탔다가는 일본경찰의 검문을 피할 수 없을 것이었다. 임병직과 이원순은 그들의 회고록에서, 이때에 일본정부는 이승만의 체포를 위해 30만달러의 현상금을 걸었다고 적어 놓았는데,[15] 이는 3·1운동 뒤에 샌프란시스코에서 발행되는 중국어 신문 《소년중국(少年中國)》이 도쿄발 기사로 보도했던 내용을 이승만이나 그의 측근들이 계속 유념하고 있었음을 말해 준다.

상해까지 가는 밀항선을 주선해 준 호놀룰루의 사업가 보드윅과 이승만. 1941년에 찍은 사진이다.

이승만은 미국인 친구 보드윅(William Borthwick)에게 일본 항구를 거치지 않고 중국으로 직행하는 선편을 알선해 줄 것을 부탁했다. 보드윅은 장의사를 경영하는 하와이의 유지였다. 이승만은 10월28일에 김규식, 노백린, 임병직, 그리고 또 한 사람의 동지 최동호(Dongho Choi)와 함께 보드윅이 모는 자동차로 호놀룰루 반대쪽의 카웰라 베이(Kawela Bay)에 있는 그의 외딴 별장으로 갔다. 그러면서 일본총영사관이 오인하도록 호놀룰루에는 그들이 상해로 떠났다는 소문을 냈다. 보드윅의 연락을 기다리는 동안 일행은 임시정부와 구미위원부의 운영에 대해 진지한 이야기도 하고, 노백린의 지도로 체조도 하고, 수영과 낚시도 하면서

---

15) 林炳稷, 『林炳稷回顧錄』, p.140; 李元淳, 『世紀를 넘어서: 海史 李元淳自傳』, 新太陽社, 1989, p.164.

시간을 보냈다.[16)

일행이 같이 행동하는 것은 위험한 일이었다. 11월5일에 혼자 호놀룰루로 돌아온 이승만은 아흐레 동안 보드윅의 집에서 묵다가 11월16일 새벽에 임병직만을 대동하고 웨스트 하이카 호(*S. S. West Hika*)를 탔다. 그 배는 캘리포니아에서 목재를 싣고 상해로 직행하는 네덜란드 국적의 화물선이었다. 보드윅은 스나이더(Snyder)라는 이 배의 2등 항해사에게 부탁하여 두 사람을 태우게 한 것이었다. 그러나 그는 자세한 곡절은 이승만에게도 일러 주지 않았다.

중국인 노동자로 변장한 두 사람은 부자 사이로 행세했다. 보드윅이 안내하는 보트를 타고 나가서 웨스트 하이카 호에 오르자 2등 항해사는 두 사람을 큰 상자처럼 생긴 공간으로 들여보내고는 밖에서 문을 잠갔다. 공간 내부는 깜깜하고 전혀 통풍이 되지 않았다. 그것은 철제 창고였다. 해가 뜨자 적도의 뜨거운 태양열로 철판지붕이 달구어져서 숨이 콱콱 막혔다. 밖에서는 하루 종일 건널판을 오르내리고 창고 위를 걷는 게다짝 소리가 났다. 이승만과 임병직은 발각되지나 않을까 하여 입을 다문 채 가슴을 졸였다. 그들이 할 수 있는 행동이라고는 창고 안에 있는 기다란 나무궤짝들 위에 누워 있는 것뿐이었다. 두 사람은 그 궤짝들이 고향에 묻히기 위하여 운반되는 중국인 사체를 넣은 관이라는 것을 나중에야 알았다.

드디어 배가 출항하는 것이 느껴졌다. 그러나 시간은 너무나도 더디게 갔다. 이튿날 새벽 2시쯤에 누군가가 문을 열고 두 사람에게 나오라고 했다. 위층 갑판으로 걸어가서 여행가방을 한쪽 문짝 뒤에 놓고 섰다. 카우아이(Kauai) 섬 근처였다. 카우아이 섬은 하와이군도의 서북쪽 끝에 위치한 섬이다. 이승만은 가슴이 철렁 내려앉았다. 자기들을 섬에 내려놓으려는 것이 아닌가 하고 겁이 났기 때문이다.

---

16) 林炳稷, 위의 책, p.142.

한 선원이 두 사람을 보고 소리쳤다.

"이게 뭐야? 아이구 되놈 밀항자! 어떻게 탔지?"

이승만은 고개를 저었다. 영어를 알아듣지 못한다는 시늉이었다. 임병직이 어물어물 둘러댔다.

"이분은 저의 아버지입니다. 미국에서는 가난하여 도저히 살 수 없어서 고국으로 돌아가 살려고 최후 수단으로 어젯밤에 이 배에 탔습니다. 용서해 주십시오."

그러자 선장이 두 사람을 불러서 어떻게 배를 탔으며 어디로 가는지 물었다. 선장이 항해사를 불러서 두 사람에게 일거리를 주라고 말하는 것을 듣고서야 이승만은 안도의 한숨을 쉬었다. 2등 항해사는 두 사람에게 병실을 쓰도록 배정해 주었다. 그러자 선원들은 그가 돈을 많이 받을 것이라면서 쑤군거렸다. 아니나 다를까 2등 항해사는 두 사람에게서 600달러를 받았는데, 그것은 상해까지 가는 두 사람의 정상적인 일등실 요금이었다. 선장은 모른 척했다.

두 사람에게 주어진 일이란 이승만은 초저녁부터 뱃머리에 앉아서 아무것도 보이지 않을 때까지 망을 보고, 임병직은 갑판을 닦는 것이었다. 이승만은 영어를 못 읽는 것으로 되어 있었기 때문에 한시를 짓는 것으로 시간을 보냈다. 이때에 지은 한시 아홉수가 보존되어 있다.[17] 이 한시 가운데 백미는 임병직의 이야기를 듣고 지은 칠언절구(七言絶句)이다. 임병직은 밤바다를 항해하는 뱃머리에 앉아서 망을 보면서 우주의 영원무궁함과 콩알 같은 지구 위에서 아등바등하는 인간들을 비교해 보기도 하고, 조물주의 불가사의한 신비며 망국민의 설움, 상해임시정부 지도자들의 갈등, 독립의 전망 등 하염없는 상념에 잠기곤 했다.

어느 날 밤에 까마득하게 불빛이 반짝이는 것이 보였다. 선원에게 묻자 나가사키(長崎)항을 지나고 있다고 했다. 그 말을 듣자 임병직은 불

---

17) 옥중시집인 『替役集』에 7수, 林炳稷의 회고록에 2수가 실려 있다(林炳稷, 앞의 책, pp.165~166).

현듯 떠나온 지 8년이 되는 고국 생각이 북받쳤다. 병실로 돌아온 그는 이승만에게 이러한 감회를 이야기했다. 말없이 천장만 멍하게 바라보고 있던 이승만이 그 자리에서 지은 것이 다음의 시였다.

一身漂漂水天間	물과 하늘 새를 떠다니는 몸
萬里太洋幾往還.	만리 태평양을 오가기 몇번인고.
到處尋常形勝地	도처 명승지도 그저 그렇고
夢魂長在漢南山.	꿈속 넋은 언제나 한남산에 머문다.[18]

그것은 이승만 자신의 심경을 읊은 것이었다. 어느 날 밤 천둥번개가 치고 광풍이 불었다. 사방은 깜깜했다. 억수 같은 비가 쏟아졌다. 하늘이 내려앉는 듯한 천둥소리가 나고, 뒤이은 번갯불로 눈이 어지러웠다. 배는 성난 바다 위에서 금방 뒤집혀질 것처럼 마구 뒤흔들렸다.

상해에 도착하기 사흘쯤 전날 아침에 이승만은 세 줄기의 용오름을 보았다. 두 줄기는 햇빛을 받고 있어서 흰 구름에 색색의 아름다운 무지개 층을 만들었다. 햇빛을 등지고 있는 또 한 줄기는 검은 구름이었다. 그것은 장관이었다. 이러한 현상을 목격한 이야기를 적으면서 이승만은 "동양 사람들이 그것을 바다 밑바닥에 숨어 있던 용들이 때가 되어 높은 하늘로 날아오르는 것이라고 믿는 것은 놀랄 것이 없다"라고 써놓았다.[19]

웨스트 하이카 호는 20일 동안의 항해 끝에 12월5일에 상해에 도착했다.[20] 이때까지도 호놀룰루의 일본총영사관은 이승만이 웨스트 하이카 호 편으로 호놀룰루를 떠난 줄 모르고 있었다. 이승만이 상해에 도착한 뒤에도 그들은 이승만이 11월21일에 컬럼비아 호(S. S. Colombia) 편으

---

18) 林炳稷, 앞의 책, pp.164~165.
19) Syngman Rhee, "Story of How I Went to Shanghai", p.4.
20) op. cit., p.5; Syngman Rhee, Log Book of S. R., 1920년12월5일조.

로 동양으로 떠난 것 같다고 본국 정부에 보고했다.[21] 김규식은 이승만이 떠나고 한달쯤 뒤인 12월14일에 난킹 호(*S. S. Nanking*)에 인부로 가장하고 승선했고,[22] 노백린은 1920년1월15일에야 에콰도르 호(*S. S. Ecuador*) 편으로 호놀룰루를 떠났다.[23]

21) 「李承晩等의 上海渡航의 件」, 『韓國民族運動史料(中國篇)』, p.210.
22) 「金奎植의 上海向發에 관해 1920년12월22일에 在호놀룰루總領事가 外務大臣에게 電報한 要旨」, 위와 같음.
23) 「盧伯麟의 上海向發에 관해 1921년2월10일에 在호놀룰루總領事가 外務大臣에게 電報한 要旨」, 위와 같음.

2. 박용만에게 화해편지 보냈으나

1

황포강(黃浦江) 어구에 도착한 이승만과 임병직은 웨스트 하이카 호에서 내려 상륙하는 데에도 아슬아슬한 고비를 겪어야 했다. 그곳은 영국 조계지였다. 삼엄한 경비망을 뚫고 사람들 몰래 상륙한다는 것은 상상도 할 수 없는 일이었다. 선원들의 상륙 수속이 진행되는 동안 두 사람은 문을 잠근 방에 숨어 있어야 했다. 얼마쯤 지난 뒤에 선장은 두 사람이 있는 방의 문을 따 주면서 무사히 상륙하라고 말했다. 갑판에 올라오자 뜻밖에도 배에 가득 실은 재목을 중국인 노동자들이 어깨에 메고 부두로 옮기고 있는 광경이 보였다. 이승만은 임병직의 귀에다 대고 이들 틈에 끼어서 상륙하는 것이 좋겠다고 말했다. 두 사람은 어깨에 무거운 재목 하나를 메고 긴 사닥다리를 내려가서 무사히 상해땅에 발을 디뎠다.[24]

두 사람은 범선을 구해 타고 황포강의 상해쪽 연안에 닿았다. 인력거를 타고 중국인 지역으로 간 그들은 인력거꾼에게 중국 여관으로 안내하라고 말했다. 맹연관(孟淵館)이라는 여관에 든 두 사람은 즉시 장붕에게 편지를 썼다.

장붕을 기다리는 동안에 이승만은 배 위에서 그랬던 것처럼 한시를 읊었다.

又	또 지음
風風雨雨大洋舟	비바람 몰아치는 대양에 뜬 배
未度兩旬到亞洲.	스무날 채 못 되어 아주(亞洲)에 닿았구나.
莫道江蘇鄉國遠	강소(江蘇)가 고국땅과 멀다고 말라

---

24) 林炳稷, 앞의 책, p.167.

雲山猶似漢陽秋.　　구름 인 저 산이 한양 가을을 닮았다.

十二月五日船舶黃浦江潛上陸暫寓孟淵館
(投書張鵬 待其來)
12월5일에 황포강에 정박하고 몰래 상륙하여
맹연관에 잠시 머물다.
(장붕에게 편지 보내고 오기를 기다리며)

孟淵館裏客眠遲　　맹연관 나그네게는 잠도 더디다
待友不來細雨時.　　벗은 아니 오고 부슬비만 내리누나.
盡日看書衰眼暉　　온종일 책만 보니 눈이 어지러워
背燈偃臥試新詩.　　등불을 등지고 누워 시를 지어 본다.[25]

맹연관은 중급 여관이었으나 자동차 달리는 소리며 인력거꾼의 고함소리며 중국인들의 거친 말소리 때문에 숙면을 취할 수 없었다. 상해가 초행인 이승만으로서는 아련한 감상이 없지 않았을 것이지만, 결코 쉽지 않을 임시정부 인사들과의 대결을 앞두고도 웬만큼 마음의 여유가 있었음을 이러한 행동을 통해서 엿볼 수 있다.

이틀 뒤에 장붕이 왔다. 임시정부는 이승만을 상해에서 가장 큰 호텔의 하나인 벌링턴 호텔(Burlington Hotel)로 옮기게 했다. 그리고 며칠 뒤인 12월12일에 이승만은 프랑스 조계 안에 있는 미국인 안식교회 선교사 크로푸트(J. W. Crofoot)의 집으로 거처를 옮겼다. 그곳은 여운형(呂運亨)이 주선한 곳이었다.[26] 이승만은 상해에 머무는 동안 내내 이 집에서 지냈는데, 그것은 신변안전을 위해서였음은 말할 나위도 없다.

이튿날 이승만은 프랑스 조계 신민리(新民里) 23호에 있는 군무부에

---

25) 李承晩, 『替役集』, 『雩南李承晩文書 東文篇(2) 李承晩著作 2』, p.228; 林炳稷, 위의 책, p.168.
26) Syngman Rhee, *Log Book of S. R.*, 1920년12월12일조.

서 임시정부 직원들을 접견했다. 이 자리에서 그는 자기가 미국을 떠나올 때에 여권 없이 비공식으로 왔기 때문에 자기가 온 것을 공식으로는 비밀로 해달라고 당부하고, 얼마 동안이나 상해에 있을지는 미정이라고 말했다. 그는 임시정부의 재정곤란은 자기가 어떻게든지 해결할 것이라고 말하고, 각 당파간의 알력을 그치고 단결할 것을 강조했다.[27]

이승만은 크로푸트의 집에서 찾아오는 사람들을 만나고 외국인들을 방문했다. 프랑스 영사를 방문하여 3·1운동 이래 프랑스 영사관이 한국인들을 호의적으로 대해 준 데 대해 감사의 뜻을 표하기도 했다.[28] 일본군의 한 정보보고는, 이승만이 오자 상해에 있는 미국 영사와 신문기자들은 그를 만나서 한국의 독립운동이 완성되면 미국은 위원을 파견하여 실황을 조사한 뒤에 독립승인에 관해 힘쓸 것이라고 말했다고 기술했다.[29]

이승만을 예방한 한국인들 가운데 김가진(金嘉鎭)의 행동은 매우 인상적이었다. 어느 날 밤 김가진은 손자를 데리고 인력거를 타고 이승만을 찾아왔다. 그는 대한제국의 관복을 입고 있었다. 김가진은 이승만에게 큰절을 했다.

"각하에 대한 존경의 표시로 옛 황제 앞에서 입었던 이 관복을 입고 왔습니다."

그러고 나서 그는 조용히 말했다.

"여기 있는 사람들과 어떻게 상종해야 할지를 아셔야 합니다. 조용히 계시면서 사태를 지켜보십시오."

이승만은 상해 방문기에 이러한 이야기를 적으면서 "실제로 나는 무슨 일을 벌이려고 하는 대신에 조용히 있으면서 사태를 지켜보았다"라고

---

27) 「獨立新聞繼刊에 관해 1921년1월6일에 在上海總領事가 外務大臣에게 電報한 要旨」, 『韓國民族運動史料(中國篇)』, p.214.
28) 위와 같음.
29) 「1921년1월의 鮮內外一般의 情況」, 『韓國民族運動史料(三·一運動篇 其一)』, 1977, pp.785~786.

덧붙여 적었다.[30]

임시정부는 부서별로 업무보고서를 작성하여 이승만에게 제출했다. 먼저 국무원의 「사무보고」에 따르면 통합임시정부 출범 이후 1919년 말까지 24회의 국무회의와 6회의 정무협의회의[총장과 차장의 합동회의]가 열렸고, 1920년에는 93회의 국무회의와 15회의 정무협의회가 열려서[31] "독립전쟁 시작의 해"의 임시정부의 움직임이 얼마나 인성만성했는지를 짐작하게 한다. 내무부의 「내무부경과상황보고서」는 1919년8월25일부터 국내 각 지방으로 특파원을 파견하여 선전과 시위활동을 벌인 일을 비롯하여 연통제와 임시거류민단제의 실시와 관련된 사항들을 자세히 보고했다.[32] 재무부의 「사무보고서」는 임시정부 수립 이래의 재정의 수입 및 지출내용과 특히 임시공채관리국의 운영상황에 대하여 자세히 보고했다.[33] 외무부의 「외무부사무처리보고」에서 눈에 띄는 것은 그동안 외무부가 역점을 두고 추진해 온 선전사업이었다. 보고서에는 84개 안건이 열거되어 있었다.[34]

2

12월24일 오후 2시에 상해의 하비로(霞飛路) 강령리(康寧里)에서 임시육군무관학교 제2회 졸업식이 거행되었다. 24명이 임관하는 이날의 졸업식에는 300명가량의 사람들이 몰려 성황을 이루었다. 이승만은 이날 다음과 같은 요지의 훈유를 했는데, 그것은 상해에 온 뒤에 있었던 임시대통령으로서의 첫 행사였다.

---

30) Syngman Rhee, "Story of How I Went to Shanghai", pp.5~6: "Autobiography of Dr. Syngman Rhee", p.25.
31) 「사무보고」(1921.1.), 『대한민국임시정부자료집(8) 정부수반』, p.120.
32) 「內務部經過狀況報告書」(1920.12.20.), 『대한민국임시정부자료집(27) 내무부·교통부·재무부·문화부』, pp. 51~61.
33) 「事務報告書」(1920.12.21.), 위의 책, pp.83~86.
34) 「외무부사무처리보고」(1920.12.23.), 『대한민국임시정부자료집(16) 외무부』, pp.35~41.

"오늘 나의 하고자 하는 말은 우리의 위치를 보든지, 민족을 생각하든지, 세계를 관찰하든지, 국민개병(國民皆兵)이라는 주의의 정신을 경주함이 필요하다는 것이외다. 그런즉 철혈주의를 품고 기회를 기대하기를 바라오. 그런즉 오늘부터는 임진대적[臨陣對敵: 적군과 대진함]으로 생각하야 시종이 여일하게 하기를 부탁하오."[35]

이승만이 말한 "국민개병"론이나 "철혈주의"는 이 무렵 상해 독립운동자들 사이의 공통된 화두였다.

나흘 뒤인 12월28일 오후 7시30분에 교민단 사무소에서 열린 이승만 환영회는 휘황했다. 장내는 태극기와 만국기로 장식되고 정면에는 금글자로 "환영 대통령 이승만 박사"라고 쓴 한글 편액이 걸렸다. 환영식에는 임시정부 각료들과 임시의정원 간부들을 비롯하여 상해 동포사회의 주요 인사들이 다 모였다. 애국가 봉창과 민단장 장붕의 개회사, 남녀 찬양대의 환영가 합창에 이어 박은식(朴殷植), 이일림(李逸林), 안창호(安昌浩)의 환영사가 있었다. 박은식은 "오늘 밤 우리가 환영하는 이 박사는 수십년래의 애국자이며 오늘에 이르기까지 시종일관 국사에 진력해 온 분으로서, 우리가 언제나 희망해 온 공화정치를 집행한 사람이다.… 우리는 한층 노력하여 서울에서 이승만 박사를 환영할 것을 바란다"라고 했고, 안창호는 "일본 간인(奸人)에게 동족을 팔아먹는 관공리와 정탐 이외에는 전부 오늘 우리 국가를 건설한 이승만 박사에게 복종하여 전진할 것을 희망한다"라고 역설했다.[36] 국무총리 이동휘(李東輝)는 환영사는 하지 않고 기념촬영만 같이했다. 기념촬영이 끝난 다음 이승만의 답사가 이어졌다.

"나는 과거를 돌이켜보면 국가와 민족에 대하야 조그마한 공로도 없는 사람인고로 이와 같은 환영식을 당할 때마다 송구합니다."

---

35) 《獨立新聞》 1921년1월1일자, 「陸軍武官學校第二回卒業式」.
36) 「上海에서의 李承晩歡迎會狀況」, 『韓國民族運動史料(中國篇)』, p.269.

1920년12월28일에 교민단 사무실에서 열린 대통령환영회. 단상 왼쪽 끝부터 손정도, 이동녕, 이시영, 이동휘, 이승만, 안창호, 박은식, 신규식.

이렇게 겸손한 말로 시작한 답사는 이어 자신의 지도력의 원천이 독립협회 활동 때까지 거슬러 올라가는 것임을 상기시켰다.

"그러나 나의 자랑할 것은 나라에 유익한 일이라면 이해를 따지지 않고 시험해 보는 것과 또는 끝까지 나가며 불변하는 것은 자랑하며, 청년들에게 표준이 되리라고 하오. 독립협회 때부터 맹세한 결심이 오늘까지 쉬지 아니한 몇몇 친구도 지금까지 산재해 있습니다. 이 석상에도 안 총판, 이 총리 양씨의 만겁풍상으로 지금까지 나아옴을 보았소이다. 일찍이 내무총장 이동녕(李東寧)씨로 함께 옥살이할 때에 오늘이 있을 줄은 생각지 못하였소이다.…"

이러한 감회를 피력한 다음 이승만은 먼저 자기가 많은 자금이나 무슨 큰 정략을 가지고 온 것이 아니라는 점을 강조했다.

"오늘 내가 이곳으로 온 것은 많은 금전이나 대정략을 가지고 온 것이 아니라 재미동포들의 이곳에서 일하시는 제위에게 감사하고자 하는 소식을 가지고 왔나이다."

그러고는 3·1운동 이후에 외국인들의 한국인에 대한 평가가 어떻게 달라졌는지를 여러 가지 사례를 들어 설명했다. 그는 외국인들이 한국인을 가리켜 "영광의 민족", "담력 있는 민족", "인내심 강한 민족", "단합력 있는 민족"이라고 말하면서 중국인과 일본인보다 낫다고 평한다고 설명했다. 그는 모든 나라들이 일본을 꺼리고 미워하며 한국의 독립에 동정적이라고 말하고, 다가오는 독립전쟁의 기회를 위하여 준비할 것을 촉구했다.

"미구에 기회가 옵니다. 표면으로 아무 일 없는 것같이 하고 각각 사업하며 비밀히 예비하야 단도와 소총 한개씩이라도 사서, 적어도 두놈은 죽이고야 죽겠다는 결심을 가집시다. 세상이 우리를 단합하는 민족이라고 하니 기쁘외다. 단합에 견고를 더하야 넘어져도 한결같이, 일어나도 한결같이 하야 향진합시다.… 왜탐정과 이완용(李完用)을 제하고는 다 한 지체인데, 한 사람이라도 불합이라 하면 우리 사업에 그만치 해가 있는 것입니다. 어느 곳에서 작정하고 동원령을 내릴 날이 있으리이다."[37]

환영회는 밤 10시쯤에 끝났는데,《독립신문》은 이날의 이승만의 연설에 대해 "박사의 장시간의 열변은 일반 청중으로 하여금 심각한 감동을 일으켰다"라고 보도했다.[38] 상해 주재 일본총영사의 정보보고는 이날의 환영회에서 이승만이 독립운동에 대해 러시아 볼셰비키의 원조를 빌리려고 하는 자가 있음을 비난하고 오로지 미국의 성의 있는 원조를 신뢰해야 할 것이라고 주장한 것처럼 기술했으나,[39] 그 자신도 볼셰비키 정부와의 차관교섭을 추진하던 처지에서 실제로 그러한 말을 했을지는 의문이다. 환영회가 끝나자 이승만은 김구가 지휘하는 경무국 경호원들의 호위를 받으면서 회장을 떠났다.

1921년1월1일자《독립신문》이 1면 머리에 큰 활자로 다음과 같이 이

---

37) 《獨立新聞》 1921년1월15일자, 「우리의 처음 맞는 大統領의 演說」.
38) 《獨立新聞》 1921년1월1일자, 「大統領의 歡迎會」.
39) 註 27)과 같음.

대통령환영호로 꾸민 1921년1월1일자 《독립신문》.

승만에게 최대의 경의를 표한 것은 이동휘 그룹을 제외한 임시정부 인사들의 그에 대한 기대를 보여 주는 것이었다.

국민아, 우리 임시대통령 이승만 각하가 상해에 오시도다. 우리는 무슨 말로 우리의 원수(元首)를 환영하랴. 우리 민국의 첫 원수를 우리 고강(故疆)의 서울에서 맞지 못하는 비애를 무슨 말로 표하랴.

국민아, 통곡을 말고 희망으로 이 결심을 하자. 우리의 원수, 우리의 지도자, 우리의 대통령을 따라 광복의 대업을 완성하기에 일신하자. 합력하자. 그는 우리의 대원수(大元帥)시니 독립군인 되는 국민아, 우리는 그의 지도에 순종하자. 그의 명령에 복종하자. 죽든지 살든지, 괴롭거나 즐겁거나, 우리는 우리의 생명을 그의 호령 밑에 바치자. 진실로 우리 대통령을 환영할 때에 우리가 그에게 바칠 것은 화관도 아니요 송가(頌歌)도 아니라 오직 우리의 생명이니,

우리의 생명이 가진 존경과, 지식과, 기능과, 심성을 다 그에게 드리고, 마침내 그가 "나오너라"하고 전장으로 부르실 때에 일제히 "네"하고 나서자.

민국 3년 원단에 국민아,
"우리 대통령 이승만 각하 만세"를 높이 부르자.[40]

1월1일 오전에 임시정부 및 임시의정원의 신년축하식을 마치고 기념촬영을 한 이승만은 참석자들을 오찬에 초대했다. 이때에 찍은 기념사진에는 이승만, 이동휘, 안창호 세 지도자와 김구를 포함하여 모두 59명의 얼굴이 보이는데, 그것은 통틀어 그 정도 인원의 독립운동자들이 임시정부와 임시의정원에 직접 참여하고 있었음을 시사한다.

3

이승만이 상해에 도착했을 무렵 임시정부는 경신참변(庚申慘變)에 대

---

40) 《獨立新聞》 1921년1월1일자, 「大統領歡迎」.

1921년1월1일의 신년축하식을 마치고 기념 촬영을 한 임시정부와 임시의정원 의원들. 앞줄 왼쪽에서 세번째가 김구이고, 둘째 줄 왼쪽에서 세번째부터 신익희, 신규식, 이시영, 이동휘, 이승만, 손정도, 이동녕, 남형우, 안창호.

한 대응책 문제로 임시정부 수립 이래 가장 심각한 정치적 위기에 직면해 있었다. 1920년10월부터 서간도와 북간도 지역에서 일본군에 의한 대규모의 한국인 학살이 자행된 것이다. 경신참변 또는 간도사변(間島事變)이라고 불리는 이 사건은 한국독립운동사에서 가장 비극적인 사건이었다.

1920년6월에 북간도의 봉오동(鳳梧洞)에서 독립군에게 크게 패한 일본군은 이른바 「간도지방 불령선인 초토계획(間島地方不逞鮮人剿討計劃)」이라는 것을 만들고, 1만8,000명에 이르는 대병력을 간도지방에 투입했다. 서북간도 곳곳의 독립군 근거지는 말할 나위도 없고 한국인 마을을 철저히 수색하여 조금이라도 의심스러운 사람이 있으면 죽이고 가옥은 불질렀다. 독립군 부대들은 시베리아의 연해주로 병력을 이동시켜 후일에 대비하기로 했다. 그리하여 김좌진(金佐鎭)의 북로군정서, 홍범도(洪範圖)의 대한독립군, 지청천(池靑天)의 서로군정서 등의 병력이 이동하는 과정에서 벌어진 전투가 전설적인 청산리(靑山里) 대첩이었다.

청산리 전투에서 대패한 일본군은 서북간도 일대에 있는 한국인 마을을 습격하여 마을 주민 전체를 교회당에 집결시켜 석유를 뿌리고 불을 지르는 등의 만행을 저질렀다. 《독립신문》의 보도에 따르면, 10월 초부터 11월 말까지 두달 동안에 3,623명이 살해되었다.[41] 다섯달이 넘는 장기 정간 끝에 12월18일자로 속간된 《독립신문》은 그동안 보도하지 못했던 봉오동 전투의 승리, 경신참변, 청산리 대첩 등의 내용을 자세히 보도하면서 「간도사변과 독립운동 장래의 방침」이라는 「사설」을 6회 연속으로 실었다.

그러나 청산리 대첩 등의 군사적 성과에도 불구하고 임시정부의 노력 끝에 가까스로 통일적 움직임을 보이던 서북간도의 무장부대들은 기반을 파괴당하고, 연해주로 이동할 수밖에 없었다. 그리하여 각 무장단체 사이의 협력강화와 임시정부 지지의 확산이라는 그동안의 성과는 수포로 돌아가게 되었다.[42]

임시정부 인사들 사이에서는 대응책을 놓고 논란이 벌어졌다. 비분강개하여 당장 전쟁을 결행하자는 급진론과 이럴 때일수록 냉정하게 전쟁을 준비해야 한다는 주장이 맞섰다. 이동휘는 11월23일에 의정원 의원들을, 그리고 며칠 뒤에는 다시 의정원 의원들과 각 단체 대표 및 유력인사들을 초청했는데, 그들 가운데는 이동휘에 동조하는 급진론자들이 많았다. 간도지방에서 온 사람들은 태반이 급진론자들이었다.[43] 그러나 안창호는 11월27일의 교민단 강연회에서 전쟁은 무기와 무술이 있어야 가능하고, 그보다 더욱 필요한 것은 무기를 사용할 군인과 그것을 뒷받침할 군자금이라고 말하면서, 그 특유의 준비론을 강조했다.[44] 《독립신문》도

41) 《獨立新聞》 1920년12월18일자, 「西間島同胞의 慘狀血報」 및 1921년1월27일자, 「墾島慘狀後報」.
42) 반병률, 『성재 이동휘 일대기』, p.270; 김춘선, 「庚申慘變연구: 한인사회와 관련지어」, 《한국사연구》111, 한국사연구회, 2000.12 참조.
43) 《獨立新聞》 1920년12월18일자, 「間島事變과 獨立運動將來의 方針(一)」.
44) 《獨立新聞》 1920년12월25일자, 「前途方針에 對하야」.

"지금 소위 급진론자는 다만 구두의 급진론이니, 인재를 내고 금전을 내고, 조직적이요 공고한 독립당을 내기 전에는 아무리 급진을 외친다 하더라도 앉은뱅이더러 달음질을 하라고 재촉함과 같도다"라면서 급진론을 비판했다.[45] 이러한 논란이 진행되고 있을 때에 이승만이 상해에 온 것이었다.

이승만이 상해에 와서 누구보다도 만나보고 싶어 한 사람은 북경에서 신채호(申采浩), 신숙(申肅) 등과 함께 임시정부 반대운동을 하고 있는 박용만(朴容萬)이었다. 그는 배병헌(裵炳憲)을 몇차례 북경으로 보낸 데 이어, 측근인 적십자사 회장 이희경(李喜儆)도 보냈다. 1921년1월 8일에 박용만에게 보낸 이승만의 편지는 박용만의 마음을 돌리려고 그가 얼마나 고심했는지를 보여 준다. 이 편지는 드물게 한문으로 쓴 것이었다.

내가 상해에 도착하면서부터 땅은 가까워졌으나 사람은 멀어졌다는 느낌을 잠시도 잊어본 적이 없네. 그러기에 누차 배군(裵君)에게 부탁하여 이 구구히 보고 싶은 마음을 전하게 하였고, 아울러 이희경에게 부탁하여 군을 만나면 나의 미충(微衷)을 이르도록 하였네.

사랑하는 아우는 평범하게 여기지 말기 바라네. 우리 두 사람의 옛 정의(情誼)가 어떠했으며, 동포들이 우리 두 사람에게 기대하는 바는 또 어떠했던가. 하물며 내지의 국민들이 우리 두 사람에게 중임을 맡겼은즉, 어찌 손잡고 함께 나아가 충성을 다하여 중인의 두터운 기대에 부응하고 평소의 지극한 뜻을 이루어야 하지 않겠는가? 만일 문호를 달리하고 각각 따로 기치를 세워 끝내 둘이 서로 화합할 수 없는 형세를 이룬다면 국가에나 우리 신상에나 도움됨이 없을 것일세.

간절히 바라건대, 현명한 아우는 특별히 깊이 생각하여 한번 만나

45) 《獨立新聞》 1920년12월18일자, 「間島事變과 獨立運動將來의 方針(一)」.

보세나. 군이 만일 이곳에 올 의향이 있다면 즉시 왕복 노자를 마련 하겠네. 이 서신을 보는 즉시 답장을 바라네. 객지에서 편안하기 바라네.[46]

이승만은 미국에 있을 때에도 안현경과 장붕의 보고를 통하여 박용만의 동향을 웬만큼 파악하고 있었다. 박용만은 북경을 근거지로 하여, 임시정부의 교통총장 취임을 거부한 대한국민의회 회장 문창범(文昌範), 이승만을 비판하면서 임시정부를 탈퇴한 신채호, 천도교 간부 신숙 등과 어울리면서 만주와 시베리아 지역의 무장독립운동단체들을 통하여 독립투쟁을 전개하는 방안을 모색하고 있었다. 그것을 위한 자금조달에도 그는 열심이었다. 면식도 없는 서울의 중앙학교 교장 김성수(金性洙)와 고양군의 부호 민영달(閔泳達)에게 자금지원을 요청한 그의 편지가 일본경찰에 발각된 것이 그러한 사례였다.[47]

일본경찰의 한 정보보고는 박용만은 1920년5월 말에 문창범, 신채호, 유동열(柳東說), 김영학(金永學) 등과 함께 북경을 떠나서 시베리아의 포그라니치나야[수분하(綏芬河)]로 갔다고 기술했다. 이때에 같이 간 사람들은 상해에서 온 고창일(高昌一) 등을 합하여 14명이었는데, 이들은 연해주에서 활동하기가 어려워져서 바이칼호 서쪽으로 가서 이르쿠츠크와 톰스크 사이에서 독립운동을 추진하는 방안을 협의했다는 것이었다.[48]

이 무렵의 박용만의 동정과 관련된 일본경찰의 또 하나의 정보보고는 매우 주목할 만한 내용을 담고 있다. 박용만이 1920년 늦여름에 모스크바를 방문하여 볼셰비키 정부와 대한민국임시정부 사이에 6개항의 비밀

---

46) 「李承晩이 朴容萬에게 보낸 1921년1월8일자 편지」, 『대한민국임시정부자료집(42) 서한집 Ⅰ』, pp.182~183.
47) 「朴容萬ヨリ金性洙ニ宛テタル書」, 「朴容萬ヨリ閔泳達ニ宛テタル書」, 姜德相 編, 『現代史資料(25) 朝鮮(一) 三・一運動(一)』, pp.629~631.
48) 「露領におけ抗日獨立運動有力者の動靜報告の件」, 金正明 編, 『朝鮮獨立運動Ⅲ』, p.489.

조약을 체결했고, 이 조약(제3항)의 "볼셰비키 정부는 대한민국임시정부의 독립군 군대의 시베리아 지방 주둔 및 양성을 승인하고 이들에 대하여 무기와 탄약을 공급한다"는 규정에 따라, 임시정부는 상해에는 외무부만 남기고 다른 기관을 시베리아 방면으로 옮기는 문제를 검토하고 있으며, 하와이에 있는 이승만은 이를 반대하여 김규식과 노백린을 대동하고 상해에 온다는 설이 있다는 것이었다.[49] 말하자면 이승만이 상해로 간 것이 박용만의 활동과 관계가 있다는 뜻이었다.

그러나 박용만이 모스크바에 가서 볼셰비키 정부와 비밀조약을 체결했다는 이야기는 사실이 아니다. 임시정부의 특사 자격으로 1920년4월에 모스크바에 갔던 한형권(韓馨權)은 회상기에서, 자기가 레닌(Vladimir I. Lenin)을 비롯한 외무인민위원장 치체린(Georgii V. Chicherin), 부위원장 카라한(Lev M. Karakhan) 등을 만나 (1) 소비에트러시아 정부는 대한민국임시정부를 승인할 것, (2) 한국 독립군의 장비를 적위군[赤衛軍: 볼셰비키군]의 그것과 똑같이 공급해 줄 것, (3) 시베리아의 적절한 지점에 독립군 사관학교를 설립할 것, (4) 상해임시정부에 독립운동 자금을 거액으로 지원할 것의 4개항 요구사항을 제출하여 소비에트 정부의 동의를 얻었다고 술회했다.[50] 이때에 한형권은 한인사회당의 코민테른 파견대표로서 모스크바에서 활동하던 박진순(朴鎭淳)의 도움을 받았다.[51] 블라디보스토크의 러시아 중학교를 졸업한 박진순은 "동양의 레닌"이라는 말을 들을 만큼 재능있는 청년이었다.[52] 일본경찰은 이때의 박진순의 활동을 박용만의 활동으로 잘못 판단했는

---

49) 「不逞鮮人ノ赤化ト中心地移動ニ關スル件」, 姜德相 編, 『現代史資科(27) 朝鮮(三) 獨立運動(一)』, pp.312~314.

50) 韓馨權, 「臨時政府의 對俄外交와 國民代表會議의 顚末」, 《카톨릭靑年》 6권7호, 카톨릭靑年社, 1948년8·9합집 및 「革命家의 回想錄: 레닌과 談判 獨立資金20億圓獲得」, 《三千里》 1948년10월호.

51) 반병률, 앞의 책, pp.242~243.

52) 「上海在住韓人獨立運動者의 近況」, 『韓國民族運動史料(中國篇)』, p.355.

지 모른다.[53]

　박진순과 한형권은 볼셰비키 정부로부터 200만루블의 자금지원을 약속받고, 그 가운데 60만루블을 금화로 받았다. 볼셰비키 정부는 한국 뿐만 아니라 중국과 일본의 공산주의 활동지원비로 거액의 자금을 이들 에게 지급한 것이었다. 두 사람은 60만루블 가운데 20만루블은 임시 보 관을 의뢰하고 40만루블을 가지고 9월 초에 모스크바를 떠나서 시베리 아횡단 철도편으로 베르흐네우진스크까지 왔다. 이때의 박진순의 직위 는 "코민테른 대외전권위원"이었는데, 그에게는 '동양공산당'을 조직하 는 임무가 주어져 있었다.[54]

　베르흐네우진스크에는 상해의 한국공산당이 파견한 김립(金立)과 계봉우(桂奉瑀)가 와 있었다. 40만루블 가운데 6만루블은 한형권에게 활동비로 지급하고, 박진순이 22만루블, 김립이 12만루블로 나누어 상 해로 옮기기로 했다. 그리고 한형권은 보관시켜 놓은 20만루블과 볼셰 비키 정부가 약속한 나머지 돈을 가져오기 위해 모스크바로 되돌아갔 다. 김립은 4만루블을 도중에 분실하고 8만루블을 가지고 상해로 돌아 왔다고 한다. 그가 상해로 돌아온 것은 이승만이 상해에 와서 얼마 되지 않은 12월 무렵이었다.[55] 박진순은 이듬해 3월 말에 상해로 왔다. 이렇게 하여 김립과 박진순이 상해로 가져온 자금은 모두 25만4,300멕시코달 러였다.[56]

　박용만이 체결했다는 비밀조약 6개항 전문은 1920년12월10일자《오 사카 아사히신문(大阪朝日新聞)》에 보도되었는데, 많은 중국 신문들이 이를 전재했다. 그리하여 임시정부는 12월22일에 공보국 명의로《대륙보 (大陸報)》에 기고하여《오사카 아사히신문》의 기사는 오보이며, 임시정

53) 임경석, 『한국사회주의의 기원』, pp.190~191 참조.
54) 임경석, 위의 책, p.193.
55) 日本外務省, 『外務省警察史 支那之部(6) 〈未定稿〉』, 高麗書林, 1989, p.466.
56) 潘炳律, 「대한민국임시정부와 노령지역 독립운동」, 『대한민국임시정부수립80주년기념논문 집(상)』, pp.479~480.

부는 아직 소비에트 정부와 구두로나 성문으로나 아무런 조약도 체결하지 않았다고 해명했다.[57]

박용만의 움직임이 임시정부의 경계 대상이 되고 있었던 것은 안창호의 『일기』에도 보인다. 이시영(李始榮)은 안창호를 만나서, 박용만이 내외지를 망라한 원동사령부(遠東司令部)를 조직하는데, 그 일을 자기의 형 이회영(李會榮)의 집에 모여서 논의하고 있으므로, 그것을 막기 위해 한 열흘 북경에 다녀오겠다고 말했다.[58] 실제로 박용만, 신채호, 신숙 등 북경지역 인사들과 천도교, 의열단, 대한국민의회 관계자 등 15명은 1920년9월에 군사통일촉성회를 발족시켰다.[59]

---

57) 「高警 제41493호: 朝鮮ノ過激派主義ト題スル新聞記事」1921년1월10일, 姜德相 編, 『現代史資料(27) 朝鮮(三) 獨立運動(一)』, pp.314~315.

58) 『島山日記』, 1920년7월19일조.

59) 《大同》 1921년11월9일자(제3호), 曺圭泰, 「北京 '軍事統一會議'의 組織과 活動」, 《한국독립운동사연구》제15집, 독립기념관 한국독립운동사연구소, pp.200~202.

3. 임시정부 쇄신책을 둘러싼 논쟁

1

이승만은 1921년1월 초부터 본격적인 집무를 시작했다. 임시정부는 재무부가 쓰던 건물에 이승만의 집무실을 마련했다. 1월5일부터 국무회의가 세차례 열렸고, 이승만과 이동휘 사이에 격론이 벌어졌던 것으로 알려져 있으나,[60] 이는 부정확한 서술이다. 우선 이때의 임시정부는 차장들도 참석하는 비공식회의인 정부연석회의에 의하여 운영되다시피 하고 있었다. 앞에서 본대로 이때의 헌법은 대통령중심제와 내각책임제를 절충하여 권력구조가 애매하게 규정되어 있었는데, 실제로는 "정부의 현행 제도로 논하면 국무총리가 국무원(國務院) 수반이요 국무회의에 총리가 주석(主席)하야 안건을 의결한 후에 대통령의 결재를 경유하야 집행하나니…"[61] 라고 한 이승만의 말대로, 내각책임제에 더 가까운 정부운영 방식을 취하고 있었다. 따라서 이승만은 국무회의에는 참석하지도 못했다. 그러다가 2월21일의 정부연석회의에서 연석회의를 폐지하기로 하고 기왕에 연석회의에서 결정한 문제들은 국무회의에 회부하면서, 이승만에게도 국무회의에 참석하라고 했다. 김규식과 노백린은 "이 어려운 때에 국무회의에 참석하는 것이 대통령의 직책"이라고 주장했고, 그러자 이승만은 "나도 불참코저 아니하나 국무회의의 성안(成案)이 이미 있으니 참여하지 말라고 한 고로 그 뜻에 의하야 행한 것인데, 여러분이 만일 참석하는 것이 좋다고 하면 나도 수시로 출석하리다…"라고 대답하고, 국무회의에 참석했다.[62]

정부연석회의란 헌법에도 없는 제도였다. 이승만과 이동휘의 갈등은

---

60) 金元容, 『在美韓人五十年史』, pp.478~481.

61) 「임시대통령諭告」(1921.5.18.), 『대한민국임시정부자료집(8) 정부수반』, p.77.

62) 李承晚, 「備忘錄」, 『雩南李承晚文書 東文篇(八) 大韓民國臨時政府關聯文書 3』, p.354.

이러한 제도적인 모순 때문에도 쉽사리 격화될 수 있었다. 이승만은 이때의 연석회의의 상황을 다음과 같이 기술했다.

이 총리가 내부결속을 주창하는 동시에 반성회오를 표명하며 앞으로는 협동 일치하겠다는 주지로 각료를 면려하였고, 기왕에 퇴거를 선언한 안 총판도 다시 출석 시무하매, 국사의 원만히 상의결행(商議決行)됨을 절망(切望)하고 미리 기뻐하였노라.

불의에 이 총리가 현 정부 제도를 폐지하고 위원제로 개정하자는 안을 돌연히 제의한 바 연석회의에서 여차한 대변경은 이해관계가 어떠하든지 의정할 권리와 실행할 도리가 없으므로 의안이 성립치 못한지라.…[63]

이동휘가 "반성회오"를 어떻게 표명했는지는 알 수 없으나, 임시정부의 제도개혁 문제는 이 무렵 임시정부 인사들 사이에서 가장 열띤 논쟁거리가 되고 있었다. 그 논쟁을 주도한 사람은 한형권으로부터 모스크바 자금을 넘겨받아 가지고 온 국무원 비서장 김립이었다. 그는 날마다 큰 음식점에 사람들을 불러 모아 집행위원회를 중심으로 하는 혁명정부를 조직해야 한다는 여론을 유도했다. 이동녕, 이시영, 신익희 등 기호파 인사들은 이러한 모임에 나타나지 않았지만 서북파는 안창호까지도 참석했다.[64] 이동휘가 제의한 위원제란 소비에트 러시아의 인민위원회 제도를 뜻하는 것이었다. 이때의 이승만과 이동휘의 논쟁에 대하여 김구는 뒷날 다음과 같이 술회했다.

단순하던 우리 운동계에도 사상이 갈라지고, 음양으로 투쟁이 전

---

63) 「임시대통령諭告」(1921.5.18.), 『대한민국임시정부자료집(8) 정부수반』, p.76.
64) 金綴洙, 『遲耘 金綴洙』, 한국정신문화연구원 현대사연구소, 1999, pp.47~48.

개되었다. 임시정부 직원 중에서도 공산주의니 민족주의니 하는 분파적 충돌이 격렬해졌다. 심지어 정부의 국무원 중에도 대통령과 각부 총장들 간에 민주주의냐 공산주의냐로 각기 옳다는 주장을 좇아 갈라졌다. 그 대강을 거론하면 국무총리 이동휘는 공산혁명을 부르짖고, 대통령 이승만은 민주주의를 주창하였다.[65]

이러한 상황에서 임시정부의 안전을 책임지고 있는 김구의 고충이 어떠했는지가 느껴지는 술회이다.

이동휘 그룹은 다시 임시정부의 효율성을 제고하기 위하여 주요 지도자들이 각기 적당한 지역에 배치되어 실질적인 활동을 추진하자고 주장했다. 김규식은 모스크바에서, 이동휘는 시베리아와 만주를 오가면서, 김동삼은 북만에서, 안창호는 북미주에서, 이승만은 하와이에서, 신규식은 광동에서, 신채호와 남형우는 북경에서 활동하고 노백린은 사관 양성에 주력하며, 상해에는 김립을 총책으로 하는 연락부만 두고 각처에 있는 사람들은 1년에 한번씩 만나서 회의하면 된다는 것이었다.[66]

이와 비슷한 임시정부 간부들의 분산활동 방안은 이 시점에 안창호도 주장하고 있어서 흥미롭다.[67] 그러나 임시정부 지도자들의 분산활동은 사실상 임시정부의 해산을 의미하는 것으로서 정부구조를 위원회제로 바꾸자는 주장과도 모순되는 것이 아닐 수 없다. 자기들의 주장이 관철되지 않자 이동휘는 임시정부를 시베리아로 옮길 것을 제의했다. 그러나 이 역시 이승만 등이 동의할 수 없는 제의였다.[68]

대통령중심제를 위원회제로 바꾸자는 이동휘의 제안에 대해서는 이승만은 물론 안창호도 반대했다. 마침내 이동휘는 사임을 청원했다. 이

---

65) 『백범일지』, p.309.
66) 金綴洙, 앞의 책, pp.47~48.
67) 『島山日記』, 1921년 2월 5일조.
68) 「高警 제13706호: 上海獨立運動者の動向に關し調査報告の件」1921년 4월 29일, 金正明 編,
    『朝鮮獨立運動 Ⅱ』, p.447.

승만과 각원들이 극력 만류했으나 이동휘는 1월24일에 "나의 쇄신의안을 정무회의에 제출하였으나, 한마디 심의도 없이 구겨 없앴기 때문에 나의 실력으로서는 이 난관을 타개하기 어렵다"는 요지의 「선포문」을 발표하고 광동으로 가버렸다. 그리하여 내무총장 이동녕이 1월25일에 국무총리 대리 겸임으로 임명되었다. 이동휘의 사임청원은 2월4일부로 수리되었다.[69]

이동휘의 사임은 곧 한인공산당의 임시정부 탈퇴를 뜻하는 것이었다. 이동휘는 러시아 외무인민위원회에 제출한 보고서에서 "친미 우익 그룹에 지도적 역할을 계속 맡겨 두는 것은 무의미한 행위"라고 판단하여 임시정부에서 탈퇴했다고 기술했다.[70] 그리고 한인공산당의 이러한 결정은 "대중의 전적인 신뢰를 받는 최고혁명기관"을 다시 조직하는 계획과 관련되어 있었다.[71] 그것은 국민대표회의(國民代表會議)의 소집이었다.

국민대표회의 소집 움직임은 2월 들어 표면화되었다. 몇몇 임시의정원 의원들과 임시정부 밖에서 활동하던 인사들 15명의 명의로 발표된 「우리 동포에게 고함」이라는 격문이 그 효시였다. 서명자 가운데는 한달 전에 이승만 환영회에서 환영사를 했던 박은식을 포함하여, 국내 유림들이 파리강화회의에 보내는 청원서[파리장서(巴里長書)]를 가지고 상해로 온 김창숙(金昌淑), 블라디보스토크의 대한국민의회 대표로서 상해임시정부와 국민의회의 통합을 주선했던 원세훈(元世勳) 등도 포함되어 있었다. 격문은 임시정부는 설립 당초부터 불합리한 점이 있었고, 대한국민의회와의 통합도 실패했으며, 간도의 참화에 대해서도 효과적으로 대처하지 못하고 있다고 비판하고, "근본적인 대개혁"으로 독립운동의 신국면을 타개해야 하는데, 그러기 위해서는 국민대표회의

69) 『朝鮮民族運動年鑑』, 1921년1월24일조, 25일조, 2월4일조.
70) 임경석, 앞의 책, p.457.
71) 위의 책, pp.457~458.

를 소집하여 민의를 집결해야 한다고 주장했다. 이 격문은 자기들이 국민대표회의의 소집을 요구하는 동기가 공고한 통일적 정부를 재조직하고 중지를 통합하여 최선의 독립운동 방략을 수립하려는 데 있다고 선명했다.[72]

이 격문의 충격은 컸다. 임시정부 인사들의 반응은 경무국장 김구의 태도에 잘 드러나 있다. 그는 2월8일에 안창호를 찾아가서 국민대표회의를 준비한다는 사람들에게 '중상책(中傷策)'을 쓰는 것이 어떻겠느냐고 물었다. 김구가 말한 '중상책'이란 웬만큼 완력을 써서 이들의 행동을 제재하자는 제의였던 것 같다. 김구의 이러한 제의에 안창호는 다음과 같이 만류했다.

"그이들이 호의적으로 마음을 돌리게 하는 것이 유익하겠소이다. 할 수 있는 대로 청년들 사이에 불평적 행동이 있지 않기를 바랍니다."[73]

닷새 뒤인 2월13일에 김구는 김규식, 서병호(徐丙浩) 등과 함께 박은식을 불렀다. 이들은 번갈아가며 박은식에게 분별없는 짓이라고 힐난하면서 "당신은 이완용보다 더한 역적이오"하고 홀닦아세웠다. 이때에 박은식이 이들에게 구타를 당했다는 이야기도 있다. 박은식은 한마디도 대꾸하지 않고 있다가 집에 돌아가서 아들 시창(始昌)에게 자신이 당한 수모를 이야기했다. 시창은 김규식의 집으로 찾아가서 항의했으나, 도리어 김구 등으로부터 크게 얻어맞고 보창로 보강리에 있는 중강의원(中江醫院)에 입원했다.[74]

이동휘 그룹이 탈퇴한 뒤에도 임시정부는 총리 선임문제며 시국수습 대책과 관련된 제도개혁 문제 등을 놓고 논란이 분분했다. 매일같이 연석회의가 열렸고, 연석회의와는 별도로 제도변경 기초위원(안창호, 신규식, 김규식), 외교위원(안창호, 노백린, 김규식, 신익희) 등이 구성되어 회의를 거

---

72) 「反臨時政府側의 國民代表會議開催에 관한 件」, 『韓國民族運動史料(中國篇)』, pp.276~277.
73) 『島山日記』, 1821년2월8일조.
74) 「在上海韓人獨立運動者의 行動」, 『韓國民族運動史料(中國篇)』, p.325.

듭했다. 그리고 임시정부 수립 이래의 일체의 회계감사를 실시하기로 하고 이승만의 측근인 이희경과 안창호의 측근인 조상섭(趙尙燮)을 검사위원으로 선임했다.[75]

그러나 이승만의 리더십은 이제 임시정부의 구심점이 되지 못했다. 그 큰 이유의 하나는 이승만이 안창호를 경원하는 데서 기인하는 것이었다. 여러 사람 앞에서 안창호더러 총리를 맡으라고 권하면서도 안창호의 측근들에게까지 누가 총리 적임자겠느냐고 묻는 것이 그 대표적인 사례였다.[76] 그는 뒷날 자서전 초록에서 상해에 갔던 일에 대해 아주 간략하게 언급하면서 "안(창호)은 나를 코너에 몰아넣으려고 했으나 실패했다"라고 썼다.[77]

안창호는 이때의 상황을 그의 일기에 아주 자세히 써놓았는데, 2월14일과 15일 이틀에 걸쳐 이승만을 찾아가서 장시간 대화를 나눈 일에 대해서는 "오전에 대통령을 심방하야 장시간 담화하다(그때의 담화기사는 후일 쓰겠음)", 또는 "대통령을 심방하다"라고만 써놓았다.[78]

노백린과 김규식의 태도는 더욱 괘씸했다. 노백린은 2월24일에 이승만의 사무실을 찾아와서 위임통치 청원문제로 성토문을 내겠다는 움직임이 있다면서, 불미스러운 사태가 발생하기 전에 이승만이 스스로 사퇴하고 정부고문관으로 물러앉으라고 권고했다. 이승만은 자기도 영구히 대통령 명의로 이곳에 있지 않고 장차 사임하겠다고 말했다. 이날 오후의 국무회의에서 「구미위원부규정」수정안에 대하여 토의하다가 마침내 이승만의 억분이 폭발했다. 김규식이 "미주에 있을 때에 대통령과 오래 같이 있었지만 분주하여 맨데토리[위임통치]말은 못들었다"면서 위임통치 청원문제를 제기했기 때문이다. 2월25일 저녁에 노백린과 김규식은 이승

---

75) 『島山日記』, 1821년2월25일조, 26일조.
76) 『島山日記』, 1821년2월5일조, 9일조, 10일조.
77) "Autobiography of Dr. Syngman Rhee", p.25.
78) 『島山日記』, 1821년2월14일조, 15일조.

만을 찾아와서 이왕 물러나는 바에는 탄핵문이 나오기 전에 속히 하는 것이 좋고 사면한 후에는 멀리 가지 말고 고문관으로 이곳에 있는 것이 옳다는 등 당돌한 말을 늘어놓았다. 그러나 정말로 그렇게 순순히 물러날 이승만이 아니었다.

"내가 사직한다 한 것은 오늘이나 내일이나 한다는 것이 아니오. 고문관을 하든지 어디를 가든지 하는 것은 사면한 후에 내가 작정할 것이오. 또한 사면한 후에는 정부를 어떻게 유지할 것인지를 피차에 알아야 국가를 위하는 도리상 가하지 않소."[79]

이승만은 자신이 물러나더라도 몇 사람의 말에 따라 물러날 것이 아니라 국민대회나 국무원이나 의정원에서 탄핵해야 물러나겠다면서 사직을 거부했다.

2월27일 저녁에 열린 외교위원회 회의는 이승만의 거취문제를 놓고, 사직의 찬반론에서부터 만일 이승만이 스스로 사직하면 이승만, 이동휘, 서재필 세 사람으로 정부 고문을 삼는 것이 좋겠다는 등 허황한 논의가 계속되었다. 이튿날에는 이승만이 임시의정원에서 연두교서를 발표하기로 예정되어 있는 시점이었다.

2

2월28일 오후 2시에 개회된 제8회 임시의정원 회의에서 이승만은 한 시간 가까이 연두교서를 낭독했다. 그것은 당면한 임시정부의 개혁방안과 시정방침에 대한 그의 비전을 공개적으로 밝힌 것이어서 꼼꼼히 톺아 볼 필요가 있다. 그는 먼저 미국에서의 자신의 활동을 비롯한 임시정부의 그동안의 활동성과를 강조한 다음, 이동휘 그룹이나 임시정부 반대파들의 주장과 관련하여 먼저 다음과 같이 공화정치의 본질을

---

79) 李承晩, 「備忘錄」, 『雩南李承晩文書 東文篇(八) 大韓民國臨時政府關聯文書 3』, pp.355~356.

강조했다.

"무릇 공화(共和)의 정체(政體)로 논하건대, 정부의 제도를 변경하거나 행정 각원을 개선하거나 다 그 국민의 당당한 권한 안에 있는지라. 대통령과 국무총리 이하 일반 공복된 여러 직원들은 물론 민의에 의하야 그 진퇴행지(進退行止)를 결정하거니와… 대저 민의라 하는 것은 혹 한두 개인이나 한두 단체의 의견과 언론을 말함이 아니요 다만 정식으로 조직된 기관을 달하야 정식으로 발표된 자를 전국의 민의(民意)라 칭함이니, 이렇게 민의가 한번 발표된 뒤에는 일반 인민의 일률로 복종함이 즉 공화정체의 기초적 통례라.…"

그는 임시정부가 그러한 민의에 의하여 수립된 정통정부임을 강조했다. 그러고는 당면한 임시정부의 개혁방안으로 정부직원 감축과 예산제도의 실행을 들었다.

"정부의 응행방침(應行方針)을 논하건대, 행정쇄신을 도모하야 우선 직원을 감축하며 경비를 절약하야 유지책을 공고케 하고, 행정사무는 각기 기능에 따라 전담하여 시무케 하되, 서로 복잡 또는 중첩되는 폐가 없게 할지며, 정부 경비예산표를 정밀히 조제(調製)하야 의정원의 협찬을 요할지니, 여러분은 열심 찬성하는 동시에 각지 인민으로 하여금 재부(財賦)상 의무를 성심으로 부담하야 독립운동이 적극적으로 진행되게 할지며…"

이승만은 이러한 행정쇄신책에 이어 각국에 외교원을 파견하여 재정적 및 군사적 원조를 교섭하겠다고 천명했다.

"외교원을 동서 제우방에 파견하야 혹 비밀히, 혹 공연히 교섭 연락하야 우리 한족의 진충대의(眞忠大意)를 선포하는 동시에 재정상이나 군사상 원조를 얻어서 제2의 독일[곧 일본]의 무단적 탐포[貪暴: 탐욕스럽고 포학함]를 동아시아에서 근절하기를 기도할지며…"

이 말은 볼셰비키 정부에 특사를 파견하는 문제를 염두에 두고 한 말이었다.

이어 그는 독립운동의 최후수단인 군사정책에 대하여 자신의 소신을 다음과 같이 피력했다.

"우리의 성공의 결국은 무력에 있고 무력의 승리는 준비에 있는지라. 우리나라의 현금의 형편으로는 대략 민병제(民兵制)를 채용함이 가할지니, 국내 국외의 일반 인민이 각기 소재지에서 직업에 종사하는 여가에 병사를 연습하며 무기도 가급적 각자 구득하였다가 시기를 승하야 정식 선전(宣戰)으로 일제히 결전할지며…"

당장 선전포고를 하고 전쟁에 나서야 한다는 주장이 팽배한 분위기 속에서 안창호의 준비론보다도 더 소극적인 이승만의 민병제에 의한 준비론이 얼마나 설득력 있게 받아들여졌을지는 적이 의심스럽다.

이승만이 마지막으로 강조한 사업은 각지에 연락기관을 튼튼하게 조직하는 문제였다. 그것이 "최후 결전"을 행하기에 필요하다고 그는 강조했다.

이승만의 교서에서 눈에 띄는 또 한가지 중요한 투쟁원칙은, 미국에 있는 서재필까지도 권고한 폭력투쟁 방법은 비인도적 행동이라면서 배격한 점이다.

"우리나라의 독립운동은 정의 인도를 주장하야 강포무도한 적을 치는 데 있으니, 혹 개인이나 단체가 적국 인민에 대하야 비인도적 행동이 없기를 주의할지라…"

개인뿐 아니라 단체까지 일본 인민에게 '비인도적 행동'을 하지 말라고 한 것은 철혈단이나 의열단 같은 단체들의 행동을 염두에 두고 한 말이었다. 독실한 기독교인인 이승만은 이처럼 인도주의에 대한 신념이 남달랐다.

이승만은 끝으로 최근에 몰지각한 자들이 경향에 출몰하여 부호들을 위협하고 정부 명의를 빙자하여 금전을 갈취하는 사례가 있음을 지적하고, 이러한 폐습을 엄금할 방안을 강구하겠다고 단호하게 말했

다.[80] 이 문제에 대해서는 이튿날로 「대통령의 포고」 제1호가 별도로 발포되었다.[81]

임시정부가 수립되고 나서 처음 실시된 이승만의 연두교서 발표는 철저한 3권분립 정부인 미국의 정치제도를 본뜬 것이었음은 말할 나위도 없다. 그러나 대한민국임시정부의 임시대통령이 의정원에서 연두교서를 발표한 것은 이때가 처음이자 마지막이었다.

위의 연두교서보다도 이 무렵의 이승만의 비전을 더욱 명확하게 보여주는 두가지 문서가 있다. 하나는 임시정부의 당면과제를 1) 내정책, 2) 외교책, 3) 구미위원부와 임시정부 사이의 연락, 4) 재정책의 네가지로 요약하여 기술한 「내외정책안」인데,[82] 날짜는 없으나 이승만이 연두교서를 발표할 무렵에 작성했던 것으로 짐작된다. 다른 하나는 이승만이 상해를 떠나기에 앞서 5월18일자로 임시정부 각료들에게 보낸 장문의 「임시대통령유고(諭告)」[83]이다. 두 문서 다 이승만의 친필로 적혀 있다.

「내외정책안」의 「내정책」에는 다음과 같은 매우 과격한 혁신안이 제시되어 있다.

(1) 임시의정원을 완실히 조직하거나 그것이 불가능하면 편의한 시기를 얻을 때까지 정회할 것.

(2) 상해에 있는 인사들 가운데 유망유력자(有望有力者)로 임시정부의 자순(諮詢)기관을 조직할 것.

(3) 임시정부 각원으로는 국무회의만 주관하야 정부의 대소사를 회의 판결케 할 것.

(4) 행정주무에 관하야는 정무위원회(Excutive Committee)를 조직할 것.

---

80) 《獨立新聞》 1921년3월5일자, 「大統領의 教書」.
81) 《獨立新聞》 1921년3월12일자, 「大統領布告」 제1호.
82) 「내외정책안」, 『대한민국임시정부자료집(8) 정부수반』, pp.90~91.
83) 「임시대통령諭告」(1921.5.18.), 위의 책, pp.75~80.

(5) 각 부서는 국무원, 내무부, 외무부, 군무부, 재무부의 5부만 설치하고 그 밖의 기구는 합설할 것.

(6) 각 부서에 정무위원 1인 외에 국장, 참사제를 정지하고 서기 3인씩 둘 것.

(7) 대통령 이하 각원과 각부 주무 이하 서기의 월봉을 시의에 적합하게 제정하여 실시할 것.

(8) 각 부서를 합하야 서양인의 사택 안에 비밀히 설치하고 내외국인 간에 정무 집행자 이외에는 출입을 허락지 말 것.

(9) 상해 민단사업을 확장할 것.

대통령의 선출 및 탄핵권을 포함한 막강한 권한을 가진 헌법기관인 임시의정원의 기능을 당분간 정지하고 그 대신 상해의 "유망유력자"들로 구성되는 임시정부의 자문기관을 조직한다는 구상은 초헌법적인 발상이 아닐 수 없다. 또한 정부행정의 의결권과 집행권을 나누어, 각료들로 구성되는 국무회의는 의결권만 행사하고 행정권은 새로 정무위원회를 조직하여 맡긴다는 구상은, 현실적으로는 각료들의 권한을 축소시키고 그 대신에 대통령의 역할과 권한을 더욱 강화하겠다는 것이었다. 이승만은 그것이 국권회복이 된 뒤에 정식국회가 소집될 때까지 "일체 내정"과 "일체 외교"를 담당할 권한을 임시정부, 곧 집정관총재에게 위임한 한성정부의 정신에 부합하는 것이라고 생각했던 것 같다. 그리고 상해 민단사업의 확장은 정부의 지지기반을 더욱 확충하자는 것이었다.

「내외정책안」의 「외교책」에서는 외무부의 기능을 효율적으로 정비할 것과, 특히 외교응원단을 조직하여 중국과 소비에트 러시아에 대한 외교를 강화할 것을 강조했다. 그리고 외교응원단 단원이 되기에 적합한 인사로는 여운형, 신익희, 최창식(崔昌植), 이희경, 조동호(趙東祜), 박찬익(朴贊翊), 손영직(孫永稷), 홍면희(洪冕熹: 洪震), 장붕을 꼽았다.[84] 이동

---

84) 「내외정책안」, 『대한민국임시정부자료집(8) 정부수반』, pp.90~91.

휘와 안창호 그룹의 사람들이나 미국에 있을 때부터 자신의 지시에 불복하며 마찰을 빚었던 김규식은 배제했다. 미국과 서유럽 나라들에 대한 외교는 구미위원부의 몫이었으므로 별도로 인선을 하지 않았다. 이와 관련된 내용은 「임시대통령유고」에서 더 자세히 언급했다. 러시아의 치타와 모스크바에 위원을 각각 파견하여 비밀히 교섭과 연락을 하게 하고, 중국의 남북정부[북경의 군벌정부와 광동의 호법정부(護法政府)]에 위원을 파견할 뿐만 아니라 중국의 각 성(省)과도 계통적으로 연락과 교섭을 하게 하며, 런던과 베를린에도 구미위원부 휘하의 사무소를 설치하라고 한 것이 그것이다.[85]

「내외정책안」에서 언급된 구미위원부와 관련된 항목은 두 가지였다. 하나는 외교사항은 외무부와 연락하고 미주, 하와이, 멕시코 교민 민단 사항은 내무부와 연락하며 재정사항은 재무부와 연락한다는 것이고, 또 하나는 구미위원부 위원의 임명과 사임은 국무원에서 의결한 뒤에 대통령의 결재를 받으라는 것이었다.[86] 첫번째 항목이 실행되면 구미위원부는 미주지역과 유럽에서 외교와 재정업무뿐만 아니라 민단사업까지 관장하는 명실상부한 정부기관이 되고, 임시정부와의 관계도 더욱 긴밀해질 것이었다.[87]

「내외정책안」의 「재정책」에서 강조한 점은 연두교서에서 언급했듯이 예산제도의 실시였다. 군사와 외교의 경비는 서로 절충해서 지출하고, 되도록 3개월에 한번씩 재정상황을 공표할 것도 강조했다. 그러면서 "특별주의" 사항으로, 월봉제를 실시한 뒤에는 대통령 이하 각 각원 및 정무위원의 "사적 수입"은 재무부에 납입해야 한다고 강조한 것이 눈길을 끈다.[88]

---

85) 「임시대통령諭告」(1921.5.18.), 위의 책, p.79.
86) 「내외정책안」, 같은 책, p.91.
87) 고정휴, 『이승만과 한국독립운동』, p.228.
88) 「내외정책안」, 『대한민국임시정부자료집(8) 정부수반』, p.91.

또한 「임시대통령유고」는 재정정책과 관련하여, 시베리아와 중국 각지에 정부기관을 설치하고 그 지역에 산재한 몇백만 동포들로 하여금 납세와 의연금을 직접 정부로 납부하게 하는 방법을 강구하라고 지시했다.[89]

---

[89] 「임시대통령諭告」(1921.5.18.), 위의 책, p.79.

4. 협성회 결성하여 반대파들과 대결

1

3·1운동 2주년이 되는 1921년3월1일에는 아침부터 부슬비가 내렸다. 감격해하는 동포들 사이에서 이승만도 새로운 감회를 느꼈다. 김구는 이런 날일수록 더욱 긴장해야 했다. 이승만은 오전에 의정원에서 거행된 축하식에 참석한 데 이어 오후 2시에는 올림픽극장에서 열린 민단 주최의 축하회에 참석했다. 올림픽극장의 축하회에는 임시정부 간부들과 함께 김가진과 박은식 등 임시정부에 참여하지 않고 있는 원로들도 참석하여 단상에 자리 잡았다. 33인의 한 사람인 김병조(金秉祚)가 독립선언서를 낭독하고, 이어 이승만이 축사를 했다.

1921년3월1일에 올림픽극장에서 열린 3·1독립선언 2주년 기념식.

"오늘은 무슨 날입니까? 오늘은 압박과 부자유에서 끌어내어 자유와 독립으로 인도한 우리 2천만 동포가 다시 태어난 날이외다.··· 내지에 있는 우리 동포는 오늘 이날을 위하야 무수한 피가 흐르고 살이 떨어지며 생명이 없어지고 수금(囚禁)과 파산이 있습니다. 그러면 이와 같은 비참한 날을 기뻐 뛰며 축하하는 것은 무슨 의미일까요? 몇몇 개인이 죽음으로써 우리 민족 전체가 생영[生榮: 삶을 누림]함을 얻으니 그러므로 기뻐할 일이오··· 우리의 많은 동포가 죽음으로써 얻은 다른 효과는 그만두고 다만 오늘 한 날이 있게 한 것만 생각하여도 장하외다.···"

독립운동과 관련된 행사가 있을 때마다 미국 예찬론을 펴는 것은 이날도 다르지 않았다.

"나는 일찍이 미국사람들이 매년7월4일의 독립기념일을 당하야 환호하는 것을 볼 적마다 홀로 슬퍼하였소. 이는 그네의 조상들은 많은 피와 땀을 흘리고 살과 힘을 없이하였으므로 오늘 그네의 자손인 그들에게는 안락과 기쁨이 있으되, 오직 우리 근대의 조상들은 우리 자손을 위하야 땀과 피를 흘리지 아니하였으므로, 그네의 자손인 우리는 고통과 슬픔으로 있게 된 것이외다.···"

그는 이어 을사조약이 강제될 때에 자결한 민영환(閔泳煥)의 유서와 자신이 미국에서 지은 한시를 소개하면서, 결사의 각오를 강조했다. 그가 지은 한시는 다음과 같은 것이었다.

二千萬人救生計   2천만이 살 계책 구한
三十餘賢決死心.   33현 결사의 마음.

이승만은 중국의 남북정부가 화합하지 못하는 것의 폐단을 들어 독립운동의 결함을 말하고, "이제 파괴의 시기는 지나고 지금은 오직 건설이 있을 뿐이외다"라고 역설했다. 축하회가 끝나자 일부 청중들은 학생들을 중심으로 대기시켜 놓은 자동차 일여덟대에 분승하여 태극기를 흔들고 만세를 부르면서 빗속을 내달았다. 그들은 일본인들의 집단거주지인 홍구(虹口)에 이르러 일본영사관 앞에서 만세를 부르며 시위를 벌였다. 천진(天津)에서는 자전거를 타고 외국 조계지를 돌면서 한문으로 번역된 독립선언서를 뿌리는 소년도 있었다.[90]

이승만은 4월2일에는 성서문(城西門) 밖 공동운동장에서 열린 상해 거류동포들의 춘계 체육대회에 참석했다. 이날 그는 어떤 서양 부인을 동반하고 참석했다고 하는데,[91] 그 서양 부인이란 아마 자신이 묵고 있는 집주인 크로푸트 선교사 부인이었을 것이다.

4월22일[음력 3월15일]은 단군의 어천[승천]을 기념하는 어천절(御天節)이었다. 의정원에서 열린 기념식에서는 이승만의 찬송사(讚頌詞)가 낭독되었는데, 이 찬송사는 《독립신문》의 1면 머리에 큰 활자로 실렸다.

....
오늘을 만나 기껍고 고마운 중에
두렵고 죄 많음을 더욱 느끼도다.
나아가라신 본 뜻이며
고루어라신 깊은 사랑을
어찌 잊을손가.
불초한 승만은 이를 본받아
큰 짐을 메고 연약하나마
모으며 나아가
한배의 끼치심을 빛내고
즐기고저 하나이다.[92]

90) 《獨立新聞》 1921년3월5일자, 「上海와 三一節」, 「天津의 三月一日」.
91) 《獨立新聞》 1921년4월9일자, 「春季運動會」.
92) 《獨立新聞》 1921년4월30일자, 「讚頌詞」, 「御天節記念式」.

그러나 이승만 지지파들은 이러한 공식행사만으로 반대파들의 도전을 제압할 수는 없었다. 적극적인 대결책이 필요했다. 그 구체적인 움직임으로 나타난 것이 조완구(趙琬九), 윤기섭(尹琦燮), 황중현(黃中顯) 등 45명의 이름으로 3월5일에 발표된 「선언서」였다. 이 「선언서」는 「결의 및 강령」에서 (1) 임시정부를 절대적으로 유지할 것, (2) 현 대통령 이하 각 국무원을 신임할 것, (3) 언론 행동 등 일체 현시국을 파괴하는 것과 같은 행위를 방지하도록 노력할 것의 세가지를 천명했다.[93]

이 「선언서」가 발표되는 날 아침에 이승만은 장붕을 대동하고 상해를 떠나 남경으로 가서 닷새 동안 머물다가 돌아왔다. 그곳에는 서울 YMCA의 총무로 일찍이 이승만과 같이 일했던 질레트(Philip. L. Gillet, 吉禮泰)가 선교활동을 하고 있었는데, 그가 와병 중이었으므로 그의 문병을 겸하여 그곳 관광도 하면서 여러 가지 구상을 할 시간을 갖기 위해서였다.

남경에 있는 동안 이승만은 그곳에 유학 중인 동포 학생들도 만났던 것 같다. 김근하(金根河), 김하원(金河源), 한치진(韓致振) 등 남경 유학생 22명의 연명으로 된 3월13일자, 「정성옛글」이라는 짤막한 편지가 보존되어 있다. 유학생들은 이 글에서 "우리는 손과 마음을 합하야 들어 우리의 수령이신 대통령 각하의 만세를 비나이다.… 각하는 상제[上帝: 하나님]께서 기름부으시고 2천만의 신뢰하는 수령이시니이다"라고 전제하고, "시운상 여간한 역경과 동족간 소수의 배저[排詆: 배척하여 비방함]와 시국의 여하한 분요(紛撓)에도 동요치 마시옵소서"라고 썼다.[94] 이승만은 이렇듯 임시정부 밖의 일반 동포들에게는 언제나 "상제께서 기름부으신" 존재였다. 이승만과 장붕은 3월11일 아침에 상해로 돌아왔다.[95]

「선언서」의 서명자들이 주동이 되어 3월12일 저녁 7시에 민단 사무실

---

93) 『朝鮮民族運動年鑑』, 1921년3월5일조.
94) 南京留學生, 「정성옛글」, 『雩南李承晚文書 東文篇(八) 大韓民國臨時政府關聯文書3』, pp.500~501.
95) Syngman Rhee, Log Book of S. R., 1921년3월5일조, 10일조.

에서 연설회를 열었다. 이날 저녁 연설회에는 200명가량의 청중이 모였고, 윤기섭과 조완구가 긴 연설을 했다. 「험한 바다 외로운 배에 함께 실린 우리」라는 제목의 윤기섭의 연설은 감동적이었다. 그는 임시정부가 "우리 독립운동의 중추인 최고의 정치기관"임을 강조하고, 그러한 임시정부의 중직을 담임한 지도자들을 신뢰하여 옹호하자고 역설했다. 그는 다음과 같은 말로 연설을 마무리했다.

"통틀어 말하면, 바다는 험하고 배는 외롭고 길은 머외다. 우리들은 서로 마음과 뜻을 같이하여 우리의 귀중한 중추기관을 붙들어 가고 당국 선배를 신뢰하여 절장보단[絶長補短: 긴 것을 잘라 짧은 것에 보탬]하여 가며 맡은 책임 힘껏 하여 우리의 거룩하고 위대한 광복사업을 하루바삐 이루어서 함께 건너가 같이 즐기기를 도모합시다."[96]

두 사람의 연설에 이어 장붕과 윤종식(尹宗植)이 간단한 찬조연설을 했다. 참석자들은 모두 이들의 연설에 동조하면서 현 임시정부를 후원할 모임을 결성하기로 합의하고, 사업추진을 위한 위원 20명을 선정했다. 위원으로 선정된 사람들은 위의 두 연사를 비롯하여 황중현, 박찬익, 윤종식 등 기호파 인사들이 많았는데, 김구가 이 위원 명단에 포함되어 있는 것이 매우 이채롭다.[97] 김구가 이 연설회에 참석했는지는 알 수 없으나 비록 참석하지 않았더라도 사전에 상의가 있었거나 아니면 임시정부의 존재와 그 권위에 대한 김구의 확고한 충성심은 이 모임의 주동자들에게 으레 그도 동참할 것으로 여겨졌던 것 같다. 또한《독립신문》이 윤기섭의 연설내용을 한면 전체를 할애하여 보도한 것도 돋보인다. 이렇게 하여 결성된 단체가 협성회(協成會)였다.

협성회는 적극적인 활동을 벌였다. 그들은 연설회를 열거나 인쇄물을 배부하여 임시정부 지지여론을 규합하기 위해 노력하는 한편 임시정

---

96)《獨立新聞》1921년3월19일자, 「演說會」, 「險海同舟의 吾等」.
97) 위의 「演說會」.

부 간부들을 초청하여 연회를 열기도 했다. 또한 협성회는 회원 129명의 명의로 4개항의 「강령」을 발표했는데, 그것은 (1) 임시정부를 절대로 옹호할 것, (2) 광복정신과 협진(協進)주의를 고취할 것, (3) 국세 납입을 이행할 것, (4) 군사의 복습을 독려할 것의 네가지였다.[98] 협성회는 3월23일 오후에 정식으로 발회식을 가졌다.[99]

<h2 style="text-align:center">2</h2>

이승만은 남경에 머물면서 자신의 사퇴요구로까지 확대되는 위임통치 청원문제를 정면 돌파하기로 결심했다. 그는 《독립신문》과의 인터뷰 형식으로, 파리강화회의가 열렸을 때에 국민회 중앙총회장 안창호로부터 전보를 받았던 일부터 여권을 발급받지 못하고 워싱턴의 병상에 누워 있을 때에 정한경이 작성해 온 청원서에 서명하여 미 국무부에 발송하고 신문에 공개했던 일까지의 과정을 사실 그대로 설명했다. 그러고는 "그런고로 이는 우리 독립선언 전의 구차하나마 시험하였던 일시 외교적 선전책에 불과한 것이요, 진정으로 위임통치를 희구한 것은 아니외다"라고 잘라 말했다.[100]

파문이 예상되는 자신의 위임통치 해명기사가 나기 하루 전인 3월25일에 이승만은 다시 크로푸트 선교사 내외를 따라 여행을 떠났다. 크로푸트 내외는 부활절을 맞아 가정현(嘉定縣) 유하(劉河)에 안식교회가 세운 혜중병원을 방문하는 참이었다. 기차도 타고 증기선도 타고 세시간 동안 걷기도 하고 한 이틀 동안의 여행이었다.[101]

이 무렵 이승만에게 가장 적극적으로 대항한 그룹은 그의 "사랑하는

98) 「大韓民國臨時政府閣僚內訌に關する件」, 金正明 編, 『朝鮮獨立運動 II』, p.142.
99) 《獨立新聞》 1921년3월30일자, 「協成會의 發會式」.
100) 《獨立新聞》 1921년3월26일자, 「大統領談, 所謂 委任統治說은 其出處가 如何한가」.
101) Syngman Rhee, *Log Book of S. R.*, 1921년3월25일조, 26일조, 27일조.

아우" 박용만을 비롯한 신채호, 신숙 등의 북경 인사들이었다. 1920년9월에 군사통일촉성회를 발족했던 이들은 1921년4월17일에 북경에서 다시 군사통일주비회를 결성했다. 이 회의는 연해주와 북만주 지방으로 뿔뿔이 흩어진 무장독립운동단체들의 통합을 표방한 것이었지만, 당면 목표는 임시정부 타도였다. 군사통일주비회는 4월19일에 모임의 명칭을 '군사통일회의'로 확정했다. 회의에는 박용만 지지단체인 하와이 국민군 및 하와이 독립단을 비롯하여 북간도 국민회, 서간도 군정서, 대한국민의회, 국내의 통일당 등 국내외의 10개 단체 대표 17명이 참가했다. 박용만은 국내의 '국민공회(國民公會)' 대표라고 자처했다. 그러나 전년의 군사통일촉성회 때에 참가했던 신채호, 장건상(張建相), 김대지(金大池) 등은 이때의 회의에 참가하지 않았다.

군사통일회의는 대한민국임시정부와 임시의정원을 부인하고 3·1운동 당시에 국내에서 조직된 '대조선공화국임시정부'를 계승하여 임시정부를 새로 조직하기로 결의하고, 이를 상해임시정부에도 통고했다. 그들은 상해임시정부의 의정원을 불신임하는 이유로 이승만의 위임통치 청원 사실을 들었다.[102]

북경에서 군사통일회의가 개막되는 것과 때를 같이하여 신채호, 김창숙, 장건상, 김원봉(金元鳳) 등 북경, 청진, 간도, 시베리아 각지의 독립운동단체 대표들과 이극로(李克魯) 등 국내인사들을 포함한 54명 명의로 「성토문」이 발표되었다. 성토문의 명의자 가운데는 의정원 의원 6명도 포함되어 있었다. 이 성토문이 나온 경위는 분명하지 않으나, 그 내용은 군사통일회의의 성토문과 마찬가지로 이승만의 위임통치 청원을 매도한 것이었다.[103] 북경 군사통일회의에 대한 대책을 논의한 4월29일의 국무회의는 효유문(曉諭文)을 발표하기로 결의한 것이 고작이었

---

102) 軍事統一會議, 「通牒」, 『대한민국임시정부자료집 별책(5) 국민대표회의 I』, 2011, pp.3~4
103) 「聲討文」, 『雩南李承晩文書 東文篇(八) 大韓民國臨時政府關聯文書 3』, pp.263~265.

다.[104]

이때의 임시정부의 분위기를 짐작할 수 있는 간략한 회의록이 보존되어 있다. 4월16일의「구락부만찬회」와 4월18일의「비공식각원회의」기록이 그것이다. 4월16일 저녁에 한 호텔에서 구락부만찬회가 열렸는데, 이 자리에서 이승만은 미국으로 돌아가겠다고 말했다. 미국의 일이 많고 또 상해에 있어 보았자 논란거리만 생기고 도움을 주지 못하여 송구스럽기만 하다는 것이었다. "여러분이 이곳 정부를 최선을 다하여 보호 유지하시면 내가 미국에 있으면서 여러분을 힘껏 돕겠다"라고 그는 말했다. 이승만의 이 말에 대해 이동녕은 만일 미국으로 건너가려면 그 뜻을 사람들에게 말하지 말라고 했다. "이 말이 누설되면 상해를 떠날 수 없을 것이고 큰 분란이 일어날 것"이기 때문이라는 것이었다. 그러면서 이동녕은 "떠나간 뒤에 여기 있는 각원들이 정부를 위하여 후원할 것이라고 바라지는 마십시오. 꼭 분리되고 말 것이오"하고 덧붙여 말했다.[105]

이틀 뒤인 4월18일 저녁에 열린 비공식각원회의는 더욱 심각한 분위기였다. 와병 중인 교통총장 남형우 말고는 각료들이 다 모였다. 회의는 이승만과 김규식의 논쟁으로 일관했다. 이승만은 김규식과 노백린이 오랫동안 국무회의에 불참하는 것을 지적하면서 빠지지 않도록 주의시켰다. 그러자 김규식이 어깃장을 놓았다.

"어떤 책략이 있기에 시국을 정돈하려 하십니까. 만일 책략이 있다면 나도 당연히 그 책략을 돕겠지만 도울 책략이 아니면 시일만 낭비할 것입니다."

시일만 낭비할 것이라는 말은 이승만이 약속대로 빨리 사퇴하라는 뜻이었다. 그는 계속해서 어기죽거렸다.

"대통령이 말하기를 만일 상당한 민의가 있고, 그것이 상당한 민의기

---

104)「國務院呈文」제19호(결재의 건: 1921.4.29.),『대한민국임시정부자료집(8) 정부수반』, p.140.
105)「비망록」(구락부만찬상황: 1921), 위의 책, p.94.

관을 통하여 발표된 이후라야 사퇴하겠다고 했는데, 그 소위 민의기관이 무엇을 가리키는 것입니까? 의정원입니까, 국민대회를 가리키는 것입니까, 아니면 북경단체입니까?"

이승만은 격분했다.

"이것은 국무회의에서 토의할 것이 아니오. 또 시국정돈책으로 말하면 모두 여러분이 다 함께 모여서 협상한 뒤에 결정해야 되는 것이오. 또 여러분은 국무원의 임무로 국무회의에 참석하여 종전대로 행공하겠소, 그것은 하지 않고 오직 사태를 어지럽히려 할 뿐이오?"

그러자 김규식이 사직하겠다고 말했다.

"저는 이 자리에서 구두로 사퇴를 청원합니다. 여러분은 이대로 시행해 주시기 바랍니다."

이승만도 단호했다. 그는 기다렸다는 듯이 잘라 말했다.

"여러분이 모두 이 청원을 들었소이다. 즉시 그렇게 처리함이 좋겠소."

말을 마치자 이승만은 먼저 자리를 떴다.[106]

김규식은 이렇게 임시정부를 떠났다. 구미위원장 김규식과 교통총장 남형우는 4월25일부로 사임했고, 4월29일에는 또 학무총장 김규식이 사임한 것으로 공포되었다.[107] 5월 들어서는 마침내 통합임시정부의 산파역을 했던 안창호마저 임시정부를 떠났다.[108] 노백린은 자기는 이승만 밑의 군무총장이 아니라 한성정부의 군무총장이라고 말하고, 시베리아로 가겠다면서 사임을 하지 않았다.

4월24일에 성서문 밖 혜령전수여학교(惠靈專修女學校)에서 협성회 발회식이 다시 거행되었다. 의정원 의원 김태연(金泰淵)의 사회로 오후 4시에 열린 이날의 집회에는 참석자가 많지 않았다. 조완구가 회원의 의무라면서 앞에서 본 협성회의 「강령」을 설명하고, 이어 윤기섭이 며칠 안으

---

106) 「비망록」(비공식 각원회의 상황: 1921), 같은 책, pp.94~95.
107) 『朝鮮民族運動年鑑』, 1921년4월25일조, 29일조.
108) 위의 책, 1921년5월11일조.

로 사무협의회를 개최할 예정이니까 그날은 회원 전원이 참석하라고 말하고 나서, 오후 5시에 폐회했다.[109] 상해정국의 어수선한 분위기 속에서 회원들의 열의가 식어 가고 있음을 반영한 것이었다.

3

이승만이 서둘러 미국으로 돌아가기로 한 데에는 또 다른 중요한 이유가 있었다. 그것은 구미위원부가 격심한 내분에 빠졌기 때문이었다. 이승만은 미국을 떠나올 때에 현순에게 위원장 대리 일을 맡기면서 새로운 일은 벌이지 말고 서재필과 돌프와 상의해서 현상유지만 하라고 지시했었는데, 현순은 이러한 이승만의 지시를 어기고 워싱턴에 한국공사관을 개설하는 작업을 추진했다. 현순은 1921년2월에 사무실 책상 서랍에서 「대한민국 대통령 이승만」의 서명이 있는 「주미특명전권공사 현순」이라는 신임장을 발견하고 한국공사관을 개설하게 되었다고 했다.[110] 그는 이승만에게 보낸 장문의 3월9일자 「업무보고」에서 "공사관 설립하고 기회를 기다리며, 준비를 완전히 한 후에는 국무부에 임명장을 제출하며 대한민국 승인안을 제출하야 독립승인을 요구하며, 한미조약을 정정하자 하겠사오며…"라고 기술했다.[111]

현순이 공사관 개설을 서둔 데에는 두가지 이유가 있었다. 하나는 미국의 새 대통령으로 하딩(Warren G. Harding)이 취임한 뒤에 미일관계가 악화되어 개전할 가능성이 있어 보였으므로 한국은 이 기회를 이용하여 미국정부에 정식으로 독립승인을 요청해야 한다고 판단한 것이었고,[112] 다른 하나는 "새 일을 시작하면 동포들의 열심이 다시 분기할 터"이므로

109) 「上海情報一束」, 『韓國民族運動史料(三・一運動篇 其一)』, p.970.
110) Soon Hyun, My Autobiography, p.151, p.316.
111) 玄楯, 「業務報告」, 『대한민국임시정부자료집(17) 구미위원부 I』, p.36.
112) 《대한민국대사관공보》 제2호, 『雩南李承晚文書 東文篇(十一) 歐美委員部關聯文書3』, p.528.

침체에 빠진 미주, 하와이, 멕시코 동포들의 자금지원을 다시 활성화시킬 수 있고, 그 밖에 거액의 재정을 모집하려면 "중국인과 미국인에게 공채금을 모집할 기회와 방책이 생길 것"으로 기대되기 때문이라는 것이었다.[113] 미일전쟁을 예상한 것은 물론 현순의 단견이었다. 하딩 대통령의 취임을 전후해서 태평양의 얍(Yap)도에 관한 문제로 미일 사이에 외교분쟁이 일어나고 있기는 했지만, 그렇다고 전쟁으로까지 확대될 심각한 상황은 아니었다. 그리하여 한국문제는 일본 내정문제라는 미국정부의 입장에는 아무런 변화가 없었다.

현순은 공사관 개설을 추진하면서 서재필이나 돌프와는 상의하지 않고 태평양상선회사 설립작업을 추진하던 스턴(G. W. Stearn)과만 의논했다. 그러면서 재정형편상 필라델피아 사무소와 런던 사무소도 폐쇄하겠다고 했다. 가뜩이나 임시정부 일로 고심하던 이승만은 현순, 서재필, 돌프, 정한경 네 사람과 따로따로 편지와 전보를 주고받아야 했다. 그들은 모두 이승만에게 빨리 미국으로 돌아오라고 재촉했다.

현순은 3월21일에 이승만에게 "공관 할 돈과 계책 있소. 주저 말고 필라델피아 문 닫치고 공관 하라고 전보하시오. 불연즉 나도 사직"이라고 으르대는 전보를 쳤다.[114]

이승만은 3월24일에 답전을 쳤으나 이 전보는 현순에게 전달되지 않았다. 현순은 4월1일에 "왜 회답 안 하오"라고 항의하면서 자신의 공사임명을 확인하는 전보를 급히 보내라고 타전했다.[115]

이 전보를 받고 이승만이 보낸 답전은 이때의 이승만의 이러저러한 고충과 절박한 자금사정을 짐작하게 한다.

---

113) 註 111)과 같음.
114) Hyunsoon to Kocoa Shanghai, Mar. 21, 1921, *The Syngman Rhee Telegrams*, vol. Ⅳ., p.53.
115) Hyunsoon to Kocoa Shanghai, Apr. 1, 1921, *op. cit.*, vol. Ⅳ., p.62.

이십사일에 답전했소. 공관 일 확인 공전(公電)가오. 필라델피아 닫칠 일 서재필과 의논하오. 비밀. 원동에 있어야 러시아에 사람 보내 겠소. 내 여비도 보내오. 비밀히 안하면 못가오. 여행권 얻을 수 있으 면 전보로 알려 주오. 임병직 도미하면 일백원 곧 주오.[116)

그리고 이러한 전문에서도 보듯이 이 무렵 이승만이 가장 집착하고 있었던 것은 이희경을 모스크바로 보내는 일이었다. 자금 궁색에 고심 하던 이승만은 큰 뜻을 품고 상해에 와 있는 젊은 윤보선(尹潽善)에게 국내에 들어가서 자금을 변통해 오도록 부탁했다. 윤보선은 1921년 초 에 일본 도쿄(東京)로 가서 동생 윤완선(尹浣善)을 대신 국내에 갔다 오게 했는데, 부친 윤치소(尹致昭)는 두말하지 않고 3,000원을 내어 주 었다고 한다. 윤보선은 이승만이 하와이로 돌아오고 한달 뒤인 1921년 6월에 중국인 유학생으로 가장하고 중국 여권으로 프랑스배에 올라 유 럽으로 떠났다.[117)

그러한 상황에서 현순이 4월9일에 임시정부 각원들 앞으로 보낸 다 음과 같은 당돌한 전보는 사태를 급전직하로 악화시켰다.

당신들 정략으로 일 안하고 싸움질만 하므로 돈 안들어오오. 공 사 수임한 것, 공관 설립한 일 임시정부에서 속히 인증 전보하면 돈 빛 얻어 보내리다. 오해 마오. 공사 일 광고 않소. 외교 일 준비 목적이오. 필라델피아, 런던 닫쳤소. 임시정부로 매삭에 돈 좀 더 보내겠소. 서 재필 믿지 마오. 돈만 아오. 황(기황) 믿지 마오. 하는 일 아주 없이 돈 만 요구. 내 말 믿지 않고 시행 안하면 정부, 위원부 다 없어지오. 대통

---

116) Leesyngman to Koric, Apr. 4, 1921, *ibid.*, p.66.
117) 尹潽善, 『救國의 가시밭길: 나의 回顧錄』, 韓國政經社, 1967, pp.25~27; 김명구, 『해위 윤보선』, 고려대학교출판부, 2011, pp.79~81.

령 사사로 내정일 서재필,
돌프에게 전보질 못하게
하오.[118)

그런 다음 현순은 4월11
일에 하와이의 이종관에게
"외교시급하므로 공관 설립
하오. 무슨 돈이든지 속히 보
내시오"라고 타전했다.[119)

공관개설을 망설이던 이
승만은 마침내 4월17일에
현순에게 사직을 권고하는
전보를 쳤고, 이튿날에는 다
시 다음과 같이 해임을 통고
했다.

중국 복장으로 변장한 1921년4월의 이승만.

당신의 위원 해임. 공사 위임 취소하니 사무와 재정 서재필에게 전
장(轉掌)하오. 위임장은 급할 때 쓰라 한 것이오. 공관 하란 말 없었
소. 4월4일 전보도 공전 기다리라 한 것이오. 공관일 허락 없소. 4월9
일 정부에 보낸 전보도 대실수. 돌프에게 신임장 도로 주시오.[120)

같은 날로 이승만은 서재필을 구미위원부의 임시위원장으로 임명
했다.[121)

118) Hyunsoon to Kopogo, Apr. 9, 1921, *Syngman Rhee Telegrams*, vol. Ⅳ., p.83.
119) Hyunsoon to Lijongkwan, Konation, Honolulu, Apr. 11, 1921, *op. cit.*, vol. Ⅳ., p.90.
120) Leesyngman to Hyunsoon, Apr. 18, 1921, *ibid.*, p.106.
121) Reesyngman to Philip Jaison, Apr. 18, 1921, *ibid.*, p.105.

4

현순은 그러나 즉각 반발했다. 그는 4월19일에 이승만에게 다음과 같
은 전보를 쳤다.

나라와 2천만 위하야 해임 안 받소. 나는 33인 대표자 됨을 생각
할 것이오. 서재필과 돌프는 외국인인고로 내가 죽어도 외교 안 맡
기오. 당신 전보 받기 전에 외교 시작했으니 대통령이라도 고치면
대역부도.[122]

이렇게 불복을 선언한 뒤부터 현순은 전권공사를 자칭했다. 4월14일
에 공사관을 설립한 현순은 4월18일에는 휴즈(Charles E. Hughes) 미 국
무장관과 미국 상하의원들에게 그 사실을 통보했다.[123] 그는 5월6일에는
국무부를 방문하여 한미 국교의 회복을 요청하고, 5월11일에는 "대한민
국임시정부 및 대통령 주미대표" 명의로 미국 대통령과 휴즈 장관과 상하
의원들에게 장문의 독립승인 요청서를 발송했다.[124] 그러나 미국정부는
이러한 현순의 요청에 대하여 아무런 반응을 보이지 않았다. 한편 서재필
은 바로 이날 한국친우회 회장 톰킨스(Floyd W. Tomkins) 목사 등과 함
께 하딩 대통령의 비서 크리스천(George B. Christian)에게 하딩과의 회견
을 주선해 줄 것을 당부했다.[125] 서재필은 정초에 오하이오주의 메리언에
있는 하딩의 사저로 대통령 당사자인 그를 예방한 일이 있었다.[126]

---

122) 《주차구미위원부통신》 제29호(1921년6월16일, 23일), 「현순씨의 공관설립 시작과 결국」 이
전문은 이승만의 영문전보철에는 보이지 않는다.
123) 미국무부문서 895. 01 B11, Soon Hyun to Hughes, Apr. 18, 1921, (Records of the
Department of State Relating to Internal Affairs of Korea 1919-1929 Ⅱ).
124) 미국무부문서 895. 00/690, Soon Hyun to Hughes, May 11, 1921; 《대한민국대사관공보》
제2호, 「雩南李承晚文書 東文篇(十一) 歐美委員部關聯文書 3」, p.528.
125) 長田彰文, 『日本の朝鮮統治と國際關係: 朝鮮獨立運動とアメリカ 1910-1922』, p.327.
126) 위의 책, p.326; 『朝鮮民族運動年鑑』, 1921년1월2일조.

현순의 이 독립 승인요청서는 5월12일자 《뉴욕 타임스(*The New York Times*)》에 크게 보도되어 문제가 되었다.[127]

서재필과 돌프는 5월17일에 각각 휴즈 장관 앞으로 현순의 행위는 독단에 의한 것이고, 대한민국임시정부는 그것을 승인하지 않았으며, 현순과의 관계는 단절되었다고 말하고, 이번의 경솔한 처사를 사과한다는 내용의 편지를 보냈다.[128] 그러고는 《구미위원부통신》 제29호를 통하여 현순이 "경거망동"으로 국가에 손해를 끼친 것과 대통령에게 불복한 것을 질타했다. 《통신》은 현순이 구미위원부의 공금을 횡령하고 중요 문서를 절취하는 등의 행위로 구미위원부에 5,000달러의 재정손실과 혼란을 끼쳤다고 비판했다.[129]

허정(許政), 임초(林超), 조병옥(趙炳玉) 등 유학생들이 주축이 된 뉴욕의 대한인공동회는 구미위원부 사태의 심각성을 우려한 나머지 워싱턴에 대표를 보내어 진상을 조사하고, 「미주, 하와이, 멕시코, 원동 각처 동포들에게」라는 성명서를 발표했다. 성명서의 내용은 현순은 (1) 구미위원부 사무실에 보관되어 있던 공사 임명장을 자의로 사용했을 뿐만 아니라 대통령의 사직권고와 해임명령에 불복했고, (2) 공사관 설립을 구실로 구미위원부의 공금과 주요 서류를 사사로이 관할하고 불량한 내외국인과 공모하여 외교상 큰 손실을 초래했으며, (3) 워싱턴을 떠나는 조건으로 여비 1,500달러와 공사관 설립경비 500달러를 구미위원부에 요구했다는 것이었다.[130]

현순은 마침내 5월26일자로 이승만에게 사임청원서를 보내고,[131] 워싱턴을 떠나서 하와이로 갔다. 목적지는 상해였다. 임시정부 수립 초기에

---

127) *The New York Times*, May 12, 1921, "Appeal to Hughes to Recognize Korea".
128) 미국무부문서 895. 01 B11/1, Dolph to Hughes, May 17, 1921, 895. 01 B11/2, Jaison to Hughes, May 17, 1921; 「국무경 휴수 각하」, 『雩南李承晚文書 東文篇(九) 歐美委員部關聯文書 1』, pp.482~483.
129) 《구미위원부통신》 제29호(1921년6월16일, 23일).
130) 《新韓民報》 1921년6월23일자, 「미, 묵, 포, 원동 각처 동포들에게」.
131) 「사임청원서 등본」, 『雩南李承晚文書 東文篇(九) 歐美委員部關聯文書 1』, p.125.

제37장 "임시대통령 각하, 상해에 오시다" **381**

이승만을 정상의 지도자로 만드는 데 주동적 역할을 했던 현순은 이때부터 철저한 반이승만파가 되었다. "나는 그(이승만)의 정치권에서 기꺼이 작별했다. 다행히 나는 워싱턴 재임시에 약간의 저금이 있었다"라고 현순은 그의 자서전에 적어 놓았다.[132]

이승만은 이제 사면초가에 빠졌다. 제도개혁 문제는 논란만 거듭하면서 아무런 결론도 맺지 못했다. 자신이 구상했던 정부개혁방안은 제대로 토의조차 해보지 못했던 것 같다. 줄줄이 사퇴한 총장들과 차장들의 자리를 메워 임시정부의 기능을 유지하는 것이 무엇보다도 급한 문제가 되었다. 이승만은 4월29일자로 국무총리 대리 이동녕에게 국무총리와 총장, 차장 인선에 관하여 다음과 같이 자신의 의견을 적어 보냈다.

국무총리 대리	안창호
국무원 비서장	신익희
내무차장	이유필(李裕弼)
외무총장 대리	이희경
차장	안공근(安恭根)
법무차장	홍진(洪震)
학무총장 대리	김만겸(金萬謙)
재무차장	김인전(金仁全)
노동국 총판	조용은[소앙]
교통총장	손정도
차장	김구[133]

그리고 5월1일에는 국무회의에 참석하지 않고 있는 노백린을 해임하고 협성회를 주도하는 윤기섭을 군무총장 대리 겸 차장으로 선임하라고

---

132) Hyun Soon, *op. cit.*, p.55, p.319.
133) 「임시대통령 函」 제5호(국무총리와 총·차장 간선안: 1921.4.29.), 『대한민국임시정부자료집(8) 정부수반』, pp.73~74.

통보했다.[134]

이때의 이승만의 인선에서 가장 특이한 것은 보이친스키와 함께 상해에 와서 한인공산당 창당을 주도했던 김만겸을 김규식의 후임으로 학무총장 대리로 지명한 점이다. 한인공산당은 김립이 가지고 온 모스크바 자금의 관리문제를 놓고 이동휘, 김립 등의 이전의 한인사회당 그룹과 김만겸, 여운형, 안병찬(安秉瓚), 조동호, 최창식 등이 알력을 벌이다가 1921년1월경에는 두 파로 분열되었다.[135] 김만겸은 안병찬과 함께, 상해에서 이동휘 그룹을 중심으로 하여 열린 고려공산당 대표회(5월20~23일)와는 별도로, 시베리아의 이르쿠츠크에서 열린 통일고려공산당 창립대회(5월4~15일)에서 11명의 중앙위원의 한 사람으로 선출되었다.

이러한 김만겸을 이승만이 임시정부로 끌어들이려 한 것은 여러 가지 점을 고려한 정치적 포석이었다. 그것은 이르쿠츠크파 공산당 그룹으로 하여금 임시정부 파괴공작에 주력하고 있는 이동휘 그룹을 견제하게 하려는 것이었을 뿐만 아니라, 모스크바에 임시정부의 특사를 보내는 데에도 도움이 되리라고 기대했기 때문이었을 것이다. 그리고 그것은 이르쿠츠크파 공산당 그룹으로서도 긍정적으로 검토할 만한 것이었을 것으로 판단된다. 이승만의 김만겸 지명은 그러나 국무회의에서 받아들여지지 않았다. 그것은 아마 신규식, 이동녕, 이시영 등의 반공적인 정치성향뿐만 아니라, 1919년 봄에 블라디보스토크에서 대한국민의회가 결성될 때에 이동녕이 겪었던 불쾌한 경험도 크게 작용했기 때문이었을 것이다. 김만겸은 대한국민의회를 결성한 주동인물의 한 사람이었다.

이승만이 모스크바로 파견하기로 마음먹고 있는 이희경과 안공근을 외무총장 대리와 차장으로 지명하고, 연두교서와 「임시대통령유고」에서 그 기능의 확충을 강조한 교통부의 업무를 맡길 인물로 의정원 의장 손

---

134) 「임시대통령 函」 제6호(군무총·차장 해임과 임명안: 1921.5.1.), 위의 책, p.74.
135) 임경석, 앞의 책, p.297.

정도를 총장, 경무국장 김구를 차장으로 지명한 것도 파격이었다. 이승만과 김구가 직접 만난 것은 이승만이 상해에 갔을 때가 처음이었는데, 김구는 임시대통령 이승만에 대한 경무국장의 임무를 충실히 수행했고, 그러한 김구에게 이승만은 신뢰감을 느꼈던 것 같다. 이때에 형성된 두 사람의 신뢰관계는, 상황에 따라 소원해진 때도 없지는 않았으나, 독립운동 기간 내내 지속되었다.

5월7일자로 발표된 새 각료 명단에서 손정도는 그대로 포함되었으나, 김구는 제외되었다. 각료들은 김구의 현재의 임무가 더 중요하다고 생각했기 때문이었을 것이다. 외무총장 대리 차장이었던 신익희가 임시정부 업무를 사실상 총괄하는 국무원 비서장으로, 협성회의 주도자인 조완구와 윤기섭은 각각 내무부 차장과 군무부 차장으로 발탁되었다. 학무총장 대리 차장에는 김만겸 대신에 재무부의 비서장 겸 임시공채관리국장인 김인전이 임명되었다. 안창호가 고사한 국무총리 대리에는 5월16일부로 법무총장 신규식을 겸임 발령하고, 특별한 업무가 없는 노동국총판은 재무총장 이시영이 겸임하게 했다.[136]

5

5월 들어 북경 방면으로부터 테러리스트들이 속속 상해로 몰려오고 있다는 풍문이 나돌아 상해 동포사회는 어런더런했다. 그들은 임시정부 지도자들의 암살을 공언하면서 현상금까지 걸었다고 했는데, 이승만과 안창호를 죽이면 1,000원, 손정도, 이희경, 김만겸 등을 죽이면 500원을 준다고 했다는 것이었다. 암살 대상자 명단에 김만겸이 포함되었다는 것이 특히 눈길을 끈다. 그리하여 김구는 이승만을 비롯한 임시정부 간부들

---

136) 「國務院呈文」 제20호(결재의 건: 1921.5.3.), 제25호(결재의 건: 1921.5.16.), 「제19회 임시국무회의 議決 사항」(임시대통령 李承晚: 1921.5.7.), 『대한민국임시정부자료집(8) 정부수반』, pp.141~144.

에게는 계속 경호원을 배치했다.[137] 이러한 상황을 조선총독부가 관망만 하고 있을 턱이 없었다. 일본 밀정들의 준동이 기승을 부렸다. 그리하여 임시정부에서는 김구가 주축이 되어 임시정부 간부들의 동정을 정탐하려는 밀정들을 색출하여 소탕하기 위해 각 요소에 청년들을 파견하여 사람들의 행동을 감시했다.[138]

한편 많은 사람들이 독립운동에 회의를 느끼고 국내로 들어가거나 미국으로 떠나거나 활동을 포기하고 생활방도를 찾아서 임시정부를 떠났다. 상해임시정부 수립을 위한 1919년4월11일 밤의 회의를 주도했던 독립신문사 사장 이광수(李光洙)가 국내로 들어간 것도 이때였다. 이때의 일을 김구는 다음과 같이 담담하게 기록해 놓았다.

(임시정부) 원년에서 3~4년을 지내고 보니, 열렬하던 독립운동자 가운데 하나 둘씩 왜놈에게 투항하거나 귀국하는 자들이 생겨났다. 그러한 자들은 임시정부 군무차장 김희선과 독립신문사 주필 이광수, 의정원 부의장 정인과 등을 위시하여 점차 그 수가 늘어났다.[139]

이광수는 1921년4월 말에 귀국했다.

신규식을 국무총리 대리로 선임한 이튿날인 5월16일에 열린 제23회 정례국무회의는 "모스크바 파견 외교원" 한형권을 즉시 소환하기로 결의했다.[140] 이유는 "파견한 사실에 하자가 있기 때문"이었다. 이러한 결정은 말할 것도 없이 한형권이 대한민국임시정부의 대표로 파견되었고, 따라서 그가 볼셰비키 정부로부터 받아 온 자금은 마땅히 임시정부로 보낸 자금이라는 인식에 따른 것이었다. 그리하여 임시정부는 김립에게 모스

---

137) 「上海에서의 韓人獨立運動者間의 紛爭」, 『韓國民族運動史料(中國篇)』, pp.338~339.
138) 「上海情報一束」, 『韓國民族運動史料(三·一運動 其一)』, p.970.
139) 『백범일지』, p.318.
140) 「國務院呈文」 제25호(결재건: 1921.5.16.), 『대한민국임시정부자료집(8) 정부수반』, p.144.

크바 자금을 내어놓으라고 계속 요구했다.

이승만은 한형권 대신에 이희경과 안공근을 모스크바로 파견할 준비를 서둘렀다. 그러면서 직접 작성한 것이 「차관조건(주의)」이라는 두면짜리 문서이다. 이 문서 하단에 붓글씨로 "상해에서 발정시 국무원 제씨와 상의하다가 미정한 건"이라는 이승만의 친필 메모가 적혀 있는 것으로 보아 이 문제는 그가 상해를 떠나기 직전에 새로 선임한 국무원들과 상의하여 작성한 것으로 짐작된다.[141]

문서의 내용은 차관 액수는 200만달러 이상으로 하고, 이자는 연리 4% 내지 6%이며, 담보로는 독립한 뒤의 철도부설권과 광산채굴권과 관세 세가지를 들었다. 차관 목적은 군사비와 외교 선전비와 기업자본의 조달이었다. 상환기간은 독립 완성 뒤 5년으로 정했다. 차관을 얻은 뒤에는 즉시 3년 내지 20년짜리 정기예금으로 은행에 맡기되, 예금자의 명의는 임시대통령에게 일임한다고 했다. 차관 액수를 200만달러 이상이라고 한 것은 아마도 한형권이 볼셰비키 정부로부터 약속받은 자금 액수가 200만루블이라는 사실을 알고 있었기 때문이었을 것이다. 문서의 마지막에 있는 「비밀」이라는 항목에서는 "원래 차관이란 기밀을 요하는 바 우리의 금일은 더욱 특별하므로 비밀을 엄수할 일"이라고 적혀 있다. 그것은 모스크바 자금을 둘러싼 임시정부 안팎의 여러 세력들의 경쟁뿐만 아니라 아직 소련을 승인하지 않은 미국과 일본을 의식한 조치였을 것이다.[142]

임시정부는 5월20일에 국무총리 신규식 명의로 소비에트 러시아 외무인민위원회 위원장 치체린에게 한형권을 소환하고 그를 대신하여 이희경을 특별전권대표로 파견하게 되었음을 알리는 편지를 보냈다. 이 편지에서 신규식은 이희경의 파견목적을 다음과 같이 썼다.

---

141) 「차관계획서」, 「借款條件(注意)」, 위의 책, p.92.
142) 고정휴, 앞의 책, pp.229~230.

이희경은 대한민국과 소비에트 러시아 사이의 과거와 현재와 미래의 관계에서 필요하다고 여겨지는 일이 생긴다면 어떤 경우이든 대한민국을 대표하여 전권을 행사하게 될 것입니다.

이 밖에도 우리는 한형권이 귀 정부의 선의를 자신의 개인적인 이익을 위해 사용하고 그럼으로써 우리의 명예를 실추시킨 사실을 알고 마음이 무거웠습니다. 그러나 이 사실을 조사할 전권을 부여받은 우리의 특별대사 이희경의 재능과 정직

1921년 5월 14일에 신익희를 대동하고 소주(蘇州)로 간 이승만은 크로푸트 내외와 합류하여 유원(劉園), 서원(西園), 한산사(寒山寺) 등을 관광하고 이튿날 상해로 돌아왔다.

성을 전적으로 신뢰하기 때문에 양국간 상호 이해에 도달할 것임을 굳게 믿습니다. 또한 양국의 관계가 더욱 긴밀해질 것이며 우리의 공고한 동맹으로서 아시아에서 당면한 활동을 함께 수행할 수 있을 것으로 믿습니다.…143)

임시정부의 특사로 새로 임명된 이희경과 안공근은 이승만이 미국으로 떠난 직후인 6월 초에 모스크바로 떠났다.144)

143) 보리스 박, 『소비에트, 코민테른과 한국해방운동, 1918~1925』, 2006, pp.88~89; 고정휴, 「상해임시정부의 초기 재정운영과 차관교섭: 임시대통령 이승만의 역할을 중심으로」, 《韓國史學報》 제29호, 高麗史學會, 2007, p.227에서 재인용.
144) 「高警 20620號: 在滬不逞鮮人領袖ノ動靜」 1921년 6월 28일자, 『不逞團關係雜件 朝鮮人ノ部 上海假政府(三)』.

이승만은 미국으로 돌아가는 데에도 우여곡절을 겪어야 했다. 게다가 그의 신병을 노리는 것은 일본 밀정들만이 아니었다. 미국 입국비자가 찍힌 여권이 있어야 배표를 살 수 있었으므로 이승만은 배표조차 쉽사리 구할 수 없었다. 상해 YMCA의 피치(George A. Fitch) 목사가 마닐라까지 가는 1등석 배표를 구해 주었다. 이승만은 임시의정원 앞으로 5월17일자로 "외교상 긴급과 재정상 절박으로 인하야" 미국으로 돌아간다는 짧막한 교서를 보냈다. 이 교서는 이튿날 의정원에서 낭독되었다.[145] 그러나 그는 나흘 전인 5월14일에 신익희를 대동하고 몰래 상해를 벗어나서 소주(蘇州)로 갔고, 이튿날 아침에 크로푸트 내외와 합류하여 유원(劉園), 서원(西園), 한산사(寒山寺) 등을 관광하고 그날 저녁에 상해로 돌아왔다.

이승만은 5월19일에 친지들과 작별인사를 하고는 혼자서 몰래 오송(吳淞)으로 가서, 그곳에 있는 영국인이 경영하는 작은 호텔에 묵었다. 5월24일에 크로푸트의 집으로 돌아왔을 때에는 모든 사람들이 그는 이미 미국으로 떠난 것으로 생각했다. 이승만이 컬럼비아 호에 승선한 것은 5월28일 밤10시. 컬럼비아 호는 이튿날 새벽 5시에 마닐라를 향해 출항했다.[146]

다음 문제는 마닐라에 어떻게 상륙하느냐 하는 것이었다. 이승만은 여행할 때에는 변성명을 하고 다녔으므로 늘 사람들을 멀리했다. 그런데 승객 가운데 키가 크고 미국인처럼 보이는 어떤 사람이 이승만을 유심히 지켜보았다. 그리하여 이승만은 그를 피했다. 그러던 어느 날 구석진 자리에서 그를 만났다.

"한국인 아니신가요?"

"그렇소."

---

145) 《獨立新聞》 1921년5월31일자, 「大統領의 敎書」, 「大統領離滬」.
146) Syngman Rhee, *Log Book of S. R.*, 1921년5월14일조~28일조.

그 미국인은 이승만의 이름을 물었다. 이승만은 거절할 수 없었다.

"내 이름은 이(Rhee)요."

그러자 그는 대번에 물었다.

"이승만씨이십니까?"

이승만이 그렇다고 대답하자 그는 흥분했다.

"아이구, 대통령이시군요!"

그는 자기 어머니를 불렀다.

"어머니, 이리 오셔서 이 대통령하고 인사하세요."

그는 3·1운동 때에 서울 주재 미국영사로 있다가 지금은 광동 주재 영사로 있는 버그헐츠(Leo A. Bergholz)였다. 이승만이 버그홀츠를 만난 것은 뜻하지 않은 행운이었다. 필리핀 이민국 직원의 태도로 미루어 보아 만일 버그홀츠의 도움이 없었더라면 이승만은 마닐라에 내리지 못하고 고베(神戶)항에까지 가서 일본경찰의 검문을 받아야 했을 것이다.[147] 이처럼 위험한 고비 때마다 행운이 찾아오는 것을 보고 이승만은 자신의 운명에 더욱 자신을 가졌을 것이 틀림없다.

이승만은 2주일 동안 필리핀에 머물면서 호놀룰루로 직항하는 배편을 기다렸다. 그동안 그는 기독교 관계자들도 만나고 관광도 했다. 우연한 계기로 그곳의 미군사령부에 정중하게 초대되기도 했다.

6월14일 밤에 그래닛 스테이트 호(S. S. Granite State)로 마닐라를 출발하여 호놀룰루에 도착한 것은 6월29일 아침 8시. 화물선 바닥에 숨어서 떠난 지 7개월 반 만에 돌아온 것이었다. 부두에는 많은 동포들이 마중나와 있었다. 상해행을 주선해 준 보드윅도 그 인파 속에 섞여 있었다.

---

147) Syngman Rhee, "Story of How I Went to Shanghai", pp.7~8.

38장

워싱턴회의의 한국대표장

1. 하와이에 돌아와서 동지회 결성

1

이승만에게 하와이는 언제나 '약속의 땅'이었다. 그의 소명의식과 자긍심과 인내력의 원천이 거기에 있었다. 그것은 하와이 동포사회의 그에 대한 기대와 성원뿐만이 아니었다. 백인사회의 높은 평가도 큰 몫을 차지했다. 《애드버타이저(*The Honolulu Commercial Advertiser*)》는 이승만이 상해를 방문하고 온 사실을 7개월 전에 그가 미국 본토에서 돌아왔을 때에 그랬던 것과 마찬가지로 대서특필했다. 이 신문은 이승만이 상해뿐만 아니라 중국, 만주, 블라디보스토크 등 한국인들이 거주하는 지방을 순시한 것 같고 본인은 부인하겠지만 한번은 반드시 한국땅에도 발을 들여놓았을 것으로 짐작된다면서 이승만과의 회견내용을 길게 소개했다.

이 회견에서 이승만은 3·1운동 이후에 한국에 대한 시정방침을 개혁했다는 일본의 선전은 전혀 허위라는 것과, 비상한 세력으로 확산되고 있는 사회주의운동 때문에 일본정부는 내면적 위기에 직면하고 있고 한국인의 독립운동도 이 사회주의운동과 동일한 보조로 나아가고 있다고 설명했다. 그리고 미국과 영국이 가장 주의해야 할 일은 동양에서의 일본의 먼로주의(Monroe Doctrine)이며, 미국으로서는 이것이 정치적으로 가장 위험한 요소가 될 것이라고 경고했다. 머지않아 일본은 동양을 지배하는 대강국이라고 선언하고 그것의 승인을 요구할 것이며, 그 필연적 결과로 다시 세계대전이 발발하게 될 것이라고 그는 전망했다. 이승만은 또 하와이의 경작기업이 노동자가 더 필요하면 만주와 시베리아 등지에 있는 한국인 200만명을 데려올 수 있다고 말하고, 그 일의 의의를 다음과 같이 설명했다.

그들은 하와이에 와서 성공할 자신을 가지고 있으며, 특히 기꺼이 미국화를 열망하는 사람들이다. 나도 또한 그들 한국인의 자제들이 미국식으로 교육되고, 그런 다음에 그들이 한국에서 우리 한민족의 미국화를 기도할 미국주의의 선교사가 될 것을 바라마지 않는다.…

《애드버타이저》는 이승만의 이러한 말을 소개하고 나서, 다시 그를 중국혁명의 지도자 손문(孫文)과 비교하면서 그가 "손씨가 만주 조정을 전복시키고 중국 공화국을 건설할 일대 기도를 꾸미던 때와 같은 태도로 잠시 익명자가 되어 조용히 전 세계를 움직이는 사람"이라고 격찬했다.[1] 《애드버타이저》가 어떤 근거에서 이승만이 국내에까지 갔다 왔을 것으로 추측했는지는 알 수 없으나, 이승만에 대한 이러한 과장된 보도는 하와이 동포사회에서 이승만의 성가를 높이는 데 많은 영향을 끼쳤을 것은 말할 나위도 없다.

이승만이 상해에 가 있는 동안 하와이 한인사회에는 큰 변동이 있었다. 가장 큰 변동은 국민회 하와이지방총회가 교민단으로 개편된 것이었다. 임시정부는 1920년3월16일에 「국무원령」 제2호로 「임시거류민단제」를 포고하여 재외동포들이 지역별로 거류민단을 조직하고 임시정부의 지휘와 감독을 받도록 했다.[2] 그러나 이미 1918년에 대한교민단이 조직되어 있던 상해와는 달리, 미주나 하와이에서는 교민단이 쉽사리 조직되지 못했다. 이들 지방에는 일찍부터 동포들의 '무형정부'의 역할을 해 온 대한인국민회가 있었기 때문이다.

국민회 하와이지방총회가 하와이교민단으로 개편된 직접적인 계기는 국민회 하와이지방총회의 1921년도 대의회에 맞추어 통달된 내무총장 이동녕(李東寧)의 '특전(特電)' 때문이었다. 그것은 애국금 수합제도를

1) 「李承晚의 來布 및 그 言動」, 『韓國民族運動史料(中國篇)』, pp.340~341.
2) 「國務院令」제2호, 「臨時居留民團制」, 『대한민국임시정부자료집(27) 내무부·교통부·재무부·문화부』, pp.32~35.

둘러싼 국민회 중앙총회와의 분쟁경험에 비추어 국민회 하와이지방총회를 미주 본토의 국민회로부터 분리시킬 필요성을 절감하던 이승만의 의향이 강하게 반영된 것이었을 것이다.[3] 이승만은 임시정부가 수립된 뒤에도 대한인국민회가 해외동포들을 통괄하는 조직으로 그대로 존속되고 있는 것은 부당하다고 생각했다. 게다가 국민회 중앙총회가 있는 샌프란시스코는 안창호(安昌浩)의 아성이었다.

교민단을 조직하라는 이동녕의 '특전'에 따라 1921년2월10일에 「교민단 의사원을 소집하는 조례」가 발표되고, 3월3일에 한인학교 교장 민찬호(閔燦鎬)를 회장으로 하고 사업가 안원규(安元奎)를 부회장으로 하는 대한인 하와이교민단이 발족했다. 이에 따라 1909년2월에 창립된 이래 하와이 지방정부의 사단법인 인가를 받고 한인사회의 공공기관 역할을 해 온 국민회 하와이지방총회는 해체되었다. 그 과정에 대해 국민회 하와이지방총회장 이종관(李鍾寬)은 「교민단대표회 소집보고서」에서 다음과 같이 설명했다.

금번 (국민회) 대의원회에서 교민단 설립에 대하여 좀 주저한 것은 하와이에서는 국민회를 내외국 사람을 막론하고 우리의 영공사(領公使)와 같이 대우를 주었으며 또한 십수성상에 교육을 장려한 바 그 목적이 소중하여 일반회원은 애지중지하여 받쳐오던 단체이라. 그런고로 대의원과 회원의 뇌에 박힌 사상을 일조일석에 희생하기 과연 난처하여 얼마간 주저하던 차에 우리 임시정부 내무부 총장 각하의 특전 내에 교민단을 세우라 하였으매 국민회 신임총장 안현경(安玄卿)과 부회장 김성기(金星基) 양씨가 사면서를 던지매 대의회에서 즉시 가수(假受)하고 본인으로 하여금 교민단장을 초출(抄出)할 때까

3) 고정휴, 『이승만과 한국독립운동』, p.188.

지 시무하라 한지라.…4)

　뒤이어 제정된 교민단의 「자치규정」은 "본단의 목적은 조국의 독립광
복에 전력하며 교육을 장려하고 실업을 발전하며 동포의 영예를 증진케
함에 재함"(제2조)이라고 천명했다. 조직은 중앙에 총단이 있고 그 밑에
구역단과 지방단이 있으며(제4조), 총단에는 의결기구인 의사회와 집행기
구인 임원회가 있었다. 임원 가운데서 총단장과 부단장은 선출직이고, 총
무 이하 서기, 재무, 학무원, 법무원, 군무원, 구제원, 상무원은 임명직이었
다.(제11, 12조)

　하와이 교민은 (1) 본단의 자치규정에 복종하는 의무, (2) 의사회의 입
법안을 시행하는 의무, (3) 임시정부 명령과 총단의 지휘에 복종하는 의
무, (4) 독립운동비와 각종 세금을 납부하는 의무, (5)조국의 광복사업을
위하여 최후 일인까지, 최후 일각까지 충성을 다하는 의무, (6) 소송이 있
을 때에는 그 재판의 판결을 받는 의무(제69조) 등을 이행해야 했다.5)

　7월1일 저녁에 교민단 회관에서 열린 이승만 환영회에는 남녀동포
600여명이 모였다. 이 자리에서 이승만은 두시간에 걸쳐 상해에 가서 했
던 일과 앞으로의 계획에 대하여 동포들을 감동시키는 연설을 했다. 이승
만은 이 연설에서 임시정부의 궁색한 재정의 실상과 신규식(申圭植)을 국
무총리 대리로 하는 새 내각이 구성되기까지의 과정을 설명한 다음, 예산
결산제도를 충실히 이행하여 정부의 경비절감을 실현하게 된 것을 큰 성
과라고 강조했다. 그리고 1년간의 임시정부 경비를 2만달러로 책정했는
데, 그 상당 부분을 하와이 동포들에게 의존할 수밖에 없다고 말했다. 또
한 그는 일찍이 "나보다 더 유력한 선각자"에게 정부의 우두머리 되는 책
임을 맡기려고도 했으나, 국내에서 결단코 사직해서는 안된다는 말을 해

───────────
4) 「僑民團代表會召集佈告書」, 『雩南李承晚文書 東文篇(十二) 하와이·美洲僑民團體關聯文書』,
　　延世大學校 現代韓國學研究所, 1998, p.554.
5) 『美洲韓人民族運動資料 美洲篇④』, pp.476~492.

왔고, 또 외국에 있는 동포들 역시 국내에서 피흘려 수립하고 세계에 알린 정부를 변동시켜서는 안된다고 하여, 극동 각지에서는 서로 단결하여 정부를 옹호하고 정부 각원들을 존경한다는 맹약을 하고 있다면서 미주, 하와이, 멕시코 동포들도 이 뜻을 이어받아 대동단결에 힘을 다해야 한다고 역설했다. 그의 이러한 주장은 한성정부의 정통성을 강조하는 것이었다. 이승만은 경신참변에 관해서도 이야기했다. 그 가운데 특별히 눈에 띄는 것은 "소년애국자" 이범석(李範奭)의 용기 있는 행동을 소개한 점이다. 그는 또 하와이의 부인구제회가 금품을 모아 여러 차례 군정서(軍政署)로 보낸 일을 치하하고 감사의 뜻을 표시했다. 이날의 연설내용은《국민보(國民報)》의 논설란에 길게 소개되었고, 팸플릿으로 만들어져서 각지의 동포들에게 배포되었다. 이 팸플릿은 국내로도 우송되었다.[6]

2

환영회에 이어 이승만은 열성적인 지지자들을 규합하여 확고한 지지단체를 조직하는 작업을 서둘렀다. 대중의 지지를 중시하는 평민주의자 이승만은 그때까지 안창호의 흥사단(興士團)처럼 특정 엘리트들을 중심으로 하는 단체의 조직을 내켜하지 않았다. 그러나 상해의 반대파들과 북경그룹의 도전에 시달리면서 임시정부와 자신의 지도력을 지키기 위한 수중의 단체가 있어야겠다는 것을 절감하게 되었다. 상해에서 조직된 협성회(協成會)의 활동도 참고가 되었을 것이다.

하와이 4개 섬 지도자 39명이 이승만을 방문했다가 7월7일에 '위하회'라는 이름으로 교민단 총회관에 모였다. 위하회의 회장은 최재덕, 서기는 김태희였다. 이들은 국민통일에 관한 중요한 문제를 토의한 다음 대한인동지회(大韓人同志會)를 조직하기로 결의했다. 대한인동지회는 7월

---

6) 「高警 제26984호: ハワイにおける李承晩の演說報告の件」, 1921년8월27일, 金正明 編, 『朝鮮獨立運動 I分冊』, pp.766~769.

20일에 설립되었고, 민찬호, 안현경, 이종관 세 사람이 임원으로 선정되었다. 동지회는 동지회의 설립이유를 다음과 같이 설명했다.

백성이 보호하면 정부가 있고 백성이 보호하지 아니하면 정부가 없나니, 이는 정부를 보호하지 못하므로 10여년 전에 우리 정부를 잃고 반만년 영예적 반도 역사에 수욕을 끼쳤도다…

설령 우리가 묵묵히 앉아서 저 야심자들과 공적배들의 사심 사욕대로 현 정부를 파괴하기를 원대로 하게 하면 저희끼리 합동하야 새로 한 정부를 조직하고 각 야심자와 각 단체가 다 그 정부를 복종하며 그 인도자를 애대(愛待)하야 통일을 야기하겠는가. 이는 결단코 될 수 없고 다만 내지에서 피 흘리고 세워 세계에 공포하야 놓은 정부만 파괴하고 내지에서 피와 살로 싸워서 성취한 독립희망이 말살하고 말 따름이라.…

우리 남녀 동포는 이에 주저하지 말고 담대히 나서서 우리 정부를 복종함으로써 이천만 민족의 단결한 정부를 뚜렷이 세상에 드러내어 우리 국민의 완전한 독립을 각국이 정부에 대하야 승인하도록 만들기를 결심하고 이 목적으로 합동단결하기를 촉성하시오.[7]

설립과 함께 발표된 15개 항의 「동지회규정」은 동지회 결성의 목적과 결의가 실력행사도 불사하는 비밀결사와 같은 느낌을 준다. 그만큼 동지애와 단합의 중요성을 강조한 것이었다.

(2) 본 회의 목적은 현 정부를 옹호하며 대동단결을 도모함.

(3) 불충불의한 국민이 있어서 현 정부의 위신을 타락케 하며 위해를 주는 일이 있으면 본회는 일심으로 방어하되, 상당한 방법으로 조처할 일.

(7) 중대한 관계되는 사건은 극히 비밀을 지킬 일.

---

7) 《태평양주보》 1949년12월24일자 및 1950년1월7일자, 「동지회 설립 이유」.

(8) 현 정부가 만일 위난할 경우에 이를 지경이면 우리는 몸과 물질을 다하여 옹대하기로 결심할 일.

(9) 회원 중에 본회 목적을 준수하다가 다른 방면의 위해를 받게 되는 경우에는 본회에서는 일심으로 극력 보조할 일.

그리고 (12) 동지회의 재정은 회원들의 월연금과 특별금의 2종으로 하고, (14) 월연금은 매월 25센트씩으로 정했다.[8]

이렇게 결성된 동지회는 1924년11월의 동지대회를 통하여 본격적인 조직체계를 갖추고 이승만의 강력한 지지기반이 되었다. 동지회는 1929년까지 밀러 스트리트(Miller Street) 1306번지의 교민단 총회관에 사무실을 두고 있었는데,[9] 이는 교민단과 동지회의 협력관계를 짐작하게 한다.

동지회가 결성되고 2주일쯤 지난 7월23일자 《태평양시사(太平洋時事)》에 이승만 지지자들을 격분시키는 기사가 실렸다. 「도망자 탐문」이라는 제목의 이 기사는 상해의 대한인적십자회로부터 하와이 적십자지부로 "이승만이 행방이 불명하므로 그 동정을 탐지하여 급히 회보하기 바란다"는 편지가 왔다면서, 이승만이 상해에서 '도망'해 왔다고 보도한 것이다.[10] 《태평양시사》는 박용만(朴容萬) 지지자들이 펴내는 신문이었다. 이승만 지지자들은 며칠 동안의 구수회의 끝에 이 사건을 계기로 박용만 그룹을 '진압'하기로 결의했다. 그렇지 않아도 구미위원장 대리에서 해임된 현순(玄楯)이 하와이에 와서 이승만은 아직도 위임통치 주장자라고 공격하는 성명서를 발표하여 물의를 일으키고 있던 참이었다. 그들은 비밀리에 "저 대역부도 박용만의 당류를 박멸하여 위로 정부를 보호하며 아래로 민심을 안돈시켜 놓아야 우리의 정무, 곧 내치와 외교에 차서를 따라 진행할 수 있을 것을 깨닫고 물질과 몸과 정력을 다 바쳐 왜적을 박

8) 《新韓民報》 1921년7월28일자, 「하와이에 동지회 설립」.
9) 이덕희, 『한인기독교회 · 한인기독학원 · 대한인동지회』, 기독교역사연구소, 2008, p.302.
10) 「布哇에서의 李承晩과 朴容萬派의 爭鬪의 件」, 『韓國民族運動史料(中國篇)』, p.344.

멸하기 전에 저 왜적보다 더 해를 주는 박용만의 당류를 진압하자"면서 "말로나 힘으로나 능력이 자라는 대로 저자들을 뼈가 저리고 마음이 아프도록 위협을 보이시는 것이 상책이올시다. 농장에서는 호놀룰루보다 더욱 좋지 않습니까"라고 노골적으로 폭력행사를 선동하는「통첩」을 돌렸다.[11]

8월2일 오후 5시에 먼저 대한부인구제회 회원들이 신문사를 찾아갔다. 사장 함삼여(咸三汝)는 기사를 취소할 것을 약속했지만 부인들은 성에 차지 않아 기사의 무례함을 힐난하면서 물러가지 않았다. 그러자 신문사 사람들이 이들을 문 밖으로 밀어냈다. 부인들은 돌아가서 남편들에게 이 사실을 말했다. 남녀 수십명이 신문사로 몰려가서 사원들을 폭행하고 창문을 깨고 집기를 둘러엎었다. 경찰이 출동하여 10여명이 연행되었다. 일단 그곳을 벗어났던 사람들은 동지를 규합하여 저녁 8시쯤에 철봉 등을 들고 다시 신문사를 습격하여 사원들을 밖으로 내쫓고 인쇄기를 파괴했다. 경찰이 다시 출동하여 33명이 구속되었다.[12] 이 사건은 재판과정을 통하여 이승만 지지세력과 반대파 사이의 반목을 더욱 격화시켰다.

이 무렵의 이승만의 활동 가운데 특히 눈길을 끄는 것은 8월7일에 개막된 제1회 범태평양 교육대회에 참가한 각국대표들을 초대한 일이었다. 범태평양 교육대회는 호놀룰루에 본부를 둔 범태평양협회(Pan-Pacific Union) 주최로 열린 태평양연안지역 10여개국의 교육자 대표들이 참가한 국제회의였다. 범태평양협회는 "하와이의 선각자"로 평가받는 알렉산더 포드(Alexander H. Ford)가 주동이 되어 태평양 연안 국가와 민족들 사이의 평화와 이해증진을 목표로 1917년5월에 결성된 단체인데, 이승만

---

11) 방선주, 「1921~1922년의 워싱턴회의와 재미한인의 독립청원운동」, 『한민족독립운동사(6) 열강과 한국독립운동』, 국사편찬위원회, 1989, p.214, 註 36).
12) *The Honolulu Commercial Advertiser*, Aug. 3, 1921, "Koreans Wreck Newspaper Office"；「布哇에서의 李承晩과 朴容萬派의 爭鬪의 件」,『韓國民族運動史料(中國篇)』, pp.344~345.

도 이 단체의 이사로 참여하고 있었다. 이승만은 동포들의 협력을 얻어 회의 참가자 전원을 한인기독학원 학생회관으로 초대한 것이었다. 동포들은 자동차를 30대쯤 가지고 와서 손님들을 실어 날랐는데, 자동차마다 태극기와 성조기를 꽂고 있었다. 일본 대표들도 초청에 응했고, 그들이 탄 차에도 태극기와 성조기가 꽂혔다.

국내에서는 배재학당 교장 신흥우(申興雨)가 참석했다.[13]《동아일보(東亞日報)》가 1면 머리에 「신흥우군을 보내노라 ── 범태평양 교육회의에」라는 논설을 실은 것은 이 회의에 대한 국내 지식인들의 뜨거운 관심을 보여 주는 것이었다.[14]

범태평양 교육대회가 열리고 두달 뒤인 10월에는 제2회 세계신문기자대회가 호놀룰루에서 열렸는데, 국내에서는《동아일보》의 김동성(金東成) 기자가 대표로 참가했다.[15] 워싱턴에 돌아가 있던 이승만은 8월29일에 하와이로 만국기자대회에 대한 대책을 지시하는 전보를 치고,[16] 정한경(鄭翰景)을 이 대회에 파견했다.

13) 전택부, 『人間 申興雨』, 基督教書會, 1971, pp.168~169.
14) 《東亞日報》 1921년7월24일자, 「申興雨君을 보내노라 ── 汎太平洋教育會議에」.
15) 《東亞日報》 1921년10월17일자, 「萬國記者大會」, 10월18일자, 「萬國記者大會에 與하노라」, 10월24일자, 「我社代表金東成 副會長에 當選」; 金乙漢, 『千里駒 金東成』, 乙西文化社, 1981, pp.45~48.
16) Reesyngman to Kohakio, Aug. 29, 1921, *The Syngman Rhee Telegams*, vol. Ⅳ., p.162.

2. 이상재에게 국내 시위운동 촉구

1

동지회 결성작업을 끝낸 이승만은 1921년8월10일 오전 10시에 호놀룰루를 떠나서 샌프란시스코로 가는 배에 올랐다. 많은 동포들이 부두에 나와서 그를 배웅했다. 이승만의 이번 여행 목적은 새로 취임한 공화당의 하딩(Warren G. Harding) 대통령이 7월11일에 영국, 프랑스, 이탈리아, 일본 4개국에 제의한 워싱턴회의(The Washington Conference: 태평양회의 또는 태평양군축회의)에 참석하는 것이었다.

하딩 대통령은 선거전에서 "정상으로의 복귀(Return to Normalcy)"와 "국제연대(Association of Nations)"를 주창했는데, 그것은 한마디로 미국의 국익 우선주의였다. 그러나 대외정책에서 윌슨(Woodrow Wilson) 행정부와 하딩 행정부 사이에 근본적인 차이는 없었다. 두 행정부 다 미국 자유주의의 입장에서 과거의 제국주의를 배격하고 공산주의에 반대했다. 두 행정부 다 평화적 비군사적 정책과 경제적 이익추구가 양립된다고 믿었다. 군사력을 수단으로 하여 정치적 지배나 경제적 독점을 추구하여 싸우는 제국주의적 국제질서 대신에 모든 나라들이 평화유지를 위해 협조하면서 각각 경제적 이익을 추구하는 국제관계의 형성을 지향했다. 이러한 입장에서 두 행정부 다 일본이 낡은 제국주의 정책을 포기하고 극동정책에서 미국과 협조하기를 바랐다. 그리하여 하딩 행정부는 제1차 세계대전 이후에 현안으로 대두된 군축문제와 동아시아-태평양 지역의 문제들에 대하여 일본과 합의를 이룸으로써 국제긴장을 완화시키고자 한 것이다.[17]

하딩 대통령의 워싱턴회의 제안은 처음 일본 국민들에게는 청천벽력

---

17) 有賀貞, 「ワシントン體制の形成過程Ⅰ. 協助によりる抑制 ―アメリカ」, 『日本政治學會年報: 國際緊張緩和の政治過程』, 岩波書店, 1969, pp.1~52 참조.

과 같은 위기감으로 받아들여졌다. 그
것은 《도쿄 아사히신문(東京朝日新
聞)》이 이 뉴스를 전하면서 「극동문
제 —— 총결산의 날, 대난국하의 일
본」이라는 큰 표제로 놀라움을 표명
한 것으로도 짐작할 수 있다. 이러한
위기감은 이 무렵에 일본이 느끼던 국
제적 고립감에서 나오는 것이었다. 그
것은 독일의 패배, 러시아혁명, 유럽 제
국의 피폐라는 국제환경의 대변동에
따라 바야흐로 세계는 "미국과 영국이
지배하는 국제질서", 아니 "미국 만능
주의에 지배되는" 시대가 되고 일본은
고립하고 말 것이라는 우려에 따른 것
이었다. 서유럽 열강이 유럽에서 총력
전을 치르는 동안 일본은 영일동맹을
근거로 만주, 몽골, 시베리아, 중국 대
륙, 티베트, 태평양의 섬들에까지 진출
하여 권익을 확대시켰는데, 이제 미국
과 영국이 공모하여 일본의 이러한 "역

워싱턴회의를 소집한 미국 하딩 대통령(위)과 회
의를 주재한 휴즈 미 국무장관.

사적 성과"를 박탈하려는 것이 아니냐는 것이었다.[18]

일본의 위기는 언제나 한국의 기회였다. 하딩의 워싱턴회의 제의는
한국 독립운동자들을 고무시켰다. 가장 먼저 적극적인 반응을 보인 사
람은 구미위원부 임시위원장 서재필(徐載弼)이었다. 그는 7월14일에 임

18) 麻田貞雄, 「ワシントン會議と日本の對應」, 入江昭 · 有賀貞 編, 『戰間期の日本外交』, 東京大
學出版會, 1984, p.23; 고정휴, 「워싱턴회의(1921–22)와 한국민족운동」,《한국민족운동사연
구》35, 한국민족운동사학회, 2003, pp.155~197 참조.

시정부 재무총장 이시영(李始榮) 앞으로 미국이 워싱턴회의를 소집한 이유를 자세히 설명하는 편지를 보냈다. 그것은 만일 태평양 지역에 이해관계가 있는 열강이 현재의 태도를 계속한다면 머지않아 위험한 상황이 발생하겠으므로 각국 대표자를 모아 각종 문제를 토의하고 공평한 결말을 지어 장래 전쟁을 배제하자는 취지라는 것이었다. 서재필은 그러면서 한국의 장래 문제도 이 회의에서 다루어질 것이라고 다음과 같이 썼다.

이 평의회에서 한국의 생사도 작정될 터인데, 어떠한 정책을 한국에 대하여 쓰기로 작정되든지 6대 강국은 그대로 시행할 터인즉, 만일 한국에 독립을 주기로 작정하면 6대 강국이 보증할 것이며 불행히 한국을 일본 밑에 여전히 두면 그 정책도 또한 6대 강국에서 직행할 터이올시다. 그런즉 귀하께서는 이 기회가 우리에게 긴요하고도 긴급한 경각인 것을 확신할 줄 믿나이다.

그러므로 이번 워싱턴회의는 "한국인으로서는 다시 만나지 못할 절호의 기회"라고 그는 주장했다. 서재필은 또 구미위원부의 존폐여부와 관련하여 다음과 같이 말함으로써 워싱턴회의에 대한 한국인의 결연한 각오를 촉구했다.

만일 이 평의회에서 한국의 독립을 작정하면 구미위원부를 더 유지할 필요가 없고 정식적 공사관을 워싱턴에 설치할 것이며, 또한 불행히 한국을 일본에 붙여도 위원부를 이곳에 두는 것이 필요함이 없다 하나이다. 이는 미국정부가 한번 어떠한 정책을 작정하면 백성들은 그 정책에 복종하므로 백성의 도리상 원조를 구하는 것이 소용이 없을 것이외다. 이러한 경우에는 위원부를 모스크바에나 5대 강국 밖의 다른 나라 도성에 설치하는 것이 나을 줄로 믿나이다.

미국시민권자인 서재필마저도 이처럼 소비에트 러시아와 교섭하는 방안을 염두에 두고 있었다.

끝으로 서재필은 워싱턴회의의 결과 여하에 따라서는 자신이 운영하는 필라델피아 사무소도 폐쇄하고 《코리아 리뷰(Korea Review)》의 발행도 중단하겠다고 말했다.[19]

이러한 서재필의 편지를 받은 임시정부는 국무회의의 결의로 워싱턴회의에 대한 일체의 조치와 행동을 구미위원부에 위임하기로 하고, 그 사실을 외무총장과 법무총장을 겸임하는 국무총리 대리 신규식의 명의로 7월20일에 구미위원부로 타전했다.[20]

임시정부의 통보를 받은 서재필은 그날로 "한일 양국이 대판결할 기회를 일치 말지어다. 대한국민들이여 —— "라는 성명을 발표하고, 미주동포들을 상대로 특별외교비 수납운동을 시작했다. 그는 워싱턴회의를 위한 활동경비로서 유능한 국제변호사를 고용하는 비용 등 수백만달러를 예산할 수 있지만 동포들의 어려운 경제사정을 감안하여 10만달러를 책정했다면서, 적극적으로 협조해 줄 것을 당부했다.[21] 또 서재필은 같은 날 하와이의 교민회 회장 민찬호 앞으로 하와이에서 8만달러를 모금하라고 타전했다.[22] 서재필은 7월25일에는 다시 동포들에게 3개월 안으로 공채표를 팔 것을 촉구하면서, "만일 이 회[워싱턴회의]에서 한국문제가 옳게 가결되지 아니하면 한인들은 한가지밖에 할 일이 없으니, 이는 한일전쟁이올시다"하고 배수진을 쳤다.[23]

한편 《신한민보(新韓民報)》는 「세계대세의 변천과 우리의 기회」라는 논설에서 이번 워싱턴회의는 파리강화회의와 달리 동아시아와 태평양 지역의 문제를 논의하기 위하여 개최되는 회의인 만큼 한국문제도 마땅히

19) 《新韓民報》 1921년7월28일자, 「재무부와 위원부 간의 내왕 공문」.
20) 《구미위원부통신》 제32호, (1921년10월27일), 「대한민국임시정부 외무부 공문」.
21) 《구미위원부통신》 제30호, (1921년8월4일), 「한일 양국이 대판결할 기회를 일치 말지어다」.
22) Koric to Minchanho, Jul. 20, 1921, The Syngman Rhee Telegrams, vol. Ⅳ., p.152.
23) 《新韓民報》 1921년8월11일자, 「열강평의회」.

다루어져야 하며, 그 성패여부는 "많이는 우리의 일하는 데 달렸으므로" 동포들은 정부를 중심으로 단결하여 재정적으로 돕고, 외교 담당자들은 준비를 잘하여야겠다고 강조했다.[24] 또한 뉴욕 거주 한인공동회 대표 조병옥(趙炳玉)은 "우리가 기회라 하는 물건에게 속아도 많이 보았고, 기회를 많이 기다려도 보다가 정말 기회가 왔다"면서, 구미위원부의 외교활동에 대한 동포들의 희생적 협조를 촉구했다.[25]

그러나 워싱턴회의에 대한 이승만의 대응은 신중했다. 그 역시 이 회의의 중요성을 인식하고 있었던 것은 사실이었지만 동아시아에서의 일본의 먼로주의가 결국은 미일전쟁을 촉발할 것이라고 전망하는 그는 이른바 "협조에 의한 억제"를 통하여 현상유지의 평화체제를 구축하겠다는 하딩 행정부의 정책이 기본적으로 불만스러웠던 것이다. 이승만을 기다리던 구미위원부는 7월26일에는 호놀룰루로 "속히 도미 아니하면 대사 와해. 즉답"이라고 이승만의 워싱턴행을 재촉하는 전보를 쳤다.[26]

워싱턴회의에 임하는 이승만의 태도는 7월29일에 국내의 이상재(李商在)에게 보낸 편지에 잘 표명되어 있다. 그는 먼저 지금은 태평양시대이며 호놀룰루에서 열린 범태평양교육대회와 제2회 세계신문기자대회가 다 태평양시대의 도래를 상징하는 행사였음을 지적하고, 워싱턴회의에 대하여 다음과 같이 설명했다.

그중에 가장 긴요한 것은 11월에 열리는 만국군비축소회라. 이를 워싱턴에서 열려는데, 혹은 호놀룰루에서 하자는 발기도 있사외다. 이 회는 특별히 동양문제를 논의할 터인 고로 이때에 한국 일이 잘만 결정되면 우리의 추후사가 용이할 것이며 불연이면 전로(前路)가 더욱 어려울지라. 미 대통령과 인심이 우리에게 동정을 표하는 동시에

---

24) 《新韓民報》 1921년7월21일자, 「論說: 세계대세의 변천과 우리의 기회」.
25) 《新韓民報》 1921년8월11일자, 「임박한 군비제한대회와 한국문제」.
26) Koric to Reesyngman, Jul. 26, 1921, *The Syngman Rhee Telegrams*, vol. IV., p.153.

우리는 극력 노력할지니, 재정상 실력이 내지에서 나와야 되겠소이다. 어떤 방법으로든지 몇십만원 금전을 얻어보내셔야 대사를 가히 도모하겠소이다. 이 회를 열 임시에 내지와 원동 각처에서 시위운동을 크게 하는 것이 또한 필요하니 미리 준비하게 하시오.

회의 개막에 즈음하여 국내와 극동 각지에서 시위운동을 크게 벌일 것을 촉구한 것은 이승만의 정략가다운 면모를 잘 보여 준다. 이승만은 끝으로 "정부의 현상유지 경비도 1년에 3만원은 내지에서 담당하여 주어야" 되겠다고 말하고, 자신은 6~7일 내로 워싱턴으로 떠나겠다고 썼다.[27]
임시정부는 태평양회의에 많은 기대를 걸었다. 그러나 이승만은 이때까지도 임시정부에는 아무런 지시도 하지 않았다. 임시정부에서 먼저 8월 2일에 이승만의 뜻을 묻는 전보가 왔다.

태평양회의가 어찌되오. 여하간 지휘 없어 답답하오. 대표는 제이손[서재필]으로 정하야 참가 요구 속히 함이 어떠한지요. 곧 전보로 답하소서.[28]

이 문의전보에 대해 이승만이 어떤 답전을 보냈는지는 알려진 것이 없다. 상해의 일본 경찰문서에는 8월5일에 하와이의 이승만으로부터 임시정부로 "태평양회의에 관한 임시대통령의 중요 전보"가 왔다고만 기술되어 있다.[29] 이승만은 8월4일에 국무원 비서장 신익희(申翼熙)에게 편지를 썼는데, 편지에는 서재필의 영문편지 두통을 번역한 것이 들어 있었다. 이승만은 이 편지를 국무회의에서 낭독하든지 개별적으로 돌려보든지 하

27) 「李承晩이 李商在에게 보낸 1921년7월29일자 편지」, 『대한민국임시정부자료집(42) 서한집 I 』, p.205.
28) Kopogo to Reesyngman, Aug. 2, 1921, *The Syngman Rhee Telegrams*, vol.Ⅳ., p.158.
29) 『朝鮮民族運動年鑑』, 1921년8월5일조.

라고 말하면서, "내지에서 재정을 몇십만원 마련해 보내야 이번과 같이 막대한 기회를 상실치 않겠소이다"라고 말하고, 국내와 연락하여 거액의 외교활동비를 조달하라고 지시했다. 그리고 대표문제는 위원부와 대통령이 협의하여 결정하는 것이 좋겠다고 썼다.[30] 이때까지도 그는 자기 자신이 어떤 자격으로 워싱턴회의에 임해야 할 것인지를 결정하지 못하고 있었던 것이다.

이승만이 호놀룰루를 출발하는 것과 때를 같이하여 상해에서도 태평양회의에 대처하기 위한 활동이 본격적으로 시작되었다. 먼저 이승만이 상해에 있을 때에 결성된 협성회가 8월10일에 워싱턴회의의 소집 경위와 그 배경이 된 아시아−태평양 지역의 현황을 기술한 장문의 「태평양회의에 대한 사실개론」[31]을 발표한 데 이어, 8월13일에는 태평양회의 외교후원회를 결성했다.[32] 또한 임시정부는 8월15일에 국무총리 대리 신규식 이하 각 총장들이 서명한 「임시정부포고문」 제2호를 발포하여 이 회의에 대한 기대를 다음과 같이 표명했다.

　　이번 회의의 발기된 동기와 사정은 한둘이 아니나 합하야 말하면 곧 이해관계와 정책 관철로서, 미국과 일본 사이에 상대된 것이라 하야도 과언이 아니라.… 그러면 우리에게도 또한 절실하고 중대한 생사의 문제니, 반드시 대동(大東)의 분규를 해결한다 함인즉, 우리의 문제는 이 석상에서 반드시 한 중대문제가 될지라. 곧 대동평화의 요소인 우리 문제를 귀정(歸正)하지 아니하면 어느 날이든지 분규해결을 볼 수 없음을 인지하는 까닭이라.[33]

---

30) 「李承晩이 申翼熙에게 보낸 1921년8월3일자 편지」, 『대한민국임시정부자료집(42) 서한집 I 』, pp.206∼207.
31) 「太平洋會議에 對한 事實槪論」, 『雩南李承晩文書 東文篇(八) 大韓民國臨時政府關聯文書 3 』, pp.363∼372.
32) 李炫熙, 「太平洋會議에서의 韓國外交後援問題」, 《韓國史論叢》 제1집, 誠信女師大國史教育科, 1976, pp.53∼79 참조.
33) 《獨立新聞》 1921년8월15일자, 「臨時政府布告文」 제2호.

이처럼 워싱턴회의에 한국문제가 중요한 의안으로 반드시 상정될 것이고, 따라서 한국인에게는 "생사의 문제"가 된다고 한 임시정부의 포고는 국민대표회의 소집문제로 어런더런한 상해 동포사회의 관심을 돌려놓는 역할을 했다. 태평양회의 외교후원회는 8월18일에 교민단 공회당에서 제2차 총회를 열고 「후원회규칙」을 제정한 데[34] 이어 8월26일에는 간사회[간사장 홍진(洪震: 洪鎭), 서무전임간사 장붕(張鵬), 재무전임간사 조상섭(趙尙燮)]를 조직하고, 워싱턴회의에 대한 방침을 밝힌 「통고문」을 발표했다.[35]

2

이승만은 샌프란시스코로 가는 배 위에서 워싱턴회의에 어떻게 대처할 것인가를 골똘히 궁리했다. 현실주의자인 이승만이 볼 때에 워싱턴회의는 한국인의 "생사의 문제"가 걸린 회의일 수는 없었다. 그러나 그 회의에 대한 활동의 성과여하에 따라 자신의 정치생명에는 "생사의 문제"가 될 것이 틀림없었다. 이승만은 상해나 북경 지역에서 일고 있는 국민대표회의 소집요구의 핵심은 자신을 임시정부에서 배제하려는 것이라고 판단하고 있었다.[36] 그러므로 무슨 수를 쓰더라도 워싱턴회의에서 한국문제에 대한 실질적인 토의가 있게 만들어야 했다. 서재필을 비롯한 국내외의 많은 한국인들이 열성적으로 움직이고 있지만, 모든 상황판단과 그에 따른 정책결정과 그 결과에 대한 책임은 자신의 몫임을 그는 잘 알고 있었다. 가장 중요한 문제는 무어니무어니 해도 자금 동원이었다. 임시정부와 구미위원부를 비롯하여 모든 사람들이 자기에게 기대하는 것

---

34) 『朝鮮民族運動年鑑』, 1921년 8월18일조.
35) 「太平洋會議外交後援會幹事會組織」, 「通告文」, 『雩南李承晩文書 東文篇(八) 大韓民國臨時政府關聯文書 3』, pp.375~381.
36) 「警告同胞文」, 위의 책, pp.507~531 참조.

도 그것이었다.

이 무렵에 이승만의 마음을 아프게 한 것은 차관교섭을 위하여 모스크바에 파견한 이희경(李喜儆)이 파리에서 병이 났다면서 구원을 요청해온 것이었다. 이승만이 구미위원부의 정한경으로부터 "이희경 프랑스에서 돈 없이 병났소. 속히 구원"이라는 전보를 받은 것은 8월1일이었다.[37] 정한경의 전보를 받은 이승만은 당황했다. 8월4일에 신익희에게 보낸 편지에 "이희경이 파리에 가서 병와(病臥)라고 금전을 부송하라고 전보가 왔는데, 이를 어찌할지 모르겠소이다. 이 군으로 워싱턴대회에나 와서 참여하라고 하는 것이 여하할는지요"라고 크게 걱정한 것이 그러한 정황을 잘 말해 준다.[38] 이승만은 이희경을 그만큼 신임했다.

이승만은 8월16일 아침 8시30분에 샌프란시스코에 도착했다. 상륙하기도 전에 신문기자들이 배 위로 몰려와서 사진을 찍었다. 클리프트 호텔(Clift Hotel)에 여장을 푼 그는 기자들의 요청으로 골든 게이트 공원(Golden Gate Park)에 가서 활동사진을 찍었다.[39] 《샌프란시스코 크로니클(The Sanfransico Chronicle)》 등 신문들은 이승만과 서재필 등이 워싱턴회의에 참석할 것이며 이승만은 워싱턴회의 개회 전에 각지에서 독립선전 연설을 할 것이라고 보도했다.[40]

이승만의 샌프란시스코 도착 기사는 매우 이례적으로 국내 신문에도 보도되었다. 《동아일보》는 다음과 같이 보도했다.

조선 임시정부 대통령이라 하는 리승만은 상해로부터 하와이의 호놀룰루를 거쳐서 미국 샌프란시스코에 도착하얏는데, 그 사람은

---

37) Chung to Reesyngman, Aug. 1, 1921, *The Syngman Rhee Telegrams*, vol. Ⅳ., p.157.
38) 「李承晚이 申翼熙에게 보낸 1921년8월4일자 편지」, 『대한민국임시정부자료집(42) 서한집 Ⅰ』, p.207.
39) Syngman Rhee, *Log Book of S. R.*, 1921년8월16일조.
40) 「桑港에 到着한 李承晚의 言動에 관해 1921년8월18일에 在桑港總領事가 外務大臣에게 電報한 要旨」, 『韓國民族運動史料(中國篇)』, p.219.

말하되 금년십일월에 워싱턴에서 열리는 태평양회의에 조선의 대표가 출석하기를 허락하고 또 조선에 민족자결을 허락케 할 일을 조선에서는 바란다 하였으며, 리승만은 그로부터 워싱턴에 향하리라더라(샌프란시스코 십륙일발 전보).[41]

8월17일 저녁에 국민회 북미지방총회 주최로 열린 환영회에는 많은 동포들이 모였다. 임시정부의 「임시거류민단제」가 공포된 뒤에도 샌프란시스코에서는 국민회 북미지방총회의 조직을 그대로 유지하고 있었다. 이 환영회 자리에서 이승만은 상해에 갔던 일의 보고를 겸하여 긴 연설을 했다. 이승만은 먼저 임시정부의 재정궁핍 상황을 설명하고 나서, 상해에서 있었던 자신의 환영회 때의 일을 다음과 같이 소개했다.

"내가 정부 소재지로 갈 때에 한가지 결심한 것은 정부 내부결속을 잘 만들어 안에서 하는 일을 밖에 있는 사람들이 알지 못하게 하고저 함이었소. 나는 환영회 기회도 원치 아니하였으나 여러분들이 고집하므로 필경 환영회가 되었소. 처음으로 나는 말하기를 돈을 가져온 것이 없노라 하였소. 내지에서 나오던 돈은 나올 수 없으므로 끊어지고 외양에서도 오는 것이 없는 때에 여러 청년들은 내지로부터 모험하고 안동현과 만주 등지에 나와서 무한한 기한(飢寒)과 고초를 당한 뒤에 특별한 희망을 가지고 상해로 오면 기한을 면할까 하여 와서 본즉, 또한 곤란이 막심하므로 절망하는 이가 많았소. 그런 정경을 보는 정부 당국자는 기한의 괴로움보다 마음고생이 더욱 심하였소이다. 그러한데 그곳 동포들은 내가 돈을 많이 가져오기를 바랐던 바, 마침 풍설이 내가 40만원을 가지고 나온다고 하여 여러 사람들이 나를 고대하던 차에 돈을 못 가지고 나왔다 함에 그들은 심히 서운히 여기었소. 둘째로는 그들이 나에게 □□신출귀몰하는 무슨 정략이 있을 줄을 바랐는데, 나는 그 희망도 흡족히 하여 주지

41) 《東亞日報》 1921년8월22일자, 「桑港에 着한 李承晚, 태평양회의와 리승만의 말」.

못하였소.…"

이승만의 연설내용에서 가장 주목되는 것의 하나는 국무총리 이동휘(李東輝)가 사퇴한 경위에 대한 설명이었다.

"그때에 국무경 이동휘씨가 위원제를 제창하니, 곧 러시아 정부제도를 채용하자 함이라. 다른 나라 사람들은 무엇이라 하든지 우리의 좋을 대로 위원제를 쓰자 하였으나, 필경 결론은 그 의견이 서지 못함에 이동휘씨는 곧 사직하고 밖으로 나아갔소이다.…"

이 말은 이동휘의 위원제 주장을 국무회의가 받아들이지 않았던 것은 그것이 소비에트 러시아의 정치제도이기 때문이었다는 것을 분명히 밝힌 것이다. 이승만은 이동휘의 사퇴에 이어 신규식을 국무총리 대리로 하는 새 내각이 구성되기까지의 경위를 설명한 다음, 북경에서 "무정부주의의 행동"을 하는 박용만 일파는 설 땅이 없고, 국민대표회의는 국민이 원하는 바가 아니며, 우리 정부는 국내와 극동지방 동포들이 모두 지지하고 있다고 강조했다. 그러고는 김구를 특별히 거명한 것이 흥미롭다.

"경무국장 김구씨는 조용히 앉아 경찰사무를 잘 보는 동시에 선전까지 잘하오."

김구의 어떤 행동을 가리켜 선전까지 잘한다고 했는지는 알 수 없으나, 자신이 상해에 있는 동안의 김구의 성실한 업무수행과 자신에 대한 예의바른 태도를 이승만은 높이 평가하고 그를 특별히 신뢰하게 된 것이 틀림없다.

이승만은 이어 정부 반대자들의 책동을 막기 위하여 국민이 더욱 적극적으로 나서 줄 것을 촉구했다.

"지금 소수배들이 감히 정부가 없느니 소수인의 정부이니 하는 행동이 있소. 나는 이전에 등뼈 없는 사람 모양으로 모든 무리한 행동을 다 받았는데, 그것은 다만 그들을 무마하여 그들이 양심이 발하기를 바란 까닭이외다. 그러나 지금 형편은 어떠하오. 상해와 북경 한인의 행동이 심히 악하여 그대로 버려둘 수 없는 형편이오. 그러므로 나는 책임으로 말하는 바, 백성은 충의를 다하여 정부를 옹호하기로 나서라 하는 것이외다. 이후에는 누가 정부 당국자가 되든지 이 기관을 공고케 하여야 하겠소… 모든 나라에 다 경찰관, 군병, 감옥소 등이 있는 것은 법률로나 도덕만으로는 질서를 유지할 수 없는 까닭이오. 그러나 우리는 아직 그러한 기관이 있어서 악한 자들을 다스릴 처지에 있지 못한즉 여러분들이 잘 힘을 써 주어야 되겠소이다."

들기에 따라서는 정부 반대자들을 다스리기 위해서는 물리적 강제력의 행사도 불가피하다는 뜻으로 들릴 수 있는 말이었다. 이승만은 다가오는 워싱턴회의와 관련하여 다음과 같이 말했다.

"지금 모든 사람이 다 열강회의를 중요하게 보아 각처에서 돈을 거두는 데 열심 중이외다. 현재의 미국정부 당국자는 우리하고 일을 같이 하고저 하는 이들이며, 하딩 대통령은 반드시 원동문제를 해결하고야 말 터인데, 원동문제 중에는 중국 산동, 시베리아, 한국문제가 포함될 것이오."

이처럼 그는 현재의 미국정부 당국자가 "우리와 뜻을 같이하는" 사람들이므로, 이번 회의에는 한국문제가 당연히 의제가 될 것이라고 단정적으로 말했다. 그리고 서재필에 대해서는 "서재필 박사는 한인의 일에 손을 씻었다가 지금 우리 일에 다시 착수하여 활동하는 중인바, 이번 이 일에 대활동을 하는 중이외다"라고 소개했다.

이승만은 마지막으로 워싱턴회의에 대비한 자금수합의 중요성을 강조한 다음, "그러면 어찌하면 우리가 돈을 많이 거두어 쓸 건지요?"라고 묻고 나서, 다음과 같은 말로 연설을 마무리했다.

"나는 대통령의 값어치를 벌어야 되겠소. 그러나 대통령 혼자는 어찌할 수 없소. 여러분이 나에게 세력이 많게 만들어 주어야 되겠고, 그렇지 못하면 어찌할 수 없소이다. 이는 이후에 독립을 못 찾아오면 여러분이 잘 협력하여 주지 아니하여 못하였다 하려고 미리 깔고 하는 말이 아니오. 실정으로 여러분들이 도와주지 아니하면 나 혼자 어찌할 수 없소. 나는 국가 일에 명을 희생하기를 원하며, 죽을 뻔한 적도 여러 번이었소. 그러나 우리는 죽으려 하지 말고 살기를 도모합시다.

링컨(Abraham Lincoln)이 일찍이 정탐꾼을 잡아다가 묻기를 '이 후에는 어찌할 터이냐' 함에 그 정탐꾼이 말하기를 '나라를 위하여 죽겠소이다' 하는지라. 링컨은 말하되 '나라를 위하여 죽지 말고 나라를 위하여 살라' 함에 그 사람이 그 후에 좋은 일을 많이 하여 좋은 성적을 보였다 하오. 우리도 나라 일을 하는 데 살아 하옵시다. 워싱턴에 모이는 열강회의는 우리에게 직접 직책이 있는 줄 아시오."[42]

이러한 말에서도 보듯이, 이승만은 필요할 때에 적절한 에피소드를 인용할 만큼 미국 역사에 통달했다.

구미위원부 사람들은 이승만을 초조하게 기다리고 있었다. 샌프란시스코 동포들의 환영회가 열린 다음날 이승만은 "워싱턴으로 급히 출발"이라는 정한경의 전보를 받았다.[43] 이승만은 이튿날로 샌프란시스코를 떠났다. 그러나 워싱턴으로 직행하지는 않았다. 동포들이 많이 사는 몇몇 지방을 방문하여 모금운동을 하면서 가야 했기 때문이다.

이승만의 지시와 자금을 기다리는 것은 구미위원부뿐만이 아니었다. 임시정부도 마찬가지였다. 이승만은 샌프란시스코를 출발하면서 임시정부로 다음과 같이 타전했다.

몇 지방 다녀 워싱턴으로 가오. 오는 워싱턴대회 경비 위하야 미주, 하와이, 멕시코 각지는 위원부로, 원동 각지는 모든 지방 정부기관으로 협조하라고 대통령교서 곧 반포하오.[44]

---

42) 《新韓民報》 1921년8월25일자, 「리대통령의 연설」.
43) Henry Chung to Syngman Rhee, Aug. 18, 1921, *The Syngman Rhee Telegrams*, vol. Ⅳ., p.160.
44) President Rhee, to Kopogo, Aug. 19, 1921, *op. cit.*, vol. Ⅳ., p.161.

여행은 쫓기다시피 바쁜 일정이었다. 8월19일 밤 11시에 샌프란시스코를 출발한 이승만은 디뉴바(Dinuba)로 향했다. 디뉴바 한인교회에서 환영회가 열렸다. 디뉴바 인근의 프레스노(Fresno)에서 눈을 붙인 이승만은 윤병구(尹炳求)와 함께 그곳을 떠나서 20일 저녁 9시에 새크라멘토(Sacramento)에 도착했다. 그리고 이튿날 오후 2시에 새크라멘토를 출발하여 시카고로 향했다. 기차가 24일 새벽 3시에 콜로라도의 푸에블로(Pueblo)를 지날 때에는 역에서 동포들을 만나고, 아침 7시에 덴버(Denver)에 도착하여 그곳 학생들과 아침식사를 같이 했다. 오전 10시30분에 덴버를 떠난 기차는 심한 뇌우를 만나 예정시간보다 11시간이나 지연되었다. 그 뇌우로 콜로라도주 그랜드 정션(Grand Junction)의 서부지역에 토사가 나서, 이승만이 탄 다음 편 기차를 덮쳤다. 여러 차례의 위험한 고비를 넘기고 이승만이 시카고에 도착한 것은 25일 오후 3시. 많은 동포들이 역에 마중나와 있었다. 이승만은 8월26일 밤 10시30분에 시카고를 떠나서 이튿날 같은 시간에 워싱턴에 도착했다.[45] 1년2개월만에 워싱턴으로 돌아온 것이었다.

---

45) Syngman Rhee, *Log Book of S. R.*, 1921년8월19일조~27일조.

3. 손문에게 신규식 보내어 500만원 차관 요청

1

도착한 이튿날은 일요일이었다. 그러나 이승만은 바로 그날부터 활동을 시작했다. 먼저 서재필을 만나 장시간 이야기를 나누고 나서, 구미위원부 위원회를 열었다. 워싱턴회의에 참석할 대표단 구성문제부터 논의를 시작하여, 대표단장은 이승만 자신이 맡기로 하고 서재필은 대표, 정한경은 서기, 돌프(Fred A. Dolph)는 고문을 맡고, 상해에서 한두 사람 올 사람이 있으면 같이 참가시키되 아니면 미주에서 "고명한 법률사 한명"을 선택해서 대여섯 사람 규모로 대표단을 구성하기로 했다. 서재필과 돌프는 회의에 참석하는 외국대표들을 한두 사람씩이라도 초대하기 위해서는 회의기간 동안 외교공관과 같은 건물을 빌려야 한다고 주장했다.[46]

구미위원부 회의를 끝낸 이승만은 저녁에는 기자들을 만났다. 그는 한국문제는 일본의 국내문제가 아니라 국제문제이며 이번 회의의 성패 여부를 가늠할 핵심과제가 될 것이라고 주장했다. 회의기간 동안 워싱턴에 자신의 본부(headqurters)를 설치하겠다는 말도 했다. 《뉴욕 타임스(*The New York Times*)》가 "워싱턴회의에 한국문제를 상정시키려는 열성적인 노력이 성공할 수 있을 것인지에 대한 의구심은 이른바 대한민국(Republic of Korea)의 수장 이승만 박사가 1년 남짓 동양에 머물다가 워싱턴에 돌아옴으로써 오늘 저녁으로 해소되었다"[47]라고 보도한 것은 그가 얼마나 설득력 있게 자신의 주장을 설명했는지를 짐작하게 했다. 이튿날 이승만은 임시정부로 구미위원부의 회의 내용을 알리는 전보를 쳤다.

---

46) 「임시대통령函」제1호(정무지시: 1921.8.31.), 『대한민국임시정부자료집(8) 정부수반』, pp.81~82.
47) *The New York Times*, Aug. 29, 1921, "Korea Will Press Claims".

28일 도착. 위원회 했소. 워싱턴회의 대사(大使) 여하히 하시오. 대통령으로 대사장 하고, 서(재필)씨로 대사, 정(한경)으로 서기, 돌프 고문. 고명한 율사 여기서 구하니 고문관 둘 낼 권리 내게 맡겨 주고, 거기서 올 이 있거던 선정 반포 후 전권위임하는 증서를 율사 의논해 곧 선송하고 전보 증명. 돈 얻을 희망 있소. 집 세내려 하오. 거기서도 내지로 재정운동 이 일 위해 하시오.[48]

같은 날 이승만은 파리의 황기환(黃玘煥)에게도 곧 워싱턴으로 오라고 타전했다.[49] 이러한 전보에 이어 8월31일에는 국무위원들 앞으로 같은 내용을 편지로 자세히 적어 보냈다. 이승만은 이 편지에서 먼저 "금번에 내지통신을 접한 즉, 저번에 약속대로 2만원 돈을 송금하려 하는 중에 모모인의 선전으로 대통령 사면하고 국민대회운동이 된다는 소식이 신문 상과 타방면으로 전파되는 소치로 와해되었다 하며, 정부의 단결이 이처럼 충분히 됨을 들으면 다시 힘쓰리라 합니다"라고 적고 있어서 매우 주목된다. 그리고 그는 또 이 편지에서도 모스크바로 가다가 파리에서 병이 난 이희경을 걱정했다.[50]

이어 9월2일에는 워싱턴회의 대표단에게 전권을 위임하는 의정원의 결의가 있는 것이 좋겠다고 말하고, 위임장 문안까지 작성해 보내면서 임시의정원 회의의 소집을 요구할 것을 지시했다.[51]

임시정부는 8월30일의 국무회의에서 「태평양회의에 대한 대한민국의 요구」라는 문서를 작성하여 이승만에게 보내기로 결의했다. 신규식은 이 사실을 이승만에게 보고하면서 시일이 촉박하여 미처 번역하지 못했다

---

48) Reesyngman to Kopogo, Aug. 30, 1921, *The Syngman Rhee Telegrams*, vol. Ⅳ., p.164.
49) Reesyngman to Whang, Aug. 30, 1921, *op. cit.*, vol. Ⅳ., p.163.
50) 「임시대통령函」 제1호(정무보고: 1921.8.31.), 『대한민국임시정부자료집(8) 정부수반』, pp.81~82.
51) Yisyngman to Kopogo, Sept. 2, 1921, *The Syngman Rhee Telegrams*, vol. Ⅳ., p.167.

고 말하고, 국문원문을 그대로 보내왔다.[52] 이어 9월5일에 열린 국무회의
는 이승만의 요구대로 대표단을 선임하고, 임시의정원 회의는 9월25일에
소집하기로 했다.

신규식은 국무회의 결과를 이승만에게 보고하면서 끝에 "이번 회의에
우리나라 대표의 정식 출석함을 내락함이 있사온지, 또는 각하께서 친히
출석하심이 예의 존엄상 손익관계가 여하하올지"[53] 알려 달라고 썼는데,
그것은 이승만이 직접 대표장을 맡는 데 대해 국무원들이 적이 불안감을
느끼고 있었음을 말해 준다. 신규식은 이어 9월9일에 전보로 국무회의 결
정사항을 이승만에게 보고하고, 김규식(金奎植)을 부대표로 포함시킬
것을 제의했다.[54] 같은 날 이승만도 국무원에게 공함을 보내어 "태평양회
의는 우리 민족의 막대한 기회라. 마땅히 극력 이용해야" 한다고 주장하
고, 자신은 워싱턴회의에 참가권을 요구할 것이며 한국이 독립국이라는
사실을 확실하게 보여 주려고 한다고 말했다.[55] 그러나 신규식이 제안한
김규식의 부대표 임명제안은 받아들이지 않았다.

상해에서는 태평양회의 외교후원회가 활발한 활동을 벌였다. 9월3일
저녁에는 프랑스 조계 항구로(港口路)의 모이당(慕爾堂)에서 후원회의
결성목적을 홍보하기 위한 특별 대강연회가 열렸다. 안창호도 이 강연회
에 초청되어 연설을 했는데, 그는 워싱턴회의가 독립운동의 "천재일우(千
載一遇)의 기회"라는 후원회 주동자들의 말과는 뉘앙스가 다른 주장을
했다.

"독립운동의 사생과 흥망이 이 회의에 달렸느니, 또는 우리가 이번에
하기만 하면 독립이 꼭 될 터이니 외교를 후원하여야 되겠다는 등의 말
을 하면 이는 국민을 속이는 말이오. 왜? 독립운동의 흥하고 망하는 것

---

52) 「國務院呈文」 제27호(정무보고: 1921.9.8.), 『대한민국임시정부자료집(8) 정부수반』 pp.145~146.
53) 위의 책, p.146.
54) Yiekwan to Tatongyong Koric, Sept. 9, 1921, *The Syngman Rhee Telegrams*, vol.Ⅳ., pp.174~175.
55) 「임시대통령函」 제2호(정무지시: 1921.9.9.), 『대한민국임시정부자료집(8) 정부수반』 pp.84~87.

이나 임시정부의 살고 죽는 것은 모두 우리 자신이 잘하고 못함에 있지 태평양회의에 달릴 리가 없음이외다. 다만 우리는 이 기회를 잘 이용하면 이익을 얻겠고 잘못하면 해를 입을 터이니, 이 기회에 힘을 아니 쓸 수 없습니다."

이렇게 전제한 다음 그는 외교후원의 방법은 첫째로 대표자를 "과거에는 친하였거나 원수이었거나" 거국일치로 응원하는 일, 둘째로 의사와 금전을 제공하는 일, 셋째로 재료를 공급하는 일이라고 말했다.[56] 재료를 제공해야 한다는 말은 한국인의 "자치할 능력과 독립할 자격"이 있음을 보여 주어야 한다는 뜻이었다. 그러면서 그는 자신이 임시정부를 탈퇴하고 나서 열성을 쏟고 있는 국민대표회의의 의의를 강조했다.

"우리가 외교를 후원하려거든 근본적으로 통일부터 합시다. 통일을 하려거든 국민대표회의 완성에 힘씁시다. 왜 대표회를 아니 보고 개인의 색채만 보고 꺼립니까? 개인을 보지 말고 대표회의 정신을 보시오."[57]

말하자면, 외교후원에 필요한 통일을 이루기 위해서는 먼저 국민대표회의를 열어야 한다고 강조한 것이다. 안창호는 이처럼 자신이 추진하는 국민대표회의가 결코 임시정부를 파괴하는 운동이 되지 않을 것으로 낙관했다.

이날의 강연회에는 남녀 280여명이 모였고, 의연금 700여원이 수합되었다.[58] 9월23일에 열린 제4회 간사회에서 재무전임 간사 조상섭은 9월2일에서 17일까지 117명이 의연금 955원을 내기로 약속했고 현금수입은 159원이라고 보고했다.[59]

후원회 간사장 홍진은 9월에 「선언서」를 발포하고 (1) 태평양회의

---

56) 주요한 編著, 『安島山全書』, p.601.
57) 위의 책, p.604.
58) 『朝鮮民族運動年鑑』, 1921년9월23일조.
59) 위와 같음.

에 참여한 열국이 동양평화의 근본문제인 대한 독립을 완전 승인할 때까지 적극적 활동을 계속할 일, (2) 내외 각 지방에 있는 각 단체나 개인을 막론하고 상호연락을 취하여 고취하며 선전하여 일치행동을 도모할 일, (3) 전 국민으로 하여금 대내 대외에 맹렬한 운동을 행하게하며, 상당한 금전을 수합하여 경비에 충당할 일의 세가지 결의를 천명했다.[60]

또한 임시정부 재무차장 이유필(李裕弼)은《독립신문(獨立新聞)》과의 인터뷰에서, 워싱턴회의는 파리강화회의나 국제연맹과는 달리 일본의 침략주의를 배제하여 태평양 방면의 평화를 영구히 유지하려는 것이 주된 정신이므로 "우리의 운명을 일결(一決)할 외교상 호기회"라고 말하고, 임시정부는 워싱턴회의를 위한 외교활동비로 300만원을 예상하고 임시예산을 편성하고 있다고 말했다. 그는 이만한 액수의 자금이 조달될지는 의문이지만 정부는 최대한의 노력을 하고 있고 그 전망도 지금으로서는 낙관적이라고 장담했다.[61] 임시정부는 국내와 만주와 시베리아 지방의 동포들에게 사람을 보내어 의연금을 모집하고 시위운동을 벌일 것을 독려했다.[62]

외교후원회는 기관지로《선전(宣傳)》이라는 주간신문을 발행하여 워싱턴회의를 계기로 동포들의 독립의욕을 고취시키고자 했다.《선전》은 장붕이 주필을 맡아서 9월29일에 창간호를 발행한 데 이어, 주로 매주 토요일에 발행되었다. 창간호에는 「최남선(崔南善) 선생의 출옥」, 「워싱턴회의와 미국의 방침」, 「이 대통령의 선언」, 「구미위원부의 활동」, 「신 총리대리 광주행」, 「미일전쟁의 최대 원인」 등의 글이 실렸다.[63]

---

60)「宣言書」,『雩南李承晩文書 東文篇(八) 大韓民國臨時政府關聯文書 3』, pp.387~389.
61)《獨立新聞》1921년10월5일자, 「太平洋會議와 우리의 經費問題」.
62)「國外情報 西間島地方의 不逞鮮人狀況」, 『韓國民族運動史料(三・一運動篇 其一)』, p.654.
63) 李海暢, 『韓國新聞史硏究』, 成文閣, 1971, pp.231~233;「大韓民國臨時政府《宣傳》發行の件」, 金正明 編, 『朝鮮獨立運動 Ⅱ』, pp.169~170.

워싱턴회의를 앞두고 임시정부는 손문의 광동정부(廣東政府)에 특사를 파견하기로 했다. 그것은 이승만이 상해를 떠나면서 국무위원들에게 보낸 「임시대통령유고(諭告)」에서 북경정부와 광동정부에 각각 위원을 파견하라고 한 지시에 따른 것이었다. 이승만과 임시정부는 국제적으로 인정받고 있는 북경의 단기서(段祺瑞) 군벌정권보다도 이 해 5월5일에 광동성(廣東省) 광주(廣州)에서 다시 설립된 손문의 호법정부(護法政府)에 더 많은 기대를 걸고 있었다.

1921년9월22일에 열린 국무회의는 국무총리 대리 신규식을 광동정부에 파견할 특사로 선임했다.[64] 1911년 봄에 중국으로 망명한 신규식은 중국의 혁명지도자들과 폭넓게 사귀고 신해혁명(辛亥革命)에 직접 참여하여, 중국혁명에 참여한 최초의 한국인으로 인식되고 있었다. 그리하여 1912년에 손문이 중화민국의 초대 임시대총통(臨時大總統)에 취임했을 때에는 그에게 축하시를 지어 보낼 정도로 두터운 신뢰관계를 유지해왔다.[65] 신규식은 광동으로 떠나기 전에 광동행의 목적을 이승만에게 다음과 같이 보고했다.

각하의 도미하시기 전에 이미 내명하신 바에 의하야 9월22일 국무회의에서 본직을 광동에 파견하는 특사로 임명하기로 결정되야 … 이번 방문은 광동정부를 내용으로 승인하야 우리나라 정부와 인연을 맺으며… 각계 요인들과 접촉 연락하고, 금번 태평양회의에 대표 파견이 아직 미정이오나… 만일 파견케 되면 그 대표에게 미리 약속하야 우리나라 문제를 회의에 제출케 하고 진력 방조케 하도록 하기 위함

---

64) 「國務院呈文」 제28호(정무보고: 1921.9.30.), 『대한민국임시정부자료집(8) 정부수반』, pp.159~160.
65) 辛勝夏, 「晄觀申圭植과 中國革命黨人과의 관계」, 石源華・金俊燁 共編, 『申圭植・閔弼鎬와 韓中關係』, 나남출판, 2003, pp.443~488 참조.

임시정부 특사로 광동에 가서 광동정부의 손문(孫文) 총통
과 회담한 국무총리 대리 신규식.

에 다름 아니나이다.[66]

이처럼 신규식의 광동행의 1
차적 목적은 워싱턴회의에 대한
광동정부의 지지를 얻는 데 있었
다.[67] 이어 신규식은 같은 글에서
워싱턴회의에 임시정부와 구미위
원부가 긴밀히 협조할 것을 당부
했다.

누차 아뢰었사오나 이번 태평
양회의는 우리의 다시 오지 않을
기회이온 바 위원부 제직원을 협
화 독려하사 대사를 성취케 하시
며, 그곳의 사실 경과하는 것과 이
곳의 계획 진행할 것에 관하야 종
종 자세히 밝혀 주소서.[68]

신규식을 수행했던 그의 사
위 민필호(閔弼鎬)가 이때의 일을 "정부 조직 이래 정식으로 특사를 파견
하여 우방을 방문한 것은 이것이 최초의 거사이었다"[69]라고 기술한 것은
임시정부가 이때의 광동정부와의 교섭을 그만큼 중요시하고 있었음을

66) 「國務院呈文」 제28호(정무보고: 1921.9.30.), 『대한민국임시정부자료집(8) 정부수반』, pp.159~160.
67) 裵京漢, 「孫文과 上海韓國臨時政府: 申圭植의 廣州訪問(1921년9~10월)과 廣東護法政府의 韓國臨時政府承認問題를 중심으로」, 《東洋史學研究》 제56집, 東洋史學研究會, 1996, p. 80; 金喜坤, 「대한민국임시정부와 申圭植」, 石源華·金俊燁 共編, 앞의 책, p.78.
68) 「國務院呈文」 제28호(정무보고: 1921.9.30.), 『대한민국임시정부자료집(8) 정부수반』, p.160.
69) 閔弼鎬, 「中國護法政府訪問記」, 金俊燁 編, 『石麟 閔弼鎬傳』, p.178, p.214.

말해 준다.

신규식은 광동으로 떠나기 전에 중국 각계인사들과 일본의 각 법률 단체들에 자신의 외교활동에 협조해 줄 것을 요청하는 편지를 보냈다. 중국인사들에게는 한국과 중국의 우호적 관계를 강조하면서 워싱턴회 의에 중국대표를 파견하고 한국 독립문제를 제기하여 세계의 여론에 호 소해 줄 것을 당부했다. 그리고 일본 법률단체들에는 한국의 독립 없이 동아시아의 평화가 불가능함을 강조하면서 이를 해결하기 위해 일본의 법률단체들이 일본정부에 이 문제를 워싱턴회의에 제출하여 해결하도록 영향력을 행사해 줄 것을 요망했다.[70]

신규식은 9월30일에 상해를 출발하여 홍콩을 거쳐 사흘 뒤에 광동 에 도착했다.[71] 이튿날 신규식은 신해혁명 때의 동지였던 광동정부 간부 들의 환대를 받았다. 총통부 비서장 호한민(胡漢民), 대리원장 서겸(徐 謙), 내무부장 여지이(呂志伊: 天民) 등을 만나 방문목적을 밝혔다. 현지 신문들은 "한국특사 신규식"의 광동방문을 "전 광동은 기뻐 경축한다" 라고 대서특필했다. 《민국일보(民國日報)》는 "파리강화회담에서 실망 한 한국인들이 다시 태평양회의를 기회로 뜻을 펴보려고 한다"라고 보 도했다.[72]

신규식은 10월3일에 민필호를 대동하고 관음산(觀音山) 중턱의 대총 통 관저로 손문을 방문했다.

"재작년에 상해에서 각하와 작별한 뒤에 속무(俗務)에 몸이 매여 여러 번 남하하여 배알하고 문안한다고 하였으나 끝내 여의치 못하여 참으로 부끄럽습니다. 이번 우리나라 임시정부 이 대통령의 명령을 받들어 국서 를 휴대하고 광동을 방문하여 귀 대총통의 기체안부를 문안하고 아울러

---

70) 金喜坤, 앞의 글, pp.80~81.
71) 閔弼鎬는 申圭植이 10월26일에 상해를 출발하여 10월29일에 광동에 도착했다고 했으나 이 는 착오이다.
72) 《民國日報》 1921년10월3일자, 「廣州特約通信」, 裵京漢, 앞의 글, 1996, p.80.

우리 임시정부 및 전 인민을 대표하여 대총통께 경의를 표합니다."

신규식의 이러한 말에 손문은 다음과 같이 답변했다고 한다.

"선생은 나의 노 동지이신데 원로에 내방하여 주시니 매우 감사합니다. 이번에는 다시 한국 특사의 자격으로 한자리에서 만나게 되어 경하롭습니다. 그런데 오늘의 회견은 비공식이므로 우리는 자유롭게 담화하여 오래 쌓인 심정을 토로하여도 무방할까 합니다."[73]

손문이 이날의 회견이 비공식임을 강조한 것에 유의할 필요가 있을 것이다. 이 자리에서 신규식은 다음 5개항의 임시정부의 요구사항을 적은 문서를 건넸다.

(1) 대한민국임시정부는 호법정부를 중화민국의 정통정부로 승인하고, 아울러 그 원수(元首)와 국권을 존중함.

(2) 중화민국 호법정부가 대한민국임시정부를 승인하기를 요청함.

(3) 한국 학생의 중화민국 군관학교 수용을 허락해 주기를 요청함.

(4) 차관 500만원을 요청함.

(5) 조차지역을 허가하여 한국 독립군 양성에 도움이 되게 해주기를 요청함.[74]

이승만이 상해에 있을 때에 작성한 「차관조건」이라는 문서는 소비에트 러시아정부뿐만 아니라 광동정부와의 차관교섭도 고려한 것이었다. 문서를 들여다보면서 잠시 침묵하던 손문은 말했다.

"목하 북벌작전이 아직 성공되지 못하고 국가가 아직 통일되지 못하여 겨우 광동성 하나의 역량을 가지고는 한국 광복운동을 원조하기가 실은 곤란합니다. 그러므로 귀 정부의 제4조, 제5조의 요청에 관하여서는 현재 아직 불가능하니 적어도 북벌군이 무한[武漢: 武昌과 漢口]을 점령한 뒤에라야 비로소 가능할까 합니다. 또 제2조 한국임시정부의 승인에 관

73) 閔弼鎬, 앞의 글, 金俊燁 編, 앞의 책, p.192, pp.234~235.
74) 같은 글, p.193, p.236.

한 문제는 원칙상 문제가 없습니다. 중국에 유망(流亡)하여 간고분투(艱苦奮鬪)를 계속하는 귀 임시정부에 대하여 우리 호법정부는 마땅히 심심한 동정을 표하고 승인해야겠지요. 사실은 우리 호법정부는 지금까지 아직 다른 나라의 승인을 얻지 못했습니다."

그러면서 손문은 웃음을 지었다. 민필호는 신규식이 대한민국임시정부가 워싱턴회의에 대표를 파견하여 선전에 노력하고 있는 사실을 설명하고, 회의에 참석하는 호법정부의 대표에게 한국 대표들과 긴밀히 협조하도록 훈령을 내려 줄 것을 당부하자 손문은 긍정적인 반응을 보였다고 썼다.[75] 워싱턴회의의 개최에 대비하여 광동정부도 대표단을 파견하여 미국정부에 회의참가를 요구하고 있었는데, 미국정부는 8월13일에 북경정부에 대하여 회의참석을 요청했다. 그리하여 신규식이 광동을 방문했을 때에는 광동정부의 회의참가는 사실상 기대하기 어려운 상황이었다. 손문은 광동정부의 워싱턴회의 참석이 불가능한 것이 분명해지자 북경정부의 정통성을 부인하고, 워싱턴회의가 본질적으로 파리강화회의와 다를 것이 없다고 워싱턴회의 자체를 비판했다.[76]

이때의 신규식과 손문의 회담내용을 가지고 광동정부가 임시정부에 대해 "사실상의 승인"을 한 것으로 판단할 수 있을지는 논란의 여지가 있다.[77] 11월 말에 열린 광동정부의 비상국회는 한국독립에 관한 승인안을 가결했는데,[78] 그러나 그것이 바로 대한민국임시정부를 승인한 것은 아니었다. 신규식은 손문과 회견한 뒤에 이승만에게 다음과 같이 타전했다.

손문 만나 일 의논하오. 각하와 정부에 깊은 동정하오. 이곳 전보

---

75) 같은 글, p.193, pp.236~239.
76) 裵京漢, 앞의 글, pp.100~104.
77) 森悅子, 「中國護法政府の大韓民國臨時政府正式承認問題について」, 《史林》 76-4, 1993, pp.69~86 및 裵京漢, 위의 글, pp.73~100 참조.
78) 《民國日報》 1921년12월5일자, 「國會中朝鮮獨立提案」, 裵京漢, 같은 글, p.97.

는 "예관 칸톤(yeikwan canton)"으로 하시오. 교제비 곧 이곳으로 전환(電換)하야 주시오. 돌리면 도로 보내리다.[79]

호법정부 인사들을 상대로 사용할 활동비를 보내라고 요청한 것이었다. 몸이 허약한 신규식은 광주에 머무는 동안 병원에 입원하기도 했다. 신규식은 10월18일에 거행된 북벌서사(北伐誓師) 전례에 임시정부의 특사로서 공식으로 참례하는 등 정중한 예우를 받고 12월13일에 광주를 떠나 상해로 돌아왔다.[80] 상해로 돌아온 신규식은 12월19일에 이승만에게 손문과의 회견결과를 다음과 같이 타전했다.

　　　광동정부, 국회, 사회와 깊은 관계 맺고 돌아왔소. 워싱턴회의 우리 정부 요구 어찌 되었소. 경비 공황케 되니 곧 구하시오.[81]

결국 신규식은 손문과의 회담을 통하여 이승만과 임시정부에 대한 "깊은 동정"을 얻는 데는 성공했으나, 절박한 현실문제인 차관을 얻는 데는 실패했다. 이로 인해 임시정부는 "경비공황"의 위기에 처했고, 이승만의 임시정부에 대한 영향력도 크게 위축되었다.[82]

---

79) Yeikwan to Coric, Oct. 9, 1921, *The Syngman Rhee Telegrams*, vol. IV., p.191.
80) 「上海臨時政府의 運命과 共産黨에 관해 1922년1월6일에 朝鮮總督府警務局長이 外務次官에게 報告한 要旨」, 『韓國民族運動史料(中國篇)』, p.366, 閔弼鎬, 앞의 글, 金俊燁 編, 앞의 책, p.205, p.256. 민필호는 12월25일에 광주를 떠나 상해로 돌아왔다고 했으나 이는 착오이다.
81) Kopogo to Coric, Dec. 19, 1921, *The Syngman Rhee Telegrams*, vol. IV., p.249.
82) 고정휴, 「상해임시정부의 초기 재정운영과 차관교섭: 임시대통령 이승만의 역할을 중심으로」, 《韓國史學報》 제29호, p.242, p.244.

4. 국내에서 보내온 「한국인민 치태평양회의서」

1

이승만이 워싱턴회의라는 중대사를 앞두고 임시정부로 하여금 자기의 지시대로 필요한 활동을 차질 없이 수행하게 하기 위해서는 최소한의 재정지원을 해야 했다. 이승만은 9월7일에 하와이에 타전하여 500달러를 임시정부로 보내게 한 다음[83] 14일에는 임시정부에 다음과 같이 타전했다.

내지와 만주의 시위운동이 워싱턴회의시보다 지금 하는 것 더 나으니 곧 밀통(密通)하시오. 하와이와 위원부서 돈 좀 보냈소. 박(용만)이 전쟁반포하고 워싱턴에 대표 보낸다니 다 못하게 하시오.[84]

이승만은 박용만의 행동이 두고두고 골칫거리였다. 워싱턴회의에 맞추어 국내와 민주지역에서 시위운동을 벌이라고 했던 것을 앞당기라고 한 것은, 회의에 앞서서 대회 참가자들의 한국문제에 대한 관심을 환기시킬 필요가 있다고 판단했기 때문이다.

대표단은 임시의정원의 정식 통보를 기다리지 않고 본격적인 활동을 시작했다. 서재필은 9월24일에 하딩 대통령에게 편지를 보냈다. 그는 이 편지에서 1월에 메리언에 있는 그의 사저를 방문했을 때에 하딩이 한국문제, 특히 미국이 한국에 대해 지고 있는 도의적 및 법률적 의무를 자세히 검토하겠다고 했었는데, 이번 워싱턴회의 개최는 그것을 실천해 주었음을 증명하는 것이라고 추어올리고, 한국인은 회의에 대표를 파견할 예정이므로 협력을 당부한다고 썼다. 이 편지를 받은 하딩의 비서장 크리스

---

83) Koric to Konation, Sept. 7, 1921, *The Syngman Rhee Telegrams*, vol. Ⅳ., p.171.
84) Wonam to Yiekwan, Sept. 14, 1921, *op. cit.*, vol. Ⅳ., p.176.

천(Christian)은 어떻게 회답해야 할 것인지를 휴즈(Charles E. Hughes) 국무장관에게 물었고, 휴즈는 편지를 접수했다는 것과 한국은 국제적 지위를 가지고 있지 않기 때문에 대통령이 서재필의 요청을 들어줄 수 있는 입장이 아니라는 취지로 회답하라고 크리스천에게 회답했다.[85]

9월29일에 열린 임시의정원의 임시회의는 워싱턴회의에 출석할 대표단 구성을 이승만의 제의대로 하기로 의결하고 나머지 한 사람의 인선도 선정된 네 사람에게 일임했다.[86] 네 사람은 특별 법률고문 자격으로

콜로라도주 출신의 민주당 소속 상원의원이었던 토머스(Charles S. Thomas)를 합류시켰다. 그는 미국상원에서 베르사유조약 비준문제를 심의할 때에 한국문제 유보조건안을 상정시켰던 사람이다. 토머스는 미국정부와 의회를 상대로 한 로비활동을 맡았다. 그는 오랫동안 하딩 대통령과

워싱턴회의의 한국대표단. 왼쪽부터 시계방향으로 이승만, 서재필, 정한경, 돌프. 가운데 여성은 비서 메이번.

85) Jaishon to Harding, Sept. 24, 1921, *The Syngman Rhee Correspondence*, vol.6, pp.200~201; Christian to Hughes, Sept. 26, 1921, Hughes to Christian, Oct. 5, 1921, 長田彰文, 『日本の朝鮮統治と國際關係: 朝鮮獨立運動とアメリカ 1910 - 1922』, p.311.
86) 「美國華盛頓市에서 開會하는 軍備制限會議에 出席할 大韓民國代表團任命案을 同意하는 證書」, 『雩南李承晚文書 東文篇(六) 大韓民國臨時政府關係文書 1』, pp.427~436.

함께 상원의원 생활을 했다.

이승만은 신규식에게 토머스를 선임한 사실을 알리면서, 토머스가 하딩 대통령뿐만 아니라 휴즈 장관과도 친하고 미국대표단의 한 사람인 상원 외교위원회의 민주당 소속의원 언더우드(Oscar W. Underwood)와는 막역한 사이이므로, 28일에 언더우드를 만나서 의논한 결과 한국문제를 미국대표단에 제출하여 한국대표단으로 하여금 설명할 수 있게 하기로 했다고 썼다.[87]

한국대표단은 10월1일에 대표장 이승만, 대표 서재필, 서기 정한경, 고문 돌프, 특별고문 토머스의 다섯 사람 이름으로 회의에 참석할 미국대표단에 청원서를 보냈다. 미국대표단의 단장은 휴즈였고 대표에는 상원 외교위원장 러지(Henry C. Lodge), 상원의원 언더우드와 함께 전 국무장관 루트(Elihu Root)가 들어 있었다. 루트는 1905년에 일본이 강제로 한국을 보호국으로 만드는 것을 방관하면서 한국의 지원요청을 묵살했던 장본인이었다.

한국대표단은 청원서에서 "한국문제는 동아시아 문제 가운데 중대한 문제이다. 일본의 한국 보호국화 및 병합은 강제에 의한 불법부당한 행위이며, 일본은 한국 통치를 통하여 물질적 향상을 가져왔다고 주장하나 그것은 일본의 군사적 목적을 위한 것이고 한국의 부담에 의한 것"이라고 말하고, "그러므로 한국 독립문제를 미국대표들이 회의에 제출하거나 한국대표들이 직접 회의에 참석할 기회를 줄 것"을 요청했다.[88] 그러나 미국 국무부 극동과는 "한국은 아무런 국제적 지위도 가지고 있지 않으며, 우리는 그 나라와 1905년 이래로 어떠한 외교적 접촉도 없었다"면서 한국대표단의 청원서에 대해 별다른 언급없이 그것을 문서철에 보존해 두

---

87) 「李承晩이 申圭植에게 보낸 1921년9월30일자 편지」, 『대한민국임시정부자료집(42) 서한집 I』, pp.207~208.

88) "An Appeal from the Korean Mission to the Washington Conference" October 1, 1921, Korea Review, October 1921, pp.6~8.

는 것이 좋겠다고 국무장관에게 건의했다.[89]

국무부 극동과의 이러한 건의는 워싱턴회의에 대비하여 국무부가 마련한 기본방침에 따른 것이었다. 국무부는 회의에 앞서 미국대표단에 제공하기 위한 보고서를 작성했다. 그것은 예상되는 31개 주제를 선정하여 미국정부의 입장을 설명한 것이었는데, 거기에는 한국문제도 포함되어 있었다. 보고서는 한국의 지정학적 위치와 근대 이전의 역사, 개항 이후의 한반도를 둘러싼 국제관계, 일본의 식민통치 등을 서술하고 나서, 한국의 독립문제에 대해서는 부정적으로 기술했다. 그 이유는 한국은 오랜 역사에도 불구하고 진정한 독립국의 지위를 누린 적이 없으며, 현재 한반도를 지배하는 일본이 그들의 기득권을 포기하려 하지 않기 때문이라는 것이었다. 이 보고서는 그러나 한국민은 자기네 나라가 세계문제의 한 요소가 될 날을 기다리고 있다고 썼다.[90] 그리하여 한국대표단은 회의가 시작되기도 전에 벽에 부딪쳤다.

한편 상해주재 일본총영사는 이승만이 임시정부로 한국대표단이 10월 중순에 직접 하딩 대통령에게 (1) 한국을 태평양의 일부로 간주할 것, (2) 한국을 피침략국으로 인정할 것, (3) 한국의 독립이 세계평화 확보의 기초가 됨을 고려할 것, (4) 이상의 이유로 한국대표의 워싱턴회의 참가를 허용하고 그들에게 발언권을 줄 것의 4개 항의 요구사항을 제출했음을 알려 왔다고 본국 정부에 보고했다.[91]

미국정부가 일본을 워싱턴회의에 정식으로 초청한 것은 8월13일이었다. 이에 대해 일본정부 안에서는 회의 의제인 해군 군축문제나 동아시

---

89) 미국무부문서 895.01, Division of Far Eastern Affairs, Oct. 13, 1921, "Memorandum".

90) "Papers Relating to Pacific and Far Eastern Affairs Prepared for the Use of the American Deligation to the Conference on the Limitation of Armament, Washington, 1921~1922", 고정휴, 앞의 책, pp.391~392, pp.397~398.

91) 「在美李承晩等 太平洋會議 韓國代表가 4個條를 美國大統領에게 提出한 데 관해 1921년 10월15일에 在上海總領事가 外務大臣에게 電報한 要旨」, 『韓國民族運動史料(中國篇)』, p.228; 朝鮮總督府警務局, 「大正十二(1922)年 朝鮮治安狀況(國外篇)」, 金正柱 編, 『韓國統治史料(七)』, 韓國史料研究所, 1971, p.119.

아-태평양 문제와 관련해서는 일본이 불리한 입장에 처하게 될지 모른 다는 우려가 있었으나, 미일 관계를 중시하는 하라 타카시(原敬) 수상은 미국과의 관계를 평화적으로 유지하기 위해서는 오히려 적극적으로 회 의에 참석해야 한다고 주장하여, 8월23일에 일본정부는 회의에 참가하겠 다고 회보했다. 그러한 일본으로서는 이미 해결이 끝난 한국문제, 곧 일 본의 한국관할이라는 현실의 변경으로 이어지는 어떠한 타협도 할 생각 이 없었던 것은 말할 나위도 없다.[92]

일본정부는 10월14일에 자국대표단에 시달할 「총괄훈령」을 확정했 는데, 이 문서는 한국문제가 회의에 상정되는 것 자체를 반대해야 된다고 다음과 같이 기술했다.

> 이번 회의를 기화로 하여 조선인 가운데 독립의 기세를 올리려고 망동을 시도하는 자가 있다. 그러므로 경우에 따라서는 소위 「조선문 제」가 회의에 상정되지 않는다는 보장이 없다. 이러한 경우에는 본 문 제와 같은 것은 논의의 대상이 못된다고 바로 거부해야 한다.[93]

또 일본정부는 한국사정 및 한국 독립운동에 정통한 사람을 워싱턴 에 보내어 일본대표단을 지원하라고 조선총독부에 지시했고, 이 지시를 받은 조선총독부는 사무관 1명 이외에 경기도 경찰부장 치바 사토루(千 葉了)를 비롯하여 영자신문 《서울프레스(Seoul Press)》 주필, 대학교수 등을 워싱턴에 파견하여 한국 독립운동자들의 활동을 감시하고 역선전 을 펼치도록 했다.[94]

한편 일본정부는 미국정부에 일본대표단의 신변안전을 위해 한국 독

---

92) 長田彰文, 앞의 책, pp.329~330.
93) 방선주, 앞의 글, p.217에서 재인용.
94) 千葉了, 『朝鮮獨立運動秘話』, 帝國地方行政學會, 1925, pp.176~177; 「太平洋會議에 대한 派 遣員에 관한 件」, 『韓國民族運動史料(中國篇)』, p.228.

립운동자들에 대한 경계와 단속을 요구했다. 미국정부는 필요한 조치를 강구했다고 말하고 일본정부가 입수한 정보가 있으면 제공해 달라고 회답했다.[95] 국내에서도 긴장이 고조되고 있었다. 《동아일보》는 워싱턴회의 소식이 전해지면서부터 거의 매일같이 회의와 관련된 논설과 기사로 국민들의 관심을 환기시켰다. 한편 조선총독부 기관지 《매일신보(每日申報)》는 워싱턴회의와 한국문제는 아무런 관련이 없다면서 한국문제의 논의 가능성을 부인했다.[96] 윤치호(尹致昊)도 일기에서 한국인들이 이번 회의에서 일본이 어떤 방식으로든지 조선을 토해내지 않을 수 없으리라고 생각하고 있지만, 그것은 터무니없는 논리라고 기술했다.[97]

회의 개막에 맞추어 구미위원부는 외국대표들을 비롯한 회의관계자들의 접대 등에 사용할 건물을 빌렸다. 외국공관들이 몰려 있는 노스웨스트 16가 1327번지의 4층짜리 건물이었다. 그것은 얼마 전까지 콜롬비아국 공사관으로 사용하던 건물이었다. 그 건물을 월세 550달러로 6개월 동안 빌린 것이다. 이승만은 11월1일에 돌프와 함께 이 집에 입주했다.[98] 구미위원부는 한국대표단의 접대비 등 외교활동비로 2만달러를 책정했다. 재미동포들은 제1차 세계대전 이후의 경제공황으로 어려운 처지에 놓여 있으면서도 구미위원부의 모금캠페인에 적극적으로 호응하여, 9월부터 11월8일까지 2만1,219달러가 수합되었다. 캘리포니아 일대를 비롯하여 시카고, 뉴욕 등 미국 본토 동포들이 1만1,639달러, 하와이동포들이 7,088달러, 그리고 멕시코와 쿠바의 가난한 동포들도 각각 484.15달러와 225달러를 모아 보냈다. 동포들뿐만이 아니라 한국에 호의적인 중국인들도 1,884달러를 희사했다. 이들은 주로 공채표를 사 주었다.[99] 구미위원부는 또 1922

---

95) 「워싱턴會議에 즈음하여 韓人獨立運動者의 行動團束의 件」, 『韓國民族運動史料(中國篇)』, p.228.
96) 《每日申報》1921년8월22일자, 「太平洋會議와 朝鮮問題」.
97) 『尹致昊日記(八)』, 1921년8월11일조, 國史編纂委員會, 1987, pp.281~282.
98) 《구미위원부통신》 제36호(1921년11월10일), 「가옥에 관한 일」; Syngman Rhee, *Log Book of S. R.*, 1921년11월1일조.
99) 《구미위원부통신》 제38호(1921년11월24일), 「재정수입표」.

년1월부터 4월 사이에 국내에서 보내온 특별의연금 6,217달러를 포함하여 2만3,299달러의 재정수입이 있었다.[100]

이처럼 구미위원부는 워싱턴회의를 전후하여 4만5,000달러 이상의 자금을 수합했는데, 그것은 서재필이 동포들에게 요망했던 10만달러에는 미치지 못했지만 구미위원부 설립 이래로 가장 많은 금액이었다. 구미위원부는 이렇게 수합된 자금 가운데서 임시정부로도 조금씩 송금했다.

워싱턴회의 동안 한국대표단은 외국공관들이 몰려 있는 노스웨스트 16가에 있는 4층짜리 이 건물을 빌려 사용했다.

이승만이 워싱턴회의 준비에 몰두하고 있을 때에 모스크바에 파견한 이희경이 베를린에서 억류되는 긴박한 상황이 벌어졌다. 한달 이상이나 병이 나서 파리에 머물던 이희경이 파리를 떠나 베를린에 도착한 것은 9월 초였다. 베를린에 도착한 이희경은 독일주재 소비에트 러시아 대표부를 찾아갔다. 공교롭게도 거기에서 이희경은 모스크바에서 돌아오는 한형권(韓馨權)을 만났다. 한형권은 베를린의 소비에트 러시아 대표부로부터 20만달러를 수령하여 상해로 떠나려던 참이었다. 한형권은 곧바로 상

100) 朝鮮總督府警務局, 「歐美委員部財政報單」 제11호, 「大正十一(1922)年 朝鮮治安狀況(國外篇)」, 金正柱 編, 『韓國統治史料(七)』, pp.154~155.

제38장 워싱턴회의의 한국대표장 **433**

해로 떠났으나 이희경은 그곳에 억류되고 말았다.[101] 이희경이 누구에 의해 무슨 이유로 억류되었는지는 분명하지 않으나, 그는 9월26일에 베를린 주재 러시아사절단을 통하여 소비에트 러시아 외무인민위원회 위원장 치체린(Georgy V. Chicherin)에게 자신의 사정을 알리는 편지를 보냈다.[102] 이희경은 자신이 억류된 사실을 곧바로 이승만에게 알렸고, 이승만은 10월17일에 독일의 뷔르츠부르크(Würzburg)에 있는 이희경에게 300달러를 보낼 테니까 프랑스의 모젤(Moselle)로 가서 자신의 지시를 기다리라고 타전했다.[103] 같은 날 이승만은 임시정부에도 "미화 오백원 보냈소. 여기도 돈 없어 곤란하오. 이희경 소환 아라사와 상관 있으면 대사 위태"[104] 라고 타전했다.

이승만은 이미 이희경이 억류되기 전인 7월29일에 국내의 이상재에게 보낸 편지에서 모스크바로 떠난 이동휘가 이희경의 활동을 방해할지 모른다는 우려를 표명했었다.[105] 그러나 이희경은 이승만의 지시대로 프랑스로 철수하지 않았다. 이희경은 우여곡절 끝에 1922년 초가 되어서야 모스크바에 도착했다.[106]

2

워싱턴회의는 예정대로 1921년11월12일에 개막되었다. 미국, 영국, 일

---

101) 고정휴, 「상해임시정부의 초기 재정운영과 차관교섭: 임시대통령 이승만의 역할을 중심으로」, p.229.
102) 「대한민국 특별전권대사 이희경이 소비에트 러시아 외무인민위원회 위원장 치체린에게 보낸 1921년9월26일자 편지」, 보리스 박, 『소비에트, 코민테른과 한국해방운동, 1918–1925』, 2006, pp.102~103, 고정휴, 위의 글, p.299.
103) Reesyngman to Liking, Oct. 17, 1921, The Syngman Rhee Telegrams, vol.Ⅳ., p.199.
104) Reesyngman to Kopogo, Oct. 17, 1921, op. cit., vol.Ⅳ., p.198.
105) 「李承晩이 李商在에게 보낸 1921년7월29일자 편지」, 『대한민국임시정부자료집(42) 서한집 Ⅰ』, p.204.
106) 고정휴, 「상해임시정부의 초기 재정운영과 차관교섭: 임시대통령 이승만의 역할을 중심으로」, p.230.

본, 프랑스, 이탈리아의 5개국 간의 해군 군비제한 문제와 이들 5개국에 중국, 네덜란드, 벨기에, 포르투갈의 4개국을 더한 9개국 간의 태평양 및 동아시아 문제를 의제로 한 회의였다. 공교롭게도 회의 개막 직전인 11월 4일에 일본의 하라 수상이 도쿄역에서 암살되었는데, 그 암살범이 한국 인이라고 잘못 보도되는 바람에[107] 한국 독립운동자들의 행동에 대한 미국의 경계가 한결 심화되었다.

코넬대학교(Cornell University) 교수, 뉴욕주 지사, 연방최고재판소 판사 등을 역임하고 공화당 대통령 후보로 윌슨과 대결했던 거물 정치가 휴즈는 주최국 대표단장으로서 개회연설을 하면서 국제회의에서는 이례적인 방법으로 미국 해군 군축안의 구체적인 내용을 제시했다. 그것은 미국안의 극적 효과를 부각시킴으로써 미국의 여론뿐만 아니라 국제 여론의 지지를 획득하고 군축교섭에서 완벽한 주도권을 장악하려는 용의주도한 계산에 따른 폭탄선언이었다.[108] 회의는 해군 군비제한위원회와 태평양 및 동아시아문제위원회로 나뉘어 진행되었다. 휴즈의 제안은 미국, 영국, 일본의 주력함(主力艦: 戰艦) 톤수의 비율을 5 대 5 대 3으로 한다는 것이었다. 미국과의 비율을 10 대 7로 할 것을 주장했던 일본은 양보할 수밖에 없었다. 결국 5개국은 위의 세 나라의 비율과 함께 프랑스와 이탈리아가 각각 1.75의 비율을 갖는 것을 내용으로 하는 해군군축조약을 체결했다. 미국이 강력하게 바라던 대로 영일동맹은 폐기되고, 그 대신에 미국, 영국, 일본, 프랑스의 태평양 방면의 이해관계를 규정한 4개국 조약이 성립되었다.

회의의 또 하나의 의제인 동아시아 문제에는 당연히 한국문제가 포함되어야 한다는 것이 한국 독립운동자들의 생각이었다. 그러나 일본과의 "협조에 의한 억제"를 통하여 동아시아와 태평양 지역에 안정된 국제질서

---

107) *The New York Times*, Nov. 5, 1921, "Japanese Premier Stabbed to Death by Korean Fanatics".
108) 有賀貞, 앞의 글, p.34.

를 실현하고자 하는 하딩 행정부로서는 일본이 그들의 내정문제라고 주장하는 한국문제를 굳이 다루어야 할 필요가 없었다. 그러한 상황에서 한국대표단에게 회의에 출석하여 발언할 기회가 주어질 턱이 없었다. 그리하여 한국대표단은 회의에 참가한 각국 대표단에 직접 청원하기로 하고, 12월1일에 「군축회의에 대한 한국의 호소」라는 문서를 배포한 데 이어[109] 1922년1월25일에 다시 「한국대표단의 추가호소」라는 문서를 배포했다.[110] 「한국의 호소」는 미국상원의 의사록에 수록되었고, 구미위원부는 그 사실을 임시정부로 타전했다.[111]

상해로부터도 각종 문서가 답지했다. 신한청년당은 회의 직전인 11월7일에 한국의 독립이 동아시아의 평화를 유지하는 길이며 각국은 한국의 독립을 도와야 한다는 내용의 편지를 휴즈에게 보냈다.[112] 광동에서 결성된 중한협회(中韓協會)는 11월19일에 중국어로 된 선언서, 미국정부와 회의에 참가한 각국 대표단에 보내는 전보, 중국대표단에 보내는 전보와 각종 문서를 작성하여 보냈다.[113]

한국대표단을 지원하는 미국인들의 활동도 한국친우회를 중심으로 여러 방면에서 전개되었다. 한국친우회 회장 톰킨스(Floyd W. Tomkins)는 워싱턴회의가 시작되기 전인 6월28일에 이미 주미 일본 대사 시데하라 키주로(幣原喜重郎)에게 편지를 보내어, 한국의 독립을 회복시키는 것이 장기적으로 볼 때에 일본의 위신을 높이고 안전을 강화하며 세계의 모든 정의로운 사람들과의 우호를 공고히 하는 것이라고 충고했다.[114]

톰킨스는 11월11일에 미국대표단장인 휴즈에게 편지를 보내어 한국

---

109) "Korea's Appeal to Conference", *Korea Review*, October 1921, pp.4~7.
110) "Supplementary Appeal by Korean Mission", *op. cit.*, February 1922, pp.1~2.
111) Koric to Kopogo, Dec. 1921, *The Syngman Rhee Telegrams*, vol. Ⅳ., p.256.
112) Young Korean Independence Party Representative to Hughes, 長田彰文, 앞의 책, pp. 334~335.
113) 「中韓協會特別幹事會公牒」, 「中韓協會宣言書」, 「快郵代電」, 「致各社團通電」, 「致美國政府 及華府會議各國代表電」, 「致華府會議中國代表電」, 『雩南李承晩文書 東文篇(八) 大韓民 國臨時政府關聯文書 3』, pp.404~419.
114) "Friend of Korea Writes to Japanese Envoy", *Korea Review*, August 1921, pp.13~14.

인들이 회의에서 그들의 주장과 요구를 진술할 수 있게 하라고 요청했다. 목사인 톰킨스는 동양에서 서구문명, 특히 기독교를 가장 먼저, 그리고 폭넓게 받아들인 한국인들에게 미국인들이 단순한 동정이 아니라 실질적인 도움을 줄 수 있는 때가 지금이라고 역설했다. 그는 열강이 2천만 한국 국민의 평화적인 호소를 계속 외면한다면 그들은 무력에 의존할 수밖에 없고, 그렇게 되면 동아시아에서 새로운 전쟁과 혼란이 야기될 수 있다고 경고했다.[115]

11월22일에 필라델피아의 한 침례교회에서 톰킨스 주재로 대중집회가 열렸는데, 회의 참가자들은 지정학적, 역사적, 정치적 제요인을 고려할 때에 한국은 독립된 완충국(an independent and buffer state)이 되어야 한다는 데 합의하고, 워싱턴회의에 참석한 미국대표단이 1882년의 조미수호통상조약에 부합하는 공평한 조치를 취할 것을 요구하는 결의문을 채택했다.[116] 톰킨스는 이 결의문을 미국대표단에 보냈다.[117]

시카고의 한국친우회와 펜실베이니아주 레딩(Reading)시의 한국친우회도 각각 미국대표단에 편지를 보냈다.[118] 또한 11월29일에는 뉴저지주의 애틀랜틱 시티(Atlantic City)에 있는 한 장로교회의 여성선교회가 회의를 열고 한국의 현재의 지위를 개선하기 위하여 현실적인 조치를 취할 것을 워싱턴회의에 요청하기로 결의하고, 그 사실을 휴즈에게 편지로 전했다.[119] 이어 12월14일에는 워싱턴에 있는 건턴(Gunton) 성당 장로교선교회에서도 200만명 이상의 한국 장로교인들이 억압받고 있다면서 한국대표가 회의에서 발언할 기회를 주어야 한다고 주장하는 편지를 국무

---

115) 미국무부문서 895.01/1, Tomkins to Hughes, Oct. 11, 1921, Basil Miles(Secretary of the American Delegation) to Tomkins, Oct. 29, 1921.
116) "Mass Meeting", *Korea Review*, December 1921, p.15.
117) 미국무부문서 895.01/2, Tomkins to Hughes, Nov. 23, 1921.
118) 미국무부문서 895.01/3, M.L. Guthapful to Hughes, Nov. 11, 1921, 895.01/4, Frank S. Livingwood to Hughes, Dec. 5, 1921.
119) Hamilton & Howell to Hughes, Nov. 19, 1921, 長田彰文, 앞의 책, p.335.

부에 보냈다.[120] 또한 1922년1월15일에는 한국에 동정적인 미국인 49명의 서명으로, 한국문제를 회의에 상정하여 참가국들로 하여금 한국인들의 주장을 잘 생각해 보게 해야 한다는 내용의 청원서를 정한경을 통하여 휴즈에게 보냈다.[121]

미주와 하와이에 있는 동포들도 미국대표단을 상대로 청원활동을 벌였다. 캘리포니아주의 다뉴바(Dinuba)에 있는 대한애국부인회도 휴즈에게 편지를 보내어 한국민은 현재와 같은 혹독한 식민지배 아래에서는 일본인과 더불어 살 수 없고 살지도 않을 것이라고 말하고, 미국의 호의적인 주선으로 한국인들이 파멸에서 구원될 수 있게 해달라고 요청했다.[122] 하와이교민단 단장 민찬호는 하와이의 6,000명 한인을 대표하여 휴즈 국무장관에게 전보를 쳤다. 그는 이 전보에서 한국이 자유롭기 전에는 동양의 영구평화도 있을 수 없다고 말하면서, 한국대표단의 존재를 인정할 것을 요청했다.[123]

3

회의에 참가하지 못하여 노심초사하던 한국대표단은 상해에서 보내온 국내인사들의 「한국인민 치태평양회의서(韓國人民致太平洋會議書」를 받고 크게 고무되었다. 이 문서에는 국민공회 대표 명의의 이상재와 양기탁(梁起鐸)을 필두로 하여 황족대표 이강(李堈), 귀족대표 김윤식(金允植), 민영규(閔泳奎), 기독교 대표 윤치호, 천도교 대표 정광조(鄭廣朝), 조선불교회 대표 이능화(李能和), 산업대회 대표 박영효(朴泳

---

120) Warden Nick Wilson to Stanly, Dec. 16, 1921, 長田彰文, 위의 책, pp.335~336.
121) The Undersigned Citizens of the United State to Hughes, Jan. 15, 1922, 長田彰文, 앞의 책, p.336.
122) 미국무부문서 895.00/698, Mrs. S. S. Hahn (Korea Women's Patriotic League) to Hughes, Oct. 1, 1921.
123) 미국무부문서 500a4p 81/93, Chan Ho Minn to Hughes, Nov. 11, 1921.

孝), 전국 변호사 대표 허헌(許憲), 청년회 연합회 대표 장덕수(張德秀), 계명구락부 대표 김병로(金炳魯), 전국의사회 대표 오긍선(吳兢善) 등 종교계 및 사회단체 대표 100명과 도, 부, 군 대표 271명 등 모두 374명의 서명과 날인이 되어 있었다.[124] 이 청원서는 워싱턴회의가 동양의 중심인 한국의 문제를 원만히 해결하지 못하면 동양의 평화는 보전할 수 없고 따라서 세계평화를 성취할 수 없다고 전제한 다음, "이에 우리는 일본의 한국합병을 부인하는 동시에 재상해 한국정부를 완전한 한국정부로 성명하고 인하야 열국에 향하야 우리 한국에서 파견하는 위원의 출석권을 요구하고, 동시에 열국이 일본의 무력정책을 방지하야 세계의 평화와 한국의 독립자유를 위하야 노력하기를 기원하노라"라고 천명했다.[125] 《독립신문》은 이 글의 전문을 크게 게재하면서 서명자들의 이름은 밝히지 않았는데, 그것은 일본인들에게 그들의 신분을 노출시키지 않기 위한 배려에서였다.[126]

「치태평양회의서」를 보고 서재필과 돌프는 매우 기뻐하면서 당장 전문을 번역하여 인쇄하자고 했다. 그러나 이승만은 극력 말렸다. 서명자들이 곤욕을 당할 것을 우려했기 때문이다.[127] 그는 임시정부에 대해 이 문서를 공개하는 일이 크게 도움이 되겠으나 서명자들이 체포될 것이 염려된다면서 어떻게 하면 좋겠느냐고 물었고,[128] 임시정부는 필요하다면 공포해도 좋다고 회답했다.[129] 그리하여 한국대표단은 이 「치태평양회의서」의 전문을 영어로 번역하여 회의에 참석한 각국 대표단과 신문사에 배포했다. 국내 저명인사들의 이름이 망라된 이 「치태평양회의서」가 발표되자

124) 청원서의 서명인에 대해서는 고정휴, 「한국인민치태평양회의서(1921)의 진위논란과 서명인 분석」, 《한국근현대사연구》 제58집, 한울, 2011, pp.64~114 참조.
125) 「韓國人民致太平洋會議書」, 『雩南李承晩文書 東文篇(八) 大韓民國臨時政府關聯文書 3』, pp. 391~403.
126) 《獨立新聞》 1921년11월19일자, 「國內同胞가 太平洋會議에 致書」, 「韓國人民致太平洋會議書」.
127) 「李承晩이 李商在에게 보낸 1921년12월30일자 편지」, 『대한민국임시정부자료집(42) 서한집 I 』, p.215.
128) Yisyngman to Kopogo, Dec. 1921, *The Syngman Rhee Telegrams*, vol.Ⅳ., p.255.
129) Kopogo to Koric, Dec. 31, 1921, *op. cit.*, vol.Ⅳ., p.254.

Arms--and the Men

Intimate Personal Glimpses of
Delegates, Attaches and Unoffi-
cial Personages at the Washing-
ton Conference on the Limita-
tion of Armament and Pacific
and Far Eastern Problems.

By
Cyril Arthur Player
of the
Staff of The Detroit News

*A Series of Articles Published in The Detroit News
Nov. 17, 1921, to Jan. 13, 1922*

워싱턴회의에 참석한 주요 인물들을 소개한 플레이어 기자
의 팸플릿. 이승만의 이야기도 이 팸플릿에 소개되어 있다.

일본인들은 대표자들의 서명이 두세 사람의 필치인 점 등 몇가지 의문점을 들어 그것이 위작이라고 주장했다. 그러나 한국대표단은 「치태평양회의서」가 진본임을 의심하지 않았다.

워싱턴회의는 한국대표단의 요구를 묵살한 채 차질없이 진행되었다. 한국인들 사이에는 당연히 실망과 우려의 목소리가 높아갔다. 12월13일에 영일동맹조약을 대신할 4국[미국, 영국, 일본, 프랑스] 조약이 체결된다는 뉴스가 전해지자 하와이에서는 대표단 앞으로 "4개국 동맹된 후 한국 일 성패를 알기 원하오. 불여하면 정책변경 필요하니 답하시오"라고 그들의 실망을 그대로 타전해 왔다.[130]

이승만은 「치태평양회의서」를 번역한 팸플릿을 들고 회의장 입구에서서 각국 대표들에게 직접 나누어 주었다. 대표들 가운데는 얼굴을 돌리기도 하고 입을 다물고 그를 못 본 체하는 사람도 있었다. 그러나 이승만은 그런 것에는 개의하지 않고 열심히 팸플릿을 배포했다. 이러한 그의 모습을 지켜본 미국의 한 신문기자는 그가 조용한 목소리로 천천히 말하는 학자풍의 인물이라고 묘사하면서, "한국 대통령"인 이승만이 영웅의 행동을 거부하고 기품 있고 조용한 고집으로 한국문제가 세계의 과제가 되게 하고 있다고 썼다.[131]

---

130) Konation to Koric, Dec. 12, 1921, *ibid.*, p.245.
131) Cyril A. Player, "Syngman Rhee", *Arms and the Men*, The Evening News Association, 1922, pp.111~114.

한편 호놀룰루에서 세계신문기자대회에 참석하고 워싱턴으로 와서 워싱턴회의를 취재한《동아일보》기자 김동성은 이때의 이승만의 활동상황을 아주 실감나게 썼다.

나는 근 10년 전에 미국에 유학하였을 시에 박사를 만나 본 일이 있다. 박사는 신체가 비대하여졌다. 박사는 독립협회 시에 7개년간 감금의 고생을 겪은 여독으로 소위 풍증이 면상에 노현되어 담화할 때에 입술이 조금 실룩실룩함이 그 특징이다. 단군유족 특성인 온후 관대한 품성은 박사 자신에 의하야 외국에 소개된다. 이미 말한 바와 같이 대륙은행 건물 9층 위에는 재류동포의 사무실이 있지마는 박사의 사저는 워싱턴의 각국 대공사관이 나열한 제16가 스컷 서클 부근에 있다. 그 집은 전 콜롬비아국 공사관으로 사용하던 관사인데, 인근에는 워싱턴 내의 일류주택이 있다. 미국 상하의원의 사택도 이 방면에 있고 영국, 이탈리아, 일본 등 대사관이 역시 이 근변에 있다.… 박사는 서양인 고문과 동거한다. 그 고문은 유명한 변호사인데, 근일에는 실음(失音)하야 법정에서 친히 변호키는 불능하나 워싱턴 정객 교제에 매우 능하고 또 유수한 통계학자이다. 그래서 워싱턴의 일류정객은 박사의 사택에 출입함이 빈번하고, 또 그 안의 요리인은 시카고 재류동포 중 1인이 와서 그 임에 당한 것인데, 그는 말하기를 자기는 평생에 학득한 것이 음식요리인즉 이로써 조선민족의 운동을 도움으로 그 미충(微衷)을 표한다 한다.

박사에게는 워싱턴이 고향이나 다름없다. 친우도 많고 교제범위도 넓다. 전 대통령 윌슨씨가 프린스턴대학 총장으로 재임시에 박사는 박사학위를 취하야 사제의 교분이 있으므로 박사의 사교상 범위가 확대함은 무리가 아니다. 박사의 서양인 고문인 돌프씨는 곧 박사의 지배인이다. 금번 워싱턴회의에 내참한 여러 나라 위원이나 미국 일류 정객이 박사의 사택에 출입할 때에는 먼저 고문 돌프씨에게 통지한다.

　워싱턴에 있는 각 사진통신사에서는 박사의 사진을 가끔 요청하는데, 하루는 박사의 외출을 듣고 통신사원 4~5인이 와서 자동차로 들어오는 박사를 촬영하는 것을 내가 목도한 일이 있다. 박사는 미국 사정에 정통할 뿐만 아니라 박사학위를 정치전공에 의하야 취득하얏으므로 친우는 대개 내외 정치가에 많다. 박사는 정치가일 뿐만 아니라 또 종교가이다. 기독교의 독신자이므로 미국 각 교회에서 비상히 흠모하여, 주일학교의 학과에도 박사의 내력을 교수한다 한다.

　박사 사택은 4층 가옥인데, 내장의 화려함은 조선궁전도 불급할 만하다. 대륙은행 건물상의 조선재류동포의 사무실은 곧 구미위원부의 사무실이다. 이 사무실 안에서 무엇을 획책해야 워싱턴의 대무대를 중심으로 삼고 어떻게 활동을 하는지, 이에 대하야는 귀로 듣고 또한 목도한 바가 적지 않지마는 일이 정치에 관계되어 금일에 이를 보도치 못함은 부득이한 일이라 한다.[132]

　언론자유가 기본적으로 제약된 상황에서 이러한 기사는, 이승만이 워싱턴회의에서 거둔 성과와는 상관없이, 국내동포들 사이에서 그에 대한 설화가 만들어지는 근거의 하나가 되었을 것이다. 김동성은 해방 뒤에 정부수립과 함께 초대 공보처장에 임명되었다.

　워싱턴회의에서 논의된 동아시아 문제는 모두 중국과 관련된 문제였다. 그리하여 미국이 20세기 초두부터 제창해 온 중국에 관한 문호개방, 영토보전, 기회균등 등의 문제가 회의 참가국들의 동의를 얻어 중국에 관한 9개국 조약이 체결되었다. 중국과 일본 사이에는 일본이 차지하고 있던 산동반도(山東半島)의 옛 독일 권익을 중국에 반환하는 조약이 체결되고, 미국과 일본 사이에는 시베리아에 파견되어 있는 일본군의 철수와

---

132) 《東亞日報》 1922년 2월 11일자, 「李博士와 그 活動」.

얍(Yap)도에 관한 양해각서가 성립되었다.[133]

　이 조약들이 체결됨으로써 1931년에 일본이 만주사변을 일으킬 때까지 거의 10년 동안 동아시아 국제정치질서를 지배하게 되는 이른바 "워싱턴 체제"가 성립되고, 회의는 1922년2월6일에 폐막되었다.

　워싱턴회의는 이승만으로서는 이른바 "신외교(New Diplomacy)"라는 이념에 입각하여 동아시아에 새로운 국제정치질서가 형성되는 현장을 직접 경험할 수 있었던 값진 기회였다. 그러나 그것은 그에게 더할 나위 없는 실망과 울분과 고독감을 안겨 주었을 것이다.

　이러한 이승만에게 용기를 북돋아 준 사람은 유명한 H. G. 웰스 (Herbert G. Wells)였다. 영국의 작가 겸 저널리스트이자 사회학자, 계몽적 역사가로서도 세계적으로 명성을 떨치고 있는 그는 워싱턴회의를 취재하러 워싱턴에 와 있었다. 웰스가 어느 날 이승만의 만찬초청에 응했다. 웰스는 이승만에게 인류의 자멸을 막으려면 세계정부를 수립해야 한다는 그의 이상주의적 지론을 강조했다. 이승만은 웰스에게 동아시아의 정세를 설명하고 독립된 한국의 역할이 동아시아의 평화유지에 크게 기여할 것이라는 자신의 주장을 힘주어 설명했다. 이승만은 웰스가 자신의 주장에 공감한다고 느꼈다. 웰스와 장시간 대화를 나누고 헤어지면서 이승만은 "여러 나라의 운명을 책임진 정치인들이 웰스와 같은 역사인식을 지니고 있다면 국제관계를 규정할 그들의 결정은 한결 현명해질 것이라고 생각했다"라고 올리버(Robert T. Oliver)는 기술했다.[134]

　그러나 현실은 냉혹했다. 워싱턴회의가 한국문제에 대해서는 아무런 논의조차 없이 끝나자 독립운동자들 사이에서는 기다렸다는 듯이 이승만의 정치생명을 뒤흔드는 거센 풍파가 일기 시작했다.

---

133) 日本外務省, 『日本外交年表竝主要文書(下)』, 原書房, 1965, pp.3~21; 김용구, 『세계외교사』, 서울대학교출판부. 1998, pp.596~598.
134) Robert T. Oliver, *Syngman Rhee: The Man Behind the Myth*, pp.158~159.

39장

모스크바 극동민족대회에 몰려간 '혁명가'들

1. 모스크바 극동민족대회의 한국대표단

1

1922년 새해가 되자 이승만은 1월4일에 국무원과 임시의정원에 새해의 시정방침과 재정방침을 밝히는 공함을 보내고 이를 신문에 발표했다. 이 공함에서 그는 워싱턴회의와 관련하여 다음과 같이 썼다.

자초로 우리의 결심하는 우리 광복사업은 어디까지나 우리 손으로 귀정내자 하였나니 어찌 남을 의뢰하리오마는, 당초에 태평양회의를 소집할 때에 원동문제를 해결한다 한 바 한국과 중국이 다 원동문제의 주요한 바인 고로 우리 문제가 이 회에 다소간 제출될 줄을 믿은지라. 그러나 지금에 와서 보건대 중국은 그 회석에 참가하고도 원만한 해결을 얻지 못하야 섭섭히 돌아서며, 우리는 참가권도 아직 얻지 못한지라. 그런즉 태평양회의가 반포한 목적을 아직 행치 못하였도다.

우리에게 사사로이 표하는 동정은 더욱 친밀하며, 혹은 말하되 한국문제가 조만간 제출된다 하며 비밀회의에서는 한국문제가 수차 발론되었다 하니, 우리의 요구하는 바는 말 한마디라도 반포하여 달라 함이라. 지금도 우리는 기다리고 바라는 중이로다. 그러나 우리의 스스로 위로할 만한 것은 우리 대표단과 위원부 일동은 우리 처지에 앉아서 정당히 할 수 있는 것은 다 진행하였나니, 기왕에 한국문제를 잘 모르는 친구들이 더욱 많이 알고 동정하야 돕기 원하는 자 더욱 많이 생겼으며, 겸하야 이 일로 인연하야 일인의 야심을 새로 깨달으매 일인의 선전이 더욱 무력하여지는지라. 이것이 우리의 실상 소득이라 하겠도다.…

그리고 그는 국내에서 보내온 「한국인민 치태평양회의서」가 한국 독립운동이 소수의 해외 한국인들의 선동일 뿐이라는 일본인들의 선전의 허위성을 증명하는 것으로서 각국인의 이목을 놀라게 했다면서 다음과 같이 적었다.

이 내지 청원서를 번역 발간할 즈음에 우리의 요구서를 태평양회의에 발송하였는데, 그 요구서 뒤에 이 사건을 설명하였더니, 일인대표단은 변론하되 이것이 다 소수 한인의 수작한 말이요 실상은 아니라 한지라. 모모국 대표들이 사석에 앉아서 우리 중 안 이를 개인으로 청하야 문답한 말은 심히 재미로우나 아직 공포할 수 없으며, 일인들은 나중까지 이 말을 믿을 수 없다고 하는지라. 우리가 마침내 그 본문을 공포하였나니, 이것이 우리 한족의 충애와 담량을 표시함이라. 내지 동포들이 곤욕당할 것이 염려이나 그들이 원하는 뜻을 소상히 들은 후에 행하였으며, 애국자들의 희생적 마음과 정신은 우리 모든 사람으로 하여금 감동케 하는도다.…

이승만은 이어 대표단의 활동비를 제공해 준 미주, 하와이, 멕시코 동포들에게 깊은 감사의 뜻을 표시했다. 그러고 나서 앞으로의 방침을 다음과 같이 천명했다.

태평양회의가 다시 모일는지 아니 모일는지 모르나, 원동문제로 국제에 제출된 것은 지금 시작이라. 우리는 이것이 다 끝막난 것인 줄로 알아서는 실수라 할지니, 마땅히 조금씩이라도 준비하야 이렇듯 창졸 미비한 탄식이 없게 하는 것이 가하며, 겸하야 우리 교민들의 경제곤란을 생각 아니할 수 없도다.

임시정부와 위원부는 유지하여야 될지니, 정부 경상비는 내지와 원동 각지에서 다 도우려니와 오늘 형편으로는 다소간 미주, 하와이,

멕시코 교민의 원조가 아니면 어찌될 수 없을지라. 그러므로 위원부 경비를 감하야 최소액으로 마련하야 매삭 1,057달러이요 상해에 적어도 1,000달러를 보내어야 능히 정부의 위신을 보전할 뿐 아니라 전체를 보전하겠으며…

이러한 방침에 따라 1922년도 「예산가정표」를 다음과 같이 작성하여 발표했다.[1]

1922년도 예산가정표

(단위: 달러)

수입		지출	
미주	20,300	대통령사무소	4,200
하와이	14,160	구미위원부사무소	12,444
멕시코	1,200	《코리아리뷰》 발행비	5,400
쿠바	900	재무관	2,540
유럽	175	임시정부	12,000
합계	36,735	합계	36,684

그는 이 예산표를 발표하면서 미주, 하와이, 멕시코 등지의 동포들은 평균수입의 2%를 정부에 대한 세금으로 바칠 것을 요구했다. 그러나 가뜩이나 미국경제의 공황으로 경제적 어려움을 겪고 있는 데다가 크게 기대했던 워싱턴회의가 무위로 끝나는 상황에서 이승만의 이러한 요구는 실현성이 희박했다. 이처럼 이승만은 워싱턴회의에 대한 청원운동의 실패에도 불구하고 구미위원부는 종전대로 유지하고 《코리아리뷰(Korea Review)》도 계속 발행해야 한다고 생각했다. 그러나 워싱턴회의에 누구보다도 적극적이었던 서재필(徐載弼)은 이승만과 달리 회의가 끝나자 약속대로 구미위원장직도 사임하고, 《코리아리뷰》도 폐간하며, 한국친우회 활동도 그만두겠다고 선언했다. 서재필은 그러나 회의성과에 대해서는 이승만보다도 더 높이 평가했다.

---

1) 《구미위원부통신》 제45호(1922년1월4일), 「대통령의 공함」.

이번 회의에 인하여 한국은 비록 직접으로 이익을 받은 것은 없으나 중국과 시베리아를 위하여 성취한 바는 결국은 한국에도 이익이 될지라. 또 이번 회의에서 한국문제를 거론치 아니한 것은 우선 중국을 구하여 내며 또 일본으로 하여금 일본이 인방(隣邦)에 대하여 여러 가지 부당한 일을 한 것을 열강 앞에서 시인케 하고 그런 후에 차츰 시기를 기다려 다른 문제들도 그와 같은 외교적 수단으로 체결코저 함이라.…

우리가 이 회의에서 직접으로 아무 이익을 얻지 못함은 당장에는 다소간 실망이 되지마는 그러나 전체상으로는 우리는 이번 회의로 말미암아 상당한 기회를 세운 줄로 생각하노라.[2]

서재필은 또한 구미위원부에 대해서도 워싱턴회의가 끝나면 존속할 필요가 없다고 했던 처음의 말을 바꾸어 될 수 있는 대로 유지해 나가기 바란다고 했다.

워싱턴회의에 대한 이승만이나 서재필의 이러한 평가는 자신들의 활동성과를 강조하고자 한 데서 나온 것이었겠지만, 일반 동포들의 인식과는 많은 차이가 있었다. 《독립신문(獨立新聞)》의 다음과 같은 논평은 워싱턴회의의 결과에 대한 독립운동자들의 실망과 분노를 그대로 드러낸 것이었다.

4국협상이 성립되자, 지구의 표리를 4개 강국이 꼭 붙잡아 놓았으니까 이제부터 몇해는 전쟁도 없겠다, 따라서 군비 위해 돈도 덜 들겠다 ─ 이렇게 기뻐하는 무리가 있다. 그러나 한편에는 당초부터 워싱턴회의에 신용을 두지 않는 무리가 있었으니, 강권주의와 자본주의의 정체를 아는 자, 미국의 본체를 아는 자는 워싱턴회의가

---

2) 《新韓民報》 1922년 2월 23일자, 「서재필박사의 편지」.

강국의 세계분할회의인 것을 안 것이라. 그러나 또 어떤 약소민족 중에는 '미국'이라는 명사에 혹하여 무슨 수나 날까 한 자도 있었다. 강권이 변하야 정의가 될까 하였다. 그 꿈은 일조에 파괴되었다. 그 실망은 파리시대보다도 더 심한 것이 있다(기대하는 것이 더욱 많았던 까닭에).…

아아! 우리는 약소민족의 암흑시대가 목도함을 자각하노라. 피압박계급과 민족의 강권계급에 대하야 악전고투할 시대가 이름을 각오하노라. 그러나 그와 동시에 피압박계급의 정의(正義)가 승리를 얻을 날이 언제든지 올 것을 믿노라. 세계평화는 강권의 가식적 연합으로 오지 않고 피압박계급의 혁명으로 올 것을 믿노라.…[3]

워싱턴회의 결과에 대한 《독립신문》의 이러한 논평은 소비에트 러시아에서 열리는 극동민족대회에 쏠린 한국 독립운동자들의 관심을 반영한 것이기도 했다.

한편 《신한민보(新韓民報)》는 박영로(朴英魯)의 기명기사로 "이후 우리가 운동할 곳은 파리도 아니고 워싱턴도 아니다. 곧 시베리아와 만주이다. 우리 조국이 가깝고 우리 동족이 많은 원동이다.… 우리의 배운 재주도 거기서 써야 하고 우리의 모든 돈도 거기다 던져야 한다.… 《구미위원부통신》을 본즉 이 대통령께서는 근일에 와서 우리의 일은 우리가 하여야 한다 하시면서 한편으로는 워싱턴에 오래 계실 양으로 예산서를 꾸며 발표한 것은 아무리 생각하여도 해석할 수 없는 정책이다"하고 1월4일에 발표한 이승만의 신년 시정방침과 「예산가정표」를 비판했다.[4]

---

3) 《獨立新聞》 1921년12월26일자, 「噫! 世界平和, 華府會議의 成績과 그 影響」.
4) 《新韓民報》 1922년2월9일자, 「워싱턴회의 후의 우리는 어찌할까」.

　극동근로자대회, 제1회 극동공산주의단체 및 혁명단체 대회, 제1회 극동피압박민족대회 등 여러 가지 명칭으로 불린 극동민족대회는 코민테른[국제공산당]의 제2차 대회(1920년7월19일~8월7일)에서 채택된 「민족–식민지 문제 테제」에 따라 1920년9월에 아제르바이잔의 바쿠(Baku)에서 열렸던 동방민족대회의 후속 회의로서, 극동 여러 나라의 혁명세력의 결집과 공산당의 조직을 촉진하고 자본주의 열강을 교란시키는 전략을 토의하기 위하여 열린 회의였다. 처음에 이 회의는 1921년8월에 코민테른 집행위원회가 워싱턴회의에 대항하는 뜻에서 "약소민족은 단결하라"라는 슬로건을 내걸고 워싱턴회의와 때를 같이하여 1921년11월11일에 시베리아의 이르쿠츠크에서 개최하기로 한 것이었다.

　이 무렵에 코민테른이 극동에서의 공산주의 혁명전략과 관련하여 한국을 얼마나 중요시하고 있었던가는 이 대회의 소집을 결정한 코민테른 제3차 대회(1921년6월22일~7월12일)의 다음과 같은 설명으로도 짐작할 수 있다.

　　일본의 아일랜드인 한국은 한국의 지주, 배신자, 밀정들을 이용한 일본제국주의자에 의하여 십자가에 못박혀지고 있다. 아마 한국은 세계에서 가장 불행한 나라일 것이다. 왜냐하면 일본의 형리가 한국의 주민으로부터 가장 기본적인 정치적 및 경제적 인권마저 박탈하고 있기 때문이다.… 그럼에도 불구하고 지금 한국에서는 일본제국주의자에 반대하여 민족독립을 요구하는 참으로 강력한 운동이 진행되고 있다. 비록 이 운동이 약간의 민족주의적 성격을 띠고 있다고 하더라도 우리는 모두, 특히 공산주의자는 이것을 환영해야 한다. 한국인들이 그들의 민족적 독립을 달성하는 데 성공한다면 일본제국주의는 그것에 의하여 현저하게 약화될 것이며, 극동, 특히 한국 및 일본에서의

혁명운동은 현저하게 강화될 것이다.[5]

대회소집을 주관한 것은 1921년1월에 이르쿠츠크에 설립된 코민테른 극동비서부였다. 코민테른 극동비서부 안에는 민족별 지부가 조직되어 있었다. 1921년11월 현재 고려부, 중국부, 일본부, 몽골−티베트부의 4개 지부가 활동하고 있었는데, 극동민족대회에 참가할 한국인 대표자의 선정은 극동비서부 고려부가 주관했다. 이 기관은 1921년5월에 이르쿠츠크에서 결성된 고려공산당[통칭 이르쿠츠크파 고려공산당] 중앙위원회와 긴밀한 관계를 맺고 있었다.[6] 이르쿠츠크파 고려공산당은 국내 공작을 강화하기 위하여 중앙위원회의 소재지를 북경으로 옮겼다가 1921년10월에는 임시정부의 소재지이며 여러 독립운동단체들의 활동 근거지인 상해로 다시 옮겼다. 그러므로 극동민족대회에 참가할 대표자 선정은 바로 상해에서 이루어졌고, 가장 많은 대표자들이 선정된 곳도 상해였다.

상해에서는 9개 단체대표로 16명이 선정되었다. 고려공산당 간부들은 여러 가지 배려에서 인선했을 것이지만, 선정된 단체나 인물 가운데는 공산주의와는 무관한 단체나 인물도 포함되어 있었다. 여운형(呂運亨), 조동호(趙東祜), 최창식(崔昌植) 등 고려공산당 중앙위원회 대표 6명과 상해지부의 권애라(權愛羅), 고려공산청년회 대표 김단야(金丹冶) 등 공산주의 단체에서 8명의 위임장이 발급되고, 신한청년당의 김규식(金奎植), 독립신문사의 김승학(金承學)과 정광호(鄭光好), 대한애국부인회의 정수정(鄭守貞), 2·8구락부의 나용균(羅容均), 조선예수교대표회의 현순(玄楯)의 위임장이 각각 발급되었다.[7]

5)「東洋問題についての吉原太郎の討論演說」(1921.7.12.), 村田陽一 編譯, 『資料集: コミンテルンと日本(1) 1919~1928』, 大月書店, 1986, p.19.
6) 金俊燁·金昌順, 『韓國共産主義運動史(1)』, 청계연구소, 1986, pp.202~205 및 임경석, 『한국사회주의의 기원』, pp.497~498 참조.
7) 임경석, 위의 책, p.499, pp.508~509.

여운형은 김만겸(金萬謙)으로부터 대회참석 통지를 받았는데,[8] 그는 김만겸을 도와 한국대표와 상해에서 출발하는 일본, 중국, 몽골, 자바 등 다른 민족대표들을 위해 여권 수속 등 대회참가에 필요한 여러 가지 일을 주선했다.[9]

비공산주의 단체 대표로 선정된 사람 가운데 주목되는 인물은 이승만에 의해 구미위원장 대리에서 해임된 뒤에 하와이를 거쳐서 상해에 와 있던 현순이었다. 그가 자필로 쓴 「조사표」에 따르면 그는 손정도(孫貞道), 김병조(金秉祚), 송병조(宋秉祚) 등 상해에 있던 지도급 목사 6명이 서명한 '조선예수교대표회의 위임장'을 발부받았다.[10] 현순의 위임장에 서명한 사람들은 모두 상해 한인교회를 주도하고 있던 목사들이라는 점에서 이 무렵 상해에 있던 기독교인들의 사상 경향을 짐작하게 한다. 현순은 「조사표」에 자신의 소속단체를 "상해공산당"이라고 기입했고, 목적과 희망란에는 "조선독립을 목적"하고 "공산주의를 실시함을 희망"한다고 적었다.[11] 현순 가족의 공산주의와의 기구한 인연은 이때부터 시작되었다.

2·8구락부 대표자격으로 회의에 참석했던 나용균의 다음과 같은 회고에서 대표선정 당시의 상황을 대충 짐작할 수 있다.

1921년에 워싱턴에서 태평양회의라는 것이 있었고, 이것에 대항하기 위하여 레닌(Vladimir I. Lenin)이 모스크바에서 동방피압박자대회라는 것을 소집했는데, 우리 상해에서도 대내적으로 파벌이 생겨 난관에 처하고 있었다. 그러므로 이러한 기회에 대표를 보내어

---

8) 「呂運亨公判調書」(1930.4.9.), 金俊燁·金昌順 共編, 『韓國共産主義運動史 資料集 I』, p.399.
9) 呂運亨, 「나의 回想記」, 夢陽呂運亨先生全集發刊委員會 編, 『夢陽呂運亨全集1』, 한울, 1991, p.44.
10) 김창수·김승일 지음, 『해석 손정도의 생애와 사상 연구』, 넥서스, 1999, p.229.
11) 韓圭茂, 「극동인민대표회의에 참가한 '조선예수교대표회' 현순의 위임장」, 《한국근현대사연구》 제30호, 한울, 2004, pp.206~207.

소련의 원조라도 받아 임시정부를 좀더 키워 보자는 생각으로 공산주의와는 아무 관계도 없이 우리가 가게 된 것이다. 그때 일부는 모스크바에서 205원씩 여비가 와 가지고 하얼빈(哈爾濱)으로 갔는데, 김규식, 여운형과 나, 이렇게 셋은 북경 장가구(張家口)를 거치고 몽골을 통해서 가게 되었다.[12]

현순이 자필로 쓴 「조사표」. 그는 「조사표」에 상해에 있는 조선예수교 대표회의 위임장을 발부받았고, 소속은 상해공산당이라고 적었다.

한편 이 무렵에 상해파 고려공산당의 재정 담당자였던 김철수(金綴洙)는 상해파 고려공산당이 대표단 선정에서 배제되었음에도 불구하고 자기가 김규식, 여운형, 나용균, 김상덕, 정광호, 장덕진(張德震)의 여비를 제공했다고 술회했다.[13] 2·8구락부는 상해에 있던 도쿄유학생 출신들의 모임이었는데, 김철수는 2·8구락부의 간사장이었다. 이르쿠츠크에서는 독립군 지도자 홍범도(洪範圖)를 비롯하여 10명의 대표가 선정되었고, 그밖에 국내와 서간도, 일본 등지에서 여러 대표들이 참가했다.[14]

극동민족대회의 소집은 상해의 독립운동자들 사이에 큰 분란을 야기

12) 李庭植, 『金奎植의 生涯』, pp.77~78에서 재인용.
13) 金綴洙, 『遲耘 金綴洙』, p.14, p.401.
14) 임경석, 앞의 책, pp.508~509.

시켰다. 그 대표적인 것이 상해 한인사회에서 3·1운동 이전부터 가장 활발한 활동을 벌여 온 신한청년당(新韓靑年黨)의 분열과 해체였다. 신한청년당에는 경무국장 김구를 포함하여 교통총장 손정도, 학무총장 대리 김인전(金仁全), 재무차장 이유필(李裕弼), 임시의정원 부의장을 지낸 조상섭(趙尙燮), 상해민단장을 지낸 임시의정원 의원 장붕(張鵬) 등 임시정부 관계자들이 많이 가입되어 있었다. 신한청년당은 태평양회의후원회 활동에 열성적이었고, 워싱턴회의가 열리기 직전인 1921년11월7일에는 미 국무장관 휴즈(Charles E. Hughes)에게 회의 참가국들이 한국의 독립을 지원해 줄 것을 촉구하는 편지를 보내기도 했다.

이러한 상황에서 당의 핵심인물들인 김규식과 여운형이 신한청년당과 공산당 대표 자격으로 극동민족대회에 참석하는 것은 큰 문제가 아닐 수 없었다. 파리강화회의와 구미위원부 활동에서 느낀 실망이 김규식으로 하여금 러시아행을 결심하게 했을 것으로 짐작되나,[15] 얼마 전까지 임시정부의 학무총장이었던 그가 코민테른이 소집한 공산주의자들의 대회에 참가한다는 것은 상해 정국에 큰 충격이었을 것이다. 김규식의 이러한 결심은 미국과 서유럽제국을 상대로 한 외교독립론에 실망한 독립운동자들이 소비에트 러시아에 큰 기대를 하게 된 사실을 상징적으로 보여주는 것이었다.

김규식과 여운형의 모스크바행에 반대하여 이유필, 조상섭, 김병조, 손정도는 신한청년당을 탈당했다.[16] 김구도 극동민족대회에 대해서 반대 입장이었다. 국무총리 이동휘(李東輝)의 공산당 입당 권유를 거부하며 그를 질책했던 김구는 김규식과 여운형이 공산주의 활동에 참여하자 김인전, 장붕, 도인권(都寅權), 안정근(安定根), 최명식(崔明植) 등과 함께 신한청년당을 탈당했고, 뒤이어 이규서(李奎瑞), 김위택(金偉宅), 신창희

---

15) 강만길·심지연, 『우사 김규식 생애와 사상①』, p.73.
16) 「呂運亨公判調書」(1930.4.9.), 金俊燁·金昌順 共編, 『韓國共産主義運動史 資料集 I』, p.371.

(申昌熙) 등도 탈당했다.[17] 그리하여 신한청년당은 사실상 해체된 것이나 다름없게 되었다.

출발일이 늦어지고 신변안전과 관련된 여행코스의 선택 등의 문제로 한국 대표들은 회의 개최 예정일인 11월11일 이전에 한 사람도 이르쿠츠크에 도착하지 못했다. 여행코스는 두가지였다. 하나는 만주를 통과하는 철도편이고, 다른 하나는 몽골을 횡단하는 코스였다. 김규식과 여운형은 신변안전이 위험한 철도편 대신에 몽골을 횡단하는 코스를 택했다. 다른 나라 대표들도 도착이 늦어져서 대회는 연기될 수밖에 없었다.

12월 하순에 이르러 모스크바 집행위원회로부터 대회 개최지가 모스크바로 바뀌었다는 연락이 왔다. 여운형이 그의 회상기에서 회의장소가 바뀐 데 대해 "건설기에 들어선 새 러시아의 발랄한 공기를 충분히 호흡케 하려는 기쁜 소식이었다. 모스크바! 레닌이 살고 있는 곳, 신흥 러시아의 ○○○(공산당) 지도자들을 눈앞에 볼 수 있는 모스크바! 우리는 뛰는 가슴을 누르면서 행리를 다시금 수습하였다"[18] 라고 감격하여 기술한 데서 보듯이, 대부분의 한국대표들은 개최지가 변경된 것을 오히려 기뻐했다. 그들은 다른 나라 대표들과 함께 코민테른이 마련한 특별열차편으로 이르쿠츠크를 출발하여 1922년1월7일에 모스크바에 도착했다.

그러나 1921년6월에 발생한 비극적인 자유시 참변(自由市慘變)의 여파로 이르쿠츠크파 고려공산당과 상해파 고려공산당 사이의 갈등은 극도로 심화되었으므로 극동민족대회에 참가할 대표선정에서도 상해파는 완전히 배제되었다. 박진순(朴鎭淳), 이극로(李克魯)와 함께 1921년9월에 모스크바에 도착한 이동휘는 코민테른 집행위원회, 러시아 공산당 중앙위원회 등을 방문하고 이르쿠츠크파와 그 지원자인 코민테른 극동비

---

17) 《新韓民報》 1922년3월31일자, 「靑年黨員의 移動」; 「上海臨時政府의 窮狀과 國民代表會開催에 관해 1922년4월3일에 在上海總領事가 外務大臣에게 보고한 要旨」, 『韓國民族運動史料(中國篇)』, p.290.
18) 「모스크바의 印象」, 『夢陽呂運亨全集1』, p.70.

서부의 슈미야스키의 "불법활동과 공공연한 전횡"을 비판하고 레닌도 면담했다. 이동휘는 코민테른의 지시대로 양파의 연합을 위한 연합중앙간부를 구성하고 이르쿠츠크로 갔으나, 이르쿠츠크파와의 타협은 제대로 이루어지지 않았다. 결국 그는 극동민족대회에 참가하지 못했고, 자신의 대리로 모스크바에 주재하고 있던 박진순도 대회참가를 저지당하고 각국 대표들이 묵고 있는 코민테른의 럭스 호텔(Lux Hotel)에서도 쫓겨났다.[19]

결국 상해파는 모스크바의 유학생들과 노동자 대표 4명을 포함한 7명의 대표를 대회에 참가시키는 것으로 만족해야 했다.[20]

3

극동민족대회는 1922년1월21일 밤에 크레믈린 궁전 안의 극장에서 개막되어 2월2일까지 계속되었다. 대회자격심사위원회의 보고에 따르면 이 대회에 참석한 대표자는 모두 9개국에서 온 144명이었는데, 그 가운데 한국대표가 52명으로서 전체 참석자의 3분의 1이 넘었다. 대회가 끝날 무렵에는 한국대표자는 56명으로 늘어났다. 한국대표 다음으로는 중국대표 42명, 일본대표 16명, 몽골대표 14명 순이었고, 인도에서는 2명이 참석했다.

대회 첫날에 의장단 16명을 선출했는데, 한국대표로는 김규식과 여운형이 선출되었다. 김규식은 한국대표로 연단에 올라 인상적인 연설을 했다. 그는 모스크바는 세계 프롤레타리아트 혁명의 중심지로서 극동 피압박민족의 대표자를 환영하고 있는 것과는 반대로 워싱턴은 세계의 자본주의적 착취와 제국주의적 팽창의 중심으로 존재하게 되었다고 말하고,

---

19) 반병률, 『성재 이동휘 일대기』, pp.351~352.
20) 임경석, 앞의 책, pp.518~519.

크레믈린 궁전에서 열린 극동민족대회의 의장단석. 9개국 대표 144명 가운데 한국대표는 52명으로 3분의 1이 넘었다.

이 대회는 세계의 자본주의와 제국주의에 대한 투쟁의 준비단계라고 역설했다. 그는 다음과 같은 말로 연설을 마무리했다.

"동지 여러분! 우리 앞에는 대단히 큰 전투가 있습니다. 지금 우리는 극동의 피압박 인민과 혁명조직은 함께 나아가지 않으면 안된다는 것을 깨닫게 되었고, 장래의 운동을 함께 계획하게 되었습니다. 우리는 어떤 계획을 세워야 되겠습니까. 제국주의자에 의하여 그 국경의 모든 지점에서 가해진 모든 고난에도 불구하고 지난 날 소비에트공화국이 보여 준 용기와 에너지를 우리가 이 대회에서 자기의 것으로 만드는 것은 나의 희망이며, 분명히 모든 사람의 희망입니다. 그리고 우리는 동양의 프롤레타리아트가 이른바 세계 자본주의와 제국주의를 진압하고 타도할 강력한 힘이 되어 일어서도록, 그 지식을 극동의 프롤레타리아트에게 전하고 싶습니다. 그리고 이 대회로부터 세계의 모든 제국주의적, 자본주의적 체제를 잿더미로 돌려 버릴 불을 러시아의 운동에서 얻고 싶습니다. 나는 전 대표단의 이름으로 이 극동의 혁명적 인민대회에 다음과 같은 희망을 표명하고 싶습니다.

'이 위대한 운동의 보루이며 지도세력인 공산주의 인터내셔널 만세! 제국주의의 세계열강에 대항하고 있는 위대하고 강력한 힘의 보루인 소비에트 러시아 만세! 세계 제국주의와 세계 자본주의를 철저하게 타도하기 위한 극동의 프롤레타리아트와 서양의 프롤레타리아트, 나아가 전 세계의 프롤레타리아트의 단합된 투쟁 만세!'[21]

파리강화회의에 참석한 각국 대표들과 미국정부와 의회를 상대로 청원외교를 벌였던 크리스천 김규식은 이제 이처럼 놀라운 변신을 하고 있었다. 그의 이러한 주장은 아마도 회의에 참석한 대부분의 한국대표단의 공통적인 인식이었을 것이다. 김규식은 이 회의에 이르쿠츠크파 고려공산당의 '후보당원'으로 등록했다. 또한 김규식은 모스크바에 머무는 동안 영국 공산당기관지에 「아시아 혁명운동과 제국주의」라는 논문을 기고하고, "미국은 '이타적' 및 '민주주의적'인 가면을 쓰고 흡혈귀와 같은 세 나라와 무서운 4개국조약을 맺은 워싱턴회의에서 그 가면을 벗어던졌다"[22]라고 미국을 비판했다.

극동민족대회는 모두 12회의 본회의가 열려, (1) 국제정세와 워싱턴회의의 결과, (2) 각국정세보고, (3) 민족·식민지문제와 그것에 대한 공산주의자의 태도, (4) 선언의 네가지 주요 의제가 토의되었다. 맨 먼저 「국제정세와 워싱턴회의의 결과」를 보고한 코민테른 집행위원장 지노비예프(Grigory Y. Zinovyev)는 워싱턴회의에서 4개국조약이 체결된 것은 "네마리 흡혈귀의 동맹"이라고 비난했다. 그는 워싱턴회의에서 한국문제가 어떻게 처리되었는지와 관련하여 다음과 같이 말했다.

"한국해방운동의 일부 활동적인 멤버들조차도 어떤 기적이 일어나지 나 않을까, 무언가 한국문제가 명료해지는 결과가 뒤따르지 않을까 하

---

21) コミンテルン 編, 高屋定國·辻野功 譯, 『極東勤勞者大會 議事錄全文』, 合同出版, 1970, pp.36~37.
22) Kim Kyu-Sik, "The Asiatic Revolutionary Movement and Imperialism", *The Communist Review*, July 1922, The Communist Party of Great Britain, pp.137~147.

는 생각에서 워싱턴에 희망을 걸고 있었음을 우리는 알았습니다. 그런데, 무엇이 일어났습니까. 마치 지구상에 한국이 존재하지 않는 것처럼, 마치 한국의 존재를 들어본 적도 없는 열강이 워싱턴에 모인 것처럼, '한국'이라는 단어는 워싱턴회의에서는 한마디도 언급되지 않았습니다.… 이러한 사실은 아마도 누가 더 한국을 억제해야 하는지에 대해 이 신사들이 무대 뒤에서 의견을 교환하는 데 방해가 되지는 않았을 것입니다. 만일 한국 인민이 무언가 교훈이 필요하다면, 그때에는 워싱턴에서의 침묵이 준 것 이상으로 납득이 가는 교훈을 그들은 얻을 수 없으리라고 나는 생각합니다."[23]

지노비예프는 이어 앞으로의 운동방향과 관련하여 매우 주목할 만한 발언을 했다.

"본 대회는 모든 한국의 혁명가들에게 유럽이나 미국의 선진적인 혁명적 노동자들과의 긴밀한 동맹에 의하지 않는 다른 방법으로 한국의 민족문제가 해결될 수 있다는 희망의 미련을 그들 자신으로부터도, 인민으로부터도 단호히 불식해야 한다는 것을, 그들의 독자적인 신조에 관계없이, 성의 있는 형제적인 방법으로 말하지 않으면 안됩니다. 그들은 민족문제의 해결을 위하여 제국주의자와 협정을 성립시키려고 노력함으로써 어떤 타협이 가능할 것이라는 생각을 깨끗이 버려야 합니다."[24]

이러한 지노비예프의 연설에서 표명된 코민테른의 한국문제에 대한 기본정책은 대회에서 채택된 결의문에서 구체적으로 표명되었다.

대회에서는 한국문제에 관하여 세가지 보고가 있었다. (1) 워싱턴회의와 그것의 한국에 대한 관계, (2) 한국의 혁명운동, (3) 한국의 경제 및 농민 노동자의 상태와 노동자 농민 대중의 운동이 그것이었다. 이 세가지 보고문은 본회의에 제출되기 전에 한국대표들로 구성된 민족별 분과회

---

23) コミンテルン 編, 高屋定國·辻野功 譯, 『極東勤勞者大會 議事錄全文』, p.52.
24) 위의 책, p.60.

의에서 토의되었는데, 이들 보고문의 초안은 코민테른 극동비서부 고려부가 주관하여 작성한 것이었다.[25] 한국문제에 관한 결의안도 분과회의에서 채택되었을 것인데, 『의사록』에는 보이지 않는다.

모스크바 극동민족대회에 참석하고 레닌과 트로츠키(Davidovich I. Trotskii)를 만났던 여운형은 뒷날 이때에 레닌이 (1) 한국의 계급운동자는 민족운동을 먼저 하고, (2) 임시정부를 개혁하라고 말했다고 진술했다. 흔히 인용되는 여운형의 이 조선총독부 신문조서 내용은 면밀히 톺아볼 필요가 있다.

—— 러시아쪽에서 대표자는 누가 출석했는가?

"레닌, 트로츠키 등이 있었소. 레닌은 그 뒤에 회견하고 의견교환을 했소. 트로츠키는 초대회 뒤에 회견했으나 그는 영어가 능통하지 않아 잠깐 이야기했을 뿐 거의 이야기하지 않았다고 해도 될 정도였소."[26]

—— 조선의 운동에 대한 방침은 어떠했는가?

"조선에서는 아직 공업이 발달하지 않았고 게다가 계급의식이 유치하기 때문에 계급운동은 시기상조이다, 조선은 농업국으로서 일반 민중은 민족운동에 공명하고 있기 때문에 계급운동자는 독립운동을 후원 지지하라는 방침을 결정하였고, 그리고 상해임시정부는 명칭이 너무 과대하고 실력은 이에 따르지 못하는 흠이 있으므로 임시정부의 조직을 개혁할 필요가 있다고 결의한 바 있었으며, 그 밖에 레닌으로부터 일본의 무산계급은 의회운동을 표방하고, 중국에서는 국민당과 손을 잡고 그 운동을 진행하며, 조선에서는 임시정부를 지지 후원하는 것이 타당하다고 지시한 바 있소."[27]

여운형은 한달 뒤의 신문에서 레닌을 만났던 일을 더욱 자세히 진술했다.

---

25) 임경석, 앞의 책, p.535.
26) 「呂運亨公判調書」(1929.8.6.), 金俊燁·金昌順 共編, 『韓國共産主義運動史 資料集 I』, p.334.
27) 「呂運亨公判調書」(1929.7.18.), 위의 책, p.246.

── 레닌 등의 동방정책, 곧 민족해방에 관해서는 어떤 견해를 가지고 있는가?

"나는 모스크바에서 레닌을 만났소. 만날 때까지는 러시아는 조선에 공산주의를 그대로 선전하는 것이 아닌가 하고 걱정했었는데, 만나니까 레닌은 조선의 교통, 국어에 대하여 물었으므로, 교통은 자동차로 하루면 (어디든지) 도달할 수 있을 정도이고 말은 한가지라고 대답하자, 레닌은 조선은 이전에는 문화가 발달해 있었으나 지금은 민도가 낮아서 지금 당장 공산주의를 실행하는 것은 잘못이기 때문에, 지금은 민족주의를 실행하는 편이 낫다고 했소. 이는 나의 이전부터의 주장과 합치되는 말이었소."28)

여운형이 어떤 기회에 레닌을 만났고, 또 그가 진술한 레닌의 말이 정확한 것인지는 다른 문헌으로는 확인할 수 없다. 그러나 이 정책은 이미 1920년 7~8월에 열렸던 코민테른 제2차 대회에서 발표한 레닌의 「민족문제와 식민지문제에 관한 테제 초안」에 밝혀져 있는 것이었다.29) 모스크바에서 돌아온 여운형은 임시정부의 "개혁"을 위한 국민대표회의의 소집에 적극적으로 나섰다.

위와 같은 레닌의 지침은 대회에 제출된 장문의 「한국의 혁명운동」이라는 보고서의 다음과 같은 마무리말로도 확인된다.

한국의 혁명집단이 급격히 붉게 물들고 있는 것은 공공연한 비밀이다. 그러나 임시정부를 그들의 중앙조직이라고 생각하고 있는 친미분자와 종교 ── 특히 기독교 신자 ── 가 아직도 많이 존재한다는 사실을 잊어서는 안된다. 그리고 그들의 힘은 그 젊은 역사, 그 조직, 그 직원을 가진 임시정부 때문에 그렇게 빨리 쇠퇴하지는 않을 것이다.

---

28) 「呂運亨公判調書」(1929.8.6.), 같은 책, p.349.
29) 이정식, 『여운형: 시대와 사상을 초월한 융화주의자』, 서울대학교출판부, 2008, p.324.

그러나 그들 가운데 한층 지적인 분자가 독립운동에 관련하고, 그들의 방법을 변경할 필요성을 깨닫고 있는 것도 사실이다. 고려공산당의 정책은 첫째로 나아갈 단계로서 제국주의 열강의 착취에 대하여 한국인 대중을 통일된 입장으로 결집시키는 일이며, 한국 인민의 순수한 해방을 위하여 노력하는 일이다. 이 두가지 주요한 목적을 가지고 고려공산당은 전 한국혁명운동의 통일을 가능한 한 원조하기로 결정하였다.…

말하자면, 한국혁명의 첫번째 단계는 제국주의 열강의 착취에 대한 민족해방을 위하여 투쟁하는 것이고, 두번째 단계는 한국 인민의 "순수한" 해방, 곧 계급혁명을 위하여 투쟁하는 것이라고 천명한 것이다. 그러면서 이 보고문은 이러한 목표를 실천하는 수단이 이미 취해지고 있다고 자랑스럽게 천명했다.

고려공산당은 모든 여러 종류의 분자를 조화롭고 통일된, 그리고 포괄적인 중앙혁명지도기관으로 인도하기 위하여 각각의 대표를 국민선거위원회로 집결시킬 수 있도록 다양한 그룹의 현재의 운동과 직접 간접으로 협동하고 있다. 지금 말한 위원회를 소집할 준비에 착수하기 위하여 여러 지방에서 온 대표들로 구성된 조직위원회가 현재 상해에 있다.…[30]

보고서에서 말하는 "국민선거위원회"란 상해에서 추진되고 있는 국민대표회의를 뜻하는 것이며, 그것을 위한 각 지방에서 온 대표들로 구성된 "조직위원회"란 국민대표회의 주비위원회를 말하는 것이었을 것이다.

---

30) 『極東勤勞者大會 議事錄全文』, pp.141~142.

이 보고서를 대회에서 발표한 사람도 김규식이었다.[31]

극동민족대회가 열리고 있는 1922년1월30일에서 2월1일까지 모스크바에서 제1회 극동혁명청년대회가 열렸다. 민족대회에 참가하고 있는 청년단체 대표 70명이 이 회의에 참가했는데, 한국에서는 상해 고려공산청년회 서기 김단야,《독립신문》대표 임원근, 서울의 조선청년연합회 대표 이무(李茂) 등 8개 청년단체 대표 21명이 참가했다.

극동민족대회의 마지막 날인 2월2일의 회의는 장소를 페테르그라드로 옮겨 페테르그라드 소비에트와 공동주최로 우리츠키 궁전에서 열렸다. 대회는「선언」과 2개항의「결의문」을 채택하고 폐회했다. 폐회에 즈음하여 한국대표단을 대표하여 현순이 연설을 했다. 그는 워싱턴회의는 극동인민을 착취하고 억압하기 위한 제국주의자들의 단결이었고, 이 대회는 동양과 서양의 단결이자 프롤레타리아트의 국제적 단결이라고 주장했다.[32]

극동민족대회는 코민테른이 워싱턴회의에 대항하여 워싱턴회의의 모순점을 부각시키기 위하여 개최한 것인데, 워싱턴회의와 모스크바 극동민족대회가 아시아지역의 여러 가지 문제에 대하여 취한 대응 가운데 가장 대조적인 것이 바로 한국문제에 관한 것이었다. 워싱턴회의가 한국문제를 전혀 무시했던 것에 비하여 모스크바대회가 한국의 독립문제를 전면적으로 지지하고 그것을 위한 한일 간의 협력의 필요성까지 시사한 것은, 한국대표들로 하여금 소비에트 러시아와의 연대의 필요성과 공산주의 이데올로기의 정당성을 더욱 절감하게 했을 것이다.[33]

대회가 폐막된 뒤에 각국 대표단은 모스크바를 떠났다. 한국대표단은 대부분 이르쿠츠크까지 함께 돌아왔다가 거기서부터는 몇 사람씩 짝을 지어 개별적으로 행동했다. 상해에서 출발한 대표자들은 거의 3월 초

---

31) 임경석, 앞의 책, p.534.
32)『極東勤勞者大會 議事錄全文』, pp.299~300.
33) 長田彰文,『日本の朝鮮統治と國際關係: 朝鮮獨立運動とアメリカ 1910-1922』, p.371.

순에서 하순에 걸쳐서 돌아왔다.[34] 김규식은 최창식과 함께 몽골을 거쳐서 6월17일에야 상해로 돌아왔다.[35]

4

이승만의 특사로 파견된 임시정부 외무총장 대리 이희경(李喜儆)이 외무차장 안공근(安恭根)과 함께 모스크바에 도착한 것은 극동민족대회가 열리고 있을 때였다. 이희경은 베를린에 머물 때인 1921년9월26일에 그곳 소비에트 사절단을 통하여 외무인민위원회 위원장 치체린(Georgii V. Chicherin)에게 회견을 요망하는 편지를 보냈으나[36] 회답은 받지 못했다.

모스크바에 도착한 이희경은 이때부터 6개월 동안이나 모스크바에 머물면서 세 차례 치체린에게 편지를 보냈다. 극동민족대회가 끝난 직후인 1922년2월7일에 보낸 첫번째 편지에서 이희경은 자신은 임시정부로부터 한형권(韓馨權)의 "경거망동"을 조사하기 위하여 전권을 위임받은 대표라고 말하고, 한형권의 활동에 대해 정확한 정보를 제공해 줄 것을 요청하면서 10개항의 질의사항을 들었다. 중요한 내용은 다음과 같은 것이었다.

(1) 한형권이 소비에트 정부에 자신을 대한민국임시정부의 밀사라고 소개하고 교섭을 시작한 시기는 언제인가?

(2) 한형권이 소비에트 정부와 체결한 협약 조항들, 곧 소비에트 러시아의 대한민국임시정부 비밀 승인, 러시아 영토 안에 한국군 장교 양성을 위한 군사시설 설치, 한국 군대에 대한 무기와 군복 제공, 금화 200만루

---

34) 日本外務省, 『外務省警察史 支那之部〈未定稿〉6』, 高麗書林, 1989, p.102.
35) 《獨立新聞》1922년6월24일자, 「金奎植氏歸滬」.
36) 「이희경이 러시아외무인민위원회 위원장 치체린에게 보낸 편지」(1921.9.26.), 『대한민국임시정부자료집 별책(5) 국민대표회의 I』, p.268.

블의 차관 제공은 사실인가?

(3) 위에서 언급한 협약은 언제 체결되었으며, 문서형태로 이루어졌는가 아니면 구두협약에 그쳤는가?

(4) 소비에트 러시아 정부는 위의 금액[200만루블] 가운데 한형권을 통해 대한민국임시정부 앞으로 40만루블을 지출했는가?

(5) 위의 내용 이외에 체결된 다른 협약은 없는가?

(6) 한형권과 고창일(高昌一)이 1921년에 상해로 떠날 때에 소비에트정부가 그들의 여행경비로 금화 40만루블을 지급했다는 것을 확인할 수 있는 근거가 있는가?[37]

이러한 편지내용은 한형권에게 지급한 자금과 일본신문에 보도되기도 한 한러 밀약설에 대하여 임시정부가 그 실상을 분명히 파악하지 못하고 있었음을 말해 준다. 이희경의 이러한 질의편지에 대해서도 치체린으로부터는 아무런 반응이 없었다.

40여일이 지난 3월22일에 이희경은 두번째 편지를 보냈다. 이 편지에서 이희경은 자신이 "방해공작을 받고 있어서" 신임장을 전달할 기회를 얻지 못하고 있다고 말하고, 일이 계속 지연될 경우 사절단이 모스크바에 파견된 경위와 현재의 상황에 관한 성명서를 준비하겠다고 통보했다.[38]

두번째 편지를 보내고 두달이나 지난 5월20일에야 이희경은 안공근과 함께 러시아 정부 당국자들을 만날 수 있었다. 이희경은 3·1운동 이후의 임시정부의 활동상황을 설명한 뒤에 이동휘, 김규식, 이승만 세 사람에 대해 논급했다. 그것은 러시아 정부 당국자들의 질문에 대한 답변이

---

37) 「대한민국임시정부 특별전권대표 이희경이 소비에트 러시아 외무인민위원회 위원장 치체린에게 보낸 외교문서」(1922년2월7일자, 모스크바), 보리스 박, 『소비에트, 코민테른 및 한국해방운동, 1918–1925』, pp.89~90, 고정휴, 「상해임시정부의 초기 재정운영과 차관교섭: 임시대통령 이승만의 역할을 중심으로」, 《韓國史學報》 제29호, p.230에서 재인용.

38) 「대한민국임시정부 특별전권대표 이희경이 소비에트 러시아 외무인민위원회 위원장 치체린에게 보낸 외교문서」(1922년3월22일자, 모스크바), 보리스 박, 위와 같음, 고정휴, 위의 글 p.231에서 재인용.

제39장 모스크바 극동민족대회에 몰려간 '혁명가'들   **467**

었을 것이다. 이희경은 이동휘에 대해서는 매우 부정적으로 평가했다. "대한민국 정부의 과오는 소비에트 정부와 올바른 관계를 정립하는 데 이동휘가 도움이 될 것이라고 지나치게 기대했다는 점에 있다"라고 그는 말했다. 김규식에 대해서는 "금전문제로 이동휘와 다투었고, 최근에 살해된 김립(金立)이 돈을 더 이상 주지 않자 그제서야 공산당에 입당했다"라고 비난했다. 이승만에 대해서는 그의 간단한 이력과 함께 3·1운동을 전후한 시기의 그의 활동을 긍정적으로 소개했다. 논란이 되었던 위임통치 문제에 대해서는 그것은 3·1운동 이전의 일이고 이승만의 와병 중에 발생한 일이었다고 설명했다. 이희경은 다음과 같은 말로 러시아 당국자와의 면담을 끝냈다.

"대한민국 정부는 모든 것을 이용하고자 노력하고 있습니다. 이 점은 충분히 이해할 만한 것입니다.… 그러나 한국의 공산주의자들은 민족해방운동에 참여하려고 하지 않았고, 이로 인해 모든 일이 혼란스러워졌습니다. 그들은 돈을 많이 가지고 있으면서도 성과는 그다지 내지 못한 것으로 보입니다. 대한민국 정부는 열악한 물질적 환경에도 불구하고 의기소침하지 않습니다. 한국 민중의 정신이 강인하기 때문입니다. 대한민국 정부는 일본과의 투쟁을 위해 모든 힘을 규합하는 데 우선적으로 노력을 기울일 것이며, 일정한 조건 아래서는 코민테른과 함께 일하는 데 동의할 수도 있습니다. 그러나 오직 외무인민위원회를 통해서만 할 것입니다. (러시아 정부가) 만일 대한민국 정부의 의도를 분명히 이해한다면, 우리 사절단은 (양국 관계의) 토대가 마련되었다고 생각하고 만족하여 돌아가겠습니다. 그러나 우리에게는 우리 정부에 보고할 수 있을 만한 어떤 답변이 필요합니다."

위와 같은 이희경의 설명에 대해 안공근은 확인하는 서명을 했다.[39]

이희경의 이러한 말은 대한민국임시정부는 소비에트 러시아와의 관계

---

39) 「대한민국임시정부 사절단원의 구두보고」(1922년 5월 20일자, 모스크바), 보리스 박, 같은 책, pp.107~114, 고정휴, 같은 글 pp.231~232에서 재인용.

수립을 위하여 코민테른과도 협력할 수 있지만, 그 창구는 오직 외무인민위원회가 되어야 한다는 점을 분명히 한 것이었다. 그것은 이승만의 입장을 반영한 것이었음은 말할 나위도 없다.

이렇게 하여 특별한 성과 없이 모스크바를 떠난 이희경은 8월15일에 베를린에서 치체린에게 마지막 편지를 보냈다. 그것은 임시정부의 최후통첩과 같은 것이었다. 이희경은 이 편지에서 "우리 정부는 우리 정부와 민중의 공식적인 대표로서 한(형권)과 귀 정부 사이에 발생했던 모든 일을 인정하지 않는다는 점을 귀하에게 통보합니다"라고 말하고, "귀하의 의도가 아무리 좋은 것이었다고 하더라도 만일 귀하가 한(형권)이나 그 밖의 참칭자(僭稱者)들과 협상을 벌인 것 때문에 우리 정부나 민중에게 어떤 손실이 생기게 된다면 귀 정부가 그 결과에 대한 책임을 져야 할 것을 귀하에게 통보합니다"라고 못박았다. 이렇게 하여 이승만이 시도했던 소비에트 러시아와의 교섭은 아무런 성과없이 끝나고 말았다. 이때는 이미 볼셰비키 정부나 코민테른의 관심은 새로운 "중앙혁명지도기관"의 수립을 위한 국민대표회의에 쏠리고 있었다.

2. 독립운동 분열시킨 모스크바 자금

1

상해 독립운동자 사회에는 워싱턴회의가 끝나기도 전에 풍파가 휘몰아 닥쳤다. 국무총리 대리 신규식(申圭植)이 워싱턴회의가 끝나기 전인 1921년12월19일에 이승만에게 "정부 변경 음모 있소. 만일 우리가 있어서 유지 못하면 어찌 작정할지 곧 지시하시오"[40] 라고 다급하게 전보를 친 것이 상황의 심각성을 짐작하게 한다.

신규식이 말하는 "정부 변경 음모"란 안창호(安昌浩)와 여운형의 주동으로 추진되고 있는 국민대표회의의 개최 움직임을 뜻하는 것이었을 것이다. 이 무렵에 이승만이 작성한 「경고동포문(警告同胞文)」이라는 긴 성명서에는 그의 국민대표회의에 대한 인식과 반대파들에 대한 반감이 어떠했는지가 그대로 드러나 있다. 자신을 "이 박사"로, 안창호를 "안 선생" 등으로 호칭한 이 성명서는 발표자의 명의를 밝히지 않았다.

이승만은 먼저 "지금 국민대회를 주창하는 이들이 선언하되 우리 재외한인의 통일은 국민대회를 열어야 이룰 수 있다 하니, 국민대회만 한번 열면 박용만(朴容萬), 이동휘, 안창호, 김규식 제씨가 일시에 대번에 개오[改惡: 잘못을 뉘우쳐 깨달음]하고 일심단결하겠는가. 만일에 이러한 희망이 있었더라면 과거 3년에 어찌하야 국무원(國務院)에서 자복회(自服會) 대신에 국민대회를 발기하지 않았던고"라고 비꼬았다. 또 안창호와 김규식에 대해서는, 1921년2월에 박은식(朴殷植), 원세훈(元世勳), 최동오(崔東旿) 등 14명이 국민대표회의 소집을 제의하는 성명서를 발표했을 때에는 안창호와 김규식이 박은식에게 항의하다가 불미스러운 광경까지 벌어졌다더니, "지금은 어찌하야 선생이 국민대회를 주창하매 그 종졸(從

---

40) Shinkiusic to Washington D.C., Dec. 19, 1921, *The Syngman Rhee Telegrams*, vol. Ⅳ., p.250.

卒)들이 동성향응(同聲響應)하는 모양이니, 2월 이후로 시국이 이렇게 변함이냐 인심이 이렇게 변함이냐"하고 힐난했다. 그러고는 통일이 못되는 것은 국민 때문이 아니라 인도자들의 지방열과 당파성과 권리욕 때문이므로 국민대회를 폐지하고 그 대신에 "인도자대회"를 열어서 일치단결할 방안을 강구할 것을 제의했다.

이승만은 국민대표회의 주장자들의 저의는 요컨대 국민대표회의의 이름으로 대통령을 축출하려는 것이라고 잘라 말했다.

> 시국문제를 해결키 위하야 국민대회가 필요하다 함은 대통령 일인으로 인연하야 통일이 못되니 대통령의 거취를 국민대회로 결정하자는 주지라. 한성에서 13도 대표가 공식으로 선거하고 세계에 공포한 대통령을 지금에 상해의 몇몇 인사가 국민대회라든지 무슨 다른 대회라든지 명칭을 하여가지고 그 진퇴를 결정하자 하면 그 결정이 잘 되겠으며, 결정이 잘 되면 내외인민이 일심 복종하겠으며, 각국 인들은 이를 정당한 결처로 인정하겠는가. 과거 양년에 대통령이 워싱턴에서 외교사무에 전력할 때에는 누구의 책임으로 상해의 통일이 못되었는가…[41]

이승만은 임시정부의 유지방안으로서 인도자들이 국가대사에 손잡고 병진하기 어려우면 "차라리 있을 사람은 있고 갈 사람은 가되, 그중에 합의될 만한 이들끼리 협동하야 인원을 축소하며 비용을 절약하야 정부의 명의나 보존하고 광복사업에 전력을 기울임이 가한지라"하고 반대파들과의 결별을 공언했다.[42] 그러나 그것이 임시정부의 유지책이 될 수는 없었다.

---

41) 李承晩, 「警告同胞文」, 『雩南李承晩文書 東文篇(八) 大韓民國臨時政府關聯文書 3』, pp.519~520.
42) 위의 글, pp.530~531.

1922년에 접어들면서 사태는 더욱 심각해졌다. 임시정부에서는 신규식을 비롯하여 이시영(李始榮), 신익희(申翼熙), 김인전(金仁全), 조완구(趙琬九), 윤기섭(尹琦燮)이 연명으로 총사직하겠다면서 이승만에게 동반사직을 권고하는 전보를 쳤다.

두번 전보는 보셨을 듯. 워싱턴 외교에 인심 실망. 불량배는 이를 기회로 삼아 정부 요동운동 시작하오. 유지 진행할 실력 없은즉 대국과 우리 신분과 장래 위하야 총사직함이 제일 필요하므로 우리는 정했소. 각하도 일치하거든 사직서를 국회에 전보로 내시오. 이리하면 우리 전도와 국민공론이 있겠소이다. 악배(惡輩) 죄악과 소수 소위 국민대표회 불가함과 우리 고충을 총사직서와 같이 선포하라고 전보로 답하시오.[43]

내무총장 이동녕(李東寧)의 이름이 빠진 것은 그는 몇달 전부터 칭병하고 항주로 내려가서 상해에 없었기 때문이다. 이승만은 각원들의 사직을 만류하는 전보를 쳤으나, 각원들의 태도는 결연했다. 이동녕까지 함께 다음과 같이 답전을 보냈다.

전보 받았소이다. 우리는 이 전보로 총사직하오. 이유는 이러하오. 무재 무능하야 대업 진전 못하고 악배 징치 못함이오. 결코 다른 까닭 없소. 의회 소집은 2월8일로 정하였소.[44]

이승만은 마침내 자기도 사직하겠다고 배수의 진을 쳤다. 그러나 워

43) Shinkiusic, Yisiyong, Cynnecky, Kiminjun, Chowankoo, Yunkisup to Hanin, Washington, Jan. 12, 1922, *The Syngman Rhee Telegrams*, vol. IV., p.261.
44) Shinkiusic, Yitongnung, Yisiyong, Sonjungdo, Kimenchun to Hanin Washington, Jan. 16, 1922, *op. cit.*, vol. IV., p.263.

싱턴회의가 폐회하기 전에는 공표하지 말고, 후임자가 정해질 때까지 시무하라고 다음과 같이 타전했다.

미국, 하와이, 멕시코 민심은 정부 유지하려 하나 총사직하면 나도 같이 하리니, 내 사면장을 의정원에 제출해 주시오. 워싱턴회의 폐회 전에 선포하면 우리 책망. 이삼 주야 후에 선포함이 가하오. 제공의 고충을 다 양해하니 시비할 이 없으나, 난국이 될 것을 보고 일어나기도 차마 할 수 없으니, 후임자 내기까지 시무하게 하시오. 의정원에 대통령 공함, 위원부 예산표, 공채표 보고 지난 주일에 갔소.[45]

이승만이 곤경에 빠졌을 때에 그를 구원해 주는 것은 역시 하와이 동포들이었다. 하와이 교민단은 1월20일에 임시정부로 1,000달러를 송금하고 나서 이튿날 민찬호(閔燦鎬), 안현경(安玄卿), 이종관(李鍾寬) 세 사람 이름으로 이승만에게 "내지 동포 충성 잊지 마시오. 사면하심 불가하오. 힘껏 해갑시다"라는 격려의 전보를 쳤다.[46]

이승만이 1월25일에 임시정부로 "하와이에서 1,000원 우선 갔으니, 각원 다 있어야 내가 나서서 재정 얻겠고, 여기 경비도 줄이겠소. 제공 다 나가면 총리만이라도 있기 작정해야 돈 얻을 계획 확정하리니 속답하시오"[47]라고 타전했다가, 이튿날 다시 "국무총리 신규식 각하 각원 총사직 공식으로 받은 것 아니니 좀더 인내하시오"[48]라고 타전하는 것을 보면, 이때에 이승만이 각원들의 총사직에 대하여 얼마나 낭패스러워하고 있었는지 짐작하게 한다.

그러나 임시정부 각원들은 그들대로 고충과 불만이 막심했다. 국무

45) Yisungman to Kopogo, Jan. 17, 1922, *ibid.*, p.264.
46) Min, Ahn, Lee to Hanin, Jan. 21, 1922, *ibid.*, p.269.
47) Wonam to Shinkiusic, Jan. 25, 1922, *ibid.*, p.270.
48) Daitongyung Yisyngman to Kopogo, Jan. 26, 1922, *ibid.*, p.271.

회의가 이동휘와 김립의 "죄상"을 성토하는 결의를 하고 그것을 이승만에게 다음과 같이 타전한 데서 그러한 사정을 느낄 수 있다.

사직은 공식 선포 아니하였으나 실행해 봅시다. 다만 후계자 정돈 없이 퇴직하는 것 어려워서 아직 시무하오. 각원들이 사직 결심과 고충을 포고하려는데 각하도 평일부터 추현양능[推賢讓能: 현명한 사람을 추천하고 유능한 사람에게 물려줌]코자 하는 본심을 국민에게 다시 알려 주시고 경성[警醒: 잠을 깨움]시킴이 가할 듯. 허락하시면 이곳서 문자를 신중하게 작성하야 발포하겠으니 지시하소서. 이동휘 김립 모든 죄상을 국무회의 의결로 우선 공보에 선포합니다. 이희경 모국으로 가게 함이 마땅하오.[49]

이 전문으로 보면, 임시정부는 이희경이 러시아로 간 것을 이때까지 모르고 있었다. 임시정부는 1월26일에 국무총리 대리 외무총장 겸 법무총장 신규식, 내무총장 이동녕, 군무총장 노백린(盧伯麟), 학무총장 대리 차장 김인전, 재무총장 겸 노동총판 이시영, 교통총장 손정도가 연서한 「임시정부포고 제1호」를 발표했다. 포고문은 독립운동에 방해되는 공적으로 이동휘, 김립, 김희선(金羲善) 세 사람을 지목하고 이들의 "죄상"을 다음과 같이 열거했다.

어찌 요량하였으랴. 이제 우리 독립당의 분자, 특히 영수 중에서 이런 부류를 낼 줄은 실로 몽상조차 하지 못한 일이다. 우리가 관여할 바는 도의에 있고 형정(刑政)에 있지 않다. 그러나 이러한 자들을 응징하지 않으면 국기가 서기 어렵다. 그러므로 그 죄를 들어 국인 공주[共誅: 함께 죄인을 죽임]의 의를 밝힌다.

---

49) Kopogo to Hanin, Washington, Feb. 4, 1922, *ibid*., p.283.

이동휘는 그 직이 중임에 있으면서 김립과 더불어 간사한 사건을 만들어 한형권을 이웃나라에 비밀리에 파견하여 이웃나라의 후의로 거금을 정부에 증여하게 하였는데, 김립으로 하여금 중도 횡령케 하고 도리어 죄를 전 각원에 돌리어 정부를 파멸케 하려고 도모한 그 죄는 천인이 다같이 불허하는 바이다.…

김립은 이동휘와 결탁하여 마침내 국금을 횡령하여 사탁[私橐: 개인 주머니]을 채우고 동류를 모아 공산(共産)이라는 미명 아래 숨어서 간사한 모의를 하고 있으니, 그 죄 극형에 처해 마땅하다.… 덮어만 두려 하다가 일이 여기에 이르게 된 것은 정부의 책임이다. 그러므로 대개를 선포하여 동포의 공화(共和)를 구하는 바이다. 어찌 말하기 쉬우랴만 또한 실로 부득이한 일이다.[50]

김희선은 군무차장이라는 요직에 있다가 조선총독부에 투항한 것이 성토되었다. 주목되는 것은 김립의 죄를 "극형"에 해당한다고 선포한 점이다. 그것은 임시정부 공금횡령범으로 지목된 김립에 대한 공개적인 사형선고나 마찬가지였다. 신규식 등이 이승만에게 보낸 전보에서 "악배"라고 지칭한 것은 바로 김립이었다. 그리고 그 사형집행은 경무국장 김구에게 맡겨졌다.

2

박진순과 한형권이 볼셰비키 정부로부터 지원받은 40만루블의 자금 대부분은 김립이 상해로 가져와서 임시정부에 보고도 하지 않고 임시정부의 제도변경 추진과 상해파 고려공산당의 조직활동비 등으로 썼다. 이 자금은 고려공산당 조직활동비 말고도 이동휘가 탈퇴한 뒤의 임시정부

---

50) 「大正十一(1922)年 朝鮮治安狀況(國外篇)」, 金正柱 編, 『朝鮮統治史料(七)』, pp.99~100.

분열공작 자금 등으로도 사용되었다. 김철수가 이승만과 반목하던 김규식에게 모스크바 주재 외교원이라면서 여비까지 지급한 것이 그 한가지 보기이다.[51]

그 밖에도 이 자금은 김원봉(金元鳳)의 의열단(義烈團) 활동비, 북경에 있는 신채호(申采浩)의 역사서 편찬비, 이극로의 『중로한회화(中露韓會話)』책 제작비 보조 등 다양하게 사용되었다.[52] 청년들에게도 뿌려졌다. 김홍일(金弘壹)은 이때의 일을 "아마 그때 그곳 젊은 사람치고 다소나마 그 돈을 안 써본 사람이 거의 없을 정도였다. 그리고 일부 인사들은 그 돈을 사생활에 사용하여 호사를 누리기도 했다"라고 회고했다.[53]

이러저러한 소문도 뒤따랐다. 한형권이 모스크바 자금을 받아 온 경위와 김립의 자금사용 양태에 대하여 임시정부 인사들이 어떻게 인식했는지는 『백범일지』의 다음과 같은 서술에 잘 표명되어 있다.

마침내 한(형권)이 모스크바에 도착하니 러시아 최고 지도자인 레닌씨가 친히 맞이하며 독립자금이 얼마나 필요하느냐고 물었다. 한은 입에서 나오는 대로 200만루블을 요구하였다. 레닌은 웃으면서 반문했다.

"일본을 대항하는 데 200만루블만으로 될 수 있는가?"

한은 본국과 미국에 있는 동포들이 자금을 조달한다고 답변하였다. 그러자 레닌은 자기 민족이 자기 사업하는 것은 당연하다고 말하고 즉시 러시아 외교부에 명령하여 현금으로 200만루블을 지급하게 하였으나 외교부는 금괴 운반 문제 때문에 시험적으로 일차 40만루블만을 한형권에게 주었다.

한이 시베리아에 도착할 시기를 맞추어 이동휘는 비서장 김립을

---

51) 金綴洙, 앞의 책, p.11, p.399.
52) 위와 같음.
53) 金弘壹, 『大陸의 憤怒』, 文潮社, 1972, p.108.

밀파하여 한형권을 종용해서 그 금괴를 임시정부에 바치지 않고 중간에서 빼돌렸다. 김립은 이 금괴로 북간도 자기 식구들을 위하여 토지를 매입했고, 이른바 공산주의자라는 한인, 중국인, 인도인에게 얼마씩 지급하였다. 그러고서 자기는 비밀리에 상해에 잠복하여 광동(廣東) 여자를 첩으로 삼아 향락하는 것이었다.

이 사건으로 인하여 임시정부에서 이동휘에게 그 죄를 물으니, 이씨는 총리직을 사직하고 러시아로 도주했다. 또한 한형권은 러시아 수도로 가서 통일운동을 하겠다는 이유를 설명하고 다시 20만루블을 가지고 상해에 잠입하여 공산당들에게 금력을 풀어 이른바 국민대표대회를 소집하였다.[54]

공산당의 공식보고에 따르면, 모스크바에서 온 40만루블 가운데 한형권의 활동비로 지급된 6만루블, 김무면[金武冕: 시베리아에서 활동하던 김규면(金圭冕)인 듯]에게 보낸 3만루블, 운반 도중에 없어진 4만8,000루블, 1921년5월에 창당한 상해파 고려공산당에 인계한 15만루블을 제외한 11만루블이 구 한인사회당 간부, 곧 김립의 책임 아래 사용되었다. 그리고 상해파 고려공산당에 인계한 15만루블 가운데 4만5,000루블이 국내조직으로 지급되었고, 중국 및 대만 공산당 보조비로 1만1,000루블, 일본 공산당 보조비로 1만1,500루블이 지급되었다고 한다.[55]

김철수는 이 무렵에 김구가 공산당이 일본 공산당과 연락하는 것을 가리켜 "친일파의 소행"이라면서, "정탐이라도 단군손(檀君孫)이니 동족이요 일본인은 모두 우리의 적일 뿐이다"라고 비난했다고 회고했다.[56]

베르흐네우딘스크(Verkhneudinsk: 지금의 Ulanude)에서 김립과 헤어져서 다시 모스크바로 간 한형권이 외무인민위원장 치체린과 교섭하

---

54) 『백범일지』, pp.311~312.
55) 「大正十一(1922)年 朝鮮治安狀況(國外篇)」, 金正柱編, 『朝鮮統治史料(七)』, pp.191~193.
56) 金綴洙, 앞의 책, p.9, p.396.

여 임시정부의 "내부정리"를 위한 활동비 명목으로 다시 미화 20만달러를 받아가지고 상해에 도착한 것은 1921년11월 말쯤이었다.[57]

한형권이 가지고 온 자금을 둘러싸고 상해 독립운동자 사회는 다시 한번 소용돌이쳤다. 사무실 임대료도 제대로 내지 못할 만큼 자금난을 겪고 있던 임시정부는 그 자금은 임시정부로 보낸 것이므로 당연히 임시정부에 내놓아야 한다고 강력히 주장했다. 그러나 임시정부를 떠나서 국민대표회의 소집을 주동하고 있던 안창호와 여운형 등은 그 자금을 국민대표대회의 개최비용으로 사용할 것을 종용했다. 그런 점에서 임시정부가 1월26일에 새삼스럽게 이동휘와 김립을 단죄하는 「임시정부포고」를 공포한 것은 한형권에 대한 경고의 뜻도 있었다.[58]

뒤에 한형권이 밝힌 이때의 20만달러[26만원]의 사용내역을 보면, 국민대표회의에 준 것이 6만4,975원으로 가장 많았고, "온다간다 하는 여비로 쓴" 돈 5만5,355원, 의열단에 준 돈 4만6,700원, 정부유지운동비 6,335원 등으로 되어 있는데, 그 가운데는 "정부에 준다 하고 잃어 먹은 것"이 3만원이나 된다고 적혀 있다. 상해 동포들의 유일한 자녀교육기관인 인성학교(仁成學校)에 지원한 돈은 고작 135원이었고, 민단에도 500원밖에 지급되지 않았다.[59]

1922년2월8일 오후 2시에 제10회 임시의정원 개원식이 거행되었으나, 출석한 의원은 의장 홍진(洪震: 洪鎭)을 포함하여 모두 16명밖에 되지 않았다. 국무원석에는 국무총리 대리 신규식, 재무총장 이시영, 군무총장 노백린과 함께 정부에서 물러나서 국민대표대회의 소집을 주동하고 있는 안창호도 참석하여 눈길을 끌었다. 김구는 여러 방청객들과 함께 방청석에 앉아서 개원식을 지켜보았다. 애국가 봉창과 국기에 대한 경례에

---

57) 韓馨權, 「臨時政府의 對俄外交와 國民代表會議의 顚末」, 《카톨릭靑年》 8·9합집, pp.68~73.
58) 潘炳律, 「대한민국임시정부와 노령지역 독립운동」, 《대한민국임시정부수립80주년기념논문집(상)》, p.481.
59) 《新韓民報》 1923년11월15일자, 「한형권씨의 26만원 내역」.

이어 의장의 식사와 국무총리 대리의 고사가 계속되었다. 그러나 김구는 줄곧 다른 생각을 하고 있었다. 그것은 이 시간에 임시정부의 "공금횡령범" 김립의 '처단'이 진행되고 있었기 때문이다.

이 무렵 김립은 신변의 위협을 느껴 자신의 소재지를 밝히지 않고 거처를 자주 옮겨 다녔다.[60] 김구는 그런 김립이 중국 구시가의 복잡한 거리에서 중국 여자와 동거하고 있다는 사실을 알아내었다.[61] 그러나 김구의 휘하에는 이제 믿을 만한 행동대가 없었다. 경호원들은 모두 생활 방편을 찾아 제각기 흩어지고 없었다. 계획을 실행할 마땅한 인물을 찾지 못하여 고심하고 있을 때에 오면직(吳冕植)과 노종균(盧宗均: 金東宇)이 김구를 찾아왔다. 두 사람은 황해도 안악 출신의 동갑내기 친구로서 김구의 양산학교 교사 시절의 제자였다. 그들은 상해로 오기 전에《조선일보》와《동아일보》의 안악지국에서 일했다. 오면직은 1921년7월에 임시정부로부터 독립운동 자금모집을 위해 파견된 홍완기(洪完基)를 도와주다가 자기도 신변에 위험이 닥쳐 노종균과 함께 도피생활을 했다. 그러다가 안동현, 봉천, 천진을 거쳐서 1921년11월20일쯤에 상해에 도착하여 김구를 찾은 것이었다.[62]

김구는 그들에게 김립의 죄상을 말하고 김립의 처단문제를 상의했다. 두 사람은 주저하지 않고 자기들이 맡아 하겠다고 나섰다. 김구는 두 사람에게 김립의 사진과 은신처를 알려 주고, 권총 두 자루를 건네주었다. 두 사람은 며칠 동안 김립의 거처를 살피다가 그를 발견하고 미행한 끝에 권총을 쏘았다. 김립은 탄알 일곱발을 맞고 즉사했다.[63]

거사는 바로 임시의정원의 개원식이 거행되는 시간에 이루어졌다. 김립은 동료인 김하구(金河球), 유진희(愈鎭熙), 김철수와 같이 걸어가다

---

60) 「上海在住韓人獨立運動者의 近況」, 『韓國民族運動史料(中國篇)』, p.356.
61) 崔明植, 『安岳事件과 3·1運動과 나』, p.140.
62) 독립운동사편찬위원회, 『독립운동사자료집(11) 의열투쟁자료집』, pp.822~827, pp.832~833.
63) 위의 책, pp.822~827, pp.832~833; 崔明植, 앞의 책, p.104.

가 총탄을 맞았다. 김립이 쓰러지자 김철수는 동료들에게 뒤처리를 맡기고 자기는 그 길로 은행으로 달려가서 예금해 놓은 돈을 다른 곳으로 옮겼다.[64] 임시정부에서도 김립이 가지고 있던 돈의 행방을 쫓았다. 그의 소지품에서 회풍은행(匯豊銀行) 통장을 발견하고 은행에 가서 돈을 찾으려 했으나 그 예금통장은 예금주 본인이 와서 은행에 등록되어 있는 사진과 대조하여 확인해야만 지급할 수 있게 되어 있었다. 그리하여 그 돈은 은행에 몰수당하고 말았다.[65] 김구는 이때의 일에 대해서 "정부의 공금횡령범 김립은 오면직, 노종균 등 청년들에게 총살당하니 인심은 잘했다고 칭찬하며 통쾌해하였다"[66]라고 간략하게 적어 놓았다.

여러 가지 어려움 속에서 개원한 제10회 임시의정원은 의원의 결원 때문에 회의가 제대로 진행되지 못했다. 개회한 지 열흘이 되도록 결정된 것이라고는 전원위원장(全院委員長) 선거와 네 의원의 사직원을 수리한 것뿐이었다.[67] 3월10일의 회의에서 있은 내무차장 조완구의 보고에 따르면 법정 인원 57명 가운데 보선 안된 의원이 모두 32명으로서 과반수를 넘었다. 시베리아지역 의원 6명은 국민의회의 임시정부 불참으로 처음부터 선출하지 못했고, 함경도(6명), 경상도(6명), 전라도(5명), 서북간도(5명) 지방은 선출은 했으나 아직 도착하지 못하고 있었다.[68] 따라서 임시의정원은 이승만을 지지하는 기호파와 안창호 휘하의 서북지방 의원들이 주도권을 다투는 형국이 되어 있었다.

2월18일의 회의에서 새로 도착한 의원들의 자격심사가 있었다. 이때에 김구는 경기도의 황중현(黃中顯), 충청도의 민충식(閔忠植), 하와이의 장붕, 황해도의 김마리아와 함께 황해도 의원으로 보선되어,[69] 2월28일

---

64) 金綴洙, 앞의 책, p.17, p.408.
65) 閔弼鎬, 「大韓民國臨時政府와 나」, 金俊燁 編, 『石麟 閔弼鎬傳』, p.79.
66) 『백범일지』, p.313.
67) 「臨時議政院會議」, 제10회(1922.2.~6.), 『대한민국임시정부자료집(2) 임시의정원 I 』, p.123.
68) 「臨時議政院會議」, 제10회(1922.2.~6.), 위의 책, p.131.
69) 「臨時議政院會議」, 제10회(1922.2.~6.), 같은 책, p.124.

의 회의에서 청원징계위원회 위원으로 선정되었다.[70]

그러나 3월20일 회의에서 차리석 등 세 의원이 "임시의정원 의원은 행정부나 사법부의 관직을 겸대치 않기로 한다"는 의안을 제안하여 정부각료로서 임시의정원 의원을 겸임하는 것이 문제가 되었다. 갑론을박 끝에 이번 회기부터 이 안을 적용한다는 안이 통과되어 김구, 정태희, 김용철(金容喆) 세 사람이 의원직을 사임했다.[71]

이 무렵에 김구의 어머니 곽낙원(郭樂園) 여사가 상해로 왔다. 곽낙원 여사는 며느리와 손자를 상해로 보내고 나서 김구의 장모와 함께 동산평(東山坪)에 같이 살고 있었는데, 사돈이 죽자 그곳 공동묘지에 안장하고 나서 위험을 무릅쓰고 아들을 찾아온 것이었다.[72]

70) 「臨時議政院會議」, 제10회(1922.2.~6.), 같은 책, p.126.
71) 「臨時議政院會議」, 제10회(1922.2.~6.), 같은 책, pp.135~136; 《獨立新聞》 1922년3월31일자, 「議政院議員移動」.
72) 『백범일지』, p.286.

3. 대통령과 각원들에 대한 "불신임" 결의

1

이승만은 워싱턴회의 결과에 실망하고 있는 재미동포들을 격려하고 자금지원을 얻기 위해 1922년2월20일부터 3월 말까지 미국 본토를 여행했다. 큰 성과를 기대할 수는 없는 여행이었지만, 어떤 구차스러운 일도 참고 극복해야 했다. 그러자면 우선 임시정부가 동요하는 일이 알려지지 않아야 했다. 그는 신규식에게 "각원 사직 공식으로 받은 것 아니니 좀더 인내하시오"라고 타전하고 나서,[73] 하와이의 측근들에게 "신규식 총리께 전보하야 미주, 하와이에서 도우리니 사면하지 말라 하시오"라고 타전했다.[74]

또 캘리포니아 리들리(Reedley)에 있는 윤병구(尹炳求)가 임시의정원 앞으로 "미주교민 다수는 내지 동포 다수와 같이 현임 내각을 신임하고 옹호하기 결심이니 참조하십시오"라는 전보를 치겠다고 알려오자,[75] 이승만은 그 전보를 의정원보다 신규식 총리에게 치는 것이 더 좋다면서 "경비를 도우마 하오"[76]라고까지 세심한 주문을 했다. 이처럼 그는 분노와 위기의식을 동시에 느끼고 있었다. 이승만은 임시의정원의 개원에 맞추어 신규식에게 다시 사직하지 말라는 전보를 쳤다.

> 의정원 축하해 주시오. 대표단 해임. 대표집 닫히오. 구미위원부는 약속대로 위원장 사면. 임시정부와 위원부 다 유지 필요하나 돈 어려워 근심. 돈 급하야 나 미주여행하오. 국무원 사면 말 내면 반대자 이

---

73) Daitongyung Yisyngman to Kopogo, Jan. 26, 1922, *The Syngman Rhee Telegrams*, vol. IV., p.271.
74) Yisyngman to Min, Ahn, Lee, Jan. 31, 1922, *op. cit.*, vol. IV., p.274.
75) P. K. Yoon to Syngman Rhee, Jan. 31, 1922, *ibid.*, p.275.
76) Yisyngman to P. K. Yoon, Jan. 31, 1922, *ibid.*, p.276.

용 난국 만들리니 지키고 있어야 국민이 도우리다.[77]

이승만은 여행을 떠나기에 앞서 2월13일에 일반 동포들을 상대로 정부와 구미위원부를 유지하고 《코리아 리뷰》의 발행을 계속해야 할 이유와 그것을 위한 동포들의 재정지원의 필요성을 강조하는 장문의 「대통령의 선언」을 발표했다. 이 「선언」은 국민대표회의의 소집이나 공산당문제 등에 대한 이승만의 생각을 구체적으로 밝히고 있어서 눈여겨볼 만하다. 그는 국민대표회의 준비자들을 다음과 같이 비판했다.

대개 국민대표회로 말하면 상해에서 몇 사람들의 발기로 이미 1년이 지내었는데 아직도 되지 못한 것을 보아도 보통 인민이 원치 않는 것이 분명한지라. 각 교민계에 분쟁을 일으켜서 세인의 이목에 한인의 약점을 드러내어 자기들의 소원도 이루지 못하고 정부도 유지키 어렵게 하는 것뿐이니, 이는 결단코 애국자의 공심이라 할 수 없도다. 만일 이 정부가 무력하여 그 아래서 통일을 이룰 수 없으니 국민대표회를 모아놓고 통일책을 강구할진대, 이는 임시 핑계거리도 되지 못하는 말이라. 민국 원년4월23일에 한성에서 조직 반포한 정부의 각원 된 사람들이 왜 함께 붙들고 앉아서 정부를 유력하게 하며 국민이 통일되게 못하고, 도리어 나가 앉아서 국민대표를 모아가지고 무엇을 하려 하느뇨.

우리 국무원에서는 계통적 후임자가 나기까지 지켜 나아가는 것이 직책으로 아는 것뿐이라. 누구누구를 내어 쫓고 권리나 지위를 빼앗고저 하는 사람은 하나도 없으며, 각원 일동이 지재지삼(至再至三)토록 빌고 빌어서 자기들의 원대로 무슨 지위든지 맡아 가지고 다만 정부 이름이라도 함께 지켜 나아가자 하였으나 종시 물리치고 나아

---

77) Yisyngman to Yeikwan Kopogo, Feb. 9, 1922, *ibid.*, p.289.

가는 고로 어쩌할 수 없이 붙들렀나니, 지금이라도 사퇴한 각원들이 다시 들어와서 현재 각원들의 행한 바와 같이 국기 밑에서 선서식을 행하여 지금부터는 같이 붙들고 나아가겠다는 뜻을 확실히 보일진대 그동안에 정부를 대하여 무엇을 하였든지 다 탕척[蕩滌: 전과를 씻어 줌]하고 여전히 동심병력(同心竝力)할 것이어늘, 어찌하여 이것을 아니하고 딴 것을 하려고 난국을 만드느뇨.…

이처럼 그는 거듭하여 한성정부의 정통성을 거론하면서 국민대표회의 추진자들의 정부 불신 태도를 규탄한 다음, 임시의정원의 권위와 관련하여 다음과 같은 말로 반대파들을 공박했다.

임시의정원은 민국 원년에 본 통령이 미주에 있을 때에 상해에서 당국한 이들의 주동으로 조직하고 헌법을 제정하여 입법기관으로 인정하여 오던 바라. 어찌하여 자기들이 정부에 있을 때에는 남들이 그 의정원을 복종치 않는다고 시비하더니 자기들이 나가서는 그 기관을 무시하고 국민대표회를 소집한다 하느뇨. 이는 계통을 문란케 하며 전후를 모순케 함이니, 자기들이 만든 헌법을 이처럼 멸시하고 어찌 공화사회의 질서가 서기를 바라리오. 만일 그 의정원의 대표자 수효가 부족하든지 혹 대표원의 자격이 불안정하면 헌법을 의지하여 대표를 뽑아 그 의정원을 상당히 만들어서 이를 원만히 조처할 수 있겠거늘, 될 수 없는 딴 단체를 만들어 전체를 문란케 하느뇨. 설령 이와 같이 하여 자기들의 마음대로 일이 잘된다 하기로 다른 분자도 일어나서 따로 국민대표회라든지 혹 다른 단체를 모아서 이것을 번복하려 하면 무엇으로 방비하겠느뇨. 이는 난국의 길만 열어 놓아 정돈할 도리가 없게 함이니, 조그마한 민회나 민단의 인도자들도 이렇듯 아니하는 바이어늘 어찌 민국의 책임을 맡은 이들이 이와 같이 하느뇨.…

이러한 공박은 말할 나위도 없이 국민대표회의 개최준비를 주동하고 있는 안창호를 겨냥한 것이었다. 그는 이어 공산당의 세력과 자금력을 빌려 국민대표회의에서 정부제도를 바꾸려 하는 기도가 있다고 경고했다.

또 한편에서는 공산당의 세력과 재력을 빌려서 정부제도를 변경하려는 운동이 기왕에도 심하였거니와 지금에 더욱 창궐하니, 이는 대세를 헤아리지 못함이 심하도다. 오늘 우리 정부가 어떠한 처지에 있으며 세계 형편이 어떠하건데 이러한 운동으로 현국을 유지할 수 있으리오. 국민대회를 소집하여 공산당의 세력을 빌려 정부제도를 변경하자 하면 우리 국민이 이것을 옳다고 따라 갈 것인가. 이와 같이 정부를 변경하면 열국이 우리 독립을 더 속히 승인하겠는가. 이런 위태한 것을 다 알지 못하고 대사를 방해하려 하니 우리 국민은 더욱 주의할 바로다.[78]

이러한 주장은 국민대표회의를 주도하는 공산주의 그룹의 속셈을 정확히 지적한 것이었다. 그것은 이동휘의 사위 오영선(吳永善)이 4월10일의 의정원 회의에서 국민대표회의와 관련하여 다음과 같이 발언한 것으로도 짐작할 수 있다.

"의정원이 있는데 또 다른 대표회를 모임은 불가하다 하나, 양원제의 예에 의하여서라도 다시 대표회를 모이지 못할 리가 없고, 또 다른 나라의 예로 보더라도 프랑스는 기성한 국가로 의회가 있는데도 1789년에 다시 국민대표회가 모였었고, 러시아도 의회가 있는 케렌스키(Aleksandr F. Kerenski) 내각시대에 모스크바에 국민대표회가 모였으니, 설혹 다른 나라에 이런 예가 없더라도 우리가 독창적으로 새로운 예를 못 낼 것이 없

78) 《新韓民報》 1922년3월2일자, 「대통령의 선언」.

으며…"[79]

오영선은 국민대표회의가 프랑스혁명 때의 헌법제정국민의회나 러시아혁명 때에 케렌스키가 1917년8월에 소집한 모스크바국가회의와 같은 것이라고 설명한 것이다.

이승만은 또 2월13일에 미주 각 지방의 교민단체 앞으로 "3월 그믐내로 3천원 있어야 외국인에게 진 빚 갚겠소. 금월 15일 내로 5백원 있어야 수치 면하겠소. 공동회로 속히 주선. 즉답"[80]이라는 전보를 쳤다. 구미위원부의 재정이 바닥이 나 있었던 것이다.

이승만은 2월20일 오후 3시30분발 기차로 워싱턴을 떠났다. 주된 목적은 미주동포들에게 워싱턴회의 때의 활동을 설명하고 지원금을 수합하기 위해서였다. 시카고를 거쳐서 캘리포니아의 새크라멘토(Sacramento)까지는 기차를 탔고, 거기서부터는 동포들이 운전하는 자동차로 이동했다. 어떤 날은 200마일 이상을 달려야 했다. 동포들은 모두 따뜻하게 맞아 주었다. 가는 곳마다 한인교회당 등에서 집회가 열렸고, 많은 동포들이 모였다. 이승만의 『일기(*Log Book of S. R.*)』에는, 17년 전에 시어도어 루스벨트(Theodore Roosevelt) 대통령을 같이 만났던 윤병구, 대동보국회 회장으로서 혈서로 이승만을 샌프란시스코로 초청하고자 했고 이승만의 『독립정신』을 출판했던 문양목(文讓穆), 노백린의 한인비행학교를 지원했던 윌로우스의 '쌀의 왕' 김종림(金宗林)을 비롯하여 이때에 만났던 30명이 넘는 사람들의 이름이 적혀 있다. 캘리포니아의 남부 도시 베이커스필드(Bakersfield)에서 시애틀(Seattle)로 이동할 때에는 새벽 1시30분에 출발하는 기차를 탔다.[81] 그만큼 빡빡한 일정이었다.

---

79) 「臨時議政院會議」, 제10회(1922.2.~6.), 『대한민국임시정부자료집(2) 임시의정원 I 』, p.143.
80) Korean Commission to Chicago, South Bend, Maxwell, Sanfrancisco, Los Angeles, Riverside, Willows, Reedley, New York City, Superior, Feb. 13, 1922, *The Syngman Rhee Telegrams*, vol.Ⅳ., p.292.
81) Syngman Rhee, *Log Book of S. R.*, 1922년3월13일조.

이승만은 여행하는 도중에도 임시정부의 재정문제에 대하여 안간힘을 썼다. 임시정부는 2월25일에 다음과 같이 타전해 왔다.

각하 말씀대로 총사직 안 하오. 안심코 일하시오. 경비 급하니 곧 전환(電換)하시오.[82]

그러나 지원금 수합은 부진했다. 이승만은 3월11일에 구미위원부를 지키는 정한경(鄭翰景)에게 "돈 없다고 각 지방에 급한 편지 보내오"[83] 라고 타전했다. 의지할 데라고는 오직 하와이밖에 없었다. 그러나 그 하와이 교민단에도 자금이 없었다. 1,000달러만 급히 보내라고 타전하자 "민단에 돈 없으니 동지금이라도 원하면 종관(鍾寬)에게 전문하시오. 민단서 갚겠소"[84]라는 회답이었다. 동지금이란 이승만이 워싱턴으로 떠나오기에 앞서 결성한 동지회의 자금이었다.

2

서부지역 여행을 마치고 3월25일에 시카고에 도착한 이승만은 다시 신규식, 이시영, 손정도, 김인전이 연명으로 친 전보를 받았다. 이승만의 수리여부와 관계없이 총사직한다는 통고였다. 이승만으로부터 송금이 없자 신규식 등 임시정부 각료들은 반대파들의 압력에 견딜 수 없었던 것이다.

우리 사직 받으시고 각하도 사직 전보하시오. 이리 해야만 시국 전

---

82) Kopogo to Datongyong Koric, Feb. 25, 1922, *The Syngman Rhee Telegrams*, vol. Ⅳ., p.300.
83) Hanin to Korea Commission, Mar. 11, 1922, *op. cit.*, vol. Ⅳ., p.312.
84) Min Ahn Kim to Hanin, Mar. 16, 1922, *ibid.*, p.322.

환하겠소. 만일 사직 안 받으셔도 우리는 가겠소. 이동녕, 각 차장, 비서장 사직했소. 노백린은 아직 정부 지키려 하오.[85]

이러한 전보를 치기에 앞서 신규식은 3월20일에 의정원에서 1922년의 임시정부 시정방침 연설을 하고 나서 국무원들이 "간고[艱苦: 어렵고 고됨]를 견디다 못하야 추현양능의 뜻으로" 총사직할 것을 대통령에게 여러 차례 타전한 사실을 밝혔다.[86] 그런데 신규식 등 네 사람이 사직 결의를 통보하던 바로 그날 장붕이 이승만에게 다음과 같이 타전한 것이 눈길을 끈다.

각원 사직 허락 마시오. 한형권 가진 돈 20만원 정부로 오는 것이라 전보왔소. 편지하오.[87]

한형권이 가지고 온 모스크바 자금이 임시정부로 오는 자금이라는 것을 확인하는 전보를 누가 어디서 쳤는지는 밝히지 않았으나, 그것은 이 무렵에 모스크바에서 김규식, 여운형 등의 극동민족대회 참석자들과 볼셰비키 정부를 상대로 자금교섭 경쟁을 벌이고 있던 이희경의 전보였을 개연성이 없지 않다.[88]

임시의정원의 가장 큰 논쟁거리는 국민대표회의에 대한 대책문제였다. 3월11일에는 신익희, 윤기섭, 양기하(梁基瑕), 손정도, 연병호(延秉昊) 다섯 사람 명의로 임시정부가 국내외의 독립운동단체 대표 및 신망과 지식이 특출한 인사를 망라한 대회의를 소집할 것을 건의하는 결의

---

85) Shinkiusic, Lisiyung, Sonjungdo, Kiminjun to Hanin, Washington, Mar. 25, 1922, *ibid.*, p.333.
86) 「臨時議政院會議」, 제10회(1922.2.~6.), 『대한민국임시정부자료집(2) 임시의정원 I 』, p.135.
87) Kocoa to Hanin, Washington, Mar. 25, 1922, *The Syngman Rhee Telegrams*, vol. IV., p.334.
88) 「張鵬이 李承晚에게 보낸 1922년8월11일자 편지」, 『대한민국임시정부자료집(42) 서한집 I 』, pp.230~231.

안이 임시의정원에 제출되었다. 임시정부 주도의 회의 소집을 제의한 이 건의안은 정부 밖에서 추진되고 있는 국민대표회의 소집운동에 대한 대안으로 제안된 것이었다. 이 건의안에 대해 임시의정원에서는 그 대회가 "과거의 모든 분규"를 해결할 수 있느냐 없느냐 등의 문제를 두고 여러 갈래로 토론이 있다가 결국 3월14일의 회의에서 찬성 6표, 반대 9표로 부결되었다.[89]

이처럼 곤혹스러운 분위기가 계속되는 가운데 1922년3월28일 오후에 황포탄(黃浦灘) 부두에서 발생한 다나카 기이치(田中義一) 저격사건은 상해 사회를 발칵 뒤집어 놓았다. 하라 다카시(原敬) 내각의 육군대신을 지낸 육군대장 다나카가 교분이 있던 미국의 필리핀 총독 우드(Leonard Wood)의 초청으로 마닐라를 방문하고 돌아가는 길에 상해에 들렀다가

의열단원들이 다나카 기이치를 저격한 상해의 황포탄 부두.

---

89) 「臨時議政院會議」, 제10회(1922.2.~6.), 『대한민국임시정부자료집(2) 임시의정원 I 』, p.131, pp.139~140.

한인청년들에게 저격당한 것이었다.

다나카를 저격한 사람은 의열단원들인 김익상(金益相), 오성륜(吳成崙), 이종암(李鍾岩) 세 사람이었다. 김익상은 1921년9월12일에 조선총독부에 폭탄을 던져 일본인들의 간담을 서늘하게 한 뒤에 북경에 와 있었고, 고향에서 3·1운동에 참가하고 북경에 와서 의열단장 김원봉과 같이 생활하던 오성륜은 1921년11월에 김원봉의 지시에 따라 권총을 가지고 상해에 와서 일본 요인들의 동정을 살피고 있었다. 오성륜은 다나카의 필리핀 방문소식을 듣고 기회를 노렸으나 다나카의 여행 일정이 변경되는 바람에 기회를 놓치고 그가 돌아올 때를 기다렸다. 김원봉은 김익상과 이종암을 다시 상해로 파견했다. 세 사람은 치밀한 계획을 세웠다. 그들은 신문기사를 보고 다나카가 상륙할 부두도 미리 답사해 두었다. 거사 당일 오성륜은 중국 옷, 김익상은 양복 차림을 하고 각각 권총을 챙겼고, 김익상은 따로 바나나형 폭탄 두개를 준비했다. 이종암은 단도를 준비했다.

3월28일 오후 3시20분쯤에 다나카 일행이 세관 검사장을 빠져나왔다. 다나카는 모닝코트에 중절모를 쓰고 있었다. 다나카가 마중 나온 일본인들의 인사를 받으며 천천히 걷고 있는 앞으로 같은 배를 타고 온 미국인 여행객 스나이더 부인이 걷고 있었다. 이때에 오성륜이 군중을 헤치고 나와 5~6미터 거리에서 권총 네발을 쏘았다. 세발이 스나이더 부인에게 명중했고, 한발은 다나카의 모자에 구멍을 내고 지나갔다. 김익상이 6~7미터 거리에서 폭탄 두개를 던졌다. 연기를 내며 다나카의 발 앞에 굴러가는 폭탄을 영국 수병이 잽싸게 주워서 강에 던졌다. 다나카는 수행원의 부축을 받으며 황급히 세관 창고 옆으로 피신했다가 대기하던 일본 총영사관 자동차로 빠져 나갔다. 이종암은 무사히 도망쳤으나, 김익상과 오성륜은 조계지 공부국 경찰 및 영국인 기자와 격투 끝에 현장에서 체포되었다. 두 사람은 프랑스 공부국 유치장에 갇혔다가 이틀 뒤에 일

본영사관 경찰에 넘겨졌다.[90]

다나카의 저격은 비록 실패했지만 이 사건은 상해 한인사회를 흥분시켰다. 《독립신문》은 "대개 암살, 방화, 전쟁은 혁명사업 진행상 불가무의 방법이라. 암살할 놈 암살하고 방화할 데 방화하고 전쟁할 때 전쟁하여야 할지니… 다나카는 일개 무부라. 그 죽고 삶이 별로 큰 관계가 없으나 김, 오 양 의사가 다나카를 죽이고자 함은 오직 우리 민족의 공분을 세계에 선포코저 하는 일종 수단에 불과한지라. 폭탄의 폭발과 불발이나 다나카의 죽고 죽지 않음이 무슨 큰 문제리오. 사업은 성공을 목적함이나, 목적하다가 실패한 사업은 실로 성공으로 더불어 그 가치가 같다 하노라"[91]라고 환호작약했다.

일본영사관 3층에 갇혀 있던 오성륜은 달포쯤 지난 5월2일 새벽 2시에 같은 감방에 있던 일본인 사기범 한 사람과 함께 쇠창살을 부수고 탈옥했다.[92] 일본영사관 경찰은 영국과 프랑스 경찰의 지원을 받아 오성륜 체포에 총력을 기울였다. 500달러의 현상금을 걸고, 수사비 300달러를 책정하여 시내 곳곳에 그의 사진을 배포하고 한국인들의 집을 수색했다. 그래도 오성륜이 체포되지 않자 일본영사관은 현상금을 10배로 올렸다. 같이 탈옥하여 친구 집에 숨어 있던 일본인은 5월19일에 체포되었으나, 오성륜의 행방은 묘연했다.[93] 오성륜은 미국인 친구 집에 숨어 있다가 광동으로 탈출했다. 그는 뒤에 여권을 위조하여 독일로 갔다가 다시 모스크바로 가서 공산당에 입당했다.[94] 김익상은 일본 나가사키(長崎)로 압송되어 그곳에서 재판을 받고 사형을 언도받았다가 두차례의 특사로 20

---

90) 田中義一傳記刊行會, 『田中義一傳記(下)』, 原書房影印版, 1981, pp.311~315; 김산·님 웨일즈, 『아리랑』, 동녘, 1994, p.110; 朴泰遠, 『若山과 義烈團』, 白楊堂, 1947, pp.75~77.
91) 《獨立新聞》 1922년4월15일자, 「失敗의 成功者 金吳兩義士」.
92) 《獨立新聞》 1922년5월6일자, 「吳壯士의 高飛」 및 1922년12월13일자, 「吳壯士의 脫獄顚末」.
93) 「吳成崙所在의 件(安東警察署長報)」, 「吳成崙行動에 관한 件」, 『韓國民族運動史料(中國篇)』, pp.389~390.
94) 김산·님 웨일즈, 앞의 책, p.111.

제39장 모스크바 극동민족대회에 몰려간 '혁명가'들 **491**

년형으로 감형되어 1942년에 만기로 출옥했다.[95]

오성륜이 탈옥하고 이틀이 지난 5월4일 이른 아침에 일본영사관 경찰 7명이 노기등등하여 김구의 침실로 들이닥쳤다. 일행 가운데는 김구와 잘 아는 프랑스 경관 서대납(西大納)도 있었다. 그는 그 집이 김구의 거처인 줄 알았더라면 일본인 경찰들과 같이 오지 않았을 것이지만, 일본어를 읽을 줄 모르는 그는 체포장에 적힌 이름이 김구인 줄 모르고 같이 체포하러 왔던 것이다. 일본경찰들이 김구에게 달려들어 수갑을 채우려 하자 서대납이 나서서 그들을 제지하면서 김구에게 옷을 입고 프랑스 경무국으로 가자고 했다.[96]

숭산로(崇山路)에 있는 프랑스 영사관 경무국에는 원세훈(元世勳), 남공선(南公善), 박익수(朴益洙), 정유린(鄭有麟) 등 6명이 체포되어 와 있었다.[97] 일본경찰은 김구를 신문하려 했으나 프랑스 경찰은 이를 허락하지 않았다. 일본 영사가 인도를 요구했으나 프랑스 경찰은 듣지 않고 김구에게 물었다.

"체포된 다섯 사람은 모두 김군이 잘 아는 사람들인가?"

김구는 다섯 사람이 다 좋은 동지라고 대답했다.

"김군은 이 다섯명을 담보하고 데리고 가기를 원하는가?"

"그렇소."

그렇게 하여 체포된 사람들은 그 자리에서 모두 석방되었다.[98]

김구는 임시정부 경무국장으로서 프랑스 영사관 경찰이 한인 범죄자들을 체포할 때에 배심관으로 그들을 신문하는 일을 도와 왔었다. 이 때문에 김구가 보증하면 현행범 이외에는 거의 그 자리에서 풀어주었다. 김구와 프랑스 영사관의 이러한 관계를 안 뒤부터 일본영사관은 정탐꾼을

---

95) 朴泰遠, 앞의 책, pp.84~90.
96) 『백범일지』, pp.303~304.
97) 《獨立新聞》 1922년5월27일자, 「被逮諸氏의 無事」.
98) 《獨立新聞》 1922년5월27일자, 「被逮諸氏의 無事」; 『백범일지』, p.304.

보내어 김구를 프랑스 조계 밖으로 유인하여 체포하려고 했다. 그리하여 김구는 윤봉길(尹奉吉)의 홍구공원 폭파사건으로 상해를 떠날 때까지 프랑스 조계지를 한발짝도 벗어나지 않았다.[99]

이승만은 워싱턴으로 돌아온 바로 그날로 임시정부와 하와이에 전보를 쳤다. 전보에는 그의 고심하는 모습이 역력히 드러나 있었다. 임시정부에 보낸 전보는 다음과 같았다.

미주 순행하고 잘 왔소. 재정형편 곤란하나 인심 좋소. 수전(收錢)대로 곧 보내리다. 이곳 일 조직되니 사직 마시오. 국민대회 거절하오.[100]

그리고 하와이에는 다음과 같이 타전했다.

잘 왔소. 경과 좋으나 수전 부족. 공전 있는 대로 전송. 국무원이 다시 사직하려 하오. 돈 보내야 하겠소.[101]

이승만은 자기가 다녀온 여러 지방에도 자금이 수합되는 대로 빨리 보내라고 타전했다. 그것은 그가 임시정부의 상황에 대해 얼마나 초조해 하고 있었는지를 말해 주는 것이었다.

임시의정원에서는 4월3일에 안창호 측근인 천세헌(千世憲)이 상해 교민 102명 명의로 제출한 「인민청원서」 문제를 두고 열띤 논쟁이 벌어졌다. 청원의 요지는 임시정부가 국민대표회의 소집 취지에 찬의를 표하고 그 회의가 속히 개최될 수 있도록 "찬조"해 달라는 것이었다. 청원서의 소개의원도 도인권 등 안창호파 다섯 사람이었다.

먼저 이 청원서를 접수한 것 자체가 임시의정원법에 저촉되지 않느냐

99) 『백범일지』, p.306.
100) Yisyngman to Kopogo, Mar. 30, 1922, *The Syngman Rhee Telegrams*, vol. IV., p.340.
101) Yisyngman to Konation, Mar. 30, 1922, *op. cit.*, vol. IV., p.339.

는 논쟁부터 시작하여, 국민대표회의 소집이 합리이냐 아니냐, 이 안을 의정원에서 수리하는 것이 위헌이냐 아니냐를 두고 국민대표회의 지지파 의원들과 조완구, 윤기섭, 장붕 등 정부옹호파 의원들 사이에 격론이 벌어졌다.[102] 「인민청원서」 제안은 국민대표회의 소집준비자들이 임시헌법 제9조 4항의 인민청원권 규정을 근거로 하여 의정원으로 하여금 국민대표회의를 인정하게 하려는 것이었다. 이 청원서에 대한 토의는 열흘 넘게 계속되었다. 정부옹호파 의원들은 정부가 민간에서 발기한 국민대표회의를 어떻게 "찬조"하느냐, 청원인이 국민대표회의 주비위원회와는 승낙이나 약속이 없었으므로 청원 당사자가 될 수 없다, 인민의 집회는 헌법상 자유이므로 의정원에 청원할 이유가 없다는 등의 이유를 들어 청원안을 반대했다. 찬반논쟁의 핵심은 국민대표회의의 적법성 문제였다. 4월13일에 토론 종결이 있자 반대쪽의 조완구, 윤기섭, 민충식, 이필규(李馝圭) 등이 퇴장하여 표결을 하지 못하고 정회되었다가, 이튿날 출석의원 15명이 표결하여 찬성 10명, 반대 3표로 결국 인민청원안은 가결되었다.[103]

이러한 상황이 계속되면서 임시정부는 완전히 기능을 잃고 있었다. 임시의정원도 회기를 연장해 가면서 20명이 못 되는 의원들로 연일 대책을 논의했으나 뚜렷한 결론 없이 소모적인 논란만 계속했다.

3

이승만에게 책임 이행을 촉구하는 임시의정원과 이승만 사이의 전보 왕래가 시작되었다. 임시의정원은 4월8일에 이승만에게 "노백린 이외 총차장 다 사직하고 가므로 사무 중지. 무정부 상태. 각하 태도와 선후 방

---

102) 「臨時議政院會議」, 제10회(1922.2.~6.), 『대한민국임시정부자료집(2) 임시의정원 I 』, p.138.
103) 「臨時議政院會議」, 제10회(1922.2.~6.), 위의 책, pp.145~146.

침 곧 회답"104)이라고 타전했고, 이에 대해 이승만은 이튿날로 "각원 사직 안받았소. 방책을 의논하니 좀 기다리시오"105) 라고 답전했다. 또 이날 장붕은 이승만에게 의정원이 한형권의 돈 때문에 동요하고 있다면서 시국이 더 험해지면 연락할 테니까 정부와 의정원을 미국으로 옮긴다고 선포하라고 권고했다.106)

이승만은 집요했다. 그러나 그는 임시정부를 미국으로 옮기겠다고 선포하라는 장붕의 건의는 받아들일 생각이 없었다. 그는 임시정부에 송금할 자금을 마련하지 못하면서도 모스크바에 가 있는 이희경의 일까지 거론하면서 신규식에게 다음과 같이 타전했다.

지금 물러가면 일 다 결딴나오. 내지 관계있고 이희경도 보낸 일 유망. 좀 기다리라 하오. 여기도 돈 없으나 얼마 후 보내리다.107)

그러고는 그는 다시 하와이와 시카고 등지에 자금지원을 요청했다. 그러나 하와이나 미국 본토의 동포들도 이승만의 요구에 응할 수 있는 형편이 아니었다. 마침내 4월12일에는 김구와 김인전, 조상섭, 이유필이 공동으로 이승만에게 사직을 권고하는 전보를 쳤다.

노백린 이외 총차장 전부 사직하고 나갔으므로 무정부된 지 월여 되야 대사 와해. 각하는 곧 추현양능하는 아량으로 사직하심이 공사 양편. 충정으로 간고하나이다.108)

---

104) Euijungwon to Datongyung Koric, Apr. 8, 1922, *The Syngman Rhee Telegrams*, vol. Ⅳ., p.352.
105) Datongyung to Uijungwon, Kopogo, Apr. 9, 1922, *op. cit.*, vol.Ⅳ., p.353.
106) Kocoa to Hanin, Washington, Apr. 9, 1922, *ibid.*, p.354.
107) Hanin to Yekwan Sungjai Kopogo, Apr. 11, 1922, *ibid.*, p.355.
108) Kim In Chun, Kim Koo, Cho Sang Sup, Lee Yu Pil to Datongyong Koric, Apr. 12, 1922, *ibid.*, p.361.

김구 등의 전보를 받고 뉴욕에 있는 백남칠(白南七)에게 급히 의논할 일이 있으니 그날로 오라고 부른 것을 보면,[109] 이들의 권고는 이승만에 게 여간 낭패스럽지 않았던 것 같다. 그런 이승만에게 의정원은 4월14일 에 다시 결단을 재촉하는 전보를 쳤다.

각하 허락여부, 의논여하 다 불계하고 노총(盧總) 이외 모든 각 원이 다 나갔고, 정국불관 잠시도 미룰 수 없으니 각하 방침 곧 표 시하시오.[110]

"각하 방침"이란 말할 나위도 없이 사직을 뜻하는 것이었다. 같은 날 신익희도 따로 정중하게 사직을 권고하는 긴 전보를 쳤다.[111] 그러나 이 승만은 굽히지 않았다. 그는 다시 의정원 앞으로 다음과 같이 타전했다.

누가 일하든지 돈 가져야 하겠기 여기 경비 줄이고 미주 하와이에 조직하야 돈 보내려 하니 각원들 권하오. 불연이면 의정원이 임시로 국무원 조처하시오.[112]

총장들이 만류를 듣지 않는다면 임시의정원이 알아서 조처하라는 말은 이승만의 억분이 극도에 달해 있음을 드러내 보이는 것이었다. 이 러한 이승만의 전보에 대해 의정원은 4월21일에 다시 의원일동 명의로 "사직 각원들 만류할 수 없소. 다 사직받고 노군총(盧軍總)에게 우선 총 리 책임 맡겨 사람 모아 정부 붙들게 함이 좋겠소. 곧 회답하시오"[113] 라 고 타전했고, 이승만은 이 권고를 받아들여 이튿날 임시정부로 "노군총

109) Wonam to Paik Nam Chil, Apr. 12, 1922, *ibid.*, p.362.
110) Euijungwon to Datongyung Koric, Apr. 14, 1922, *ibid.*, p.364.
111) Haikong to Hanin, Washington, Apr. 14, 1922, *ibid.*, p.366.
112) Datongyung to Euijungwon, Apr. 15, 1922, *ibid.*, p.367.
113) Euijungwon to Datongyung Koric, Apr. 21, 1922, *ibid.*, p.367.

으로 임시총리 임명하니 내각 조직해 내 결재받아 반포하시오"라고 타전했다.[114]

4월25일에 하와이로부터 국무원이 총사직했다는 장붕의 편지가 왔다면서 어떻게 할까보냐고 놀라서 이승만에게 묻는 전보가 왔다.[115] 그러나 이승만은 "지금이라도 돈 있으면 걱정 없소. 새 각원 내겠소. 나는 잡고 있기 결심"이라고 답전했다.[116] 자금만 있으면 염려할 것 없다는 것이었다.

상해에서는 같은 날 장붕 등 여섯 사람이 임시정부와 임시의정원을 항구적인 제도로 개정할 준비를 하기 위하여 4개월 이내에 임시의정원을 소집할 것과 광복운동자회의를 소집할 것을 대통령에게 요구하자는 결의안을 임시의정원에 제출했다. 임시정부가 주동하여 광복운동자회의를 소집하고 그 회의에서 정부와 의정원의 제도개혁을 함으로써 임시정부를 중심으로 통일을 꾀하자는 것이었다. 이 역시 임시의정원의 결의로 국민대표회의 소집을 저지하겠다는 의도였다. 그러나 이 결의안은 5월8일의 의정원회의에서 임시정부의 법규와 제도를 개선하기 위한 법정연구회(法政研究會)를 설치하고 그 효율적인 운영을 뒷받침하기 위하여 5개월 이내에 임시의정원을 소집할 것을 대통령에게 요구하는 것으로 수정되어 가결되었다.[117]

노백린은 군무총장직을 사퇴하지는 않고 있었지만, 조각을 할 자신이 없었으므로 국무총리 대리에는 취임하지 않았다. 조각에 참여하겠다는 사람이 없었기 때문이다. 이 무렵의 임시정부의 형편은 "부채가 은전으로 수삼만원인데, 대부분은 반대 측에서 공급한 것"이어서 내각을 새

114) Datongyung to Kopogo, Apr. 22, 1922, *ibid.*, p.370.
115) Min Kim to Hanin, Washington, Apr. 25, 1922, *ibid.*, p.373.
116) Hanin to Kohakio, Apr. 25, 1922, *ibid.*, p.372.
117) 「臨時議政院會議」, 제10회(1922.2.~6.), 『대한민국임시정부자료집(2) 임시의정원 I 』 pp.149~150.

로 조직하더라도 "소불하 은전 만원이라도 있어야"[118] 부지할 수 있었다. 의정원은 5월18일에 다시 이승만에게 전보를 쳤다.

　　　지급 공전. 노군총은 임시총리 취임하기 불확정이오. 각원 조직 아니하므로 무정부 상태 그냥 계속하오. 각하는 속히 책임 이행하오. 5일 이내 답전.[119]

자금 때문에 각지에 애걸하다시피 전보를 치고 있던 이승만은 이튿날로 퉁명스러운 답전을 보냈다.

　　　의정원. 노군총에게 이 전보 보이고, 임시총리 취임 권고. 총사직설로 재정 얻는 일 방해되니 곧 정돈하시오.[120]

그러나 의정원은 의정원대로 이승만에게 정면으로 맞섰다. 이 무렵에는 정부옹호파 의원들은 회의에 출석하지 않거나 사퇴하고 말아 의정원 분위기는 이승만에게 더욱 비판적으로 되어 갔다. 의정원은 5월26일에 이승만에게 정식으로 사직을 권고하는 전보를 쳤다.

　　　각하로는 이 난국 수습할 수 없으니 공사 양편 다 위하야 각하는 이때에 곧 사직하시오. 5일 이내 답전.[121]

이승만도 물론 완강했다. 그는 1주일 동안 생각한 뒤에 노백린에게 이렇게 타전했다.

---

118) 《구미위원부통신》 제57호(1922년6월30일), 「상해통신」
119) Euijungwon to Datongyung Koric, May 18, 1922, *The Syngman Rhee Telegrams*, vol. Ⅳ., p.352.
120) Yisyngman to Kopogo, May 19, 1922, *op. cit.*, vol. Ⅳ., p.388.
121) Euijungwon to Datongyung Koric, May 16, 1922, *ibid.*, 396.

정식 후임자 나기 전에 모든 일 전임할 데 없이 사면 못한다고 의정원에 답. 형은 속히 내각 조직.[122]

마침내 6월9일에 오영선 등 다섯 사람 명의로 대통령 및 각원 불신임 안이 임시의정원에 제출되고, 의정원은 그날로 그 사실을 이승만에게 타전했다.[123] 이튿날 의정원은 비공식 회의를 따로 열어 논의한 끝에 의정원 의원 일동 명의로 이승만에게 "후임자는 의정원에 책임 있소. 더 있을 염려하지 말고 곧 사직하오."라고 통보했다.[124]

불신임안은 6월12일의 의정원회의에 상정되었다. 이날 참석한 의원은 17명이었다. 제안설명에 나선 오영선은 대통령 불신임의 이유는 첫째로 내정을 통일하지 못한 것, 둘째로 외교에 실패한 것, 셋째로 조각을 하지 못하는 것이고, 국무원들의 불신임 이유는 위의 대통령 불신임 이유와 관련된 책임 이외에 "무정부 상태에 빠진 시국에 대하여 걱정하는 마음과 그것을 구하고자 하는 성의가 없다"는 것이었다.[125]

6월16일의 의정원회의에서 불신임안에 대한 열띤 찬반토론이 전개되었다. 그 가운데 흥미로운 것은 반대토론을 한 민충식의 논지이다. 그는 대통령의 직위는 세습하는 것이 아니므로 아무리 선정(善政)을 했더라도 그보다 더 잘할 인물이 있으면 물려주는 것이 옳다고 전제한 다음, 그러나 이승만 대통령의 재직 4년 동안 지지도가 점점 떨어지는 것은 그 자신의 과실 때문이 아니라 원조하는 자가 없었기 때문이라고 주장했다. 외교문제만 하더라도 정부 재정이나 조직체가 없어서 각국에 제대로 사절을 파견하지 못했음에도 불구하고 우리나라 문제가 미국 의회에서까지 거론된 것은 외교의 실패가 아니라 오히려 성공이라고 할 만하다고 그는

122) Yisyngman to Lowkunchong, Kopogo, Jun. 3, 1922, *ibid.*, p.401.
123) Euijungwon Bisukang to Datongyung Koric, Jun. 9, 1922, *ibid.*, p.404.
124) Euijungwon Euwonildong to Datongyung Koric, Jun. 13, 1922, *ibid.*, p.406.
125) 「臨時議政院會議」 제10회(1922.2.~6.), 『대한민국임시정부자료집(2) 임시의정원 I 』, p.156.

역설했다. 그보다도 군이 책임을 묻는다면 정부 직속으로 군대를 하나도 양성하지 못한 점이라고 민충식은 주장했다. 그러면서 그는 인물을 변경하여 보자는 데는 자기도 찬성하지만, 다만 후임자가 문제이기 때문에 불신임안은 시기상조라고 역설했다.[126]

그러나 이 불신임안은 이튿날 회의에서 특별위원회로 회부하여 심의하자는 홍진의 동의가 거부됨으로써 토론이 종결되었다. 이어 홍진, 민충식, 이필규, 이병주(李秉周) 네 사람이 퇴장한 가운데 표결이 강행되어 찬성 12표로 가결되었다. 신익희도 찬성표를 던졌고, 반대표는 없었다.[127] 그리고 이튿날 의정원은 불신임안 가결 사실을 이승만과 해외 동포기관에 알렸다.[128]

그런데 이때의 불신임결의의 법적 효력에 대하여 임시정부 관계자들이 어떻게 인식했는지 궁금하다. 대통령이나 각원들에 대한 불신임제도는 임시헌법에 없는 제도였다. 이때에 시행되던 임시헌법 제21조 14항 및 15항에는 대통령이 위법행위가 있을 때에는 "탄핵 또는 심판"을, 국무원이 실직(失職) 또는 위법이 있을 때에는 "탄핵"을 할 수 있다는 규정이 있을 뿐이었다.[129] 그럼에도 불구하고 불신임안 가결통보를 받은 하와이 교민단이 "대통령과 각원 불신임을 11의원이 통과했은즉 헌법위반이라. 정부 와해면 하와이 한인들은 절대 불신용"[130]이라고 절차문제에만 이의를 제기한 것은, 이 무렵 일반적으로 임시대통령이나 각원들에 대한 임시의정원의 불신임결의가 법적인 효력이 있는 것처럼 인식되고 있었음을 말해 준다. 그것은, 일찍이 국무총리 이동휘와 국무원 비서장 김립이 일부 차장들을 부추겨 이승만에 대한 불신임운동을 벌였던 사실에서 보듯이,

---

126) 위의 책, pp.157~158.
127) 같은 책, p.158.
128) Euijungwon to Datongyung Koric, Jun. 21, 1922, *The Syngman Rhee Telegrams*, vol. Ⅳ., p.412.
129) 「大韓民國臨時憲法」(1919.9.11), 『대한민국임시정부자료집(1) 헌법·공보』, p.9.
130) Konation to Euijungwon, Kopogo, Jun. 21, 1922, *The Syngman Rhee Telegrams*, vol. Ⅳ., p.416.

내각책임제 정부운영 방식을 본뜬 반대파들의 위헌적인 정치공세였다.

이승만과 반대파들의 지루한 정치공방 속에서 임시정부의 무정부 상태는 9월까지 계속되었다. 9월에 이르러 가까스로 구성되는 새 국무원에서 김구는 국무총리 다음 서열인 내무총장에 선임되었다.

40장

국민대표회의와 공산주의 비판

1. 내무총장 취임 않고 한국노병회 결성
2. 임시정부를 "개조"할 것인가 "창조"할 것인가?
3. 《태평양잡지》 속간하고 공산주의 비판

1. 내무총장 취임 않고 한국노병회 결성

1

임시의정원의 국민대표회의에 대한 "찬조" 결의와 임시대통령 및 국무원 불신임결의는 어수선한 상해 독립운동자 사회를 더욱 혼란스럽게 만들었다.

그러나 국민대표회의 개최문제는 좀처럼 진척되지 않았다. 그 주된 이유는 역시 경비 마련의 어려움 때문이었다. 주비위원회는 참가자들의 여비와 숙박비 등 경비를 1인당 300원씩으로 잡고, 참가자가 200명쯤 될 것이므로 총계 6만원가량의 경비가 필요할 것으로 어림잡고 있었다. 주비위원회는 1922년6월에 이르러 대표회의 참가 인원을 국내 13도의 대표 2명씩을 비롯하여 시베리아에서 멕시코에 이르기까지 동포들이 거주하는 지역별로 대표 1명씩 합계 45명의 지역대표와 독립운동단체, 종교단체, 교육단체 등의 보통단체와 특수단체[무장단체]로부터 규모에 따라 1명 내지 2명씩의 단체대표를 초청한다고 발표했다.[1] 주비위원회는 이어 《독립신문(獨立新聞)》 지상을 통하여 일반 동포들의 의연금 모집 캠페인을 벌였지만 성과가 없었다.

임시정부가 무정부상태에 빠지고 국민대표회의 소집이 지체되는 등 혼미상태가 계속되자 청년들이 나섰다. 그들은 거의가 여러 방면에서 독립운동에 관여해 온 청년들이었다. 이들의 주최로 6월8일 저녁에 프랑스조계의 모이당(慕爾堂)에서 열린 정견발표회는 임시정부의 유일한 잔류 총장 노백린(盧伯麟), 임시의정원을 대표한 신익희(申翼熙), 국민대표회의 주비위원장 남형우(南亨祐)를 초청하여 강연회를 열었다.[2]

---

1) 《獨立新聞》 1922년6월3일자, 「國民代表會召集에 關한 重要事項發表」.
2) 《獨立新聞》 1922년6월14일자, 「靑年界主催의 大演說會」.

이어 나흘 뒤인 6월12일 밤에는 인성학교(仁成學校)에서 유호청년임시대회(留滬靑年臨時大會)가 열렸다. 80~90명 남짓한 청년들이 모인 이 집회는 유호청년회의 발회식이었다. 모스크바의 극동민족대회에 참석했던 정광호(鄭光好)의 사회로 열린 이날의 대회에서는 임재호(任在鎬), 윤자영(尹滋英), 김보연(金甫淵), 나창헌(羅昌憲), 장덕진(張德震) 등 회원 8명이 갑론을박을 벌였고, 연사로는 여운형(呂運亨)이 초청되었다.[3]

청년회는 7월1일에 다시 비판연설회를 열고 의견청취 결과보고에 이어 민충식(閔忠植)을 비롯한 13명이 나와서 각각 10분씩 각자의 의견을 발표했다. 그러나 연설회는 비판연설회라는 본래의 취지를 살리지 못하고 임시정부를 지지하는 청년들과 국민대표회의를 지지하는 청년들이 각자 자신들의 입장을 발표하는 연설회가 되고 말았다. 논란 끝에 결국 서영완(徐永琬), 윤자영, 방원성(方元成) 등은 청년대회의 결의문 제1항에 "공정한 입지에서 행동할 것"이라는 규정이 있음에도 불구하고 어느 일파에 가담하는 것은 결의문의 취지에 위반되는 일이라면서 청년대회에서 탈퇴하겠다고 선언하고 퇴장했다. 뒤이어 많은 사람들이 퇴장한 다음 남은 사람들로 "우리는 임시정부와 임시의정원을 절대 옹호한다"는 결의를 하고 폐회했다.[4]

임시의정원은 유호청년대회의 활동과 같은 새로운 움직임이 있는 것도 감안하여 6월30일에 비공식 회의를 열고 타협책을 모색했다. 이승만 반대파들도 무르춤했다. 반대파 의원들은 이승만에 대해 불신임 결의를 했던 것은 그를 사퇴시키고 새 대통령을 선출하여 임시정부를 유지하도록 하고자 했던 것이라면서, 이승만을 그냥 두고 임시정부를 유지하는 데 지장만 없다면 통과시킨 두 결의안을 취소하는 데도 협조하겠고, 누구로 조각하든지 찬성하겠다고 말했다. 그러고는 "정부를 유지할 능력

---

3) 姜德相, 『呂運亨評傳(2) 上海臨時政府』, p.517.
4) 《獨立新聞》 1922년7월8일자, 「留滬靑年大會批判演說會를 보고」, 「批判演說의 大要」.

이 없으면 우리에게 양보하라. 우리는 유지할 수 있다"라고 큰소리쳤다.

장붕(張鵬)은 이러한 사실을 이승만에게 보고하면서 "(그러므로) 우리가 내어 줄 필요는 없으며 유지하여야 하겠으나, 진정으로 유지비가 없으면 우리가 후일에 타인의 면전에 설 수 없을 줄 아오니, 미주와 하와이에서 매월 1,000달러씩 보내시면 이곳에서 노력하며 장래에는 정부기본금이라도 저축 적립하겠소이다"라고 썼다.[5]

장붕은 다시 7월2일과 3일에 하와이교민단과 이승만에게 이러한 사실을 알리는 전보를 쳤다. 교민단에는 정부유지비를 감당하겠느냐고 물었고, 이승만에게는 다음과 같은 보고 겸 건의를 했다.

> 이곳 일 뒤집었소. 예관(晩觀: 申圭植) 와석. 임시총리 해임하시고, 국무총리 곧 임명하야 조각하고 시국 수습케 하시오. 계원(桂園: 盧伯麟)이나 조소앙(趙素昻) 둘 다 좋으나 옹호파 다수는 조소앙 더 좋다 하오.[6]

1919년4월에 임시정부를 수립할 때에 헌장기초위원 등으로 주동적 역할을 했던 조소앙은 한달 뒤에 파리강화회의 대표단을 지원하기 위해 상해를 떠나서 유럽 여러 나라를 방문하고, 모스크바와 러시아 각지를 거쳐 1922년1월에 상해로 돌아왔다. 그는 그해 6월26일에 경기도 선출 임시의정원 의원으로 선출되었다.[7]

장붕은 이틀 뒤에 다시 이승만에게 조소앙을 국무총리로 임명하여 시국을 수습하게 하라고 건의하고, "급히 송금"이라고 타전했다.[8]

---

5) 「張鵬이 李承晚에게 보낸 1922년7월1일자 편지」, 『대한민국임시정부자료집(42) 서한집Ⅰ』, pp. 221~222.
6) Kocoa to Hanin, Washington, Jul. 3, 1922, *The Syngman Rhee Telegrams*, vol.Ⅳ., 2002, p.419.
7) 「臨時議政院會議」, 제10회(1922.2.~6.), 『대한민국임시정부자료집(2) 임시의정원Ⅰ』, p.159.
8) Peter to Hanin, Washington, Jul. 5, 1922, *The Syngman Rhee Telegrams*, vol.Ⅳ., p.420.

그러나 임시의정원이 이미 통과시킨 두 결의안을 정식으로 취소하는 결의를 하는 일은 그다지 간단하지 않았다. 7월6일의 임시의정원 회의에서 취소안이 가결되자 두 안에 찬성했던 의원 7명이 사직원을 제출했는데, 조상섭(趙尙燮), 손정도(孫貞道), 김홍서(金弘敍) 세 사람의 사직원은 반려되고 신익희, 오영선(吳永善), 이유필(李裕弼), 양기하(梁基瑕) 네 사람의 사직원은 수리되었다.[9]

불신임결의가 취소되었다는 보고를 받자 이승만은 그날로 노백린과 신규식에게 따로따로 전보를 쳤다. 노백린에게는 "공으로 국무총리 임명하니, 신규식 외총, 이시영 재총, 조소앙 노동총판, 타 총장은 신, 이 양총과 상의하야 임시로 보결. 출사불퇴(出師不退) 결심 필요"라고 총리임명을 통보했고,[10] 신규식에게는 국무총리 사직은 수리할 테니까 외무총장을 맡아서 노백린과 함께 새 내각을 조직하여 난국을 수습하라고 했다.[11]

이승만은 장붕의 건의에 따라 조소앙을 기용하기는 했으나 국무총리직을 맡기지는 않았던 것이다. 신규식이 와병 중인 것을 알면서도 그를 굳이 외무총장으로라도 임시정부에 붙들어 두려고 한 것은 그를 통하여 손문(孫文)의 광동정부와의 협력관계를 유지할 것을 기대했기 때문이다.

2

임시정부 수립 당시부터 임시의정원 의원 등으로 활동했던 패기 있는 김구의 옛 제자 손두환(孫斗煥)과 박진우(朴鎭宇) 등 소장파 10여명도 시국수습을 하겠다고 나섰다. 이들은 임시정부와 임시의정원의 전현직 각원 및 의원들과 국민대표회의 주비위원들이 모여 시국수습책에 대

---

9) 《獨立新聞》 1922년7월8일자, 「議員의 一大變動」.
10) Datongyung to Lokunchong Kopogo, Jul. 7, 1922, *The Syngman Rhee Telegrams*, vol. Ⅳ., p. 421.
11) Datongyung to Yeikwan, Jul. 7, 1922, *op. cit.*, vol. Ⅳ., p. 422.

해 충분한 토의를 하여 최선의 방침을 정할 것을 촉구했다. 이들의 제의에 따라 7월13일 밤에 각파의 인사 35명이 모여 토의한 끝에 시사책진회(時事策進會)를 조직하기로 합의했다.[12]

시사책진회는 이튿날 다시 회의를 열고 간부를 선출했다. 회장에는 안창호가 선출되고, 여운형, 신익희, 김용철(金容喆)이 간사로 선출되었다. 이어 7월17일에 열린 회의에서는 회원수를 확대하기로 하여 51명이 추천되었다. 거기에는 이동녕(李東寧), 이시영(李始榮), 김인전(金仁全), 김구 등 임시정부 인사들과 손정도, 조소앙, 장붕, 신익희, 김홍서, 윤기섭(尹琦燮), 민충식 등 임시의정원 의원들, 안창호, 남형우, 원세훈, 신숙(申肅) 등 국민대표회의 주비위원회 위원들, 김만겸(金萬謙), 여운형, 최창식(崔昌植), 현순(玄楯) 등 이르쿠츠크파 고려공산당 인사들 등 상해의 거의 모든 정파의 대표들이 망라되었다.[13]

시사책진회는 거의 매일같이 모였다. 그러나 참가자들의 시국인식 차이는 이 회의 성격 규정 토의에서부터 드러났다. 7월21일의 제5차 회의에서는 난상토론 끝에 각자의 제안을 모아 등사해서 배부한 뒤에 그것을 가지고 다음 회의에서 토론하기로 했다. 이때에 김구도 자신의 의견을 적어 냈다.

7월24일에 제6차 회의가 열렸을 때에는 21명의 회원들로부터 열일곱 가지 제안이 제출되어 있었다. 이 제안들을 두고 투표한 결과 김구의 제안이 19표로 가장 많은 찬성을 얻었고, 조소앙의 안이 13표를 얻어 그 다음이었다. 김구나 조소앙의 제안내용이 어떤 것이었는지는 알려지지 않으나, 김구가 여러 정파로부터 찬성을 가장 많이 얻을 만한 내용을 제안했다는 것은 눈여겨볼 만한 일이다. 그만큼 그는 여러 정파의 주장을 고루 반영하려고 고심했음을 알 수 있다. 그러나 김구의 제안에 대한 찬성

---

12) 《獨立新聞》 1922년7월22일자, 「最近上海에서 組織된 時事策進會」 및 「同會會集의 趣旨」;
　　「朝鮮民族運動年鑑」, 1922년7월조.
13) 「朝鮮民族運動年鑑」, 1922년7월조.

도 출석인원의 3분의 2에 미달이어서 부결되었다.[14] 회의는 본질문제 토의에 들어가지도 못한 채 시간만 허비했다. 그리하여 다섯 사람의 위원[안창호, 신익희, 이동녕, 이유필, 조소앙]을 새로 선정하여 의안을 작성하게 했는데, 이들은 "시국에 관한 여러 어려운 문제를 조리와 궤도로 협의 결정한 후 실현하기에 일치 노력할 일"이라는 원론적인 안을 내놓았다. 회의는 이 안을 접수하기로 하고 산회했다.

그런데 이튿날 열린 제7차 회의에서는 이 문안을 두고 또 논란이 벌어졌다. 왜냐하면 그것이 임시정부 정통의 계승문제와 관련되는 문구로 인식되었기 때문이다. 논란이 지루하게 계속되자 이를 지켜보던 안정근(安定根)이 화가 치밀어 회의 참가자들에게 욕설을 퍼부었다. 그러자 방청석에 있던 김상옥(金相玉)이 무례하다고 심하게 꾸짖었고, 회의장을 경호하던 청년들은 김상옥을 구타했다. 회의장은 아수라장이 되고, 회장은 정회를 선포했다.[15]

마침내 시사책진회는 8월11일에 마지막 회의를 열고 해산선언을 하고 말았다.[16] 시사책진회를 통하여 국민대표회의 개최 분위기를 조성하고자 했던 안창호와 여운형의 기도는 이렇게 하여 실패했다.[17]

국민대표회의의 개최에 열성을 쏟고 있는 여운형의 행동이 그가 속한 이르쿠츠크파 고려공산당의 입장과 어떤 관련이 있었는지는 매우 흥미로운 일이다. 장붕은 이 무렵의 이르쿠츠크파 고려공산당의 움직임에 대해서도 이승만에게 자세히 보고했다. 그의 보고에 따르면, 시사책진회가 회의 성격문제로 논란을 빚고 있을 무렵 이르쿠츠크파 고려공산당은 시국문제에 대하여 너댓새 동안이나 토론을 벌인 끝에 7월23일에 두가지 방침을 결정했다. 첫째는 임시정부를 절대 옹호하며 정부와 의정원을 충

---

14) 「張鵬이 李承晩에게 보낸 1922년7월26일자 편지」, 『대한민국임시정부자료집(42) 서한집Ⅰ』, pp.225~226.
15) 위의 편지, p.226.
16) 「張鵬이 李承晩에게 보낸 1922년8월7일자 및 8월11일자 편지」, 위의 책, pp.229~230.
17) 姜德相, 앞의 책, p.520.

실히 해야 하고, 둘째는 대통령 이승만씨의 진퇴는 지금 토론할 시기가 아니라는 것이었다. 이러한 방침을 역설한 것은 실력자인 김만겸과 최창식 등이었고, 여운형과 서초(徐超)는 이승만의 퇴임을 주장했다. 김만겸은 다음과 같이 말했다고 한다.

"우리의 제반 분규문제는 우리의 자행자박(自行自縛)이오. 원년도 (1919년)에 상해에서도 정부를 조직하고 한성에서도 하였는데, 그 조직하던 사람들의 숫자가 많고 적은 것은 막론하고 의사가 동일했던 것은 해외에 있는 지도자 중에서 누구를 영수로 삼을까 하는 점에서 의견이 근사했던 데서 안출되었던 것이며, (이승만씨를 영수로 하여 임시정부를) 조직한 뒤에 반대한 자가 전무하였고, 시베리아에서도 처음에는 반대가 없었소이다. 그러나 돌연히 개조니 승인이니 봉대니 하는 설로 분요를 빚어내며 그 밖의 각 문제가 첨가된 것이오.

나도 처음에는 여러 문제를 국민대표회에 부의함이 가할까 하였더니, 현금 그 진행된 사정을 보면 유해무익이요 분규투쟁을 확대함에 불과할 뿐이라. 현하 정세로 논하면 최대한 단결이 있어야 대업을 제할 터인데, 정부옹호파, 공산당, 흥사단 3파가 합하야 일대 세력을 조성하고 정부를 옹호하며 정부와 의정원을 충실히 하면 정부유지는 자연히 되며 일본을 저항하는 능력이 생길 줄 아나, 도산(島山: 安昌浩)의 태도가 어떠할는지. 3파가 서로 양보하야 일치 진행해야 하오. 나는 정부를 옹호하며 정부와 의정원을 충실히 하며 여러 문제를 법규 내에서 해결하기로 결심하였소."[18]

이르쿠츠크파 공산당은 자신들의 이러한 결의사실을 각 정파 지도자들에게 사람을 보내어 알리면서 협의했다고 한다. 안창호에게는 양헌(梁憲)을, 노백린, 이동녕, 이시영에게는 현순을, 조소앙에게는 여운형을 보

---

18) 「張鵬이 李承晩에게 보낸 1922년7월26일자 편지」, 『대한민국임시정부자료집(42) 서한집Ⅰ』, pp.226~227.

냈다는 것이다.[19]

심각한 자금난 속에서 가장 큰 관심사는 한형권이 보관하고 있는 모스크바 자금이었다. 유호청년회나 시사책진회 등의 모임에서 이 문제를 중요한 토의과제로 삼은 것도 그 때문이었다. 그리하여 한형권은 신변의 위협을 느끼고 숨어 다녔다.

6월 무렵에 이르자 상해 독립운동자 사회에서는 러시아 정부가 이 자금을 반환하라고 요구했다는 소문이 퍼졌다.[20] 소문은 사실이었다. 코민테른[국제공산당] 집행위원회는 극동민족대회를 마친 다음 이르쿠츠크의 동양비서부 비서역 크리스노프를 상해에 파견하여 박진순(朴鎭淳)과 한형권에게 지급한 40만루블의 사용처에 대한 감사를 벌였다.[21] 그리하여 상해파 고려공산당에서는 자금을 보낸 지방으로부터 「선전비 지출계산서」를 취합했다. 그렇게 하여 작성된 것이 「사업성적·경비결산 개략보고(1922.6.1.)」였다.[22]

한편 코민테른 집행위원회는 브란드르, 쿠시넨, 사파로프 세 사람으로 한국문제위원회를 구성하여 상해파와 이르쿠츠크파 두 고려공산당의 통합문제를 비롯한 제반문제를 검토하게 했다. 위원회는 4월22일에 「한국문제에 대한 결정서」를 작성했고, 코민테른 간부회의는 이 결정서를 승인했다. 6개항으로 된 「결정서」의 제4항은 다음과 같았다.

당은 그 기간[통합고려공산당을 결성하기까지] 동안 코민테른으로부터 아무런 재정적 보조를 받지 못한다. 그리고 한국문제에 대한 코민테른 집행위원회의 위원 얀손 동지에게 양파의 재정문제를 해결하게 함과 동시에, 상해에 있는 김립(金立) 동지의 수중에 있는 자금 전

───────
19) 위의 편지, p.227.
20) 「張鵬이 李承晩에게 보낸 1925년7월1일자 편지」, 위의 책, p.222.
21) 日本外務省, 『外務省警察史 支那之部〈未定稿〉6』, p.161.
22) 「大正十一(1922)年 朝鮮治安狀況(國外篇)」, 金正柱 編, 『朝鮮統治史料(七)』, pp.186~193.

부는 코민테른에 반환하게 하고, 외무인민위원회로부터 받은 20만루블에 대한 결제서는 당사자인 한형권으로 하여금 모스크바에 와서 직접 외무인민위원회에 제출해야 할 책임을 부여한다.[23]

국민대표회의 주비위원회는 윤해(尹海)와 고창일(高昌一)로 하여금 비밀리에 북경에 가서, 그곳에서 볼셰비키 정부의 대표로서 북경정부와의 국교정상화 교섭 등의 활동을 하고 있는 요페(Adolf A. Ioffe)와 교섭하여 한형권이 소지한 자금의 사용문제를 해결하도록 했다. 한형권이 베를린의 러시아대사관을 통하여 20만달러를 받아오는 일을 도왔던 고창일은 한형권과 같이 상해에 와 있었다. 고창일과 함께 블라디보스토크의 대한국민의회 대표로 파리강화회의에 파견되었던 윤해도 1921년 연말 무렵에 상해로 와서 독립신문사 주필직을 맡아 일하면서, 국민대표회의의 개최를 위해 적극적으로 활동하고 있었다. 두 사람은 요페를 만나 일정한 기간 안에 이 자금을 유익하게 사용할 것을 서약하고 승낙을 받았다. 그리하여 한형권도 소지한 자금을 국민대표회의에 내놓기로 했다.[24]

한형권이 소지한 자금이 국민대표회의 개최비용으로 사용될 것이라는 소문이 전해지자 임시정부 옹호파들은 한형권을 맹렬히 성토하면서 국민대표회의 개최를 비난했다. 그리하여 한형권은 나용균(羅容均)을 통하여 국내 유지가 보내온 자금이라면서 일화 1만엔씩을 세번에 걸쳐 국민대표회의 주비위원회에 제공하여 물의를 빚었다.[25] 이렇게 하여 한형권이 국민대표회의 개최비용으로 제공한 금액은 모두 6만4,975원이었다.[26]

---

23) 「朝鮮問題ニ對スル決定」, 村田陽一 編譯, 『コミンテルン資料集(2) 1921~1924』, p.209.
24) 姜德相, 앞의 책, p.522.
25) 「張鵬이 李承晩에게 보낸 1922년9월12일자 편지」, 『대한민국임시정부자료집(42) 서한집 I 』, p.234.
26) 《新韓民報》1923년11월15일자, 「한형권씨의 26만원 내역」.

자금문제가 해결되자 안창호, 남형우, 원세훈 등의 활동이 갑자기 활기를 띠었다. 극동의 여러 지역과 미주 및 하와이와 국내로 국민대표회의 주비위원회 명의의 초청장이 발송되었다.

한편 이승만으로부터 국무총리 임명 통보를 받은 노백린은 7월14일에 임시의정원을 소집하게 하여 국무총리에 취임할 뜻을 밝히고, 며칠 안으로 조각을 하겠다고 말했다.[27] 그러나 각료들의 인선에는 시간이 걸렸다. 8월26일에 열린 임시의정원 회의에서는 재무총장 이시영, 노동총판 조소앙의 임명 동의안만 가결되었다.[28] 9월25일에 이르러 내무총장 김구, 외무총장 조소앙, 법무총장 홍진(洪震), 학무총장 조욱(曺煜: 曺成煥), 교통총장 이탁(李沰), 노동총판 김동삼(金東三), 군무총장 유동열(柳東說)의 임명동의안이 제출되었는데, 유동열의 임명동의안만 부결되고 나머지 사람들의 것은 모두 가결되었다. 유동열은 자유시(自由市: 알렉세프스크) 참변에 책임이 있다는 이유로 거부된 것이었다. 유동열의 임명동의안은 이승만의 재차 요청에 따라 9월30일에 논란 끝에 가결되었다.[29]

앞의 조각보고를 미처 받지 못한 이승만은 9월25일에 노백린에게 국무총리 대리 임명을 다시 통고하고 조각을 재촉하면서 "공산당을 살피시오"라고 타전한 데[30] 이어, 10월6일에 다시 임시정부 앞으로 "공산당과 혼잡 마시오"라고 타전했다.[31] 조각이 어려운 상황에서도 공산당은 배제해야 한다고 강조한 것이었다.

27) 「大正十一(1922)年 朝鮮治安狀況(國外篇)」, 金正柱 編, 『韓國統治史料(七)』, p.80.
28) 「張鵬이 李承晩에게 보낸 1922년9월12일자 편지」, 『대한민국임시정부자료집(42) 서한집 I 』, p.233.
29) 「張鵬이 李承晩에게 보낸 1922년10월3일자 편지」, 위의 책, p.235.
30) Daitongyung to Kopogo, Sept. 25, 1922, *The Syngman Rhee Telegrams*, vol. Ⅳ., p.447.
31) Wonam to Kopogo, Oct. 6, 1922, *op. cit.*, vol. Ⅳ., p.458.

워싱턴회의와 관련된 사무를 일단 마무리한 이승만은 하와이로 돌아가기로 했다. 워싱턴을 떠나기에 앞서 8월14일에 필라델피아로 가서 서재필(徐載弼)과 역 카페에서 점심을 같이 들면서 향후 대책을 숙의하고 돌아왔다.[32]

이승만은 하와이로 돌아가면서 워싱턴회의 기간 동안 워싱턴에 와서 구미위원부 일을 열성적으로 도왔던 김노디와 동행하려고 했다. 그러나 연락을 받은 하와이의 지지자들은 "노디 오는 데 시비 많소. 동행하지 마시오. 도착일자 통기하오"라고 타전해 왔다.[33] 그들은 2년 전에 이승만이 상해로 가기 위해 하와이로 가면서 시카고에서 샌프란시스코까지 김노디와 동행한 일 때문에 큰 곤욕을 치렀던 일이 상기되었던 것이다.

이승만은 8월22일 오후에 로스앤젤레스행 펜실베이니아 열차편으로 워싱턴을 출발하여 25일에 덴버에 도착했다. 다섯 시간 뒤에 유니언 패시픽 열차편으로 덴버를 떠나, 8월27일 오후에 캘리포니아의 새크라멘토(Sacramento)에 도착하여 바로 프레스노(Fresno)로 향했다. 고독한 여행이었다. 이승만은 이때까지도 하와이에 도착일자를 알리지 않았다. 프레스노 호텔에서 하룻밤을 묵은 다음 택시로 디뉴바(Dinuba)로 갔다. 디뉴바의 좁은 동포사회에서도 국민대표회의 문제가 논란거리가 되고 있었다. 디뉴바에서는 1921년12월에 윤병구(尹炳求) 등의 주동으로 국민대표회의에 반대하는 집회가 열리고 반대운동을 추진하기 위해 시사연구회가 결성되기도 했었는데,[34] 1922년7월에는 국민대표회의 북미기성회가 결성되어 상해에 가 있는 천세헌(千世憲)을 미주대표로 국민대표회

---

32) Syngman Rhee, *Log Book of S. R.*, 1922년8월14일조.
33) An, Kim to Hanin, Aug. 17, 1922, *The Syngman Rhee Telegrams*, vol. Ⅳ., p.432.
34) 「大正十一(1922)年 朝鮮治安狀況(國外篇)」, 金正柱 編, 『韓國統治史料(七)』, pp.121~122.

신규식의 사망을 알리는 1922년9월30일자 《독립신문》 지면.

의에 참가시킨다고 상해로 통보했다.[35]

8월28일 오전 11시에 다뉴바(Dinuba)에 도착한 이승만은 오후에 김종림(金宗林) 등 몇몇 지도자들과 강기슭에서 만나 이야기를 나눈 다음 저녁 7시40분발 서던 패시픽 열차편으로 로스앤젤레스로 향했다. 로스앤젤레스에서도 하루밤에 머물지 않았다. 8월31일에 샌프란시스코에 도착하여 9월2일 오후 1시에 프레지던트 윌슨 호(S. S. President Wilson)편으로 하와이로 향했다. 호놀룰루 부두에 도착한 것은 9월7일 오후 1시. 카이무키(Kaimuki) 3애비뉴 1105번지의 집을 거처로 정했다.[36]

이승만이 그에게 임시정부에 남아 있기를 집요하게 요구했던 신규식은 외무총장으로 남아 있으라는 이승만의 전보를 받고 두달 보름 남짓 지난 9월25일 저녁에 타계하고 말았다. 네댓달 동안 병석에서 신음하던

---

35) 《獨立新聞》 1923년8월1일자, 「國民代表會의 第一人千世憲氏」.
36) Syngman Rhee, Log Book of S. R., 1922년9월7일조.

그는 9월 초부터 식음을 전폐하고 입을 열지 않은 채 좌선하다가 선구적 독립운동자의 장절한 생애를 마쳤다.[37] 마흔세살이었다. 재무총장에 복귀한 이시영이 신규식이 사망한 이튿날 이승만에게 친 전보는 이때의 임시정부의 처절한 상황을 짐작하게 한다.

> 대국을 위하야 재작일 시무. 전도 망연. 돈 전환송(電換送). 신규식 작일 사망. 장비(葬費) 무득(無得)이오.[38]

이승만은 이튿날 50달러를 전송했다.[39] 신규식의 사망에 대해서는 한국 독립운동자들뿐만 아니라 많은 중국 인사들도 조의를 보내왔다. 손문도 조의금 100원을 보내왔고, 10월3일에 거행된 장례식에는 내외인사 500~600명이 참가했다.[40] 신규식에 앞서서 5월19일에는 국내에서 3·1운동을 이끌었던 손병희(孫秉熙)가 사망하고, 7월4일에는 상해에서 김가진(金嘉鎭)이 사망하여 독립운동자들의 심경을 착잡하게 만들었다. 손병희는 예순한살, 김가진은 일흔여섯살이었다. 임시의정원은 장붕을 의장으로 선출하고 9월30일에 폐회했다. 임시의정원의 회기는 1년에 1개월로 정해져 있었으나, 회기연장을 거듭하면서 7개월 넘게 우여곡절을 거듭한 끝에 드디어 폐회한 것이었다.

이승만은 10월14일에는 《국민보(國民報)》를 통하여 하와이 동포들에게 정부의 재정궁핍이 막심하다면서 자금지원을 당부하는 권고문을 발표했다.[41] 그러나 동포들은 이제 지쳐 있었다. 그리하여 구미위원부에

---

37) 「張鵬이 李承晚에게 보낸 1922년10월3일자 편지」, 『대한민국임시정부자료집(42) 서한집 I』, p.235.
38) Lisiyung to Ribaksa, Sept. 26, 1922, *The Syngman Rhee Telegrams*, vol. IV., p.449.
39) (Lisyngman) to Lisiyung, Sept. 26, 1922, *op. cit.*, vol. IV., p.450.
40) 「張鵬이 李承晚에게 보낸 1922년10월3일자 편지」, 『대한민국임시정부자료집(42) 서한집 I』, p.236.
41) 「臨時大統領 李承晚이 布哇在留韓人에게 頒布한 勸告文」, 『韓國民族運動史料(中國篇)』, pp.416~417.

대한 지원은 말할 나위도 없고 이승만 자신의 호구조차 쪼들리고 있다고 일본경찰은 기술했다.[42]

이러한 상황 속에서도 구미위원부는 활동을 계속했다. 10월에 국제연맹총회가 열리자 구미위원부는 한국을 국제연맹 회원국으로 가입시킬 것을 요구하는 청원서를 제출했다.[43] 그러나 구미위원부도 자금이 바닥나 있었다. 11월9일에 이시영으로부터 "돈 곧 보내시오"[44]라는 다급한 전보를 받은 이승만은 구미위원부에 "이백원만 임시정부에 곧 전송"이라고 타전했다.[45] 그러나 구미위원부의 답전도 "상해에 보내기는 고사하고 위원부 이달 경비도 없소"라는 것이었다.[46] 이러한 형편에서 한형권이 임시정부의 특사자격으로 모스크바에 가서 가져온 자금으로 자신을 정치적으로 매장시킬 국민대표회의를 주동하고 있는 안창호를 이승만이 얼마나 증오했을지는 상상하기에 어렵지 않다.

이제 상해 동포사회는 국민대표회의 소집 문제로 인성만성했다. 한형권으로부터 나온 자금을 관리하면서 국민대표회의 준비에 앞장서서 활동하던 윤해가 9월28일 저녁에 저격당한 것도 그러한 분위기에서였다. 윤해는 인력거를 타고 귀가하다가 뒤에서 권총으로 저격당했다. 중상이었으나 프랑스 경찰의 도움으로 재빨리 수술을 받아서 생명을 건질 수 있었다. 저격자는 밝혀지지 않았다. 독립운동자들 사이에서는 일본밀정의 소행이라는 설이 퍼졌으나,[47] 공산당의 자금책이었던 김철수(金綴洙)는 임시정부쪽에서 김상옥을 시켜 저격했다고 술회했다.[48]

---

42) 「大正十一(1922)年 朝鮮治安狀況(國外篇)」, 金正柱 編, 『韓國統治史料(七)』, p.321.
43) Koric to Yitongyung, Oct. 18, 1922, President Syngman Rhee to Koric, Oct. 19, *The Syngman Rhee Telegrams*, vol. IV., pp.463~464.
44) Leesiyung to Daitongniung, Nov. 9, 1922, *op. cit.*, vol. IV., p.470.
45) Reesyngman to Koric, Nov. 16, 1922, *ibid.*, p.471.
46) Koric to Yibaksa, Nov. 1922, *ibid.*, p.472.
47) 《獨立新聞》 1922년10월12일자, 「尹海氏被傷事件에 對하야」.
48) 金綴洙, 『遲耘 金綴洙』, p.17, p.408; 김영진, 「윤해 저격사건으로 본 상해지역 민족운동 내부의 갈등」, 《史林》 제29호, 수선사학회, 2008, pp.155~177 참조.

4

김구는 1922년9월21일에 둘째 아들을 낳았다. 첫아들 인(仁)을 낳은 지 4년만의 일이었다. 이름은 신(信)이라고 지었다.

김구는 임시의정원의 임명인준을 받고 나서도 내무총장에 취임하지 않았다. 새로 선임된 총장들 가운데 바로 취임한 총장은 재무총장 이시영과 외무총장 조소앙뿐이었다. 나머지 사람들은 국민대표회의 일색의 분위기 속에서 상황의 추이를 지켜보면서 취임을 유보하고 있었다. 상해에 망명해서부터 안창호와 각별한 관계를 유지해 온 김구로서는 국민대표회의에 참여하지는 않을망정 임시정부의 내무총장으로서 국민대표회의와 직접 대결하기는 내키지 않았을 것이다.

이때의 김구의 활동 가운데 돋보이는 것은 한국노병회(韓國勞兵會)를 조직한 사실이다.[49] 임시의정원이 폐회한 다음날인 10월1일 저녁 7시에 프랑스 조계 맥새이체라로(麥賽爾蒂羅路) 24호 조상섭의 집에서 김구를 포함하여 조상섭, 여운형, 손정도, 김인전, 이유필, 양기하 일곱 사람이 모여 장기적이고 실질적인 독립운동 방략을 토론했다. 여운형과 양기하를 제외한 다섯 사람은 김규식과 여운형이 극동민족대회에 참가한 일 때문에 신한청년당을 탈당한 사람들이었다. 이들은 모두 안창호와 가까운 서북파 출신들이었다. 기독교 목사인 조상섭은 흥사단원으로서 그의 집을 국민대표회의 주비위원회 사무실로 쓰게 하고 있었다.[50] 이들은 숙의 끝에 독립전쟁의 준비를 위한 군인 양성과 전비 조성을 목적으로 한 노병회를 조직하자는 데 합의했다.[51]

---

49) 金喜坤, 「韓國勞兵會의 결성과 독립전쟁 준비 방략」, 『中國關內韓國獨立運動團體研究』, pp.193~229 및 愼鏞廈, 「백범 김구와 韓國勞兵會」, 『白凡金九의 思想과 獨立運動』, 서울대학교출판부, 2003, pp.47~79 참조.

50) 金喜坤, 위의 책, p.196.

51) 「呂運亨訊問調書」(1930.3.4), 「呂運亨公判調書」(1930.4.9.), 金俊燁·金昌順 共編, 『韓國共産主義運動史 資料集Ⅰ』, pp.383~384, p.406; 『朝鮮民族運動年鑑』, 1922년10월1일조.

일주일 뒤인 10월7일에는 앞의 일곱 사람에다 박은식(朴殷植), 조동호(趙東祜), 김홍서 등 아홉 사람을 더한 16명이 같은 장소에서 모였다. 새로 참가한 사람들 가운데는 김구의 심복 두 사람이 포함되어 있어서 눈길을 끈다. 한태규(韓泰珪)와 김현구(金玄九: 金基瑩)였다. 한태규는 경무국 경호원으로 활동했던 평양 출신의 청년으로서 김구가 가장 신뢰하는 사람이었다. 그는 유호청년대회에도 참가하여 비판연설을 하는 등 열성적으로 활동하고 있었다.[52] 김현구는 김구가 안악에서 신교육운동에 정력을 쏟을 때에 함께 활동했던 사람이었다.[53] 그는 임시정부 연통제의 황해도 경무사로 임명되어 자금모집 활동을 벌이다가 상해로 망명하여 1922년6월6일에 임시의정원 황해도 의원으로 선출되었다.[54]

이날의 모임에서는 이유필, 김인전, 조동호 세 사람을 회헌(會憲) 및 회칙 기초위원으로 선정했다.[55] 이어 21일에는 노병회 발기총회주비회를 열어 취지서와 회헌 및 회칙을 채택하고, 일주일 뒤인 28일 저녁 8시에 같은 장소에서 발기총회를 열었다. 발기총회에는 나창헌 등 새로운 사람들을 포함하여 12명이 참가했다. 그리고 김구를 이사장으로, 손정도, 이유필, 김인전, 여운형, 나창헌, 조상섭을 이사로, 조동호와 최석순을 회계검사원으로 하는 간부진을 선정했다.[56] 김구가 노병회의 이사장으로 선정된 것은 그가 노병회 결성에 그만큼 적극적이기 때문이었을 것이다.

노병회라는 개념은 러시아혁명 때에 조직되었던 노동자·병사 대표자 소비에트에서 유래한 것이었다. 이러한 병사조직은 1918년11월의 독일혁명운동 때에도 생겼다가 없어졌고, 러시아 2월혁명 뒤에 제1차 세계대전에 참가했던 러시아의 한인청년들이 러시아의 노동자·병사 소비에트를

52) 『백범일지』, pp.307~309; 《獨立新聞》 1922년7월8일자, 「批判演說의 大要」.
53) 『백범일지』, p.198.
54) 《獨立新聞》 1922년7월15일자, 「臨時議政院記事錄」.
55) 『朝鮮民族運動年鑑』, 1922년10월7일조.
56) 『朝鮮民族運動年鑑』, 1922년10월28일조.

모방하여 노병회를 조직한 적도 있었다.[57]

　　그러나 김구 등이 조직한 한국노병회의 "노병"의 개념은 러시아의 노병 소비에트의 그것과는 다른 것이었다. "독립생계를 영위할 수 있는 노농기술을 겸비한 병사"[58], 곧 한 사람이 노동자와 병사의 두가지 성격을 모두 갖춘 것을 의미했다. 임시정부가 독자적인 군대를 유지할 수 있을 만한 재정을 마련하지 못하는 현실에서 병사들 스스로가 평소에는 자신의 기술이나 노동력으로 생계를 유지하다가 독립전쟁을 벌이게 될 때에는 군인으로서 전쟁에 참가할 수 있게 한다는 것이었다.[59]

　　일찍이 박용만(朴容萬)이 하와이에서 사탕수수 농장의 노동자들로 대조선독립군단을 결성한 것이나, 안창호의 국민개병론도 이와 같은 둔전병(屯田兵) 개념을 염두에 둔 것이었다. 그뿐만 아니라 앞에서 보았듯이, 이승만이 1921년2월에 의정원에 보낸 연두교서에서 표명한 민병제(民兵制)도 같은 성격의 군대조직 구상이었다.

　　한국노병회는 당장의 전쟁수행은 불가능하다는 인식 아래 독립전쟁 수행의 핵심적 요소인 군인과 전쟁비용을 마련하고자 하는 장기적인 독립전쟁 준비방략이었다. 말하자면 그것은 그동안 독립운동방략으로 논란되어 온 독립전쟁론과 준비론의 절충이었다고 할 만했다.[60] 한달에 65달러인 임시정부 청사 임대료도 서너달씩 밀리고 있는 처지에서 10년 동안에 10만명의 병력을 양성하고 100만원의 전비를 조성한다는 것은 실현성이 없는 목표였지만, 그것은 이 시기에 명분 있는 정치행동일 수 있었다.

　　그러나 국민대표회의 개최문제로 어런더런한 상황에서 노병회의 회원모집이나 전비조달은 의욕만큼 진전될 수 없었다. 1922년10월 말 현재

57) 金喜坤, 앞의 책, pp.197~198.
58) 「呂運亨訊問調書」(1930.3.4.), 金俊燁・金昌順 共編, 『韓國共産主義運動史 資料集 Ⅰ』, p.385.
59) 金喜坤, 앞의 책, p.198, p.212.
60) 위의 책, p.212.

회원수는 통상회원 17명, 특별회원 4명으로 모두 21명에 지나지 않았고, 12월 말까지 특별회원 5명이 증가했을 뿐이다. 그리고 11월 말까지의 노병회의 회계는 수입이 277원이고, 지출이 274원8각2분으로서 잔고는 2원1각2분이었다.[61] 각종 자료를 통하여 확인되는 노병회 회원수는 모두 92명이었다고 한다.[62]

61) 『朝鮮民族運動年鑑』, 1922년12월5일조.
62) 金喜坤, 앞의 책, pp.205~206.

2. 임시정부를 "개조"할 것인가 "창조"할 것인가?

1

2년 동안 논란을 벌이면서 연기되어 온 국민대표회의는 마침내 1923년 1월 3일 오후 2시에 프랑스 조계 미국인 침례교 예배당에서 개막되었다. 이날 참석한 대표는 모두 62명이었다. 주비위원장 남형우의 개회선언이 있은 다음, 무기명 투표로 안창호를 임시의장으로 선출했다. 안창호는 임시서기로 유선장(柳善長)과 배천택(裵天澤)을 지명하고, 이어 거수투표로 대표자격 심사위원 5명과 회의규정기초위원 5명을 선출했다. 자격심사와 규정기초는 5일 안으로 완료하게 했다.[63]

국민대표회의가 개막되자 임시정부는 1월 5일에 국무총리 노백린 명의로 "본 정부는 국민대표회주비회에 대하야 그 동기와 경위가 착오임을 인정하는 동시에 대표회에 대하야도 자체상 긍정하기 어려운 점이 없지

국민대표회의가 열렸던 프랑스 조계 미국인 침례교 예배당.

---

63) 《獨立新聞》 1923년 1월 24일자, 「國民代表會議記事」.

않으나, 정부는 아직 침묵의 태도를 취하거니와… 대표제군은… 공평한 의견과 충실한 성력(誠力)으로 기필코 다대한 공헌이 있을지며… 난국 공제의 책무를 다하야…"[64] 라는 두루뭉술한 「국무원포고 제1호」를 발포하고 수수방관했다.

그러나 회의는 두번째 회의일인 1월9일의 자격심사보고 때부터 바로 분란이 일어났다. 분란은 어처구니없게도 임시의장 안창호의 자격문제를 두고 빚어졌다. 자격심사위원 오창환(吳昌煥)은 심사규정에 따라 심사한 결과 아무런 결격사유 없이 자격을 인정받은 대표가 45명, 절차상의 결함은 있으나 대표 자격을 인정하기에 충분한 대표가 14명, 절차상의 결함 및 그 밖의 약점 때문에 회의의 의결에 부쳐야 할 대표가 9명이라고 보고했다. 안창호는 세번째 부류인 9명에 포함된다는 것이었다.[65] 안창호는 북미 대한인국민회 대표로 등록되어 있었는데, 북간도 대한인국민회 대표로 회의에 참석한 자격심사위원 강구우(姜九禹)가 위임통치를 청원한 이승만은 미주 대한인국민회가 파견한 대표였고 안창호는 당시 그 단체의 중앙총회장이었기 때문에 그 단체와의 관계를 단절하고 나서 회의에 참가해야 된다는 의견서를 제출한 것이었다. 자격심사 토의는 이튿날 회의로 이어졌고, 안창호는 임시의장 사임과 회의 불참통고서를 제출하고 회의에 출석하지 않았다.

1월11일의 4일째 회의에서도 안창호의 자격문제에 대한 논란이 거듭된 끝에 안창호의 대표자격을 인정하기로 의결하고 그의 임시의장 사면 청원서도 반려했다.[66] 이러한 해프닝은 이승만의 위임통치 청원문제가, 그 본질 문제와는 관계없이, 독립운동자들 사이에 얼마나 심각한 논란거리가 되고 있었는가를 말해 준다. 또한 그것은 1919년9월의 임시정부 통합 과정에서 안창호가 보여 준 "기만행위"에 대한 대한국민의회쪽의 반

---

64) 「國務院布告 제1호」, 『대한민국임시정부자료집(1) 헌법·공보』, pp.136~137.
65) 위와 같음.
66) 위와 같음.

감이 그대로 온존되고 있었음을 보여 주는 것이기도 했다.

회의 개회 벽두의 이러한 분란은 2년 동안 노심초사하면서 회의를 준비해 온 안창호의 지도력을 크게 훼손시켰다. 그 결과는 의장단 선거에서 바로 나타났다. 안창호는 1월15일의 5일째 회의부터 다시 참석하여 임시의장을 맡아 보았는데, 의장단 선거는 1월18일의 9일째 회의에서 실시되었다. 의장에는 서간도의 서로군정서(西路軍政署) 대표로 참석한 김동삼이 당선되었다. 부의장 후보 선거에서는 윤해, 안창호, 신숙, 송병조(宋秉祚) 네 사람이 선출되었는데, 1차 결선투표에서 3분의 2를 득표한 후보자가 없어서 2차 결선투표를 실시한 결과 윤해가 최다득표를 하고, 안창호는 3차 결선에서야 가까스로 당선되었다.[67] 이때의 상황에 대해 일본경찰의 정보보고는 다음과 같이 기술했다.

안창호가 처음에 국민대표회의를 발기한 것은 첫째로 장차 독립운동을 계속할 것인가 계속하지 않을 것인가, 계속한다면 현 임시정부는 존속시키고 다만 각원의 개조로 끝내며 각파 및 각 단체를 통일하는 데 목적을 두었음에도 불구하고, 중도에서 윤해, 원세훈 등이 동지를 규합하는 동시에 다른 파를 매수 결속시켜 안창호를 배척하고 오로지 자파의 야망을 달성하는 데 몰두했다. 그 목적은 1) 이승만의 배척, 2) 정부의 전복, 3) 새로운 정부를 시베리아에 건설하는 것이며, 한형권이 소지한 금전을 임의로 사용함은 물론 정부를 수립한 뒤에는 이를 국내외에 발표하고 소비에트 정부로부터 차관 잔액 140만루블도 가져와서 어디까지나 독립목적을 달성하는 데 있다고 한다.…[68]

준비회의가 열리는 동안에도 각지로부터 대표자들이 계속 도착하여,

---

67) 《獨立新聞》 1923년1월31일자, 「國民代表會議記事」.
68) 「高警 제323호: 國民代表會에 관한 件」, 1923년2월2일, 『대한민국임시정부자료집 별책(6) 국민대표회의Ⅱ』, 2011, p.52.

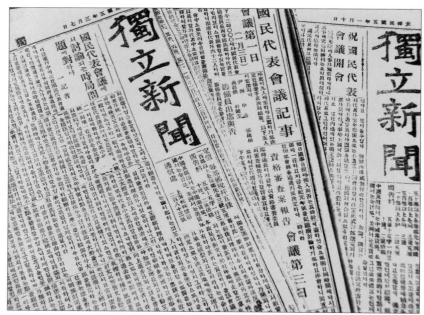
《독립신문》은 연일 머리기사로 국민대표회의의 진행을 보도했다.

1월31일에 정식 회의의 개회식이 거행되었을 때에는 참가 대표자가 88명에 이르렀다. 《동아일보(東亞日報)》는 「상해특신」으로 이들 전원의 이름과 소속단체명을 3면 머리기사로 보도함으로써 큰 관심을 나타냈다. 천도교의 신숙, 고려공산당의 왕삼덕(王三德: 金炳憲) 등은 소속단체명을 ○○○, ○○○○○ 등으로 표기했다.[69]

국민대표회의는 의사일정에 따라 큰 마찰 없이 진행되었다. 블라디보스토크에 머물고 있는 이동휘(李東輝)는 2월21일에 "국민대표회의에서 전 민족의 요구를 위해 만반의 사무를 원만히 진행시켜 주시기를 공축함"이라는 축전을 보냈다.[70] 코민테른 동양부의 부장 보이친스키도 축전을 보냈다.[71]

---

69) 《東亞日報》1923년2월6일자, 「國民會正式開會」.
70) 《獨立新聞》1923년3월7일자, 「國民代表會議記事」.
71) 위와 같음.

때를 같이하여 국내의 이상재(李商在), 최남선(崔南善), 오세창(吳世昌), 한용운(韓龍雲), 박영효(朴泳孝), 강매(姜邁) 여섯 사람 명의로 된 「경고해외각단체서(敬告海外各團體書)」라는 성명서가 배포되어 큰 화제가 되었다. 이 성명서는 한문으로 작성된 것이었는데, 그것은 중국사람들에게도 읽히기를 바라서였을 것이다.

기미년 혁명운동이 이미 다섯해가 되었다. 시체는 산같이 쌓였는데, 성과는 한 삼태기에도 아직 까마득하다. 망국의 폐허에 벼와 기장만 슬피 무성하고, 부형의 원수로 하여 가슴 아프다. 우리는 투옥되었던 몸으로 나가서 만나자 하여도 나가지 못하고, 하늘 너머 정부를 바라보면서 주(朱)나라 곡식으로 연명하는 것[주나라 곡식을 먹는 것을 거부한 백이숙제(伯夷叔齊)의 고사를 원용한 말]을 부끄러워한다. 일찍이 제공을 앙모한 것은 제공이 수십년래로 공(公)을 붙들고 의(義)를 앞세워 조국의 원수 갚기를 먼저 하고 사원(私怨)을 뒤로 하며, 몸을 돌아보지 아니하고 분투하여 물욕의 사악을 물리치며 천량[天良: 양명학(陽明學)의 용어로서, "하늘이 준 양심"이라는 뜻]을 회복하려 함 때문이었다. 천량을 회복하는 자는 능히 나라를 회복하는 자요, 물욕을 물리치는 자는 능히 적을 물리치는 자이다. 그러므로 우리 여항간(閭巷間)의 늙은이들은 밤중에 분향하고 그 성공을 기도하며, 옥중에서 뼈만 남아 한낮에 사형대에 올라 눈을 감고 죽음으로 나아간다.

그러하거늘 어찌하여 바람결에 전하는 것은 괴이한 소리요 날마다 들리는 것은 가련한 소식인가. 지방열로 기치를 각립한다 하며, 흑하(黑河)에서 도륙하였다 하며, 공금을 횡령하였다 하며, 당을 지어 분쟁한다 하니, 이는 곧 망국하는 일이요 광복하는 사람의 행동이 아니다. 슬프다! 과연 도적이 밖에 있어서 동포를 잡혀 장물을 나누어

敬告海外各團體書

己未革命後屆五週稔尸爲山功連一瞀瞞日禾桼之悲痛心父兄之譬誓

晉望府院於天涯愧周粟之伯夷曩公伇十年來公伇義愾不顧身先祖國之仇而後私

怨排物欲之邪而天良又復天良者能復國魂者誰念國私日日目

成功獄中日自暴眦眥白晝奈之何風雲怪花

歡橫飲恨死亡國私此心亦一不愧於天三之事而

而國私不必不狀之突無獨自生之事之虎無人不懼

無恤私於此間不本不欲國之然爲民事故不忍不

赤裏有進道之言之徒有進蹙而不闊躅不欲道謊之

二一 除地方哼域

三日非法之徒蒷査照判

四日扶護既成政府不宜妄事自播

使此四者實現於外則萬死不怕當竭力權戒之如反之則在內二千萬非諸公所敢問著顧望

諸公勤悔補過毋使我合流并汚寸心隔海書不譫意

大韓民國五年一月　日

海外韓人各團體　輪照

李商在
崔南善
吳世昌
韓龍雲
朴泳孝
姜遐

等啓

이상재 등 국내의 지도급 인사 6명이 해외 각 단체 앞으로 보낸 「경고해외각단체서」.

가지며, 광복을 빙자하여 사사 일을 도모하는 자가 있는가. 어찌 불 아니 땐 굴뚝에서 연기가 저절로 나겠는가. 저자에 호랑이가 나왔다는 소리를 세번 전하매 두려워하지 않는 자가 없다고 한다. 우리는 오래 참상을 겪어 낙심한 것이 매우 많다. 시비는 알고자 하지 않으며 개인적으로 편향되는 바가 없으므로 상관하고자 하지 아니한다. 그러나 민족을 위한 일이므로 상관하지 않을 수 없고, 아무 말도 하지 않고자 하나 국가를 위한 일이므로 말하지 않을 수 없다. 적성과 충정으로 삼가 포고한다.

그것은 감동적인 문장이었다. 성명서는 이어 구체적으로 해외독립운동자들이 실행해야 할 과제를 제시했다. 그것은 첫째로 지방구별을 철저히 배제할 것, 둘째로 비법 불의한 무리를 엄중히 조사하여 징계하고 판별할 것, 셋째로 사사 단체를 해산하고 조리에 따라 힘을 합쳐 진행할 것, 넷째로 기성정부를 옹호하고 망령되이 스스로 요동을 일삼지 말 것의 네 가지였다. 그리고는 다음과 같은 단호한 말을 덧붙였다.

이 네가지를 밖에서 실현하면 우리는 만번 죽어도 두려워하지 않고 힘을 다하여 옹대할 것이지만, 만일 그렇지 않으면 내지에 있는 2

천만의 일은 제공이 감히 물을 바가 아니다. 바라건대 제공은 속히 회개하고 잘못을 메꾸어 우리로 하여금 함께 오욕을 겪지 않게 하기 바란다. 작은 마음이 바다를 격하여 글로 뜻을 다 펴지 못한다.[72]

연서한 이상재, 오세창, 한용운은 각각 기독교, 천도교, 불교를 대표하는 인사들이며, 개화파 고관이었던 박영효는 국내의 지배층 사회를, 최남선은 지식인층을 대표하는 인사라는 점에서 매우 주목된다. 강매는 주시경의 제자로서 배재학당 교사로 있으면서 3·1운동에 참여했고, 1922년1월에 발기한 사회주의 단체인 신생활사(新生活社)의 이사로 활동하고 있는 인물이었다.[73]

이승만이 이 성명서를 받아 본 것은 2월17일이었다. 이상재가 보내온 것이었다. 이승만은 이상재에게 보낸 편지에서 "보내 주신 「경고해외각단체서」를 받들어 읽고 감격과 부끄러움을 금치 못하여 눈물이 있고서야 능히 면했사오며…"하고 감격해했다.[74] 이승만은 이 성명서를 한글로 번역하여 《태평양잡지》에 실으면서 "우리 해외동포들에게 감히 고하노니, 이 내지에서 나온 글을 보고 우리가 감동한 마음이 없으면 이는 한족의 피를 가진 자가 아니라 하겠도다. 이 말을 듣고 회개치 아니하면 한족의 심장을 가진 자가 아니라 하겠도다"하고 흥분했다.[75] 그리고 이 선언서의 한문 원문과 한글 번역문 6천부를 인쇄하여 하와이와 미국 본토의 동포들에게 배포했다.[76]

국민대표회의가 개막되자 이승만은 《태평양잡지》를 통하여 회의의 부당성을 다시 한번 천명했다. 그는 회의 벽두에 "민국"이냐 "기원"이냐

72) 「敬告海外各團體書」, 『雩南李承晚文書 東文篇(八) 大韓民國臨時政府關聯文書 3』, pp.533~534.
73) 이현주, 『한국사회주의세력의 형성 1919~1923』, pp.174~175.
74) 「李承晚이 李商在에게 보낸 1923년3월(날짜미상)의 편지」, 『대한민국임시정부자료집(42) 서한집 I』, p.239.
75) 《태평양잡지》 1923년3월호(제5권 제1호), 「해외단체에 경고하는 글」, pp.25~26.
76) 註74)와 같음.

의 연호문제를 두고 벌어진 논쟁과 관련하여 "육십여명 영웅들이 물밥 사 먹고 이 귀한 시간에 모여 앉아 여러 날 토론하다가 아직도 끝이 못난 모양"이라고 신랄하게 비꼬았다. 그러면서 국민대표회의가 성공할 수 없는 이유로 다음 세가지 요인을 들었다.

첫째로, 국내 13도 대표가 정식으로 참석할 수 없을 뿐만 아니라 모인 대표들도 상해에 있는 각도 사람 가운데서 자기들끼리 임의로 선정한 것이기 때문에 대표성이 없다는 것이었다. 특히 미주의 국민회 대표로 선정된 안창호는 "미주의 여러 단체 중에 가장 소수 되는 분자가 저희끼리 작정하고" 대표로 선정한 것이며, 하와이에서는 14~15명의 소수인들이 마음대로 결선하려다가 70~80명이 알고 참석하여 다수 투표로 반대하고 하와이에서는 대표를 보내지 않기로 결정하고 각지에 공포했음에도 불구하고 그 회의에 미주와 하와이의 대표가 다 참석하였다 하니 그 회의에서 결의하는 것을 누가 "공결로 복종"하겠느냐고 반문했다.

둘째로, 임시의정원을 만든 사람들이 따로 국민대표회의를 자칭하고 그 옆에 모여서 또 국민의 대표자격으로 민국대사를 다 결정하겠다 하는 것은 "일국의 입법부를 둘로 세워 놓고 국사를 정돈한다는 것인데", 이는 "이미 성립한 계통과 질서를 문란시키는 것뿐"이라고 비판했다.

셋째로, 국민대표회의는 각지의 대표들이 힘을 모아 협력해 나갈 뜻으로 발기한 것이 아니라 "정국을 전복해야 제 뜻대로 다시 만들어 보려함"에서 조직된 회의로서, 발기목적 자체가 옳지 않다면서 다음과 같이 경고했다.

공연히 민심을 선동하야 귀한 재정으로 독립운동에는 쓰지 않고 내지에서 피 흘리며 조직으로 세상에 공포한 정부만 파괴하고, 충애 동포들로 하여금 낙심 낙망케 하며, 세계 사람들로 하여금 한인은 독립자주할 자격이 못 된다는 관념을 가지게 하여 놓아서, 우리 광복대사에 손해만 끼치게 할진대 그 죄상은 돌아갈 곳이 있을지라.…

그러고는 그 해결책을 다음과 같이 제시했다.

지금이라도 합동하려면 모든 영웅들이 그 권리심을 다 버리며 당파심을 없이하고 다만 광복대업만 위하는 참 애국심으로 고개를 숙이고 현 정부 유지하에서 계통적 통일을 공고케 만드는 것이 실로 광복대사에 인도자 된 본의라. 이와 같이 모든 인도자들만 합심되면 모든 인민이 다 따라 합동될 것이며, 이와 같이 합동하야 새로 두령 될 이를 선정하면 대통령은 기왕 공포한 말과 같이 그 자리를 후임자에게 전임하고 물러앉아 그 정부에 복종하여 도울 것이 의심 없으니, 이것이 비로소 통일의 기초라.…[77]

3

국민대표회의의 정식 회의는 2월2일부터 시작되었다. 정식 회의가 시작된 뒤에도 각지 대표들이 계속해서 도착했다. 정식 회의의 개막과 함께 상해에 거주하는 여러 독립운동자들은 연고에 따라 지방 및 단체대표 자격으로 서둘러 회의에 참석했다. 김철(金澈)과 정광호는 전라남도, 문시환(文時煥)은 경상남도, 김상덕(金尙德)은 경상북도, 서병호는 황해도, 김현구는 황해도 군사주비단, 이탁(李沰)과 손정도는 평안남도, 김홍서는 공성단(共成團), 김마리아는 대한애국부인회, 이유필과 조상섭은 평안북도, 김인전은 전라북도, 오영선은 경기도 대표로 각각 자격을 인정받았다.[78] 그리하여 3월 초까지 정식대표로 인정받은 사람들은 모두 124명이었다.[79]

교민단장으로서 국민대표회의 개최 주동자의 한 사람이었던 여운형

---

77) 《태평양잡지》 1923년3월호(제5권 제1호), 「국민대표회」, pp.12~14.
78) 《獨立新聞》 1923년1월17일자, 1월31일자, 2월7일자, 3월7일자.
79) 《獨立新聞》 1923년3월7일자, 「國民代表會議經過」.

은 교민단에서 지역대표를 선정하려다가 임시정부의 견제로 뜻을 이루지 못하고 회의가 시작되고 한달이나 지난 2월5일에야 교민단장을 사임한 채 "남경 학생회 대표"의 자격으로 회의에 참석했다.

회의는 13개항의 의사일정을 결정한 다음, 6개분과위원회(군사, 재무, 외교, 생계, 교육, 노동)와 2개위원회(헌법기초, 과거문제조사)의 설치와 위원배정, 선서문과 선언서의 채택, 참석자들의 소속 단체와 지방의 현황보고까지 의사일정에 따라 순조롭게 진행되었다.

의사일정의 다음 순서는 "시국문제"였다. 창조파와 개조파 사이에 격렬한 논쟁이 벌어질 것이 예상되었다. "시국문제"의 토의는 3월5일 회의부터 시작되었다. 사흘 동안 24명이 나와서 열띤 토론을 벌였다. 이윽고 윤자영 등 19명이 연서로 제출한 제의안이 3월9일의 회의에 보고되었다. 그것은 (1) 본 국민대표회의는 우리의 운동이 세계 피압박민족의 해방운동과 동일한 전선이 되게 만들기로 함, (2) 본 국민대표회의는 우리 운동을 혈전에 중점을 두고 조직적으로 진행할 일, (3) 본 국민대표회의는 대한민국임시정부의 조직, 헌법, 제도, 정책 및 그밖의 일체를 실제 운동에 적합하도록 개조할 일의 세가지였다.[80] 그것은 임시정부 개조안이었다.

3월13일 회의에서는 "시국문제"에 대한 토의를 중지하고 이미 제출되어 있는 제의안의 토론에 들어갔다. 윤자영 등의

국민대표회의 개최 주동자의 한 사람인 교민단장 여운형은 임시정부의 견제로 회의가 개회한 지 한달이나 지나서야 회의에 참석할 수 있었다.

---

80) 吳昌煥, 「國民代表會議의 경과사정」, 「대한민국임시정부자료집 별책(5) 국민대표회의 Ⅰ」, p.344.

개조안 가운데 (1)항과 (2)항은 토론을 통하여 단어 몇개를 수정하는 것으로 가결되었으나, (3)항이 논란의 의제가 되었다. 창조파의 원세훈은 "이 안건은 시국문제가 아니고 조직문제이므로 차후 일정 가운데 조직문제가 상정되면 그때에 토의하는 것이 타당하다"면서 토의 자체를 반대했다. 원세훈의 발언을 시작으로 개조파와 창조파 사이의 난상토론이 시작되었다.

개조파의 제의안에 대항하여 창조파의 김우희(金宇希)는 (1) 금후의 독립운동은 전 민족의 유일한 혈전주의로 진행할 일, (2) 과거 5년 동안에 조직된 각 기관 및 각 단체는 그 명칭의 고하와 시설의 광협을 막론하고 일체 폐지하고 본 회의에서 우리 운동에 적합한 헌법으로 통일적 기치 아래 일신 매진할 일이라는 제의안을 제출하여 3월12일 회의에서 공포되었다.[81] 그것은 임시정부 창조안이었다. 연일 열띤 공방을 계속하던 회의는 3월21일 회의부터 교착상태에 빠졌다. 의장 김동삼이 윤자영 등의 개조안 (3)항의 심의를 선포하고 제안자의 설명을 들으려 했으나 창조파의 반대로 회의를 진행할 수 없게 된 것이었다.[82] 마침내 회의는 중단되었다.

양쪽 간부들은 3월28일부터 4월10일까지 비공식 회합을 가졌다. 4월8일에 대동여사에서 안창호의 주선으로 양쪽 간부회의를 열고 두가지 사항에 합의했다. 하나는 "시국문제" 토론을 "노동문제" 뒤로 돌리는 것이었고, 또 하나는 안창호와 김철수 등이 임시정부와 임시의정원을 설득하여 국민대표회의에 참가하게 한다는 것이었다. 안창호는 임시정부와 임시의정원을 설득할 수 있다고 장담했다.[83] 회의는 4월11일에 속개되어 예정된 의사일정 가운데 "독립운동의 대방침(군사, 재정, 외교)", "생계", "교육", "노동문제"의 심의 통과까지 큰 마찰 없이 진행되었다.

---

81) 吳昌煥, 「國民代表會議의 경과사정」, 위의 책, pp.344~345.
82) 《獨立新聞》 1923년4월4일자, 「國民代表會議 記事」.
83) 吳昌煥, 「國民代表會議의 경과사정」, 『대한민국임시정부자료집 별책(5) 국민대표회의 I』, pp. 348~349.

국민대표회의가 분과위원회를 중심으로 순조롭게 진행되는 동안 임시의정원에서는 임시정부 옹호파와 반대파가 격돌했다. 반대파란 국민대표회의의 개조파에 속하는 의원들이었다. 2월15일에 개원해 놓고도 의원의 결원이 많아서 개점휴업 상태에 있던 제11회 임시의정원은 4월 들어 26명의 의원을 보선했는데,[84] 새로 선출된 의원들은 대다수가 개조파 인사들이었다. 개조파는 임시정부를 장악하기 위하여 임시의정원 의원 보선에 적극적으로 참여한 것이었다. 이들이 주동이 되어 4월2일의 임시의정원 회의에서는 조덕진(趙德津) 등 9명의 의원이 제출한 「대국쇄신안」이 가결되었다. 「대국쇄신안」의 요지는 "과거의 모든 사업이 진전되지 못한 원인을 철저히 조사하여 그 근저를 깨끗이 씻어내고 일반 독립운동자의 정당한 여론을 채택하여 필요하고 적당한 방략을 연구함으로써 우리 독립운동에 관한 국면을 일신케 할 것을 결의함"이라는 것이었다.[85]

임시의정원은 조덕진 등 7명의 의원을 특별위원으로 선정하여 대국쇄신에 대한 구체안을 작성하여 보고하도록 했는데, 4월25일과 26일 회의에서는 이들이 제출한 다음의 3개항의 실행방안이 가결되었다. 그것은 (1) 법제를 시의와 민도에 맞게 개정하고, (2) 임시정부로 하여금 임시의정원의 감독 아래에서 모든 민중기관의 의사를 수렴하여 광복운동을 통일적, 적극적으로 진행되게 하며, (3) 임시대통령 이승만을 탄핵하기로 한다는 것이었다.[86]

이승만에 대한 탄핵안은 조덕진 등 의원 12명의 연서로 임시의정원에 제출되어 4월28일의 회의에 상정되었다. 탄핵의 사유는 (1) 아무런 공무 없이 정부소재지를 떠나 있으면서 시국을 수습하지 못하고, (2) 국무원(國務院)의 동의 및 국무원(國務員)의 부서 없이 교령(敎令)을 남발하고, (3) 행정부서를 정돈하지 못하고 법률을 준수하지 아니하고 또한 준수

---

84) 《獨立新聞》 1923년4월4일자, 「臨時議政院消息」.
85) 《獨立新聞》 1923년5월2일자, 「臨時議政院」.
86) 《獨立新聞》 1923년5월2일자, 「臨時議政院」; 「朝鮮民族運動年鑑」, 1923년4월25일조.

하게 하지 아니하고, (4) 구미위원부 및 그 직원과 주미공사를 임의로 설치하고, (5) 민국 원년에 500만원의 외국 공채와 구미위원부 재정을 임의로 사용했다는 다섯가지였다. 말썽 많은 위임통치 청원문제는 포함되지 않았다.[87]

　개조파 의원들은 대통령탄핵안을 제출한 데 이어 임시헌법개정 작업을 서둘러 4월27일에는 부의장 도인권(都寅權) 등 의원 26명이 헌법개정안을 제출했다.[88] 개헌안의 골자는 임시대통령제를 폐지하고 임시대통령에게 속했던 직권은 국무원과 임시의정원에 나누어 이관하며, "필요한 경우에는 임시헌법의 개정 등을 어떤 특종회의에서도 행할 수 있게 함"이라는 것이었다.[89] "어떤 특종회의"란 국민대표회의를 뜻하는 것이었음은 말할 나위도 없다. 이러한 움직임은 안창호 등이 창조파 간부들과의 약속을 이행하기 위하여 취한 책략에 따른 것이었다. 임시정부 옹호파 의원들의 반대로 임시의정원의 결의가 지연되자 개조파는 임시정부 인사들을 5월5일 이내로 국민대표회의에 참여시키겠다면서 휴회를 요구하여 국민대표회의는 5월4일부터 9일까지 휴회했다.[90]

　그러나 임시의정원은 엎치락뒤치락했다. 임시헌법 개정안이 정부옹호파 의원들의 격렬한 반대에 부딪치자 반대파 의원들은 임시정부로 하여금 국민대표회의에 대한 태도를 속히 표명하게 할 필요가 있다면서, 문시환(文時煥) 명의로 "임시의정원의 권한으로 지금 상해에서 개회된 국민대표회의로 하여금 대한민국 임시헌법을 개정케 하며 또는 기타 중대 사건을 처리케 함"이라는 긴급제의를 제출했고, 이 긴급제의는 5월4일의 회의에서 정부옹호파 의원들이 퇴장한 가운데 가결되었다.[91] 그리고 그것

---

87) 《獨立新聞》 1923년 5월 2일자, 「臨時議政院」.
88) 『朝鮮民族運動年鑑』, 1923년 4월 27일조.
89) 《獨立新聞》 1923년 5월 2일자, 「臨時議政院」.
90) 吳昌煥, 「國民代表會議의 경과사정」, 『대한민국임시정부자료집 별책(5) 국민대표회의 I 』, p.354.
91) 《獨立新聞》 1923년 6월 13일자, 「代表會議破裂眞相」.

은 현행 임시헌법에 위배되는 자기부정적인 결의였다.

정부옹호파 의원들은 반격에 나섰다. 조완구는 국민대표회의와 의정원이 병립하는 일은 의회사상 기이하며 큰 치욕이라면서, 반대파 의원들을 개조파의 주구가 되어 의회의 신성을 모독한 협잡 의원들이라고 공격하는 성토문을 발표했다. 국민대표회의의 추이를 관망하고 있던 국무총리 노백린도 태도를 바꾸어 임시정부의 유지와 국민대표회의의 반성을 촉구하는「국무원포고 제2호」를 공포했다.[92] 이어 5월7일에는 김용철 등 의원 7명이 연명으로 위헌적인 결의안을, 그것도 많은 의원들이 퇴장한 상태에서 통과시킨 책임을 물어 의장 윤기섭 및 부의장 도인권 징계안과 "헌장을 문란케 한" 긴급제의를 제출한 문시환과 이를 가결한 의원 15명의 징계안을 제출했다.[93]

윤기섭은 통과된 긴급제의의 무효를 선언했고, 노백린도 그 결의안을 국민대표회의에 이첩할 것을 반대했다. 긴급제의에 찬성했던 의원들은 대국수습과 각계 통일의 전망이 전혀 없다면서 의원직 사퇴서를 제출하거나 의정원회의에 출석하지 않았다. 그리하여 제11회 임시의정원은 여러 날 유회되다가 5월19일에 폐원했다.[94]

4

임시정부의 회의참가 유도작업이 좌절되자 국민대표회의는 보류했던 "시국문제"를 5월11일의 회의에 다시 상정하여 토의를 계속하려고 했으나 회의가 제대로 진행되지 않았다. 그리하여 5월15일에는 의장 김동삼, 비서장 배천택, 헌법기초위원 이진산(李震山) 등이 자신들을 파견한 서

---

92) 「高警 제1708호: 在上海國民代表會經過에 관한 件」, 1923년5월24일, 『대한민국임시정부자료집 별책(6) 국민대표회의Ⅱ』, p.130.
93) 《獨立新聞》 1923년6월13일자, 「臨時議政院」; 「朝鮮民族運動年鑑」, 1923년5월7일조.
94) 《獨立新聞》 1923년6월13일자, 「臨時議政院」.

로군정서와 서간도한족회(西間島韓族會)가 소환장을 보내왔다면서 사임했다. 소환의 이유는 국민대표회의가 대여섯달 동안이나 분쟁을 거듭하면서 소기의 목적인 통일을 도외시하는 이상 상해에 머물 필요를 인정하지 않는다는 것이었다. 그리하여 부의장 윤해가 의장에, 부의장 후보였던 신숙이 부의장에, 비서 오창환이 비서장에 보궐됨으로써[95] 본회의를 진행하는 중요 직책을 모두 창조파가 차지하게 되었다.

이튿날 개조파도 조상섭 등 42명의 이름으로 통일의 유일한 방침인 개조안이 기각되고 "국호와 연호를 새로 정한다면 한 민족에 두 국가를 형성하여 무서운 화근을 심는 일이 된다"고 통고하고 회의에 출석하지 않았다. 그리하여 5월18일의 회의는 참석자가 40여명밖에 되지 않아서 회의가 진행될 수 없었다. 안창호도 "비공식회의로 양자의 원만한 타협을 시도하는 것은 가하나 일부 대표만으로 정식 회의를 진행하여 국호와 연호, 헌법 등을 제정하는 것은 옳지 않다"는 통고문을 보내고 회의에 출석하지 않았다.[96]

이때부터 창조파와 개조파와 임시정부 사이에 비공식회의가 진행되었다. 먼저 윤해 등 창조파가 임시정부와 협상을 시도했다. 임시정부와의 협상을 통하여 회의 결렬의 책임을 면하고 개조파가 회의에 복귀하도록 유도하고자 한 것이었다.[97] 5월20일부터 노백린과 윤해가 여러 차례 비밀히 만나서 임시정부와 국민대표회의의 통일문제를 논의한 끝에 5월24일 밤에 5개항의 합의가 이루어졌다. 합의된 내용은 임시정부와 국민대표회의는 각각 편지를 주고받는 형식으로 서로의 권위를 인정하고 임시정부가 국민대표회의에 3명의 위원을 파견하며, 국민대표회의가 별도로 제정한 헌법을 임시의정원의 승인을 거쳐 임시정부가 공포한다는 것 등이었

95) 《獨立新聞》 1923년6월13일자, 「國民代表會議記事」.
96) 《獨立新聞》 1923년6월13일자, 「國民代表會議破裂眞相」; 吳昌煥, 「國民代表會議의 경과사정」, 『대한민국임시정부자료집 별책(5) 국민대표회의 I 』, p.360.
97) 윤대원, 『상해시기 대한민국임시정부 연구』, p.224.

개조파의 간부로서 개회 벽두에 의장을 맡았던 김동삼(왼쪽)과 창조파의 간부로서 새로 의장이 된 윤해(오른쪽).

다. 교섭이 진행되는 동안 개조파는 임시정부와 창조파의 의사가 합치되어 두개의 기관이 존재하는 일 없이 통일만 된다면 무조건 복종하겠다면서 관망했다.[98]

그러나 이 합의안은 5월25일의 임시정부 국무회의에서 유보되었다. 국무회의는 창조파와 타협을 시도한 노백린의 행동을 임시정부의 입장이 아닌 개인 행위로 규정했다. 이렇게 하여 임시정부와 창조파의 협상은 결렬되었다.[99] 같은 날 개조파도 다시 45명의 이름으로 "소수 대표의 편파적 회의는 국민대표회의로 인정할 수 없다"는 두번째 통고문을 발표했다.[100]

노백린과 윤해의 협상이 실패하자 박춘근(朴春根) 등 상해파 고려공산당 대표들의 주선으로 5월31일과 6월1일에 창조파와 개조파 대표들

---

98)「上海國代表會議의 經過에 관한 件」,『韓國民族運動史料(中國篇)』, p.318.

99) 吳昌煥,「國民代表會議의 경과사정」,『대한민국임시정부자료집 별책(5) 국민대표회의 I 』, pp.358~359;《獨立新聞》1923년6월13일자「代表會議破裂眞相」.

100)《獨立新聞》1923년6월13일자「代表會議破裂眞相」.

이 간담회를 열고, 양쪽 대표 3명씩이 함께 임시정부 대표들을 만나 3자회의를 열어 타협점을 찾아보기로 했다. 그러나 이번에도 임시정부 인사들은 자신들의 태도를 이미 결정했으므로 3자회의는 필요없다면서 거절했다.[101]

비공식 간담회가 결렬되자 창조파는 6월2일에 47명으로 회의를 열고 정부조직을 강행했다. 국호를 "한(韓)"으로, 연호를 "기원(紀元)"으로 쓰기로 결의했다.[102] 회의 참석을 거부하던 개조파는 이튿날 안창호, 김동삼, 김철(金澈), 손정도 등을 포함한 57명의 연명으로 국민대표회의의 결렬된 책임이 창조파에 있음을 천명하면서 윤해와 신숙을 맹렬히 규탄하는 장문의 성명서를 발표했다.[103]

창조파가 새로운 정부 수립 움직임을 구체화하자 이번에는 임시정부쪽에서 노백린의 주선으로 6월4일에 개조파와 창조파의 대표들을 임시정부 청사로 초청하여 마지막 협상을 시도했다. 이날 회의는 난상토론 끝에 합의를 보지 못하고, 이튿날 저녁에 같은 장소에서 다시 회의가 열렸다. 그러나 전날 임시정부 대표로 참석했던 조소앙과 홍진은 불참했다. 노백린은 (1) 국민대표회의의 선언서 및 구호, 연호 등 기성 기관에 저촉되는 사항은 일체 이를 취소할 것, (2) 정부 및 임시의정원은 대표회의에 헌법 개정의 권한을 부여하되 대표회의에서 이를 개정하면 다시 의정원에 회부하여 통과시킨 뒤에 정부가 이를 공포한다는 두가지 안을 제시했다.[104]

그러나 이 안은 개조파와 창조파 양쪽 모두 거부했다. 그러자 안창호

101) 吳昌煥, 「國民代表會議의 경과사정」, 『대한민국임시정부자료집 별책(5) 국민대표회의 I』, p.360; 《獨立新聞》 1923년6월13일자 「代表會議破裂眞相」.
102) 吳昌煥, 「國民代表會議의 경과사정」, 『대한민국임시정부자료집 별책(5) 국민대표회의 I』, p.360; 《獨立新聞》 1923년6월13일자 「代表會議破裂眞相」.
103) 「高警 제198호: 참칭대한민국임시정부 개조파의 성명서 반포에 관한 건」, 『대한민국임시정부자료집(6) 국민대표회의 II』, pp.143~145.
104) 吳昌煥, 「國民代表會議의 경과사정」, 『대한민국임시정부자료집 별책(5) 국민대표회의 I』, pp.361~362; 《獨立新聞》 1923년6월13일자 「代表會議破裂眞相」; 「高警 제1981호: 國民代表會의 經過에 관한 件」, 1923년6월14일, 『대한민국임시정부자료집 별책(6) 국민대표회의 II』, p.139.

가 "임시의정원과 국민대표회의가 합동으로 헌법을 제정하고, 기관을 조직한 뒤에 종전의 헌법과 기관은 일체 폐지하는 것은 어떤가"하고 제안했다. 다수가 이 안에 찬성했으나, 이번에는 노백린이 반대했다.

윤해는 마지막 타협안으로 헌법회의를 구성하는 안을 제안했다. 그것은 (1) 임시의정원과 국민대표회의가 비공식 연합회의를 열어 헌법회의 위원을 선정하되, 양자는 이 회의에서 선출한 인원수와 인명을 그대로 인정하고, (2) 헌법회의에 헌법 및 기타 일체의 결의권을 위임하며, (3) 헌법회의의 조직과 동시에 임시의정원은 해산하고 국민대표회의는 폐회하며, (4) 헌법회의에서 결정한 사항은 현 임시정부 국무원이 공포한다는 것이었다. 개조파는 이 안에 찬성했으나 노백린은 즉답을 보류한 채 다음날 정오 안으로 임시정부의 입장을 회답하기로 하고 산회했다. 임시정부는 6월5일 아침에 긴급 국무원회의를 열어 헌법회의안을 논의했으나, 결국 찬동하기 어렵다고 회답함으로써 임시정부와 국민대표회의의 마지막 타협도 무산되었다.[105]

임시정부와의 최종 타협이 결렬되자 창조파는 자파들만으로 새로운 정부수립 작업을 일사천리로 진행시켰다. 6월5일 회의에는 소비에트체제의 헌법초안이 상정되고, 그 헌법에 따라 정부기관으로 설립될 국민위원회(國民委員會)의 위원전형위원으로 원세훈, 신숙, 오창환 등 9명을 선출했다.[106] 이어 6월7일에는 비밀회의를 열고 전문 18조로 된 헌법을 통과시키고, 국민위원(國民委員) 33명, 국무위원(國務委員) 4명, 고문 31명을 선출하고 폐회했다. 시베리아의 고려혁명군 특립연대 대표로 국민대표회의에 참석한 이청천(李靑天)은 이날 "오늘에 통일이 못 되는 이 회의에는 더 참석하지 않겠다"라고 성명하고 퇴장했고, 창조파와의 타협을

---

105) 吳昌煥, 「國民代表會議의 경과사정」, 위의 책, pp.361~362; 「高警 제1981호: 國民代表會의 經過에 관한 件」, 1923년6월14일, 위와 같음.

106) 吳昌煥, 「國民代表會議의 경과사정」, 같은 책, pp.362~363; 「高警 제1981호: 國民代表會의 經過에 관한 件」, 위와 같음.

주선했던 상해파 고려공산당의 박춘근, 우탁(禹鐸), 박응칠(朴應七) 등 9명은 "이러한 편파적 회합에는 참석하지 않겠다"는 통고서를 보내고 출석하지 않았다. 그리하여 이날 회의는 대회 개최 이래 가장 적은 39명만으로 진행되었다.[107]

국민위원에는 윤해, 신숙, 원세훈, 이청천, 박건병, 오창환 등 창조파의 핵심 인물들뿐만 아니라 김규면(金奎冕), 장기영(張基永), 채영(蔡英) 등 시베리아 지역의 상해파 고려공산당 인사들과 김규식, 박용만, 김창숙(金昌淑), 김홍일(金弘壹) 등 국민대표회의에 참석하지 않은 명망가들도 포함시켰다. 모스크바자금을 제공했던 한형권도 국민위원으로 선정되었다. 최고지도부인 국무위원으로는 내무위원장에 신숙, 외무위원장에 김규식, 재정위원장에 윤덕보(尹德甫), 법제경제위원장에 김응섭(金應燮)을 선출하고, 군무위원장은 선출을 보류했다. 고문으로는 문창범, 이동휘, 홍범도, 신채호, 이범윤(李範允), 양기탁(梁起鐸), 이동녕(李東寧), 이상룡(李相龍) 등 각 지역의 원로들과 명망가들을 망라했다.[108] 창조파가 발표한 국민위원이나 고문은 본인들의 사전 동의를 얻은 것은 물론 아니었다. 이들 인사 가운데는 상해에 있지 않거나 창조파에 반대한 인사들도 상당수가 포함되어 있었다. 국민위원으로 선출된 박용만, 김창숙, 김응섭은 원세훈이 북경으로 가서 취임을 교섭했으나 거절했다.[109] 김홍일도 거절했다.[110]

창조파의 독단적인 신정부 수립 소식이 전해지자 각지의 독립운동자들은 이를 규탄하는 경고문을 잇달아 발표했다. 북간도의 이범윤, 김좌진(金佐鎭) 등 35명, 길림성의 윤주영(尹胄榮) 등 22명, 서간도의 강제하

---

107) 《獨立新聞》 1923년 6월 13일자 「代表會議破裂眞相」.
108) 「高警 제2177호: 國民代表會建設派가 組織한 機關에 관한 件」, 1923년 6월 27일, 『대한민국임시정부자료집 별책(6) 국민대표회의 II』, pp. 145~146.
109) 「高警 제2283호: 國民代表會의 分裂後의 狀況에 관한 件」, 1923년 7월 7일, 『島山安昌浩資料集(I)』, 國會圖書館, 1997, p. 113.
110) 金弘壹, 『大陸의 憤怒』, p. 184.

(康濟河), 오동진(吳東振) 등 79명은 기존의 임시정부의 제도, 헌법, 인물 등을 민의에 의하여 실제운동과 시의에 맞게 고치는 것은 괜찮으나 현 정부의 역사를 말살하려는 것은 절대로 불가하다고 천명하면서 통일을 촉구했다.[111]

상해 독립운동자 사회는 혼돈에 빠졌다. 임시정부 옹호파는 교민대회를 열고 창조파를 성토했다. 한국노병회 일에 전념하면서 국민대표회의의 추이를 지켜보고 있던 김구는 마침내 결심을 굳혔다. 임시정부의 내무총장에 취임하기로 한 것이다.[112] 그는 6월6일에 내무총장으로 취임하면서 다음과 같은 「내무부령 제1호」를 공포했다.

> 이른바 국민대표회가 6월3일에 연호와 국호를 달리 정한 건은 민국에 대한 모반이다. 두세차례 유고(諭告)하여 개정하지 말 것을 간곡히 권하였으나, 한사코 응하지 않았다. 갑자기 헌법을 제정한 것은 조국의 존엄한 권위를 침범한 것이다. 본 내무총장은 2천만 민족이 공동 위탁에 의한 치안의 책임과 사천년 유업의 신기(神器)를 유지하는 직권을 맡았기 때문에 소수인이 집회한 6월2일 이후의 일체의 불법 행위의 철폐를 명하고 대표회 자체의 즉각 해산을 명한다.[113]

그것은 임시정부의 존재를 부인하고 소비에트체제의 새로운 정부 수립을 일방적으로 감행한 창조파의 처사에 대한 단호한 고발이었다.

같은 날 임시정부는 「내무부령」과는 별도로 국무총리 노백린, 내무총장 김구, 외무총장 조소앙, 법무총장 홍진, 재무총장 이시영의 연명으로 창조파의 독자적인 연호와 국호 제정행위를 규탄하고 내외 국민의 각성

---

111) 《獨立新聞》 1923년6월13일자 「各地人士의 警告文」.
112) 「高警 제1981호: 國民代表會의 經過에 관한 件」, 1923년6월14일, 『대한민국임시정부자료집 별책(6) 국민대표회의 II』, p.139.
113) 「公信 제1559호: 불령선인의 국민대표회 분쟁의 건」, 위의 책, pp.136~137.

을 촉구하는 「국무원포고 제3호」를 포고했다.

김구는 국민대표회의의 전말에 대하여 『백범일지』에 다음과 같이 적어놓았다.

상해에서 개최한 국민대표회의는 "잡종회"라 부를 만한 모임이 었다. 이 회의에 참석하기 위하여 일본, 조선, 중국, 러시아 등 각처에서 한인단체 대표로 200여명이 각양각색의 명칭으로 모여들었다. 그 중 이르쿠츠크파 공산당과 상해파 공산당이 서로 경쟁적으로 민족주의자 대표들을 분열시켜 이르쿠츠크파는 임시정부 창조를, 상해파는 개조를 각각 주장하였다. 이른바 창조파는 현 임시정부를 취소하고 새로 정부를 조직하자는 것이고, 개조파는 현 정부를 개조하자는 것이었다. 결국 하나로 의견을 통일시키지 못하여 회의가 분열되었다. 창조파에서는 "한국정부"를 조직하고 그 정부의 외무총장인 김규식이 이른바 "한국정부"를 이끌고 블라디보스토크까지 가서 출품하였지만, 러시아가 허용하지 않으므로 계획이 무산되었다.

국민대표회의에서 양파 공산당이 서로 투쟁하니 순진한 독립운동자들까지도 양파 공산당으로 나뉘어져 혹은 창조, 혹은 개조를 주장하여 전체가 요란하게 되었다. 이런 까닭에 내가 내무총장의 직권으로 국민대표회의의 해산령을 발표하니 비로소 시국이 안정되었다.[114]

1923년1월3일부터 6월7일까지 국내외 각 지역과 단체, 대표 125명이 참석하여 74회의 회의를 개최한 국민대표회의는 독립운동사상 최대 규모의 회의였다. 회의 개최 비용으로는 한형권이 가져온 소비에트 러시아의 자금이 사용되었다.

자격심사위원회가 승인한 125명의 대표 가운데는 상해파 고려공산

---

114) 『백범일지』, pp.312~313.

당 계열이 37명, 이르쿠츠크파 고려공산당 계열이 17명 내지 18명으로서 공산주의자 54명 내지 55명이 참가했다.[115]

5

창조파들은 블라디보스토크로 가기로 했다. 그러나 그들은 여비가 없어서 8월 말까지 상해에 머물러 있어야 했다. 회의의 비서장으로 활동했던 오창환이 블라디보스토크로 가서 코민테른 관계자들을 만나고, 여비도 구해왔다. 그리하여 윤해, 신숙, 원세훈 등 창조파 30여명은 8월 말에 노르웨이 상선으로 블라디보스토크로 갔다. 회의에 참석하지 않고 있다가 새로 조직한 "한(韓)"정부의 간판 격으로 추대된 김규식도 상해교민단장 겸 인성학교 교장인 도인권과 함께 이들과 동행했다.[116]

창조파가 새 임시정부를 만들어 블라디보스토크로 간 것은 크나큰 오산이었다. 1918년8월 이래 시베리아에 파견되었던 일본군은 1922년6월부터 철수를 시작하여 10월25일에는 연해주에서 철수를 완료했고, 한편 볼셰비키 정부도 극동공화국(極東共和國)을 합병하여 12월30일에 러시아 전토를 지배하는 소비에트 사회주의 공화국연방(Union of Soviet Socialist Republics: U.S.S.R., 약칭 소련)을 수립했다. 그리하여 소련과 일본 사이에는 시베리아 자원개발과 어업문제 등 여러 가지 현안문제와 함께 국교수립을 위한 협상이 진행되었다. 이러한 상황에서 소련이 자국 영내에 새 한국임시정부를 허용할 경우 일본의 새로운 도발에 부딪힐지 모를 일이었다.[117] 그뿐만이 아니었다. 창조파의 경솔한 행동은 상해임시정부의 개혁을 통하여 "포괄적인 중앙혁명지도기관"을 결성할 것

---

115) 趙澈行,「國民代表會前後 민족운동최고기관 조직론 연구」, 高麗大學校박사학위논문, 2010, pp.274~275.
116) 《獨立新聞》1923년9월1일자「創造派代表歸海」및「團長及校長更迭」; 申肅,「나의 一生」, 日新社, 1963, p.80.
117) 金俊燁·金昌順,「韓國共産主義運動史(1)」, p.389.

을 지시한 코민테른의 방침에도 위배되는 것이었다. 그리하여 소련정부는 새 임시정부의 블라디보스토크 이전에 대하여 "정치 또는 법률상의 기관으로 인정하지 않으며, 그리고 적화운동 이외의 운동을 허용하지 않는다는 등의 조건을 붙여, 고려공산당 중앙총부라는 이름 아래 소련 영내에 기관을 설치하는 것을 승인하고 상당한 원조를 제공한다는 취지의 회답"을 했을 뿐이다. 그리하여 윤해와 신숙은 러시아에서 추방되고, 창조파의 주요 인사들은 이듬해 3월에 상해와 북경으로 되돌아 올 수밖에 없었다.[118]

다섯달 동안이나 논란을 거듭하면서 국내외의 독립운동자들을 들썽거리게 했던 국민대표회의가 허무하게 결렬되자 독립운동자들은 격분했다. 《독립신문》의 「일대 화근」이라는 논설은 개조파의 분노를 대변하는 것이었다.

우리는 통일을 위하야 대표를 환영하고 축복하였으며, 일반은 대표 그들이 통일을 가져오리라고 기대하고, 대표 그들도 통일을 이룩한다고 양언(揚言)하였도다. 대개 오늘 우리에게 통일이 있으면 삶이 있고 통일이 없으면 죽음이 있음이라.… 통일을 이루기 위하야 모였던 국민대표회의는 열린 지 다섯달이 넘도록 통일은 흑암 중에 매장하고 우리 민족 장래에 한가지 가공할 큰 화근을 심었도다. 그것은 국민대표회의에서 창조를 부르짖던 대표들이… 새 국호와 연호와 헌법 등을 작정하고 새 기관을 조직하야 한 민족 —— 더구나 국토를 못 찾고 표류하는 민족으로서 두개의 국가를 형성하야 영구히 피 흘려 싸울 단서를 열었으니, 이것이 누구의 죄인가. 이를 감행한 자의 죄인가, 이를 좌시한 자의 죄인가.…[119]

---

118) 姜德相, 앞의 책, pp.562~563; 申肅, 앞의 책, p.82.
119) 《獨立新聞》 1923년6월13일자, 「一大禍根」.

이 논설은 북경정부와 광동정부가 내전을 벌이는 중국의 상황을 보기로 들면서 민족분열의 위험을 경고했다. 또 같은 날짜 《독립신문》에는 국민대표회의의 의장과 부의장을 맡았다가 창조파의 일방적인 회의진행에 반대하고 사퇴한 김동삼과 안창호의 인터뷰 기사가 실렸다. 두 사람은 다음과 같이 말했다.

"이번에 모였던 국민대표회의가 마침내 파열된 데 대하야는 통애(痛哀)함이 어떻다고 말할 수 없습니다. 우리는 대회가 파열된 이후에 일부의 집회로 결의한 모든 일에 대하야 일절 책임을 지지 아니하고, 따라서 그 집회에서 산출된 소위 국민위원회와는 아무 관계가 없습니다. 그러나 이번 모임이 실패됨에 대하야 우리 자신의 불선무능(不善無能)함을 책하고, 우리의 책임을 이행하지 못한 것을 동포 앞에 사과할 뿐이요, 다른 쪽에 대하야는 시비를 말하고저 아니합니다."

두 사람은 또 윤해와 신숙 등 창조파 인사들을 격렬하게 매도한 6월3일자 개조파의 성명서에 자신들의 이름이 있는 것도 본의가 아니라고 다음과 같이 말했다.

"그러므로 6월3일에 김철 등 50여인의 연서로 발한 성명서에 우리 성명이 기입되었으나, 이것도 우리들이 본래 원한 것이 아니외다. 이번에 이와 같은 큰 실패를 당하였으나 결코 이것으로 우리 전도의 영원한 실패를 짓지 않고 동포의 편달 아래 스스로 채찍질하야 장래를 위하야 어떤 방법으로든지 더욱 노력하려 합니다."[120]

그러나 이러한 궁색한 변명은 많은 동포들의 실망과 분노만 부채질했을 뿐이다. 국민대표회의가 결렬되자 《태평양잡지》는 안창호를 모멸적으로 비난했다.

대저 국민대표회를 소집할진대 남의 나라 사람들의 통행하는 경

---

120) 《獨立新聞》 1923년6월13일자, 「代表會의 議長이던 兩氏의 談」.

위로 말하면 그 회를 부르는 자이나 참가하는 자들이나 다 그 회에서 어떻게 작정되든지 그 작정을 복종하겠다는 결심이 있는 줄로 믿는 것이요, 또 의례히 복종하는 책임이 있는지라. 만일 그렇지 아니하야 저마다 생각하기를 그 회가 내 뜻대로 되면 복종하고 그렇지 않으면 빠져나와서 나는 상관없다 하기로 전례가 되면 공화사회가 어찌 일을 조처하며 어떻게 성립되리오.

하물며 안창호씨는 일국의 국민대표회를 부른 책임이 있는지라. 안씨가 무슨 권리로 국민대표회를 불렀으며 안씨가 부른다고 참여한 대표들은 다 무슨 조리를 의지하야 뉘 정신으로 왔던지 우리는 알지도 못하며 알기를 원치도 않거니와, 어린 아이들을 모아 가지고 무슨 장난을 하다가도 잘못되어 죄책이 있을 듯하면 물러나가서 나는 모른다 할 수 없으려던 하물며 안씨는 국민대표회라는 것을 부른이가 남의 시비를 듣게 된다고 나는 빠졌으니 책임이 없다하리오. 그러므로 이후부터는 이런 일을 시작할 때에 책임을 면할 줄을 생각지 말고 앞의 결과가 어떻게 될 것을 생각하고 시작하는 것이 가합니다.[121]

이 문장은 이승만이 직접 쓴 글이 틀림없다. 이승만은 다음과 같은 말로 이 글을 끝맺었다.

안창호씨는 지금에 와서 국민대표회의 실패를 인연하야 국민에게 사과한다 한지라. 세상에 실수없는 사람이 없나니, 안씨를 용서하기는 심히 용이하거니와 국사에 모든 손해 끼친 것은 일반국민이 생각지 않을 수 없다.

지금부터는 모든 인도자들이 국사에 대하야 모든 농락권변[籠絡權變: 그때그때의 형편에 따라 일을 마음대로 처리함]의 수단을 버리고 현

---

121) 《태평양잡지》 1923년8월호(제5권 제6호), 「대표회의 영향」, pp.2~3.

정부 명의하에서 진심으로 광복대업에 종사할진대 이번에 실패한 것이 도리어 이익이 되리라 하노라.[122]

이러한 비판은 창조파들과는 말할 것도 없고 안창호파와의 타협이나 협력도 단념한 이승만의 단호한 입장을 나타내 보이는 것이었다. 국민대표회의 이후에 재외동포 사이에서 임시정부에 대한 인식이 분열되고 있는 것과 관련하여 《태평양잡지》가 한성정부의 정통성을 정면으로 강조하고 나온 것도 그 때문이었다.

저 모든 파괴자들은 정부가 없는 줄로 인증하거나 혹 둘 셋이나 혹 열 스물로 인증하고 싶으거던 다 원대로 해도 말릴 사람이 없을지며, 다만 나라를 사랑하는 일반국민은 저 야심자들의 선전으로 인연하야 조금도 흔들릴 이치가 없으며, 대한민국 원년에 한성에서 선포한 대한민국임시정부 하나밖에 다른 것이 없나니, 이 문제에 대하야 저 파괴자들과 어디까지든지 다투어가면서라도 그 결국을 보고 말기를 작정이로다.[123]

그것은 안창호파와 그들에 동조하여 하와이에서 이승만 반대운동을 벌이고 있는 박용만 추종자들에 대한 반격이기도 했다.

---

122) 위의 글, p.3.
123) 《태평양잡지》 1923년7월호(제5권 제5호), 「정부가 있나 없나」, p.5.

3.《태평양잡지》 속간하고 공산주의 비판

1

이 무렵의 이승만의 활동 가운데 가장 중요한 것은 오랫동안 정간했던 《태평양잡지》를 국민대표회의의 개최시기에 맞추어 속간한 일이었다.[124] 《태평양잡지》는 현재 낙질이 많아서 1913년9월에 창간된 이래 얼마나 제대로 발행되었는지는 정확히 알 수 없다. 1923년3월호로 속간된 잡지가 제5권 제1호, 통권 제31호로 되어 있는 것을 보면, 정간을 거듭했고 얼마동안은 장기간 발행을 중단했음을 알 수 있다. 워싱턴에 구미위원부가 설치되고 나서 《태평양잡지》는 한동안 구미위원부에서 발행되었으나, 정부재정으로 《태평양잡지》를 발행하는 것은 옳지 않다는 비판 때문에 중지했다. 그랬다가 이승만이 하와이로 돌아온 뒤에 다시 발행하게 되었다.

이승만이 임시정부의 청사 월세 등 최소한의 유지비용조차 제대로 송금하지 못하는 형편에서 잡지발행에 집착한 것은 그만큼 자신의 이념과 활동의 홍보와 그것을 통한 지지자들의 사상계도와 조직관리를 위한 매체의 필요성을 절감했기 때문이었다. 그러한 사정은 속간된 《태평양잡지》 통권 제31호의 내용으로도 짐작할 수 있다. 3·1절을 경축하는 사설에 이어 「한족의 단합이 언제」라는 권두논문으로 국민단합의 필요성을 강조하고, 이어 앞에서 보았듯이, 「국민대표회」라는 글에서는 국민대표회의의 부당성을 강조하고 회의가 결코 성공하지 못할 것이라고 단언했다. 이상재, 한용운, 최남선 등 국내인사들이 보낸 「경고해외각단체서」도 이 속간호에 실렸다.

속간호에 실린 글 가운데 가장 돋보이는 것은 「공산당의 당부당」이

---

124) 《朝鮮日報》 1923년5월9일자, 「太平洋雜誌續刊」.

라는 논설이다. 필자의 이름은 밝히지 않았으나, 문체나 내용으로 미루어 이승만이 쓴 것이 틀림없다.

이승만은 먼저 공산주의가 20세기에 나라마다 사회마다 아니 전파된 곳이 없어서, 혹은 공산당이라 사회당이라 무정부당이라 하는 명목으로 극렬하게 활동하기도 하고, 혹은 자유권, 평등권의 명의로 부지중 전염하기도 하여 "전제 압박하는 나라에나 공화 자유하는 백성이나 그 풍조에 촉감을 받지 않은 자가 없도다"라고 말하고, 그런데 그 주의가 오늘의 인류사회에 합당한 것도 있고 합당하지 않은 것도 있으므로 그것을 잘 비교 검토해볼 필요가 있다고 강조했다.

이승만은 공산주의의 합당한 것은 인민의 평등주의라고 다음과 같이 주장했다.

옛적에는 사람을 반상(班常)으로 구별하야 반은 귀하고 상은 천하므로, 반은 의례히 귀하고 부하며 상은 의례히 천하며 빈하야 서로 변동치 못하게 등분으로 방한을 정하여 놓고, 영영 이와 같이 만들어서, 양반의 피를 타고난 자는 병신 천치라도 웃사람으로 모든 상놈을 다 부리게 마련이요, 피를 잘못 타고난 자는 영웅 준걸의 자질을 탔을지라도 하천한 대우를 면치 못하였으며, 또한 노예를 마련하야 한번 남에게 종으로 팔린 자는 대대로 남의 종으로 팔려다니며 우마와 같은 대우를 벗어나지 못하게 마련이라. 이와 같이 여러 천년을 살아오다가, 다행히 법국[프랑스] 혁명과 미국 공화를 세운 이후로 이 사상이 비로소 변하야 반상의 구별을 혁파하고 노예의 매매를 법률로 금하였나니, 이것이 서양문명의 사상 발전된 결과라. 만세인류의 무궁한 행복을 끼치게 하였도다.

이승만은 이처럼 프랑스혁명과 미국 독립전쟁의 결과로 평등제도화가 되기는 했으나, 빈부의 격차로 말미암아 실질적인 불평등은 여전하므

로 공산주의의 평등주의가
타당하다고 다음과 같이
말했다.

그러나 근대에 이르러
보건대 반상의 구별 대신
에 빈부의 구별이 스스로
생겨서, 재산 가진 자는
이전 양반노릇을 여전히
하며, 재물 없는 자는 이
전 상놈 노릇을 감심(甘
心)하게 된지라. 그런즉
반상의 명칭은 없어졌으
나 반상의 등분은 여전히
있어서 고금에 다를 것이
별로 없도다.

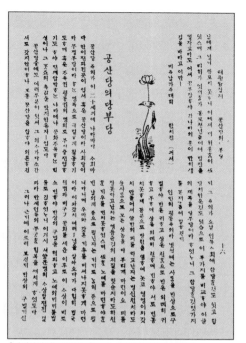

《태평양잡지》 1923년 3월호에 실린 「공산당의 당부당」.

노예로 말할지라도 법률로 금하야 사람을 돈으로 매매는 못 한다
하나 월급이라, 공전(工錢)이라 하는 보수 명의로 사람을 사다가 노
예같이 부리기는 일반이라. 부자는 일 아니하고 가난한 자의 노동으
로 먹고 살며 인간행락에 모든 호강 다 하면서 노동자의 버는 것으로
부자 위에 더 부자가 되려고 월급과 삭전을 점점 깎아서, 가난한 자는
호구지계(糊口之計)를 잘 못하고 늙어 죽도록 땀 흘리며 노력하야 남
의 종질로 뼈가 늘도록 사역하다가 말 따름이요, 그 후생이 나는 대로
또 이렇게 살 것뿐이니, 이 어찌 노예생활과 별로 다르다 하리오. 그러
므로 공산당의 평등주의가 이것을 없이하야 다 균평하게 하자 함이
니, 어찌하야 이것을 균평히 만들 것은 딴 문제이어니와, 평등을 만들
자는 주의는 대저 옳으니 이는 적당한 뜻이라 하겠고,

이승만은 이처럼 공산당의 평등주의 사상의 정당성을 실감나게 설명하고 나서, 그들의 주장의 부당한 점으로 (1) 재산을 나누어 가지자 함, (2) 자본가를 없이하자 함, (3) 지식계급을 없이하자 함, (4) 종교단체를 혁파하자 함, (5) 정부도 없고 군사도 없으며 국가사상도 다 없이한다 함 이라는 다섯가지를 지적했다. 그는 이 다섯가지 주장의 부당성을 하나하나 설명했다.

첫째로 재산을 나누어 가지자는 주장에 대해서는 다음과 같이 비판했다.

모든 사람의 재산을 토지, 건축[물] 등 모든 부동산까지 다 합하여다가 평균히 나누어 차지하게 하자 함이니, 이것을 가난한 사람은 물론 환영하겠지마는 토지를 평균히 나누어 맡긴 후에 게으른 사람들이 농사를 아니하든지 일을 아니하든지 하야 토지를 다 버리게 되면 어찌하겠느뇨. 부지런한 사람들이 부지런히 일하야 게으른 가난장이를 먹이어야 될 것이요, 이 가난장이는 차차 수효가 늘어서 장차는 저마다 일 아니하고 얻어먹으려는 자가 국중에 가득할 것이며,

둘째로 자본가를 없이하자는 주장에 대해서는 다음과 같이 반박했다.

모든 부자의 돈을 합하여다가 공동히 나누어 가지고 살게 하면 부자의 양반 노릇하는 폐단은 막히려니와, 재정가[기업가]들의 경쟁이 없어지면 상업과 공업이 발달하기 어려우니, 사람의 지혜가 막히고 모든 기기미묘한 기계와 연장이 다 스스로 폐기되어, 지금에 이용 후생하는 모든 물건이 다 진보되지 못하며, 물질적 개명이 중지될지라. 자본을 전폐하기는 어려우리니, 새 법률로 제정하야 노동과 평등 세력을 가지게 하는 것이 나을 터이며,

곧 새 법률로 자본과 노동의 평등을 보장하자고 이승만은 주장했다. 이처럼 이승만은 공산주의 이론의 부당성의 핵심적인 문제로 자본주의 경제체제의 기본 원리인 경쟁의 원리를 강조했다. 일찍이 한성감옥에서 쓴 『독립정신』에서 자본주의적 근대성을 설명하는 이론으로 강조했던 경쟁의 원리는 이제 반공주의의 이론으로 확고한 신념이 되어 있었다. 특히 기업인들의 경쟁이 없어지면 "기기미묘한" 기술의 혁신이 이루어질 수 없다는 주장은 탁견이 아닐 수 없다. 그것은 자본주의 사회에서 과학기술이 이토록 발전할 줄 몰랐다는 고르바초프(Mikhail S. Gorbachev)의 고백을 상기시키는 말이다.

셋째로 지식계급을 없이하자는 주장에 대해서는 "모든 인민의 보통상식 정도를 높여서 지금에 학식으로 양반노릇 하는 사람들과 비등하게 되자 하는 것은 가하거니와, 지식계급을 없이하자 함은 불가능하다"라는 말로 일축했다.

넷째로 종교단체를 혁파하자는 주장에 대해서는 구교와 개신교의 차이를 들어 흥미롭게 설명했다.

자고로 종교단체가 공고히 조직되어 그 안에 인류계급도 있고, 토지 소유권도 많으며, 이 속에서 인민압제의 학대를 많이 하였나니, 모든 구교 숭배하던 나라에서는 이 폐해를 다 알지라. 그러나 지금 새 교회의 제도는 이런 폐단도 없고 겸하야 평등 자유의 사상이 본래 열교[裂教: 改新教] 확장되는 중에서 발전된 것이라. 교회 조직을 없이하는 날은 인류 덕의상 손해가 다대할 것이며,

다섯째로 정부도 없고 군사도 없으며 국가사상도 다 없이한다는 이른바 국가소멸론에 대해서는 다음과 같이 역설했다.

이에 대하야는 공산당 속에서도 이론이 많을뿐더러 지금 공산당을

주장한다는 러시아로만 보아도 정부의 인도자와 군사가 없이는 부지할 수 없는 사정을 자기들도 다 아는 바이라 설명을 요구치 않거니와, 설령 세상이 다 공산당이 되며, 동서양 각국이 다 국가를 없이하야 세계적 백성을 이루며 군사를 없이하고 총과 창을 녹여서 호미와 보습을 만들지라도, 우리 한인은 일편단결로 국가를 먼저 회복하야 세계에 당당한 자유국을 만들어 놓고 군사를 길러서 우리 적국의 군함이 부산 항구에 그림자도 보이지 못하게 만든 후에야 국가주의를 없이할 문제라도 생각하지, 그 전에는 설령 국가주의를 버려서 우리 2천만이 모두가 밀리어네아[백만장자]가 된다 할지라도 우리는 원치 아니할지라.…

그러고 나서 이승만은 다음과 같은 말로 글을 맺었다.

우리 한족에게 제일 급하고 제일 긴요하고 제일 큰 것은 광복사업이라. 공산주의가 이 일을 도울 수 있으면 우리는 다 공산당 되기를 지체치 않으려니와 만일 이 일이 방해될 것 같으면 우리는 결코 찬성할 수 없노라.[125)]

이 글은 이승만의 현존하는 글 가운데서는 공산주의를 비판한 최초의 글이다. 그는 공산주의에 대한 이러한 인식과 신념을 가지고, 19세기 말에 개화파 지식인 사회에서 기독교가 전파되던 형상과 같이, 아니 그보다 더 강력한 기세로 국내외의 지식인들과 독립운동자들 사이에 구원의 복음처럼 전파되던 공산주의와 대결했다. 앞에서 보았듯이, 임시정부 간부들에게 "공산당을 살펴시오", "공산당과 혼잡마시오"라고 타전한 것도 그의 이러한 신념에 따른 것이었다.
그러나 이승만의 재정궁핍은 《태평양잡지》를 발행하는 데도 그대로

125) 《태평양잡지》 1923년3월호(제5권 제1호), 「공산당의 당부당」, pp.16~18.

나타났다. 잡지는 700부가 제작되어 450부가량이 하와이 동포들에게 배포되었고, 130부가량이 미국 본토 각주에 있는 동포들에게 발송되었다. 그리고 30부가량은 쿠바와 멕시코에 있는 동포들에게, 50부가량은 중국의 상해, 남경, 북경, 만주 각처에 있는 동포들에게, 그리고 30부가량은 영국과 독일에 있는 동포들에게 발송되었다. 그러나 잡지대금은 300부 미만의 대금밖에 들어오지 않았다. 그리하여 "인쇄인 월급을 한달 보름치나 주지 못하였고, 또 인쇄기계 세전은 몇달인지 몇해인지 주지 못하였고, 또 잡지사 공용품이라고는 사본 적이 없이 항상 남의 것으로만 지내는" 실정이었다. 이러한 형편에서도 잡지를 폐간하지 못하는 이유를 《태평양잡지》의 「사고」는 이렇게 설명했다.

적어도 우리 한인 육천동포가 와 있는 이곳에 이른바 언론기관이라는 것이 《국민보》라야 일주일에 한번, 잡지라야 이것뿐인데, 이것 하나도 유지하야 가지를 못하고 폐간하라 하면 먼저 우리 동포의 이목을 막는 것, 그것보다도 외인이 부끄럽습니다. 또 그뿐만 아니라 이 잡지를 어디까지라도 유지하야 가려고 하는 동포도 없는 것이 아니올시다. 그 중 어떠한 지방 어떠한 동포는 선금이라도 보내주시니, 그 한 사람 동포 열정이 열 사람 동포의 냉정을 기워가지 못할 것은 많은 말을 요구치 아니할 것이나, 그 열정인 그 동포의 실망되는 것이 참 가석가탄해 견디지 못하겠나이다. 그러한즉 일반 애독제씨는 많이 생각하와 여러분의 생각은 여러분의 양심에 비추어 보시기를 바라나이다.[126]

이처럼 《태평양잡지》를 계속 발행하는 일은 힘겨웠다. 그러나 이승만은 《태평양잡지》를 발행하는 일을 단념하지 않았다. 발행 초기 때와 마찬가지로 기사도 대부분 자신이 직접 썼다.

---

126) 《태평양잡지》 1923년9월호(제5권 제7호), 「태평양잡지 애독제씨에게 고함」, pp.37~38.

2

이승만은 위에서 본 「공산당의 당부당」 이후에도 《태평양잡지》에 여러 차례 공산주의에 관한 글을 발표했지만, 현재 보존된 잡지가 많지 않아서 모두를 살펴보기는 불가능하다. 그러나 현존하는 몇편의 논설로도 그가 공산주의를 어떻게 인식했는가를 넉넉히 짐작할 수 있다.

이승만은 우선 근대 자본주의 체제의 기본원리인 경쟁의 원리를 거듭 강조하고 있어서 눈길을 끈다. 그는 《태평양잡지》 1924년7월호에 실린 「보족경쟁」이라는 글에서 이렇게 썼다.

　　근 30년 전에 내가 우리 동포에게 알려 주려고 하던 것은 각 민족의 경쟁주의라.… 지금 세상에는 모든 민족이 문호를 터놓고 섞여 살며 본즉, 큰고기는 중고기를 삼키고 중고기는 잔고기를 먹어서 서로 남을 없이하고 내가 살자는 것이 아주 정한 통례가 되었도다.

그러면서 그는 민족경쟁의 가장 효과적인 연장은 민족 단합력이라고 강조했다.

　　저 물고기, 들짐승은 각각 제 힘과 제 기능을 이용하야 남을 먹으려고도 하고 남에게 먹히지 않으려고도 하지마는, 민족적 경쟁은 그와 달라서 각각 저희 민족의 지혜와 학식과 재능으로 서로 다투는 외에 가장 요긴한 연장 한가지가 있으니, 이는 그 민족의 단합력이라. 이 단합력이 많은 민족은, 수효가 많으나 적으나, 다른 기계가 있으나 없으나, 능히 강하고 크고 부한 자와 경쟁하야 부강 전진에 이를 수 있고, 단합력이 부족한 자는 아무러한 재주와 힘과 연장을 가졌더라도 마침내 남에게 먹히고 말 뿐이라.…

이렇듯 이승만은 민족의 독립이니 자유니 하는 것이 다 "허영적 명사"에 불과하고 실상은 우리 민족의 생존이 근본적 목적이라고 강조하면서 다음과 같이 주장했다.

밥 없어 주려 죽는 자를 배부르게 하며, 옷 없어 얼어 죽는 자를 더 옵게 하며, 집 없이 도로에 방황하는 자를 거접하게 만들며, 죄 없이 벌 당하는 자와 까닭 없이 발길에 채이는 자를 보호하야, 남들과 같이 이 좋은 세상에서 잘살자는 것이 목적이다.

지금도 이것을 모르고 아무렇게나 살다가 아무렇게나 마치고 말리라 하야 우리의 제일 유력한 연장인 단합력을 이용코저 아니하면 남들은 큰 다행으로 알고 아무쪼록 더 그대로 지내기를 찬성할지니, 이는 다름 아니라 이 좁은 세상에 못생긴 민족들이 자진하면 그 자리에서 남이나 잘살리라는 의견이다.

한인이여, 그대의 배가 고프거든, 몸이 춥거든, 뼈가 저리거든, 피가 끓거든, 공연히 못생긴 사람 모양으로 남이 우리를 못살게 한다든지 우리는 아무것도 없어서 할 수 없다는 소리도 말며, 당장에 일어나서 분풀이나 하고 말겠다는 생각도 말고, 다만 깨달을 것은 나도 남과 같이 우리 동족과 합동단결이 되어 우리 민족의 생문방[生門方: 민속에서 팔문 가운데 길한 문의 하나인 생문의 방위]을 향하는 것이 가하다고 결심하라.…127)

경쟁의 원리와 동시에 민족단합의 중요성을 역설하고, 특히 "당장에 일어나서 분풀이나 하고 말겠다는 생각도" 하지 말라고 강조한 것이 인상적이다. 이러한 문장은 땡볕 아래서 땀 흘려 일하는 동포 농장노동자들에게 용기를 주고, 반대파들에 대한 그들의 증오심을 자극했을 것이다.

---

127) 리승만, 「보족경쟁」,《태평양잡지》1924년7월호(제6권 제7호), pp.5~7.

《태평양잡지》의 같은 호에 실린 「평민시대」라는 글은 이승만의 평민주의의 진면목을 보여 주는 논설이다.

평민이라는 것은 막말로 하자면 보통 상놈이라. 양반도 아니요 중민도 아니요 오직 하등 막벌이꾼 각종 노동자로서, 백정 노복 등 천인을 다 포함하야 통칭함이라.…

이승만은 이렇게 평민을 정의한 다음 이들이 평등권을 누리게 된 계기가 프랑스혁명과 미국독립전쟁이었다고 설명했다.

150여년 전에 프랑스혁명과 미국독립전쟁 시에 비로소 인민평등론이 생겨서 하나님이 모든 사람을 동등으로 창조하였다는 언론이 주창된지라. 이것이 오늘 서양 각국의 자랑하는 공화주의의 기초이다.

그 사상이 지난 40~50년 동안에 전파되어 중국과 한국에는 이른바 양반이라는 존재가 거의 다 없어지고 평등주의가 점점 발전되어 나왔다고 이승만은 주장했다. 그런데 미국에는 반대로 재력이 점점 늘어남에 따라 빈부격차가 심화되어, 부자는 돈으로 양반노릇하려 하고 가난한 자는 생활을 위하여 노예의 직업을 마다하지 않게 되어, 지금은 미국인들이 흔히 말하기를 모든 사람이 평등하게 태어났다는 말은 '하얀 거짓말'이라고 한다는 것이었다. 이러한 비판은 이승만이 미국의 건국원리를 이상으로 생각하면서도 제1차 세계대전 이후의 미국사회의 모순을 냉철하게 파악하고 있었음을 보여 준다. 그리하여 다음과 같은 현상이 나타나고 있다고 그는 설명했다.

이 중간에 가만히 보면 대단히 재미로운 것은 인심변천이라. 동양에서는 서양인의 공화라 자유라 하는 사상을 점점 흡수하는 동시에

서양인들은 옛날 동양인의 하던 양반놀음과 등급 구별하는 구습을 날로 모본하려 들어 능히 막을 수 없는 모양이라.

　이럴 즈음에 러시아에서 사회 공산 등 주의가 발기되어 경제적 양반을 없이하는 것이 정치적 평등을 세우는 근본이라 하야, 재산소유권을 없이하야 조상의 유전물이나 자기의 배운 것이나 다 내어놓아 가난하고 천한 사람들로 평균히 누리게 하자 하고 지금 시험하는 중이라. 이 주의가 참 실시되어 볼는지, 장차 헛꿈에 돌아가고 말는지는 모든 사람의 관찰이 다소간 같지 아니하나, 그 주의인즉 영미의 공화주의보다 한걸음 더 나가서 모든 평민을 참 평등으로 만들자 함이라.…

그러므로 일찍이 미국이 공화주의를 주장할 때에 전제주의와 충돌했던 것처럼 러시아의 공산 사회주의가 이제 공화주의와 출동할 것은 면할 수 없는 사실이라고 이승만은 설명했다. 그러면서 그는 오늘날 한국 국민이 추구할 것은 공산주의나 사회주의가 아니라 공화주의라고 다음과 같이 역설했다.

　설령 공산주의가 일후에 실시된다 할지라도 우리의 오늘 구할 것은 공화주의라. 공산주의나 사회주의는 한 민족 간에 충돌이 없이 될 수 없으며, 우리가 무엇이든지 우리끼리 충돌날 것을 먼저 시작하는 것은 아무것도 다 못 되게 할 위험이 있은즉, 남들이 먼저 경험하도록 버려두고, 우리는 먼저 철저한 공화정신으로 다 한 덩어리가 되어 우리 목적을 먼저 이루는 것이 차서를 지키는 도리라.…

이승만은 공산주의의 이상은 좋으나 그것이 실제로 실현가능할는지는 남들의 경험을 우선 관망하고, 우리 민족은 무엇보다도 철저한 공화정신으로 우리 목적을 구현해야 한다고 강조한 것이 인상적이다. 이승만은 우리 민족의 공화주의 구현의 성공여부는 고등학식을 가진 학자가 많이 생기는 것보다 평민들의 지식의 함양에 달렸다는 말로 이 글을 맺고 있는 점이 돋보인다.

나는 자초로 우리의 장래를 우리 평민 전체에게 바라나니, 우리 평민의 지식 정도를 속히속히 개발시키는 것이 우리 공화사회의 기초를 굳게 함이라. 우리 민족 간에 고등학식을 가진 학자가 많이 생기느니 보다 평민의 상식 정도를 높이는 것이 더욱 급하니, 우리 인도자들은 이것을 특별히 주의하야 경향 각처에 언문 못하는 사람이 없도록 만들며, 모든 사람이 매일 신문 한두 장 아니 보는 자 없도록 만들기를 힘쓸진대, 우리의 성공할 길은 더욱 속할 줄로 믿습니다.[128]

《태평양잡지》의 같은 호에 실린 「사회 공산주의에 대하야」는 공산주의 사상의 급속한 전파에 대해 이승만이 유연성 있는 입장을 취하면서도 민족의 생존방책을 우선적으로 강조한 논설이다. 그는 사회, 공산 등 사회주의 사상이 우리 민족 사이에서 문제가 된다는 말들을 들을 때에 한편으로 기뻐하고 또 한편으로 염려했다면서 다음과 같이 썼다.

이 주의가 세계인민을 경제적으로 자유시키자 하는 개진주의(改進主義)니, 이것이 장차 실시될는지는 관찰하는 자들의 의견이 다소 간 부동하려니와, 지금 세상에 소위 개명한 나라이라고는 이 주의가 아니 전파된 곳이 없으니, 우리도 세인의 풍조를 따라 남과 같이 전진하는 것을 내가 기뻐함이요, 일변으로는 우리 사람들이 이런 새 주의를 들을 적에 우리의 오늘 경우가 다른 것은 미처 생각지 못하고 다만 남이 좋아하니 우리도 좋아하자 하고 덮어놓고 따라 나가다가 영향

---

128) 리승만, 「평민시대」, 《태평양잡지》 1924년7월호(제6권 제7호), pp.14~15.

을 받을까 염려함이라. 물론 우리 내외지의 모든 인도자들이 응당 앞을 보아 지혜롭게 인도할 줄을 믿는 바이지마는 그중에 몇 사람이라도 제정신을 차리지 못하고 일시 풍조에 파동이 되면 그 손해가 장차 전체에 미칠까 하는 근심이 없지 아니함이라.

이렇게 전제하고 나서 그는 우리 민족은 다른 민족들과 처지가 달라서 이런 사상을 수용하는 데 큰 위험이 있다고 경고했다.

다른 민족들로 말하면 다 저희 생존방책을 먼저 차려놓아 저희 살길을 완전히 본 후에 다른 주의를 여러 가지로 연구하야 어찌하면 더 잘살 수 있을까 하고 각 방면으로 시험하다가, 다행히 잘되면 좋고 설혹 잘못되어도 크게 위태할 것은 없지마는 우리 처지는 이와 달라서 생존여부를 미판(未判)하고 앉은 중에 다른 주의를 주장하는 것이 심히 위태한 일이라.…

그러므로 우리가 먼저 전력하여 해결해야 할 문제는 우리 민족의 생존책이며, 무엇이든지 그 원칙을 방해하는 것은 곧 "민족적 자살"이라고 이승만은 강조했다. 그는 또 인터내셔널리즘이 내셔널리즘보다 높은 가치라는 공산주의자들의 주장에 대하여 그것은 공산주의

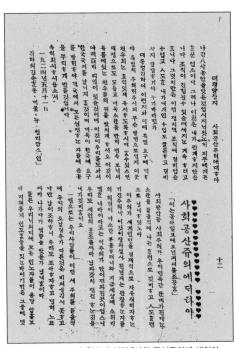

《태평양잡지》 1924년 7월호에 실린 「사회 공산주의에 대하야」.

국가, 곧 소비에트 러시아의 국가이익의 확장을 위한 구호에 지나지 않는 것이라고 비판했다.

세계적 주의가 민족주의나 국가주의보다 크고 높다 하나 세계주의를 위하야 국가와 민족을 희생한 자 어디 있느뇨. 실상은 저희 이익과 세력을 확장하기 위하야 빈 명사를 이용하는 것뿐이라. 우리는 헛되이 속지 말 것이다. 하물며 세계적 주의가 전파되는 곳마다 민족주의와 충돌이 생기나니, 만일 우리가 지금에 이런 주의로 우리끼리 충돌을 내고 보면 우리 생존책에 대하야는 그만한 손해가 있을 터이니 더욱 정신 차릴 일이다.…

이승만은 그러나 민족 생존책이 급하다고 하여 모든 세계 사상을 다 배격하자는 것은 아니라고 덧붙였다.

그러나 우리는 민족 생존책이 급하니 다른 주의는 다 거절하자는 것은 나의 뜻이 아니라. 다만 우리의 먼저 작정할 문제가 무엇인지 알아서, 그 문제 해결에 도울 것이 있는 줄로 믿는 사람은 아무리 과격 선전을 할지라도 우리 국민단합에 조금도 손해가 없을지라.[129]

독립운동에 도움이 되는 방법의 하나로 사회주의나 공산주의를 이용하는 것은 수용할 수 있다는 것이었다. 이러한 설명은 이 시기의 상해의 독립운동자들이나 국내 상황을 고려해서 한 말이었을 것이다. 《태평양잡지》는 이 글을 《동아일보》에 기고한 것을 전재한다고 했지만, 이 글은 《동아일보》에는 실리지 않았고 조선총독부의 압수기사에도 포함되어 있지 않다.

---

129) 리승만, 「사회 공산주의에 대하야」, 《태평양잡지》 1924년7월호(제6권 제7호), pp.12~13.

《태평양잡지》1925년7월호에 실린 「공산주의」라는 논설은 공산주의의 기본이론과 선전내용을 요령있게 정리하여 비판한 글이다. 이 글을 집필하는 이유를 이승만은 다음과 같이 썼다.

공산주의가 지금 세계에 퍼져서 도처에 큰 문제가 되나니, 우리 한국에도 한 문제가 되는 것이 또한 괴이치 않은 일이라. 우리 민족이 이에 대하야 어떠한 태도를 가지는 것이 옳을는지 깊이 연구하여 볼 일이로다. 《태평양잡지》는 이미 여러 번 발표한 글이 있으니 보신 이들은 응당 판단이 있으려니와, 이 문제가 아직도 해결이 못 되어 내지와 원동 동포에게 큰 의문을 만드는 염려가 있는지라. 우리는 이에 대하야 침묵할 수 없으므로 가장 중요한 관계점을 들어 아래 설명하노라.

이렇게 전제한 다음 이 논설은 공산주의의 "가장 중요한 관계점" 여섯가지를 들어 설명했다.

첫째로, 공산주의와 사회주의가 세상에 큰 복리를 끼칠 것이므로 사람마다 이 주의를 가지는 것이 옳다는 주장에 대하여.

실상은 이것이 복이 될는지 해가 될는지 확실히 판단이 못된 터이니, 다른 나라들은 이것저것을 시험하다가 아니되면 다른 것을 할 수도 있지마는 우리 처지로는 한번 이것을 시험하다가 실패하면 다시 다른 것을 시험할 여력이 없을지라. 그러므로 우리의 급급히 할 것을 먼저 힘쓰며, 남들이 다 시험을 치러서 완성한 후에 채용하는 것이 우리의 지혜로운 계획이며,

둘째로, 공산주의와 사회주의가 세계평화와 만민이 형제 되는 복락을

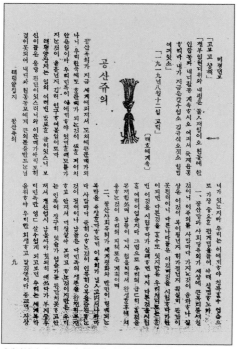

《태평양잡지》 1925년 7월호에 실린 「공산주의」.

주장한다는 말에 대하여.

이 주의가 넓고 커서 나라마다 사람마다 준행하는 것이 인류 행복을 증진하는 것이 될 터이나, 남들은 다 민족의 생존을 완전히 보전하고 앉아서 더 잘 살아 보려고 하는 것이지마는 우리는 민족이 장구히 있을까 없을까를 판단치 못하고 앉아서 정신없이 남을 따라 헛되이 애쓰다가 부지 중 우리 민족만 영영 살 수 없게 되고 보면 우리는 세계복락을 위하야 우리만 희생하고 말 것뿐이라. 종교적 사상으로는 매우 고상하다 할 터이지마는 인류의 보통 관념으로는 가장 어리석은 물건을 이룰 따름이며,

공산주의가 종교적 사상으로는 매우 고상하다고 할 만하다는 논평은 종교는 아편이라고 한 레닌의 말을 빗대어 말한 역설이다.

셋째로, 국가주의가 인민의 행복에 장애가 되며 세계전쟁을 유발시키는 데 비하여 공산 사회는 국가를 없애고 모든 민족이 구별 없이 살게 하자 하는 것이라는 주장에 대하여.

그 뜻이 또한 인도와 정의에 가까워서 세상 형편을 모르고 이 말

만 듣는 사람들로 하여금 마음을 기울이게 할 듯하나, 만일 이 주의를 주창하는 나라 사람들이 먼저 세계 부강한 나라들로 하여금 각각 그 정부를 없이하며 강토를 열어 놓아 피차 구별이 없이 모든 인종이 같이 복리를 나누어 누리게 할진대 우리도 그 뒤를 따라서 국가를 희생하고 들어가려니와, 만일 그렇지 못하야 나라마다 군함 대포와 잠수정 비행대를 확장하며 잔약한 나라들만 권하야 국가주의를 버리라 할진대 우리는 언제까지든지 나라를 먼저 회복해 놓은 후에야 세계주의를 비로소 생각할 것이며,

넷째로, 공산주의와 사회주의가 인민의 평등 자유권을 증진하여 유식과 무식, 유산과 무산, 자본가와 노동자 등의 구별을 다 타파하고 모든 민중으로 하여금 공화사회에서 능히 얻지 못하는 행복을 누리게 하는 것이라는 주장에 대하여.

이것도 참주의로 보면 공화 민주주의보다 더욱 균일한 자유를 도모함이라 하겠으나, 다른 나라들은 다 저희민족과 국가의 자유를 회복하야 다른 나라나 다른 민족의 속박을 면하고 앉았은즉 그 나라 안의 백성끼리 서로 압박하고 서로 구별하는 폐단을 없이하기 위하야 유식계급, 유산계급, 자본계급을 타파하고 무산, 무식, 노동 등 사회와 동등권을 누리게 하자 함이니, 실로 민족 중 저희끼리 자유권을 다투는 것이어니와, 우리로 말하면 타국과 타민족의 속박을 먼저 면하야 우리가 남과 같이 살게 만들어 놓은 후에 우리끼리 어떻게 마련하야 인민의 평등을 보호하자 하는 것이 가한지라. 만일 그렇지 못하야 우리끼리 개인 권리를 다투느라고 서로 분별 분쟁하다가 국가 자유를 영영 잃고 앉으면 남의 노예된 백성이 저희끼리 평등권을 가진다 한들 무엇이 상쾌하리오. 그러므로 다 합동하야 우리의 공동자유를 먼저 회복한 후에 공산 사회 등 주의를 모본함이 늦지 않으며,

다섯째로, 우리의 적국 곧 일본이 공산주의와 사회주의를 몹시 두려워하므로 우리가 공산주의와 사회주의를 본떠서 저들을 어렵게 하는 것이 한 계획일 수 있다는 주장에 대하여.

그 또한 우리가 옳게 생각하는 바이라. 그러나 내 원수가 이것을 싫어하는 고로 내가 나의 이해를 불계하고 행하는 것이 옳다 함은 심히 위태한 생각이라. 내 원수의 집에 가서 내 목을 매어 죽으면 그 해가 내 원수에게보다 내게 더 큰지라. 내 몸을 없이하야 원수를 놀래는 것이 어찌 원수 갚는 일이라 하리오. 그런즉 우리는 덮어놓고 일본이 싫어하는 고로 우리가 원한다 하느니보다 우리가 그 주의를 소상히 알아보아 우리 형편에 복이 될까 아니 될까 하는 것만 연구하야 정할 것이오, 덮어놓고 원수가 미워서 이것을 행한다 함은 극히 위태한 생각이라.

논설은 여섯째로, 광복운동이 우리의 생명운동이라고 강조하면서 다음과 같이 설파했다.

우리가 독립을 회복하면 우리 민족도 살 수 있고 독립을 회복치 못하면 우리가 다 생존을 유지치 못할 것뿐이니, 독립을 위하야 무엇이든지 행하자는 정신으로 주장을 삼을진대 우리는 세상 모든 주의에 찬성치 못할 일이 없으되, 급기 독립은 어찌되었든지 다른 주의가 더 높고 더 넓으니 그것을 취하자 하는 데는 우리가 결코 찬성할 수 없을지라. 우리 애독 제군은 이 정신을 크게 선전하야 국민의 정신이 일치하게 하는 것이 동지들의 직책이라.[130]

---

130) 리승만, 「공산주의」, 《태평양잡지》 1925년7월호(제7권 제7호), pp.9~11.

결론으로 이승만은 민심합일이 독립의 첫걸음이라고 강조하고, 각자 처한 위치에서 형편에 맞는 행동으로 독립운동을 진행하면 공산주의 등 모든 새 사상이 조금도 문제될 것이 없다고 확언했다.

공산주의에 대한 이승만의 이러한 일련의 논설은 한국에서 공산주의를 이론적으로 분석한 최초의 글들이라는 점에서 한국현대사회사상사에서 크게 돋보인다.

41장

한인기독학원 학생들의 고국방문

1. 칼리히 밸리에 한인기독학원 신축

1

　1922년9월7일에 호놀룰루로 돌아온 이승만은 무엇보다도 먼저 한인기독교회 예배당과 한인기독학원 교사를 새로 마련하는 일에 팔을 걷어붙였다. 알리올라니학교(Aliolani College) 캠퍼스의 임대기한은 1923년 말까지였다. 한인기독교회는 알리올라니 캠퍼스의 기도실을 예배당으로 쓰고 있었다. 이승만은 한인기독교회 예배당 건축부터 착수했다. 스쿨 스트리트(School Street) 622번지의 4만5,800평방피트[1,272평]의 부지를 매입하고, 캐슬(W. R. Castle) 회사에서 1만7,000달러를 대출받아서 한인 목수들을 동원하여 두달 만에 새 예배당을 준공했다. 11월19일에 헌당식이 거행될 때에는 일본인을 제외한 800명 이상에게 초청장이 발송되었고, 교회 목사 민찬호(閔燦鎬)는 영자 신문과 중국어 신문에도 헌당식 사실을 알리면서 누구든지 많이 참석하기 바란다고 광고했다.[1]

　그런데 이날의 헌당식에 일본총영사 야마자키 케이이치(山崎馨一)가 참석한 것이 이승만 반대파들의 좋은 입방아 거리가 되었다. 한인기독교회가 예배당 헌당식에 일본 영사를 초청하여 단상에 앉히고 그에게서 기부금 50달러를 받았다는 소문이 퍼졌다. 이 소문은 상해에까지 전해져서 《독립신문(獨立新聞)》은 다음과 같이 기사화했다.

　　하와이에서 얼마 전에 다른 교파와 분리하야 따로 설립된 신립교회(新立敎會)는 그동안 교당을 새로 건축하는 중이더니, 그것이 준공되었으므로 월전에 낙성식을 거행하였는데, 그 낙성식에 적 영사(敵

---

1) 이덕희, 『한인기독교회·한인기독학원·대한인동지회』, p.53.

1922년 11월에 스쿨 스트리트에 이승만이 건립한 한인기독교회.

領事)를 초청하야 참석케 하고, 그자로부터 연조금 50원까지 영수한
일이 있어서 그곳 동포들이 그 교회에 대한 비난이 많다는 통신이 모
처에 왔다더라.[2]

　　그러나 그것은 왜곡된 헛소문이었다. 헌당식 날 많은 사람들이 교회
당을 가득 메운 가운데 새로 부임한 일본총영사도 와서 일반신도들과
섞여 앉아 있다가 예배가 끝나고 헌금을 거둘 때에 뒷문으로 나갔다. 일
은 그뿐이었다. 그런데 헌금을 거둘 때에 한인기독학원 교장으로 미국
본토에서 새로 부임해 온 길리스(Ansel W. Gillis, 吉理書) 내외가 50달러
를 헌금하면서 이름을 알리지 말아달라고 하여 그 자리에서 무명씨의 헌
금으로 광고했고, 이어《국민보(國民報)》에도 그대로 보도되었다. 그런
데 그 무명씨의 헌금이 일본총영사의 것으로 와전된 것이었다.《태평양잡

---

2)《獨立新聞》1923년1월10일자,「布哇新立教會失態」.

지》는 이러한 경위를 밝히고 나서 다음과 같이 반대파를 비판했다.

　　대저 백성이 무식하면 남을 의심하는 마음이 많은 것은 각국 인종이 다 동일하거니와, 조그마한 시기와 편당심을 인연하야 허무맹랑한 줄을 번연히 알면서도 되어가는 일을 결단내기 위하야 악선전하는 자는 아마 우리 한인에 지나는 백성이 다시 없을지라. 이런 악습을 개량하는 것이 국민 개진에 큰 진보가 되겠소이다.[3]

　　이승만의 초청을 받은 길리스는 1922년10월27일에 하와이에 왔다.[4] 일본총영사관의 1925년도 정보문서는 이날 야마자키는 총영사관 직원 1명과 함께 헌당식을 참관하고 이승만과 내외 인사들의 축사를 들었다고 기술했다. 그리고 한인기독교회의 신도수는 각 섬에 있는 분교회의 신도수를 합하여 1925년 현재 2,000여명에 이른다고 했다.[5]

　　한인기독학원의 교사 신축을 위해서는 더 많은 준비가 필요했다. 이승만은 각처의 대표자들을 초청하여 대책을 협의하고 동포들은 물론 외국인 상대로도 대대적인 모금운동을 벌이기로 했다. 이를 위해 학생들의 연극 공연회도 열었다.[6]

　　이승만은 먼저 1918년에 매입해 둔 오션 뷰 애비뉴(Ocean View Ave.)의 레이히 농장(Leahi Farm) 부지를 1만1,600달러에 팔아 시내에서 멀리 떨어진 칼리히 밸리(Kalihi Valley)의 황무지 36.53에이커[4만4,700평]를 1만5,000달러에 구입했다.[7] 그곳은 동구에 들어서면 원근에서 다 보이고 그 땅에 올라가서 보면 뒤로 산곡이 들여다보이며 앞으로는 멀리

3) 《태평양잡지》 1923년3월호(제5권 제1호), 「기독교회 헌당식」, pp.30~31.
4) Gillis to Rhee, Oct. 11, 1922, *The Syngman Rhee Telegrams*, vol. Ⅳ., p.462.
5) 「布哇朝鮮人事情 大正十四(1925)年十二月調」, 金正柱 編, 『朝鮮統治史料(七)』, p.945.
6) 《新韓民報》 1922년10월19일자, 「기독학원 확장설」.
7) 이덕희, 앞의 책, p.269.

칼리히 밸리의 한인기독학원 신교사 기공식. 가운데 서 있는 사람이 이승만이다.

바다가 내려다보이는 경치 좋은 자리였다.[8] 기숙사 두 동의 설계를 마치고 여섯 건설회사에 입찰을 부친 결과 3만9,311달러로 낙찰되었다. 기도실이 별도로 있는 검소한 교사 건축비 3,500달러, 한길에서 학교까지 길을 내는 데 1,500달러, 설계비 1,572달러로 모두 4만5,883달러의 경비가 필요했다. 남학생 60명과 여학생 60명씩을 수용할 두 기숙사에는 각각 식당과 독서실과 교사들의 생활공간이 마련될 예정이었다.

한국동포들로부터는 1만달러를 모금할 수 있을 것으로 예상했다. 1920년에 팔려고 했던 푸우누이(Puunui)의 한인여학원 부지는 1만2,000달러에 내어 놓았는데, 부채와 저당금을 제하면 6,500달러쯤 건축비로 쓸 수 있을 것이었다. 그 밖에 웨스터벨트(W. D. Westervelt) 목사가 1,000달러를 기부하겠다고 약속한 것이 있었다. 그리하여 결국 2만8,383달러가 모자랐다. 이승만은 모자라는 자금조달을 위해 위와 같은 내용을 밝혔다.[9]

미국인들에게 기부금을 청원하는 편지를 보낸 뒤에 이승만은 시공

8) 《태평양잡지》 1923년8월호(제5권 제6호), 「포와한인기독학원 건축」, p.29.
9) "Korean Christian Institute", Jun. 9, 1923, 『美洲韓人民族運動資料 美洲篇④』, p.24.

회사에 교섭하여 2만8,000달러에 짓기로 한 두 기숙사의 건축계획에서 지하실과 돌기둥을 없애는 등의 설계 변경을 함으로써 설계비(건축비의 4%)를 포함하여 1만5,000달러만 모금하면 학교를 신축할 수 있게 되었다. 그 방안으로 생각해 낸 것이 남녀 학생들로 고국방문단을 구성하여 국내로 파견하는 일이었다.

2

한인기독학원 학생들의 고국방문 계획은 이승만과 민찬호가 1922년 10월26일부터 11월6일까지 호놀룰루에서 열린 제1회 범태평양통상회의(汎太平洋通商會議)에 한국대표로 참석한 김윤수(金潤秀)와 상의하여 추진되었다. 서울의 동양물산(東洋物産)주식회사 전무취체역 김윤수는 황해도 수안(遂安)금광회사의 이정범(李政範)과 함께 회의에 참석하여 부의장에 선출되었다.

학교건립기금을 모금하기 위한 해외동포들의 모국방문은 선례가 있었다. 블라디보스토크의 동포들은 중학교 설립기금을 모금하기 위하여 학생음악단을 만들어 이강(李剛)의 인솔로 1921년4월25일부터 6월4일까지 고국을 방문했다. 이들은 서울을 비롯하여 평양(平壤), 원산(元山), 개성(開城), 인천(仁川), 광주(光州), 마산(馬山) 등 전국의 주요 도시를 순방하면서 국내 동포들의 큰 호응을 얻었다. 또한 1921년8월에는 간도(間島)동포 고국방문단이 와서 간도의 유일한 동포중학교인 영신학교(永新學校)의 확장을 위한 국내 동포들의 지원을 청원했다. 이때에 휘문(徽文)고등보통학교 교장 민영휘(閔泳徽)는 1,000원을 기부했다.[10] 1922년에는 블라디보스토크로부터 학생연예단, 기독청년회 음악단, 천도교 청년회 연예단 등이 잇달아 고국을 방문했고, 서간도(西間島)의 동포모

---

10) 《東亞日報》 1921년10월2일자, 「閔泳徽氏의 善心」.

국방문단도 다녀갔다.

하와이에서도 1912년부터 개별적으로 고국을 다녀오는 사람들이 있었는데, 이들은 하와이 일본총영사관에 여권을 신청하여 발급받아 다녀올 수 있었다.[11] 기독학원 학생들의 고국방문 계획이 알려지면서 하와이와 미주 동포들 사이에서 논란이 일었다. 《태평양잡지》는 "본래 러시아령과 중국령의 우리 학생들이 음악대와 야구단을 조직하야 내지에 유람하고 온 성황을 듣고 우리도 그와 같이 하여보자는 주의로 시작한 것이라"하고 설명했다.[12]

범태평양통상회의에 참석한 김윤수와 이정범을 몇차례 만난 일본총영사 야마자키가 본국정부에 보낸 정보보고에는 한인기독학원 학생들의 모국방문 이야기를 비롯하여 이 무렵의 이승만의 동향에 관한 주목할 만한 내용이 포함되어 있다. 야마자키는 김윤수가 이승만에 대해 "이승만도 작금 정치적 활동보다 오히려 아동교육에 중점을 두고 국민 양성에 진력하고 있어서 종래에 비하여 정치색채가 얼마쯤 감소된 듯하다"라고 말하고, 또 민찬호에 대해서는 그가 경영하는 한인기독학원의 유지 경영이 곤란에 빠졌다고 말하면서 일본총영사의 양해를 얻어 기독학원의 기금모집을 위해 남녀학생들을 데리고 고국방문을 할 계획이라고 말하고, 도항 허가를 알선해 줄 것을 자기에게 부탁하더라고 말했다는 것이었다. 야마자키는 미주와 하와이 방면 한인들의 배일사상이 쇠퇴하는 반면에 한국 관람을 하려고 하는 것은 매우 반가운 현상으로서 왕래하는 한인들의 배일사상의 반성을 촉진시키고 한국의 상황을 소개하게 하는 큰 효과가 있을 것으로 믿는다고 적었다.[13] 곧 일본관리들은 하와이 한인들, 특히 자라나는 한인 청소년들의 고국방문은 그들의 항일의식을 잠재우

---

11) 이덕희, 앞의 책, p.270.

12) 《태평양잡지》 1923년3월호(제5권 제1호), 「호항학생 내지유람설」, p.29.

13) 「公機密 제55호: 汎太平洋通商會議出席シタル朝鮮代表金潤秀及李政範ニ關スル件」, 1922년 11월6일, 「不逞團關係雜件 朝鮮人ノ部 在歐米(六)」; 「大正十一(1922)年 朝鮮治安狀況(國外) 追加」, 金正柱 編, 『韓國統治史料(七)』, p.324.

는 데 효과가 있을 것으로 기대했던 것이다.

　이승만이 기독학원 학생들의 고국방문 계획을 추진하면서 야마자키의 이러한 판단을 얼마나 파악하고 있었는지는 알 수 없다. 이승만은 그 계획이 블라디보스토크나 간도 동포들이 학교기금 모집을 위해 고국을 방문했던 선례를 보고 "우리도 그와 같이 하여보자는 주의로" 학생들의 고국방문 계획을 시작했다고 했는데, 그것은 명분론에 집착하는 해외 독립운동자들 사이에서 있을 수 있는 오해와 비난을 심각하게 개의하지 않은 처사였다. 그만큼 그에게는 한인기독학원의 교사신축사업이 중요했던 것이다.

　하와이의 한인기독학원 학생들이 고국을 방문한다는 뉴스가 전해지자 국내에서는 이내 큰 관심사가 되었다. 한인기독학원 고국방문단이 국내로 보낸 「방문단 발기문」은 호소력이 있었다.

　　조선 내지에 계신 형제들은 하와이라는 이름만 들어도 그 생각하여 주고 그리워하여 주는 분수가 다른 외지보다도 특별히 깊고 간절할 줄로 믿습니다. 남북만주의 빈 들에 헐벗고 돌아다니는 형제들이나 시베리아의 차디찬 바람에 허우적거리는 형제들보다 하와이에 있는 우리 5천 형제들의 살림은 폭신한 낙원에서 즐김과 다름없다고도 하리다마는, 남의 손 밑에서 피와 땀이 마르도록 안타까운 노동생활을 지어감은 마찬가지외다.

　　태평양의 흉악한 물결에 스치는 조그마한 섬 가운데서 이십여년의 기나긴 세월을 지내고 보니, 하늘이 마르고 땅이 녹을 듯한 열대의 혹독한 불볕에서 급한 비 모진 바람을 무릅쓰며 거친 풀밭에 한낱 목숨을 붙이고 멀리 바닷가에 오고 가는 기선을 바라볼 때마다 멀리 동쪽 하늘을 향하고 고국의 산천이 그리워 하늘께 부르짖었음이 무릇 몇 번이나 되었으며, 흐르는 눈물에 젖은 만강의 한숨이 이역 하늘에 얼마나 흩어졌으리까.

고국에 계신 형제들이여, 우리가 이 조그마한 섬 가운데서 애처로운 살림을 짓던 역사를 행여나 잊지 마시고, 우리의 가슴에 맺힌 정을 다시금 생각하여 주소서. 이곳에 있는 우리 5천여명의 형제들 가운데서 약한 부인과 어린아이와 또는 노동할 수 없는 사람을 제하고 보면 사실로 노동하는 사람은 실로 절반에 지나지 못한 터이외다. 하루 동안의 땀 값으로 1원이라는 품삯을 받아 여린 목숨을 부지하야 가는 우리는 그래도 조선사람 된 의무를 다하기 위하야 종교계나 교육계나 기타 사회의 모든 방면에 다소의 노력이나마 아끼려 아니하며, 많지 못한 희생이나마 피하지 아니하얏었나이다.

우리 형제의 장래를 생각하든지, 더구나 우리 어린 형제의 장래를 위하야는 무엇보다도 교육에 있음을 절절히 깨닫고 아프게 느꼈사오나, 여러 곳에 흩어져 있는 수천의 어린 형제를 유감없이 수용할 만한 기관이 없음을 어찌하리까. 자면서 생각하고 깨어서 꾀하나 이 좁은 섬 가운데서 어찌나 하리까.…[14]

그래서 "어린 형제를 유감없이 수용할 만한 교육기관"인 한인기독학원의 교사를 신축하기로 하고, 국내 동포에게 그 비용의 일부를 청원하기 위하여 학생방문단을 조직했다고 말했다.

한인기독학원 학생방문단의 환영을 위한 국내인사들의 준비는 다른 지역 동포들의 모국 방문 때와는 매우 달랐다. 《동아일보(東亞日報)》는 하와이학생단의 고국방문을 환영하는 「사설」을 게재하여 국민들의 관심을 촉구했다.

하와이 학생 고국방문단이 오는 유월에 우리 조선을 방문한다는 계획을 들을 때에 우리는 만강으로 환희의 정을 표하는 동시에, 동 방

---

14) 《東亞日報》 1923년 2월 2일자, 「訪問團發起文」.

문단이 보낸 발기문을 일독하야 한층 감개를 누르지 못하겠도다. 작
년도에는 러시아령 블라디보스토크 학생단이 고국을 방문하야 해외
동포의 열정을 느꼈던 바이어니와 이제 다시 머나먼 태평양의 피안에
서 고국을 방문하겠다 하는지라. 어찌 우리의 평소의 바라던 바 연연
한 회포에 부응함이 아니리요. 우리는 멀리 쌍수를 들어 그 계획의 성
공과 장도 여행에 방문단 일행의 건강을 비는 바이며, 또한 우리 고국
인사의 기대가 어떻게 간절한 것과 사랑과 열정의 포옹이 제군을 기
다려 준비할 것을 양찰할지어다.…

「사설」은 이어 하와이학생단의 고국방문의 의의를 다음과 같이 강조
했다.

　이제 우리의 민족이 동으로 서로, 남으로 북으로 그 발길을 뻗쳐
세계 각지에 분포케 된 현상을 보고 그 동기는 여하하였든지 크게
장래의 발전을 위하야 노력할 바이어니와, 우리 민족은 해내 해외를
물론하고 혼연한 정신적 일체가 되어야 할 것은 우리의 췌언(贅言)이
필요 없을 바라. 이러한 의미에서 모국과 해외 각지 간의 연락을 도
모하는 필요상 피차 교통하는 것이 간단없이 계속하기를 바라는 바
로다. 더욱이 이번 방문단과 같이 아직 고국의 산천이 어떠하며 또
고국의 의관문물(衣冠文物)이 무엇인지 근근이 귀로 들어 배운 것에
지나지 않는 남녀 아동학생으로 하여금 실제 백두산의 웅자와 한강
의 아름다운 모습을 역람(歷覽)한 후의 각오가 어떠하며 또 고국인
사가 어떻게 그 일행의 장래를 촉망함이 다대한지를 터득한 후의 인
상이 어떠할 것을 생각할 때에 우리는 그 필요의 적절함을 더욱 깨달
을 바로다.…[15]

---

15) 《東亞日報》 1923년 2월 4일자, 「布哇學生團의 故國訪問計劃」.

《동아일보》의 이러한 주장은 바로 이 신문을 중심으로 한 국내의 민족주의 세력이 한인기독학원 학생단의 고국방문을 단순한 수학여행이나 교사건축비 모금을 위한 여행이 아니라 자신들과 이승만의 연계를 강화하는 행사로 인식하고 있었음을 시사한다. 그것은 또한 국내에 지지기반을 강화하고 그것을 통하여 상해의 국민대표회의에 모인 반대파들을 제압하고자 한 이승만의 정치적 의도와도 부합되는 것이었다.

그리하여 2월10일 오후에는 종로 YMCA회관에서 이상재(李商在), 김윤수 등 40여명이 모여 의논한 끝에 환영사업을 준비하기 위한 10명의 준비위원을 선정했다.[16]

이 무렵 국내의 민족주의자들이 전개하던 실력양성운동의 대표적인 두가지 사업은 조선물산장려운동과 민립대학설립운동이었는데, 이승만은 이 두 운동에 적극적으로 호응했다. 1920년8월에 평양에서 시작된 물산장려운동은 금주 및 금연 운동과 함께 일화(日貨)배척운동의 성격을 띠고 전국적으로 전개되어, 1923년1월에는 서울에서 조선물산장려회가 창립되었다. 그러자 하와이 교민총단도 때를 같이하여 본국물산장려회를 조직하고 본국물산 사용 캠페인을 벌였다.[17] 3월에 이승만이 이상재에게 보낸 편지에서 "전 주일에 크게 공동회를 열고 물산장려와 일화배척주의를 만장일치로 결의하고 위원을 선정하여 취지문을 작성하여 널리 포고하기로 했습니다"[18]라고 쓴 것도 그러한 움직임을 보여 주는 것이었다. 《태평양잡지》는 국내의 물산장려운동을 소개하면서, 그것은 인도의 간디(Mohandas K. Gandhi)가 제창한 비협조운동의 하나라고 설명하고, "이런 의사와 의논이 전부터 있었지마는 금년에 들어서 한국민족이 남과 같이 실력경쟁을 더욱 중히 여기며 내 것을 사랑하는 일의 제일보로 실지

---

16) 《東亞日報》 1923년2월7일자, 「布哇學生을 歡迎코자」, 2월12일자, 「同胞의 愛를 傾倒하야」.
17) 《東亞日報》 1923년3월21일자, 「布哇에 物産奬勵會」.
18) 「李承晚이 李商在에게 보낸 1923년3월의 편지」, 『대한민국임시정부자료집(42) 서한집 I』, p.240.

를 따라 나감이라 하리로다"[19]라고 높이 평가했다.

한편 이상재, 이승훈(李昇薰), 송진우(宋鎭禹) 등을 중심으로 1922년 4월 무렵부터 시작된 민립대학설립운동은 1923년4월에 민립대학기성회의 조직으로 구체화되었는데,[20] 석달 뒤인 7월8일에는 하와이 교민총단도 민립대학기성회 하와이지방부를 조직했다.[21]

3

환영 일색의 국내 분위기와는 달리 미주와 하와이에서는 한인기독학원 학생들의 고국방문에 대하여 비판의 소리가 적지 않았다. 이승만과 그의 추종자들이 일본의 허가와 협조를 얻어서 학생들을 고국에 보낸다는 것이 그 이유였다. 박용만파의 대조선독립단이 각지의 동포들에게 발송한 격문은 그러한 비난의 대표적인 것이었다. 「교민단의 연화(軟化) 사실」이라는 제목의 이 격문은 다음 네가지 사실을 들어 이승만을 비난했다. 첫째로 이승만 박사가 경영하는 학교는 일본의 원조를 받아서 학생들로 하여금 일본 내지 및 조선을 방문하게 한 일, 둘째로 교민단은 교회당을 헌당할 때에 일본영사를 초청하여 기부금을 받고 무명씨로《국민보》에 게재한 일, 셋째로 민찬호 목사는《국민보》의 확장을 목적으로 일본영사를 방문하여 이를 의뢰한 일, 넷째로 3·1운동 이후로 재외 각 동포 신문지상에 왜인의 광고를 게재하지 않았음에도 불구하고《국민보》는 일본인 아무개의 금붙이 가게 광고를 게재한 일이 그렇다는 것이었다.[22]

---

19) 《태평양잡지》 1923년3월호(제5권 제1호), 「한국의 비협동운동」, pp.27~28.
20) 李明花, 「民立大學設立運動의 背景과 性格」, 《한국독립운동사연구》 제5집, 독립기념관 한국독립운동사연구소, 1991, 참조.
21) 《東亞日報》 1923년9월1일자, 「布哇에 民大地方部」; 《朝鮮日報》 1923년9월1일자, 「布哇에 民大地方部」.
22) 「關機高 제2526호-1: 布哇鮮人獨立團ノ內訌」, 1923년2월12일, 『不逞團關係雜件 鮮人ノ部 在歐美(七)』.

이 격문은 일본의 관동청(關東廳) 관할 아래 있는 남만주 지방에까지 발송되었다. 그러나 그 내용은《국민보》의 광고 말고는, 한인기독교회 예배당 헌당식 때의 경우와 같이, 모두 사실과는 다른 뜬소문이었다.

한인기독학원 학생들의 고국방문에 반대하는 의견은 여러 갈래에서 표명되었다. 샌프란시스코의《신한민보(新韓民報)》는 한인기독학원 학생들이 고국을 방문하여 3만원을 모금하는 데 성공하더라도 그것은 "우리의 독립정신을 희생하여 3만원으로 저장잡히는 일"이라고 비난하면서 한인기독학원 학생들의 고국방문을 반대했다.[23] 하와이섬 힐로(Hilo)시의 한인기독학원 동창회는 특별회의를 열고 학생들의 고국방문을 1년 뒤로 연기할 것을 요구하기도 했다.[24]

물론 한인기독학원 학생들의 고국방문이 일본총영사관의 양해 없이 이루어지지는 않았을 것이다. 우선 총영사관이 발급하는 여권이 있어야 했다. 그러나 이와 관련하여《태평양잡지》는 "이 일에 일인은 조금도 간섭이 없으며, 여행권에 대하여는 하와이 한인학생들이 내지에 유람하고 오려는 것을 막을 수 없을지며, 만일 무슨 장애가 있으면 합중국 이민국의 특허라도 얻기를 청원할지며…"라고 설명했다.《태평양잡지》는 이러한 설명 끝에, 반대파들을 다음과 같이 매도했다.

우리 충애 동포가 자유를 위하야 피 흘리며 싸운 결과로 일인도 어찌할 수 없어서 차차 일보이보 물러가게 되나니, 한인들은 일촌이촌(一寸二寸)씩 밀고 앞으로 나가서 자유 권리를 찾아가며 활동하는 것이 이왕 쌓은 효과를 거두는 것도 되고 앞으로 싸울 연장을 더 장만하는 본의이어늘, 만일 우리가 이것을 못하고 도리어 뒤로 물러앉아 왜놈 욕이나 하고 저들이 다 물러간 후에 나가서 활동을 하고저 할

---

23)《新韓民報》1923년 6월 21일자, 「論說: 방문단에 대하야」.
24)《新韓民報》1923년 4월 26일자, 「호놀룰루 한인기독학원학생의 내지방문단을 반대」.

진대, 이는 한 못생긴 백성의 병신 노릇하는 것뿐이라. 우리는 담대히 앞장서서 모든 회복하는 권리를 낱낱이 이용하며 점점 더 싸워 전진 전진할지어다.[25]

그것은 이승만의 독립운동 방략의 현실주의적인 측면을 실감나게 보여 주는 말이었다. 이러한 해명에도 불구하고 《신한민보》는 한인기독학원 학생들의 고국방문을 두고 계속 이승만을 비난했다. 그리하여 《태평양잡지》는 「신한민보의 포와론」이라는 긴 논설로 《신한민보》의 주장을 조목조목 반박했다. 이 글은 이 무렵의 안창호 그룹과 이승만 지지자들의 반목이 얼마나 심각했는지를 잘 드러내고 있다.

　　샌프란시스코의 《신한민보》는 연내로 모 당파의 기관보로 하와이 동포들에게 대하야 공연히 배아픈 소리를 종종 하는 신문이다. 근래에 와서는 또 무슨 불평한 감정이 있든지 새로 또 하와이를 긁적거리는데, 오랫동안을 우리는 대답 한 마디 없이 그저 두고 보았으나 지금은 좀 심한 듯하야 한 마디로 교정함이 필요하도다.…

이렇게 시작한 이 글은 그동안 《신한민보》가 한인기독학원의 운영에 대하여 사실과 다르게 언급한 내용을 적시하면서 비판했다.

　　근일에는 호놀룰루 한인기독학원 기숙사 건축에 대하야 《신한민보》에 보도하였으되, "호놀룰루 한인기독학원은 칼리히 골짜기에 조그마하게 기숙사를 짓는데, 전에 있던 학교부지를 전당잡히고 짓는다더라" 하였다. 우리가 다른 말은 거론할 필요가 없고, 다만 두가지 가장 재미롭고 가장 우스운 소리만 잠깐 변론하여 보자.

---

25) 《태평양잡지》 1923년3월호(제5권 제1호), 「호항학생 내지유람설」, pp.29~30.

첫째, 하와이 한인들이 학교를 하든지 아니하든지 샌프란시스코 《신한민보》가 도무지 관계가 없는 일이라. 잘한다 못한다 할 권리가 없나니, 그 주필하는 이가 이런 경위와 체면을 알 것 같으면 당초에 이런 비평이 없었을 터이다. 그렇지마는 《신한민보》도 한인이요 기독학원도 한인의 교육기관이니 한인이 한인의 교육기관에 어찌 관계가 없다 하리오 할지라. 그도 그럴듯하지마는 만일 《신한민보》가 한인교육기관이 한인에게 관계되는 것을 알 것 같으면 기독학원을 세운 지 십수년래에 미주에서도 연조한 이가 한둘이 아니로되 《신한민보》가 동전 1전을 기부한 적이 없었나니, 도울 때에는 관계가 없다가 시비할 때에만 관계가 그리 밀접하냐.…

이승만은 한인기독학원이 "조그마한 기숙사"를 짓는 데 전에 있던 학교부지를 전당잡혔다는 비평에 대해서는 다음과 같이 비꼬았다.

기독학원에서 남녀 기숙사 두채를 칼리히 좋은 동구 안에 거의 40에이커 되는 땅을 사서 그 양편으로 기숙사 두채를 짓는데, 너비가 40척이요 길이가 75척에 뒤로 주방을 달아 건축하는 중이라. 우리는 가까이서 보아 그런지 모르거니와 우리 눈에는 과히 적어 보이지도 아니하는 걸.

그런데 이왕의 소유부지를 전당잡혀서 돈을 얻어다가 이 집을 짓는다 하는 말은 우리 듣기에 더욱 재미롭다. 《신한민보》가 몇달 전에는 호놀룰루 한인기독학원이 가옥과 토지를 다 팔아먹어서 아무것도 없게 된 양으로 기재하였더니, 지금은 또 전당을 잡혔다 하니, 다 팔아먹은 것이 별안간 어디서 나서 또 전당을 잡혔으리오… 아마도 이 두가지 말 중에 한가지는 사실이 아닐 듯하나, 그동안에 그 신문 주필이 갈렸다니까 전후 두 주필의 보는 것이 달라서 이렇게 된가 보다.…

이승만은 샌프란시스코 쪽에서는 지난 십몇년 동안 동포들로부터 거대한 자금을 얻어다가 다 없애고 "그 결과로 이루어 놓은 것은 당파 만든 것뿐"이며 지금도 돈 거두는 목적이 "그 당파 운동에 쓰려는 것뿐"이라고 잘라 말하고, 대조적으로 하와이에서는 다음과 같은 일이 성취되었다고 자랑했다.

하와이에서는 동포의 재정을 가지고 실지 있는 여러 가지 사업을 진행하야 종교, 정치, 교육 등 방면으로 민족의 복리가 자라며 토지, 가옥 등의 재산 소유권이 해마다 늘며 세상에 자랑할 만한 증거물이 있은 즉, 민심이 스스로 돌아서 재정 한푼이라도 더 유익한 데로 주게 되는 것이 자연한 행세며…

이승만은 이어 "샌프란시스코의 그 분자", 곧 안창호 추종자들이 연래로 하와이에 저희 세력을 심으려고 노력했지만 실패했다고 말하고, 그 이유를 다음과 같이 설명했다.

지금에도 그 분자가 하와이에 한 다리를 끼워 보려고 여러 방면으로 애쓰는 중이지마는 아직도 뿌리를 박지 못하는 것은 하와이 인심이 두가지를 꺼리는 연고이라. 한가지는 우리의 재정을 얻어다가 파괴 운동에 전력할지니 우리의 세워 놓은 모든 사업도 다 그 영향을 받으리라 함이요, 둘째는 저 사람들의 세력이 미치는 곳은 어디를 물론하고 동포 간에 지방열이라는 것이 생겨서 한 단체와 한 집안에도 서로 동이니 서이니 구별하는 폐단이 있나니, 이런 악풍이 하와이에 생기면 우리에게 대불행이라 하는 인상이 깊이 박혔다.…
《신한민보》가 이런 내정을 생각지 못하고 쓸데없이 하와이 동포들만 집적거리면 아무 소용없을 터이니, 지금이라도 저희 방법과 주의를 변하야 당파심을 버리고 민족성을 기르며 시기심을 변하야 공익심을 만들어서 누가 무슨 사업을 하든지 목적만 옳고 국민에게 복리될 것이어든 성심으로 찬성하면 민심이 스스로 돌아가서 신앙이 자연 생기리라 하노라.[26]

요컨대 한인기독학원 학생들의 고국방문에 대한 《신한민보》의 문제제기는 샌프란시스코의 안창호 추종자들의 당파주의에 따른 공연한 트집이라는 것이었다.

4

3월26일은 이승만의 생일이었다. 4년 만에 하와이에서 맞는 생일이었다. 그는 이제 마흔아홉살이 되었다. 호놀룰루 한국부인회는 한인기독학원에서 그의 생일잔치를 성대하게 차렸다. 이날의 잔치에는 호놀룰루와 인근에 사는 동포들과 한인기독학원의 졸업생들과 재학생들도 초대되었다.[27]

5월7일에는 동아일보사 주필 장덕수(張德秀)가 미국으로 유학가는 길에 호놀룰루에 들렀다. 민찬호가 부두에 나가서 장덕수를 맞이하여 곧바로 이승만의 집으로 안내했다. 이 무렵 이승만은 팔롤로 하이츠(Palolo Heights) 1521번지의 집에 《태평양잡지》의 활판주자시설을 옮겨놓고 생활하고 있었다.[28]

장덕수는 이승만을 방문한 일을 《동아일보》에 자세히 적어 보냈다. 그는 이승만이 살고 있는 집 모습을 다음과 같이 묘사했다.

이 박사의 댁 ― 유심히 보았소이다. 화산 부스러기의 구멍이 숭

---

26) 《태평양잡지》 1923년9월호(제5권 제7호), 「신한민보의 포와론」, pp.7~10.
27) 《新韓民報》 1923년4월26일자, 「리 박사의 생일잔치」.
28) 《태평양잡지》 1923년7월호(제5권 제5호), 「태평양잡지사 경고」, p.28.

글숭글 뚫린 검정 돌을 더덕더덕 쌓아 놓은 돌기둥의 우뚝한 문이 처음 내 눈에 띄고 그 다음에는 현관 앞에 엉킨 붉은 꽃, 판자벽에 덮여 올라간 넝쿨 잎, 파란 잔디 풀이 깔린 앞뜰에 우뚝우뚝 서 있는 야자나무, 혹 하얗게 꺾여져서 땅에 닿기도 하고 혹 생생하게 하늘을 향하야 기운을 펴고도 있는 그런 야자나무의 가지가 눈에 비치고 꼬불꼬불 꼬부라진 회석(灰石)의 층층단을 올라가

미국으로 유학가는 《동아일보》 주필 장덕수가 1923년5월7일에 호놀룰루에 들렀다. 장덕수는 《동아일보》에 이승만의 근황을 자세히 적어 보냈다. 미국 유학 중의 장덕수.

서 현관 안에 들어서니, 판자벽에 유리창 해 박은 문이 반쯤 열렸는데, 그 안에는 바로 널찍한 응접실이 있고 그 옆에는 흰 침대 한개가 놓인 침실 같은 방 하나가 보이고, 또 그 뒤로 무슨 방 같은 것이 하나 보이나 분명히는 보이지 아니하고, 응접실 안에 들어서서 내다본즉 호놀룰루 항의 한 모퉁이가 빤히 내려다보이는데, 이러한 중살림집이 이 박사의 댁이더이다.

장덕수의 눈에 비친 이승만의 모습은 다음과 같았다.

　　그러나 처음에는 어쩐 일인지 내 목이 메어 말이 잘 나오지 아니하야 선생의 얼굴만 쳐다보고 있었소이다. 형님, 그 이 박사의 얼굴을 무엇이라고 형용하면 좋을는지요. 속이 상할 대로 상하고 애가 탈 대로 탄 사람, 기름이 빠질 대로 빠진 사람, 이런 사람 얼굴을 본 사람이 있

으면 아마 그 이 박사의 얼굴을 상상하여 볼 수가 있으리라고 하는 말밖에는 나에게 적당한 형용사가 없고 또 그렇게밖에는 감각이 되지 아니하더이다.…[29)

　두 사람은 초대면이었지만, 장덕수는 국민대표회의를 둘러싼 이승만과 상해 독립운동자들 사이의 알력을 잘 알고 있었다. 이승만은 오랜 지기를 만나기나 한 듯이 장덕수에게 자신의 소회를 솔직하게 털어놓았다.

　"이상재 옹도 안녕하시고, 그 밖의 여러 형제가 다 안녕하신가요? 애들은 모두 얼마나 쓰시는지.… 내야 뭐 한 것이 있소. 해외에 편안히 있지 않소.… 내지 형들의 피땀 흘리는 것을 생각하면 나도 내지로 들어가서 그 형제들과 같이 죽거나 살거나 고생을 같이 하였으면 하는 생각이 문득문득 납니다. 그러나 그럴 수도 없고…. 나더러 이 자리를 내어놓고 물러가라는 사람도 없지 않소. 내가 물러가서 일만 잘되면 내가 죽기라도 하기를 원하는 사람이라 어찌 아니 물러갈 리가 있소. 그러나 나는 내 맡은 책임이 중한 줄 압니다. 그 중한 책임을 함부로 내던지고 획 달아날 수도 있소?… 나는 내가 물러갈지라도 그 뒤의 일을 맡아 볼 튼튼한 일 기관 하나가 뭉치어 생겨날 빛이 보이기만 하면 그때에는 손을 턱턱 털고 그에게 일을 내맡길 생각이 간절하오. 그러나 그런 빛이 어디 보이오? … 매우 딱한 일이오. 그러니 나는 불가불 내 책임을 붙잡고 앉았을 밖에는 없지 않소.… 그런데 내지의 생활형편은 어떻소? 말이 아니야? 그럴 터이지. 살 수가 있나.… 그러나 살 수 없다고 죽을 수도 없은즉 그저 우리 민족이 한 덩어리가 되어서 애를 쓰고 힘써 나가야 해.… 만세 이후에 우리 형제에게 생기가 났어! 그 생기야. 그 생기가 싹이지. 눈 속을 뚫고라도 필경 새싹은 꽃이 피지. 나는 그것을 꼭 믿소.… 그런데 노형은 어느 지방으

---

29) 張德秀, 「美國 와서(十七)」, 《東亞日報》 1923년 12월 27일자.

로 가실 테요? 여기서 얼마동안 우리 동포의 일을 좀 보시구려."[30]

이승만의 이러한 말은 그가 국내세력으로 이상재를 중심으로 한 기독교 인사들과 《동아일보》 그룹에 대해 크게 의지하고 있었음을 보여준다.

장덕수가 탄 배는 호놀룰루에 하루밖에 정박하지 않았다. 그날 저녁에 하와이 교민총단은 장덕수로 하여금 "염치를 불구하고 실컷 울고 싶은 대로 울게" 하는 환영연을 베풀어 주었고, 이튿날 장덕수는 예정대로 샌프란시스코로 가는 배에 올랐다.

---

30) 張德秀, 「美國 와서(十八)」, 《東亞日報》 1923년12월28일자.

2. "과분한 초대보다도 학교건축비를"

1

이승만은 이러쿵저러쿵하는 논란을 무시한 채 드디어 5월20일에 재학생 55명 가운데 남학생 12명, 여학생 8명으로 모국방문단을 구성하고 이들에게 야구, 배구, 연극, 음악 등을 열심히 연습시켰다. 학생들은 거의가 하와이에서 태어난 열일여덟살의 소년소녀였다.

6월8일 저녁에는 한인기독학원의 졸업식이 있었다. 이 졸업식은 새로지은 스쿨 스트리트의 한인기독교회 예배당에서 거행되었다. 17명이 졸업하는 이날의 졸업식에는 300여명의 하객이 모였는데, 하와이 총독 패링턴(Wallace R. Farrington)도 참석하여 축사를 했다.[31]

고국방문단이 당장 직면한 문제는 여비 마련이었다. 단장 민찬호, 총무 김영우(金永遇), 여자 감독 김노디 세 인솔자와 학생 20명이 서울까지 가는 여비로 4,000달러가 필요했다. 이 여비는 범태평양통상회의에 참석했던 이정범의 아버지 이계태(李啓泰)가 보내주어 해결되었다.[32]

6월20일에 링컨 호(*S. S. Lincoln*)편으로 호놀룰루를 떠난 고국방문단은 30일에 요코하마(橫濱)에 도착했는데, 환영위원회에서는 구자옥(具滋玉)을 요코하마에까지 보내어 그들을 따뜻이 마중했다. 방문단은 7월2일에 부산항에 입항하여, 급행열차를 타고 그날로 서울에 도착했다. 서울에는 각 학교와 종교단체 대표들을 포함한 6,000여명의 환영인파가 몰렸고, 환영위원회 위원장 이상재의 선창으로 만세를 부르는 등 이례적인 광경을 나타내었다.[33]

국내에서 고국방문단을 환영하는 모습은 거의 거국적이라고 할만했

---

31) 《新韓民報》 1923년6월28일자, 「기독학원 졸업식의 성황」.
32) 《東亞日報》 1923년5월24일자, 「異域에서 生長한 同胞」.
33) 《東亞日報》 1923년7월4일자, 「滿都人士의 熱烈한 歡迎中 故國訪問團一路無事히 入京」.

다. 방문단은 12일까지 서울에 머물렀는데,《동아일보》는 방문단의 일정을 매일같이 크게 보도했다. 7월4일에는 오전에 금곡의 홍릉[洪陵: 고종황제릉]을 참배하고 나서 오후에 각 신문사를 예방했고, 저녁에는 미국영사관에서 열린 미국 독립기념일 축하파티에 초대되어 음악공연을 했다. 이날 저녁 파티의 모습을《동아일보》는 다음과 같이 보도했다.

4일은 미국이 영국의 기반을 벗고 목적하던 독립은 이룬 독립기념일이다. 미국영사관에서는 오전 9시에 각 방면의 축하를 받고 나서 어여쁘게 단장한 소년소녀의 국기행렬과 체조가 있었으며, 사랑하고 공경하는 성조기를 그리는 유희도 있었다 한다. 오후 4시부터 야구경기가 있은 뒤에 8시에는 영사관 마당에서 재류미국인이 모여 각 방면 명사들을 초대하야 야회를 열었는데, 나무마다 붉은 등불을 장식하고 연화와 폭죽을 번갈아 가며 터뜨려 자못 성황이었다. 더욱이 하와이 조선 학생의 고국방문단이 인연이 깊은 이날을 축하하기 위하여 주악과 합창이 있었음은 더욱 갈채를 받았다.…34)

《태평양잡지》도 고국방문단의 활동을 알리는 글을 싣고, 미국 독립기념일 축하파티의 일을 "미국영사관의 초대석에서 남녀 학생의 하와이 음악대와 여학생의 창가대로 무한한 즐거움을 주었으며…"라고 특별히 소개했다.35) 한인기독학원 학생들이 서울에 도착하자마자 미국영사관의 독립기념일 축하파티에 초청된 것은 환영위원회의 사전 교섭에 따른 것이었을 것이다. 학생들은 거의 모두 하와이에서 출생한 소년소녀들이었으므로 미국법에 따라 자동적으로 미국시민이 되어 있었다.

하와이 학생방문단의 서울 체류일정은 고궁을 비롯하여 독립운동

---

34)《東亞日報》1923년7월6일자, 「하와이學生團도 參加하야 獨立紀念日의 夜會」.
35)《태평양잡지》1923년8월호(제5권 제6호), 「방문단의 방문」, p.6.

과 관련 있는 유적관람과 각 학교 방문 등 민족의식과 독립정신의 고취에 도움이 될 수 있도록 배려해서 짜여 있었다. 남학생들의 숙소로는 종로 YMCA회관을 사용했고, 여학생들은 장두환(張斗煥)의 집에서 잤다. 식사 때에는 거의 매일 끼니마다 성대한 초대를 받았다. 초대한 사람들은 여러 학교 관계자들과 직접 간접으로 이승만과 인연이 있는 교회나 청년회 인사들이었다.

하와이 학생방문단은 7월6일 아침에 3·1독립선언의 발상지인 파고다공원을 찾았는데,《동아일보》는 이들이 "여러 가지 회포 많은" 탑골공원을 구경했다고 보도했다.[36] 그리고 학생들이 서대문의 독립관과 독립문을 찾았을 때의 광경을 다음과 같이 보도했다.

9일 아침에 청년회를 떠난 하와이학생단은 곧바로 서대문 밖 독립관으로 향하얏다. 일동이 독립문을 향하야 가까이 이르매, 수백명의 동리사람들은 옛 회포와 감격에 넘치는 비창한 낯에 반기는 빛을 띠며 일행을 독립관으로 맞아들여, 간곡한 다과의 향응이 있은 후 해동상회(海東商會) 주임 김광현(金光鉉)씨의 눈물에 젖은 예사(禮謝)가 있었으며, 독립관 부근에 있는 현저동, 관동, 옥천동, 홍파동, 교북동의 다섯 동리에서 넉넉하지 못한 살림에 백원돈을 거두어 하와이 학생 인솔자 민찬호씨에게 기증하매 일반 학생은 더욱 감격하야, 일동은 비바람에 이지러진 독립문을 한바퀴 돌아 회정하얏는데, 민찬호씨는 독립문을 처음 세울 때에 정초식을 하고 그 축하식을 할 때에 학생의 한 사람으로 축하의 노래를 하던 사람이라 한즉, 그의 감개는 추측할 수가 있을 것이다.…[37]

---

36)《東亞日報》 1923년7월7일자, 「앵도화채와 부채」.
37)《東亞日報》 1923년7월10일자, 「하와이學生訪問團 九日午前 獨立館에」.

돌아오는 길에 학생들은 당주동의 이왕직아악대(李王職雅樂隊)에 들러 아악과 가야금 연주를 듣고 특별한 감동을 느꼈다. 독립문 근처 빈촌의 동포들도 돈을 거두어 희사했다는 사실은 이들 고국방문단에 대한 본국 동포들의 관심이 어떠했는가를 짐작하게 한다. 그런 점에서 학생들을 인솔한 김노디의 다음과 같은 솔직한 소회는 매우 실감나는 것이었다.

"10여년 만에 고국에 돌아와 각처에서 성대한 음식으로 배를 불리게 하시니 동포의 따뜻하신 사랑에는 참으로 감격할 뿐인가 합니다. 그러나 저희들은 결코 맛있는 음식을 먹기만 위하야 온 것이 아니올시다. 더욱이 모두가 학생이라 그같이 훌륭한 음식은 결코 신분에도 적당하지 않습니다. 저희들의 손으로 밥을 지어 먹게 하여도 훌륭할 것이올시다. 그러므로 각처에서 쏟아지는 초대석에 나아갈 때마다 가슴에 넘치는 감격한 생각이 나는 일편에 '이 비용을 현금으로 주셨으면 얼마나 좋을까' 하는 외람한 생각이 간절하얏습니다. 아동교육은 어디서든지 제일 필요하겠지마는 남의 곳에 떠도는 아이들에게는 더욱 필요합니다. 그같이 필요한 교육을 시킬 학교 집을 세울 비용 3만원이 도무지 생길 길이 없어서 애가 타는 이때에 다만 한푼이라도 보태어 주었으면 얼마나 감격하겠습니까. 어차피 저희들을 위하야 하시는 일이니, 너무 월권일지 모르겠으나 사정이 그러하오니, 될 수 있는 대로 먹이시기보다는 학교 세울 돈을 좀 보태어 주셨으면 참으로 기쁘겠으며, 하와이에 가지고 돌아가서 기다리는 동포를 대할 낯도 있겠습니다.⋯"[38]

김노디의 이러한 말은 대학생 때부터 미국사회에서 활달한 생활을 해온 그녀의 오달지고 적극적인 성품을 보여 주는 것이기도 하다. 그녀의 호소는 효과가 있었다. 바로 7월7일 저녁의 만찬초대를 준비했던 윤치호

---

38) 《東亞日報》1923년7월8일자, 「過分한 招待보다도 學校建築費를」.

하와이 학생방문단팀과 1912년팀의 야구시합.

(尹致昊)는 계획을 바꾸어 그 대금을 기부금으로 냈다.[39] 또한 휘문고보 교장 민영휘는 예방한 학생방문단에 현금 2,000원을 희사했다.[40]

하와이학생단은 서울에 머무는 열흘 동안 야구경기 4회, 배구경기 1회, 음악회 2회의 행사를 가졌다. 가장 많은 관객이 몰린 것은 야구경기였다. 첫 경기는 7월5일에 배재학교 운동장에서 열린 1912년팀과의 시합이었다. 1912년팀은 동경유학생들이 1912년 여름방학에 야구팀을 구성하여 고국에 돌아와서 시험경기를 선보인 데서 비롯된 노장들의 야구단이었다. 경기 시작 전에 기도가 있었고, 시구는 이상재가 했다. 이날의 시합에서는 22 대 16으로 하와이학생단이 이겼다.[41] 7월7일의 배재학교야구단과의 시합에서도 하와이학생단이 7 대 6으로 이겼다.[42] 이틀 뒤인 7월9일의 휘문고보팀과의 시합에서는 하와이학생단이 7 대 1로 졌으나,[43] 7월11일에 있었던 동경유학생야구단과의 시합에서는 다시 26 대 19로 하와

---

39) 《東亞日報》 1923년7월8일자, 「爲先代錢을 寄附」.
40) 《東亞日報》 1923년7월7일자, 「二千圓을 寄贈」.
41) 《東亞日報》 1923년7월7일자, 「李商在老人의 始球로 展開된 歡迎競技」.
42) 《東亞日報》 1923년7월9일자, 「次次 實力을 發揮」.
43) 《東亞日報》 1923년7월11일자, 「徽文軍의 氣勢에는 하와이군도 양보하얏다」.

하와이 학생방문단의 음악단.

이학생단이 크게 이겼다.[44] 그리고 YMCA회관에서 열린 YMCA청년단과의 배구시합에서는 하와이학생들이 세트 스코어 3 대 2로 이겼다.[45] 그리고 이 모든 경기 때에 입장료를 받았다.

하와이학생단의 제1회 음악회는 7월10일 저녁 8시30분부터 YMCA회관에서 열렸다. 이상재의 개회사와 김일선(金一善)의 기도로 개막된 음악회는 합창, 관현악 협주, 피아노 독주, 플루트 독주, 하와이의 노래와 춤 등 다채로운 프로그램으로 관중들로 하여금 비감에 젖게도 하고 폭소를 터뜨리게도 했다.[46]

7월11일 저녁에 동아일보사 주최로 경운동 천도교회당에서 열린 '하와이조선인사정 강연회'는 일반인 30전, 학생 20전의 입장료를 받았는데도 발 디딜 틈이 없을 만큼 초만원이었다. 강연회에 앞서 《동아일보》는 대대적인 예고기사를 실었는데, 김노디를 다음과 같이 소개한 것이 이채로웠다.

44) 《東亞日報》 1923년7월13일자, 「26對19로」.
45) 《東亞日報》 1923년7월12일자, 「발레볼은 하와이勝」.
46) 《東亞日報》 1923년7월12일자, 「울리고 웃기이던 하와이 學生의 제1회 音樂」.

하와이에 이 사람이 있다 하는 평판이 높은 여류 교육가 김노디 양
은 "고국동포에게 요망한다"라는 연제로 필경 가슴에 사무친 가지가
지의 하소가 끝없이 솟구쳐 나올 것이니, 김노디 양은 이제로부터 십
팔년 전에 열살이 다 못되야 하와이에 건너가서 미국에 들어가 오블
린대학을 졸업한 재원이니, 미국인 간에서도 그의 강연을 한번 듣기에
5백원을 아끼지 않는다 한다.[47]

강연회에서 민찬호는 압도적으로 많은 수의 하와이 거주 일본인들이
그들이 자녀들에게 일본 혼을 고취시키는 데 얼마나 열심인가를 설명하
면서 한국동포 자녀들에게 한국 혼을 심어 주는 일의 필요성을 강조하
고, 한인기독학원의 설립목적과 현황을 설명했다.

김영우는 본국의 영사관과 그 밖의 단체가 나와 있어서 보호를 받는
다른 나라 이민과 그렇지 못한 한국 이민의 고통스러운 처지를 비교하여
설명하고, 한국 동포들은 농장노동 등으로 힘겹게 생활하면서도 자치금,
교육비 등 11종에 이르는 '세금'으로 1년에 40~50달러씩 지출하고 있고
더구나 3·1운동 이후로는 지출하는 경비가 더 늘어났다고 말하면서, 기
독학원의 중요성을 역설했다. 김노디는 자신이 경험한 실례를 들어가면
서 여성교육의 필요성을 설득력 있게 설명하고, 처음에는 동포들은 물론
이고 미국인들까지 반대했던 남녀공학을 실시한 하와이 한인기독학원의
역사가 얼마나 찬란한가를 힘주어 설명했다. 김노디는 강연 도중에도 여
러 번 큰 박수를 받았다.[48]

지방순회를 떠나기 전날인 7월12일 저녁의 두번째 음악회도 성황을
이루어 박수갈채가 밤 11시까지 계속되었다.[49] 음악회는 야구경기나 강
연회보다 훨씬 많은 성인 2원, 학생 1원씩의 입장료를 받았다.

47) 《東亞日報》 1923년7월11일자, 「六千의 同胞가 몸을 부친 하와이事情을 들으라」.
48) 《東亞日報》 1923년7월15일자, 「日曜號」.
49) 《東亞日報》 1923년7월14일자, 「하와이學生告別音樂」.

하와이학생단이 서울에 머무는 동안 전국 각지에서 이들에 대한 환영
준비를 하고 있다는 뉴스가 보도되어 국민들의 관심을 집중시켰다. 학생
단의 지방순회는 7월13일부터 시작되었는데, 이들이 떠나는 날《동아일
보》는 「사설」을 통하여 학생들의 여행목적이 학교 건축비 보조금 3만원
을 모금하는 데 있음을 다시 상기시키면서 "우리는 비록 백난이 첩중하
고 만사가 어렵더라도 금번의 그 계획에 대하야서는 만강의 동정으로 이
를 반드시 달성시킬 것을 명심하지 않을 수 없다"라고 강조했다.[50]

하와이학생단은 7월13일 오전에 서울을 떠나 인천으로 갔다. 인천역
광장 주변에는 각 단체 관계자들을 비롯하여 남녀학교 학생들과 일반시
민 등 무려 1만여명으로 추산되는 환영인파가 모였다. 그것은 인천항 개
항 이래 최대의 인파였다.[51]

하와이 이민과 인연이 깊은 인천내리교회를 방문하고 기념촬영한 고국방문단.

50)《東亞日報》1923년7월13일자, 「社說: 布哇學生團 地方巡廻開始, 3萬圓募集計劃을 銘記
하라」.
51)《東亞日報》1923년7월15일자, 「萬餘群衆歡呼中에 하와이학생단 인천방문」;《朝鮮日報》
1923년7월15일자, 「布哇學生歡迎의 續報」.

1만여명의 군중이 환영기를 들고 만세를 부르는 모습은 "문득 일행으로 하여금 듣지 못하던 몇해 전 인상"을 연상하게 하는 것이었다고 보도한 《동아일보》의 기사가 인상적이었다.[52] "몇해 전 인상"이란 3·1운동 때의 만세시위 광경을 뜻하는 것이었음은 말할 나위도 없다. 서울에 도착해서부터 가는 곳마다 환영인파가 만세를 부르는 모습에서 하와이학생단은 말로만 듣던 3·1운동 때의 만세시위 광경을 연상했을 것이다.

학생단은 하와이 이민과 가장 인연 깊은 내리(內里)예배당을 찾아서 기념촬영을 한 다음, 오후에 인천상우단(仁川商友團)과 야구경기를 하고, 저녁에는 음악회를 열었다. 그리고 이튿날 새벽에 배편으로 해주(海州)로 향했다.

하와이학생단의 여행은 강행군이었다. 그러나 고국동포들의 열렬한 환영에 학생들은 지칠 줄을 몰랐다. 거의 모든 지방에서 환영행사를 준비한 것은 거의가 기독교 관계 인사들이었다. 특이한 일도 여러 가지 있었다. 해주에서는 황해도 경찰부장이 방문단을 부용당(芙蓉堂)으로 초대하여 다과회를 열어 주었고,[53] 7월18일에 사리원(沙里院)에 도착했을 때에는 봉산(鳳山) 군수 김종석(金鐘奭)이 나와서 이들을 환영하는 만세를 선창했다.[54] 사리원에서는 가슴 아픈 일이 있었다. 환영식장에 예순살쯤 된 한 노파가 사진 두장을 들고 나타나서 "우리 아들 오지 않았소?"라고 말하면서 사진을 내어 보였다. 사진의 주인공은 이미 고인이 되었다는 민찬호의 말을 듣고 슬퍼하는 노파의 모습은 보는 이의 눈시울을 뜨겁게 했다.[55]

지방인사들의 간곡한 요망에 따라 일정이 늦추어지기도 했다. 재령(載寧) 방문은 일정에 없는 것이었다.

52) 위와 같음.
53) 《東亞日報》 1923년7월20일자, 「海州에 간 하와이학생단」.
54) 《東亞日報》 1923년7월21일자, 「하와이學生團 환영 중 사리원에」.
55) 《東亞日報》 1923년7월21일자, 「一場悲劇」.

야구경기와 음악회는 가는 곳마다 성황을 이루었다. 야구의 스코어
는 어디서나 하와이학생단의 압승이었다. 음악회에는 민찬호와 김노디
의 강연이 곁들여져서 "강연음악회"라고도 불렸다. 두 사람은 가는 곳마
다 서울에서와 같은 취지의 강연을 했다.

정주(定州), 선천(宣川), 용천(龍川)을 차례로 방문하고 배편으로 용
암포(龍岩浦)를 거쳐 신의주(新義州)에 도착한 것은 7월22일이었다. 그
곳에서는 압록강 건너편 안동현(安東縣) 동포들의 오찬 초대를 받고 그
곳까지 다녀와야 했다.

7월24일에 신의주에서 다시 배편으로 진남포(鎭南浦)로 와서 7월25
일 오전에 평양에 도착했다. 평양역두에는 1,000여명의 환영인파가 몰려
나왔다. 숭실중학팀과의 야구경기에서 하와이학생팀은 홈런 세개를 터
뜨려 수천명의 관중을 열광시켰다.[56] 방문단은 7월27일 오후에 개성으로
떠날 예정이었으나, 날씨도 좋지 못한데다가 시민들의 요청으로 음악회
를 한번 더 개최하고 하룻밤을 더 묵었다. 빗속에 열린 두번째 음악회 때
에도 입장권이 매진되었는데, 그것은 인기 성악가 윤심덕(尹心德)의 찬
조출연도 있었기 때문이었던 것 같다.[57]

평양에서는 감동적인 일이 있었다. 그것은 의용단(義勇團)사건으로 1
년6개월 동안 평양형무소에서 복역한 허성섭(許城燮)이라는 사람이 출
옥할 때에 노역비로 받아서 보관해 온 은 3원 90전을 하와이 동포들에게
전해 달라면서 동아일보사 평양지국에 보낸 것이었다.[58]

개성으로 가는 길에 민찬호는 일행과 떨어져서 고향에 잠시 들렀다.
그의 고향은 황해도 평산군 세곡면 석교리(細谷面石橋里)였다. 고향에
는 친형을 비롯한 친척들이 많이 살고 있었으나 일찍 고향을 떠난 그의

---

56) 《東亞日報》 1923년7월30일자, 「하와이對崇實의 야구전은 하와이군의 승리」 및 1923년7월31
   일자, 「布哇學生歡迎 平壤의 大盛況」.
57) 《東亞日報》 1923년7월30일자, 「音樂大盛況」 및 1923년7월31일자, 「布哇學生歡迎 平壤의 大
   盛況」.
58) 《東亞日報》 1923년8월2일자, 「獄中에 모은 돈을 하와이同胞에」.

얼굴을 알아보는 사람은 친형뿐이었다. 그는 고향 마을 가까이의 누천(漏川)교회에서 "생명의 길, 진리"라는 제목으로 설교를 했다.[59]

학생방문단이 개성에 도착한 것은 7월28일 밤 9시. 비가 쏟아지는 밤인데도 역에는 4,000~5,000명의 환영인파가 나와 있다가 일행이 도착하자 만세를 부르며 환영했다. 그리고 한시간 뒤에는 음악회가 열렸다. 비가 오는 가운데 밤늦게 열린 음악회였는데도 성황을 이루어 밤 12시에야 끝났다.[60] 개성에는 그곳 송도(松島)고보의 교장인 윤치호가 서울에서 내려와 있었다. 그는 하와이학생팀과 송도고보팀의 야구시합 때에 시구를 했는데, 시합에 앞서 학생단을 초대하여 오찬을 나누며 환담했다. 그는 김노디와 나누었던 이야기를 일기에 적어 놓았다.[61]

서울에 돌아온 하와이학생단은 쉴 시간도 없이 바로 남도지방 여행을 떠났다. 8월1일에 서울을 출발한 일행은 청주(淸州), 이리(裡里), 덕진(德津)을 거쳐서 8월2일 오후 3시에 전주(全州)에 도착했다. 전주역에는 남녀학생 등 3,000여명이 마중나와 만세를 부르며 환영했다. 한시간 뒤인 오후 4시에는 빗속에서 야구시합을, 오후 8시에는 음악회를 갖고, 이튿날 오전에 광주로 떠나는 강행군이었다.[62]

광주역에도 수천명의 인파가 마중 나와 있었다. 도착하던 날 저녁 9시에 열린 음악회에는 1,000여명의 청중이 몰려 성황을 이루었고, 이튿날의 야구시합에도 수천명이 운집했다.[63]

영광(靈光)의 출영자들은 고생이 막심했다. 하와이학생단은 광주에서 영광까지 자동차로 이동했는데, 도착시간이 예정보다 네댓시간이나 늦어져서 8월4일 오후 6시에야 도착했다. 이날은 토요일이었는데, 출영

59) 《東亞日報》 1923년8월4일자, 「閔燦鎬氏 漏川講演」.
60) 《東亞日報》 1923년8월4일자, 「布哇學生團 開城에 大盛況」.
61) 『尹致昊日記(八)』, 1923년8월30일조, p.391.
62) 《東亞日報》 1923년8월7일자, 「布哇學生團 全州着發」.
63) 《東亞日報》 1923년8월11일자, 「布哇學生團 全州에서 盛況」.

나온 3,000여명은 오후 1시부터 땡볕에서 기다렸던 것이다.[64]

영광에서 군산(群山)으로 이동할 때에는 아침 9시에 자동차로 출발하여 저녁 11시에야 도착했다.[65] 그리고 8월7일 오후에 대구(大邱)에 도착하여 사흘 동안 머물렀다. 일방적인 게임을 벌여 온 하와이학생야구팀은 대구청년회팀과의 경기에서 11 대 8로 졌는데, 이는 휘문고보팀과의 대전에서 진 데 이어 두번째 패배였다.[66]

하와이학생단은 8월10일 오전에 대구를 출발하여 마산으로 가면서는 창원(昌原)에 들러 세시간 동안 머물러야 했다. 창원은 일정에 없던 곳이었지만, 환영회를 조직하고 대구까지 대표를 보내어 방문을 간청했기 때문이었다. 세시간 동안 머물면서 하와이 동포들의 실정을 알리는 강연도 하고 50분 동안 음악회도 열었다.[67] 마산역에는 500여명이 출영나와 있었고, 야구경기와 음악회도 모두 성황이었다.[68]

마산에서 진주(晋州)로 갔던 하와이학생단은 8월13일 오후 6시30분에 부산(釜山)에 도착했다. 부산역전에도 수천명의 출영인파가 몰려 만세를 부르며 환영했다. 도착하는 날 저녁으로 예정되었던 음악회는 두시간이나 늦게 시작되었으나, 회장을 메운 청중들은 자리를 뜨지 않고 열광적인 박수를 보냈다.[69]

8월15일 저녁 8시에 서울행 열차를 탄 하와이학생단은 이튿날 아침 7시40분에 수원(水原)역에 내렸다. 아침 이른 시간이었는데도 많은 사람들이 마중 나와 있었다. 그런데 수원에서는 3·1운동 때의 제암리교회사건을 의식해서인지 일본경찰이 만세를 부르지 못하게 하여 많은 환영군중이 크게 아쉬워했다. 저녁 8시부터 시작된 강연과 음악회는 밤 12시까

---

64) 《東亞日報》 1923년8월15일자, 「布哇學生團 靈光에 大盛況」.
65) 《東亞日報》 1923년8월15일자, 「布哇學生團 群山에 盛況」.
66) 《東亞日報》 1923년8월13일자, 「布哇學生團 大邱에 三日間」.
67) 《東亞日報》 1923년8월19일자, 「布哇學生團 昌原에 三時間」.
68) 《東亞日報》 1923년8월14일자, 「布哇學生團 馬山에 盛況」.
69) 《東亞日報》 1923년8월20일자, 「布哇學生團 釜山에 大盛況」.

지 계속되었다.[70]

8월17일에 서울에 돌아온 하와이학생단은 이튿날로 또 원산을 향해 출발했다. 원산에서는 원산팀과의 야구시합에 이어 좀 색다른 시합이 있었다. 그것은 명사십리의 서양인 해수욕장에서 미국인과 영국인 피서객 팀과 경기를 한 것이다. 이 시합에서 하와이학생팀은 서양인팀을 17 대 11로 누르고 이겼다.[71]

8월21일에 함흥(咸興)에 도착한 하와이학생단은 아주 특별한 구경을 했다. 그것은 함경남도지사 이규완(李圭完)이 23일 정오에 일행을 함남 물산진열관으로 오찬을 초대한 다음, 함흥형무소를 방문하게 한 것이었다.[72] 하필이면 왜 형무소를 관람시켰는지 알 수 없으나, 이규완의 행동은 수원의 일본경찰이 환영만세를 부르지 못하게 했던 것과는 매우 대조적이었다.

8월25일에 서울로 돌아온 학생단은 8월27일 저녁에 천도교회당에서 고별음악회를 열었는데, 이날의 수입금은 수재의연금으로 내기로 했다. 학생단이 지방을 순방하는 동안 관서지방에 폭우가 쏟아지고 서해 4도 연안에 큰 해일이 일어나서 재해가 막심했다. 평북 용천에서만 사망자가 1,000명이 났다고 보도되었다.[73] 전국적으로 서북지방 재해구조 모금운동이 벌어지고, 신문들도 재해 관련기사로 지면을 덮고 있었다.

3

드디어 하와이학생단은 8월30일에 종로 YMCA 대강당에서 송별식을 갖고, 9월1일 오전 10시에 부산행 열차편으로 서울을 떠나 귀환 길에 올

---

70) 《東亞日報》 1923년8월21일자, 「布哇學生團 到處大盛況」.
71) 《東亞日報》 1923년8월28일자, 「하와이學生團 元山의 大盛況」.
72) 《東亞日報》 1923년8월27일자, 「李知事의 布哇學生 招待」.
73) 《東亞日報》 1923년8월16일자, 「西海四道沿岸의 悽絕慘絕한 大海溢」.

랐다. 떠나면서 발표한 방문단의 고별사는 의미심장했다.

저희가 거류하는 하와이는 자유의 나라 또는 태평양의 낙원이올
시다. 사시를 물론하고 어느 때가 만화방창(萬化方暢)이 아닌 때가
없나이다. 그러나 우리 근역[槿域: 무궁화나무가 많은 땅, 곧 우리나라]
으로 한번 다시 돌아와서 부모형제를 만나 뵙기가 거류동포의 일반
소원이올시다.… 금번 본 단원 중에 혹은 20년 만에, 혹은 평생 처음
으로 고국에 돌아와서 고국동포의 발전에 경하하였고 제반사업에 감
복하는 동시에 재내동포의 고통에 같이 울었나이다. 임시로 거류하는
지방이 자유의 나라인들 하등의 소용이 있습니까. 고국을 떠나는 금
일에 제하야 본 단원은 실로 감개무량하오이다. 우천에 우주가 암흑
하지마는 청천의 백일이 다시 나타나는 것은 천리(天理)의 순환이올
시다. 2천만의 분자인 저희 무리는 자유의 낙원인 이역에 거류한다고
재내동포를 일시라도 망각지 않나이다. 동포의 행복을 위하야 최후의
노력을 다하고자 하나이다.
　부모형제시여, 내내 강령하소서. 이번에 다액의 물질상 원조를 얻어
가지고 돌아가나이다. 하와이의 기독학원은 곧 여러분 동포의 사랑하
시는 정신상 기념탑으로 엄연한 태평양 중에 우뚝 서게 되나이다. 본단
의 방문 중에 서해 연안에 비참이 극한 수해를 목도하였나이다. 이러한
때에 물질상 원조를 얻어가는 일은 충심으로 미안하오이다.…[74]

우천에 우주가 "암흑"하나 반드시 "청천백일"이 다시 나타날 것을 강
조하고, 동포의 행복을 위하여 "최후의 노력"을 다하겠다고 다짐한 이러
한 문장은 조선총독부의 검열 아래에서 활자화될 수 있는 최대한의 메시
지였을 것이다.

---

74) 《東亞日報》 1923년 9월 1일자, 「故國을 떠나면서 在內同胞에게 感謝」.

고국방문단은 두달 동안 국내를 여행하면서 그때그때 이승만에게 보고를 했다.《태평양잡지》가 고국방문단의 활동상황을 소개하면서 다음과 같이 기술한 것은 방문단의 성과를 이승만이 어떻게 평가했는가를 짐작하게 한다.

이번 방문단은 한인이 해외에 나온 후 처음되는 성대한 일이므로 그 학생들을 대하는 내지 동포들도 응당 느끼는 감상이 없지 않으려니와, 외양에서 들어간 청년들도 이상한 감각을 금치 못할지라. 그 부모들에게 온 학생들의 서신을 보건대 외양에서 난 사람도 무슨 연고인지 동포를 대할 때에 스스로 눈물을 금할 수 없다 하였다. 내지 동포가 저 학생단을 저렇듯 성대히 환영함은 다만 하와이 6,000 동포뿐만 아니라 미주와 다른 외양 각처에 산재한 우리 해외동포 일동을 생각하며 위문하는 뜻이 포함되었나니, 우리 재외한인은 부지중 감사함을 마지않을 터이다.…[75]

부산에서 시모노세키(下關)를 거쳐 요코하마로 가던 하와이학생단은 기차 사고로 고베(神戸)에서 내려야 했다. 간토(關東) 지방에서 9월1일 아침에 진도 7.9의 대규모 지진이 발생하여 일본 전역이 아수라장이 되어 버렸기 때문이다. 모략선전으로 한국인 6,000명 이상이 학살된 관동대지진(關東大地震)이었다.

고베에 발이 묶여 있던 하와이학생단은 9월6일에야 그곳을 떠나서 요코하마항 앞바다에서 이틀 동안 정박했다가 해외로 피난하는 일본인들과 함께 9월9일 오후에 출항하여 9월18일 아침에 호놀룰루항에 도착했다.[76]

---

75)《태평양잡지》 1923년8월호(제5권 제6호),「방문단의 방문」, pp.6~7.
76)《東亞日報》 1923년10월11일자,「故國同胞의 熱情을 布哇동포에게 報告」.

칼리히 밸리에 새로 건축한 한인기독학원 남녀기숙사와 교사의 낙성식이 거행된 것은 기독학원학생 고국방문단이 귀환한 바로 그날 오후였다.[77] 7월15일에 착공하여[78] 두달 만에 공사를 끝낸 것이었다. 이처럼 공사를 서둔 것은 새 학년도에 맞추기 위해서였을 것이다.

총건축비로 3만달러가 소요되었다고 보고되었는데,[79] 이는 이승만이 미국인들을 상대로 벌인 모금 캠페인 편지에서 밝혔던 대지구입비 1만5,000달러와 건축비 1만5,000달러를 합친 액수였다.

비가 내리고 있었음에도 불구하고 낙성식에는 700명가량의 사람들이 참석했다. 마침내 한인기독학원이 독자적인 교사를 갖게 되어 하와이 동포들의 숙원사업이 이루어진 것이었다. 각 섬에 거류하는 동포들은 대표를 파견했다. 이 자리에서 민찬호와 김영우는 고국방문 보고를 했다. 이어서 동포단체들이 협의하여 하와이 포교 백년기념관에서 고국방문단 환영회를 열었다. 인솔자 세 사람의 감상담에 이어 학생들의 음악공연이 있었다. 그리고 고국동포들이 준 선물들을 진열했다. 선물 가운데는 개성인삼 등 방문지에서 받은 것들뿐만 아니라 강화도 동포들이 보내 준 화문석도 있었다.[80] 환영회에서는 세 사람을 선정하여 고국동포에게 감사장을 보내기로 하고, 또 내년에는 이상재를 하와이로 초청할 것을 결의했다.[81]

고국방문단이 모금한 기부금은 모두 2만5,770원13전이었다. 그것은 방문지역 유지들의 기부금과 야구경기장이나 음악회의 입장료, 그리고 즉석에서 걷은 일반동포들의 연조금도 포함된 금액이었다. 방문한 지역별로 모금된 액수는 다음과 같았다.[82]

77) 위와 같음.
78) 《태평양잡지》 1923년9월호(제5권 제7호), 권두 사진설명.
79) 《東亞日報》 1923년10월11일자, 「故國同胞의 熱情을 布哇동포에게 報告」.
80) 《東亞日報》 1923년8월22일자, 「花紋席으로 表情」.
81) 《東亞日報》 1923년10월11일자, 「故國同胞의 熱情을 布哇同胞에게 報告」.
82) 《東亞日報》 1923년11월24일자, 「布哇學生團에게 각지 환영회에서 거두어 보내는 금전은 만륙천원」.

하와이학생고국방문단이 모금한 기부금

경성	12,170.93원	평양	1,487.75원	진주	328.25원
인천	713.45원	개성	835.20원	부산	200.00원
해주	911.50원	청주	595.00원	수원	450.00원
재령	500.00원	이리	200.00원	원산	550.00원
사리원	439.65원	전주	900.00원	함흥	643.00원
정주	300.00원	광주	400.00원	안주	100.00원
선천	250.00원	영광	400.00원	신원	100.00원
용암포	400.00원	군산	195.00원	장성	70.00원
진남포	328.00원	대구	500.00원	창원	100.00원
신의주	968.25원	마산	652.25원	안동현	81.90원
				합계	25,770.13원

그 금액 가운데서 왕복경비로 9,613원이 사용되고 남은 1만6,000여원이 한인기독학원에 전달되었다.[83] 그것은 미화로 4,900달러였다.[84]

이승만은 이러한 모금성과에 크게 실망했다. 그는 방문단이 적어도 1만5,000달러는 모금해 올 것으로 기대했었다. 이상재에게 보낸 편지에서 그는 다음과 같이 적었다.

학생들 방문 때에 백방으로 애쓰신 일을 하와이에 있는 동포들이 깊이 마음에 새겨 감사하오며, 천재(天災) 지역에 들어가지 않고 무사 회귀한 것은 실로 하늘의 도움이오니 감사합니다. 건축비 연조 일은 실패라 하겠습니다. 부자들이 몇천원씩 줄 줄로 생각했더니 이계태(李啓泰) 형 한 사람밖에는 다 보통 인민에게서 모집한 것이요, 민영휘의 2,000원이라는 것은 불만족합니다. 내지동포에게서 적어도 미화 1만5,000원은 올 줄로 생각했더니, 일전에야 4,900원을 영수하였는데, 건축비에 선급할 액수도 3분의 1이 못되고 기한도 넘겨 미봉할 방법이 없으니 어찌 하오리까. 경성의 위원에게와 《동아일보》에 있는

---

83) 위와 같음.
84) 「李承晩이 李商在에게 보낸 1924년8월9일자 편지」, 『대한민국임시정부자료집(42) 서한집 I』, p.250.

학교의연금이 금화로 3,000여원이 된다니 그것이라도 속히 보내 주셔
야 욕볼 일을 능히 면하겠고, 다 합하여 1만5,000원을 채워 주셔야 학
교를 유지하겠소이다.[85]

이승만은 특히 서울의 대표적인 재력가 민영휘가 2,000원밖에 내놓지
않은 것이 몹시 섭섭했다. 환영위원회와 《동아일보》에 있다고 한 3,000
달러가 어떤 성격의 자금이며 그 뒤에 어떻게 처리되었는지는 밝혀진 것
이 없다.

그러나 위의 금액은 공식으로 발표된 것이고, 그 밖의 자금이 얼마나
모금되었는지는 알 길이 없다. 이상재에게 보낸 같은 편지에서 이승만은,
수년 전에 국내로 들여보냈던 젠킨 여사를 따로 보내니까 아무 돈이든지
즉시 변통해 보내라고 부탁한 것을 보면, 학생 고국방문단이 갔을 때에
도 별도의 자금이 전해졌을 개연성이 없지 않다. 인솔자 세 사람은 이승
만의 핵심측근들이었기 때문이다. 이승만은 젠킨 여사에게 경향 각지를
유람하는 척하면서 선교사들을 찾아보고 그 밖의 믿을 만한 한국인을
만나서 자기의 필적을 보이고 자금을 요구해 보라고 했으니까, 여러 도
회지에 있는 재력가들이 그녀를 도와주도록 주선해 달라고 이상재에게
부탁했다.[86]

그러나 고국방문단이 거둔 성과는 모금액수보다도 이승만과 국내 동
포들의 유대를 강화하는 데 크게 기여한 일이었다. 환영준비위원회들을
중심으로 한 국내의 지도급 인사들과 이승만의 핵심측근들인 세 인솔자
의 대면은 말할 나위도 없고, 전국 30여개 도시를 순회하면서 행한 강연
과 끼니때마다 나눈 전국유지들과의 대화내용은, 비록 신문지상으로 한
번도 보도되지는 않았지만, 이승만의 활동상을 직접 알림으로써 그의 이

---

85) 위와 같음.
86) 위와 같음.

미지를 국내 동포들에게 주입시키는 데 크게 이바지했을 것이다.

하와이에서도 한인기독학원 학생들의 고국방문 효과는 컸다. 그것은 고국방문단이 돌아오고 난 직후인 1923년9월부터 실시한 한인기독학원의 찬성금[후원금], 특연금, 건축연금의 모금에 그대로 반영되었다. 이때부터 1924년8월까지의 1년 동안 로스앤젤레스의 동포 26명을 포함하여 하와이 각 섬에 흩어져 사는 동포 가운데 무려 1,180명이 모금운동에 참여했다. 하와이 재류동포 인구가 1924년 현재 5,817명이었던 점을 감안하면,[87] 호응도가 얼마나 높았는지를 짐작할 수 있다. 이들 가운데는 세 가지 의연금 가운데 두가지 또는 세가지 모두 기부한 사람도 388명이나 있었다. 액수는 많아야 5~6달러, 적게는 1달러 또는 몇십센트 등이었지만 총계는 2만6,408달러42센트나 되었다.[88]

87) 在ホノルル帝國總領事館, 「布哇朝鮮人事情 大正十四(1925)年十二月調」, 金正柱 編, 『朝鮮統治史料(七)』, p.931.
88) 「호항한인기독학원 재정보단」 제11호, 『雩南李承晩文書 東文篇(十二) 하와이 · 美洲僑民團體關聯文書』, pp.22 ~87.

42장

「임시대통령유고」 결의에 맞서 「재외동포에게!」 선포

1. 이동녕을 국무총리로 임명

1

국민대표회의가 허무하게 끝나고 맞는 1924년 새해는 모든 독립운동자들에게 사위스럽게 느껴졌다. 김구는 하필 새해 첫날에 아내를 여의었다. 1920년6월에 상해로 온 최준례(崔遵禮)는 1922년6월에 둘째아들 신(信)을 낳고 몸조리도 제대로 못하면서 시어머니에게 세숫물을 버려달라고 하기가 송구스러워서, 세숫대야를 들고 아래층으로 내려가다가 층계에서 굴러떨어져 크게 다쳤다.[1] 이 무렵 김구는 프랑스 조계 패륵로 영경방(貝勒路永慶坊) 10호의 집 2층을 빌려 방 둘을 다시 세를 주고 다섯 식구가 작은 방 하나에 함께 살았다.

거의 거동을 할 수 없게 된 최준례의 몸 수발을 김가진(金嘉鎭)의 며느리 정정화(鄭靖和)가 와서 해주었다. 정정화는 아직 아이가 없을 때라서 김구 가족과 단칸방에서 같이 살다시피 하면서 최준례의 병간호를 하고 갓난아이를 돌보아 주었다. 김구는 어려운 살림에 아내를 입원시킬 엄두도 내지 못했고, 아이들의 옷은 정정화가 헌 옷을 이용하여 만들어 입혔다.[2]

최준례는 낙상으로 인한 늑막염이 폐병으로 악화되어 홍구(虹口)폐병원에 입원했다. 외국선교회에서 운영하는 홍구폐병원은 서양시설을 갖추고 형편이 어려운 환자들을 무료로 치료해 주었다. 그러나 홍구는 일본 조계지였으므로 김구는 한번도 아내에게 가볼 수 없었고, 임종도 지켜보지 못했다. 위독하다는 연락을 받고 곽씨 부인이 달려갔을 때에는 최준례는 이미 영안실로 옮겨져 있었다. 그녀는 운명하는 순간에도 김구나 시어머니에게 연락하지 못하게 했던 것이다.[3] 최준례는 서른여섯살의

---

1) 『백범일지』, p.287.
2) 정정화, 『녹두꽃』, p.89.
3) 위의 책, pp.89~90.

한 맺힌 생애를 이렇게 마쳤다.

김구는 독립운동 기간 중에는 혼례나 장례를 성대하게 치르는 것이 옳지 않다는 신조에서 아내의 장례를 검약하게 치르기로 하고, 국내 친지들에게는 알리지도 않았다.[4] 그러나 여러 사람들이 그녀의 생전의 고초가 김구 때문이었으므로 곧 나라 일에 공헌한 것이라고 하여 각자가 의연금을 추렴하여 장례를 치르고 묘비까지 세웠다. 장례식은 1월4일에 거행되었는데, 이 장례식 소식은 국내와 재미동포사회에도 알려졌다. 《동아일보(東亞日報)》는 최준례의 장례식 광경을 다음과 같이 보도했다.

지난 1월1일 하오 2시에 세상을 떠난 김구씨의 부인 최준례 여사의 장례식은 지난 1월4일 오후 2시에 프랑스 조계 하비로 공부국 묘지(霞飛路工部局墓地)에서 기독교식에 의지하여 목사 조상섭(趙尙燮)씨의 사회로써 상해에 있는 남녀동포가 많이 모여서 엄숙하게 거행하얏는데, 일동은 모두 깊은 느낌의 얼굴로써 지내었고, 윤기섭(尹琦燮)씨가 설명하는 역사 중에 김구씨가 두번째 감옥에 들어가서 15년의 징역을 선고를 받은 뒤에 가출옥이 되기 전 4년 동안에는 안악군에 있는 안신여학교(安信女學校)에서 선생이 되어 약간의 봉급으로써 늙은 시모를 봉양하나 또한 넉넉지 못하야 교수한 여가에는 친히 동산에 올라가서 나무를 베어다가 삼동의 얼음 같은 찬 방을 녹이고 소생의 어린 딸 하나와 함께 삼대의 여인끼리 서로 의지하면서 즐거움 없는 세월을 보내었다는 말에는 회장(會葬)한 일동의 눈에 눈물이 비오듯 하였다.

풍파와 고초를 많이 당하고 쉬지 아니하며 분투하는 남편을 다시 만난 뒤에도 가난살이를 하던 일이며, 이번에 최씨가 세상을 떠난 뒤에도 김구씨는 우리 민족의 처지가 이와 같으니 극히 검소하게 장례를

---

4) 《東亞日報》 1924년1월4일자, 「金龜氏喪配」.

지내려고 결심하였으나, 많은 동지들의 권고와 주선으로써 창피치 아니한 장례를 거행하게 된 것이더라(상해).[5]

샌프란시스코의 《신한민보(新韓民報)》는 이 기사를 그대로 전재했다.[6]

프랑스 조계 숭산로 (崇山路) 경찰서 뒤쪽 공동묘지에 있는 최준례의 묘 앞에는 특이한 한글

최준례의 묘비. 묘비 뒤의 중절모 쓴 사람이 김구이고 그 옆이 곽낙원 여사. 묘비 오른쪽이 장남 인(仁), 왼쪽이 둘째 신(信)이다.

묘비가 세워졌다. 1922년에 상해에서 《깁더 조선말본(精解朝鮮語文典)》을 출간했던 한글학자 김두봉(金枓奉)이 지은 이 비문은 생몰년월일까지 "4222년3월19일 생"을 "ㄹㄴㄴㄴ해ㄷ달ㅊㅈ날 남", "ㅂ해ㄱ달ㄱ날 죽음"이라고 한글로 표기하고, 옆에 "남편 김구 세움"이라고 새겼다.

최준례가 병원에 입원한 동안 큰아이 인(仁)도 병이 중하여 공제병원 (共濟病院)에 입원했다가 최준례의 장례를 치른 뒤에야 퇴원했다. 젖먹이 둘째 신(信)은 걸음마를 익힐 즈음이었다. 신은 우유를 먹었으나 잘 때에는 반드시 곽씨 부인의 빈 젖을 물고서야 잠이 들었다. 그리하여 차츰 말을 배울 때에는 "할머니"만 알고 "어머니"라는 말은 몰랐다.[7]

―――――
5) 《東亞日報》 1924년1월12일자, 「崔女史葬儀」.
6) 《新韓民報》 1924년2월21일자, 「김구씨 부인 최여사의 장의」.
7) 『백범일지』, p.288.

최준례의 장례를 치르고 며칠 지나지 않은 1월10일에 열린 한국노병회 제16회 이사회는 김구로 하여금 심한 자괴감을 느끼게 하는 결정을 했다. 이날의 이사회는 통상회원 한태규(韓泰珪)가 노병회의 주의 정신에 위반되는 행위를 했다고 하여 포상 수여를 중지한다는 결정을 한 것이었다.[8] 한태규는 평양사람으로서 임시정부 초창기부터 경호원으로 일하면서 김구의 두터운 신임을 받아왔다. 그리하여 김구는 노병회를 결성할 때에도 그를 참여시켜 경리부 일을 맡겼다. 김구는 사람을 쓸 때에 의심하면 일을 맡기지 말고 일을 맡기면 의심하지 않는다는 것이 신조였다. 그러나 바로 그러한 신조 때문에 김구는 한태규 문제로 1923년 하반기 내내 큰 곤욕을 치러야 했다.

어느 날 아침 일찍 국무총리 노백린(盧伯麟)이 김구의 집을 찾아왔다.

"뒤 도로변에 어떤 젊은 여자 시체가 하나 있는데, 중국인들이 한인이라고 떠드니까 백범이 나와 같이 나가서 알아봅시다."

김구는 노백린과 함께 뒤 도로변으로 가서 시체를 검사했다. 명주(明珠)였다. 김구는 명주가 어떻게 상해에 왔는지는 알지 못했으나, 정인과(鄭仁果)와 황진남(黃鎭南) 등의 식모로 일했고 젊은 남자들과 문란한 행동을 한다는 말도 듣고 있었다. 김구는 얼마 전 어느 날 밤에 우연히 한태규가 명주와 같이 다니는 것을 본 적이 있었다.

명주는 피살된 것이 분명했다. 타박으로 머리 위에 피 묻은 흔적이 있고, 목 부분에 노끈으로 조른 자국이 있었다. 그 교살수법은 바로 김구가 서대문감옥에서 '김 진사'로부터 배웠던 것을 경호원들에게 습득시켜 정탐꾼 처단에 이용하던 활빈당의 배신자 처단방법이었다.

김구는 곧바로 프랑스 공무국을 찾아가서 서대납에게 이 사실을 알리고 합동조사에 착수했다. 한태규에게 혐의가 집중되었다. 김구는 서대납과 한태규 체포를 상의했다. 그리고 한태규를 불러서 요즘 어디서 숙

---

8) 『朝鮮民族運動年鑑』, 1924년1월10일조.

식하느냐고 물었다. 그는 방을 얻지 못하여 이리저리 옮겨 다닌다고 대답했다. 바로 그때에 프랑스 경찰이 들이닥쳐서 한태규를 체포했다.[9] 한태규는 중국인으로 귀화해 있었다.[10]

프랑스 경찰의 신문이 시작되자 김구도 배심원으로 신문에 참여했다. 신문은 3주일 동안 계속되었다. 프랑스 경찰이 증거자료를 제시하며 추궁하자 한태규는 범죄사실을 시인했다. 그는 명주와 일여덟달 동안 동거했고, 그러는 동안에 명주는 한태규가 일본 밀정이라는 것을 눈치챘다. 명주는 비록 배우지는 못한 여자였지만, 애국심이 강하고 김구를 절대적으로 믿고 존경했다. 그 때문에 한태규는 명주가 자기를 김구에게 고발할 것이라고 생각하고 그러기 전에 살해했다고 자백했다. 한태규는 국민대표회의에 관한 문서와 정보를 일본경찰에 넘겨주고 있었다.[11] 한태규는 프랑스 공동법정에서 종신형을 선고받았다.[12]

그는 감옥의 중죄수들과 같이 탈옥을 모의하여 1924년1월1일 이른 아침에 탈옥을 감행하기로 했다. 그러고 나서 그는 그 사실을 프랑스 간수들에게 밀고했다. 약속된 시간에 중죄수들이 감방 문을 일제히 열고 칼, 몽둥이, 돌을 들고 쏟아져 나왔으나 기다리던 간수들이 일제히 총을 쏘아 죄수 8명이 즉사했다. 이를 본 죄수들은 감히 움직일 엄두를 내지 못했다.

한태규의 포상수여 중지를 결의한 한국노병회의 이사회가 열린 것은 이 무렵이었다. 김구는 그 뒤에 한태규가 법정에 증인으로 출두하여 자기의 밀고로 죽은 여덟명 시체의 관머리에 서서 증언했다는 말을 들었다. 이러한 사실을 적으면서 김구는 "그런 악한을 절대 신임했던 나야말로 세

---

9) 『백범일지』, pp.307~308.
10) 「中國國籍의 韓人 韓泰珪사건에 관한 건」, 國史編纂委員會 編, 『韓國獨立運動史 資料(20) 臨政篇 V』, 國史編纂委員會, 1991, pp.23~24.
11) 위와 같음; 『백범일지』, p.308.
12) 「玉成彬에 대한 건」, 『韓國獨立運動史 資料(20) 臨政篇 V』, p.29.

상에 머리들기 어렵다는 자괴심으로 지냈다"[13]라고 자책했다.

　김구는 얼마 뒤에 한태규의 편지를 받았다. 탈옥수를 8명이나 죽게 한 공로를 인정받아 특전으로 풀려났다면서, 전죄를 용서하고 다시 써 달라는 내용이었다. 김구는 답장을 쓰지 않았다. 김구의 답장이 없자 겁을 먹었는지 한태규는 얼마 뒤에 귀국했다. 뒷날 김구는 한태규가 평양에서 소매상으로 돌아다니더라는 소문을 들었다.[14]

2

　이승만은 1924년1월23일 오전 10시에 마우이 호(*S. S. Maui*)편으로 샌프란시스코를 향하여 호놀룰루를 출발했다. 하와이에 돌아온 지 1년5개월 만에 다시 워싱턴으로 가는 길이었다. 한인기독교회 예배당과 한인기독학원 교사 건축일을 끝낸 이승만으로서는 워싱턴에 가서 구미위원부의 활동을 재개하는 것이 무엇보다도 중요했다. 여비는 각 섬의 동포들이 거두어 주었다. 워싱턴에 있는 변호사 트립(Prett A. E. Tripp)이 일본 관동대지진(關東大地震) 때의 한국인 학살사건을 미국과 영국정부에 알리고 세계 여론을 환기시키도록 이승만 대통령을 워싱턴으로 보낼 것을 요망하는 편지를 하와이 교민단 본부로 보내왔기 때문에 여비 모금은 어렵지 않게 이루어졌다.[15] 교민단 본부는 하와이 각 섬의 동포들과 기관들로부터 1,015달러25센트를 모금해 주었는데, 이때의 모금에 호응한 동포들은 329명이었다.[16]

　이승만이 떠나던 날 부두에는 환송 나온 사람들이 별로 없었다. 「리통령려비공고서」는 선편 사정으로 갑자기 떠나게 되어 일반 동포에게 미리

---

13) 『백범일지』, pp.308~309.
14) 『백범일지』, p.309.
15) 「公機密 제5호: 自稱大統領李承晩渡米ニ關シ報告ノ件」, 1924년1월25일, 『不逞團關係雜件 鮮人ノ部 在歐米(七)』.
16) 「대통령려비공고서」, 『美洲韓人民族運動資料 美洲篇④』, pp.39~43.

알리지 못했다고 했으나, 이승만이 떠난 뒤에도 《국민보(國民報)》가 그의 출발 사실을 보도하지 않은 것을 보면,[17] 그것은 그의 여행일정 때문이었던 것 같다.

이승만은 샌프란시스코를 거쳐 로스앤젤레스로 가서 그곳에서 태평양 연안을 따라 중앙아메리카 몇 나라를 들렀다가 3월5일에 워싱턴의 외항 볼티모어(Baltimore)에 도착하는 화물선을 타기로 한 것이었다. 학창시절부터 강연여행이 생활비를 버는 방편이었던 이승만은 여행에 익숙해져 있었고 여행 자체를 즐겼다. 여행은 그에게 미지의 인간사회의 발견이자 학습이었고, 때로는 그의 활동의 성취를 확인해 주는 것이기도 했다. 중앙아메리카 나라들은 마야문명의 유적지가 많고, 스페인의 식민지 지배로부터 벗어난 뒤에도 완전한 독립을 누리지 못하고 있는 고난의 역사가 서린, 산 박물관 같은 지역이었다. 1914년에 완성되어 세계해운의 역사를 바꾸어 놓은 파나마 운하도 이승만의 호기심의 대상이었을 것이다.

샌프란시스코에 상륙한 것은 1월29일 오전 9시. 부두에는 임정구가 마중 나와 있었다. 그러나 임정구의 연락을 받은 대한인국민회 총회장 최진하(崔鎭河)가 부두에 나갔을 때에는 승객들이 모두 흩어지고 난 뒤였다.[18]

샌프란시스코에서 며칠 머무는 사이에 이승만은 멀리 고국에서 자기를 찾아온 이화학당 교사 임영신(任永信)을 만났다. 그녀는 유학을 목적으로 도미하는 길에 일본에 들렀다가 요코하마(橫濱)의 한국인 지하운동자들이 전해주는 관동대지진 때에 한국인들이 일본인들에게 학살당하는 정황을 찍은 사진첩을 가지고 왔다.[19]

이승만은 이 사진첩이 여간 대견스럽지 않았다. 이승만은 관동대지진 발생 직후부터 진상을 파악하기 위하여 임시정부뿐만 아니라 국내의 동

---

17) 《新韓民報》 1924년2월14일자, 「리승만박사 도큐설」.
18) 《新韓民報》 1924년1월31일자, 「리승만박사 도미」.
19) 임영신, 『나의 40년투쟁사』, 민지사, 2008, pp.187~190.

아일보사에까지 문의한 적이 있었고,[20] 사건취재를 위하여 일본에 특파원을 보낼 것을 미국 신문사 두 곳과 교섭해 보기도 했었다.[21]

작별인사를 하면서 이승만은 임영신에게 다음과 같이 말했다고 한다.

"우리는 앞으로 오랫동안 서로 자주 만날 것이오. 그리고 언젠가는 서울에서 만나서 오늘의 만남을 기억할 것이오."

뒷날 대한민국 초대 상공부 장관이 되는 임영신과 이승만의 교분은 이렇게 시작된 것이었다.[22]

미국유학을 준비하고 있던 임영신은 관동대지진 때의 한국인피살사건과 관련된 자료들을 가지고 미국에 와서 이승만을 찾았다고 한다. 사진은 1930년에 워싱턴에서 찍은 것이다.

이승만은 1월31일 오후에 이창규와 함께 증기선 예일(Yale)편으로 샌프란시스코를 떠나 로스앤젤레스로 향했다. 2월1일에 윌밍턴(Willmington)에 도착한 두 사람은 로스앤젤레스로부터 이승만을 보러 온 사람들과 만났다. 윌밍턴에 머무는 동안 이승만은 구미위원부로 타전하여, 3·1절 기념식에서 관동대지진 때에 학살된 4,000명의 동포들에 대한 추도기도를 올리도록 상해와 하와이로 대통령 교령을 보내라고 지시

---

20) Konation to Kopogo, Oct. 24, 1923, Konation to Dong-A Daily, Oct. 24, 1923, *The Syngman Rhee Telegrams*, vol. Ⅳ., pp.500~501.
21) 「李承晚이 李商在에게 보낸 1923년9월경의 편지」, 『대한민국임시정부자료집(42) 서한집Ⅰ』, p.249.
22) 임영신, 앞의 책, p.190.

했다.[23]

이승만은 2월7일에 중앙아메리카를 항해하는 화물선 베네수엘라 호 (*S. S. Venezuela*)편으로 윌밍턴을 출발했다. 샌프란시스코에서부터 동행한 이창규와 그 밖의 네 사람이 그를 배웅했다.

2월14일에 과테말라의 참페리코(Champerico)에 도착한 베네수엘라 호는 하룻밤을 정박했다가 16일에 엘살바도르의 산 호세(San Jose)에 도착했다. 승객 50명이 자동차로 수도 산 살바도르(San Salvador)를 관광했다. 2월18일에 산 호세를 떠나 니카라과의 코린토(Corinto)에 도착한 것은 이튿날 아침 7시였다. 승객 24명이 기차로 수도 마나구아(Managua)로 가서 하룻밤을 자고, 21일 새벽에 코린토를 떠나 24일 오후 6시에 파나마 운하 입구의 발보아(Balboa)에 도착했다. 길이 93킬로미터의 파나마 운하를 통과하는 데는 14시간30분이 걸렸다. 3월1일 오후에 쿠바의 수도 아바나(Havana)에 도착한 베네수엘라 호는 이튿날 오후 4시에 볼티모어를 향해서 출발했다.

볼티모어에 도착한 것은 3월6일 오전 7시30분. 세관직원들은 이승만에게 외교관 예우를 했고 짐 검사도 하지 않았다. 어떻게 그런 예우를 받았는지는 알 수 없다. 12시55분에 볼티모어를 출발하여 오후 1시에 워싱턴에 도착했다. 남궁염(南宮炎)이 벌링턴 호텔(Burlington Hotel) 방을 예약해 놓고 있었다.[24]

이러한 『일기(*Log Book of S. R.*)』의 기록만으로는 이승만이 왜 이 시기에 중앙아메리카를 혼자서 여행했는지 알 수 없다. 여행 도중에 동포들을 만난 것도 아니다. 어려운 상황에서 인구세와 한인기독학원 건축비 등 각종 성금을 희사한 동포들로부터 여비를 지원받아 여행하면서 중앙아메리카를 관광목적으로만 여행했다면 의아스러운 일이 아닐 수 없다.

---

23) Rhee to Korean Commission, Feb. 5, 1924, *The Syngman Rhee Telegrams*, vol.Ⅳ., p.507.
24) Syngman Rhee, *Log Book of S. R.*, 1924년1월23일조~3월6일조.

그의 중앙아메리카 여행에 대하여 《신한민보》는 다음과 같이 보도했다.

이승만 박사가 도미함은 보도하였거니와, 수일 전 로스앤젤레스로부터 샌프란시스코에 도착한 몇몇 동포의 전하는 말을 들은즉, 당지의 거류 동포 약 1백명이 리 박사를 위하야 환영회를 열었는데, 리 박사가 그 환영회 석상에서 말한 대요는 우리 사회에서 반대가 있어야만 일이 잘되리라는 뜻으로 연설하였다 하며, 누구가 반대하든지 하던 일은 그대로 진행하여 나아가야만 되겠다고 하였다 한다.

리 박사는 그곳서 수일 동안 묵어서 장차 큐바에 있는 동포를 심방하고 돌아오는 길에 워싱턴에 들를 계획이라는데, 그의 말이 이번 자기의 여행은 무슨 공무를 위하야 온 것이 아니고 다만 무슨 사사로이 볼 일이 있어서 미주에 건너온 길이라고 말하였다고 하더라.

이 기사는 끝에 「부기」라면서 다음과 같은 말을 덧붙였다.

《국민보》1월26일호와 2월2일호를 보아도 리 박사의 도미한 사실이 기재되지 않았은즉, 혹 등하불명으로 국민보사에서 몰라서 기재하지 못하였는지 알 수는 없지마는 만일 이번 여행이 공행(公行)일진대 국민보에서 먼저 알았을 터이 아닌가. 그런데 여기 어떤 동포들은 리 박사를 환영하였다고 시비하는 이가 있다니, 비밀히 여행하는 이를 어떻게 알고 환영할까. 아무리 시비하기 좋아도 그러한 시비는 아니하였으면 좋을 듯하다.[25]

그것은 이승만의 중앙아메리카 여행을 비꼬는 말이었다. 이승만은 국민대표회의 이후의 임시정부와 구미위원부의 운영에 대한 새로운 구상을

---

25) 《新韓民報》 1924년2월14일자, 「리승만박사 도큐셜」.

할 겸해서 워싱턴으로 가는 길에 중앙아메리카 여행을 결심했을 수 있다. 화물선을 이용하는 여행이었으므로 비용은 기차여행보다 쌌는지 모른다.

이승만이 워싱턴에 도착하고 나서 "안경과 단장 고친 것 합 1달러60센트", "의복 세탁과 다리미질 합 5달러95센트" 등까지 적은 총계 930달러90센트의 여비사용 명세서를 하와이 교민단 본부로 보내면서 "이것을 공포할 것은 아니나 몇몇 동지들에게 조용히 보이려거든 마음대로 하시오"라고 한 것은 자신의 중앙아메리카 여행에 대한 구설을 의식한 것이었을 것이다.[26]

워싱턴에는 상해에서 내무총장 김구, 외무총장 조소앙(趙素昻), 재무총장 이시영(李始榮) 세 사람이 공동명의로 친 전보가 기다리고 있었다. 그것은 2월18일에 호놀룰루로 친 전보였다. 이 무렵 임시정부를 지키고 있는 사람은 국무총리 노백린과 이들 세 총장뿐이었다.

시국수습 무망 이유로 노백린 면직하오. 이동녕(李東寧)씨 응낙하니 곧 임명하오.[27]

국무총리 노백린은 시국을 수습하지 못하는 책임을 물어 해임하고 대신에 전 내무총장 이동녕을 국무총리로 임명하라는 건의였다. 국민대표회의가 결렬된 뒤에 창조파는 블라디보스토크로 떠나고 다른 지역에서 왔던 사람들도 각자 자기 근거지로 돌아간 뒤의 상해 독립운동자 사회는 평정을 되찾은 듯이 보였다. 그러나 그러한 평정은 사실은 청사도 유지할 수 없을 만큼 조락한 임시정부의 형편을 반영한 것이었다. 임시정부는 1923년8월13일부터 프랑스 조계 포백로 명덕리(蒲柏路明德里) 26호의 이시영의 집 2층을 청사로 쓰고 있었다. 청사에는 전화도 가설하지

26) 「리박사 려행비조」, 『美洲韓人民族運動資料 美洲篇④』, p.38.
27) Kim Cho Lee to Daitongleung, Konation, Feb. 18, 1924, *The Syngman Rhee Telegrams*, vol. Ⅳ., p.508.

못했다.[28]

이러한 상황인데도 국무총리 노백린은 총장 세 사람과 단합하지 못하여 국무회의도 열지 않았다. 그는 또 국무총리로 부임하고 나서 1년 동안 이승만에게 편지 한장도 쓰지 않았다.[29] 그리하여 세 총장은 임시정부의 기능을 정상화시키기 위해서는 국무총리를 교체할 수밖에 없다고 판단한 것이었다.

한편 국민대표회의의 실패에 크게 좌절감을 느낀 안창호는 흥사단원 박일병(朴日秉)을 대동하고 상해를 떠나서 연말까지 북경을 거쳐 산해관(山海關), 금주(錦州), 호로도(胡虜島) 등지를 답사하면서 이상촌 건설을 위한 땅을 물색하고 다녔다. 산해관에서는 와병 중인 양기탁(梁起鐸)을 찾아보고, 이어 만주 지역을 시찰했다. 1924년1월 초에는 서간도로 가서 한족회, 서로군정서, 대한독립단 등 그곳의 여러 독립운동단체들이 통합하여 결성한 대한통의부(大韓統義府)를 방문하고 2월 중순에야 상해로 돌아왔다.[30]

상해 독립운동자 사회의 침체를 타개하기 위한 움직임은 주로 개조파 인사들을 중심으로 1923년 말쯤부터 나타났다. 윤기섭, 여운형(呂運亨), 조완구(趙琬九), 김두봉, 최석순(崔碩淳), 윤자영(尹滋瑛) 등 20여명의 주최로 12월15일 저녁에 열린 연설회는 그 대표적인 행사였다. 상해 독립운동자들이 대거 참석한 이날의 연설회는 오후 7시에 시작하여 10시30분까지 계속되었는데, "제2기에 첫째로 할 일"이라는 연제로 열변을 토한 윤자영의 다음과 같은 요지의 말은 연설회 주동자들의 생각을 대표하는

28) 「公信 제778호: 僭稱政府移轉ニ關スル件」, 1923년8월14일, 『不逞團關係雜件 鮮人ノ部 上海假政府(五)』.

29) 「李承晩이 李商在에게 보낸 1923년8월9일자 편지」, 『대한민국임시정부자료집(42) 서한집 I』, pp.249~250.

30) 「安昌浩가 아내 이혜련에게 보낸 1924년1월13일 무렵의 편지」, 島山安昌浩先生全集編纂委員會, 『島山安昌浩全集(1) 시문 서한 I』, 島山安昌浩先生紀念事業會, 2000, pp.577~579; 주요한 編著, 『安島山全書』, p.399; 李明花, 『島山安昌浩의 獨立運動과 統一路線』, pp.215~216.

것이었다.

"독립선언을 제1기 운동이라고 하고, 지금부터는 제2기 운동이라고 한다. 제1기의 운동은 심히 간단하여 적의 개 말고는 다 운동자였다. 그후는 전선이 변경되고, 따라서 혼란하다. 어떤 사람이 제2기의 운동자인가? '총 만드는 재주를 배우고, 총 살 돈을 만들고, 총 놓을 아이를 만들자'고 부르짖는 수십년래의 소위 지도자는 독립운동자가 아니다. 적으로 더불어 생사를 결하는 것이 독립운동이다. 일찍이 '대한 남녀는 다 함께 모여들어 단합하자고 부르짖은 것'은 잘못이다. 혁명적 독립운동자들만 단합하여야 되겠다. 독립운동 제조소라는 상해에는 성토문이 제일 많았다. 금후로는 상해가 독립운동의 참모부가 되어야겠다. 주리고 얼고 욕보는 독립운동자가 아직도 합하지 못할까? 한인은 다 오라고 하는 통일은 말고 정신적으로 결합하고, 성토문은 다 불사르자!"

그러나 상해파 고려공산당의 청년중심인물인 윤자영의 이러한 도발적인 주장은 상해 독립운동자 사회의 새로운 분란을 예고하는 것이었다. 윤자영에 이어 자유로 연설한 인사들은 모두 말로만 독립운동을 하지 말고 각각 대포보다 나은 두 주먹으로 급진적으로 나아가자고 역설했다.[31]

3

이승만은 워싱턴에 도착한 이틀 뒤인 3월8일에 필라델피아로 서재필(徐載弼)을 찾아갔다. 이날은 토요일이었다. 이승만은 서재필의 집에서 하룻밤을 자면서 앞으로의 대책을 숙의했다. 이튿날 오후에 돌아오는 길에 뉴욕에 들른 이승만은 한인교회와 동포기관을 방문하고, 동포들을

---

31) 《獨立新聞》 1923년12월26일자, 「獨立運動前途에 對한 演說會開催」.

만나면서 이틀 동안 머물렀다.[32]

이승만은 3월24일에 임시정부 각원들에게 임시정부의 기능을 정상화
시키기 위한 자신의 생각을 밝히는 편지를 썼다. 이승만은 상해 독립운동
자 사회의 풍파는 일단 진정된 것으로 판단했다. 핵심과제는 역시 재정문
제였다.

상해에서 오는 편지마다 재정 재정하고 여기서 가는 편지마다 조
직 조직하야 서로 끝이 없으니, 피차에 형편을 모르고 이와 같이 하는
중에서 장차 오해가 생길까 염려하야 이 편지를 국문으로 소상히 씁
니다. 우리는 본래 저축한 재정도, 남에게 취대(取貸)할 곳도 없으며,
다만 필요한 일이 있으면 사실을 들어 동포에게 청구하야 아니 주면
아무리 급한 일이라도 못하고 주면 꼭 그 일에 쓰고 그대로 알려 주나
니, 이것은 아주 정한 전례라 다른 수가 없나니, 아주 이런 줄 아시고
다시는 사사비용이나 운동비나 보내라고 요구하지 마시오.
미주와 하와이의 동지들이 한가지 하려는 것은 정부의 경상유지
비를 여기서 담보하야 원동 각처의 모든 우리 국민이 다 행하도록 붙
들어 나가자 함이라. 그러나 한가지 어려운 것은 여기 동포들이 알기
에 국무원이 아직도 단결이 못 되어 일도 할 수 없고 돈이 있어도 규모
있게 쓸 수 없으니 돈을 보내도 소용이 없다 하는지라. 이것으로 인연
하야 일하기가 어렵소이다.…

이승만은 이처럼 자신이 임시정부에 자금을 마련하여 보내지 못하는
이유를 국무원들이 단결하지 못하기 때문이라고 주장하면서, 국무원 인
선과 재정운용 방안을 다음과 같이 제시했다.

---

32) Syngman Rhee, *Log Book of S. R.*, 1924년3월8일~11일조.

지금이라도 미주와 하와이의 도움을 얻으시려면 귀처에서 이 아래 두 가지를 먼저 행하여야 되겠소이다.

(1) 현 각원 제공의 협의로 그중에 누구든지 하나로 국무총리의 책임을 맡게 하고 그 밖에는 혹 겸임이나 보결로 원만히 조성하야 다 협동하겠다는 뜻을 표하고, 만일 그렇지 않은 사람은 국무원의 연서로 보고하면 장차 면직이라도 시켜서 협동되도록 할 것이라. 노 총리가 그동안 굳게 지켜온 것은 우리가 다 감복하는 바이로되, 이동녕씨가 입각하려 하면 그로 대임시키고 군무총장의 임명으로 시무하야 협동을 도모하는 것이 좋을 듯하며,

(2) 각원과 직원을 극소수로 한정하고 그 생활비와 가옥세로 경상유지비를 일정하게 마련하야 각원 일동의 연서로 내게 보내면 여기서 동지들과 극력 주선하리니, 이렇게 수입되는 돈은 아무리 급한 일이 있을지라도 범용치 못할 줄로 알아서 돈 내는 사람들이 알고 있도록 하시오.

이것만 되면 사업진행비도 다시 변통할 것이요 원동의 군사상 활동도 조리있게 진행할 것이니, 이것이 가장 급선무입니다.[33]

이처럼 이승만은 무엇보다도 그의 지론인 임시정부의 인원감축을 거듭 강조했다. 그러나 이승만의 편지를 미처 받지 못한 상해의 세 총장은 3월25일에 이승만에게 다시 다음과 같이 타전했다.

계원(桂園) 불충. 김구로 총리서리 전보와 이동녕 동의 제안을 의정원에 전보하오.[34]

---

33) 「국무원 제공에게」 (정부지시: 1924.3.24.), 『대한민국임시정부자료집(8) 정부수반』, p.96; 《태평양잡지》 1924년7월호(제6권 제7호), pp.18~19.
34) Kim Jo Li to Daitongleung, Mar. 25, 1924, *The Syngman Rhee Telegrams*, vol. Ⅳ., p.512.

이승만은 3월28일에 임시의정원에 전보와 편지를 보내어 자신의 임시정부 정상화 방안에 대한 협조를 요청했다. 전보는 다음과 같은 내용이었다.

각원 변동 내 권리에 있으나 의정원이 특별 협조하오. 노 총리가 제각원과 합동 못하면 사면 권고하고, 타 각원 서리하오. 이동녕이나 김구나 좋소. 공함 가오.[35]

이승만은 이 전보의 부본을 편지에 동봉했다. 그는 편지의 서두를 다음과 같이 적었다. 그것은 임시의정원의 권위를 한껏 존중하는 듯하면서도 자성을 촉구하는 내용이었다.

상해 정계의 풍파가 침식한 후로 민심이 더욱 정돈되어 점점 일치하는 바, 이때에 국무원의 단결이 원만히 되어야 사무도 진행하며 인심도 집중시켜 광복대사에 최고기관인 책임을 담당할지라. 이것이 본통령과 제각원의 동일한 뜻이므로 여러 번 왕복하며 힘써 온 것이라.

그러나 제각원의 정의(情誼)가 융통치 못하므로 모든 계획이 다 이에서 중지되는지라. 이것을 상당히 처리함이 나의 직책이요 권리인 줄을 모름은 아니나 다만 몸이 멀리 있어서 형편을 소상히 모르고 자량(自量)으로 천동[遷動: 자리를 옮김]함이 신중치 못할 염려가 있으므로 특별히 귀원 협조를 요구함이니, 이는 전혀 귀원 제원의 공심과 애국심을 확실히 믿으며 사기에 긴중함만 헤아리고 위탁함이라. 바다 밖에 앉은 이 사람의 정경과 내지에서 자유 못하는 동포들의 바라는 마음을 위하야 각원 일동과 화중히 협의하야 국무원 단결을 속히 성취케 하기 바랍니다.…

―――――
35) Datongyung to Eujungwon(Kopogo), Mar. 28, 1924, op. cit., p.513.

이렇게 전제한 다음 이승만은 임시정부 정상화를 위한 "가장 급한 것 몇 조건"으로 일찍이 한성정부 조직에 참가한 각원은 다시 정부에 들어와 현재의 각원들과 직책을 분담하여 대동단결의 뜻을 표할 것과, 임시의정원은 중요한 사건의 범위만 논의하고 행정부에 넘겨서 행정부가 재량으로 집행하게 하며, 예산 제도를 엄격히 실시할 것 등 여덟 가지를 들었다.

이 무렵 이승만은 상해 인사들 가운데 조소앙을 가장 신임하여, 그와 긴밀히 연락을 취하고 있었다. 조소앙의 중용을 건의했던 장붕(張鵬)은 하와이로 떠나기에 앞서 자기가 해 오던 비밀 통신원의 임무도 조소앙에게 인계했다. 장붕은 1924년1월 초에 하와이에 도착했다.[36]

조소앙이 이승만에게 보낸 다음과 같은 편지를 보면, 이 무렵 이승만은 임시정부에 보내는 자금까지도 조소앙 앞으로 보내고 있었음을 알 수 있다.

이 편지 보시는 대로 곧 융통하셔서 비록 1,000달러가 못되더라고 987호 우편함으로 보내도록 지시해 주시기 바랍니다. 그래야 대사에 실패가 없을 것입니다. 만약 재무총장에게 보내시면 시국문제가 더욱 소용돌이 속으로 빠져들게 되어 결국은 수습할

1924년 무렵에 임시정부 인사들 가운데 이승만이 가장 신임했던 조소앙. 두 사람은 뒤에 이념 차이로 소원해졌다.

---

36) 「의정원에 보낸 대통령의 공함」, 《태평양잡지》 1924년7월호(제6권7호), p.16~18; 《新韓民報》1924년1월31일자, 「하와이: 상해로부터 장붕씨가 건너와」.

수 없는 지경에 이를 것입니다.[37)

　아무리 이승만의 신임을 받고 있더라도 임시정부로 보내는 자금까지 재무총장이 아니라 자기 앞으로 보내라고 한 것은 사리에 맞지 않는다. 그러나 이승만이 국무원과 임시의정원에 보낸 편지로 미루어 보면, 비록 액수도 많지 않고 정기적으로 보내지도 못하는 형편이기는 했지만, 임시정부의 자금운용 실태는 그가 보기에 여간 불합리하지 않았다. 그러한 사정은 하와이 동포들의 인구세를 임시정부로 보내는 문제를 두고 이승만이 교민단장 김영기(金永琦)를 질책한 사실로도 짐작할 수 있다. 김영기는 이시영으로부터 하와이 지방 인구세 수봉위원으로 위촉받고 징수한 돈을 몇 차례 직접 상해로 보냈다. 그러나 이승만은 하와이 교민단은 구미위원부에 소속된 정부기관이므로 징수된 인구세는 일단 먼저 구미위원부로 보내야 한다면서 김영기를 질책했다.[38)

　이승만은 또 자신이 조소앙만을 지나치게 신임하는 것을 못마땅해 하는 이시영에게는 다음과 같은 편지를 보내어 무마했다.

　　내가 본디 소앙과 수차 면분(面分)은 있었으나 사업상 관계는 없었고 다만 먼 데서 추앙하는 마음만 가지고 지내다가, 정부설립 이후 그의 행동을 보건대 상해 풍파 중에서 제정신 가진 이가 몇이 못되는 중 소앙은 홀로 한가지 주의를 지키고 선동자들과 섞이지 않는 것으로도 여기서는 그이가 아직 청년이라도 성한 행동을 가진 줄로 압니다. 지금에 우리가 조직적으로 독립사업을 진행하려 할진대 내지와 원동과 구미 각처에 연락기관을 세우고 뜻도 같으며 사생을 같이 할 사람들이 각각 나누어 맡아서 먹으나 굶으나 사나 죽으나 변치 말고

37) 「趙素昻이 李承晩에게 보낸 1924년1월13일자 편지」, 『대한민국임시정부자료집(42) 서한집 I 』, p.243.
38) 《구미위원부통신》(1924년7월12일자), 『대한민국임시정부자료집(17) 구미위원부 I 』, pp.279~280.

함께 지켜 나가야 할 터인데, 팔방미인으로 조석 변개하는 사람들과는 아무 일 못하는 법입니다. 그중에 소앙을 예관(신규식)과 다른 동지들이 누차 말하기로 나는 생각하기를 적어도 성재(이시영), 석오(이동녕), 예관, 소앙, 우천(조완구) 등 제우는 뜻도 대략 같고 처지도 같아서 남의 비평을 들어도 같이 듣는 터이니 꿋꿋이 합동 진행하여 갈 줄로 믿은 것입니다.…

이승만이 조소앙을 특별히 신임하게 된 것은 전년의 국민대표회의 때에 조소앙이 보여 준 단호한 태도가 믿음직하게 여겨졌기 때문이었던 것이다. 이승만은 이어 다음과 같이 적었다.

소위 국민대표회가 없어진 후로 우리가 차차 일을 진행해야 할 터인데, 국무원이 먼저 단결해야 되는 바 … 소앙이 그곳 형편을 설명한 것이 나의 추측하던 바와 같으므로 수차 왕복에 필경 소앙을 맡겨 일해 볼 계획으로 성재와 협의 조처하라고 소앙에게 위임하였나니, 이는 4인 중에 3인이 합동하면 될 것을 믿음이요 누구든지 1인을 붙들고 3인을 밀어내려는 경영은 아닙니다.… 나는 상해에 더 믿는 이도 없고 또 구하지도 아니하며, 다만 성재, 김구, 소앙, 계원(노백린) 제형으로 시국 정돈될 때까지 함께 지켜오자는 것뿐이라. 당신들이 능히 합하야 계원을 잘 어거[馭車: 같이 있으면서 바른 길로 나가게 함]하여 가지고 몇 사람을 더 첨부하야 조직 진행할 수 있으면 여기서 재정이라도 얻어서 도울 것이요 그러지 못하면 그저 버려두어 볼 수밖에 없으니, 아직까지는 내 권리를 써서 새 사람들을 얻어다가 일해 보자는 데까지 내 생각이 미치지 아니하였소이다.

그리고 이동녕을 국무총리로 임명하라는 세 총장의 건의를 받아들이면서도 이동녕에 대하여 미덥지 못한 심정을 솔직히 털어놓았다.

석오형이 들어와서 총리 책임을 맡게만 되면 다행이니 아무쪼록 그대로 주선하시오. 저는 석오에게 대하야 수십년 경애하는 마음으로 사모하여 온 것뿐이요 다른 것은 조금도 없으며, 공무상으로는 시국이 어려울 때에 선동자들을 거절하고 동지들과 충성스러이 지켜 나가자는 뜻이 없이 물러가 드러눕는다 할 때에 나는 전일 바라던 바와 같지 아니함을 한탄한 것뿐이니, 이번에는 정부에 한번 나오면 사생간에 나라를 위하야 일심단결을 주장한다는 결심이 있어야 될 것입니다.… [39]

이동녕에 대한 이승만의 이러한 불만과 우려는 기우가 아니었다. 그러한 결과는 바로 현실로 나타났다.

39) 「李承晩이 李始榮에게 보낸 1924년3월29일자 편지」, 『대한민국임시정부자료집(42) 서한집 I』, p.244.

2. 임시의정원의 「임시대통령유고」 결의

1

임시의정원은 2월29일부터 개원해 있었다. 이시영의 집 2층 임시정부 사무실에서 열린 제12회 임시의정원 개원식은 임시의정원 설립 이후로 가장 초라한 개원식이었다. 정원 36명 가운데 참석한 의원은 의장 윤기섭을 포함하여 여운형, 조완구, 조상섭, 최석순, 김붕준(金朋濬), 김승학(金承學)의 7명뿐이었고, 정부쪽 참석자도 국무총리 노백린과 내무총장 김구, 외무총장 조소앙, 재무총장 이시영이 전부였다. 그 밖에 학생 등 20여명이 참석했다.[40]

정족수 미달로 회의를 열지 못하던 임시의정원은 새로 보충된 의원들의 자격심사와 사면을 청원한 의원들의 처리문제를 논의하느라고 한달이 넘도록 다른 의안 심의를 하지 못했다. 새로 보충된 의원들은 거의가 흥사단과 상해파 고려공산당 등 개조파 인사들이었다. 임시의정원은 3월21일에 이르러서야 가까스로 정상화되어 제11회 임시의정원에서 계류시켜 놓은 「임시대통령탄핵안」과 「임시헌법개정안」을 표결로 폐기했다.[41] 그리고 제11회 임시의정원에서 문시환(文時煥)의 긴급동의안을 처리할 때의 불법성에 대한 책임을 물어 의장 윤기섭을 인책 사임시키고, 3월28일의 회의에서 조상섭과 여운형을 각각 의장과 부의장으로 선출했다.[42] 이때부터 임시의정원은 개조파가 주도하게 되었다.

김구 등 세 총장은 4월5일에 다시 이승만에게 이동녕 총리 임명동의안을 의정원에 타전하라는 전보를 쳤고,[43] 이승만은 그날로 임시의정원

---

40) 「臨時議政院會議」, 제12회(1924.2.~6.), 『대한민국임시정부자료집(2) 임시의정원 I 』, pp.165 ~166.
41) 「臨時議政院會議」, 제12회(1924.2.~6.), 위의 책, pp.177~180.
42) 「臨時議政院會議」, 제12회(1924.2.~6.), 같은 책, pp.186~187.
43) Kopogo to Daitongniung, Apr. 5, 1924, *The Syngman Rhee Telegrams*, vol. Ⅳ., p.515.

의장 앞으로 "전 내무총장 이동녕으로 국무총리 임명하니 의정원이 동의하시오"라고 타전했다.[44]

그런데 이때는 노백린이 정식으로 면직되지 않은 시점이었다. 공식기록에 따르면 노백린이 면직된 것은 4월9일이었고, 그 날짜로 내무총장 김구가 국무총리 임시대리로 임명되었다.[45] 그 때문에 임시의정원에서 이동녕의 국무총리 임명동의안을 토의할 때에도 노백린의 면직이유와 김구의 국무총리 임시대리 취임경위에 관해서 의원들의 질의가 있었다.[46] 이 무렵 노백린은 자기의 면직문제와 관련하여 "나는 대통령을 사면시킬 수 있어도 대통령은 나를 사면시킬 수 없다"라고 호언하고 다녔다.[47] 진강(鎭江)에 가서 휴양하고 있던 이동녕은 4월22일에 의정원의 임명동의를 얻어 이튿날 정식으로 국무총리에 취임했다.[48]

임시정부와 임시의정원의 대립은 국무원 임명동의안 심의에서부터 나타났다. 이동녕은 김구, 조소앙, 이시영을 유임시키고 군무총장에 노백린, 학무총장에 김승학, 법무총장에 김갑(金甲), 교통총장에 김규면(金圭冕), 노동국총판에 조완구를 임명하고 임시의정원에 신임각료들의 임명동의안을 제출했다. 그러나 임시의정원은 신임자들의 인물심사에 앞서 유임된 각원들에 대해서도 임명동의안을 제출하라는 등의 억지 논란으로 10여일을 보내고 나서, 법률해석이 있기까지 임명동의안을 보류하기로 했다. 그러다가 유임자도 임명동의를 요구하도록 하자는 동의를 둘러싸고 논란을 벌인 끝에, 결국 신임총장 임명동의안을 기습적으로 표결에 부쳐 부결시켜버렸다.[49]

이동녕은 임명동의안이 부결된 김갑, 김승학, 김규면을 5월26일부로

---

44) Daitongyung to Euijungwonjang(Kopogo), Apr. 5, 1924, *op. cit.*, p.514.
45) 《大韓民國臨時政府公報》 제1호(1924년9월1일), 『대한민국임시정부자료집(1) 헌법·공보』, p.138.
46) 「臨時議政院會議」, 제12회(1924.2.~6.), 『대한민국임시정부자료집(2) 임시의정원 I 』, p.191.
47) 위의 책, p.193.
48) 《大韓民國臨時政府公報》 제1호(1924년9월1일), 『대한민국임시정부자료집(1) 헌법·공보』, p.138.
49) 《독립신문》 1924년5월31일자, 「國務院同意否決」.

그대로 각각 법무차장, 학무차장, 교통차장에 임명하고 5월31일에 이들을 다시 총장대리로 임명했다. 노백린은 참모총장으로 임명되고, 군무총장은 이동녕 자신이 겸임했다. 그리고 김구는 노동국총판을 겸임하도록 했다.[50] 이처럼 어렵사리 이동녕 내각이 출범했으나, 그것은 임시의정원의 동의를 얻지 못한 "대리"내각이었다.

임시의정원이 이동녕의 총리 임명동의안에는 찬성하고도 각료들의 임명동의안을 부결시킨 것은 임시의정원의 판세의 변화에 따른 것이었다. 5월6일에 의장 조상섭이 의장직을 사임한 뒤 5월8일에 실시된 의장단 선거에서 부의장 여운형이 의장에, 전원위원장 최창식(崔昌植)이 부의장에 선출되고, 이어 5월14일에는 다시 여운형이 의장직을 사임하고 최창식이 의장에 선출되었다.[51] 여운형과 최창식은 같은 이르쿠츠크파 고려공산당 당원들이었다. 최창식이 임시의정원 의장에 선출된 것은 이승만을 퇴진시키기 위한 개조파의 책략에 따른 것이었다. 조완구는 성명서를 통하여 최창식이 "음모적 수단"을 부려 의장이 되었다고 성토했다.[52]

개조파의 목표는 임시헌법의 개정이었다. 그러기 위해서는 먼저 헌법개정에 필요한 의석수를 확보하는 일이 급선무였다. 의원자격 심사문제를 둘러싼 논란이 다시 한달 가까이 계속된 것도 그 때문이었다. 그리하여 6월7일에 이르러서는 최창식이 의정원 의장 및 의원직 사임서를 제출하는 사태까지 벌어졌으나, 최창식의 사임서는 9 대 1의 표결로 반려되었다.[53]

이러한 개조파 의원들의 행동이 안창호와 얼마나 직접 관련된 것이었는지는 분명하지 않다. 서북간도 등 만주의 여러 지역을 순방하고 온 안창호는 미주 흥사단의 자금지원으로 3월3일에는 남경(南京)에 대지

50) 《大韓民國臨時政府公報》 제1호(1924년9월1일), 『대한민국임시정부자료집(1) 헌법·공보』 p.138.
51) 위의 책, pp.139~140.
52) 『朝鮮民族運動年鑑』, 1924년12월19일조.
53) 『臨時議政院會議』, 제12회(1924.2.~6.), 『대한민국임시정부자료집(2) 임시의정원 I 』 pp.222~223.

1,500평의 동명학원(東明學院)을 설립했다.[54] 안창호와 여운형, 안정근(安定根), 남형우(南亨祐) 등은 일반국민들이 큰 기대를 걸고 있는 임시정부의 조락은 장래의 독립운동에 악영향을 초래할 것이라고 우려하고 임시정부의 김구와 조소앙을 만나서 대책을 협의한 끝에 3월 11일에 공동명의로 「대동통일취지서」를 발표했다. 「취지서」는 국가는 일반국민의 생존기관이라고 강조하고, 이제 사단편당(私團偏黨)을 조성 유지할 것이 아니라 "2,000만의 일치한 정신적 통일"을 이루어야 한다고 천명했다. 이들은 「취지서」를 대량으로 인쇄하여 각지로 발송했다. 만주의 안도현성(安圖縣城)에 있던 조청경(曺靑耕)이라는 임시정부 선전특파원에게 「취지서」가 2,000부나 발송되었다는 사실은[55] 그것이 얼마나 광범위하게 배포되었는지를 짐작하게 한다.

「취지서」에 대한 반응은 상해에서 청년동맹회의 조직으로 나타났다. "제2기의 독립운동"을 역설했던 상해파 고려공산당의 윤자영을 비롯한 공창렬(孔昌烈), 김상덕(金尙德), 박진(朴震), 신국권(申國權), 엄항섭(嚴恒燮), 장덕진(張德震), 조덕진(趙德津) 등 청년 18명의 발기로 4월 5일 저녁에 프랑스 조계 팔선교(八仙橋)의 3·1예배당에서 청년동맹회 창립총회가 열렸다. 이날의 창립총회에는 78명이 참석했는데, 그날 저녁으로 61명의 입회자가 있었다고 한다.[56] 청년동맹회에는 상해파 고려공산당, 의열단, 흥사단, 임시정부관계자 등 다양한 그룹의 청년들이 참여했다.[57] 안창호는 흥사단 청년들을 청년동맹회의에 적극적으로 참여시켰다.[58]

한편 소비에트 러시아 정부에 큰 기대를 걸고 블라디보스토크로 갔던

---

54) 李明花, 앞의 책, p.326.
55) 「機密 제46호: 上海不逞鮮人ノ統一運動ニ關スル件」, 1924년 3월 15일, 『不逞團關係雜件 鮮人ノ部 上海假政府(五)』; 「在上海韓人獨立運動者가 組織한 靑年同盟會에 관한 件」, 『韓國民族運動史料(中國篇)』, p.504.
56) 「在上海韓人獨立運動者가 組織한 靑年同盟會에 관한 件」, 『韓國民族運動史料(中國篇)』, p.504.
57) 崔善雄, 「1924~1927년 上海청년동맹회의 통일전선운동과 대한민국임시정부」, 《한국근현대사연구》 제44집, 한울, 2008, pp.192~197.
58) 李明花, 앞의 책, p.492.

창조파 인사들도 이 무렵에는 상해와 북경 등지로 돌아와 있었다. 일본군의 시베리아 철수와 러일 협상의 진전, 레닌(Vladimir I. Lenin)의 사망 등의 정세변화와 이동휘(李東輝) 그룹의 반대로 소비에트 러시아 정부는 창조파가 러시아 경내에서 '정부'를 자처하며 활동하는 것을 허용하지 않았던 것이다.[59] 김규식(金奎植)은 프랑스 조계 동방대학(東方大學)의 영어교수로 취직했고,[60] 윤해(尹海), 신숙(申肅) 등 다른 간부들은 북경으로 돌아왔다.

창조파는 7월10일에 국민위원회 명의로 《국민위원회공보》 제1호를 발행하여 그동안의 활동을 공표했다. 《국민위원회공보》에 따르면, 2월22일에 블라디보스토크에서 열린 위원회 제1회 회의는 그들이 조직했던 "한국"정부를 "한국독립당"으로 바꾸기로 하고, 6월7일자 「선포」를 통하여 한국독립당 당규를 공표했다. 또한 6월15일에는 적의 양해 아래 국내에 출입했다는 이유로 박용만(朴容萬)을 국민위원회 비서장직에서 면직시키고 국민위원회에서 제명했다.[61]

2

임시의정원의 다수의석을 확보한 개조파들은 조금씩 연장해 오던 임시의정원 회기를 아예 1925년2월까지로 연장했다. 그리고는 6월16일에 조상섭, 김붕준, 최석순 등 8명 명의로 「임시대통령 유고문제에 관한 제의안」을 제출했다. 「제의안」은 현임 대통령 이승만이 임지를 멀리 떨어져 있으면서 4년 동안 자리를 비우고 있는 것은 허용될 수 없는 문제라면서 그 해결책으로 (1) 미주에 있는 현임 대통령 이승만 각하에게 전보

59) 申肅, 『나의 一生』, pp.81~82; 金俊燁·金昌順, 『韓國共産主義運動史(1)』, pp.389~390; 반병률, 『성재 이동휘 일대기』, pp.387~396.
60) 「블라디보스톡으로부터 歸來한 創造派韓人에 관한 件」 및 「國民委員會公報入手에 관한 件」, 『韓國民族運動史料(中國篇)』, p.501, p.512.
61) 韓國國民委員會, 《國民委員會公報》 제1호(1924년7월10일), pp.1~5.

하여 속히 귀환하도록 청할 것, (2) 지금부터 현임 임시대통령 이승만 각하가 임지에 귀환할 때까지는 임시대통령이 유고임을 공포할 것, (3) 임시대통령이 유고인 기간은 현임 국무총리 이동녕 각하가 임시헌법 제17조에 따라 당연히 그 직권을 대리하는 것을 공포할 것이라는 3개 항을 제의했다.[62]

「임시대통령유고안」은 제출된 그날 바로 가결되었다.[63] 이때의 대통령 유고안 결의는 임시헌법 개정을 위한 사전 수순으로 취해진 조치였다. 그러한 사정을 새로 창간된 《상해평론(上海評論)》은 다음과 같이 논평했다.

> 헌법개정은 최창식을 우두머리로 한 일파의 의사인데, 첫째 보수파의 반대로 인하야 안건이 제출된 후 통과될 만한 표수를 얻기가 문제였으며, 둘째는 통과될 만한 표수를 얻어서 개정안이 통과된다 하더라도 미국 계통의 대통령인 이승만이 위원제에 동의할 리가 만무한 즉, 역시 한 난문제였을 것이다. 그런데 최군의 전략수단은 먼저 통과될 만한 표수의 동의자를 득하였고, 다음에는 대통령의 유고안을 통과시켜서 대리대통령을 선임하야 미주에 있는 이승만으로 하여금 간섭의 여지가 없도록 만들어 놓았다.[64]

개조파와 동반자관계에 있는 사회주의자그룹이 창간한 것으로 보이는 《상해평론》지의 이러한 논평은 최창식 등이 추진하고 있는 개정헌법의 권력구조가 소비에트 러시아의 제도를 본뜬 위원회제였음을 시사해 준다. 이때의 임시의정원 기록이 보존되어 있지 않아서 임시대통령 "유고"

---

62) 「機密 제147호: 假政府大統領ノ職權問題ニ關スル件」, 1924년8월20일, 『不逞團關係雜件 鮮人ノ部 上海假政府(五)』.

63) 《大韓民國臨時政府公報》 제1호(1924년9월1일), 『대한민국임시정부자료집(1) 헌법 · 공보』 p.140.

64) 「機密 제17호: 《上海評論》 創刊號(1924.12.22.)」, 1925년1월16일, 『不逞團關係雜件 鮮人ノ部 上海假政府』.

결의안의 논쟁과정이 어떠했는지 알 수 없으나, 이처럼 중대한 결의안이 제출된 그날로 전격적으로 의결되었다는 사실은 의결과정에 문제가 없지 않았을 것으로 판단된다.

상해주재일본총영사는 임시의정원이 7월7일에 비밀회의를 열고 위원회제로 개헌하는 문제를 논의했다고 본국정부에 보고했다. 보고내용은 회의에서는 위원회제를 시행하자는 의견이 다수였으나 결론은 내리지 못했고, 이 문제가 결말나는 대로 외무총장 조소앙은 북경에 주재하는 소비에트 러시아 정부대표 카라한(Lev M. Karakhan)을 방문하여 운동자금 지원문제 등을 협의하고, 노백린은 남만주의 통의부에 가서 군대를 검열하고 장래의 행동에 관해 협의할 계획이라고 한다는 것이었다.[65] 이처럼 개조파가 소비에트 러시아의 제도와 같은 위원회제로 개헌하고자 한 데에는 이데올로기적인 면 못지않게 현실적으로 소비에트 러시아로부터의 자금지원에 대한 기대가 컸기 때문이었다.

이보다 앞서 임시의정원 의장 윤기섭은 6월 들어 전문 22조로 된 「임시헌법개정안」을 기초하여 각지의 독립운동단체에 배포하고 의견을 구했는데, 이 개헌안도 대한민국의 주권기관으로 독립운동자 대표들로 구성되는 '대의회(代議會)'를 상정하고 있어서(제4조) 눈길을 끈다. 이 '대의회'는 소비에트와 같은 것이었다. 이 개헌안은 '대의회'가 '독립군정부(獨立軍政府)'를 설치하여 민국을 통치하고(제5조), 고등사법권을 행사한다(제13조)고 규정했다.[66]

임시의정원의 「임시대통령유고(有故)」 결의로 임시정부는 당황했다. 임시정부는 6월21일에 이승만에게 다음과 같이 타전했다.

총리 취임. 의정원은 보결된 다섯 각원을 고의로 부결하고, 유임된 세 총장까지 힐난하며, 대통령이 유고하니 총리가 대리하라고 결의.

---

65) 「機密 제122호: 假政府革命問題ニ關スル件」, 1924년7월11일, 위의 책.
66) 「機密 제115호: 假政府臨時憲法改正案ニ關スル件」, 1924년6월25일, 같은 책.

정부는 불가타하야 재의 요구코자 하나 내두 풍파 불측. 곧 회전. 국무회의 구차 형성. 서신으로 상고.[67]

임시의정원 의장 최창식도 6월24일에 이승만에게 「임시대통령유고」 결의 사실을 통보하면서 곧 상해로 오라고 타전했다.

속히 오시오. 각하 오시기까지 유고로 결정. 국무총리가 대리 공포하기로 하얏소. 회답.[68]

임시정부와 임시의정원의 전보를 받자 이승만은 바로 답전을 쳤다. 임시정부에는 "대통령 대리 불가하니 거절"이라고 타전하고[69], 임시의정원에는 "필요하면 가지요. 대통령 대리 내지 마시오. 내 공함에 다 말했소"[70]라고 타전했다. 답전을 치고 나서 이승만은 그 자리에서 하와이의 측근들에게 비밀 전보를 치고 자금지원을 요청했다.

밀전. 민단, 부인, 동지 임원께. 상해서 모 분자가 다시 풍파. 시국 위태. 돈 있어야 일 하겠소. 편지 가오.[71]

"모 분자"란 안창호를 지칭하는 말이었을 것이다. 한편 구미위원부는 임시의정원으로 편지를 보내어 「대통령유고」 결의가 다음과 같은 네 가지 이유, 곧 (1) 대통령의 중병 또는 정신상실의 특별한 경우 외에는 유고라 인정할 수 없음, (2) 혁명시대의 비상한 때에 정부수뇌가 직소(職所)

67) Kopogo to Daitongleung, Jun. 21, 1924, *The Syngman Rhee Telegrams*, vol. Ⅳ., p.521.
68) Eijungwon Eijang Choi Changsik to Datongyung Koric, Jun. 23, 1924, *op. cit.*, vol. Ⅳ., p.522.
69) Yisungman to Kopogo, Jun. 24, 1924, *ibid.*, p.524.
70) Yisungman to Euijungwon, Jun. 24, 1924, *ibid.*, p.523.
71) Yisungman to Konation, Jun. 24, 1924, *ibid.*, p.525.

에만 고착해 있을 수 없는 사세, (3) 대통령이 정부소재지에서 멀리 떠나 있게 됨은 대통령 개인의 사유가 아니요 광복운동의 실제적 활동을 위한 불가피의 공무수행에 기인하였음, (4) 소수 인사의 위법 경동으로 중대한 정부 기초의 변경을 빈삭[頻數: 빈번함]케 함은 밖으로 우방의 의혹과 안으로 국민의 오해를 야기하야 민국정부의 위신을 타락케 한다는[72] 이유로 부당하다고 반박했다.

임시정부는 바로 「대통령유고결의 재의요구안」을 임시의정원에 제출했다. 임시의정원은 6월25일에 이 「재의요구안」을 상정하고,[73] 토론 끝에 대통령재의요구안 심사위원회를 구성하여 심사를 맡겼다.[74]

72) 《구미위원부통신》 제9-1호(1925년1월28일자), 『대한민국임시정부자료집(17) 구미위원부 I 』, p.297.
73) 「임시의정원회의」 제12회(1924.2.~6.), 『대한민국임시정부자료집(2) 임시의정원 I 』, pp.242~243.
74) 「機密 제147호: 假政府大統領ノ職權問題ニ關スル件」, 1924년8월20일, 『不逞團關係雜件 鮮人ノ部 上海假政府』.

3. "임시정부에 반대하는 자는 친부자형제간이라도…"

1

이승만은 격분했다. 그는 극동과 미주지역의 모든 재외동포들에게 직접 호소하기로 결심하고, 개조파가 장악한 임시의정원을 가차없이 성토하는 「재외동포에게」라는 긴 성명서를 선포했다. 그것은 일반 '평민'동포들의 지지를 믿고 개조파들을 겨냥한 선전포고였다.

　　이 글을 쓰는 나 리승만은 재외동포에게 고하노니, 동포여 당신이 리승만 일개인에게 대하야 무슨 감상을 가지든지 한국에 대한 애국심은 다 일반이라. 나도 한국을 사랑하는 마음으로 이 글을 쓰나니, 당신도 한국을 사랑하는 마음으로 이 글을 보시오.

이처럼 비장한 말로 글을 시작한 이승만은 한국이 독립을 이루지 못하는 이유가 재외동포들이 단결하지 못하는 데 있다고 말하고, 단결하지 못하는 이유는 사람들이 모두 자기 단체나 자기네 지도자의 세력 하에서 통일하자고 고집해 왔기 때문에 그것이 도리어 통일을 방해하고 분열을 조장했다면서, 임시정부에 대한 태도와 관련하여 다음과 같이 말했다.

　　기왕부터 정부를 옹호하여 온 이들은 자기 직책 다한 것만 풍족히 여기지 말고 직책을 행치 않는 동포도 직책을 행하도록 힘써서 아직까지도 반대나 혹 중립태도를 가지는 사람들로 하여금 그 영향이 어디에 미치는 것을 깨닫게 할지며, 기왕에 정부를 반대하는 단체나 인도자를 도와 온 사람은 그 인도자나 단체로 하여금 정부를 복종하게 하든지 그렇지 못하면 친부자형제간이라도 충의상 문제에 대하야는 길을 나누어 대의를 밝힐 것이며, 어떤 단체와 어떤 인도자에게 속하

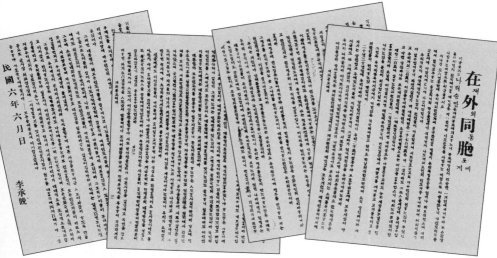

임시의정원의 「임시대통령유고」 결의에 맞서 이승만이 발표한 장문의 성명서 「재외동포에게」.

였든지 또는 정부 주권자에게 대하야 어떠한 감상을 가졌든지 다 물론하고, 한인 된 자는 한국정부에 대한 직책을 면할 수 없나니, 이 직책을 아니하는 자는 독립을 장애하는 자로 인정할지라.…

이승만은 이어 정부의 집권자에 대하여 시비하거나 반대하는 것은 공화국 국민의 권리이지만 정부 그 자체를 반대하는 것은 곧 국가를 반대하는 공적이라고 단정했다. 대통령이나 각원들이 같은 지방이나 같은 당파의 사람이 아니므로 정부를 돕지 않는다는 말은 전제국가에도 없고 공화국에는 더욱 없는 말이며 인민의 유치한 정도만 드러낼 뿐이라고 그는 주장했다. 이승만은 대통령이 다른 지도자들과 단합되지 못하여 통일이 되지 않는다는 말에 대해서는 이렇게 설명했다.

대통령이 모든 인도자를 합동하야 일하지 못하니 통일이 못 된다하는 말은 또한 사실이 아니라. 당초에 정부 조직된 이후로 어떤 각원들은 당초부터 정부를 공격하며 자유행동을 취하였고, 어떤 각원은 당지에서 각각 단체를 모아서 서로 악선전으로 남을 결단내고 홀로 주권을 잡으려 하는 중에 분쟁을 이루어 서로 다 결단을 받게 되었으며, 급기야 형편이 어찌할 수 없이 된 후에는 대통령을 청하여다 놓고 사면하고 나가라고 권면하다가, 그도 여의치 못하매 자기들이 나가서 파괴행동을 시작한 것이라. 이것은 세상이 다 아는 일이니 우리가 오래 살기만 하면 역사에 다 소상히 올라서 우리 눈으로 볼 수 있을 것이라.

지금에라도 이전 각원들이 다시 들어와 함께 일하고저 하면 나는 성심으로 환영할 터이요 한 사람이라도 들어와서 다시 함께 일하기를 간절히 원하나, 다만 한가지 요구할 것은 지금부터는 현 정부의 대정방침을 성심으로 복종하겠다는 뜻을 공중에게 선언함이라. 이는 목적이 같지 않은 사람들이 한 단체 안에 합동되면 물과 불이 합함과 같으니 결단코 조용할 수 없는 연고라.…

그것은 임시정부 초기의 이동휘 등 공산당그룹의 분란뿐만 아니라 안창호, 김규식 등 반대파들의 행동을 질책한 것이었다. 그는 현 정부의 대정방침이란 곧 현 정부제도의 유지라고 잘라 말했다.

현 정부 대정방침이라는 것은 무엇을 가리킴이냐. 다름 아니요 곧 과거 5~6년 동안 지켜 내려오는 바 현 정부제도를 유지하야 이 단체 명의로 대한인의 통일을 이루어 광복대사의 최고기관을 삼자함이라. 이것이 곧 우리 내지 외양의 다수 인민의 사명이요 또 우리의 직책이므로 우리는 이것을 우리의 힘 자라는 데까지 지켜 나온 것이다.…

이승만은 대통령이 왜 지도자들을 한데 모아서 크게 의논해 보지 않느냐는 말에 대해서는, 자기가 1921년에 상해에 갔을 때에 다른 지도자들과의 단합을 위하여 여러 가지를 시도해 보았으나 실패했던 것과 국민대표회의가 결렬되고 만 사실 등을 보기로 들면서, 모든 지도자들이 서로 양보하고 자기를 희생하겠다는 결심을 하기 전에는 열번 백번 모여본들 세상에 수치만 드러낼 뿐이라고 역설했다. 그러고는 다음과 같은 단호한 말로 긴 성명을 마무리했다.

그러므로 우리 백성이 먼저 자기의 권리와 직책을 행하며 다른 사람들로 하여금 또 이와 같이 하도록 만들고, 이와 같이 아니하는 사람은 친형제 동기라도 나라에 불충하는 자로 인정할진대, 모든 인도자들이 비로소 사심을 버리고 공의를 위하야 일할지니, 이것이 곧 우리 민국통일의 완전한 방침이며 모든 공화국의 기초적 주의라. 지금 우리 기회가 날로 가까이 오나니, 어서 준비하고 앉아서 시기를 기다리다가 대대적으로, 조직적으로, 내외합동으로 군사상, 외교선전상에 일시병발(一時竝發)하기를 마치 신체 완전한 사람이 원수를 대할적에 사지 백체가 다 일심응종(一心應從)하야 싸우듯 하여야 될지라. 모든 충애동포여 어서 합심합세다.[75]

이승만은 「재외동포에게」에 이어 다시 「한인들은 어찌하려는고」라는 성명서를 발표했다. 이 성명서는 새로 제정된 미국이민법의 시행을 계기로 미일전쟁의 가능성이 더욱 커진 상황을 설명하면서 다시금 동포들의 단결을 강조한 글이었다.

1924년5월26일에 제정되어 7월1일부터 실시하기로 된 미국의 새 이민법은 일본인의 미국 이민을 전면적으로 금지한 것으로서 "배일이민법(Japanese Exclusion Act)"이라고도 불렀다. 일본은 이 이민법이 황인종 차별법이라면서 같이 대항해야 한다고 국내동포들까지 부추겼다. 이에 대하여 이승만은 《동아일보》에 다음과 같은 글을 보내어 미국의 새 이민법이 한국인들과는 상관이 없음을 설명했다.

---

75) 李承晩, 「在外同胞에게」, 「機密 제231호: 李承晩 ノ聲明書配布ニ關スル件」, 1924년9월12일, 『不逞團關係雜件 鮮人ノ部 在歐米(七)』.

미국이 일본이민법안 통과한 것은 우리가 냉정한 태도로 볼 것뿐이다. 백인이 황인을 구별하니 황인이 합동하야 백인을 대항하는 것이 옳다는 말은 진정으로 우리의 인종 동등권을 위하야 하는 말이 아니요 다만 일시의 인종적 감정을 선동하야 이용하려는 것뿐이니 (어리석게 남의 이용이 되지 말 것이라). 영미국 각 신문에 크게 선전되는 것을 보건대 "한인들이 미국이민법을 반항하야 서울에 있는 영미영사관을 포탄질하려는 음모가 발각되므로 일본관리들이 영사관을 극히 보호한다" 하는지라. 이것이 다 사실이 아니요 악선전에서 나온 줄로 아는 사람도 적지 않지마는, 남이 백계로 이용하려는 것을 모르고 그 선동에 빠지는 한인이 한둘이라도 있으면 (심히 어리석은 일이다).

우리는 동양에서 먼저 남과 같이 살자는 것이 제일 급한 문제라. 이 문제를 먼저 해결한 후에야 서양인과 관계가 어떠한 것을 의논할 계제가 있을 것이지, 만일 그렇지 아니하야 우리가 다 희생하고라도 다른 동양인이 세계에 상등대우를 받게 하자 할진대 이는 (속담에 남의 친환(親患)에 단지(斷指)하는 이보다 더 우스운 일이라. 단지하는 자는 손가락이나 허비할 뿐이지마는 이것은 생명까지 허비할 터이로다).

하물며 이번에 미국이민법이 우리에게 조금도 관계가 없는 것이라. 우리 이민은 막힌 지가 오래고, 다른 사람만 특별한 대우를 받다가 지금에 이것이 막힌 것이니, 우리에게는 조금도 상관이 없는지라. 아주 냉정히 볼 것이외다.[76]

괄호 안의 문장은 조선총독부에 의하여 《동아일보》 지면에서 삭제된 부분이다. 조선총독부의 검열이 얼마나 교활했는가를 짐작하게 한다.

---

76) 《東亞日報》 1924년7월5일자, 「李大統領聲言」; 리승만, 「미국이민법안에 대하야」, 《태평양잡지》 1924년7월호(제6권 제7호), p.9.

이승만은 이보다 앞서 4월에도 《동아일보》에 「자유와 단결」이라는 영문 논설을 기고했는데,[77] 이 글은 조선총독부에 압수되었다.[78]

2

「한인들은 어찌하려는고」는 먼저 오늘날의 국제정치는 강대국은 다른 나라와 연맹도 하고 밀약도 하여 국가이익과 세력을 유지도 하고 확장도 하며 약소국가는 열강의 분쟁을 이용하여 자국의 위치를 보호도 하고 권리를 확장도 하는 것이라면서, 오늘날 한국의 처지로는 이웃나라의 충돌을 잘 이용해야 된다고 전제하고, 약소국이 열강의 충돌을 이용하는 방법을 이렇게 설명했다.

소약국이 열강의 충돌을 이용하는 방법은 어떤 이웃나라를 믿어서 그 나라가 잘되면 우리를 독립시켜 주리라 하고 그 나라를 돕자는 것이 결코 아니니, 이것은 우리나라 사람들도 다 경력을 인연하야 아는 바라 더 말할 필요가 없고, 다만 그 중간에서 남이 서로 싸우는 기회를 이용하야 우리가 우리 정신을 차려가지고 우리 일 하자는 것이라. 이런 기회를 타서 우리가 우리 일만 잘하면 누가 이기고 누가 지든지 다 우리에게 상관없고 다만 우리 일을 이루는 데 속하기가 기러기털이 순풍을 만난 것 같을 것이다.…

이승만은 일본이 어느 나라와든지 머지않아 또 전쟁을 하게 되는 것은 필연적인 일이며 그것은 우리에게 큰 기회가 될 것인데 우리는 무엇을 준비해야 되겠느냐고 묻고는 다음과 같이 말했다.

---

77) Syngman Rhee, "Liberty and Union", 《東亞日報》 1924년4월22자~23일자 및 李承晚, 「自由와 團結」, 4월23일자.
78) 정진석 편, 『日帝時代 民族紙押收기사모음 Ⅱ』, LG상남언론재단, 1998, pp.539~540.

설령 어떤 나라가 일본과 개전하게 되어서 그 나라가 우리와 연맹을 하자든지 우리에게 재정이나 혹 군기(軍器)를 도와주마 하면 우리는 이에 대하야 어찌하겠느뇨. 설령 그 나라가 우리 민국정부를 승인하면 우리는 또 무슨 태도를 가지겠는고. 우리 모든 한인들이 다 합동하야 그 정부 아래서 설령 지휘를 받으며 조직적 행동을 취하겠는가, 또 여전히 분쟁 분열로 서로 싸우다가 말겠는가.…

　미일전쟁이 발발하는 경우 비록 미국정부의 "지휘"를 받더라도 그들의 무기원조도 받고 그들과 협력하여 행동해야 된다고 은근히 시사하고 있는 것이 눈길을 끈다.

　이승만은 이어 독립운동자들이 단결하지 못하고 실패했던 사례를 상기시켰다. 1917년의 소약속국동맹회 회의(The Conference for the League of Small and Subject Nationalities)에 참가한 한인대표들이 대표권 문제로 분쟁을 벌였던 일부터 임시정부의 수립과 통합과정의 알력, 소비에트 러시아 정부와의 차관교섭과정의 파행, 현재의 미주 동포사회의 반목 등에 이르기까지의 분열상을 구체적으로 예시하면서 현재의 상황을 "반신불수 병 들린 자"에 비유했다. 그러고는 이렇게 강조했다.

　　설령 지금 우리에게 좋은 기회가 오게 되면 또 이상에 말한 바와 같이 서로 다투며 서로 해하겠는가, 다 합하야 형식상 승인을 얻든지 실제로 재정을 얻든지 하면 모든 한인이 다 이에 합동적으로, 조직적으로, 꾀 있게, 지혜롭게, 규모 있게, 효력 있게 이용할 수 있겠는가. 모든 한인은 이때에 이것을 연구하야 준비해야 될 것이다.

　이승만은 한국인들이 분열의 폐단을 시정하지 못한다면 연전에 있었던 관동대지진 때의 학살과 같은 참상을 도처에서 당해도 말 한마디 해줄 사람이 없을 것이라고 경고하면서, 유태인과 아르메니아인들이 당해

온 학살의 보기를 들었다. 그리고 다음과 같은 말로 글을 맺었다.

지금 우리가 급히 급히 할 것이 다른 것 아니요, 한인된 자는 어디 있든지 각각 자기 동포를 보호하며 나라를 회복하기 위하야 민국정부 밑에 다 한 단체를 이루어서 대동단결로 우리의 앞길을 준비하여 가지고 앞의 기회를 잘 이용하기를 결심하는 것이 도리요 또한 지혜라 하노라.[79]

「한인들은 어찌하려는고」는 「재외동포에게」와 함께 하와이에서 대량으로 팸플릿으로 만들어져 시베리아, 만주, 중국 각 지역의 동포 기관과 하와이와 미주지역의 동포들에게뿐만 아니라 국내의 언론기관 등에도 발송되었다. 이 성명서들이 얼마나 광범위하게 배포되었는지는 간도의 국자가[局子街: 지금의 延吉]에 있는 숭신학교(崇信學校)에까지 다섯부가 발송된 사실로도 짐작할 수 있다.[80] 재상해일본총영사는 이 성명서의 전문을 번역하여 본국 정부에 보고하면서 성명서의 반향을 엄중히 주의할 필요가 있다고 건의했다.[81]

분노와 위기의식을 함께 느끼면서 썼을 이 두 성명서에서 이승만이 강조한 대동단결의 논지는 설득과 타협이라기보다는 반대파들의 분파적 행동에 대한 준열한 공박이었다. 이승만은 자신의 임시대통령 직위의 정통성과 합법성, 그리고 자신의 사고와 행동의 무오류성을 믿었다. 그리하여 자신이 이끄는 임시정부에 복종하지 않는 자는 "친부자형제간이라도 나라에 불충하는 자로 인정"해야 한다고 공언했다.

구미위원부의 법률고문 돌프(Fred A. Dolph)도 7월에 「한인첨위에

---

79) 리승만, 「한인들은 어찌하려는고」, 《태평양잡지》 1924년7월호(제6권 제7호), pp.1~4.
80) 「機密 제231호: 李承晚ノ聲明書配布ニ關スル件」, 1924년9월12일, 『不逞團關係雜件 鮮人ノ部 在歐米(七)』.
81) 「機密 제165호: 李承晚ノ不穩文書配布ノ件」, 1924년9월25일, 『不逞團關係雜件 鮮人ノ部 上海假政府(五)』.

게 보내는 글(Open Letter to Koreans)」을 썼다. 돌프는 워싱턴회의가 끝난 뒤에 서재필과 정한경(鄭翰景)이 워싱턴을 떠나고 나서 구미위원부가 활동을 중단하다시피 한 동안에도 아무런 보수 없이, 오히려 자신의 변호사 수입으로 위원부를 지키고 있었다.[82]

"한국 독립은 조만간에 옵니다"라는 말로 시작되는 돌프의 편지는 한국인의 민족적 자긍심을 부추기면서 임시정부와 구미위원부의 존재가치를 강조한 것이었다. 그는 임시정부의 수립과 각원 선정 과정이 국제적으로 인정받기에 충분한 법적 타당성을 지녔다고 강조하고, 한국인들의 큰 결점은 자신감의 부족이라고 지적했다. 그는 한국인이 극동에서 가장 우수한 민족이라면서, 그 근거로 금속활자의 발명과 이순신(李舜臣)의 철갑선 등을 들었다.[83] 돌프의 편지도 재외동포 사회뿐 아니라 국내에까지 발송되었다.

3

이승만의 정치활동은 대부분 문필활동을 통하여 이루어졌다. 그리고 그 문장은 그의 연설이 그렇듯이 언제나 선동적이었다. 「재외동포에게」와 「한인들은 어찌하려는고」를 발표하고 나서 그는 《태평양잡지》에 다시 「공화주의가 일러」라는 자극적인 제목의 논설을 썼다. 이승만은 이 글에서 한국의 지도자들이 공화제도를 실시할 수준이 되지 못한 것을 확실히 깨달았다고 잘라 말했다.

이승만은 자신은 서양의 공화제도를 깨우친 이후로 공화주의를 받아들여 평생을 지켜왔고 앞으로도 그 정신을 지켜갈 것이라고 전제하고 나

---

82) 《구미위원부통신》 제77호(1924년3월24일자).
83) 푸렛 에이 돌푸, 「한인첨위에게 보내는 글」, 『美洲韓人民族運動資料 美洲篇④』, pp.25~26; 「亞三 機密 제41호: 在米鮮人ノ意見書ニ關スル件」, Fred A. Dolph, "Open Letter to Koreans", 『不逞團關係雑件 鮮人ノ部 在歐米(七)』.

서, 다음과 같이 썼다.

> 그러나 지나간 5~6년 경험을 지내고 우리의 앞에 할 일을 헤아려서 결코 단순한 공화제도로 우리 대사를 이룰 수 없는 것을 확실히 깨달았나니, 지금부터는 나도 이에 대하야 얼마쯤 변한 사람이라. 공화주의는 변할 수 없으나 공화제도는 다소간 변해야 우리의 대사를 이룰 수 있는 줄로 확실히 깨달았노라.…

그는 우리의 광복사업은 모든 국민이 일치된 행동을 취하지 않고는 결코 이룰 수 없는데, 일치된 행동은 "오늘 우리 보통 한인들의 아는 바 공화제도라는 것으로는 결코 될 수 없은즉, 명령적 행동을 행해야만 될 것"이라고 잘라 말했다. 어느 나라 국민이든지 공화정부를 처음 조직한 뒤에는 혼란이 있게 마련이고, 그러다가 얼마쯤 지나서 국민들이 다 깨닫게 된 뒤에야 참 공화제를 지킬 수 있는 법인데, 우리가 그렇게 되기를 기다리다가는 그동안에 민족은 없어지고 말 것이므로, "주의는 공화를 지키되 방법은 명령적으로 행할밖에 다른 수가 없다"는 것이었다.

이승만은 그러나 한국인이 공화제도를 실시할 정도에 이르지 못했다는 말은 우리 국민의 민도가 낮아서 그렇다는 뜻이 아니라, 그 반대로 지도자의 위치에 있는 사람들의 행동이 문제이기 때문이라고 주장했다.

> 한인이 공화제도를 행할 정도에 이르지 못하였다는 말을 편벽(偏僻)히 듣는 사람은 의례히 우리 평민의 상식 정도가 아직 유치하야 공화사회를 다스려 갈 만치 못되었다는 말로 알아들을 듯하나, 나의 경험한 바는 아주 이와 달라서, 보통 무식하다는 평민은 오히려 어거[馭車: 데리고 있으면서 바른길로 나가게 함]할 수 있으되 그중에 인도자의 자리에 있는 사람이 공화제도의 조직체를 다 몰라서 그러한지 알고도 행치를 아니하는지 도무지 어찌할 수 없는 것이 나의 경험이라.…

이처럼 그는 이 논설에서도 그의 지론인 평민주의를 강조했다. 이러한 주장은 말할 나위도 없이 상해 독립운동자들에 대한 강한 불신감을 느끼는 그대로 토로한 말이었다. 그는 그동안의 자신의 경험을 다음과 같이 설명했다.

> 나는 지나간 5~6년 동안에 몇 가지 명예를 얻은 중에 내 밑에서 일하기 어렵다는 것이 제일 널리 전파된 명예라. 그 이유가 서너 가지 되는데, 첫째 나의 재주가 부족하고 덕이 박해서 사람을 잘 어거하지 못하는 것이 한가지요, 간곤(艱困)한 재정으로 몇 가지 사업의 기초를 세우려 한즉 일꾼들의 뒤를 상당히 받쳐 주지 못하는 것이 또 한가지요, 그 다음은 공화주의를 주장한다는 것이 그중의 한가지 이유라.…

그러고는 공화주의를 주장하기 때문이라는 말을 다음과 같은 경험을 들어 익살스럽게 설명했다.

> 다른 단체에 가서는 의례히 자기 상관의 명령을 복종할 줄로 알던 사람이 나에게 와서 일하려 할 때에는 자연히 생각하기를 여기는 공화제도를 주장하는 곳이니 내 권리를 내가 찾아야 하리라 하는 것인데, 이 주권을 가진 사람이 자기의 자리를 찾아서 직책을 행하며 그 범위 안에서 자기 권리를 지킬진대 이것이 참 공화국민의 상당한 자격이라 할 터이지마는, 어떤 사람은 그렇지 못하야 혹은 자기의 직책이라고 생각지도 못하고 권리를 먼저 찾기도 하며, 혹은 다 알기도 하고 생각도 하면서도 짐짓 자기 권한 외의 것을 행하려 하다가 그대로 못되면 그제는 일할 수 없다고 선언하고 나가서 광고하려 하는지라. 5~6년 동안에 이것을 여러 번 겪을 적에 나도 여러 가지 생각을 많이 하였노라.…

이승만은 그 보기로 구미위원부의 경우를 들었다. 구미위원부를 조직한 다음 자기 생각에 제일 훌륭한 인사들을 초청해다 놓고 자금을 얻어다가 일을 맡기며 모든 동포에게 이들 지도자들을 따르라고 광포했었고, 따라서 그들은 당연히 대통령의 지휘 아래에서 일을 해야 했는데도 그렇지 않았다는 것이었다. 그러한 사정을 이승만은 이렇게 술회했다.

어떤 이는 자기의 상관 되는 이가 무슨 일을 하는 것이 자기의 의견과 같지 아니하면 이것을 못하게 백가지로 막다가, 급기 그 상관 지위에 있는 이가 묻기를 그대가 무슨 권리로 나의 직분 행하는 것을 막으려 하느냐 하면 대답하기를 나는 이천만 중의 하나이니 한인 된 권리로 막는다 하는지라.…

그것은 김규식, 송헌주(宋憲澍), 현순(玄楯) 등의 행태를 비판한 말이었다. 그것이 독립운동에 전념해야 할 우리의 모든 기관의 운영실태라고 이승만은 말했다. 그러면서 그는 결론으로 다음과 같이 단언했다.

자, 그러면 이대로 길게 계속하고는 아무것 못하고 말 줄을 삼척동자라도 알 것이라. 지금에 당장이라도 이것을 교정하야 완전한 조직체를 이루어야만 될 것이니, 지금부터는 우리 모든 충애동포들이 공화사상이라는 것은 아직 좀 덮어 두고 우리 광복 속성할 계획을 먼저 차리는 것이 상책이라. 방금에 우리가 대대적 운동으로 국민 대단결을 착수할지니, 모든 국민 남녀는 우선 마음을 준비하였다가 언제든지 우리의 방침이 다 원만히 타산되어 반포되거든 다 복종하는 마음으로, 다 희생적 주의로 따라 행하야 민족의 완전한 대단결을 성취할지라. 간담을 기울여 다 일심으로 합동되기를 바라노라.[84]

---

84) 리승만, 「공화주의가 일러」, 《태평양잡지》 1924년 10월호(제6권 제10호), pp.7~9.

"민족의 완전한 대단결"을 위한 대대적 운동을 벌이겠다고 한 말은 2년 전에 하와이에서 조직한 대한인동지회를 대대적으로 확대조직할 것을 구상하고 있음을 암시하는 말이었다.

4

이승만은 1924년7월1일에 국무원 앞으로 다시 편지를 썼다. 그는 먼저 지금까지 자신은 한성정부의 각원을 친소간에 한 사람도 내보내지 않았다고 한성정부의 정통성을 다시금 강조하고 나서, 상해 인사들에 의하여 그 정통성이 손상되었다고 주장했다. 대통령 칭호만 하더라도 자신은 처음부터 집정관총재로 시행했는데, 상해 정객들의 선동과 시비 때문에 일시적인 타협책으로 대통령이라고 개칭했을 뿐이라고 했다. 그는 임시의정원의 태도에 대하여 이렇게 기술했다.

> 상해의 조취모산(朝聚暮散)하는 몇몇 정객으로 일국 정부를 임의로 변동되기를 허하는 날은 음모와 궤휼[詭譎: 교묘한 속임수]수단으로 정부 번복이 무상하며 명예와 권리를 다투느라고 풍파는 더욱 심하리니, 광복을 촉성하기는 고사하고 세인 이목에 수치를 면치 못할지라. 지난 5~6년 경력을 관찰한 제공은 깊이 아실 줄 압니다.…

이승만은 국민대표회의가 결렬된 뒤에 상해 독립운동자 사회의 동요가 진정됨에 따라 내외 각지에서 질서의 정비를 바라는 여론이 높아지므로 지난 3월에 정부를 확충하여 사업을 진행할 방안을 국무원과 의정원에 제안하고 회답을 기다리고 있었는데, 다시 헌법개정이니 대통령 대리니 하는 말만 하고 있으니 말이 안나온다면서, "슬프다. 상해 인사들은 종시 이렇게 세월만 보내며 좋은 기회를 앉아서 잃어버리려 하는가" 하고 개탄했다. 그러고는 다음과 같이 단호하게 천명했다.

의정원은 개회한 지 오래서 반년이 지났으매 폐회할 기간이 여러 번 넘은지라. 이것도 사체[事體: 사리와 체면]에 부당하니 속히 폐회하도록 하시며, 국무원에서는 합심단결하야 기호이니 서북이니 하는 유치한 평론에 구애치 말고 자래로 준수하여 오던 현 정부방침을 굳게 지켜서, 중망을 저버리지 말며 대업을 촉성케 하심을 무망(務望)하나이다.[85]

한편 개조파 의원들은 「임시대통령유고결의 재의요구안」을 심의위원회에 계류해 둔 채 그들의 기정방침을 강행했다. 이들은 7월12일에는 「독립당대표회의 소집건의안」과 「법제개정정무쇄신 연구조사위원 선정안」을 임시의정원에 함께 제출했다. 두 의안의 제안자는 각각 20명이었는데, 전자의 제안자에 포함된 강경선(康景善)과 후자의 제안자에 포함된 박진(朴震)을 제외하고는 두 의안 제안자가 모두 같은 사람들이었다.[86] 이들 가운데 13명이 4월5일에 결성된 청년동맹회 회원들이었다.[87] 전자는 전년에 실패했던 국민대표회의와 같은 성격의 모임을 이번에는 임시정부가 주관하여 소집하자는 대정부 건의안이고, 후자는 임시의정원 안에 개헌작업을 하기 위한 기구를 구성하자는 제의였다.

임시의정원은 7월18일에 「독립당대표회의 소집건의안」을 가결하고 소집경비로 1만5,000원을 책정했는데, 주상해일본총영사는 이러한 움직임 역시 독립운동의 통일을 통하여 소비에트 러시아로부터 자금지원을 얻는 것이 목적인 것 같다고 보고했다.[88]

그러나 임시정부는 독립당대표회의 소집요구를 그대로 받아들일 수

85) 「國務院에 致한 公牒」, 『雩南李承晚文書 東文篇(六) 大韓民國臨時政府關聯文書 1』, pp.102~104; 《태평양잡지》 1924년7월호(제6권 제7호), pp.37~39.
86) 「機密 제121호: 獨立黨代表會議開催計劃ニ關スル件」, 1924년7월21일 및 「機密 제131호: 法制改正政務刷新研究調査委員選定ノ件」, 1924년8월2일, 『不逞團關係雜件 鮮人ノ部 上海假政府(五)』.
87) 崔善雄, 앞의 글, p.203.
88) 「機密 제125호: 獨立黨代表會議開催計劃ニ關スル件」, 1924년7월21일, 『不逞團關係雜件 鮮人ノ部 上海假政府(五)』.

없었다. 조소앙이 전년의 국민대표회의가 실패했던 경험을 들어 반대하자 윤자영 외 7명의 의정원 의원들은 8월12일에 「독립당대표회의 소집에 관한 임시조례」를 기초하여 16일의 회의에 제출하고, 이를 일반 동포들에게도 배포하기로 했다. 「임시조례」는 독립당대표회의 주비위원회를 설치한다는 내용이었다. 재무총장 이시영은 8월13일의 임시의정원회의에 참석하여 독립당대표회의 소집결의에는 찬성하지만 현재의 임시정부의 재정형편으로는 도저히 이행할 수 없다고 설명했다.[89]

임시정부도 여러번 회의를 열고 독립당대표회의 소집문제를 검토했다. 국무총리 이동녕은 이번 기회를 놓치면 다시 다른 대책이 없으니까 지금 당장은 미흡하더라도 마침내는 통일이 올 것이라면서 회의소집에 긍정적이었다. 그러나 이시영은 이런 시기에 통일에 급급할 것이 아니라 실사(實事)가 중요하다고 말하고, 이른바 통일은 허상(虛像)이며 진정이 아니라면서 반대했다.[90] 그러나 이동녕과 가까운 내무총장 김구와 법무총장 대리 김갑 등은 회의소집에 찬성이었다.[91]

마침내 이동녕은 9월3일에 「국무원령 제1호」로 「독립당대표회의소집간장(簡章)」을 공포했다. 「간장」은 "독립운동의 민족적 기초조직을 공고히 하고 독립운동 방침을 쇄신 여행(勵行)하여 독립의 대업을 촉성할 목적으로" 임시정부는 1924년12월 이내에 독립당대표회의를 소집한다고 천명했다.[92] 그리고 9월20일에는 2천만 민중이 "사상을 통일하고 의견을 종합하여 … 동일한 보조로써 임시정부 기치 아래 집중"하자는 「2천만 민중에게 경고함」이라는 포고문을 발표했다.[93]

그러나 독립당대표회의 소집준비는 제대로 진척되지 않았다. 임시의

---

89) 「機密 제145호: 不逞鮮人ノ獨立黨代表會議開催計劃ニ關スル件」, 1924년8월14일, 위의 책.
90) 「李始榮이 李承晩에게 보낸 1924년8월17일자 편지」, 『대한민국임시정부자료집(42) 서한집 I』, p.251.
91) 「獨立黨代表會議召集의 件」, 『韓國民族運動史料(中國篇)』, p.527.
92) 「機密 제164호: 獨立黨代表會議召集簡章ニ關スル件」, 1924년9월22일, 『不逞團關係雜件 鮮人ノ部 上海假政府(五)』.
93) 「機密高警 제25782호: 臨時政府布告文發送」, 1924년10월9일, 위의 책.

정원 의원들은 11월15일에 회합하여 독립당대표회의를 1925년 봄에 소집하기로 하고 회의경비 마련 문제를 논의했다. 경비는 1만4,000원으로 계상하고, 1만원은 시베리아, 서북간도, 북만주 등지의 동포 및 국내 부자들로부터 갹출하고 나머지 4,000원은 이승만으로 하여금 재미동포들로부터 갹출하도록 위임하고, 각지의 단체들에는 할당액을 적은 위임장을 발송했다.[94] 임시의정원의 이러한 움직임은 청년동맹회 회원들이 주동한 것이었다. 이승만은 독립당대표회의 소집에 반대였음은 말할 나위도 없다.

임시의정원은 또 7월24일에 윤자영, 김붕준, 김상덕, 조상섭 등 11명의 법제개정정무쇄신 연구조사위원을 선정하고 개헌작업 준비를 서둘렀다.[95] 이어 8월17일에는 그동안 결론을 미루어 오던 「대통령 유고결의 재의요구안」 심의위원회가 6월16일의 임시의정원의 임시대통령 유고 결의는 정당하다는 결정을 내렸고,[96] 임시의정원은 8월21일 회의에서 이 결정을 확정했다.[97] 이로써 이승만은 임시대통령의 직권이 공식적으로 정지되고, 국무총리 이동녕이 임시대통령 직무를 대리하게 되었다. 이시영은 이러한 일련의 움직임이 안창호가 공산당 윤자영 그룹과 한통속이 되어 "시국을 농락하는" 행위라고 이승만에게 알렸다.[98]

94) 「韓人獨立運動者의 獨立黨代表者會議召集對策協議에 관한 件」, 『韓國民族運動史料(中國篇)』, p.528.
95) 「機密 제131호: 法制改正政務刷新研究調査委員選定ノ件」, 1924년8월2일, 『不逞團關係雜件 鮮人ノ部 上海假政府(五)』.
96) 「機密 제147호: 假政府大統領ノ職權問題ニ關スル件」, 1924년8월20일, 위의 책.
97) 《大韓民國臨時政府公報》 제1호(1924년9월1일), 『대한민국임시정부자료집(1) 헌법·공보』, p.140.
98) 「李始榮이 李承晩에게 보낸 1924년8월26일자 편지」, 『대한민국임시정부자료집(42) 서한집 I』, p.253.

4. 동지회 확대조직하고 국내에 흥업구락부 조직

1

임시대통령 이승만의 유고와 임시대통령 직무대리를 반포하는 1924년9월1자 「임시대통령령」에는 아이러니하게도 임시대통령 이승만 자신의 이름과 함께 국무총리 이동녕 이하 김구 등 각 총장들의 이름이 부서되어 있었다.[99] 이 「대통령령」의 반포에 앞서 임시정부는 이승만에게 "대리안 고집. 부득이 반포하오. 곧 오심이 필요"라고 타전했다.[100]

이승만은 격노했다. 그는 이동녕이 여간 괘씸하지 않았다. 이런 일이 있을지 모른다는 염려에서 그는 이동녕을 국무총리로 임명하라는 김구 등의 요청을 선뜻 받아들이지 않았던 것이다. 이승만은 이튿날로 이동녕 앞으로 "현상 변개 동포가 불원. 대리 반포 못하오"[101] 라고 답전을 쳤다. 이승만은 9월3일에 국무원 앞으로 이동녕과 다른 국무원들을 심히 나무라는 편지를 보내고, 자신은 결코 임시의정원의 결정에 따르지 않겠다고 다음과 같이 천명했다.

누차 공함으로 행정상 실권을 이 총리에게 위임하야 현상 유지하에서 서무를 국무원 공결로 집행케 하였나니, 대리 명의를 첨가할 필요가 없는지라. 지금에 총리로 대통령을 대리케 하면 그 이튿날부터 정계풍파가 다시 일어나서 변동을 예측하지 못하리니, 소란거리를 만들어 정국을 파괴하는 결과에 불과할 것입니다.

의정원에서 이 안을 통과하고 집행하기를 촉구하므로 국무원에서

---

99) 《大韓民國臨時政府公報》 제1호(1924년9월1일), 『대한민국임시정부자료집(1) 헌법 · 공보』, p.139.
100) Kopogo to Daitongleung, Aug. 31, 1924, *The Syngman Rhee Telegrams*, vol. Ⅳ., p.528.
101) Daitongleung to Lee Chongli, Sept. 2, 1924, *op. cit.*, p.529.

부득이 준행한다 할진대, 이는 각원 일동이 저 창조 개조 각 분자와 표리상응하야 찬동한다는 세론이 없지 않을지니, 장차 파괴의 책임을 제공이 피면(避免)키 어려우리다.

상해의 한두 부분적 인사가 민중의 공원(公願)을 위반하고 정부를 자의로 천편[擅便: 마음대로 처단함]코저 한 지 오래이나, 대통령은 결코 응종치 않을 터이니, 시일과 심려를 허비치 말고 다만 현정부 하에서 합일하야 국사를 함께 도모함이 유일한 양책이라고 반포하시오.[102)]

그러나 이동녕 내각은 이미 임시의정원의 요구를 수용하고 있었다. 임시정부의 그러한 태도와 관련하여 이승만은 9월29일에 이시영에게 보낸 편지에서 그의 억분을 솔직하게 토로했다. 그는 먼저 이동녕이 취임하자마자 제도변경 논의와 독립당대표회의 소집제의에 동조한 사실을 비난하고, 자신의 상해 방문 문제에 대해서는 상해에 가더라도 믿을 사람이 한 사람도 없고 자금을 몇만달러 가져가 본들 자기를 진정으로 존경하고 보호해 줄 사람이 없을 뿐만 아니라 자금이 떨어지면 모두들 돌아서 갈 터이니 누구와 더불어 대사를 의논하겠느냐고 개탄했다. 그러면서 "그러나 여비만 마련된다면 한번 가는 것은 마다하지 않겠습니다만 이 역시 헛된 생각일 뿐이올시다"하고 난감해했다.[103)]

이승만은 하와이로 돌아가기로 결심했다. 하와이 동포사회의 동요를 미리 막고 자신의 지지기반을 더욱 공고히 하여 상해의 개조파와 대결하기 위해서였다. 어쩌면 이들 상해의 "조취모산하는 몇몇 정객"들과는 결별해야 할지도 모르는 일이었다.

이 무렵 하와이에서는 모처럼 동포들의 망향(望鄕)의 감상을 일깨우는 행사가 진행되었다. 서울 중앙YMCA의 하와이 원정야구단이 6월17일

---

102) 「국무원에 보내는 公牒」(1924.9.3.), 『대한민국임시정부자료집(8) 정부수반』, p.98.
103) 「李承晩이 李始榮에게 보낸 1924년9월29일자 편지」, 『대한민국임시정부자료집(42) 서한집 Ⅰ』, p.255.

에 하와이에 도착하여 한달 넘게 머물다 간 것이었다. 원정야구단의 하와이 방문은 한인기독학원 학생들의 고국방문 때의 초청약속에 따라 이루어진 것이었다. 원정야구단은 각 지역의 교회와 학교와 동포들이 몰려 사는 농장캠프를 순방했다. 가는 곳마다 동포들의 열렬한 환영을 받았는데, 환영회에서는 어디에서나 빼놓지 않고 독립운동 이야기가 강조되었다. 원정야구단은 아홉번 시합을 했는데, 성적은 2승 6패 1무였다. 야구경기가 열리는 지방마다 그 지방 동포 남녀노소가 총출동하다시피 했다. 야구를 잘 모르면서도 소풍놀이 삼아 참석하여 응원하는 사람들도 있었다.[104] 미국 독립기념일인 7월4일에 하와이의 일본인 직업야구팀인 아사히(朝日)팀과 시합했을 때에는 3만여명의 관중이 모였다고 한다.[105] 원정야구단은 7월28일에 프레지던트 윌슨 호(S. S. President Wilson)편으로 귀국했다.

원정야구단과 함께 하와이에 온 윤치영(尹致暎)은 야구단과 떨어져서 하와이에 남았다. 그는 미국 본토로 유학가기 위하여 서울을 떠나온 것이었다. 국내 인사들의 이승만에게 보내는 자금송부 등에 대한 윤치호(尹致昊)의 전언을 가지고 온 그는 한동안 하와이에 머물면서 이승만의 《태평양잡지》 발행작업을 거들었다.[106]

《태평양잡지》는 이승만의 하와이 귀환에 맞추어 1924년10월호를 "특별 환영호"로 꾸몄다. "특별환영호"는 속표지에 이승만의 사진을 크게 싣고, 그 다음 장에는 큰 활자로 한면 전체에 걸쳐서 "대통령 리승만 각하께 압서 본항에 행차하압심에 대하야 본 잡지사는 2천 독자를 대표하야 각하의 안착하심을 약소하나마 수중의 화환으로써 경의를 표하였사오며, 아울러 본 잡지사는 특별 환영호로 제목하여 환영의 뜻을 원래(遠來)하

---

104) 「機密 제40호: 在京城中央基督靑年會野球團ノ布哇渡航ニ關スル件」, 1924년8월10일, 『不逞團關係雜件 鮮人ノ部 在歐米(七)』.
105) 尹致暎, 『東山回顧錄: 尹致暎의 20世紀』, 삼성출판사, 1991, p.86.
106) 위의 책, p.85, pp.88~90.

이승만의 "특별환영호"로 발행된 《태평양잡지》 1924년10월호 표지.

압신 각하께 봉정하압나이다"라고 최대의 경의를 표시했다.

이승만은 하와이로 떠나기에 앞서 구미위원부가 활동을 계속할 수 있도록 체제를 새로 갖추어 놓아야 했다. 그는 3월에 워싱턴에 도착하여 활동을 시작하면서 자신이 구미위원부 임시위원장을 맡고, 남궁염(南宮炎)을 장재(掌財)로 임명했다. 그리고 클리블랜드에 있는 주영한(朱榮翰)을 불렀다. 이승만은 먼저 중단되었던 《구미위원부통신》을 다시 발행하면서 지방위원의 성명보고와 지방정세 보고를 지시하고, 국민부담금을 1인당 매달 1달러50센트씩 납부할 것을 촉구했다.[107]

이승만은 10월1일자 《구미위원부통신》 제8-6호로 새로 임명된 구미위원부 위원들을 발표했다. 먼저 남궁염을 대리 위원장으로 임명하고, 새위원으로 신형호(申衡浩)와 허정(許政) 두 사람을 임명했다. 신형호는 1921년7월에 정한경의 후임으로 구미위원부의 서기를 맡아 일하기도 했었다.[108] 그리고 워싱턴회의가 끝나면서 사임했던 서재필이 다시 고문으로 취임했다. 법률고문 돌프는 물론 유임했다.[109] 그동안 독립운동 일선에서 물러났던 서재필은 이승만의 설득으로 다시 구미위원부 일에 협력하기로 결심한 것이었다. 그는 6월11일에 일본에서 가토 다카아키(加藤高明) 내각이 성립되자 6월14일자로 한국인에게 자유를 허용할 것을 촉

107) 《구미위원부통신》 제77호(1924년3월24일자).
108) 《獨立新聞》 1922년 9월30일자, 「歐美委員部의 職員移動」.
109) 《구미위원부통신》 제8-6호(1924년10월1일자).

구하는 정중한 편지를 가토 수상에게 보내기도 했다.[110] 새로 발행되는 《구미위원부통신》은 재외동포들뿐만 아니라 국내 언론기관으로도 배포되었다.

이승만은 구미위원부를 새로 구성한 다음 10월14일에 워싱턴을 떠났다. 이튿날 필라델피아에 들러 서재필을 만난 다음 돌아오는 길에 뉴욕에 들러 동지들을 만나고, 10월16일 아침에 뉴욕을 떠나 시카고와 그랜드 캐니언에서 하룻밤씩 자고, 10월22일에 로스앤젤레스에 도착했다. 그곳에서 사흘 동안 머물면서 동포들을 만나고, 10월25일에 이창규와 함께 칼라와이 호(S. S. Calawaii)편으로 로스앤젤레스를 떠나, 11월1일 아침에 호놀룰루에 도착했다.[111]

이승만은 상륙하기에 앞서 배 위로 찾아온 《애드버타이저(The Pacific Commercial Advertiser)》지 기자에게 자신의 이번 하와이 방문은 한국인의 대동단결을 도모하고 그것을 통하여 한국독립운동을 촉진하기 위한 것이라고 말하고, 한국인들이 일본인들이나 그 밖의 동양인들과 같이 이번 배일이민법에 반대하고 있다는 보도는 누군가에 의한 허위선전에 지나지 않는다고 주장했다.

부두에는 교민단 간부들을 비롯하여 한인기독학원 교사들과 학생들, 애국부인회 회원 등 많은 사람들이 마중 나와 있었다. 그리고 저녁 7시30분에는 한인기독교회에서 이승만 환영회가 열렸다.[112]

2

하와이로 돌아온 이승만은 곧바로 워싱턴에서부터 구상해 온 작업에

---

110) 「亞三 機密 제41호: 在米鮮人ノ意見書二關スル件」, 1924년7월8일, 『不逞團關係雜件 鮮人ノ部 在歐米(七)』.
111) Syngman Rhee, *Log Book of S. R.*, 1924년10월14일조~11월1일조.
112) 「公 제342호: 李承晩着布報告ノ件」, 1924년11월3일, 『不逞團關係雜件 鮮人ノ部 在歐米(七)』.

착수했다. 그것은 2년 전에 조직해 놓았으나 이렇다 할 활동을 못하고 있는 대한인동지회를 확대 조직하는 일이었다. 이승만은 11월14일에 와이알루아(Waialua) 극장에서 열린 오아후섬 서북구역 교민단 지부 주최 환영회에서 자신의 구상을 구체적으로 밝혔다. 와이알루아는 동포농장 노동자들이 집단으로 거주하는 지역의 하나였으므로 환영회에는 이 지방의 동포 남녀노소가 거의 모두 참석했다.

이승만은 자기가 워싱턴을 출발하여 하와이로 오는 도중에도 동포들에게 이야기했다면서, 한국독립문제에 대한 자신의 근본적 의견은 종래와 같은 운동만을 유지하는 것이 아니라 새로운 적극적 수단 방법을 취하는 것이라고 말했다. 그래서 그 문제를 의논하기 위하여 교민단장으로 하여금 하와이 각 섬의 각 지방대표를 소집하게 했다고 말했다. 그는 하와이에 왔던 서울 YMCA야구단이 전한 말이라면서 이상재(李商在)의 이야기를 꺼냈다. 70 노인인 이상재는 광복의 축사를 하고 이 세상을 떠나는 것이 소원이라고 말한다는 것이었다. 이승만은 한발, 수재, 기근, 동사 등의 고난을 겪고 있는 국내 동포들의 참상을 설명하고, 바야흐로 조국을 위하여 '신계획'을 수립하여 매진할 때가 왔다고 다음과 같이 천명했다.

"어떤 단체든지 일심동체가 되어 각각 그 직분을 다하고, 독립을 위해서는 한 기관 아래 결합하여 공동작업에 종사해야 할 것이오. 내가 이전부터 공화주의를 외치는 것은 이것에 의하여 많은 것을 배울 수 있을 것이기 때문에 그 주의로 시종할 것을 바라거니와, 이 공화주의를 실현하려면 육해군 제도와 일치해야 하오. 다시 말하면, 최고기관을 설치하여 군령을 일률로 발하고 만민이 일치하여 이를 준봉(遵奉)하는 데 있소이다. 그래야 비로소 독립운동이 진척되고 나아가 목적달성의 시기를 앞당길 것이오.…"

그가 계획하는 독립운동의 신계획이란 한 최고기관 아래서 육해군 제도와 같이 일사불란하게 움직이는 조직을 만드는 것이었다. 이승만은 내부조직이 박약하면서 외교에 성공한 국가가 없다고 강조하고, 조국회복의 대업을 달성하기 위해서는 육해군이 필요한 것은 말할 나위도 없지만 가장 중요한 것은 국민들의 정신적 일치단결이라고 역설했다.

이승만은 이어 정치와 경제의 두 방면에서 구체적 활동에 착수하겠다고 다음과 같이 말했다.

"정치운동으로는 먼저 100만명의 헌신적 국민을 얻어서 한 기관 아래 일치단결하는 조직적 단체를 만들어 시베리아와 중국령에 살고 있는 봉공심(奉公心) 풍부한 동포들과 연락을 취하고 국내에 있는 비밀결사와도 기맥을 통하여, 마치 집안의 각 전등을 스위치 하나로 켜고 끄듯이 통일이 되면 삼천리 방방곡곡에 이르기까지 군령 일하에 궐기할 수 있을 것이오. 하와이 동포 여러분이 과거 10여년 동안 나를 도와 독립운동을 계속하고 있을 뿐 아니라 특히 부인단체까지도 국사를 위하여 열성적으로 활동하고 또 물질상 거출에도 성의를 다하고 있는 것을 볼 때에, 나는 하와이 동포들에게 충심으로 감사해 마지않소이다. 독립운동이 유지될 수 있는 것도 하와이 동포의 재정적 원조의 덕이라고 해도 과언이 아닐 것이오.…"

이승만은 이렇게 하와이 동포들의 자금지원의 고마움을 강조하고 나서 그의 신계획을 천명했다.

"이번에 내가 하와이로부터 최초의 시험으로 조직적으로 내부결속을 강고히 해놓고 이어 원동으로 향할 예정이오. 그러므로 지금부터 국내와도 연락해서 머지않아 기회가 올 때에 일제히 궐기하여 목적수행을 기할 만한 준비를 할 필요가 있소이다.…"

새로 조직되는 동지회는 국내외의 동포 100만명의 회원이 군대조직처럼 움직이는 독립운동의 최고기관이 되게 하겠다는 것이었다. 그리고 머지않아 원동으로 향할 예정이라고 말한 것을 보면, 이승만은 동지회를 확대 조직해 놓고 나서 상해로 가는 문제를 고려하고 있었다.

이승만은 이러한 정치운동과 병행하여 경제방면의 운동도 시작하겠다고 언명했다. 사실은 그것이 더 중요한 목적이었다. 그것은 하와이 동포들로부터 자금을 모집하여 어떤 수익사업을 하는 기관을 설립하는 것이었다. 이승만은 국내에서 전개되고 있는 조선물산장려운동의 중요성을 강조하면서, 그러한 사업을 추진한다면 국내 동포들의 경제에 미치는 영향이 다대할 것인데, 그 운동의 성공 여부는 동포들의 단결심 여하에 달렸다고 강조했다.

이승만은 이어 와이알루아 교회, 교민단, 한인기독학원 등이 좋은 성적을 올리고 있음을 치하하고, 우리 동포들이 정치와 교육과 종교 등에 각성하고 있는 만큼 새로운 각오로 조국광복사업에 착수하면 순조롭게 진행될 것이라고 주장했다. 그러고는 구미위원부와 임시정부의 관계에 대하여 다음과 같이 설명했다.

"워싱턴에 있는 구미위원부는 그 기초를 더욱더 튼튼히 해둘 필요가 있소이다. 기둥이 없어지면 집이 온전할 수 없는 법이오. 비유하자면 위원부는 우리 가족의 큰 기둥이오. 이것을 튼튼하게 받쳐야 하오. 상해에 있는 임시정부도 원동에 있는 유일한 중추기관이오. 논자에 따라서는 임시정부를 이곳 하와이로 옮기자는 의견이 있는 것으로 듣고 있소이다만, 나로서는 절대 반대요. 임시정부를 상해에 두는 것은 하나의 권위로서, 과거의 역사에 비추어 구미위원부와 함께 조국광복을 달성하기 위한 새의 양 날개, 수레의 양 바퀴와 같은 것이오."[113]

이처럼 그는 임시정부는 상해에 있는 권위기관이고 미주와 하와이의 동포들의 정부는 구미위원부임을 강조했다.

이날의 이승만의 연설에 대한 《신한민보(新韓民報)》의 다음과 같은 논평은 반대파들의 반응이 어떠했는지를 말해 주는 대표적인 보기여서 눈여겨볼 만하다.

---

113) 「公 제370호: 李承晩 ノ 歡迎會席上演說要領報告 ノ 件」, 1924년12월5일, 『不逞團關係雜件 鮮人 ノ 部 在歐米(七)』.

리 박사의 와이알루아 연설을 보면 그 가운데 말하였으되, "아무리 외교를 잘하는 사람이 있다 할지라도 내부적 조직이 잘 결속되지 못한 다음에는 아무 소용이 없소" 하였으니, 이제야 잘못된 줄을 깨달은 모양이다. 벌써부터 공채표 팔아가지고 외교에만 전문하지 말고 내부적 결속에 힘썼더라면 오늘 현상이 없을 뻔하였다.

또 말하였으되, "100만명 헌신하는 국민을 얻어가지고 한 기관 아래에 한 명령을 복종하는 조직적 결속을 운동하겠소" 하였으니, 어디 가서 100만명을 얻으려 하는가. 혹 내지 방문단 조성하던 일과 같이 일본 영사의 양해를 얻어가지고 친일당이나 한 100만명 모집할는지 모르거니와 해외에서는 리 박사의 수완으로 100만명을 모집하지 못하리라 장담한다.[114]

실제로 하와이와 미주 전역에 거주하는 동포들이 통틀어 6,000명 남짓밖에 되지 않는 상황에서 이승만이 100만명의 회원 확보를 공언한 것은 환상적인 주장이었다. 1920년 현재의 하와이 한인인구는 4,950명이었고, 미국본토에는 캘리포니아의 755명을 포함하여 1,165명이 거류하고 있었다.[115]

3

이승만은 결심하면 바로 행동에 옮기는 성품이었다. 환영회가 있은 지 사흘 뒤인 11월17일부터 20일까지 호놀룰루에서 하와이 한인대표회가 열렸다. 이 회의에는 하와이 군도 각 섬의 동지회 지역대표뿐만 아니라 한인기독교회, 한인기독학원, 태평양잡지사, 대한부인구제회 등 이승

---

114) 《신한민보》 1924년12월18일자, 「海外月旦」.
115) 이덕희, 「이승만과 하와이섬의 동지촌」, 『미주한인의 역사(하)』, 국사편찬위원회, 2007, p.13.

이승만이 친필로 직접 작성한 대한인동지회의 「선언문」, 「정강」, 「진행방침」.

만이 설립했거나 그를 지지하는 기관 및 단체 대표 34명이 참석했다.[116]

회의는 동지회의 「정강」과 「진행방침」을 의결하고, 회원들의 결속과 민족경제력의 개발을 위하여 동지회 안에 사업부를 두고 주식합자회사를 설립할 것을 결의했다. 「정강」과 「진행방침」은 이승만이 직접 자필로 작성한 것이었다. 3개항의 「정강」은 다음과 같았다.

(1) 우리의 독립선언서에 공포한 바 공약 3장을 실시할지니, 3·1정신을 발휘하야 끝까지 정의와 인도를 주장하야 비폭력인 희생적 행동으로 우리 대업을 성취하자.

(2) 조직적 행동이 성공의 요소이니, 우리는 개인행동을 일절 버리고 단체 범위 안에서 질서를 존중하며 지휘를 복종하라.

(3) 경제자유가 민족의 생명이니, 자족자급을 함께 도모하자.[117]

---

116) 「荷哇伊韓人代表會宣布文」, 『雩南李承晚文書 東文篇(十二) 하와이·美洲移民團體關聯文書』, pp.246~248.
117) 「荷哇伊韓人代表會宣布文」, 위의 책, pp.248~249.

「정강」은 요컨대, 첫째로 이승만이 임시정부 수립 이래로 많은 사람들이 주장하는 무장투쟁론에 대립하면서 견지해 온 비폭력주의가 곧 3·1정신의 실천방략이고, 둘째로 대업성취의 요체인 조직적 행동을 위해서는 지도자의 지휘에 복종해야 하며, 셋째로 경제적 자유가 민족의 생명인데 그것은 자족자급을 통하여 이룰 수 있다고 주장한 것이었다. 초안에 "우리 민족의 자유를 광복하자"로 되어 있던 제1항의 끝부분이 회의에서 "우리 대업을 성취하자"로 바뀐 것이 가장 큰 수정이었다.

「진행방침」의 핵심은 국내외에 걸쳐서 100만명의 회원을 확보하고 생활필수품의 자급자족을 통하여 민족의 경제적 자립을 달성한다는 것이었다.

(1) 대업을 성취하기에 2천만의 일치행동을 요구할지니, 우선 100만 동지의 맹약을 얻어 대단결의 기초를 이루기로 제1차의 진행 방침을 정하나니, 이것을 완성하기까지는 시위운동이나 혹 남을 배척하는 주의를 먼저 행치 말고 다만 민족 대단결에 전력할지니, 각 동지는 매일 한 시간 이상의 시간을 공헌하야 이 정책을 속히 이루도록 힘쓰자.

(2) 우리 주의와 상반되는 행동을 취하는 동포에게 억지로 권하거나 시비하지 말고 각각 자기의 성심으로 남을 감복시키기를 힘쓸지니, 결코 동족 간에 쟁론을 피하자.

(3) 계급과 종교와 지방 등 모든 구별을 타파하야 민족 대단결에 장애를 없이 할지니, 이상 정강과 방침에 절대 동의하는 남녀는 일체 동지로 인정하자.

(4) 우리의 의복과 식품과 기구 등 각종 일용품을 우리끼리 공궤[供饋: 공급]하야 우리 민족의 생활책을 개발할지니, 일반 동지는 가급적으로 이것을 실시하기를 각각 애국애족하는 중대한 직분으로 인정하라.

위에 말한 바 제1차 진행방침을 완성한 후에 그 다음 방침을 순서

대로 선포하리니, 일반 충애동포는 이에 대하야 의심하거나 주저치도 말며, 급진으로 속행하지도 말고, 다만 선포되는 대로 각각 성심 준행하기로 힘쓰라. 우리의 주의를 행함으로 인연하야 손해나 핍박이 오거든 의례히 당할 것으로 알아 끝까지 인내하며 굴하지 마라. 이것이 우리의 승리할 정신적 능력이다.[118]

회원 100만명을 확보할 때까지는 시위운동이나 남을 배척하는 주의의 행동을 하지 말고, 주의가 다른 동포와 쟁론을 피하며, 우리의 행동으로 말미암아 손해나 핍박이 있더라도 끝까지 인내하고 굴하지 말라고 강조한 것이 눈길을 끈다.

이러한 「진행방침」의 내용은 예수의 산상수훈(山上垂訓)과 같은 느낌을 준다. 실제로 이승만은 동지회를 기독교의 격식을 본떠서 운영하고자 했다. 다음과 같은 문면으로 된 동지회의 「선서문」도 그 한 보기이다.

―― 나 ○○○는 나의 동족의 장래와 광복사업을 위하야 끝까지 충성과 지혜를 다하야 힘쓰기로 하나님 앞과 동지들 앞에서 맹세하노니, 하나님은 도우소서.[119]

그뿐만이 아니었다. 이승만이 회의에 대비하여 작성한 문서 가운데는 「국민자성(國民自省)」이라는 글이 있는데, 그 내용은 이 무렵의 이승만의 신앙을 짐작할 수 있는 것이어서 눈여겨볼 만하다. 이승만은 이 글에서 동지회 회원들은 한달에 한번 기도일을 정하여 일제히 자성의 기도를 할 것을 제의했다.

---

118) 「荷哇伊韓人代表會宣布文」, 같은 책, pp.246~247.
119) 「선셔문」, 같은 책, p.255.

원래 우리의 자유를 잃음과 아직도 회복치 못함과 다소 분규의 원인이 다 우리의 애국심이 박약한 소이라. 언제든지 애국애족심이 공고히 되는 때가 곧 우리 성공의 기회이니, 각 동지는 자성자경(自省自警)을 먼저 하자.

모월 모일로 우리 전 민족의 기도일로 정하나니, 어느 곳에 있든지 각기 소재지에서 30분 동안 아래 문제를 자문자책하며 희생주의를 하나님 앞에 고하고 마음으로 맹세하라.

(1) 한민족의 생존이 나와 어떤 관계가 있는가.

(2) 내가 나의 직책을 행하지 아니하고 한국의 광복을 희망할 수 있는가.

(3) 내가 능히 나의 직책을 행하기 위하야 모든 희생을 감심[甘心: 달게 여김]할 만치 되었는가.

이상 문제에 명확한 답을 얻도록 묵상과 기도로 구하며, 얻은 후에 이 주의에 대한 동지가 되기를 결정하라.[120]

이 「국민자성」이 회의에서 채택되었는지는 분명하지 않으나, 그것은 이승만이 동지회가 투철한 기독교정신에 바탕을 둔 조직체가 되기를 바랐음을 말해 준다. 그렇게 함으로써 동지회가 기독교국가 건설을 위한 국민통합의 중심세력이 되기를 바랐던 것이다.

하와이 한인대표회는 이승만을 총재로 추대하고, 하와이 대한인교민단 총단장 김영기(金永琦), 한인기독교회 중앙부장 민찬호(閔燦鎬), 한인기독학원 감독 김(金)노디, 대한부인구제회 중앙부장 김유실(金裕實), 한인기독학원 찬성회[후원회] 중앙부장 곽래홍(郭來弘), 《태평양잡지》 주필 윤치영, 동지회 주무원 김성기(金星基)를 이사원으로 선출했다. 회계는 윤치영을 겸임시키고, 서기로는 서울YMCA의 야구단 감독으로 윤

120) 「國民自省」, 같은 책, p.256~257.

치영과 같이 하와이에 왔다가 눌러앉은 허성(許城)을 선임했다. 1월에 상해에서 하와이로 온 장붕은 이 대표회의 회장을 맡아서 회의를 진행했다.[121] 새로 하와이에 온 인사들이 중책을 맡은 것이 눈길을 끈다.

대표회는 회원의 연례금을 장년은 3달러, 학생은 1달러50센트로 정했다. 또한 《태평양잡지》를 동지회의 기관지로 할 것을 결의하고, 회원들은 구독료를 1년에 3달러씩 내는데, 회원수가 1,000명이 되면 잡지 대금은 받지 않기로 했다.[122]

하와이 한인대표회의 결의사항 가운데 가장 중요한 것은 동지회 안에 실업부를 두어 민족경제력을 개발하기로 하고, 동지회합자회사(同志會合資會社)를 설립하기로 한 것이었다. 대표회에서 채택된 「동지회합자회사규칙」(제3관)에 따르면 합자회사 설립의 목적은 "본 회사는 본국 물산을 장려하며 한족의 경제력을 발전할지니, 본국 물산을 수출, 수입, 산출, 교환 등 모든 영업에 가급적으로 종사할지며, 그 밖에 혹 토지 가옥 등 모든 부동산과 그 밖의 각종 물품을 매매하며 교환하며 전당잡으며, 농업과 공업의 모든 정당한 영업은 다 힘과 시기와 지혜를 따라 공동이익을 도모함"[123] 이라는 매우 의욕적인 것이었다.

그것은 국내의 조선물산장려운동과 연계하여 회원들의 공동이익이 되는 일이면 무슨 사업이든 다 하겠다는 것이었다. 회사의 자본은 5,000고(股)로 한정하고, 한 고에 10달러씩 총 규모 5만달러의 회사를 설립하기로 했다. 10고를 1주로 정하여, 여러 사람이 한 주를 살 수도 있고 한 사람이 여러 주를 살 수도 있으나, 주주회에서의 투표권은 당연히 한 주에 한 표였다. 고금(股金)은 4기에 나누어 1년 안으로 납입하기로 하고, 1기의 모집액수 1만2,500달러만 달성되면 영업에 착수하기로 했다(제4관).

회사의 모든 사무는 주주회와 이사회에서 각각 소관대로 결정하여

---

121) 「荷哇伊韓人代表會宣布文」, 같은 책, p.243, p.247.
122) 「荷哇伊韓人代表會宣布文」, 같은 책, p.250.
123) 「동지회합자회사규칙」, 같은 책, p.251.

임원들이 집행하게 하고, 동지회는 직접으로나 간접으로나 간섭을 할 수 없으나, "다만 중대사항은 동지회 총재의 지휘를 의하야 진행"하기로 했다. 그리고 회사가 정식으로 설립될 때까지 임시임원으로 이승만을 총재, 허성을 서기, 윤치영과 박성균을 회계로 선정했다(제6관).[124]

4

이승만이 100만명 동지회원 조직을 호언한 것은 물론 선언적인 것이기는 했지만 국내와 극동지역 동포들의 존재를 의식한 계산이었음은 말할 나위도 없다. 이승만과 국내 민족운동자들의 관계는 이 무렵 더욱 긴밀해졌다. 그 촉매제가 된 것은 1923년에 있었던 한인기독학원 학생들의 고국방문과 서울YMCA야구단의 하와이 답방이었다.

이승만과 국내의 직접적인 연락은 서울YMCA 총무인 신흥우(申興雨)가 맡았다. 신흥우는 1919년4월에 워싱턴에 와서 이승만에게 한성정부 수립 소식을 전한 이후로 한해 걸러 한번씩 미국을 방문했다. 그는 기독교 관계 국제회의에 참석한다는 이유로 쉽게 출국할 수 있었다. 이승만의 주선으로 1921년8월에 하와이에서 열린 범태평양 교육대회에 참석했던 신흥우는 귀국한 직후인 9월17일에 박영효(朴泳孝)와 윤치호(尹致昊)를 각각 회장과 부회장으로 하고, 김동성(金東成)과 자신이 서기를 맡는 범태평양협회를 결성했다.[125] 범태평양협회는 이듬해에 하와이에서 열린 세계신문기자대회에 김동성, 범태평양 상업대회에 김윤수(金潤秀)와 이정범(李政範) 두 사람을 각각 파견했는데, 이들은 모두 이승만을 만났다.

이처럼 이승만과 국내 동포들의 연결은 주로 일찍이 이승만 자신도

---

124) 「동지회합자회사규칙」, 같은 책, pp.252~253.
125) 《東亞日報》 1921년9월18일자, 「汎太平洋協會」.

한국인 총무로 근무했던 서울 YMCA를 매개로 한 기독교 지도자들과의 연대를 통하여 이루어졌다. 그리하여 동지회의 확대 조직의 후속작업으로 국내지부 조직이 비밀리에 추진되었다. 1925년3월23일에 결성된 흥업 구락부(興業俱樂部)가 그것이었다.

흥업구락부의 조직은 이승만의 적극적인 종용에 따라 이루어졌다. 신흥우는 1924년5월에 매사추세츠주의 스프링필드(Springfield)와 뉴욕에서 열린 세계YMCA연합회 간부회에 참가하기 위하여 뉴욕에 갔을 때에 이승만을 만났다.[126] 신흥우는 이어 런던에서 열린 세계 학생 YMCA 총회에 참석하고 나서, 7월에 제네바에서 열린 YMCA세계연맹 회의에 가서 한국YMCA를 세계연맹에 직접 가입시키는 데 성공하고 돌아왔다. 한국YMCA는 창설 당시에 단독으로 세계연맹에 가입하지 못하고 중국, 한국, 홍콩YMCA 전체위원회를 통하여 가입했었고, 한일합병 뒤에는 일본 YMCA에 예속되어 일본YMCA를 통하여 가맹되어 있었다. 그러므로 독자적으로 세계연맹에 가맹하게 된 것은 한국YMCA의 큰 외교적 성과였다.[127] 신흥우는 제네바에서 미국을 거쳐 귀국하는 길에 호놀룰루에 들러 이승만을 만났다.[128] 일본 경찰문서는 이때에 이승만이 신흥우에게 이렇게 말했다고 기술했다.

"안창호는 로스앤젤레스를 중심으로 흥사단을 조직하고 이미 국내에 서북파들로 수양동우회(修養同友會)라는 단체를 결성하고 각종 문화단체에 그 세력을 부식하고 있으니까 당신도 귀국하거든 국내 동지와 상의하여 비밀리에 우리 동지회와 같은 주의 목적을 갖는 연결단체를 조직하여 기독교계 및 각종 문화단체 안에 있는 흥사단을 제압하고, 그 지

---

126) Heungwu Cynn to Syngman Rhee, Apr. 29, 1924, Syngman Rhee to Heungwu Cynn, Apr. 29, 1924, *The Syngman Rhee Telegrams*, vol. Ⅳ., 2000, pp.518~519.

127) 전택부, 『한국기독교청년회운동사』, 범우사, 1994, pp.261~266.

128) 신흥우는 이승만을 만난 때를 10월25일 무렵이었다고 기억했으나, 이승만이 하와이로 돌아온 것이 11월1일이었으므로 이는 착오이다. 高等法院檢事局思想部, 「申興雨に對する檢事の訊問調書」, 《思想彙報》 (제16호), 1938년9월, p.131.

제42장 「임시대통령유고」 결의에 맞서 「재외동포에게!」 선포　**671**

도권을 획득하여, 시기를 보아 내외가 호응하여 조국광복의 목적을 달성하는 데 노력해 주시오."

이승만은 동지회의 「정강」과 「진행방침」을 주면서 그 내용을 설명했고, 신흥우는 이승만의 제의에 전폭적으로 찬동했다. 신흥우는 이승만이 준 동지회의 「정강」과 「진행방침」 등 인쇄물은 발각될 위험이 있기 때문에 돌아오는 배 안에서 파기했으나, 그 내용은 정확히 기억했다.

신흥우는 귀국하자마자 이상재(李商在), 구자옥(具滋玉), 유억겸(兪億兼), 이갑성(李甲成), 박동완(朴東完), 안재홍(安在鴻) 등을 만나 이승만의 뜻을 전했고, 이들은 모두 공감했다. 몇 차례 협의를 거듭한 이들은 12월15일에 종로 YMCA에서 오화영(吳華英), 홍종숙(洪鍾肅), 유성준(兪星濬) 등을 추가하여 조직 준비회를 열었다. 이 자리에서 동지회의 「정강」과 「진행방침」에 따라 다음과 같은 사업을 하기로 결의했다.

(1) 민족관념을 보급하여 한국 독립을 도모할 것, (2) 단체행동을 할 필요상 단체의 지도자에 복종할 것, (3) 산업의 발전과 자족자급에 노력할 것, (4) 계급과 종교와 지방적 파벌을 타파하고 민족적으로 대동단결할 것, (5) 목적을 설명하여 상대방을 선도하고 설복시켜 동지를 획득할 것, (6) 교화사업에 노력할 것, 곧 학교 또는 문화단체로 하여금 민족적 계몽강연회를 개최하게 할 것.[129]

동지는 사회 각층의 유능한 중심적 지도자들 가운데서 "엄선주의"로 선택하기로 하고, 운동자금 조성방법으로 입회와 동시에 1계좌 10원 이상의 고본금을 거출하고 매월 1원의 회비를 납입하여 금액이 상당액에 이르면 동지회의 산업부와 무역하기 위하여 회 안에 산업부를 설치하여 운동상의 연락도 도모하기로 했다. 그리고 명칭은 친목실업단체로 위장하여 총독부 당국의 감시를 피하기로 하고, 조직규칙 기초위원으로 신흥우와 구자옥과 유억겸을 선정했다.

---

129) 朝鮮總督府警察局, 「興業俱樂部事件の檢擧狀況」, 『最近に於ける朝鮮治安狀況 昭和十三(1938)年』, 巖南堂書店影印版, 1966, pp.380~381.

1925년3월23일에 서울 사직동 신흥우의 집에서 열린 흥업구락부 창립총회에는 이상재, 유성준, 윤치호, 장두현(張斗鉉), 오화영, 이갑성, 유억겸, 구자옥, 박동완과 신흥우를 합하여 10명이 참석했다.

창립총회는 9개항의 「규약」을 채택했는데, 조직의 명칭(제1항)을 "흥업구락부"라고 한 것은 "대업을 일으킨다", 곧 한국의 독립을 이룩한다는 뜻을 지니게 한 것이었지만, "실업을 일으킨다"라는 뜻으로도 읽힐 수 있도록 위장한 것이었다. 구락부의 목적(제2항)은 "금전을 저축하여 상당한 금액에 이를 때에는 실업을 발달시켜, 시기를 보아 내외국과 무역을 하고, 혹은 자금을 빌려주기도 하며, 또는 부원 간에 상호부조를 함을 목적으로 한다"라는 것이었다. 이는 운동자금을 모집하고 동지를 획득하여, 정세를 보아 혁명단체와 연락하여 대업을 성취하는 것이 구락부의 목적임을 천명한 것이었다. 곧, 동지회와의 연대를 통하여 한국인의 경제적 실력을 양성하고 시기를 보아서 국내외의 호응으로 혁명을 일으킨다는 것이 규약의 핵심이었다.

창립총회는 규약채택에 이어 이상재를 부장, 윤치호와 장두현을 회계, 이갑성과 구자옥을 간사로 선정했다.[130] 흥업구락부 회원들은 거의 모두 태평양문제연구회 조선지회의 회원들이었다. 전자는 비밀결사의 형태로 조직되었으나, 후자는 공개적인 조직이었다. 두 단체에는 YMCA를 중심으로 한 감리교단과 미국에 유학했던 기호지방 출신의 학자 및 언론인 등 지식인 엘리트들이 참여했다.[131]

흥업구락부가 조직된 직후인 4월7일에 이승만은 이상재와 안재홍에게 편지를 보냈다. 이 무렵 이상재와 안재홍은 《조선일보(朝鮮日報)》의 사장과 주필로 같이 일하고 있었다. 이상재에게는 다음과 같이 썼다.

---

130) 長崎祐三, 「同志會及興業俱樂部の眞相」, 《思想彙報》(제16호), 1938년9월, pp.84~86.
131) 고정휴, 『이승만과 한국독립운동』, p.180.

우리의 동지회 설립에 대해서는 이미 먼저 편지에 대략 아뢰었습니다. 합자로 내지 물산을 장려하려 하는 바 해외 다수 동포들이 크게 환영합니다. 다만 내지 각처에 동지회를 분설하고 내외에서 협력한다면 앞으로 경제와 정치 양 방면에 큰 성과가 있을 것입니다. 그렇게 되기를 간절히 기대합니다.…132)

이승만은 안재홍에게도 동지회의 지방조직에 힘써줄 것을 당부했다.

우리 동지회의 성립에 대해서는 이미 전번 편지에서 대략 말씀드렸습니다. 해외 각지의 동포가 한두 분자를 제외하고는 성심으로 환영하지 않는 사람이 없습니다. 이제 합자로 회사를 설립하고 다함께 물산을 장려하여 소기의 성과를 거두기를 도모합니다. 이것은 곧 경제와 정치 양면을 병행하여 착오가 없게 하려는 방책입니다. 모름지기 내지의 각 지방에도 동지회를 분설하고 점차 확장해 나간다면 대업의 성취가 빨라질 것입니다. 특별히 도모하여 주십시오.…133)

이렇게 결성된 흥업구락부는 1938년에 조선총독부의 탄압으로 와해될 때까지 이승만의 확고한 국내 지지기반이 되었다.134)

조선총독부 검사의 신문을 받을 때의 신흥우의 이승만에 대한 진술은 이 무렵의 국내 인사들이 이승만을 어떻게 평가하고 있었는지를 짐작하게 한다. 이승만이 어떤 인물이냐는 검사의 물음에 대하여 신흥우는 "극히 열정적인 지사적 풍격이 있고, 우리들보다 다분히 급진적 성향이 있다"라고 진술했다.135) 이승만이 "급진적 성향"이 있다는 말은 그의 평민

---

132) 「李承晩이 李商在에게 보낸 1925년4월7일자 편지」, 『대한민국임시정부자료집(42) 서한집 I』, p.274.
133) 「李承晩이 安在鴻에게 보낸 1925년4월7일자 편지」, 위의 책, p.274.
134) 金相泰, 「1920~1930년대 同友會·興業俱樂部硏究」, 《韓國史論》 28, 서울大學校國史學科, 1992 참조.
135) 長崎祐三, 「申興雨に對する檢事の訊問調書」, 《思想彙報》 (제16호), 1938년9월, p.133.

주의가 "급진적인 성향"을 지녔다는 뜻일 것이다.

5

상해 동포사회에서는 1924년4월부터 임시정부나 임시의정원의 동향보다도 국내에서 온 민정식(閔廷植)의 자금행방에 온통 관심이 쏠리고 있었다. 김구가 임시정부 주도의 독립당대표회의 소집에 찬성한 것도 개조파 그룹의 집요한 설득과 함께 민정식으로부터 회의개최 비용을 조달할 수 있을 것으로 판단했기 때문이었던 것 같다.[136]

민정식이 상해에 도착한 것은 4월4일이었다. 그는 부인과 여섯살 난 딸과 동행자 세 사람과 함께 왔다. 민정식은 명성황후[민비]의 조카인 민영익(閔泳翊)의 중국인 첩 소생이었다. 국내 신문에는 민정식이 막대한 재산을 주체할 줄 몰라서 공연히 겁을 먹고 상해로 도망한 것으로 보도되었으나,[137] 민정식의 상해행은 임시정부와 관련이 있었다. 이 무렵 재무총장 이시영의 비서로 일했던 민필호(閔弼鎬)에 따르면 《조선일보》의 편집국장 김병혁(金炳赫)과 민정식의 재산관리인 민병길(閔丙吉)이 임시정부가 곤경에 빠져 있다는 말을 듣고 상해에 숨겨져 있는 민영익의 유산을 찾아내어 임시정부를 돕기 위해 민정식을 상해로 유인해 낸 것이었다. 민병길은 민필호의 인척이었다.[138]

한편 재상해일본총영사관의 정보보고는 민정식이 주변에서 자신을 친일파로 비난하는 것을 모면하기 위하여 상해에 와서 임시정부에 독립운동 자금으로 거액을 제공하기로 약속했다고 기술했다. 그런데 민정식의 돈을 사용하는 문제를 두고 임시정부 안에서는 의견이 갈렸다고 한다. 노백린은 독립운동은 정신을 근본으로 하는 것이므로 민정식 같은

---

136) 「閔廷植의 滙豊銀行預金에 관한 件」, 『韓國民族運動史料(中國篇)』, pp.507~508.
137) 《東亞日報》 1924년3월5일자, 「亂麻가튼 竹洞宮內」.
138) 閔弼鎬, 「大韓民國臨時政府와 나」, 金俊燁 編, 『石麟 閔弼鎬傳』, p.80.

인물의 돈을 받는 것은 독립정신에 위배될 뿐만 아니라 임시정부의 위신에 관계되는 일이라면서 거절해야 된다고 주장한 반면에, 김구는 개전의 정이 있는 사람은 용서하여 당원을 늘려서 독립의 날을 더욱 앞당기도록해야 한다고 주장했다는 것이다.[139]

결국 임시정부는 민정식의 돈을 사용하기로 방침을 정했다. 그리하여 민정식은 얼마간의 자금을 임시정부에 내놓았다. 일본경찰의 정보보고는 민정식이 5월 중에 3만원, 6월 초순에 2만원 모두 5만원을 임시정부에 제공한 것 같다고 기술했으나,[140] 이는 과장된 액수일 것이다. 그러나 그것은 독립운동자들 사이에 그만큼 과장된 소문이 돌고 있었음을 말해 주는 것이었다. 일본경찰의 또 다른 보고는 민정식이 5월에 임시정부에 600달러를 내놓았고, 임시정부는 5월8일에 임시정부 청사를 이시영의 집 2층에서 한달 임대료 100달러인 프랑스 조계 서문로(西門路) 78호로 옮겼다고 했는데,[141] 아마 그 정도가 민정식이 실제로 제공한 액수였을 것이다.

상해에 도착한 민정식은 임시정부와 프랑스 경찰의 보호를 받았다. 임시정부는 프랑스 조계 고발로(古拔路) 7호에 민정식 일행이 머물 거처를 마련하고 사람을 붙여 보호하도록 했다. 그리고 프랑스 경찰이 지원해 준 개인 경호원 3명이 그의 경호를 담당했다. 그리하여 민정식은 친척들과 연락을 끊고, 다른 동포들로부터 협박당하지도 않았다. 그는 일본인들이 많이 살고 있는 홍구 근처를 제외하고는 어디든지 자유롭게 나다녔다.[142]

민정식이 나타나자 상해에는 민영익이 죽기 전에 수십만원에 이르는

139)「機密 제21호: 上海假政府近情二關スル件」, 1924년4월28일, 『不逞團關係雜件 鮮人ノ部 上海假政府(五)』.
140)「機密 제122호: 假政府改革問題二關スル件」, 1924년7월11일, 위의 책.
141)「機密 제98호: 假政府閣員任命其他二關スル件」, 1924년5월28일 및 「機密 제144호: 上海假政府ノ財政狀態二關スル件」, 1924년8월5일, 같은 책.
142)「閔廷植에 관한 文件 II」, 『韓國獨立運動史 資料(20) 臨政篇 V』, p.45.

막대한 자금을 상해와 홍콩의 은행에 맡겨 두었는데 민정식이 상해에 온 것은 그 자금을 찾아가기 위한 것이라는 소문이 퍼졌다.[143] 소문은 사실이었다. 고종은 가장 믿는 심복인 처조카 민영익을 시켜 홍삼 1만근을 상해에서 팔아서 수십만원의 비자금을 마련하여 상해의 은행에 예치해 두었는데, 한일합병 뒤에 이 돈은 민영익의 사유재산이 되고 말았다. 민영익은 본부인과의 사이에는 아들이 없었고 중국 망명 시절에 중국 소주(蘇州) 여성을 데리고 살았는데, 그녀와의 사이에서 난 아들이 민정식이었다. 그런데 민영익은 1914년에 죽으면서 아무런 유언도 없이 열쇠 하나만 소주 여성에게 맡겼고, 소주 여성도 얼마 있지 않아서 죽고 말아, 그 열쇠는 민정식이 물려받았다. 그는 그 열쇠로 민영익이 상해의 은행에 맡겨 둔 재산을 찾으려고 했지만, 그 열쇠가 어느 은행의 금고나 보험상자의 열쇠인지 알 수 없었다. 민영익은 생전에 서화를 좋아했고 자신이 난초를 잘 치기도 했으므로 값비싼 골동품도 남아 있을 것으로 기대했는데, 아무것도 찾을 수 없었다. 임시정부는 혹시 저금통장 같은 것이 나오지 않을까 하는 기대도 했으나 허사였다. 그리하여 이때부터 민영익이 숨겨 놓은 비자금을 찾기 위한 임시정부의 탐색전이 시작되었다.

임시정부는 청년들을 동원하여 밤낮으로 민정식의 신변보호에 힘쓰는 한편 민필호로 하여금 몇몇 외국인 변호사들과 함께 비밀리에 민영익의 예금이 실제로 있는지 알아보게 했다. 상해 영상회풍은행(上海英商滙豊銀行)에 민영익이 맡긴 보험상자가 보관되어 있었다. 그러나 상자 속에는 소송문서 몇장밖에 들어 있지 않았다. 낙담한 민필호에게 은행장은 혹시 홍콩 본점에 무엇이 있는지 모르겠다고 말했다. 과연 본점에도 민영익의 보험상자가 보관되어 있었다. 민필호 일행은 중국인 유력자 당소의(唐紹儀)를 찾아가서 홍콩회풍은행의 친구 앞으로 소개장을 써 받아 홍콩으로 갔다. 1년 동안 밀린 보험상자 임대료 1,000원을 지불하고 상자

---

143) 「閔廷植의 滙豊銀行預金에 관한 件」, 『韓國民族運動史料(中國篇)』, p.507.

를 열어 보았으나 그 상자 역시 비어 있었다.[144] 이렇게 하여 민영익의 숨겨 놓은 자금을 찾기 위해 8개월 동안이나 공들였던 김구 등 임시정부관계자들의 모든 노력은 수포로 돌아가고, 민영익의 돈의 행방은 수수께끼로 남았다.

이 무렵에 민정식의 장인 이범철(李範喆)이 사위와 딸을 본국으로 데려가기 위해 상해로 왔다. 일진회(一進會) 회원인 이범철은 민정식의 재산을 노리고 그의 딸을 민정식과 결혼시켰기 때문에 민정식은 그를 몹시 미워했다. 민정식은 장인의 요청을 거절하면서 한달 동안이나 만나지 않았다. 그러자 이범철은 일본총영사관의 힘을 빌려 민정식을 강제로 데려가려고 획책했다. 그는 일본총영사관에 사위가 한국인들에게 감금되어 있으므로 구출해 달라는 청원서를 제출했다.[145] 이 요청에 따라 12월10일 오전에 프랑스 경찰의 지원을 받은 일본경찰이 민정식 일행이 묵고 있는 천문대로 여업리(天文臺路輿業里) 1가 28호의 집을 덮쳤다.

이범철은 일본 형사들을 1층에 대기시킨 채 민정식을 2층 방으로 데려가서 설득했다. 그러나 민정식은 이범철을 따라 나서려고 하지 않았다.

"당신은 나를 어디로 데려가려 합니까? 나는 어느 곳이든 당신을 따라가는 것을 더 이상 원치 않습니다."

"그렇게 말하지 말게. 나는 경찰들과 함께 왔네."

민정식의 완강한 저항에도 불구하고 일본경찰은 민정식과 그의 처와 어린 딸을 자동차에 태워서 일본총영사관으로 데려갔다.[146] 일본총영사관은 사흘 뒤에 민정식에게 일본경찰 한명을 붙여서 상해를 떠나게 했다.[147]

민정식이 일본경찰에 연행되었다는 소식을 듣고 당황한 임시정부는

---

144) 閔弼鎬, 앞의 글, pp.81~82.
145) 「閔廷植에 관한 文件 I」『韓國獨立運動史 資料(20) 臨政篇 V』, pp.38~39.
146) 「閔廷植에 관한 文件 II」 위의 책, pp.45~46.
147) 「閔廷植의 救出顚末에 관한 件」『韓國民族運動史料(中國篇)』, p.509.

긴급회의를 열고 대책을 논의했다. 민정식이 일본경찰에 연행되던 날 밤에 김구는 부하 여러명을 풀어서 일본 여관과 그 밖에 민정식 내외가 있을 만한 장소를 찾아보았으나 허사였다.[148]

민정식이 일본경찰에 연행된 사실이 알려지자 상해 동포사회는 벌집 쑤신 듯했다. 여기저기에서 임시정부를 성토하는 목소리가 터져 나왔다. 흥분한 일부 동포들은 임시정부의 무능에 분격하여 임시정부 청사로 몰려가서 항의했다. 결국 국무총리 이동녕이 민정식이 연행된 다음날인 12월11일에 사건의 책임을 지고 임시의정원에 사퇴의사를 표명하는 사태가 벌어졌다.

이동녕 내각의 와해를 획책하고 있던 개조파들은 뜻밖의 기회를 만났다. 그들은 흥분한 청년들의 여론을 업고 총장들의 총사직을 요구했다. 그리하여 김구를 비롯한 모든 각료들도 모두 사직하고 말았다.[149] 이동녕이 사직의사를 표명한 그날로 임시의정원은 기다렸다는 듯이 고령의 박은식(朴殷植)을 대통령 대리로 선출했다.[150]

---

148) 「救出後의 韓人獨立運動者의 動靜」, 위의 책, p.509.
149) 「機密 제225호: 僭稱假政府幹部更迭ニ關スル件」, 1924년12월27일, 『不逞團關係雜件 鮮人 ノ部 上海假政府(五)』.
150) 《大韓民國臨時政府公報》 제40호(1924년12월27일), 『대한민국임시정부자료집(1) 헌법 · 공보』, p.141.

43장

탄핵되는 임시대통령

1. "삼방 연합"으로 임시대통령 축출 모의

1

이승만이 하와이 한인대표회를 마치고 나서 동지회의 확대조직을 위하여 하와이 각 섬을 순방하고 있던 1924년12월6일에 안창호(安昌浩)가 하와이에 왔다. 안창호는 10월30일에 남경에서 제10회 홍사단 원동대회를 주재하고 나서 11월22일에 상해를 출발하여 요코하마(横濱)를 거쳐 샌프란시스코로 가는 길에 호놀룰루에 들른 것이었다.[1] 그는 이때에 중국 여권을 가지고 여행했는데, 호놀룰루에서는 나흘 동안 머물렀다.

안창호는 도착한 이튿날인 일요일 아침에 한인감리교회의 예배에 참석하여 설교를 하고, 저녁에는 한인기독교회의 저녁예배에 참석하여 "국민의 도덕적 토대"라는 제목으로 연설을 했다. 월요일 저녁에 열린 각 단체 연합환영회에는 400여명의 동포들이 모였다. 그리고 화요일 저녁에는 3주일 전에 이승만의 환영회가 열렸던 와이알루아 극장에서 안창호 환영회가 열렸다.[2]

안창호는 12월10일에 매소니아 호(S. S. Matsonia)편으로 호놀룰루를 출발하여 12월16일에 샌프란시스코에 도착했다.[3] 1919년4월1일에 3·1운동 소식을 듣고 설레는 마음으로 샌프란시스코를 떠난 지 4년8개월만의 귀환이었다.

1924년12월11일의 임시의정원 회의에서 박은식(朴殷植)이 임시대통령 대리로 선출된 것을 시작으로 1925년3월18일의 이승만 임시대통령의 탄핵과 4월7일의 제2차 임시헌법 개정에 이르기까지의 일련의 "정변"은

---

1) 《新韓民報》 1924년12월4일자, 「안창호씨의 도미설」 및 1924년12월11일자, 「안창호씨 도포」.
2) 《新韓民報》 1924년11월27일자, 「안도산환영회 3일간에 연속하여」. 이때의 《新韓民報》는 안창호가 머문 기간이 요일이 같은 13~16일이라고 했으나 이는 오류이다.
3) 《新韓民報》 1924년12월18일자, 「안창호씨 도착」.

안창호를 중심으로 한 개조파 세력의 쿠데타였다. 안창호는 샌프란시스코에 있으면서 쿠데타를 원격조종했다.

안창호는 상해를 떠나오기 전에 조상섭(趙尙燮), 이유필(李裕弼), 이규홍(李圭洪) 등 측근들과 임시정부의 개조문제, 곧 이승만을 임시대통령직에서 퇴출시키는 문제에 대하여 깊이 논의했었다. 독립운동 기간에는 임시대통령과 국무총리를 바꾸어서는 안되고 국권을

개조파들에 의하여 임시대통령 대리로 선출된 박은식.

회복한 뒤에는 독립문 앞에 이승만과 이동휘(李東輝)의 동상을 세워야 한다고 외쳤던 안창호는 이제 이승만 축출세력의 좌장이 되어 있었다. 그러한 사정은 박은식 내각에서 외무 겸 재무총장이라는 중책을 맡은 이규홍이 안창호에게 보낸 편지에서 "선생 출항 전에 의논하던 삼방연합(三方聯合)으로 장래 대계를 수립하자는 일"을 거론한 것으로도 짐작할 수 있다.[4]

이규홍이 말한 "삼방"이란 첫째로 의정원 의장을 지낸 조상섭과 교민단장 겸 인성학교(仁成學校) 교장을 지낸 이유필 등 흥사단 계통의 서북파 인사들, 둘째로 초대 내무차장을 지낸 이규홍 자신과 상해파 고려공산당의 핵심간부로서 안창호의 협조로 흥사단 청년부까지 흡수하여 1924년4월에 청년동맹회를 결성한 윤자영(尹滋瑛) 등 경상도 출신 인사들, 셋째로 의정원 의장 최창식(崔昌植)과 의정원 부의장이자 교민단장

4) 「李圭洪이 安昌浩에게 보낸 1925년4월17일자 편지」, 『대한민국임시정부자료집(42) 서한집 I』, p.276.

인 여운형(呂運亨) 등 이르쿠츠크파 고려공산당 간부인 일부 기호파 인사들을 지칭하는 것으로 판단된다. 실제로 이승만의 "유고" 결의에서부터 박은식 내각의 성립에 이르는 일련의 조치는 이들 세 그룹의 "연합"으로 추진되었다.

박은식 내각의 학무총장으로 선임된 조상섭은 안창호에게 보낸 편지에서 박은식 내각이 출범하는 데는 "우스운 일"이 많았다고 다음과 같이 적었다.

그 경과는 의정원으로부터 이동녕(李東寧)씨에게 다시 조각하야 법제를 개조하야 국면을 전환하라고 이삼차 의장, 부의장을 파송하야 권고한즉 이씨는 불응하고, 수삼차 답하는 바는 나는 가노라 하야, 의회로서 조각할 것을 조력하기까지 간절히 말하나 종시 불응하는 고로, 언제 가는가까지 질문되었으나 사직할 곳이 없어 못 간다 하다가 (억지 답변이 무상함), 의정원에서 원에 사직하라 하야 종내 할 수 없어 의정원에 나와 기직(棄職)을 선언하였나이다.… 백암(白巖: 朴殷植) 선생에게 대통령 인신(印信)을 인계하던 시간 말씀을 득문(得聞)하오면 우스운 일이 많사오나, 다 기록하지 못하오니 짐작하시옵소서.…[5]

개조파 그룹의 맹렬한 공세 속에서도 이처럼 이동녕은 엉거주춤한 입장을 취하다가, 뜻밖의 민정식(閔廷植) 사건으로 상해 동포사회가 들끓는 속에서 떠밀리다시피 하여 12월11일에야 의정원에 구두로 사의를 표명했고, 의정원은 그 자리에서 그의 사의를 접수함과 동시에 박은식을 임시대통령대리로 선출한 것은 앞에서 본 대로이다. 이날 출석한 의원은 13명이었다. 그것은 물론 원칙적으로 의결정족수에 미달하는 수였다.

5) 「趙尙燮이 安昌浩에게 보낸 1924년12월23일자 편지」, 『대한민국임시정부자료집(42) 서한집 I』, p.258.

박은식은 이튿날 임시의정원 회의에 출석하여 대통령대리직을 수락하고, "법제를 개정하여 시대와 민도에 맞도록 하고 독립운동자로 하여금 자유로이 활동케 하고 싶다"는 취지의 소신을 피력했다.[6] 그것은 서둘러 개헌을 단행하겠다는 개조파의 뜻을 반영한 것이었다. 이어 16일에는 자기 자신을 국무총리로 임명하는 것을 비롯하여 내무총장 이유필, 외무 겸 재무총장 이규홍, 군무 겸 교통총장 노백린(盧伯麟), 법무총장 오영선 (吳永善), 학무총장 조상섭, 노동국총판 김갑(金甲)의 새 내각 인준안을 임시의정원에 제출하여 동의를 얻었다. 이튿날 이동녕 내각의 각부 총장들이 모두 사임하고, 박은식을 국무총리로 하는 새 내각이 출범했다. 박은식은 자신의 임시대통령대리직은 저절로 없어지고 자신이 국무총리로서 임시대통령의 직권을 대리할 것이라고 선언했다.[7] 이시영은 이승만에게 보낸 편지에서 새로 출범한 내각에 대하여 "그런즉 순전히 서도인(西道人), 즉 흥사단 내각이 된 셈입니다"라고 썼다.[8]

　　이러한 상황에서 두문불출하고 의정원 회의에도 출석하지 않던 조완구(趙琬九)는 임시의정원 명의로 규탄성명서를 발표하자고 했으나 과반수 의원의 동조를 얻지 못하여 12월19일에 「의정원 의원 조완구」 명의로 개조파의 행동을 "사변(事變)"이라면서 격렬하게 성토하는 다음과 같은 요지의 성명서를 발표했다.

　　　새로 선출된 임시의정원 의장 최창식은 음모적 수단을 부려 의장에 당선되었고, 의장의 직권을 이용하여 온갖 불법행위를 감행하여 박은식으로 하여금 대통령대리에 선임되게 하는 등의 행위는 우리 광복운동의 대업을 파괴하는 것이므로, 이를 배척하고 속히 이를 시정할

---

6) 「臨時政府」, 『韓國民族運動史料(中國篇)』, p.541.
7) 《大韓民國臨時政府公報》 제40호(1924년12월27일), 『대한민국임시정부자료집(1) 헌법·공보』, pp.141~142.
8) 「李始榮이 李承晩에게 보낸 1925년2월25일자 편지」, 『대한민국임시정부자료집(42) 서한집 I』, pp.267~268.

것을 요구하면서 이 사실을 동포에게 전함.[9]

이 성명서는 상해 동포사회에 새로운 논란거리를 제공했을 뿐만 아니라 미주와 하와이에까지 전해져서 이승만 지지자들을 격분시켰다.

한편《상해평론(上海評論)》창간호의 다음과 같은 논평은 개조파 그룹이 어떤 의도에서 쿠데타 방법으로 박은식 내각을 성립시켰는지를 짐작하게 한다.

그러나 국무총리 겸 대리대통령인 이동녕이 역시 위원제에 동의할 의사가 없던 모양이라. 이것이 금일까지 장구한 동안 헌법개정안이 해결되지 못한 까닭일 것이다. 그런데 여러 가지 우여곡절이 있은 뒤에 마침내 이동녕이 사직서를 제출하고 박은식의 출각(出脚)을 보게 되었다. 그래서 박은식 내각을 과도내각이라고 하는 것은 그 유일한 직무가 헌법개정안의 통과에 동의의 날인만 하면 그만인 까닭이라. 그리하야 개정된 헌법이 실시되는 날부터는 대통령이니 국무총리니 총장이니 차장이니 하는 명칭부터 없어지고 말 것인즉, 그때의 인선문제는 별 문제가 된다.

그리고 보면 아무 이의 없이 교묘하게 소위 법리적으로 결함과 폐단이 많은 임시정부의 제도가 일변될 것이며, 맨데토리[위임통치]로 문제인물인 이승만의 대통령도 불공자파(不攻自破)로 소실되고 말리라는 것이다.…

요컨대 박은식 내각의 유일한 임무는 헌법개정이고 그렇게 함으로써 이승만을 임시정부에서 축출하는 것이었다. 그리고 개정헌법에는 대통령, 국무총리, 총장 등의 직책이 없어지고 그 대신에 위원장, 서기장, 위원, 서기

---

9) 『朝鮮民族運動年鑑』 1924년 12월 19일조; 「在上海獨立運動者의 近情」, 『韓國民族運動史料(中國篇)』, p.547; 《독립신문》 1925년 2월 21일자, 「新國務員들의 經綸은 무엇인가?」.

등의 소비에트식 제도가 마련될 것이라고 했다. 《상해평론》은 또 헌법개정이나 제도개혁에 앞서 이승만을 탄핵해야 된다고 다음과 같이 주장했다.

> 만일 미주에 있는 이승만이 제도가 완전히 변혁되기 전에 상해에
> 도래하야 대리대통령의 직권이 취소되면 박옹의 유일한 직무는 와해
> 될 것이 아닌가. 그러나 이승만은 오지 못한다 치자. 만일 이승만이 미
> 주에 있지 않고 상해에 있었다면 개정하여야 될 헌법을 개정하지 못
> 할 것인가.…
> 이승만에 대하야는 탄핵할 권리가 있고 또 탄핵하여야 할 책임도
> 있다 하노니, 이것을 책(責)하든지 노(怒)하든지 반드시 이에 대한 태
> 도부터 분명히 하여 놓은 뒤에 헌법개정이나 제도개혁을 할 것이 아닌
> 가. 권모술책으로써 상도(常道)를 회피함이 아닌가. 이승만으로 만일
> 전 각료들과 위원제에 반대하는 일부의 의원들과 연결하야 가지고 제
> 도의 개혁을 부인하는 성명서나 발표하면 구제도는 일부에서 의연히
> 유지되는 동시에 정부가 다시 조직될 것이다.…[10]

이승만이 동조자들과 함께 제도개혁을 반대하는 성명서를 발표하면 구제도는 유지되는 동시에 정부가 다시 조직될 것이라고 우려하고 있는 것이 흥미롭다.

《상해평론》은 끝으로 새로 조직될 임시정부는 각 무장투쟁 단체들의 연합체로 구성되어야 하고 그 위치는 서북간도에 두어야 한다고 다음과 같이 주장했다.

> 현금의 형세로는 독립운동의 최고기관이 되자면 실지에서 전투하
> 는 운동단체가 각각 대표를 송출하야 한 연합체의 조직을 구성하고

---

10) 「機密 제17호:《上海評論》創刊號(1924.12.22.), 臨時政府의 改造와 新內閣」, 1925년 1월 16
일, 『不逞團關係雜件 鮮人ノ部 上海假政府(五)』.

운동자의 실지경험에 의하야 운용이 민활하고 실지에 적합하도록 하여야 할지니, 이것은 서북간도에서 실현되어야 할 것이라 하노라.…[11]

12월28일에 새로 임명된 국무원 전원과 의정원 의장 최창식, 의정원 법제위원장 윤자영이 회합하여 논의한 내용은 눈여겨볼 만하다. 이른바 "삼방연합"의 핵심인사들이 모인 회합이었다. 회합에서 논의된 사항은 1) 헌법개정문제, 2) 재정통일 및 의무금 수합문제, 3) 임시정부 직원 보충과 임시의정원 의원보선문제였다. 개헌문제에 대해서는 대다수의 참석자들이 대통령제를 폐지하고 위원제로 바꿀 것을 주장했다. 주목되는 것은 위원제로 개정하자는 주장의 이유였다. 얼마 전에 여운형이 북경에 가서 소비에트 러시아 정부대표 카라한(Lev M. Karakhan)을 만났을 때에 카라한이 말하기를 한인단체가 질서 있게 통일 정돈되면 상당한 재정원조를 하겠다고 약속했다는 이야기가 있으므로, 그 원조를 속히 실현시키려면 하루라도 빨리 대통령제를 위원제로 바꾸는 개헌을 단행해야 한다는 것이었다.

카라한은 볼셰비키혁명 초기에 외무인민위원으로서 1919년7월과 1920년9월에 제정러시아가 중국으로부터 강제로 취득한 권익을 포기할 것을 천명한 이른바 「카라한선언」을 발표하여, 5·4운동 이후의 중국 지식인들에게 공산주의 사상을 보급시키는 데 큰 영향을 끼친 인물이었다. 그가 여운형을 만나서 나누었다는 대화의 내용은 확인할 수 없으나, 이 무렵 중국에서 활동하던 한인 독립운동자들이 그에게 큰 기대를 걸고 있었던 것은 개조파 그룹의 이날의 회합으로도 짐작할 수 있다.

이 무렵 소비에트 러시아는 중국국민당에 자금지원을 하고 있었다. 러시아 공산당 중앙위원회 정치국은 1923년3월에 중국국민당에 200만 멕시코 달러의 자금 원조를 제공하기로 결정하고, 5월1일에 이를 손문

---

11) 위와 같음.

(孫文)에게 통보하면서 중국의 혁명을 위하여 중앙집권화된 기관을 설치할 필요가 있음을 강조했다. 1차로 50만루블이 1924년3월20일에 전달되고, 무기는 1924년10월8일에 블라디보스토크로부터 광동(廣東)에 도착했다.[12] 이러한 사실은 한국 독립운동자들에게도 웬만큼 알려졌을 것이고, 따라서 여운형이 카라한을 만났을 때에도 자금지원문제가 거론되었을 개연성은 있다.

12월28일의 회합에서는 재정문제에 대해서는 상해 거류동포들의 의무금과 각원들의 거출금으로 당분간 정부를 지탱하기로 했다. 그리고 임시정부의 직원보충문제는 정부재정이 극도로 궁핍한 때인 만큼 당분간 보류하기로 했다.[13] 이들은 이때에 이미 구미위원부도 폐지하기로 "극비밀히 내정"해 놓고 있었다.[14]

"삼방연합"의 개조파 그룹의 핵심멤버들이 다 참석한 이날의 회의에 여운형이 참석하지 않은 것이 눈길을 끈다. 주상해일본총영사의 정보보고에 따르면, 이 무렵 여운형은 독자적인 내각조직을 모색하고 있었다. 국무총리는 자기 자신이 맡고, 외무총장 윤자영, 법무총장 현필건(玄弼健), 학무총장 조상섭 등의 각원 구성을 생각하고 있었다는 것이다.[15]

《독립신문》은 개조파 그룹이 황급히 박은식을 임시대통령대리로 내세우고 자신들이 각원에 취임한 것을 가리켜 "괴이한 일이라 아니할 수 없다"라고 평하면서도, 연래의 숙제인 헌법개정 작업을 완성하는 것이 박은식 내각의 시급한 과제라고 말하고, 비정상적인 정권접수에 대한 사회의 비평도 "이 헌법개정이 완성되는 날 꼬리를 돌릴 것"이라고 헌법개정을 촉구했다.[16]

---

12) ボリス・スラヴィンスキー/ドミトリー・スラヴィンスキー著, 加藤辛廣 驛, 『中國革命とソ連：抗日戰までの舞台裏 1917-1937』, 共同通信社, 2002, pp.109~111.
13) 「臨時政府」, 『韓國民族運動史料(中國篇)』, pp.541~542
14) 「李圭洪이 安昌浩에게 보낸 1924년12월21일자 편지」, 『대한민국임시정부자료집(42) 서한집 I』, p.257.
15) 「臨時政府의 動搖」, 『韓國民族運動史料(中國篇)』, pp.509~510.
16) 《독립신문》 1925년2월21일자, 「新國務員들의 經綸은 무엇인가?」

이승만이 박은식의 임시대통령대리 취임소식을 안 것은 이시영(李始榮)의 다음과 같은 전보를 통해서였다.

　박은식 대통령대리 취임. 각원 신 조직. 헌법을 개정한다 하오. 난국이오. 이시영. 돈 보내시오.[17]

이승만은 12월21일에 국무원 앞으로 단호한 편지를 써 보냈다.

　의정원에서 어떠한 법률로 어떠한 의안을 통과하든지 우리는 다임시편의로 보아 방임할지로되, 급기 13도 대표가 국민대회로 한성에 모여 선포한 약법 제6조 "본 약법은 정식 국회를 소집하여 헌법을 반포할 때까지 이를 적용함"이라고 한 법문과 위반되는 일을 행하여 한성조직의 계통을 보유치 못하게 되는 경우에는 결코 준행하지 않을지라.… 국민 전체를 상당히 대표한 입법부가 완성하기 전에는 의정원이 이들 법안을 통과하기 불능합니다.…[18]

이승만은 또 이튿날 이시영에게도 다음과 같은 편지를 썼다. 그것은 이승만의 지시에 따라 인구세를 임시정부로 보내는 것을 중단한 교민단장을 이시영이 힐책한 것을 나무라는 것이었다.

　하와이 교민의 인구세를 중지한 것은 다 본 통령의 지휘에 의하야

---

17) Leesiyoung to Daitongyung, Dec. 14, 1924, *The Syngman Rhee Telegrams*, vol. Ⅳ., p.544.
18) 《大韓民國臨時政府公報》 제42호(1925년4월30일), 『대한민국임시정부자료집(1) 헌법·공보』, pp.157~158.

행한 바이니, 위원이나 단장을 힐책할 것이 아닙니다.… 본 통령이 하와이교민단장과 부인회장에게 지시하여 상해로 납송할 공전을 다 정지하고 다시 지시를 기다리라 하였나니…

그리고 그러한 조치의 근거인 임시정부와 구미위원부의 임무 분장에 대하여 자신의 지론을 다시 강조했다.

　　태평양 동서로 구역을 나누어 원동 각지는 상해에서 관리하고, 미주와 하와이 각지는 워싱턴에서 관리하여 현상유지책 하에서 각각 분담 진행하되, 단 중대사항에 대해서는 피차 협의를 얻어서 행하게 하였나니…

이승만은 또 임시정부가 미주와 하와이 동포들이 국법을 복종하지 않는다고 나무라는 것을 비판했다.

　　내지에서 기십만원의 재정이 상해로 유입할 당시에 정부에서 외교사무를 위하여 일푼전도 보조한 적이 없었으며, 원동에 산재한 수백만 동포에게 은전 1원을 징수하지 못하면서 미주와 하와이에 대하여 공납을 불납이라, 국법을 불복이라 하는 명사로 논책할 수 없습니다.…19)

개조파 그룹은 이승만이 자기들의 조치를 순순히 받아들일 것으로는 물론 기대하지 않았다. 그들은 이승만의 태도와는 관계없이 자신들의 기존방침을 밀어붙이기로 했다. 그러나 이들 개조파 그룹의 일련의 행동방침은 자신들의 판단만으로 결정할 수 없었다. 안창호와 상의해야 했

---

19) 위의 책, pp.156~157.

기 때문이다. 안창호는 이승만을 임시정부에서 퇴출시킨다는 방침만 정해 놓고 미국으로 갔다. 그리하여 이동녕 내각이 사퇴하자 이유필, 이규홍, 조상섭 세 사람은 따로따로 안창호의 의견을 묻는 편지를 썼다. 이규홍이 취임 직후인 12월21일에 안창호에게 보낸 편지는 여러 가지 사항을 구체적으로 물었다.

> 우리의 사명은 법제 개정이오며, 개정기한은 될 수 있는대로 단시기로 생각하고 법제는 우선 헌법에 착수하기로 하였으나, 헌법 개정할 주요점은 아직 토론치 못하였사옵니다. 이 주요점에 선생의 의견을 바라오니 혜교하옵소서. 법제 개정하는 시간 내에 내정 정리와 재정 통일과 외교 진행을 누누이 작정하는 중에 구미위원부를 폐지하기로 극비밀히 내정하고 아직 그곳 사정과 외인관계가 미상하와 발포를 주저하오니, 위원부 대신에 외교와 재정을 속히 정돈하려 하오니 고견을 혜교하옵소서.…

이처럼 개조파 그룹은 맨 먼저 구미위원부를 폐지하기로 결정했다. 이규홍은 안창호에게 구미위원부가 하던 일을 맡길 만한 단체나 개인이 있느냐고 묻고, 임시정부의 절박한 재정형편을 설명하면서 "다소를 불구하옵고" 시급히 자금지원을 해 달라고 요청했다.[20]

이틀 뒤인 12월23일에는 학무총장 조상섭이 안창호에게 그동안의 경과를 자세히 보고하면서, 미주대표 의정원 의원을 선정해 줄 것과 정부유지비로 "다만 몇백원이라도" 보내달라고 간곡하게 부탁했다.[21]

임시정부는 이승만의 송금이 완전히 중단됨으로써 극도의 재정난에 빠졌다. 11월부터는 한달에 100달러의 집세뿐만 아니라 전기료도 내지

---

20) 「李圭洪이 安昌浩에게 보낸 1924년12월21일자 편지」, 『대한민국임시정부자료집(42) 서한집 I』, p.257.
21) 「趙尙燮이 安昌浩에게 보낸 1924년12월23일자 편지」, 위의 책, p.258.

못하여 단전되는 형편이었다. 그리하여 임시정부는 인성학교 건축비로 광동은행(廣東銀行)에 맡겨 둔 2,000달러를 인출하여 밀린 집세 300달러를 지불하고, 1925년1월20일에 청사를 프랑스 조계 포석로 신민리(蒲石路新民里) 14호의 대한적십자회 부회장 안정근(安定根)의 집 2층으로 옮겼다. 그 돈은 1923년에 하와이에서 왔다가 병사한 평북 출신 박아무개의 유산이었다.[22]

조상섭은 1925년1월5일에 다시 안창호에게 편지를 보내어 임시의정원과 국무원의 제도개혁에 대한 상해 인사들의 의견을 보고하면서 안창호의 의견을 물었다. 조상섭은 삼두(三頭)정치제도를 마련하여 안창호, 이동녕, 김동삼(金東三) 세 사람이 대통령 권한을 공동으로 행사하게 하자는 안도 있다고 말하고, 그러나 자기는 제도가 어떻게 변경되든지 안창호가 수령이 되어야 한다고 생각한다면서 그의 결심을 촉구했다.[23]

안창호는 1월20일에 이유필과 조상섭 앞으로 임시정부의 현안문제들에 대한 자신의 의견을 하나하나 밝히는 긴 편지를 보냈다. 그가 구술하고 홍언(洪焉)이 받아 쓴 것이었다. 먼저 제도개혁문제에 대해서는 다수의 의견에 맡기겠다고 하면서도 위원제라는 말은 사용하지 않는 것이 좋겠다고 말했다. 위원제라고 하면 일반대중에게는 위령(威令)이 감해지는 한편 "적화(赤化)되었다는 선전의 방해가 있을까" 염려되고, 또 "최고권자의 권한을 약하게 하는 것이 지금은 별로 관계가 없겠으나 앞으로 직접 운동 실행시기에는 폐해가 있지 않을까" 염려되기도 하므로 주의해야 된다는 것이었다.

구미위원부문제에 대해서는, 법리상으로 보아서는 폐지하는 것이 당연하나 갑자기 폐지하면 위원부를 맹목적으로 지지하는 사람들은 무조

22) 「臨時政府」, 「韓國民族運動史料(中國篇)」, pp.541~542; 「機密 제14호: 僭稱假政府移轉其他二關スル件」, 1925년1월28일, 「不逞團關係雜件 鮮人ノ部 上海假政府(五)」.
23) 「趙尚燮이 安昌浩에게 보낸 1925년1월5일자 편지」, 「대한민국임시정부자료집(42) 서한집Ⅰ」, pp.259~260.

건 반항하는 동시에 위원부를 망하게 한 책임을 현 내각에 지울 것이므로 앞으로의 형편을 보아 군중의 반감을 사지 않고 조처해야 된다고 말하고, 위원부의 형편을 더 조사한 뒤에 다시 의견을 말하겠다면서 그때까지 기다리라고 했다.

금전수납문제에 대해서는, 국민회 지방총회에 위탁하여 수금케 하는 것이 합당하겠지만, 아직은 아무 명령을 표시하지 말고 자기가 국민회 당국자에게 비공식으로 부탁하여 거두어지는 대로 임시정부에 보내는 것이 좋겠다고 말했다.

안창호는 또한 자기가 임시정부의 수령이 되어야 한다는 측근들의 요망에 대해서는 단호히 거절했다. 그 이유를 그는 다음과 같이 설명했다.

귀지의 여러 사람들이 저를 두령으로 선거하더라도 저는 결코 실행치 않겠습니다. 이같이 말씀하오면 불성의로 오해할 이도 있을 줄 압니다마는, 저는 임시정부의 두령이 되어가지고는 아무것도 적극적으로 진행할 자신이 없습니다. 임시정부 명의를 존속하기 위하여서는 백암(白巖) 선생이나 기타 누구든지, 즉 백암 선생과 같이 공정하고 인애하는 덕이 있는 이면 만족하오니, 명의보전을 위하야는 특별한 인재를 요구할 필요가 없습니다. 현 시국에는 어떻게 출중한 인격자라도 자기 손에 상당히 활동할 만한 금력을 가지지 못하고 주위에 진정한 후원을 줄 중견인 동지자가 없고서는 아무것도 못 할 줄을 밝히 봅니다. 내가 … 경제력과 후원력을 예기치 못할 것은 형들도 자세히 아시는 바이 아니오니까.…

안창호는 마지막으로 현 상황에서 아무리 좋은 제도와 법규를 제정하더라고 그것으로 군중을 집중시키는 데는 별로 효과가 없을 것이라고 말하고, "법식 이전에 비공식으로 각 방면 유실력한 인사에게 감정이 융화되고 임시정부를 유지할 책임심이 생기도록 소통에 노력함이 가장 필요할 줄로 아옵니다"라면서 이상룡(李相龍), 이탁(李沰), 구춘선(具春善), 김규식(金奎植), 이동휘 심지어 이승만까지 포함하여 정치계, 종교계, 교육계, 군인계 그 밖의 각 단체 두령에게 앞으로 최고기관을 유지할 대책과 독립운동을 진행할 방침을 말해 달라고 간곡하게 부탁하여 다수가 바라는 대로 제도를 정하고 인물을 선정하는 것이 좋겠다고 말했다.[24]

안창호의 이러한 주장은 이승만의 탄핵과 임시헌법 개정이 자기를 "두령"으로 추대하기 위한 서북파의 분파주의적 행동의 소산이라는 비난과 그에 따른 독립운동자들의 분열을 우려했기 때문이었을 것이다.[25] 그러나 고령인 데다가 자금동원 능력면에서도 자기보다 훨씬 못한 박은식을 내세워 이승만을 퇴출시키면서도 자신이 임시정부의 "두령" 되기를 거부하는 것은 이때의 "정변"이 임시정부의 "개조"에 대한 확고한 비전과 의욕에 따른 결단이었기보다는 이승만의 퇴출에 더 비중을 두고 결행한 행동이었음을 말해 준다.

3

박은식 내각의 출범에 대한 이승만과 그의 지지자들의 생각은 《구미위원부통신》 1925년1월28일자 제9-1호와 2월15일자 제9-2호의 「우리 시국에 대하야」라는 성명에 잘 드러나 있다. 《통신》 제9-1호(특별호)는 먼저 그동안의 이승만과 임시정부의 알력의 경위를 이렇게 설명했다.

거년 봄부터 상해에서 어떤 야심가의 선동으로 일부 청년들이 헌법을 무시하고 사리를 불변[不辨: 분간하지 못함]하는 망동으로 중대한 정부기초를 변복시키려 하는 음모를 시작하였소. 그동안 우리는

---

24) 「安昌浩가 李裕弼과 趙尙燮에게 보낸 1925년1월20일자 편지」, 『대한민국임시정부자료 (42) 서한집 I』, pp.261~266.
25) 윤대원, 『상해시기 대한민국임시정부 연구』, p.248.

대통령을 도와 좋지 못한 이 정쟁을 안으로 잘 단속하여 무사히 해결하려고 고심초사하였소.

그들이 의정원의 명의를 참용[僭用: 분에 넘치게 사용함]하야 대통령대리를 선거하느니 정부를 개조하느니 할 때에 대통령과 위원부에서는 그들의 계획이 민국헌법을 위반하고 정부의 위신을 타락시켜서 독립운동의 계속 진행을 저해하는 유해무익한 일임을 들어 누누이 설명하고 경고하였소.…

알력의 원인을 "어떤 야심가의 선동" 때문이라고 단정한 점이 눈길을 끈다. "어떤 야심가"란 안창호를 지칭하는 말이었다.

《통신》은 임시의정원의 임시대통령 "유고" 결의를 신랄하게 비판했다. 임시대통령이 정부 소재지를 떠나 있는 것은 개인적 사유 때문이 아니라 광복운동의 실제적 활동을 위한 불가피한 공무수행 때문이라는 점 등을 통보했는데도, 상해에서는 이동녕을 임시대통령대리라고 공포하고 헌법을 개정하느니 하며 질서를 문란시켜 정국을 더욱 분규하게 만들었다는 것이었다. 그리하여 그들의 비법 망동을 모든 동포들에게 알리고 임시대통령의 직권을 행사하여 위법분자들을 엄중히 처치하고 기강을 바로잡으려고 했으나, 부패한 내막이 외국인들에게 알려지면 조소를 살까 염려하여 남모르게 원만히 해결하려고 백방으로 힘써오던 참이라고 말하고, 박은식 내각의 발족 경위를 이렇게 비난했다.

처음에는 그들의 이용거리가 되야 대리대통령이라고 하고 독립당 대표회의를 소집하느니 하며 떠들던 이동녕씨도 얼마가지 못하야 모든 계획이 틀리고 일이 어렵게 되매 그 직임을 포기한다 하며 물러가고, 음모파 십수인이 모여 70노인 박은식씨에게 대리대통령의 허명을 맡기고 제각기 총장의 이름을 차지하기에까지 이르렀소.…

《통신》은 그러면서 박은식이 12월21일부로 이승만에게 보낸 편지 내용을 소개했다. 이동녕이 그 직임을 포기한 뒤에 정국이 무정부상태에 이르렀으므로 부득이 자기가 임시로 그 명의를 띠고 혼돈한 정국을 붙잡고 있으니 대통령이 속히 선후책을 써서 난국을 수습하라고 간구(懇求)했다는 것이었다. 그래서 지금 임시대통령과 구미위원부는 상해에 있는 정의파 각원과 의정원 의원과 그 밖의 유력한 인사들과 더불어 시국수습에 전력하고 있다고 썼다.[26]

《통신》제9-2호의 「우리 시국에 대하야」는 이번 "정변"이 헌법위반임을 구체적으로 적시했다. 임시헌법은 "임시의정원의 정원은 57인이고, 총의원의 과반수가 출석하지 않으면 개회하지 못한다"(제29조)라고 규정하고 있음에도 불구하고 제12회 임시의정원은 7명의 의원으로 개회한 이래 20인 이상이 참석한 적이 없으며, 또한 소수의 의원들이라도 전원이 출석하여 의회규칙에 따라 정당하게 의안을 토의한 것이 없었으므로, 제12회 임시의정원은 "민국헌법에 의한 적법한" 의정원이 아니며, 따라서 이 회의에서 의결한 사항은 헌법상 효력이 생기지 못하므로 대한민국 정부나 국민이 그 책임을 지지 아니할 것이라고 단언했다. 그러고는 "민국 6년12월11일에 상해에서 청년 13명이 모여서 의정원이라고 자칭하고 박은식씨를 헌법 제17조에 의하야 대통령대리로 선거하였다는 논리가 성립될 수 있을까. 가령 미주나 하와이 어떤 지방에서 13명이 모여서 국회를 열고 대통령을 내고 내각 총장을 임명했다 하면 이를 믿을 이가 있을까"라고 비꼬고, "아무리 우리의 정도가 유치하고 질서가 문란하기로 사리를 분변(分辨)못하는 몇 사람의 어리석은 장난을 믿으며 복종할 사람은 없을 것이다"라고 질타했다.

「우리 시국에 대하야」는 그동안의 분규에도 불구하고 임시정부가 유지되어 온 것은 한성정부의 정통성과 임시대통령 이승만의 "천신만고를

---

26) 《구미위원부통신》 제9-1호(특별호), (1925년1월28일).

겪으면서 지금까지 유지해 온 까닭"이라고 이승만의 공로를 다음과 같이 강조했다.

> 만약 다른 이가 임시대통령이 되었다면 벌써 포기해 버렸을 것이요, 또 지금까지 유지해 올 만한 힘도 없었을 것이다. 이 사실에 대하야는 비록 이승만 박사를 반대하는 이라도 부인하지 못할 것이다. 만약 이 박사가 그 직임을 포기하였든지 또는 유지해 올 힘이 없었더라면 벌써 한성조직의 계통은 끊어지고 상해에 모인 소수 사람의 임의대로 대통령을 내고 갈고 하여서 그동안 대통령과 정부 각원은 여러 번 변경되고 블라디보스톡, 서북간도에서도 정부를 조직하고 대통령을 내었을 것이요, 따라서 정쟁은 더욱 격렬하고 민심은 더욱 이산하고 질서는 더욱 문란하여서 비록 정부명의라도 지금까지 유지해 왔을지 의문일 것이다. 우리가 자초로 한성조직의 계통을 굳게 지켜온 본의가 곧 이러한 폐단을 막고 정부기초를 튼튼히 하여서 독립운동을 길게 계속해 나아가자는 뜻이다.…

「우리 시국에 대하야」는 결론으로 독립운동을 지속하여 나갈 방법을 다음과 같이 제시했다.

> 그러면 우리의 할 일이 무엇일까. 다른 것 아니라 6년 동안 이러한 풍파를 겪고도 아직 살아 있는 임시정부의 명맥과 미주, 하와이, 멕시코 재류동포의 피땀으로 계속해 온 구미위원부 사업을 유지하여 나아갈 것이다. 이 두 기관은 내외 동포의 피와 땀으로 되었고, 독립운동의 계속 진행을 내외에 표시할 민족운동의 생명이다.
> 우리 운동의 생명인 이 두 기관을 유지하여 갈 방책이 무엇일까? 지난 12월15일 본부 《통신》으로 이미 발표한 바와 같이 한성조직의 계통과 약법의 정신을 준행하여 대통령 지휘하에 상해정부 각원은 내

지와 원동의 모든 힘을 결합하여 군사활동에 주력할 것이요, 구미위원부에서는 구미에 있는 한인의 힘을 집중하여 외교 선전사업을 진행하여 나아갈 것이다. 다시 말하면 시베리아, 중국령에 있는 3백만 동포의 힘을 한데 합하여 상해정부를 유지하고 미주, 하와이, 멕시코 7천 동포의 힘으로 구미위원부 사업을 계속해 가자는 말이다.

비록 민심이 이반된 오늘날이라도 상해로 모아드는 재정을 한데 합하기만 하면 정부 하나는 능히 유지해 갈 것이요, 6년 동안 계속해 온 미주, 하와이, 멕시코 동포의 열성만 식어지지 아니하면 위원부사업도 훌륭히 진행해 나갈 것이다.[27]

하와이의 이승만 지지자들도 격분했다. 그들은 1925년1월11일에 호놀룰루의 교민총단 본부에 모여 상해의 "정변"을 성토하는 집회를 열었다. 교민단, 동지회, 한인상조회, 부인구제회, 태평양잡지사 등 이승만 지지단체의 간부들과 지방 대표들이 모인 이날의 회의는 대통령대리 선임이 한성정부의 약법 제6조의 규정에 위반되는 것이므로 임시의정원은 이를 즉시 취소하라고 주장하고, 임시의정원이 제정한 헌법 조항 가운데 서울의 국민대회에서 선포한 약법에 위배되는 것은 일체 폐기하여 정부의 기초를 공고히 하고 위신을 세울 방안을 내외동포에게 제시하라고 요구했다.

이날의 집회 명칭은 "하와이 한인공동회"라고 하고, 회장은 동지회 이사원으로 선출된 한인기독학원 찬성회 중앙부장 곽래홍(郭來洪)을 선임했다.[28] "공동회"란 일찍이 독립협회의 대중집회를 "만민공동회"라고 일컬었던 것을 원용한 말이었을 것이다. 이때부터 하와이 각 지방에서 열린 개조파그룹 규탄집회는 모두 "○○지방 공동회"라고 했다. 2월에 열린 피아브로지방 임시공동회는 박은식 내각이 헌법을 위반했다고 규탄

27) 《구미위원부통신》 제9–2호(특별호), (1925년1월28일), 「우리시국에 대하야」.
28) 「機密 제6호: 上海假政府ニ對スル布哇韓人共同會宣布文(譯文)送付ニ關スル件」, 1925년1월30일, 『不逞團關係雜件 鮮人ノ部 上海假政府(五)』.

하고, 임시정부의 위치를 하와이로 이전할 것을 요구하는 장문의 성명서를 발표했다.[29] 그리하여 하와이에서는 미주와 하와이에서 13도 대표자들을 뽑아서 회의를 열고 상해의 임시의정원에 대항할 것이라는 풍문이 자자했다.[30]

이승만 반대파의 움직임도 없지 않았다. 그 대표적인 것이 현순(玄楯)의 주동으로 정부후원회가 결성된 것이었다. 현순은 구미위원부 위원장대리직을 파면당한 뒤에 상해로 돌아갔다가 다시 하와이에 와서 이승만 반대파로 행동하고 있었다. 현순은 박은식 내각이 발족하자 정원명(鄭元明), 황사용(黃思溶), 최두욱(崔斗旭), 강영효(姜泳斅) 등 30여명과 정부후원회를 조직하고 우선 인구세 1달러씩을 거두어 임시정부 서무부로 보내기로 했다.[31] 또한 3월1일에는 마우이섬에서 그동안 폐지되었던 국민회 지방회가 부활되기도 했다.[32]

이승만은 2월13일에 박은식에게 편지를 썼다. 그는 이 편지에서 박은식 내각과 임시의정원의 제반 행동은 불법적인 것이며, 미주 동포들은 모두 이를 반대한다고 썼다.

이승만은 또 이러한 상황에서도 구미위원부의 활동을 소홀히 하지 않았다. 그것은 영국의 한국친우회 명예회장 윌리엄스(W. Llewellyn Williams) 의원이 1924년 연말에 이승만에게 보낸 편지로도 알 수 있다. 윌리엄스는 편지에서 총선 결과 자기가 소속된 자유당이 대패하여 한국독립운동에 크게 불리해졌다는 것, 자기는 지금까지 자비로 한국독립운동에 노력하고 있다는 것, 크리스마스에 이승만이 보내 준 자금은 반년 동안의 사무실 유지비도 되지 않는다는 것 등을 적은 다음, 한국문제를 국제연맹의 법정에 회부하는 것에 대해 일본의 태도와 전망 등을 설명하

---

29) 「機密 제78호: 在米不逞鮮人ノ上海假政府彈劾運動ニ關スル件」, 1925년5월19일, 『不逞團關係雜件 鮮人ノ部 上海假政府(五)』.
30) 《新韓民報》 1925년3월19일자, 「하와이: 13도대표를 뽑는다는 전설」.
31) 《新韓民報》 1925년3월12일자, 「하와이: 정부후원회」.
32) 《新韓民報》 1925년3월26일자, 「하와이: 마위에 國民會 부활」.

고, 세계 여론이 종식되기 전에 한국의 요구를 주장할 필요가 있다고 강조했다. 이 편지는 상해에 있는 인사를 통하여 조선일보사의 김동성(金東成)에게까지 발송되었다.[33]

4

이승만과 정부옹호파의 격렬한 반발에도 불구하고 개조파 그룹은 기존방침을 강행했다. 그들은 헌법개정에 앞서 이승만을 탄핵하기로 했다. 진행 중인 일련의 조치는 "유고"라는 명분으로 이승만의 대통령 직권행사를 일시적으로 정지시켜 놓은 상태에서 취해진 것이므로 그가 만일 상해로 온다면 그동안 해놓은 모든 작업은 백지화될 수 있었다. 그러므로 이승만을 먼저 임시정부에서 퇴출시키는 작업이 필요했고, 그러기 위해서는 이승만의 강력한 선전기관인 구미위원부를 폐지하는 것이 급선무였다. 안창호는 구미위원부의 폐지는 서둘지 말고 신중히 하라고 지시하면서도 구미위원부가 "그 정신이 임시정부에 예속한 선전처급 외교사무를 담임한 기관이 아니고, 일종의 정당도 같고 민단도 같고 일종의 사회 사설단체와 흡사하다"고 비판했다.[34]

구미위원부를 폐지하기에 앞서 재무총장 이규홍은 2월5일에 이승만에게 공문 「임정발 제11호」를 보내어 외국공채의 잔액과 장부를 제출할 것을 요구했다.

이승만 각하
재정 정리상 내외 공채를 속히 처리하겠사오니, 민국 원년도에 각

33) 「高警 제540호: 不穩通信ニ關スル件」, 1925년2월17일, 『不逞團關係雜件 鮮人ノ部 在歐米 (七)』.
34) 「安昌浩가 李裕弼과 趙尚燮에게 보낸 1925년1월20일자 편지」 『대한민국임시정부자료집(42) 서한집 I 』, p.262.

하에게 발행권을 위임한 외국공채 5백만원(이자 연 6리, 기한 5개년)에 관한 공채권 잔액과 일체 문부를 부송하심을 바랍니다.[35]

그것은 구미위원부의 폐지를 위한 사전조치였다. 이승만은 3월8일에 조소앙(趙素昻)에게 위의 공문을 반박하는 편지를 보냈다. 그는 이 공문이 자신을 "일개 평민"으로 보았다고 말하고, 어찌 소임도 없는 평민에게 '공문'을 보내느냐고 비꼬았다. 그리고는 임시정부가 내외 공채를 속히 처리하겠다는 말이 무슨 뜻인지 모르겠다면서 이규홍의 요구를 단호히 거부했다. 이규홍에게는 답장도 쓰지 않았다.[36] 박은식 내각도 이승만의 회답을 기다리지 않았다. 그들은 마침내 구미위원부의 폐지를 결의하고 그 사실을 3월10일에 「임시대통령령」 제1호로 공포했다. 「임시대통령령」 은 구미위원부가 국무회의의 결의나 의정원의 동의를 거쳐 적법하게 설립된 기관이 아니라 이승만이 단독으로 설립하고 이를 구미에 대한 외교와 선전기관으로 천명한 것이지만 실제로는 운동상에 아무런 효과가 없을 뿐만 아니라 오히려 정부의 업무수행에 방해가 되며, "연방정부"와 같은 행세를 하면서 독립운동의 통일을 파괴하고 인심을 분열시키는 등 당파적 행동이 많기 때문에 내정 통일과 외교 쇄신을 위하여 이를 폐지한다고 공표했다. 구미위원부가 다루던 업무는 앞으로 법적 기관을 설립하여 계속 진행할 것이며, 미주와 멕시코의 재정사무는 당분간 대한인국민회 총회에 위탁하고, 하와이의 재정사무는 그 기관 설립을 현재 심의 중이므로 결정되는 대로 발표하겠다고 공표했다.[37]

박은식 내각은 같은 날 부로 재무총장 이규홍 명의의 「재정징수 위임에 관한 건」(임정발 제17호)과 국무총리 박은식 명의의 「구미위원부 사

---

35) 「臨政發 第11號」, 『대한민국임시정부자료집(27) 내무부·교통부·재무부·문화부』, p.143.
36) 「李承晩이 趙素昻에게 보낸 1925년3월8일자 편지」, 『대한민국임시정부자료집(42) 서한집 I』, p.270.
37) 「임시대통령령」 제1호(1925.3.10.), 『대한민국임시정부자료집(8) 정부수반』, pp.167~168.

무인계에 관한 건」(임정발 제18호 및 임정발 제19호)을 통하여 그동안 구미위원부가 맡았던 재정업무와 일체의 사무를 대한인국민회에 인계하라고 통보했다.[38]

이규홍은 4월17일에 다시 안창호에게 편지를 보내어 미주에서의 재정수합과 구미위원부의 사무인계 문제에 대한 안창호의 의견을 묻고, 빨리 상해로 돌아오라고 건의했다.[39]

박은식 내각의 구미위원부 폐지령은 이승만에게 심각한 타격이 아닐 수 없었다. 이승만은 임시정부와 결별하더라도 구미위원부는 유지시켜야 했다. 구미위원부는 3월30일자로 《구미위원부통신》 제9-4호 「과거 6년간 대외사업의 성적을 회고하면서 모든 동포의 정성을 재촉함」이라는 성명을 발표하고, 창설 이래의 구미위원부의 활동성과를 설명하고, 존속의 필요성을 역설하면서, 미주와 하와이와 멕시코 동포들의 협조를 호소했다.

과거 우리 독립운동에 위대한 공헌을 하고 대외사업의 기초를 다진 이도 여러분이요, 금후 우리 독립운동에 반드시 있어야 될 구미위원부를 유지해 나아갈 이도 여러분입니다. 여러분의 과거 노력은 한국독립운동사에 광휘있는 기록이 되었고, 여러분의 금후 노력은 자손만대에 자유와 복록을 끼칠 것입니다. 이국 풍상에 전전 유리하는 망국 노예의 억울한 슬픔과 흉포한 원수의 압박하에서 기한(飢寒)에 우는 고국 동포의 가련한 정상을 생각합시다. 사정없는 원수의 총검에 피 흘리면서 조국의 자유를 위하야 쉬지 않고 싸우는 내지 동포를 보면서 완전한 외지에서 의식의 걱정은 없는 우리가 수입의 몇분만 내면 훌륭히 유지해 갈 대외기관 하나를 못해 간다면 이보다 더 큰 수치가 어디

---

38) 《新韓民報》 1925년4월9일자, 「臨時政府: 림시대통령령 제1호」.
39) 「李圭洪이 安昌浩에게 보낸 1925년4월17일자 편지」, 『대한민국임시정부자료집(42) 서한집 I』, p.276.

있겠습니까? 당신들 피땀으로 된 위원부가 존폐의 위기에 이르렀소. 이를 죽이고 살림이 오직 여러분의 노력에 달렸습니다. 여러분이 스스로 약속한 담보금을 속히 보내 주셔야 이 위기를 면하겠습니다.[40]

박은식 내각의 구미위원부 폐지통보를 받자 남궁염은 하와이에 있는 이승만에게 다음과 같이 타전했다.

상해서 위원부 폐지공문 왔소. 사임할 준비하오. 돈 있으면 일 잘 되겠으나 돈 없어 난처. 속히 보내 주어야 일 정돈하겠소. 곧 회답.[41]

그것은 위기에 처한 구미위원부의 절박한 호소였다. 이승만은 상해의 개조파와 논란을 벌이는 한편 구미위원부의 존속을 위하여 하와이 동포들을 설득하는 데 힘을 쏟아야 했다. 그리하여 하와이교민단은 1925년 한해 동안의 국민담보금과 인구세 명의로 거둔 2,371달러 가운데서 2,280여달러를 구미위원부 유지비로 송금했다.[42]

---

40) 《구미위원부통신》 제9—4호, (1925년3월30일), 「과거 6년간 대외사업의 성적을 회고하면서 모든 동포의 정성을 재촉함」.

41) Koric to Dr. Rhee, Konation, Apr. 9, 1925, *The Syngman Rhee Telegrams*, vol. Ⅳ., p.546.

42) 在ホノルル帝國總領事館, 「布哇朝鮮人事情 大正十四(1925)年十二月調」, 金正柱 編, 『朝鮮統治史料(七)』, p.963; 「歐美委員部維持의 件」, 『韓國民族運動史料(中國篇)』, p.552.

2. 임시대통령 탄핵과 임시헌법 개정

1

임시대통령 이승만의 탄핵과 임시헌법 개정문제를 처리할 제13회 임시의정원은 1925년2월20일에 개원되었다. 그러나 의원들이 보충되지 않아서 개원만 해놓고 계속 휴회했다. 그러다가 3월11일에 임시의정원 회의가 소집되었는데, 이 회의는 임시정부가 기초 중인 헌법개정안의 설명을 위한 간담회로 소집된 회의였다. 박은식은 현행 헌법은 기성국가의 헌법과 동일하여 현재의 우리 독립운동자에게는 불필요할 뿐만 아니라 이를 반대하는 사람이 많기 때문에 개정을 단행하려고 노력하고 있다고 말하고, 개정안이 완성되면 임시의정원에 제출하겠지만 그 전에 미리 국무원과 의정원의 의사 교환을 위하여 회의 소집을 요구했다고 간담회의 소집이유를 설명했다. 이어 내무총장 이유필이 준비 중인 헌법개정안의 골자를 설명했다. 행정 각부를 합의제로 하고 국가대표의 명칭을 "국령(國領)"이라고 하며, 각원 수는 8명에서 10명으로 늘리되 임명절차는 의정원의 동의를 얻어 대통령이 임명하던 것을 고쳐서 의정원에서 선출하게 하고, 의정원 의원의 선거는 도별로 하던 것을 독립운동자의 보통선거에 의하도록 하겠다고 말했다. 임시의정원 의장 최창식은 이제 새 내각이 불완전한 헌법을 개정하기 위하여 노력하면서 개정안을 제출하기에 앞서 의원들에게 미리 알려 주어서 감사하다고 추어올린 다음, 의원들은 성의를 다하여 협력해야 한다고 강조했다.[43]

제13회 임시의정원은 임시정부 수립 이래 가장 중대한 정치의안을 처리했음에도 불구하고 회의록이 보존되어 있지 않다. 일본총영사관 경찰의 정보문서도 이때의 임시의정원 회의와 관련된 보고는 매우 산만하다.

---

43) 《독립신문》 1925년2월21일자, 「政府公報」; 《東亞日報》 1925년3월1일자, 「臨時議政院開院式」.

이때의 임시의정원 의원은 모두 24명이었는데, 이들 가운데 경기도 의원인 조완구 등 몇몇 사람을 제외하면 거의가 서북지방 중심의 개조파 인사들이었다. 함경도와 강원도 의원은 한명도 없는 반면에 평안도 의원은 정원 6명을 채우고 있어서 좋은 대조를 이루었다. 이승만 탄핵안 제출에 맞추어 평안도 출신의 송병조(宋秉祚)와 이강(李剛)을 급히 하와이대표 의원으로 보선한 것도[44] 탄핵안 통과에 필요한 의원수를 확보하기 위한 변칙조치였다. 개조파가 압도적인 다수를 장악하자 이승만 지지자들은 회의출석을 보이콧했다.[45]

그리하여 개조파 의원들은 별다른 방해 없이 3월14일에 나창헌(羅昌憲), 최석순(崔錫淳), 문일민(文逸民), 임득산(林得山) 등 10명의 의원 명의로「임시대통령탄핵안」을 제출했는데, 이들 10명 가운데 6명이 평안도 의원들이었다. 또한 이들은 대부분 20대 후반에서 30대 초반의 청년층이었다. 탄핵사유는 첫째로 임시헌법 제14조(대통령 선서조항)와 제39조(법률의 제출과 공포 및 명령 발포 때의 국무원의 부서)를 위반했고, 둘째로 임시헌법 제11조(정무의 총람)를 위반했으며, 셋째로 대통령을 선출한 헌법과 임시의정원을 부인했다는 것이었다. 그 증거로는 이승만이 1924년12월에 국무원들에게 보낸 편지와 이시영에게 보낸 편지가 제시되었다. 탄핵안은 나흘 뒤인 3월18일 밤에 열린 의정원 회의에서 가결되었다.[46]

임시의정원은 이승만을 탄핵한 데 이어 다시 심판에 회부하기로 하고, 탄핵안 제안자의 한 사람인 나창헌을 위원장으로 하는 5명의 심판위원회를 구성했다. 심판위원회는 3월21일에 이승만의 "면직"을 결정했고, 3

---

44) 「高警 제1091호: 上海假政府憲法改定準備ニ關スル件」, 1925년3월31일, 『不逞團關係雜件 鮮人ノ部 上海假政府(五)』.
45) 朝鮮總督府警察局, 「大正十四(1925)年五月 在外不逞鮮人ノ概況」, 金正柱 編, 『朝鮮統治史料(八)』, 1971, pp.111~112.
46) 《大韓民國臨時政府公報》 제42호(1925년4월30일), 『대한민국임시정부자료집(1) 헌법·공보』, pp.155~158.

월23일 밤에 열린 임시의정원 회의는 심판위원회의 결정을 임시의정원의 결의로 가결했다.[47]

거족적인 3·1운동의 산물로 수립된 임시정부의 최고책임자인 임시대통령 이승만의 탄핵과 면직은 이승만 자신의 불행이었을 뿐만 아니라 한국독립운동사의 큰 불행이었다. 그것은 독립운동의 역량을 결정적으로 분열시키는 일이 되었기 때문이다.

그런데 이때의 임시의정원의 이승만에 대한 탄핵과 면직 결의는 문제점이 없지 않다. 우선 이때에 시행하던 임시헌법은 임시대통령에게 "위법 또는 범법행위"가 있다고 인정될 때에는 임시의정원의 총원 5분의 4 이상의 출석과 출석의원 4분의 3 이상의 가결로 임시대통령을 "탄핵 또는 심판"할 수 있다고 하여, 탄핵과 심판을 별도의 징계조치로 구별해서 규정하고 있었다(제21조 제14항). 그러므로 임시의정원이 먼저 임시대통령 탄핵을 결의한 다음 5명의 의원들로 구성된 심판위원회가 다시 면직을 결의하고 그것을 다시 임시의정원의 결의로 가결한 데에는 문제가 없지 않다. 이때에 시행되던 임시헌법의 이러한 부정확한 규정은 그것이 본으로 삼은 1912년의 중화민국 임시약법이 임시대총통(臨時大總統)의 탄핵절차로서 탄핵은 참의원(參議院)에서 하고, 참의원에서 탄핵된 임시대총통은 최고법원의 전원심판관(全院審判官)이 호선하는 9명으로 조직되는 특별법정의 심판을 받도록 한 규정[48]을 합쳐서 임시의정원이 "탄핵 또는 심판한다"라고 두루뭉술하게 규정한 것이었다. 그러한 모순점을 인식했기 때문인지 이때 이후에 있었던 네번의 임시헌법 개정에서 정부수반에 대한 탄핵제도는 삭제되었다. 이때의 임시의정원이 의결정족수에서 요건을 갖추지 못한 것은 말할 나위도 없다.

임시의정원의 탄핵사유들은 모두 이승만이 승복할 수 없는 것들이었

---

47) 위의 책, p.158.
48) 楊幼炯, 『近代中國立法史』, 上海商務印書館, 1936, p.135; 荊知仁, 『中國立憲史』, 臺北聯經出版, 1962, pp.495~496.

다. 그러나 임시의정원이나 국무원의 요구가 자신의 의사와 배치될 때마다 이승만이 자기주장의 정당성의 근거로 한성정부의 정통성을 내세우는 것은 분명히 통합임시정부의 헌법을 부인하는 행위가 될 수 있었다. 이시영이나 조소앙마저 그에게 한성정부 이야기를 더 이상 하지 말라고 거듭 건의한 것도 그 때문이었다.

3월23일 회의에서 임시대통령 이승만의 면직을 의결한 임시의정원은 그 자리에서 국무총리 박은식을 임시대통령으로 선출했다. 이튿날 임시대통령으로 취임한 박은식은 그 날로 두달 전에 임명한 각원들을 거의 그대로 다시 그 자리에 임명하고 임시의정원에 임명동의안을 제출했다. 그리하여 국무총리 겸 군무총장 노백린, 내무총장 이유필, 법무총장 오영선, 학무총장 조상섭, 재무총장 이규홍의 임명동의안이 가결되었다. 이어 3월27일자로 이유필이 노동국총판을 새로 겸임하고, 이규홍과 조상섭은 지난번대로 각각 외무총장과 교통총장을 겸임했다. 이처럼 안창호 직계 세 사람이 8명 국무원 자리 가운데 여섯 자리를 차지한 것이다. 심판위원장을 맡았던 나창헌은 내무차장에 임명되었다.[49]

2

박은식이 임시대통령에 취임하자마자 벼락같이 헌법개정 작업이 이루어졌다. 임시정부는 "국령(國領)"을 정부수반으로 하는 헌법개정안을 임시의정원에 제출했다. 심사위원의 수정보고를 거쳐서 3차에 걸친 독회를 끝내고 3월30일 밤 10시에 임시의정원의 만장일치로 헌법개정안이 가결되고,[50] 4월7일에 공포되었다.[51] 원안의 "국령"이라는 어색한 정부수반 칭

49) 《大韓民國臨時政府公報》 제42호(1925년4월30일), 『대한민국임시정부자료집(1) 헌법 · 공보』, p.148.
50) 《독립신문》 1925년3월21일자, 「改定憲法案의 通過」.
51) 《大韓民國臨時政府公報》 제42호(1925년4월30일), 『대한민국임시정부자료집(1) 헌법 · 공보』, pp.149~152.

호를 "국무령(國務領)"으로 수정한 것 말고는 거의 정부안대로 가결되었다. 이승만의 면직안을 가결한 지 1주일 만이었다. 그리고 그것은 1919년 9월에 세 임시정부의 통합을 위하여 임시헌법을 개정한 지 6년 만의 임시헌법 개정이었다.

개정된 임시헌법은 전문 없이 본문 35개조로 구성되어, 6년 전의 임시헌법에 비하면 헌법전(憲法典)의 짜임새로는 훨씬 조략해졌지만 독립운동방략의 규범으로서는 한결 현실화된 것이라고 할 만했다.

제2차 헌법개정에서 우선 눈에 뜨이는 것은 3·1독립선언문을 요약하다시피 해 놓았던 전문(前文)을 삭제한 점이다. 그것은 이 시기의 상해 독립운동자들이 독립운동의 과제를 사회주의 혁명으로 인식하면서 3·1운동 주도자들이 천명했던 비폭력주의 민족운동에 대한 비판적 이데올로기가 반영된 것으로 판단된다. 이때에 없어진 헌법 전문은 뒤에 두 차례 더 임시헌법을 개정하는 동안에도 역시 없다가 1944년의 제5차 헌법개정 때에 가서야 다시 만들어진다.

전문의 삭제보다 더 눈길을 끄는 것은 이 임시헌법의 적용범위를 "인민"에서 "광복운동자"로 한정한 것이었다. 곧 광복운동 중에는 광복운동자가 전 인민을 대신하고(제3조), 따라서 납세와 병역과 징발에 응할 의무(제27조)와 함께 지방의회의 조직과 임시의정원 의원의 선거 및 청원권도 광복운동자에게만 있다고 규정했다(제28조). 이는 직업적 독립운동자 내지 그 협조자와 그렇지 않은 일반동포를 구분할 필요성을 절감하게 되었기 때문이었다. 그리고 그것은 독립운동의 장기화와 냉혹한 주변 정세에 대처해야 하는 독립운동자들의 위기감과 자긍심의 반영인 동시에, 칼 프리드리히(Carl Friedrich)가 말한 "정치적 힘으로서의 헌법"[52]이라는 의미에서 현실적으로 이 임시헌법의 효력이 미치는 세력권의 범위를 명시한 것이었다. 이 조항은 이후의 임시헌법에 내내 계승되고 1944년의

---

52) Carl Friedrich, *Constitutional Government and Democracy*, Ginn and Company, 1950, pp.132~155 참조.

최종 임시헌장에서는 "광복운동자"의 정의가 내려진다. 임시의정원의 개회요건을 정원 3분의 1 이상의 출석으로 규정한 것도 그동안의 회의소집의 어려움을 감안한 것이었다.

개정된 임시헌법의 권력구조의 특징은 대통령제를 없애고 국무령 중심의 거의 완전한 내각책임제로 바꾼 것이었다. 상해에 있는 대부분의 독립운동자들이 이상적 제도로 인식하고 기대했던 위원제는 안창호의 반대의견에 따라 채택되지 않았다. 노동국총판 김갑이 사퇴한 것도 국무회의의 개헌안 기초과정에서 위원제가 채택되지 않았기 때문이었다.[53]

개정헌법은 1919년 임시헌법의 "대통령"장과 "국무원"장을 합쳐서 "임시정부"장으로 하고 임시정부는 국무령과 국무원(國務員)으로 구성되는 국무회의의 결정으로 행정과 사법을 통판하게 하여(제4조), 종전의 수반과 국무원의 괴리를 없애고, 국무령은 임시의정원에 대하여 책임을 지며(제5조), 임시의정원은 국무령을 선거(제13조)할 뿐만 아니라 국무원도 국무령의 추천에 따라 임시의정원에서 선거하게 하여(제16조) 의회의 행정부 견제기능을 강화했다. 그리고 비록 재선은 허용하더라도 국무령의 임기를 3년이라는 단기간으로 제한했다(제14조). 이는 임시대통령의 임기규정이 없었기 때문에 임시정부 운영에 큰 지장을 경험했던 만큼 당연한 일이었을 것이다. "법원"장을 없애고 국무회의가 행정과 사법을 통판하게 한 것(제4조) 역시 독립운동의 지도라는 일종의 위기정부의 활동을 하는 임시정부로서 현실적인 개정이었다.

제1차 개헌 때에도 논란이 많았던 구황실우대조항은 이때의 개정헌법에서 삭제되었는데, 그 뒤로는 임시정부나 대한민국 헌법에서 완전히 없어졌다. 그리고 헌법개정 요건(총원 5분의 4 이상의 출석과 출석원 4분의 3 이상의 찬성)도 완화(과반수 출석과 출석원 3분의 2 이상의 찬성)되었다.

특이한 것은 보칙(補則)으로 개정헌법의 시행일을 3개월 뒤인 1925년

---

53) 「高警 제1091호: 上海假政府憲法改定準備ニ關スル件」, 1925년3월31일, 『不逞團關係雜件 鮮人ノ部 上海假政府(五)』.

7월7일로 규정한 것이었다. 그것은 "정변"의 마무리를 위한 임시대통령 박은식의 임기를 3개월로 규정한 셈이었다.

임시의정원에서 임시헌법 개정안이 통과되고 이틀 뒤인 4월1일에 박은식은 이승만에게 정중한 편지를 보냈다.

존형(尊兄)의 아량과 기품으로 의당 이런 일을 개의하지 않으실 줄 압니다. 그러나 저로서는 불안함이 아주 심하고 부끄럽고 어색하여 몸둘 바를 모르겠습니다.

저는 한 보잘것없는 썩은 선비입니다. 본성이 염담[恬淡: 욕심이 없이 마음이 편함]하여 남들과 겨룸이 없습니다. 어떻게 늙고 병든 몸으로 정계의 시비 속에 말려들 줄 생각이나 했겠습니까?…

이렇게 겸손하게 서두를 꺼낸 박은식은 그러나 오늘의 사태에 이르게 된 책임이 이승만 자신에게 있다고 단정적으로 말했다.

이번에 정국의 변경은 태좌(台座)께서 상해를 떠나 멀리 계시면서 오래도록 돌아오지 않아서 몸소 정무를 주간하고 친히 민정을 살피지 못하여 온갖 조치가 그 타당성을 얻지 못한 데서 연유한 것입니다. 집안에 주인이 없으면 그 집안 살림이 반드시 어지러워지는 법입니다. 하물며 나라의 정무에 있어서이겠습니까?…

진실로 선정(善政)과 양책(良策)이 중추기관에서 나왔다면 사람들이 모두 정부를 아끼고 받드는 마음을 가졌으니 어찌 풍파를 일으킬 사람이 있겠습니까? 설사 있다 하더라도 대중이 용납지 않을 것이니 무엇이 걱정이겠습니까? 그런데 정부의 갖가지 실책이 여기서 그치지 아니하니 비방은 산처럼 쌓이고 대중들의 분노는 불처럼 일어나 필경에는 실패를 면할 수 없게 되었습니다. 그 원인을 말하자면 모두가 태좌가 몸소 하지 않고 친히 하지 않은 연고입니다.…

박은식의 편지는 또 그가 자신의 역할은 단기간의 과도적인 것일 따름이라는 것을 처음부터 알고 있었음을 보여 준다. 그는 마지막으로 자신의 거취문제에 대하여 다음과 같이 썼다.

저는 이 자리에 오래 있을 사람이 아닙니다. 늦어도 몇 개월이 지나지 않아 이 조롱에서 벗어날 것입니다. 무심히 왔다가 무심히 가는 것이 나의 분수에 알맞습니다. 그러나 사지(四肢)는 기왕 벌려서 가지고 있는데 만상(萬象)은 다 비었으니 이른바 진짜 나는 과연 어디에 있을까요? 옛 책을 끼고 옛 은거로 돌아간다면 역시 나의 옛 모습을 되찾을 수 있을 것입니다.

겹겹이 쌓인 대양을 넘지 못하니 만나뵐 기약도 없고 천애(天涯)에 고개를 돌리니 나의 심회만 괴로울 뿐입니다. 병석에 누워서 대필을 시키자니 자세한 말 다하지 못하겠습니다.[54]

임시대통령의 "유고" 결의에서 임시헌법 개정까지의 일련의 쿠데타적 조치에 대하여 정부옹호파와 이승만 지지자들은 격렬하게 반발했다. 정부옹호파의 원로격인 이시영은 일련의 조치가 임시의정원의 다수를 이루고 있는 공산주의자들의 음모로 자행된 임시정부수립 이래 처음 있는 "정변"이라고 규탄했다.[55] 북경에 있는 이천민(李天民), 연병호(延秉昊), 박숭병(朴嵩炳) 세 사람은 5월31일에 연명으로 박은식 내각 탄생의 불법성을 신랄하게 규탄하는 장문의 「교정서(矯正書)」를 발표했다. 「교정서」는 "변란"의 주동자로 박은식, 최창식, 조상섭, 여운형, 이유필을 꼽았다.[56]

---

54) 「朴殷植이 李承晩에게 보낸 1925년4월1일자 편지」, 『대한민국임시정부자료집(42) 서한집 I』, pp.272~273.
55) 「李始榮이 李承晩에게 보낸 1924년8월26일자 및 1925년3월25일자 편지」, 위의 책, p.253, p.271.
56) 『朝鮮民族運動年鑑』 1925년5월31일조; 《태평양잡지》 1925년7월호(제7권 제4호), 「교정서」, pp.18~20.

재미동포들도 일제히 분기했다. 뉴욕의 대한인교민단은 4월8일에 특별총회를 열고 (1)의원 정수 미만인 임시의정원을 열고 임시대통령대리를 선거하고 내각을 조직한 것은 위헌이고, (2) 이 위헌인 내각에서 발송한 「임시대통령령」 제1호로 발표한 구미위원부폐지령은 위법이며, (3) 구미위원부에서 다루는 사무문서와 기타 금품을 국민회 총회에 위탁 인계하라고 한 것은 망동이라는 「성토문」을 발표하고 다음과 같은 두가지 사항의 결의문을 채택했다.

(1) 한성에서 조직된 임시정부의 계통을 이어 독립운동을 통할 진행하기 위하여 위헌분자 박은식 등을 성토할 일.

(2) 독립운동의 필요불가결한 대외기관 구미위원부를 유지하여 외교 선전사업을 계속 진행하게 할 일.[57]

뉴욕교민단은 이어 4월12일에는 임시정부 앞으로 "의정원의 위헌 망동 반항이오. 미주 각처 분기 성토"라는 항의 전보를 쳤다. 시카고 교민들도 4월11일에 시카고 자유단 주최로 회의를 열고, (1) 한성정부를 계통적으로 숭봉할 일, (2) 유일한 대외기관인 구미위원부를 절대적으로 옹호할 일, (3) 난당 폐류 박은식 등을 성명 토죄할 일, (4) 선후책을 강구하되 구미위원부 지휘하에서 이행할 일의 네가지 사항을 결의했다. 4월13일에는 로스앤젤레스 교민들도 공동회를 열어 구미위원부를 성력껏 옹호하기로 하고 상해 망동에 대하여 항의하는 반대성명서를 발표했다.[58] 4월19일에는 호놀룰루에서도 교민공동회가 열려 공동회 명의로 임시의정원 앞으로 "의정원 불법 반대 성토. 헌법개정, 통령 대리안, 위원부 폐지안 전부 부인"이라는 항의전보를 쳤다.[59]

---

57) 「聲討文」, 「雩南李承晚文書 東文篇(12) 하와이 · 美洲僑民團體關聯文書」, pp.376~380.
58) 《구미위원부통신》 제9-5호, (1925년4월15일), 「뉴욕 동포의 분기」.
59) Hohangkyomin Kongtonghoi to Euijungwon, Kopogo, Apr. 19, 1925, *The Syngman Rhee Telegrams*, vol. Ⅵ., p.549.

이 무렵의 이승만 지지자들의 행동 가운데 눈길을 끄는 것은 하와이 대한부인구제회 부인들이 이승만의 생일선물로 자동차 한대를 사서 기증한 사실이다. 부인구제회는 3월26일에 이승만의 생일잔치를 마련하고, 특별한 생일선물을 준비한 것이었다. 그들에게는 이승만이 임시대통령을 사임하는 일은 상상도 할 수 없는 일이었다. 부인구제회는 자동차 구입비로 598달러를 지출했는데, 그것은 부인구제회의 1925년도 총수입 2,263달러의 4분의 1에 해당하는 돈이었다.[60]

이승만은 물론 임시의정원의 면직결의를 인정하지 않았다. 그는 임시의정원을 해산하고 내각을 새로 조직하는 문제도 심각하게 검토했다. 이승만은 4월22일에 이시영에게 보낸 것으로 보이는 편지에서 다음과 같이 썼다.

상해 정국의 정형은 수시로 바뀌어 마치 아이들 장난과 같습니다. 그대로 내버려 두고 관여하지 않으려 합니다.…

이번 정변은 저들이 오래 전부터 노려오던 것인데, 흔단을 열 길이 없다가 석오(石吾)가 총리가 되면서 그 단서를 열어 이 변란의 계제를 만들어 놓았습니다. 저는 미리 짐작하고 여러 차례 편지로 일렀던 것입니다.…

이제 한번 교령을 반포하여 의정원을 해산하고 사람을 임용하여 내각을 조직하는 일이 그다지 어려운 일은 아니나, 동서에 있는 우리 국민의 심리를 깊이 살피지 아니하고 지금 내각을 조직한다 하더라도 아마 오래 지탱하기 어려울 것 같습니다. 그러나 각지 인심의 추이를

---

60) 《新韓民報》 1925년4월16일자, 「하와이: 리박사 생일에 자동차 기부」; 在ホノルル帝國總領事館, 「布哇朝鮮人事情 大正十四(1925)年十二月調」, 金正柱 編, 『朝鮮統治史料(七)』, pp.966~967.

기다려 보아 여러 사람들의 바라는 바에 따라 단행할 계획입니다.…61)

이승만은 이처럼 개조파 그룹이 자행한 "정변"의 단서를 이동녕이 제공했다고 몹시 분개했다.

이승만은 이어 4월29일에 자신의 입장을 공식적으로 밝히는 「대통령 선포문」을 발표했다. 그는 이 「선포문」에서 임시의정원의 일련의 조치를 "위법망행"이라고 다음과 같이 규탄했다.

민국 원년에 한성에서 조직하야 세계에 공포한 우리 임시정부는 해내외의 일반 국민의 성복애대[誠服愛戴: 성심으로 따르고 사랑으로 받듦]하는 바이어늘, 단 상해의 일부 인사들이 연래로 파괴를 시도하야 정부 소재지로 일장 난국을 이룸은 세인이 두루 아는 바라. 지금에 와서는 정부전복의 계획을 실현하기에 이르렀으니, 우리 충애 동포가 어찌 이를 용인하리오. 저 위법망행(違法妄行)에 대하야 조금도 피동되지 말고 다만 민족의 체면을 위하며 3·1운동의 전도를 위하야 침묵과 견인(堅忍)과 실력으로 국민대단결을 도모하며, 한성계통의 대표적 외교기관인 구미위원부를 유지하야 외교 선전사업을 계속 진행함으로써 정부와 의정원의 문제가 올바로 해결되기를 기다리라. 이것이 본 통령의 희망하는 바이오 재내 동포의 위탁이로라.62)

구미위원부가 상해임시정부의 기관이 아니라 "한성계통의 대표적 외교기관"이라고 공언한 것이 눈길을 끈다. 아닌 게 아니라 구미위원부는 이승만이 한성정부의 직명인 「집정관총재포고문」 제2호로 설치한 기관이었다. 위의 「선포문」은 반대파들에 대한 적극적인 대응조치를 신중하

---

61) 「李承晚이 李始榮(?)에게 보낸 1925년4월22일자 편지」 『대한민국임시정부자료집(42) 서한집 I』, pp.278~279.
62) 「大統領宣布文」 『雩南李承晚文書 東文篇(九) 歐美委員部關聯文書 1』 p.47.

게 검토하고 있는 이승만
의 입장을 반영한 것이었
다. 그 대응 가운데는 구미
위원부를 독자적으로 운
영하는 문제도 포함되어
있었다.

임시대통령 탄핵과 임
시헌법 개정 이후의 상해의
이승만 지지자들의 움직임
가운데 가장 눈길을 끄는
것은 조소앙의 주동으로
동지회 상해지부가 결성
된 사실이었다. 동지회 지
부결성을 위한 최초의 모
임은 1925년3월 하순에 조
소앙, 황규성, 박경순, 진영
균 등 11명이 참석한 가운

자신에 대한 임시의정원의 탄핵결의와 임시헌법 개정을 부인하는
입장을 성명한 1925년4월29일자 「대통령선포문」.

데 프랑스 조계 복구로 애인리 56호에서 열렸다. 이 모임에서는 (1) 이날
의 모임을 상해 동지회 지부 창립회라 칭하고, (2) 출석인원 전원이 동지
회 입회절차에 따라 참가하며, (3) 임시위원으로 조소앙, 민충식, 박경순
세 사람을 선정하고, (4) 간단한 회무처리와 다음 회의 개회 등은 위원에
게 위임했다.[63]

동지회 상해지부를 설립하면서 가장 중요하게 논의된 사항은 상해
에 별도의 언론기관을 설립하는 문제였다. 4월6일에는 민후리760호에
서 12명의 회원들이 모여 임시총회를 열고 기관지로 우선 석판인쇄의 주

---

63) 《태평양잡지》 1925년8월호(제7권 제5호), 「상해동지회 통신」, pp.33~34.

보를 발행하기로 결정하고, 주보 발행에 관한 일체의 준비사항은 위원회에 위임했다. 이어 4월19일에는 같은 장소에서 12명의 회원들로 임시총회를 열고 기관지의 명칭을 《상해주간(上海週刊)》이라고 하고, 발행인으로 박경순, 편집인으로 황규성을 선임했다. 발행부수는 위원에게 위임했다.[64]

동지회 상해지부의 활동과 기관지 발행 상황에 대한 구체적인 사실은 알 수 없으나, 조소앙은 동지회 상해지부 결성에 열성을 기울였고, 그것을 통하여 시국 수습책에 대해 상당한 자신감을 얻었던 것 같다. 그는 5월16일에 이승만에게 보낸 편지에서 개조파 그룹의 행동에 대응하여 이승만이 취할 수 있는 방안 세가지를 제의했는데, 그 첫번째가 상해동지회 지부 청년들을 동원하여 박은식 내각을 완력으로 타도하는 것이었다.

정부문제에 대하야 방책이 셋이온데, 첫째는 상해에서 동지회 중심으로 수습하도록 후원만 절실히 하여 주시고 전일 말씀드린 대로 선포문을 발간하시면 《상해주간》이 전후 내막을 폭로하야 내외동지의 궐기를 고취하며, 일면으로 무사 기십인을 지휘하야 정부 및 의정원의 문부와 인장을 압수하고 즉시 내각을 발표하야 정령을 반포하면 현 정부는 와해될 것이오니, 최소한 기천원이라도 임시로 보내주시도록 하야 7월7일 신헌법 시행 전에 일체를 정돈케 하야 주시오. 현재 상해의 격앙한 동지를 한손에 지휘함도 어려운 일이 아니외다. 주간보는 기어이 지지하야 언론기관으로 삼겠고, 인쇄 문제 해결도 어려운 일이 아니외다.⋯ 동지회 실업부에 수입된 재정으로라도 전송하여 주시오.⋯ 만일 이렇게 된다면 조각문제는 용이하오니, 전보로 알리어 즉시 하령케 하오리다.⋯

----
64) 위의 글, pp.34~35.

조소앙은 위의 방안이 실현 불가능할 경우 두번째 방안으로 선포문만 반포하여 동지회를 확장하되, 북경의 박용만(朴容萬)과는 아직 제휴하지 말고, 7월에 하와이에서 열릴 태평양회의에 참석하는 국내 대표와 상의하여 실업부를 분리하고, 이상재에게 맡겨서 국내와의 연락을 도모하는 것이 훨씬 효과가 있을 것이라고 건의했다. 박용만과의 제휴를 반대하는 이유는 그가 일본인들과 연락했다는 문제가 아직 해결되지 않았기 때문에 기용하기는 이르다는 것이었다. 그러면서 조소앙은 원동 동지의 가입과 장래의 실패를 예방하기 위해서는 동지회의 「정강」 가운데 개정해야 할 부분이 많다고 말했다. "무력적 독립주의", 곧 무장투쟁노선을 표방해야 한다는 것이 그 대표적인 것이었다.

조소앙은 두번째 방안도 실행하기 어렵다면 부득이 세번째 방안으로 정부를 하와이로 이전하여 의정원을 소집하고 정부를 조직하되 한성정부 문제는 더 이상 거론하지 말라고 건의했다. 헌법을 옹호하기만 하면 자연히 한성계통이 부활되고 동지들이 후원할 근거가 될 수 있는데, 만일 한성정부만 고집하면 헌법문제와 분리되어 원동지역에서 지지를 얻는 데 큰 타격을 입게 될 것이라고 조소앙은 주장했다.[65]

조소앙의 세가지 방안을 이승만이 어떻게 받아들였는지는 알 수 없으나, 이 무렵 그는 조소앙의 요구대로 몇천달러를 상해에 송금할 수 있는 형편이 아니었다.

동지회 상해지부는 6월12일 오후 3시에 애인리에서 조소앙, 황규성, 이길구, 박경순 4명이 모여 임시위원회를 열고 동지회 상해지부의 설립경과를 본부에 보고했다. 이날 회의에서는《상해주간》의 경비를 황규성, 이길구 두 사람이 주선하도록 위임하고, 상해지부의 경제적 자립이 달성될 때까지《상해주간》의 발행경비로 본부에서 매월 35달러씩 지원해 줄 것을 요청하기로 했다. 또한 임시정부에 대해서는 "대통령포고에 의하야 장

---

65)「趙素昻이 李承晩에게 보낸 1925년5월16일자 편지」,『대한민국임시정부자료집(42) 서한집 I』, pp.280~281.

래 활동을 보류하고 실력을 집중하야 기회를 따라 회수할 계책을 준비함"이라고 결의하여, 이승만이 「대통령 선포문」에서 밝힌 방침을 충실히 이행하기로 했다. 동지회 상해지회의 보고서에는 1925년6월까지의 「동지회 상해지회 회원명부」가 첨부되어 있는데, 이 명부에는 32명의 명단이 수록되어 있다. 그러나 그 명단에 들어 있는 사람들은 조소앙, 민제호(閔濟鎬), 연병호, 민필호(閔弼鎬) 등 몇몇 기호지역 임시의정원 의원을 제외하고는 조소앙의 동생 조시원(趙時元)을 포함하여 활동경력을 알 수 없는 기호지역 청년들이 대부분이었다.[66]

이승만은 《태평양잡지》에 동지회 회원들에게 회원 확장과 자금지원을 요청하는 「동지에게」라는 공개편지를 썼는데, 《상해주간》에 대해서도 다음과 같이 언급했다.

상해의 우리 지부위원의 보고를 보건대 《상해주간》을 계속하는 것이 또한 중대한 일이라. 이 기관으로 달하야 원동 각처에 여러 십만 동포를 연락하게 될 가능과 희망이 있나니, 이것도 또한 동지금 중으로 지발해야 될 것뿐이라. 이에 대하야 잊지 마시오.[67]

66) 《태평양잡지》 1925년8월호(제7권 제5호), 「상해동지회 통신」, pp.35~36.
67) 《태평양잡지》 1925년9월호(제7권 제6호), 「동지에게」, pp.4~5.

3. 곽씨 부인은 어린 손자 데리고 귀국

1

개조파 그룹의 쿠데타적 방법에 의한 "정변"으로 내무총장직에서 물러난 김구가 그 "정변"을 정당한 것으로 받아들이지 않았을 것은 말할 나위도 없다. 그는 조소앙과 자주 만나면서 심각하게 대책을 협의했다. 이 무렵의 김구의 생각을 짐작하게 하는 자료가 하나 보존되어 있다. 이승만이 김구에게 보낸 편지인데, 그것은 김구의 편지에 대한 답장이었다. 김구는 임시의정원에서 이승만 탄핵안이 가결된 3월18일 이후의 어느 시점에 이승만에게 편지를 썼고 이승만은 김구의 편지를 받은 4월15일에 바로 답장을 썼는데, 아쉽게도 김구의 편지는 보존되어 있지 않다. 이승만이 김구에게 보낸 편지는 다음과 같은 내용의 한문편지였다.

여러 차례 조소앙의 편지를 통하여 형께서 성심성의로 함께 일하고 계심을 알고 편지를 쓸 생각이 간절하던 차에, 오늘 먼저 편지를 보내 주시니 더욱 감사합니다.

편지에 쓰신 심모원려[深謀遠慮: 깊은 계획과 먼 사려]는 우리가 마땅히 실행해야 할 대계가 아닌 것이 없습니다. 그러나 적수공권(赤手空拳)으로는 절대로 능히 공적을 이루지 못합니다. 반드시 먼저 자금을 마련한 뒤에야 추진할 수 있는데, 자금이 어디에서 나오겠습니까. 제가 능하지 못한 것이 바로 이 한가지 일이올시다. 형께서는 이러한 고충을 헤아리시어 재정에 관한 일에 대해서는 다시 말씀하지 마시기 바랍니다.[68]

---

68) 「李承晚이 金九에게 보낸 1925년4월15일자 편지」, 『대한민국임시정부자료집(42) 서한집 I 』, pp.274~275.

김구는 탄핵정국을 타파할 수 있는 모종의 계책을 구상하면서 이승만에게 자금지원을 요청한 것이었다. 그 계책이란 아마 조소앙이 건의한 세가지 방략의 첫번째 것, 곧 청년장사들을 동원하여 임시정부와 임시의정원의 문서와 인장을 압수하고 국무원과 임시의정원을 새로 구성하는 것과 같은 조치였을 것이다.

개조파 그룹의 일련의 조치에 대한 김구의 비판적 인식은 그것이 공산주의자들의 책동으로 추진되고 있다는 판단에 따른 것이었을 것으로 짐작된다. 그는 국민대표회의가 결렬된 뒤의 상해 정국에 대하여 "통일이란 미명하에 공산당 운동이 끊이지 않고 민족운동자들을 종용하였다. 공산당 청년들은 여전히 양파로 나뉘어 동일한 목적과 동일한 명칭으로 … 상해의 우리 청년들을 앞다투어 포섭하여 독립운동을 공산운동화하자고 절규하였다"라고 술회했다.[69]

공산주의 사상은 해외의 독립운동자들 사이에서뿐만 아니라 국내의 지식인 청년층에서도 급속히 확산되었다. 국내에서는 상해파와 이르쿠츠크파의 두 고려공산당 그룹 말고도 화요회(신사상연구회)파, 북성회(북풍회)파, 조선노동당파 등 여러 갈래의 공산주의자들의 합법 또는 비합법 단체들이 결성되고, 이들 공산주의자 그룹의 통일운동으로 1923년 6월에는 블라디보스토크에 있던 코민테른[국제공산당] 산하의 코르뷰로(조선총국)의 지도로 코르뷰로 국내부와 고려공산청년회 국내부가 결성되었다. 그리고 1925년4월17일에는 코민테른의 유일한 한국지부로 비밀리에 서울의 중국음식점 아서원(雅敍園)에서 조선공산당이 결성되었다. 책임비서는 김재봉(金在鳳)이었다. 김재봉은 안동의 유림 집안 출신으로서《만주일보(滿洲日報)》기자 등으로 활동하다가 러시아로 망명하여 1922년에 모스크바에서 열린 극동민족대회에도 참가했고, 1923년에는 코르뷰로로부터 국내로 파견되어 그 지부를 설치하고 책임비서

69) 『백범일지』, p.313.

가 되었다. 김재봉은《조선일보(朝鮮日報)》기자로 재직하면서 조선공산당 창당작업을 주도했다. 또한 조선공산당이 결성된 이튿날 그 외곽단체로 고려공산청년회가 결성되었다. 고려공산청년회의 책임비서로는 1921년3월에 상해에서 고려공산청년단 상해회의 결성을 주도하고 비서를 맡았던 박헌영(朴憲永)이 선정되었다.[70] 사회주의혁명을 위한 문학가들의 실천단체로 조선프롤레타리아 예술동맹(KAPF)이 결성된 것도 이해 7월이었다.[71]

임시정부의 "정변"이 진행되는 동안 국내신문들은 보도를 극히 자제했다. 박은식의 임시대통령대리 취임, 임시헌법 개정, 새로 임시대통령으로 선출된 박은식의 교서발표 등의 뉴스는 그때그때 간단하게 보도했으나, 임시의정원에서 이승만을 탄핵한 사실은 전혀 보도하지 않았다. 그것은 임시정부의 "정변"에 대한 불신과 함께 그것이 국내에 자세히 알려지는 것이 바람직하지 않다고 판단했기 때문이었을 것이다. 임시정부의 권위에 복종하는 만주의 무장투쟁단체들 가운데도 이승만을 지지하고 개조파 그룹의 조치를 비판하는 세력이 있었다.

이동녕 내각의 총사퇴로 내무총장에서 물러난 김구는 한국노병회 이사장직도 사퇴하기로 했다. 노병회는 김구의 적극적인 노력에 따라 1932년에 해체될 때까지 열린 31회의 이사회 가운데 12회가 1923년 한 해에 열렸을 만큼 초기에는 비교적 활발한 활동을 벌였다. 그러나 1924년에 접어들어서는 활동이 급속히 침체되었다. 회원들의 회비납부 성적도 부진했고, 야심찬 목표를 표방하면서 시작했던 전비마련도 지지부진했다.[72] 그뿐만 아니라 김광근(金光瑾), 김호순(金護淳) 등을 낙양병공창에 유학시키는 데 실패하는 등[73] 노병회가 역점사업으로 추진한

---

70) 金俊燁·金昌順, 『韓國共産主義運動史(2)』, 1986, pp.291~337 참조; 임경석, 『이정 박헌영 일대기』, 역사비평사, 2004, p.67, pp.95~97.
71) 白鐵, 『朝鮮新文學思潮史 現代篇』, 白楊堂, 1949, pp.78~79.
72) 愼鏞廈, 「백범김구와 韓國勞兵會」, 『白凡金九의 思想과 獨立運動』, pp.66~69.
73) 『朝鮮民族運動年鑑』, 1923년7월5일조.

청년들의 중국 군사기관 파견교육도 기대했던 만큼 성과를 거두지 못했다.

김구가 노병회 이사장직을 물러나려고 한 직접적인 이유는 알 수 없으나, 상해정국의 일련의 파동과 관련이 있었을 것은 말할 나위도 없다. 창립 초기에 18명의 통상회원 가운데 15명이 임시정부 국무원과 임시의정원 의장단을 포함한 의원들이었던 것으로도 짐작할 수 있듯이, 노병회는 국민대표회의 소집문제 때문에 위기에 처한 임시정부를 뒷받침하는 단체의 성격이 강했다.[74] 그러나 김구와 함께 노병회 창립에 주동적 역할을 한 이유필, 조상섭, 나창헌 등이 "정변"을 주도함으로써 노병회 문제에 관해서도 김구와 소원해졌을 것이다. 노병회 창립의 주역의 한 사람이었던 여운형이 뒷날 "김구는 노병회의 원조를 받기 위해 임시정부 대표자격으로 노병회에 참가했으나, 노병회에서 임시정부에 반대했기 때문에 노병회를 떠났다"[75]라고 진술한 것은 그러한 사정을 짐작하게 한다. 그러나 1924년4월1일에 제스필드 공원에서 회원 12명이 참석하여 열린 한국노병회 제3회 정기총회는 김구의 사직원을 반려하기로 결의했다.[76]

2

아내를 여읜 뒤로 김구의 생활형편은 더욱 곤궁해졌다. 1924년6월9일에 상해에서 귀국한 김구의 동향인 정만존(鄭萬尊)은 이 무렵의 김구의 생활상을 다음과 같이 전했다고 한다.

선생은 부인이 사망한 이후로 생계가 더욱 곤란해지고 칠십 노모가 취사와 빨래 등을 하고 있는데, 노모는 매일 눈물로 세월을 보내고

---

74) 金喜坤, 『中國關內韓國獨立運動團體研究』, p.208.
75) 「呂運亨調書(2)」, 金俊燁·金昌順 共編, 『韓國共産主義運動史 資料篇 1』, p.229.
76) 『朝鮮民族運動年鑑』, 1925년4월1일조.

있는 형편이었다. 내가 선생을 방문했을 때에 선생의 노모는 나에게 두 손자가 열살이 되면 아이들을 데리고 고국으로 갈 결심이라고 했다. 선생은 중국에서 일생을 살 결심이지만 자기는 고국땅에 묻히고 싶다고 했다. 선생은 부인이 살아 있을 때에는 부인이 삯바느질을 하여 그 수입으로 조석을 유지하고 있었으나 부인이 사망한 뒤에는 아무런 생업 없이 지기나 동지 등의 동정금으로 지내고 있는 형편이어서 그 궁상은 이루 말할 수 없다.[77]

이처럼 빈궁한 처지에서 김구는 8월29일(음력 7월11일)에 쉰살이 되는 생일을 맞았다. 상해에 온 이후로 김구는 생일은 입 밖에 내지도 않고 지냈는데, 뜻밖에도 옛 제자 나석주(羅錫疇)가 아침 일찍 고기와 채소를 푸짐하게 사 들고 와서 곽씨 부인에게 내어 놓으면서 말했다.

"오늘이 선생님 생신이 아닙니까? 옷을 전당잡히고 고기근이나 좀 사가지고 밥해 먹으러 왔습니다."

김구가 나석주를 처음 만난 것은 양산학교(陽山學校) 소학부의 유년반을 담임하는 동시에 재령군 북율면 여물평의 보강학교(保强學校) 교장을 겸임하여 그곳을 오가면서부터였다. 김구는 보강학교 시절을 회고하면서 나석주에 대해서 다음과 같이 적었다.

나석주 의사는 당시 젊은 청년으로서 나라의 형세가 날로 잘못되어 감을 한스럽게 생각하여, 평내에서 남녀 어린아이 연아홉명을 배에 싣고 비밀리에 중국으로 건너가 철망 밖에서 교육시켜 보고자 출발하다가, 장련 오리포(梧里浦)에서 왜경에게 발각되어 여러 달 옥고를 치렀다. 출옥 후에는 겉으로 상업과 농업에 종사하면서 속으로는 독

77) 朝鮮總督府亞細亞局, 『大韓民國臨時政府關聯要視察人名簿』(1925), 『白凡金九全集(4) 大韓民國臨時政府 I』, pp.105~106.

립사상을 고취시키며 직접 간접으로 교육에 열성을 다하여, 평내 청년 우두머리로 신임을 받고 있었다.[78]

나석주는 황주군 겸이포(兼二浦)에서 쌀가게를 경영하다가 3·1운동이 일어나자 동지들과 함께 만세운동을 주도하고 일본경찰에 체포되어 옥고를 치렀다. 석방된 뒤에는 김덕영(金德永), 최호준(崔皓俊) 등과 함께 6인 권총단을 조직하고, 1920년1월4일에 사리원의 부호 최병항(崔秉恒)의 집을 습격하여 독립운동자금을 거두었다. 또한 평안남도 대동군에서는 악명 높은 일본경찰을 죽이고, 농민들의 원성을 사던 은율군수도 처단했다. 그러나 일본경찰의 감시가 더욱 심해지고 동지들이 체포되어 더 이상 국내활동을 할 수 없게 되자 1920년9월에 진남포에서 목선을 타고 상해로 망명했다.[79]

김구는 상해에 온 나석주를 반갑게 맞이했다. 김구는 나석주가 장한 뜻을 품고 상해에 왔다면서, 그를 "친하게 믿는 지사며 제자"[80] 라고 『백범일지』에 썼다. 경무국장이던 김구는 나석주를 경무국 경호원으로 근무하게 했고, 노병회 이사장이 되고 나서는 1922년12월에 나석주를 하남성의 한단군사강습소(邯鄲軍事講習所)에 입학시켰다.[81]

처연하게 쉰살의 생일을 맞은 김구는 나석주의 뜻밖의 호의로 상해에 망명한 이후로 "가장 영광스러운" 생일상을 받았다. 김구는 이 일을 영원히 기념하기로 결심하는 동시에 회갑연도 차려드리지 못한 어머니에 대한 송구스러운 마음에서 죽는 날까지 생일을 지내지 않기로 하고, 『백범일지』 상권을 쓸 때에는 자신의 생일 날짜를 일부러 기록하지 않았다.[82]

이 무렵의 김구의 동향과 관련하여 주상해일본총영사가 본국 정부에

---

78) 『백범일지』, p.212.
79) 金相玉·羅錫疇烈士記念事業會, 『金相玉·羅錫疇抗日實錄』, 三慶堂, 1986, pp.235~244.
80) 『백범일지』, p.333.
81) 金喜坤, 앞의 책, p.215.
82) 『백범일지』, p.294.

보낸 정보보고는 다음과 같은 흥미로운 사실을 전했다.

　　전 임시정부 간부인 이동녕, 이시영, 김구 등은 현 정부를 반대하고 이에 대항할 목적으로 최근에 통일회[일명 "일당(一黨)"이라고 함]를 조직했는데, 그들은 조선 전라북도 정읍에 있는 '훔치교' 교주 차형석[車亨錫: 車京石의 잘못]이 교재(敎財) 수백만과 수만명의 신도를 가졌으나 근래에 총독부 관헌의 압박을 견디지 못하고 해외 도항을 지망하고 있는 것을 알고, 차제에 그를 이곳으로 초치하여 당수로 추대하고 각지 독립단을 통일하기 위하여 획책하고 있다고 한다.···[83]

　"훔치교"는 1902년에 강일순(姜一淳)이 전라북도 모악산(母岳山) 일대를 근거지로 하여 동학교도들을 중심으로 창건한 신흥종교인 증산교(甑山敎)를 말한다. "훔치교"라는 명칭은 교단의 정식명칭이 아니라 비교인들이 증산교 주문의 머리글자를 따서 "훔치어 먹은 교"라고 비방하는 뜻에서 그렇게 부른 것이라고 한다.[84] 증산교는 강일순이 사망한 뒤에 그의 제자들에 의하여 교세가 확장되어 한창 때에는 80여개의 분파를 이룰 정도로 크게 세력을 떨쳤다.

　이들 분파 가운데 가장 큰 영향력을 발휘한 교파는 차경석을 교주로 하여 전라북도 정읍에 본부를 두고 활동한 보천교(普天敎)였다. 1919년에 전국 교구를 조직하고 포고활동을 벌인 보천교는 신자들의 적극적인 헌금활동으로 교단 재산이 전 국토의 10분의 1을 살 수 있을 정도라는 소문이 났다고 한다. 차경석은 교세가 크게 확장하자 '시국(時國)'이라는 국호를 선포하고 자신이 황제로 등극하고자 했으며, 신자들은 그를 "폐

---

83) 「機密 제136호: 上海不逞鮮人ノ近況ニ關スル件」, 1925년8월14일, 『不逞團關係雜件 鮮人ノ部 上海假政府(五)』.
84) 李康五, 「韓國의 新興宗教 資料篇 第一部 甑山教系 總論」, 《全北大學校論文集》 제7집, 全北大學校, 1966, p.118.

하"라고 부르기까지 했다. 이처럼 보천교의 교세가 위력을 떨치게 되자 조선총독부는 전국 각지의 보천교 신자들에 대한 검거령을 내렸다.[85]

차경석은 탄압을 피하여 교단 본부를 해외로 옮기기로 하고 수하의 이성영(李成英)을 중국에 파견하여 남북만주와 시베리아 일대에 살고 있는 동포들의 상황과 교단본부를 옮길 만한 장소를 물색하게 했는데, 석 달 동안 조사하고 돌아온 이성영은 교단본부를 옮길 만한 곳으로 남경(南京)을 추천했다.[86]

김구를 비롯한 임시정부 전 간부들이 이성영을 만났다는 기록은 보이지 않는다. 그러나 민영익(閔泳翊)의 아들 민정식을 상해로 유치하여 민영익이 숨겨놓았을 것으로 추측되는 막대한 자금을 임시정부의 운영 자금으로 사용하고자 했던 점으로 미루어 보아, 보천교단과도 접촉해 보려고 생각했을 개연성은 없지 않다. 그러나 이 계획은 차경석이 보천교단의 내부 갈등으로 중국 망명계획을 포기함으로써[87] 없던 일이 되었다.

3

김구는 참담한 생활고를 인내하면서 암중모색의 나날을 보냈다. 마침내 곽씨 부인은 고국으로 돌아가기로 결심했다. 김구는 극력 만류했으나 오랜 고민 끝에 결단을 내린 곽씨 부인의 마음을 돌이킬 수 없었다. 떠나기 전에 곽씨 부인은 혼자 남아서 고생할 아들을 위해서 찬거리를 준비했다. 김구가 살고 있는 집 뒤쪽에 쓰레기통이 있었는데, 거기에는 근처의 중국인 채소상이 버린 배추 겉대가 늘 가득했다. 이것을 눈여겨 보아 두었던 곽씨 부인은 매일 저녁 밤이 깊어서 인적이 뜸해진 뒤에 쓰

---

85) 안후상, 「普天教와 物産獎勵運動」, 《한국민족운동과 종교》 19, 한국민족운동사학회, 1998, pp.361~374 참조.
86) 李正立, 『甑山教史』, 甑山教本部, 1977, pp.101~102.
87) 위의 책, p.102.

레기통을 뒤졌다. 배추 겉대 가운데 그런대로 먹을 만한 것을 골라 와서 소금에 절여 김치를 담기 시작했다. 그렇게 담근 김치가 여러 항아리가 되었다.

1925년11월 중순 어느 날 곽씨 부인은 큰손자 인(仁)은 떼어 놓고 네살밖에 안된 둘째 손자 신(信)을 데리고 고국으로 떠났다. 김구는 곽씨 부인이 떠

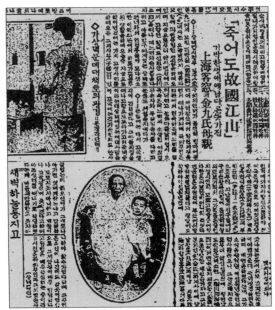

곽씨 부인의 귀국 뉴스를 보도한 1925년11월6일자 《동아일보》.

난 뒤에 큰아들을 데리고 여반로(呂班路)의 단층집을 얻어 이사하고, 그곳에서 이동녕, 윤기섭(尹琦燮), 조완구 등과 함께 생활했다. 그러면서 곽씨 부인이 담가놓고 간 배추 겉대 김치를 오래 두고 먹었다.[88]

곽씨 부인이 출발을 앞두고 있을 때에 《동아일보(東亞日報)》는 「상해통신」으로 그녀의 귀국 뉴스를 다음과 같이 보도했다.

상해임시정부 김구씨의 모친 곽낙원(67) 여사는 오늘날까지 아들과 함께 파란중첩한 생활을 하여 오며, 지금으로부터 약 4년 전에 그의 고향인 황해도 신천군을 떠나 며느리와 손자들을 다리고 아들 김구씨가 있는 상해로 건너와서 인정 풍물이 모두 생소한 이역 타관에서 하루 같은 분투의 생활을 하여 오던 중, 지금으로부터 약 2년 전에

───
88) 『백범일지』, p.363.

는 같이 고생살이를 하여 오던 그의 자부인 김구씨의 아내가 불행히 병마에 걸리어 이역 강산에서 황천의 길을 먼저 떠나가게 되매, 곽씨 부인은 타관에서 현숙하던 며느리를 잃어버리고 눈물 마를 날이 없이 오직 죽은 며느리의 소생인 여섯살 된 손자와 두살 된 손자를 데리고 눈물로 세월을 지내다가, 근일에는 다시 고국 생각이 간절하다고 그 아들의 집을 떠나 고향으로 돌아가고자 준비 중이라는데, 상해에 있는 여러 사람들이 고국에는 가까운 친척도 한 사람 없는데 늙으신 이가 그대로 나가면 어떻게 하느냐고 만류하나 도무지 듣지 아니하고 백골이나 고국강산에 묻히겠다고 하며 아주 상해를 떠나기로 작정하였다는데, 아들의 만류함도 듣지 아니하야 할 수가 없다 하며, 그 부인은 조선에 나간 대도 갈 곳이 없으므로 그의 앞길이 매우 암담하다고 일반은 매우 근심하는 중이라.[89]

곽씨 부인이 어린 손자 신을 데리고 찍은 사진을 곁들인 이 기사는, 2단 제목에 간단한 약력만 소개한 이틀전의 박은식의 사망기사[90]보다 훨씬 더 자세하다. 그것은 김구가 미국에 있는 이승만과 함께 국내 민족운동자들의 큰 관심의 대상이 되어 있음을 말해 준다.

곽씨 부인은 인천에 상륙하자 여비가 떨어졌다. 그녀는 김구가 미리 그렇게 하라고 일러 주지 않았는데도, 인천의 동아일보사 지국을 찾아가서 사정을 털어놓았다. 동아일보사 지국은 신문에 난 상해소식을 통하여 알고 있었다면서 서울까지 갈 여비와 차표를 마련해 주었다. 곽씨 부인은 서울에 도착하여 다시 동아일보사를 찾아갔고, 동아일보사는 사리원까지 가는 여비를 제공해 주었다.[91]

---

89) 《東亞日報》 1925년11월6일자, 「죽어도 故國江山」.
90) 《東亞日報》 1925년11월4일자, 「朴殷植氏歸逝」.
91) 『백범일지』, p.370.

44장

태평양회의에 참석한 한국대표들 맞아

1. 동지회원들에게 비폭력주의 강조

1

이승만은 《태평양잡지》를 펴내는 일에 열중하면서 억분을 삭혔다. 윤치영(尹致暎)은 태평양잡지사의 사무실이자 이승만의 거처인 팔롤로(Palolo) 산장으로 매일 출근하여 이승만의 일을 도왔다. 윤치영은 《태평양잡지》의 주필이 되어 원고작성에서부터 인쇄, 제본, 배달까지 헌신적으로 일했다. 잡지일뿐만 아니라 워싱턴의 구미위원부를 비롯한 각처와의 연락과 선전, 동지회 조직에 관한 일, 재정에 관한 일, 여러 가지 사업계획에 관한 사무를 도맡아 했다.

잡지가 나오면 이승만은 윤치영을 대동하고 직접 자동차를 운전하여 배달하러 다녔다. 아침은 15센트짜리 빵 한개와 5센트 하는 커피 한잔이었고, 점심도 빵 한개와 야채수프가 고작이었다. 한참 바쁠 때에는 하루 한끼 먹는 둥 마는 둥 하고 돌아다녀야 했다. 그러다가 꾀를 내어 배달시간을 일부러 동포들의 저녁식사 시간쯤에 맞추어 멀리 떨어진 와이알루아와 와히아와 등지의 동포들 집을 찾아가서 김치를 곁들인 밥과 국을 얻어먹었다. 이승만은 윤치영과 함께 동포들이 일하는 농장을 찾아가서 일당 1달러50센트를 받고 동포들과 함께 막일을 하기도 했다. 이승만은 농사일뿐 아니라 젊어서 익힌 목수일이며 미장이 일까지 못하는 일이 없고 솜씨도 좋아서 사람들을 놀라게 했다.[1]

이승만은 이따금 서글픈 심정에 빠지는 때가 있었다. 늦은 밤에 윤치영과 함께 기도하고 나서 불쑥 푸념 같은 말을 하곤 했다.

"나는 6대 독자로 태어나서 이렇게 이역에서 싸우고 있지만 잃어버린 나라를 되찾는 일이 언제가 될는지 기약도 없으니 고국에 돌아갈 면목이

---

1) 尹致暎, 『東山回顧錄 : 尹致暎의 20世紀』, pp.89~90.

없네."

산장 근처의 풀밭을 거닐다가는 이런 말을 하기도 했다.

"청량리 들판에 바람이 물결치던 황금빛 보리밭이 눈에 선하네. 언제나 우리가 고향에 돌아가서 그 정다운 산천을 바라볼 날이 있을까 싶네."[2]

이승만은 이처럼 부친 이경선(李敬善)이 강조하던 자신이 6대 독자라는 사실을 평생토록 의식했다. 청량리는 이승만이 미국 유학을 마치고 귀국하여 YMCA의 한국인 총무로 근무할 때에 살던 동대문 밖 창신동 집에서 멀지 않은 곳이다. 이승만은 그때에 청량리에 나가서 보았던 보리밭 풍경이 인상 깊었던 모양이다.

이 무렵의 《태평양잡지》가 안창호(安昌浩)에 관한 특이한 이야기를 기재하고 있어서 눈길을 끈다. 미국 동부지방 동포들을 순방 중인 안창호가 공산주의를 선전하고 다닌다고 어떤 한인동포가 미국 이민국에 익명으로 투서한 사실을 소개하는 내용이었다. 이 글은 먼저 "미주로부터 오는 통신에 수차 들리는 말이 있는데, 우리는 곧이듣지 않았더니 금에 적부한 소식을 들으매 그 소문이 아주 허언이 아니라 할지라. 간단한 말로 설명코저 하노라"하고 말머리를 꺼낸 다음, 안창호가 시카고에 있는 미국 이민국에 불려가서 캘리포니아주의 산타바바라 지방에서 어떤 사람이 보낸 익명서의 내용과 관련하여 조사받은 사실을 소개했다. 투서내용은 안창호가 공산주의를 선전하고 다니므로 추방하라고 했다는 것이었다. 이민국 관리는 이런 익명서를 받고 본인에게 확인하지 않을 수 없어서 불렀다면서 몇 가지를 물어본 뒤에, 이것은 아마 일본사람의 소행이 아니면 당파싸움을 하는 한국사람의 소행일 것이라고 말했다는 것이었다. 그러고는 다음과 같은 말로 이런 투서의 잘못을 지적했다.

우리 중에 아무리 못된 자이며 아무리 괴악한 사람이라도 타국인

---

2) 위의 책, p.95.

과 마주 서는 자리에는 팔이 안으로 굽는 것이 자연한 인정이어늘, 이 것을 모르고 우리끼리 다투다가 타국인의 세력을 빌어 동족을 음해 하려는 것은 다만 골육상잔하는 근본이니, 우리 애국 제씨는 이것을 극히 주의하야 마음을 먼저 고쳐야 모든 것이 다 취서[就緒: 일이 잘되 어감]될지라.…

이 글은 마지막으로 다음과 같이 덧붙였다.

《태평양잡지》가 간절히 바라는 바는 우리 동지회 회원들은 본회 의 정강과 정신을 통투[通透: 뚫어지게 깨달아 환함]히 흡수하야 국사 나 개인 사사행동이나 모든 사람과 접촉할 때에 실상과 옳은 것을 주 장하야 우리끼리라도 정의와 인도를 저버리고는 곧 살 수 없는 줄로 알며, 이것을 미루어서 적국을 대하는 자리에도 곧 이 주의를 지켜 행 해야 우리가 장차 세상에 강하고 영광스러운 민족을 이룰 것이라.…[3]

외국인에게 동포지도자를 모략하는 투서를 하는 것을 엄중히 꾸짖으 면서도 안창호가 미국 이민국의 조사를 받았다는 사실을 굳이《태평양 잡지》에 공개해야 할 만큼 상황이 심각했는지 알 수 없다.

한편 샌프란시스코의 《신한민보(新韓民報)》는 하와이에서 일부 인 사들이 임시정부를 조직하려고 비밀회의를 빈번히 한다는 풍문과 함께 안창호가 볼셰비키주의를 선전하다가 미국에서 추방당하게 되었다고 선전하는 사람도 있다고 보도했다. 이 기사는 또 "믿을 만한 인도자의 말"이라면서, 어떤 한인이 영문으로 국무부에 익명의 편지를 보내어 안창 호가 공산주의 선전자라고 모함했다는 말도 덧붙였다.[4]

---

3) 《태평양잡지》 1925년7월호(제7권 제4호), 「마음을 고치자」, pp.33~34.
4) 《新韓民報》 1925년6월25일자, 「하와이: 안창호씨도 소비에트주의자라고」.

이러한 사실은 이 무렵에 유럽이나 아시아 지역에서와는 달리 미국 사회에서는 공산주의가 얼마나 엄중한 금기가 되고 있었는지를 반증하는 것이기도 하다.

이승만은 하와이에 있는 반대파들의 움직임에도 신경을 쓰지 않을 수 없었다. 새 정부의 후원회를 결성한 반대파들은 강영효(姜泳斅)가 편집인이 되어 5월23일자로 《단산시보(檀山時報)》라는 등사판 격주간지를 창간하고, 임시정부의 정통성과 관련된 논란을 자세히 소개하면서 상해에서 새로 성립된 임시정부를 부인하는 이승만 지지자들을 비판했다. 그리하여 이승만은 안창호가 3·1운동의 소식을 듣고 상해로 간 뒤인 1919년7월29일부터 워싱턴과 상해 사이에 주고받은 모든 전보를 《태평양잡지》에 공개했다. 이 전보들을 공개하는 이유를 《태평양잡지》는 다음과 같이 밝혔다.

근자에 어떤 사람들이 각처에 돌아다니며 나는 무죄하다고 변명처럼 하는데, 이런 변명을 문자로 박여서 선전하는지라. 사람이 죄를 짓고 벗어나려 함은 인지상정이라. 구태여 그 죄를 드러내어서 기어이 그 죄를 뒤집어쓰고 나게 하자는 것은 우리의 원이 아니어니와, 급기 죄지은 자가 죄를 벗어나는 체하며 은근히 남에게 넘겨 씌우려 하면 이것은 우리가 그저 보고 앉았을 수 없는 일로 아노라.

우리는 우리말로 죄가 있다 없다 변명하지 않고 다만 사실만 들어서 공포할 것뿐이니, 정부 조직된 이후로 워싱턴과 상해 간에 내왕한 전보를 축호 등재하야 애독 제군으로 하여금 소상히 보고 시비를 스스로 판단케 함이니, 이것이 매우 재미로울 줄 믿노라.

대저 공화국의 주인은 그 나라 백성이라. 백성이 사실을 알지 못하고는 시비곡직을 판단키 어려우니 이 사실을 알게 하는 것이 우리의 직책이요 또한 일후 역사를 편찬할지라도 이런 재료를 가져야 할지니, 그러므로 우리는 지나간 7년래에 내왕된 전보를 모집하여다가 연

속 기재하겠노라.[5]

이렇게 전제한 다음 1924년7월호부터 10월호까지 4회에 걸쳐서 1919년10월24일까지의 전문을 상황설명과 함께 게재했는데, 언제까지 계속되었는지는 11월호부터 1930년4월호까지의 잡지가 보존되어 있지 않아서 알 수 없다. 위의 글에서 "지난 7년래에 내왕된 전보"를 연속 게재하겠다고 한 것을 보면, 임시의정원의 탄핵결의가 있던 1925년3월까지의 모든 전보를 공개했을 것이다. 이처럼 이승만은 전문 하나하나도 자신의 행동의 정당성을 입증하는 자료로서 보관했던 것이다. 현재 이화장문서(梨花莊文書)에 들어 있는 이승만의 전보철에는 1919년부터 1925년까지 여러 사람들과 주고받은 전보 2,023통이 보존되어 있다.[6] 이승만은 전보뿐만 아니라 국내외 인사들과 주고받은 편지도 꼼꼼히 모아 두었다.

2

한편 이승만은 동지회 회원들의 단결을 위해서도 신경을 써야 했다. 동지회의 「정강」의 제1항으로 천명한 비폭력주의를 설명하는 논설을 잇달아 발표한 것도 그 때문이었다. 《태평양잡지》의 1925년8월호에 실린 「비폭력을 비평」이라는 논설은 자신의 지론인 비폭력주의에 대한 상해 독립운동자들의 비판을 의식하고 쓴 글이었다. 상해동지회를 결성한 조소앙마저도 동지회의 「정강」은 무력항쟁을 강조하는 내용으로 고쳐야 한다고 주장하는 형편이었다.

「비폭력을 비평」은 이승만의 비폭력주의 사상의 정수를 보여 주는 글이다. 이승만은 사람들이 비폭력주의를 비평하는 이유가 두가지인데 하

---

5) 《태평양잡지》 1925년7월호(제7권 제4호), 「상해와 미경에 충돌되던 모든 전보」, pp.4~5.
6) Junghyoo Ko, "Introduction", *The Syngman Rhee Telegrams*, vol. I., p.5.

나는 비폭력주의를 정확하게 알지 못하기 때문이고 다른 하나는 무조건 반대하는 것이라고 전제하고 다음과 같이 설명했다.

첫째 비폭력주의를 오해하는 이는 생각하기를 전쟁도 말고 피도 흘리지 말고 순리로 독립을 회복하자는 것이 곧 비폭력주의자의 목적이라 함이니, 이는 전혀 오해라. 우리의 주장하는 바는 이것이 아니요 곧 인명을 잔해(殘害)하거나 폭탄 폭약 등으로 인도에 위반되는 일을 행치말자 함이니, 만국공법을 의지하야 적국과 전쟁하는 것은 폭력으로 인정하지 아니함이라.

우리가 힘을 길러서 적국과 아주 대적할 만치 된 후에는 세계 각국의 통용법식을 따라 선전서(宣戰書)를 반포하고 공공한 의전(義戰)을 시작하야 적국 군사를 살육하기에 조금도 퇴보치 않으려니와, 그렇지 못할 때에는 적국의 만행을 보복하거나 원수의 마음을 공겁하기 위하야 어두운 중에서 인명을 겁박하거나 안녕을 손해함은 법리상 위반이니, 이는 우리의 힘을 점점 약하게 할 따름이라, 대업을 성취할 수 없는 법이며…

스티븐스(Durham W. Stevens, 須知分)를 저격한 장인환(張仁煥)의 행동이 인도주의에 위반된다는 이유로 그의 법정 통역을 거부했고 그 때문에 동포사회에서 크게 비난받았던 일을 비롯하여 상해의 독립운동자들과 계속해서 논쟁을 벌이면서도, 이승만은 이처럼 인도주의에 입각한 비폭력 투쟁론을 고집했다. 그는 비폭력은 정의와 인도주의의 원칙이며 약자의 무기는 비폭력주의임을 확신했다. 그렇기는 하나 "세계 각국의 통용법식에 따라" 선전포고를 하고 적국과 전쟁하는 것은 폭력이 아니라는 주장은 지나친 형식논리가 아닐 수 없다.

이승만은 또 비폭력주의가 전쟁을 하지 말자는 뜻은 아니라고 하더라도 원칙적으로 옳지 않다는 주장에 대해서는 다음과 같이 반박했다.

그이들의 생각에는 지금의 물질적 시대에 모든 민족이 세력을 믿고 모든 악한 일에 못할 것이 없는 터이거늘 우리는 어리석게 정의 인도니 하고 가만히 앉았으면 누가 우리 권리를 그저 갖다 맡기리요, 폭탄이나 폭약으로라도 적국을 못살게 해야만 되리니, 비폭력이라 함은 불가하다는 뜻이라.

이것이 말은 매우 듣기 좋으나 일은 매우 위태한지라. 남들이 정의 인도를 저버리고 잘되니 우리도 저버리자 함은 깊이 생각지 못한 말이라. 남은 세력이 있는 고로 능히 비인도 비정의의 일을 행하고도 아직 견디지마는 약한 자는 힘이 없은즉 믿고 의지할 것이 정의 인도라. 세계역사를 역력히 상고하여 볼수록 거울같이 맑은 것은 의리를 저버린 나라나 개인이 길게 부지하지 못하야 필경은 옳은 자에게 지고 마나니, 우리가 이 힘을 믿지 않고는 아무것도 의지할 것이 없는지라. 우리가 진실로 정의와 인도를 붙들고 목적을 위해 희생과 곤란을 달게 여기며 일어설진대 우리는 세계에 막강한 인민을 이룰 수 있으리니, 우리 모든 동지는 이에 대하야 조금도 의심이 없어야 할지라.…

이승만은 3·1운동이 세계를 놀랠 만한 역사를 이룬 것이 바로 이 비폭력주의의 힘 때문이었다고 강조하고, 그 결과로 신문 잡지 등의 대중 매체가 생겨난 것이 그 성과라고 설명했다.

민국원년 독립운동으로 볼지라도 그 운동이 세계를 놀랠 만한 역사를 이루었고, 그 결과로 인연하야 전에는 생각도 못하던 신문 잡지가 국중에 얼마나 생겼으며, 인민의 단결력이 얼마나 공고하여졌느뇨. 이것을 보아도 정의 인도의 능력이 폭탄 폭약보다 더욱 강한 것을 가히 알지라.

대저 동지회의 목적과 정신은 전혀 우리 독립선언서에 발표한 바를 실시하기로 결심함이니, 이에 대하야 의심 없이 믿고 이대로 실행하는 사람이 날로 늘진대 우리의 목적을 속성할 방법이 이에 있는지라. 모든 폭력을 믿어서 폭력을 행하는 사람이 또한 없지 않을지로되, 그이들과 우리는 변론하기를 원치 아니하며, 다만 각각 자기의 믿는 대로 일하여 나갈 따름이니, 우리는 폭력으로 허비하는 힘과 물질을 들여 장래 전쟁을 준비하기에 전력함이 가장 지혜롭다 하노라.[7]

이승만은 이 논설에 이어 《태평양잡지》 9월호에 「비폭력의 능력」이라는 논설을 다시 썼다. 그것은 중국과 인도의 비폭력주의와 그 성과를 설명한 글이었다. 이승만은 먼저 "늙은 중국"은 폭력주의로, "새 중국"은 비폭력주의로 대비하여 설명했다.

늙은 중국은 외국인을(이) 무서워서 막아내려다가 못되매 뒤로 물러가며 피하다가 피할수록 남이 따라 들어와서 더 피할 수 없을 만치 되매 비로소 폭력을 발하야 외국인을 배척하엿나니, 아편전쟁과 의화단 권비(義和團拳匪) 등의 난리가 다 그 증거라. 이런 폭력으로 내쫓으려 할수록 중국이 결단나게 되어 마지막 어찌할 수 없는 경우에 이른지라.…

그래서 제국주의 열강에 치외법권과 관세주권을 내어주어야 했다는 것이다. 그런데 "새 중국"은 비폭력주의로 바야흐로 주권을 되찾고 있다고 이승만은 역설했다.

지금에 새 중국이 일어나며 우선 이것 두가지를 교정하려고 결심인데 이전 늙은이들 모양으로 폭력을 사용치 아니하고 다만 저의 권리를 사용하야 남의 물질적 세력이 어찌할 수 없게 만드나니, 이것이

---

7) 《태평양잡지》 1925년8월호(제7권 제5호), 「비폭력을 비평」, pp.4~5.

벌써 새 사람들의 새 방법이라. 전국의 모든 학생들과 청년들이 일어나서 외국 물화(物貨)를 배척하며 철도 광산 등 모든 공업과 기타 다른 기계창에서 고용하는 중국인이 일제히 동맹파업하고 나와서 전국이 동일한 태도를 취하며 외국인과는 상종을 끊고 지낸다 하는지라.

열강국이 사세 위급함을 보고 중국정부를 대하야 질문하며 공박한즉, 옛날 정부와 달라서 고개를 숙이지 아니하고 도리어 선언하되 중국이 일심으로 일어나서 국권을 찾으려 하니, 치외법권을 무시하며 통상조약을 고쳐서 중국도 타국과 같이 외국 물화에 대한 징세를 자유로 결정하리니, 각국이 이것을 허락하면 정돈될 수 있으되 그렇지 아니하면 전국인민이 정부와 합동하야 비폭력인 평화운동으로 끝까지 계속하겠다는 뜻을 표시한지라.…[8]

그리하여 지금은 영미가 새 중국의 세력을 보고 어쩔 수 없이 각각 대표를 파견하여 각국대표와 상의하여 처리하자고 했다는 것이었다.

인도의 상황과 관련해서는 간디(Mohandas K. Gandhi)의 비폭력주의 투쟁을 자세히 소개했다.

간디의 주의는 영인의 물건을 쓰지 말고 사람마다 직조틀에 짜서 입으며, 영인의 재판소에 가지 말고, 영국정부에서 주는 월급을 받지 말며, 우리끼리 우리 일을 함께 하여 가다가, 영인이 잡아 가두거든 항거하지 말고 저마다 잡혀 갇혀서 목숨을 잃더라도 영광으로 알고 조금도 폭력으로 항거하지 말아야 영인의 물질세력이 기회를 얻지 못하고 정신적 세력이 필경 득승하리라 하야, 인도인의 통일을 먼저 도모하다가 여의치 못하므로 자기가 자기 몸을 대신 벌하야 21일 동안을 굶고 먹지 아니하는지라. 인도교와 회회교와 예수교인이 서로 원수같

---

8) 《태평양잡지》 1925년9월호(제7권 제6호), 「비폭력의 능력」, pp.1~2.

이 보던 것을 비로소 저희끼리 없이하고 서로 악수하게 된지라. 이것은 실로 인력으로 이룰 수 없는 일을 성취하고, 간디의 이름이 세계에 더욱 전파되며, 영인이 비로소 어찌할 수 없는 줄을 깨닫게 되었도다.

영국이 이것을 보고 정부에서 비밀회의한 후 인도총독 레딩(Rufus D. I. Reading)씨에게 위임하야 인도에 가서 인도인의 자치권을 허락하야 오스트레일리아와 캐나다와 대등으로 주권을 차지하게 할 예정이라 하야 각 신문에 전파되는지라.

물론 간디는 자치권을 충분히 여겨 그만둘 것이 아니요 완전한 독립을 회복하도록 계속할지나, 영국의 해륙군 세력으로 인도인의 민심을 어찌할 수 없이 되는 것은 인도인들이 폭력운동으로 영인을 항거하느니보다 저희 내정을 먼저 정돈하야 서로 단합하며 서로 도와가기를 힘쓰므로 영국이 어찌할 수 없이 고개를 숙이는 것이라. 인도의 자유가 또한 시간문제라 하노라.…[9]

이처럼 중국과 인도의 비폭력주의의 실상과 성과를 소개하고 나서, 이승만은 이 두 나라의 국권회복이 점점 가까워지는 것을 보면 잃은 국권을 회복하는 방법은 "저희끼리 단합하야 정의와 인도를 들어 법리적으로 해결하기를 주장함"으로써 열강의 세력이 더 막지 못하게 하는 것이라고 역설했다. 그것이 곧 비폭력주의와 민심통일의 힘이 얼마나 큰 것인지 보여 준다는 것이었다.

---

9) 위의 글, pp.2~4.

2. 호놀룰루 태평양회의에 참석한 국내대표들

1

어렵게 《태평양잡지》를 펴내는 한편으로 이 무렵에 이승만이 크게 관심을 기울인 일은 1925년7월1일부터 호놀룰루에서 열리는 태평양문제연구회의 결성회의였다. 이승만은 이 회의의 개최경위와 회의의 중요성을 잘 알고 있었다. 그것은 범태평양협회(The Pan-Pacific Union) 주최로 호놀룰루에서 잇달아 열린 1921년8월의 제1차 범태평양 교육대회(The First Pan-Pacific Educational Conference)나 같은 해 10월의 제1차 세계신문기자대회(The First Pan-Pacific Press Conference) 및 1922년10월의 제1차 범태평양 상업대회(The First Pan-Pacific Commercial Conference)와는 달리, 미국 YMCA가 주동하여 열리는 회의였다.

회의의 목적은 제1차 세계대전 이후의 자유주의적 사조를 배경으로 하여 태평양 연안 여러 나라와 지역의 민간유지들이 개인자격으로 모여 각 국가와 지역 간의 현실문제에 대해 자유로운 의견교환과 과학적인 국제비교연구를 진행함으로써 문제의 본질을 구명하고 우의를 증진시키는 상설적인 국제 비정부기구를 설립하는 것이었다. 회의에는 미국 본토, 캐나다, 하와이, 오스트레일리아, 뉴질랜드, 필리핀, 일본, 중국, 한국의 저명한 민간단체 대표들이 참가할 예정이었다. 회의는 처음에는 범태평양 YMCA회의(The Pan-Pacific YMCA Conference)로 발의되었던 것인데, 준비 과정에서 태평양문제연구회(Institute of Pacific Relations)로 명칭이 바뀌었다.[10)

이승만은 이 회의의 준비단계에서부터 참여했다. 범태평양협회의 이사로서 협회가 주관한 앞의 세 차례 회의에 직접 관여했고, 특히 회의에

---

10) *Institute of Pacific Relations : Honolulu Session, June 30~July 14, 1925*, Institute of Pacific Relations, 1925, pp.7~27.

참가한 국내대표들을 통하여 국내 민족운동지도자들과의 유대를 구축했던 이승만으로서는 이 회의가 여간 중요한 행사가 아니었다. 그가 이 회의를 얼마나 중요시하고 있었는가는 회의가 열리기 석달 전에 이상재(李商在)에게 쓴 다음과 같은 편지로도 짐작할 수 있다.

오는 7월에 열릴 태평양 각국 대표회의에 대한 우리 내지 대표의 참가여부에 대하여 아직까지 확실한 연락이 없으니 극히 민망하오이다. 다른 나라 대표들의 명단은 모두 설비위원(設備委員)에게 도착했는데, 유독 우리나라만 감감 무소식입니다. 그 때문에 담당 위원이 누차 찾아와서 그 영문을 묻고, 아울러 말하기를 만일 일본사람들이 여권을 발급하지 않는다면 직접 이곳에서 도쿄와 교섭해보겠노라고 하였으나, 자세히 대답하기가 어려워서 그대로 연락오기를 기다리자고 말했소이다. 김영기(金泳琦)군이 누차 동아일보사에 편지로 문의했으나, 역시 회답이 없으니 어찌해야 할지 모르겠습니다. 오직 이번만은 하나님이 도우사 평생사원(平生私願)이 이루어지기를 바랄 뿐이오이다.…11)

"평생사원"이란 이상재를 만나는 것을 뜻하는 말이었다. 그는 이상재의 회의참석에 큰 기대를 걸고 있었다. 이상재는 1924년9월에 조선일보사의 사장으로 취임하여 1925년을 《조선일보(朝鮮日報)》의 "혁신 제1년"으로 삼고 주필 안재홍(安在鴻) 등과 함께 《조선일보》를 민족언론으로 도약시키는 작업을 이끌고 있었다.12)

호놀룰루 태평양회의에 대한 국내 신문들의 관심은 1925년 초부터 표명되었다. 그것은 1924년5월26일의 미국의 이민법 개정[배일이민법 성립]

---

11) 「李承晩이 李商在에게 보낸 1925년4월7일자 편지」, 『대한민국임시정부자료집(42) 서한집 I 』, p.273.
12) 전택부, 『월남 이상재의 생애와 사상』, pp.181~186.

이후의 미국과 일본의 충돌 가능성에 대한 기대를 배경으로 한 것이었다.

《조선일보》와 《동아일보(東亞日報)》는 신년 벽두부터 미일 관계 추이를 전망하는 논설을 실었다. 《조선일보》는 3월1일에 태평양회의 개최 뉴스를 보도한 데 이어 3월18일에는 태평양회의가 개최되기까지의 경위와 함께 한국대표로 이상재, 신흥우(申興雨), 구자옥(具滋玉) 등 서울 YMCA 관계자 5명과 《조선》 및 《동아》의 기자 각 1명과 미국에서 서재필(徐載弼)이 이 회의에 참석한다고 보도했다.

대표선정에 대해서는 논란이 없지 않았다. 각 단체가 한번 모여 의논하지도 않고 어떻게 조선대표가 될 수 있느냐는 것이었다. 이러한 논란에 대해 서울 YMCA 총무 신흥우는 "이번 회의는 본래 기독교청년회에서 소집하는 것이므로 우리 청년회 안에서 대회에 참가할 사건에 관하여 위원까지 뽑은 일이 있습니다. 순전히 우리 단체에서 보내는 사람들을 다른 단체에서 말씀할 계제가 되지 않습니다"[13]라고 해명했다.

《동아일보》는 6월11일자 사설에서 제1차 세계대전 이후로 세계의 관심이 태평양문제로 집중됨에 따라 국제회의가 자주 열리는 것은 당연한 일이며, 세계 YMCA가 국제회의를 개최하는 것도 험악해지는 태평양 연안의 정세를 다소라도 완화시키는 데 공헌하고자 하는 것이라고 말하고, 한국대표가 참가하는 의의를 다음과 같이 비교적 냉철하게 설명했다.

그러나 법적으로 제재력을 배경한 국가적 정식회의가 아니요 다만 협의회의에 불과할 뿐 아니라 현하의 국가조직으로는 정식 회의가 된다 할지라도 우리에게 별로이 큰 영향이 있을 것도 없지마는, 이러한 기회라도 이용하야 우리의 현실대로 여실히 발표하고 그네의 인도적 양심, 정치적 상식에 호소하야 조선인의 고통과 불평과 불만을 이해시키며, 현재 우리가 고민하는 모든 문제가 그네들에게도 결국은 자

---

13) 《朝鮮日報》 1925년3월18일자, 「萬國基督靑年主催汎太洋大會에 조선청년대표 일곱명도 참가」

기네가 몽상하는 호재료가 되지 못한다는 이유를 명시하는 것도 결코 무의미한 일이 아닐지니, 이 의미에서 이번에 개최되는 태평양문제 연구회에 우리 사람이 참가할 이유가 있을 뿐 아니라 태평양평화문제를 운위하는 이상 조선인의 진상과 그에 인과되는 모든 제도 정책의 본체를 절실하게 체험한 조선인을 통하야 이를 해부함이 또한 당연한 일이니, 조선인이 이 회의에 참가하는 것은 조선인인 우리 자체를 위하야만 의의가 있는 것이 아니라 민족적 견지로 보아서 더욱 큰 의미가 있는 줄 믿는다.…[14]

태평양회의에 참석할 국내대표는 신흥우를 단장으로 하고 동아일보사 사장 송진우(宋鎭禹), 조선일보사 기자 김양수(金良洙), 연희전문학교 교수 유억겸(兪億兼), 보성전문학교 교수 김종철(金鍾哲)의 다섯 사람으로 확정되었다. 신흥우와 유억겸은 동지회의 국내지부로 3월23일에 결성된 흥업구락부의 창립멤버였다. 이승만이 호놀룰루에서 꼭 만날 것으로 기대했던 이상재가 대표단에서 빠진 것은 《조선일보》의 혁신작업이 중요한 데다가 태평양을 오가는 장기간의 여행을 하는 데 일흔여섯살의 그의 건강이 염려되었기 때문이었을 것이다.

대표단은 출발 전부터 일본인들과 신경전을 벌여야 했다. 신흥우의 증언에 따르면, 일본대표 한 사람이 서울에 와서 한국대표들이 가는데 무슨 편의든지 제공할 테니까 주저하지 말고 말해 달라고 했다. 신흥우가 사양하자 그는 다시 자기네는 도쿄에 있으므로 한국대표들이 타고 갈 선편이 걱정이면 기선회사에 말해 주겠다고 말했다. 신흥우는 물론 그것도 사절했다.[15]

6월11일에 서울을 출발한 대표단이 부산과 시모노세키(下關)를 거쳐

---

14) 《東亞日報》 1925년6월11일자, 「太平洋問題研究會 – 朝鮮人이 出席할 意義」.
15) 전택부, 앞의 책, pp.171~172.

요코하마(橫濱)에서 프레지던트 월슨 호(S. S. President Wilson)에 오른 것은 6월15일. 일본대표단과 중국대표단도 같은 배에 탔다. 대표단은 열흘 동안의 항해 끝에 6월24일 이른 아침에 호놀룰루항에 도착했다.

2

부두에는 태평양회의 총간사 루미스(Charles F. Loomis)를 비롯하여 교민단장 김영기, 한인기독교회 목사 민찬호(閔璨鎬), 한인 YMCA 총무 이태성(李泰聖), 신문기자로 활동하는 필지성(弼志成), 태평양연합회 이사장 양유찬(梁裕燦), 한인기독학원의 김노디, 부인구제회의 민매리, 그리고 이승만 반대파인 감리교회 목사 현순(玄楯), 한인독립당의 이원순(李元淳) 등 하와이 동포사회의 거의 모든 단체 지도자들과 많은 동포들이 나와서 대표단을 환영했다. 이승만도 부두까지 나가서 이들을 맞이했다. 이승만은 일행을 자기 자동차에 태우고는 직접 운전하여 시내를 한 바퀴 돌아 숙소인 오아후대학(Oahu College) 기숙사까지 데려다 주었다. 이승만은 이날부터 회의가 끝날 때까지 하루도 빠지지 않고 대표단과 만났다.

이승만은 송진우에게 김성수(金性洙)의 안부를 묻고는 비감한 어조로 말했다.

"두분이 얼마나 고초를 겪으셨소. 국내에서 온갖 고초를 당하는 것을 들을 때마다 여러 동지와 같이 당하지 못하는 것을 항상 유감으로 생각하오. 나야 무엇을 하였어요. 도리어 동포에게 부끄럽고 미안한 마음을 금치 못할 뿐이오."

이승만의 이러한 말을 들은 송진우는 "반성의 부끄러움을 금치 못하는 동시에 또한 박사의 비통한 심사를 상상하였었다"라고 적었다.[16] 송

---

16) 宋鎭禹, 「太平洋會議에 – 今日부터 호놀룰루」,《東亞日報》1925년7월14일자.

진우는 이승만이 1912년에 105인사건을 피하여 미국으로 가는 길에 도쿄에 들러 가마쿠라(鎌倉) 학생춘령회 행사를 주재하면서 유학생들과 만났을 때에 메이지(明治)대학에 재학 중이었다. 김양수도 이때에 유학생으로서 이승만을 만났다.

각국 대표단은 이튿날 오후 1시30분에 호놀룰루의 부호 쿠크의 집 다과회에 초대되었다. 이 다과회에 대해 송진우가 "화려한 저택과 진미한 다과는 도리어 현대 자본주의의 독점적 향락을 실감하게 했을 뿐이다"[17]라고 써놓은 것을 보면, 이 무렵의 국내 지식인들의 자본주의에 대한 비판의식이 어느 정도였는가를 짐작할 수 있다.

쿠크의 집에서 나온 한국대표단은 그 길로 이승만의 집을 방문했다. 이승만의 조그마한 산장은 쿠크의 집을 구경했던 대표들에게 깊은 인상을 주었다. 이승만은 대표들을 안내하여 집구경을 시켰는데, 대표들은 우선 집의 규모와 살림살이가 검소한 데 놀라고, 집무실을 겸한 2층 서재의 모습을 보고 감동했다. 송진우는 이렇게 썼다.

바라크식의 4~5칸 2층 모옥[茅屋: 띠로 지붕을 인 집]이 산정에 우뚝 서 있는데, 박사의 안내로 실내를 일순하였다. 위층에는 한칸은 침실, 한칸은 도서실인데 벽에 가득 찬 영문서적과 책상 위에 쌓인 공사문서는 박사가 이에서 사색하며 명상하며 계획하며 집무하는 것을 상상할 수 있다. 아래층에는 한칸은 주방, 한칸은 침실인데, 원래 박사는 독신생활이므로 조석의 공급을 위하야 고용된 늙은이의 숙소라 하며, 이외에 특설된 바라크식 수칸이 있었다. 이 집은 태평양잡지사의 활판부라 한다.

이와 같이 수십년 동안 적막한 생활을 계속하면서 노력 분투하는 박사는 과연 누구를 위하며 또한 그 무엇을 구하려 하는가. 나는 묵

---

17) 위의 글.

묵한 가운데서 박사의 진지하고 위대한 인격을 경모(敬慕) 아니할 수 없었다.[18]

필라델피아에 있는 서재필도 하와이 교민단의 초청으로 호놀룰루에 와서 대표단에 합류했다. 대표단은 6월26일 오전에 회의에 제출할 안건으로 1) 조선에 대한 민족자결의 원칙, 2) 경제문제, 3) 교육문제, 4) 조선과 만주에 대한 인종적 감정을 제거하는 방법의 네가지를 결정했다.[19]

대표단은 이날 정오에 국제 YMCA 주최로 열린 회의 참가자들을 위한 오찬에 참석하고, 오후 5시에는 이승만의 산장에서 열린 청년동지회 주최의 환영만찬회에 참석했다. 김양수는 이승만의 집 인상과 이날의 만찬회 모습을 다음과 같이 기술했다.

태평양회의에 한국대표로 참석한 김양수 《조선일보》 기자가 쓴 이승만의 기사가 실린 《조선일보》 1925년7월25일자 지면.

18) 같은 글.
19) 같은 글.

박사의 우거(寓居)하시는 집으로 말하면 수평의 목조 2층집에 불과한데, 단칸 침실과 칸 반가량이나 되는 서재와 아래층에 시멘트 땅바닥 그대로의 식당 같은 수칸 공실이 있을 뿐이외다. 여기가 박사의, 아니 대통령의 관사공용(官私共用)의 저택이라고 하면 누구나 경이의 눈을 뜨지 않을 수 없으려니와, 이만 한 집이나마 이곳 동포의 힘과 사랑의 결정이라 하면 오히려 부족한 것이 없다 할 것입니다. 다만 자연으로 된 이 산장의 주위는 여러 가지 열대지방에 고유한 기화요초가 많이 피어 박사의 흉중에 용솟음하는 천만 가지 시름을 위로하야 드리는 것 같더이다.… 우리도 이 질소(質素)한 산장에서 청년동지회가 주최한 만찬에도 참석하얏거니와, 문자 그대로의 풀 위에(를) 자리삼고 푸른 하늘로 지붕삼은 가장 야취(野趣)가 만만한 식탁의 접대도 받아보았습니다. 그러나 이곳에 있는 우리 동포가 이러한 때이면, 더욱이 청년 남녀들이 임시로 총동원하는 모양이니, 박사의 슬하에는 많은 가권이 있다 할 것이외다.

김양수는 기사 끝머리에 다음과 같이 독자들의 상상력을 자극하는 의미심장한 말을 덧붙였다.

여기에 본 기자의 직책으로 독자 여러분에게 한가지 용서를 받아야 할 점은 박사의 여러 가지 무겁고 힘 있는 모든 말씀은 유감이나마 전하여 드리지 못하는 것이외다.…[20]

이처럼 송진우나 김양수의 태평양회의와 이승만에 대한 기사는 상해의 "정변"과는 관계없이 이승만을 여전히 "대통령"으로 서술하고 있다. 두 신문의 이러한 보도는 국내의 일반 동포들에게 이승만의 이미지를

---

20) 金良洙, 「太平洋會議行(五)」, 《朝鮮日報》 1925년 7월 25일자.

인상 깊게 각인시켰을 뿐만 아니라 두 민족지인 《조선일보》와 《동아일보》가 함께 이승만의 국내기반이 되는 데 기여했다. 이승만은 김양수와 송진우의 글을 《태평양잡지》에 요약해서 전재했다.[21]

이승만의 집에서 열린 청년동지회 주최의 환영만찬회를 시작으로 하여 계속되는 국내대표들에 대한 환영행사에는 하와이 동포들이 글자 그대로 총동원되다시피 했다. 개중에는 이승만 반대파들이 초청하는 오찬회나 만찬회도 있었다.

3

회의는 예정대로 7월1일에 호놀룰루 교외의 푸나호우 학교(Punahou School)에서 개막되었다. 한국대표로는 국내에서 온 다섯 사람과 서재필이 정회원으로, 필지성과 미국에서 학업을 마치고 귀국하는 길에 호놀룰루에 들른 윤치호(尹致昊)의 딸 윤혜은(尹惠恩: Helen Yun)이 준회원으로 참가했다. 윤혜은은 각국에서 온 여성대표와 대표 부인들과 어울리면서 대표구실을 톡톡히 했다.

회의 개막에 앞서 회의 준비자들이 가장 곤혹스러워한 것은 한국대표가 회의에 제기할 것으로 예상되는 문제였다. 그것은 성질상 이 회의의 성립기반을 뒤흔들 수 있었다. 스탠포드대학교(Leland Stanford Junior University) 총장이며 이 회의의 의장인 윌버(Ray L. Wilbur)의 표현을 빌리면 그것은 "연구회 전반의 목안의 가시(a sore thumb sticking up all through the Institute)"[22] 였다.

이러한 상황에서 회의 개회가 임박하여 생뚱맞은 일이 벌어졌다. 회

---

21) 김양수, 「태평양회의」, 《태평양잡지》 1925년8월호(제7권 제5호), pp.17~23 및 송진우, 「태평양회의에」, 《태평양잡지》 1925년9월호(제7권 제6호), pp.33~34.
22) 하와이大 아카이브 소장, "An Inside Story of the Institute", in Institute of Pacific Relations Document Collection, p.5.

태평양회의에 참석한 한국대표들. 앞줄 오른쪽부터 송진우, 신흥우, 윤혜은, 서재필, 김양수, 유억겸. 뒷줄 오른쪽부터 필지성, 김종철.

의에 참석할 미국 본토 및 캐나다 대표 일행은 6월30일에 호놀룰루에 도착했는데, 그 속에 일본대표 한 사람이 끼어 있었다. 그는 미국 시찰을 하고 일본대표단과는 호놀룰루에서 합류할 예정으로 미국대표단과 동행하여 호놀룰루에 왔다. 그는 일본대표들에게 미국대표단이 일본대표들을 곤혹에 빠트리기 위하여 필라델피아에 있는 과격한 한국계 미국인 필립 제이슨(Philip Jaison, 서재필)을 특별히 동행시켰다고 말했다. 또 한가지 소문이 겹쳤다. 혼자서 필리핀대표로 온 베니테즈(Conrado Benitez)가 한 일본대표에게 미국대표단이 필리핀의 독립반대론자인 윌리엄스(D. R. Williams) 판사를 필리핀대표단에 포함시켜 자기의 입막음을 하게 하려고 데려왔다고 말했다는 것이었다.[23]

일본대표단은 미국에서 온 자국 대표의 잘못된 정보와 베니테즈의 말을 듣고, 미국대표단이나 중앙사무국 인사가 한편으로는 과격한 서재필을 동행시켜 회의석상에서 일본의 한국통치 비판과 한국독립 요구를 하게

―――――
23) *ibid.*

하고, 다른 한편으로는 윌리엄스를 필리핀대표단에 포함시켜 독립주창자인 베니테즈의 입막음을 하려 한다고 확신했다. 호놀룰루의 일어신문들은 회의 벽두부터 한국대표단을 중상모략하는 기사를 실었다. 그리하여 일본대표단은 회의집행위원회 관계자들에게 만일 한국대표가 일본의 한국 통치에 악영향을 줄 만한 방법으로 일본을 비판하는 발언을 하게 허용한다면 일본대표들은 회의에서 탈퇴하겠다고 으름장을 놓았다.[24] 게다가 매우 영향력 있는 미국대표단의 한 그룹인 윌리엄스타운(Williamstown) 그룹도 한국대표가 참가했을 경우에 예상되는 일본의 회의 불참가, 미일 관계에 바람직하지 않은 영향을 끼칠 것을 우려하는 미 국무부와 연구회의 불화, 연구회라는 계획 자체의 붕괴라는 세가지 우려에서 한국대표단의 참가 자체를 반대했다.[25] 그리하여 회의는 긴장된 분위기 속에서 개막되었다.

개막 첫날의 의사일정은 참가대표단의 기본입장을 표명하는 개회연설이었다. 한국대표단에서는 신흥우가 연설을 했다. 그는 16명으로 구성된 집행위원회 위원으로도 선출되어 있었다. 회의 관계자들의 관심이 신흥우의 연설내용에 집중되었다. 곧 그가 회의 벽두부터 일본의 한국통치를 비판하고 독립요구를 정면으로 들고 나와서 일본대표단을 자극한다면 연구회의 성립 자체가 위태롭게 되는 상황이 벌어질지 모른다는 우려 때문이었다.

「한국에서 본 태평양문제」라는 제목의 신흥우의 연설은 오후 2시 회의에서 진행되었다.

"한국대표단 일행은 진리 추구자의 겸허한 마음으로 이 회의에 참석했습니다."

이렇게 시작된 신흥우의 연설은 비교적 짧으면서도, 그러나 격조 있

---

24) *ibid.*
25) *ibid.*

는 내용이었다. 그는 한국의 지정학적 위치와 한일 관계의 역사적 특수성 등을 언급한 다음, 한국에서의 급속한 기독교 보급상황을 설명했다. 신홍우는 한국에서 기독교가 포교된 지 40년밖에 되지 않는데 지금은 다섯 사람 가운데 한 사람은 기독교인이라고 말하고, 그렇게 된 원인은 기독교의 두가지 특성, 곧 인격주의(personalism)와 정신적 경험(spiritual experience) 때문이라고 설명했다.

신홍우는 한국에서는 다른 행정제도와 마찬가지로 교육제도도 한국인을 일본인으로 만드는 "동화정책(同化政策)"에 입각해 있다고 지적했다. 그는 이 "동화정책"만큼 한국의 역사와 문화를 무시하고 우리의 개성을 손상시키는 것이 없다고 주장했다. 그는 이렇게 말했다.

"우리가 바라는 교육방침은 개인의 인격과 민족의 특질을 조장 발전시킴으로써 인류문명에 기여하는 방침입니다. 이러한 방침을 촉진시키기 위하여 우리가 중요시하는 것은 우리 자신의 모국어로 교육받게 하는 것입니다."

신홍우는 이어 한국의 산업에 대하여 설명했다. 한국의 유일한 발권은행(發券銀行)인 조선은행은 애당초 설립 목적이 한국과 만주로 진출하는 일본인의 금융기관 역할을 하는 것이었으며, 그러한 사실은 한국인이 대규모의 공업을 일으키거나 외국과의 통상계획을 위해 자금을 융자받기는 불가능하다는 것을 의미한다고 역설했다.

신홍우는 한국의 농업과 관련하여 동양척식회사(東洋拓殖會社)의 운영실태를 비판했다. 러일전쟁 뒤에 일본은 과잉인구의 해결책으로 한국과 만주로 일본인의 이주를 권장하기 위하여 한일 양 정부가 공동으로 동양척식회사를 설립하고, 한국정부는 책임부담으로 관유지를 제공했는데, 한일합병 뒤에 일본인이 이 회사를 지배하게 됨에 따라 이 회사의 지원으로 많은 일본이민이 한국으로 유입되고, 반면에 한국 농민들은 땅을 팔고 고국을 떠나는 길밖에 없게 되었다고 설명했다.[26] 신흥우는 다음과 같은 말로 연설을 마무리했다.

"한국인의 최우선적이고 가장 근본적인 희망은 그들 자신의 운명을 결정할 수 있는 권리와 능력을 갖는 것입니다. 그들은 일찍이 국제사회의 일원이었습니다. 그러나 지금은 망각되고 거의 상실되었습니다. 우리는 망각되었을지 모릅니다. 그러나 완전히 상실되지는 않았습니다. 왜냐하면 진정한 생명인 정신이 존재하기 때문입니다. 궁핍이 정신을 추방할 수 없으며, 정신은 시간을 버텨 냅니다. 인류의 민주주의는 전진하고 있으며, 어느 누구도 낙오자가 되어 전체의 발전을 방해하지 않는 것이 각자와 전체의 이익이 된다는 것을 누구나가 깨닫게 되는 때가 다가오고 있습니다. 길이 명백하고 공정한 경쟁이 게임의 룰이 된다면, 우리는 우리의 목표를 설정할 수 있고, 지난날의 모든 고난과 과오를 잊고 전체의 기쁨이 될 목표를 향하여 매진하게 될 것입니다."

이 마무리 부분은 공식회의록에서는 삭제되고, 호놀룰루의 영자신문에만 보도되었다.[27]

신흥우의 연설은, 필리핀의 베니테즈가 1916년의 존스법[Jones Law: 필리핀군도 주민의 정치적 지위에 대한 미국 국민의 의향을 선언하고 필리핀에 대한 자유제도의 촉진을 선언하기 위한 법률]을 근거로 필리핀의 독립을 정면으로 요구한 것과는 대조적으로, 회의의 이념이나 주위의 상황을 고려하여 "독립"이라는 용어를 사용하지 않고, 문제가 될 수 있는 대목에서는 미국인 학자의 말이나 일본 자료를 인용하는 등의 신중한 태도를 보인 것이었으나, 매우 위엄 있는 내용으로 받아들여졌다. 신흥우가 연설하는 동안 일본대표들은 조용히, 그러나 깊은 주의력을 기울이며 듣고 있

---

26) Hugh Cynn, "A Korean View of Pacific Relation", *Institute of Pacific Relations: Honolulu Session 1925*, pp.79~82; 申興雨, 「朝鮮より見た太平洋諸問題」, 澤柳政太郎 編, 『太平洋の諸問題』, 太平洋問題調査會, 1926, pp.133~138.

27) Hugh Cynn, "Korean asks Right to Determine own Future", *The Honolulu Star Bulletin*, July 1, 1925; 전택부, 『人間 申興雨』, p.369.

었다.[28]

사무총장 데이비스(J. Merle Davis)는 신흥우의 연설에 대하여 다음과 같이 말했다.

"그날 저녁에 한 일본 지도자는 나에게 '오늘 우리대표단은 한국대표단의 회의참가에 관해 회의에 제출할 최후통첩을 준비했다. 그렇지만 각 대표들의 개회연설을 듣는 동안에 자신들이 부끄러워져서 그 통첩 제출을 단념했다'라고 말했다. 이처럼 태평양문제연구회는 도의적, 정신적 승리 속에서 탄생했다."[29]

데이비스는 한국대표단에 호의적이었다. 윤치영은 도쿄 유학시절에 도쿄 YMCA의 미국인 총무로 와 있던 데이비스와 교분이 있었으므로, 회의에서 한국대표단의 대표권 문제가 원만히 처리되도록 협조해 줄 것을 부탁했다고 한다.

4

윤치영은 이 무렵의 일이라면서 재미있는 에피소드를 한가지 적어 놓았다. 주호놀룰루 일본총영사 야마자키 케이이치(山崎馨一)가 자기더러 이승만 박사를 존경한다면서 한번 표경 방문을 하고 싶은데 어떠냐고 물었다고 한다. 윤치영이 야마자키더러 "당신이 전권공사라면 몰라도 의전상 안된다"라고 했더니, 야마자키는 자기도 곧 브라질 전권공사로 나갈 몸이므로 괜찮지 않느냐고 하더라는 것이다.[30] 야마자키는 1925년3월부터 1928년11월까지 페루 주재 일본 전권공사였으므로[31] 페루로 부임해 가기 전에 이승만을 한번 만나보고 싶었던 모양이다. 페루 주재 전

---

28) "An Inside Story of the Institute", p.8.
29) *op. cit.*, p.5.
30) 尹致暎, 앞의 책, p.95.
31) 外務省外交史料館, 『新版日本外交史辭典』, 山川出版社, 1992, p.1014.

권공사를 브라질 주재 전권공사라고 말했다고 윤치영이 기억한 것은 착오이다.

신흥우의 자제적인 연설 태도로 예민한 국면은 넘어가는 듯했다. 그러나 그날 밤에 각 대표단 대표의 연설에 대한 자유로운 질의시간에 문제가 다시 불거졌다. 서재필이 신흥우의 연설에 대한 일본대표의 논평을 요구했기 때문이다.

"나는 이 회의에서 누군가가 한국문제를 제기할 것으로 기대했습니다. 한국인은 오늘날 자신들을 다스리고 있는 권력에 대하여 저항하고 있습니다. 신씨의 연설은 한국인이 지닌 많은 고통과 불만에 관해서 언급했습니다. 이러한 사실들을 근거로 하여 공정한 토론이 있기 바랍니다."[32]

일본대표단의 즈모토(頭本元貞)가 답변에 나섰다. 그는 일본의《아시아 헤럴드(*Herald of Asia*)》의 주간이었다.

"한국문제에 대한 그러한 일반적인 성명에 대하여 대답하기는 일본인 어느 누구에게도 어려운 일입니다. 특히 이 회의의 목적이 내정문제에 관한 것보다도 국제적인 공통 이해에 관한 문제에 대하여 지식을 얻고자 하는 데 있다고 생각합니다. 하지만 나는 대답을 하기 전에 일본에 대한 비판이 무엇인지를 명료하게 이것 이것이라고 지적해 주시기 바랍니다."

즈모토가 한일 문제를 "내정문제"라고 한 말과 관련하여 서재필

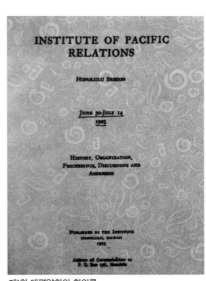

제1회 태평양회의 회의록.

---

32) *Institute of Pacific Relations: Honolulu Session 1925*, p.175; 澤柳政太郎 編, 앞의 책, p.301.

과 즈모토 사이에 정중하면서도 예리한 논쟁이 벌어졌다.[33]

서재필은 7월4일의 미국 독립기념일 행사에서 회의 참가자들을 상대로 한국을 소개하는 강연을 했다. 그는 한국이 4천년의 역사를 가지고 있고, 세계에서 처음으로 철갑선과 금속활자 등 여러 가지를 발명한 나라이며, 3대 강국 사이에서 평화를 주장하는 나라라고 강조하면서, 참석자들의 관심과 지지를 호소했다.[34]

첫날의 각 대표단 대표의 기조연설에 이어 비공개의 원탁회의 중심으로 진행된 회의에서 집중적으로 토의된 것은 미국과 일본 사이의 현안인 이민문제였다. 그 밖에 중국대표단이 제기한 치외법권 철폐 및 관세협정 개정문제, 태평양지역의 종교와 교육 문제, 인종 문제, 외국 선교사 문제, 극동의 산업화 문제, 국제협력의 방법 등 26개항의 의제가 토의되었다. 그러나 식민지 및 약소민족 문제는 첫날의 한국과 필리핀 문제에 관한 기조연설과 의견교환이 있었던 것 말고는 원탁회의의 의제로서 다루어지지는 않았다.

회의의 가장 큰 성과는 이 회의를 중앙조직(중앙이사회, 사무국, 평의원회)과 각국 지부로 구성되는 영속적인 민간조사연구기구로 발전시킨 것이었다. 기구의 명칭은 태평양문제연구회(Institute of Pacific Relations)로 확정되었다.[35] 연구회는 2년에 한번씩 각국 대표들이 참가하는 회의를 열기로 했다.

호놀룰루 태평양회의는 한국으로서는 절호의 대외 선전장이 되기도 했지만, 그와 함께 이승만과 국내 민족운동지도자들이 만나서 깊은 대화를 나누는 기회가 되었다는 점에서도 매우 의의있는 기회였다. 그들은 태평양회의에 관한 국내외 동포들의 관심과 기대를 불러일으킴으로써 각

---

33) *Institute of Pacific Relations: Honolulu Session 1925*, pp.157~158; 澤柳政太郎 編, 앞의 책, pp.301~302 참조.
34) 《新韓民報》 1925년7월23일자, 「하와이 태평양회의 소식과 서 박사의 웅변」.
35) Institute of Pacific Relations를 한국에서는 太平洋問題硏究會로, 日本에서는 太平洋問題調査會로 통칭했다.

각 자신들의 입지를 강화하고 민족운동을 그들의 뜻하는 방향으로 이끌어 가고자 했던 것이다.[36] 북경에 있는 박용만(朴容萬)도 태평양회의에 참석할 목적으로 7월8일에 호놀룰루에 도착했으나 대표단에서는 배제되었다.[37]

이때에 이승만과 송진우가 나누었던 대화내용이 단편적으로 전해진다. 송진우의 공식전기에 따르면, 그는 호놀룰루에 머무는 동안 틈 있는 대로 이승만을 만나서 국내외의 여러 가지 문제에 대하여 의견을 교환했다. 이승만은 송진우의 손을 잡으며 회의가 끝나거든 귀국하지 말고 하와이에 있으면서 같이 일하자고 간곡히 권했다. 그러나 송진우는 국내문제를 저버릴 수 없는 사정을 설명하고 다음과 같이 말했다고 한다.

"국외문제는 박사께서 맡아서 잘 해주시고, 국내문제는 저희들이 하겠습니다."[38]

송진우는 귀국한 뒤에 8월18일부터 9월6일까지 《동아일보》의 연속 사설로 「세계대세와 조선의 장래」라는 장문의 논설을 썼다. 그는 이 논설에서 조선의 사회적 변혁과 세계대세의 추이 및 동양 각국의 정세로 미루어 보아 앞으로 4~5년 안에 태평양을 중심으로 "세계적 풍운"이 일어날 것이라고 전망했다. 중국을 둘러싼 미국, 일본, 소련의 각축은 전쟁으로 이어질 수밖에 없고, 그 전쟁은 궁극적으로는 자본주의의 모범국인 미국과 공산주의 국가인 소련의 충돌로 발전할 것이지만, 그 전단계로서 미국과 일본 간의 전쟁이 예상된다고 송진우는 주장했다. 송진우의 논설은 한국문제도 이때에 결판이 날 것임을 시사하면서, 당면과제로 사상적 수련과 민족적 단결을 강조했다.[39] 이러한 논지는 이승만의 지론과 맥락

---

36) 고정휴, 『이승만과 한국독립운동』, p.291.
37) 《新韓民報》 1925년6월25일자, 「하와이: 박용만씨를 볼셰비키라고」; 《檀山時報》 1925년7월8일자, 「朴容萬氏來到」.
38) 古下宋鎭禹先生傳記編纂委員會, 『古下宋鎭禹先生傳』, 東亞日報社, 1965, p.187.
39) 《東亞日報》 1925년8월28일자~9월6일자; 古下傳記編纂委員會 編, 『巨人의 숨결: 古下宋鎭禹關係資料文書』, 東亞日報社, 1990, pp.31~49 참조.

을 같이하는 것이어서, 송진우가 이승만과의 깊은 대화를 통하여 크게 영향을 받았음을 말해 준다.

한편 샌프란시스코의 《신한민보》는 이승만과 태평양회의에 참가한 국내인사들의 만남을 두고 다음과 같이 이승만을 비방했다.

> 하와이에서 신선노릇하는 이승만씨는 이번 태평양회의가 끝난 후 하와이에 정부를 조직하려고 자기 마음에 무한한 심뇌를 하였지만, 가만히 (국내)대표들의 동정을 보니까 그 지경까지는 믿지 아니하므로 사세 부득이 할 수 없이 다른 경영을 한다는데, 그 경영인즉 구미위원부 사업을 계속 진행하며, 경제운동을 시작하며, 이번 회의에 참석하였던 우리 동포들로 같이 의논하야 내지와 연락하야 내지에 있는 우리 2천만 민족이 자기 수하에 들어오게 한다고 하야 하와이에 있는 자기 동지라는 소위 민단원들을 속일 모양이더라.…[40]

하와이에 정부를 조직하려고 한다는 말은 이승만이 상해임시정부와 알력이 있을 때마다 그 정통성을 주장하는 한성정부를 계승하는 임시정부를 하와이에 새로 설립하려 한다는 뜻이었다. 실제로 하와이의 이승만 지지자들은 이 무렵 그러한 주장을 계속하고 있었다.

5

태평양회의가 끝나고 미국 본토로 떠나기에 앞서 서재필은 7월16일에 호놀룰루의 한 호텔로 이승만을 비롯한 하와이 동포사회의 각파 대표자들을 오찬에 초대했다. 동포사회의 단합을 위하여 허심탄회하게 대화를 나누는 간담회로 마련한 자리였다. 이승만은 반대파들과 자리를 같이

---

40) 《新韓民報》 1925년7월30일자, 「하와이: 리승만 박사의 신정강, 내지 이천만과 연락한다고」

하는 것이 그다지 내키지 않았으나 참석했다. 이때의 대화내용은 이승만의 반대파들이 등사판으로 발행하던 《단산시보(檀山時報)》에만 간략하게 소개되어 있는데, 간담회의 분위기를 대충 짐작하게 하는 것이어서 눈여겨볼 만하다.

서재필은 이승만부터 발언을 하라고 했다. 이승만은 일어나서 간단히 말했다.

"나는 모든 일을 잘하려고 했고, 누구에게도 혐의가 없소. 이렇게 모이는 것은 서 박사나 계시면 될는지, 우리로서는 모이기 어렵소."

이어 한인 YMCA총무 이태성과 교민단 총단장 김영기는 각자가 맡은 일만 잘하고 양심대로 독립단에 가든지 민단에 가든지 자기 마음대로 가서 애국금이나 의연금만 잘 내면 된다고 말했다.

현순이 일어나서 이승만을 겨냥한 발언을 했다. 현순은 이승만으로부터 구미위원부 위원장을 면직당한 한이 맺혀 있었다.

"앞으로 우리 일을 더 잘하려면 백성을 속이지 말고 참 빛으로 인도할 것이요. 인도자라는 사람이 서 박사가 와서 모아주기를 바라지 말고, 우리끼리 스스로 모여서 음식도 먹고 담화도 하여야 되겠으니, 이 박사부터 시작하면 나 같은 가난한 사람도 찻잔이라도 준비하여 모으겠소. 또 무슨 정책이 있거든 두어 사람만 모여서 우물쭈물하지 말고 공중 앞에 나와서 정견을 발표하여 봅시다."

감리교회의 황사용(黃思溶) 목사는 동포들은 여러 동포기관이 있더라도 자치기관은 하나만 되기를 바란다고 말했다. 그러자 실업인 안원규(安元奎)는 다음과 같이 말했다.

"합한다고 하면 도리어 해가 많소. 그러므로 합한다는 말은 그만두고 우선 이곳에 모인 우리부터 정의를 돈독히 합시다. 여러분이 원하시면 내라도 먼저 음식을 차리고 여러분을 청하겠습니다."

이 자리에는 북경에서 온 박용만도 참석해 있었다. 그는 이승만의 은퇴를 거론했다.

"우리는 다 실패한 사람이오. 실패한 사람은 물러가는 것이 이치에 상당하니, 실패한 우리는 물러가고 청년들에게 맡겨서 일을 진행합시다."

이러한 발언들을 가만히 듣고만 앉아 있을 이승만이 아니었다. 그는 다시 일어나서 통명스럽게 잘라 말했다.

"모이기는 무엇을 모인단 말이오. 마음은 고치지 않고 모이기만 하면 무슨 일이 되오. 그런즉 여러분이 회개들 하시오."

이승만의 이러한 말을 받아 신흥우가 거들었다.

"당신네들을 먼 데서 망원경으로 들여다볼 것 같으면 다 댐풀[damfool: 턱없이 어리석은 바보]들이오."[41]

이승만과 신흥우의 이러한 태도에 반대파들은 모멸감과 분노를 느꼈을 것이다. 그것은 바로 《단산시보》의 다음과 같은 논설로 표명되었다.

우리 대표들이 귀국하여 무슨 거짓말로 국내동포들을 속일지는 모르거니와 우리의 문제를 토의치 못함과 우리의 사정을 진술치 못한 사실이야 어찌 감추리오. 아마 의혈이 끓어오르는 청년들은 가만히 두지 않고 질문을 하리니 그때의 대답은 미일 대표놈들 때문에 하고 싶은 말을 하지 못하였노라 하리로다. 이 말을 듣는 국내동포들은 각성이 더 견실하여 가겠으니 이것이 참 우리 민족의 대이익이다.…

그런데 국내에는 팔십의 노 괴물인 이상재 선생으로 중심한 소위 기호양반들과 대통령면직을 당한 후에도 염치를 불구하고 반혁명을 감행하신 이승만 박사로 중심한 소위 동지회가 서로 연락하여 미국에 우리 사정을 애걸하여 독립을 얻어보자 하므로 대동단결과 실력양성에 다대한 악영향을 주게 되었다. 그런즉 금번 태평양회의에서 우리 한족 문제가 부분적으로라도 토의가 되었을 것 같으면, 또한 양이(兩李)가 합력하여 우리 민족의 각성을 말씀하고 거저 미국에서 독립을

---

41) 《檀山時報》 1925년7월22일자, 「서 박사 오찬에서」. 이 기사는 《新韓民報》 1925년8월6일자에도 전재되었다.

줄 터이니 너희들은 가만히 앉아 돈만 바쳐라 하였겠다.

혈루를 뿌려 고하노니 이천만아 한족의 독립에 대하여 미국은 터력 하나라도 돕지 아니하리니, 다시는 미국에 호소치 말아라. 또 러시아국에도 애걸치 말아라. 다만 이천만이 엉기며 뭉치어라. 그때는 미국, 러시아뿐 아니라 세계연방이 자진하야 우리를 도와주겠다 간청하리라. 금번 태평양회의에서 우리 대표들이 벙어리 노릇한 결과로 얻은 우리 민족의 대이익은 외력에 호소하자는 생각을 아주 끊어버리고 내력을 완비함에 힘을 다하자는 각성이 대기할 것이다.[42]

그러나 이러한 논조의《단산시보》는 오래 지탱할 수 없었다. 하와이 동포사회의 호응이 없었기 때문이다. 그리하여 10월14일자로 13호를 발행하고 휴간되었다.[43]

국내대표단 가운데 신흥우, 송진우, 유억겸은 7월17일에 프레지던트 윌슨 호 편으로 귀국길에 올랐고, 김종철과 김양수는 7월22일에 서재필과 함께 미국 본토로 떠났다.[44] 그리고 그동안 이승만의 손발이 되어 일했던 윤치영도 8월15일에 학업을 위하여 미국 본토로 떠났다.[45]

서울에 돌아온 대표단은 태평양문제연구회 조선지회 결성을 서둘렀다. 조선지회 결성작업은 신흥우를 비롯하여 윤치호, 이상재, 안재홍, 유억겸 등 흥업구락부 간부들이 중심이 되어 추진되었다.[46] 때를 같이하여 연희전문학교와 보성전문학교 등의 교수들과《조선일보》,《동아일보》,《시대일보(時代日報)》,《개벽(開闢)》 등의 언론기관 관계자들이 한국의 법제, 재정, 금융, 교육, 산업, 교통 등의 실정을 과학적으로 조사연

42) 《檀山時報》1925년7월29일자, 「太平洋會議로 얻은 우리민족의 대이익」.
43) 이덕희, 「하와이의 한글언론」, 연세대 국학연구원 편, 『미주한인의 민족운동』, 혜안, 2003, pp.216~218; 在ホノルル帝國總領事館, 「布哇朝鮮人事情 大正十四(1925)年十二月調」, 金正柱 編, 『朝鮮統治史料(七)』, p.971.
44) 《新韓民報》1925년7월30일자, 「하와이: 태평양회의 폐회와 서 박사의 연설」.
45) 尹致暎, 앞의 책, p.96.
46) 慶尙北道警察部 編, 『高等警察要史』, 慶尙北道警察部, 1934, p.47.

구하기 위한 단체로 조선사정조사연구회를 결성했다.[47] 태평양회의에 참석했던 한국대표들이 한국의 실정에 관한 정확한 자료가 없어서 곤혹스러웠던 경험[48]에 비추어 이러한 조사연구 활동의 필요성을 절감했던 것이다.

두 단체는 11월28일 오후에 종로 YMCA회관에서 잇따라 모임을 가졌다. 오후 4시30분부터는 태평양문제연구회 조선지회 창립총회가 열리고, 오후 6시부터는 조선사정조사연구회의 제1차 조사보고회가 열린 것이다. 조선지회의 설립에 즈음하여 신흥우는 "태평양문제가 20세기 동양의 가장 큰 문제라 하거니와, 근래에는 태평양을 사이에 두고 동서에서 마주보고 있는 일미 양국의 관계가 점점 긴장해지므로 태평양문제라면 일미 양국문제인 것같이 되었다"라고 말하고, 2년 주기로 개최될 태평양회의에 조선대표가 참가하는 일의 의의를 강조했다.[49] 이날의 창립총회에는 발기인 18명이 모였고, 실제로 회의운영을 맡을 7인위원회(위원장 윤치호, 위원 안재홍, 신흥우, 최원순(崔元淳), 이관용(李灌鎔), 조병옥(趙炳玉), 유억겸)를 구성했다.[50]

조선사정조사연구회는 두달 전인 9월15일에 돈의동의 한 음식점에서 "극단적인 공산주의를 주장하면서 외국의 제도, 문물, 학설 같은 것을 그대로 채용하여 조선에 적용하는 것과 과격주의를 주장하는 사람도 있으나 조선에는 조선의 역사가 있고 독특한 민족성이 있다. 그와 같은 것은 조선민족을 자멸로 이끄는 것이므로 그 가부를 연구하여 장점을 취해서 민족정신을 지키는 데 노력해야 한다"라는 취지에서 결성된 단체였다. 조선사정조사연구회의 이날 보고회에서는 경제학자 이수학(李秀學)이 조

---

47) 위와 같음.
48) 金良洙, 「太平洋會議行(二)」, 《朝鮮日報》 1925년7월7일자.
49) 《朝鮮日報》 1925년11월30일자, 「太平洋關係의 諸問題를 연구할 필요로 창립하였다는 委員 某氏談」.
50) 《東亞日報》 1925년11월30일자, 「個人資格으로 參加시켜 敎育政治等 討議, 太平洋問題研究 會의 成立」.

764　제2부 임시정부를 짊어지고(1)

선의 현행 관세에 관한 보고를 했다. 이날의 보고회에는 홍성하(洪性夏), 백관수(白寬洙), 백남운(白南雲), 안재홍 등 24명이 참가했는데, 이들 가운데 여러 사람이 태평양문제연구회 조선지회의 발기인 내지 7인위원회 위원들이었다.[51]

---

51) 《東亞日報》 1925년11월30일자, 「純然히 學術的으로 朝鮮事情을 調査研究」; 《朝鮮日報》 1925년11월30일자, 「朝鮮事情研究會 제1회 調査報告講話」.

참고문헌

1. 연대기, 정부기록, 지방지, 신문, 잡지 등

國史編纂委員會, 『韓民族獨立研究史資料集(5)』, 國史編纂委員會, 1988.

─────, 『韓國獨立運動史 資料(4) 臨政篇Ⅳ』, 國史編纂委員會, 1974.

─────, 『韓國獨立運動史 資料(20) 臨政篇Ⅴ』, 1991.

─────, 『韓國獨立運動史 資料(5) 三·一運動Ⅰ』, 國史編纂委員會, 1975.

국사편찬위원회, 『대한민국임시정부자료집(1) 헌법·공보』, 국사편찬위원회, 2005.

─────, 『대한민국임시정부자료집(2) 임시의정원Ⅰ』, 2005.

─────, 『대한민국임시정부자료집(6) 임시의정원Ⅴ』, 2005.

─────, 『대한민국임시정부자료집(7) 한일관계사료집』, 2005.

─────, 『대한민국임시정부자료집(8) 정부수반』, 2006.

─────, 『대한민국임시정부자료집(9) 군무부』, 2006.

─────, 『대한민국임시정부자료집(16) 외무부』, 2007.

─────, 『대한민국임시정부자료집(17) 구미위원부Ⅰ』, 2007.

─────, 『대한민국임시정부자료집(27) 내무부·교통부·재무부·문화부』, 2008.

─────, 『대한민국임시정부자료집(42) 서한집Ⅰ』, 2011.

─────, 『대한민국임시정부자료집 별책(1) 독립신문』, 2005.

─────, 『대한민국임시정부자료집 별책(5) 국민대표회의Ⅰ』, 2011.

─────, 『대한민국임시정부자료집 별책(6) 국민대표회의Ⅱ』, 2011.

尹致昊, 『尹致昊日記(八)』, 國史編纂委員會, 1987.

國家報勳處, 『美洲韓人民族運動資料: 海外의 韓國獨立運動史料(ⅩⅩⅡ) 美洲篇④』, 國家報
　　　　　勳處, 1998.

國會圖書館 編, 『韓國民族運動史料(三・一運動篇 其一)』, 國會圖書館, 1977.

──────, 『韓國民族運動史料(三・一運動篇 其二)』, 1978.

──────, 『韓國民族運動史料(三・一運動篇 其三)』, 1998.

──────, 『韓國民族運動史料(中國篇)』, 1976.

독립기념관 한국독립운동사연구소, 『한국독립운동사사전(1)』, 독립기념관 한국독립운동사
　　　　　연구소, 1996.

大韓赤十字社, 『大韓赤十字社七十年史』, 大韓赤十字社, 1977.

독립운동사편찬위원회, 『독립운동사(4) 임시정부사』, 독립유공자사업기금운용위원회,
　　　　　1973.

──────────, 『독립운동사자료집(9) 임시정부사자료집』, 1975.

──────────, 『독립운동사자료집(11) 의열투쟁사자료집』, 1976.

愛國同志援護會 編, 『韓國獨立運動史』, 愛國同志授護會, 1956.

在上海日本總領事館警察部, 『朝鮮民族運動年鑑』.

慶尙北道警察部 編, 『高等警察要史』, 慶尙北道警察部, 1934.

姜德相 編, 『現代史資料(25) 朝鮮(一) 三・一運動(一)』, みすず書房, 1965.

──────, 『現代史資料(26) 朝鮮(二) 三・一運動(二)』, 1967.

──────, 『現代史資料(27) 朝鮮(三) 獨立運動(一)』, 1970.

金正明 編, 『朝鮮獨立運動 民族主義運動篇Ⅰ』, 原書房, 1967.

──────, 『朝鮮獨立運動 民族主義運動篇Ⅰ分冊』, 原書房, 1967.

──────, 『朝鮮獨立運動 民族主義運動篇Ⅱ』, 1967.

──────, 『朝鮮獨立運動 民族主義運動篇Ⅲ』, 1967.

金正柱 編, 『韓國統治史料(七)』, 韓國史料硏究所, 1971.

──────, 『朝鮮統治史料(八)』, 1971.

日本外務省記錄, 『不逞團關係雜件 鮮人ノ部 上海假政府(一)』.

──────,『不逞團關係雜件 鮮人ノ部 上海假政府(三)』.

──────,『不逞團關係雜件 鮮人ノ部 上海假政府(五)』.

──────,『不逞團關係雜件 鮮人ノ部 在歐米(六)』.

──────,『不逞團關係雜件 鮮人ノ部 在歐米(七)』.

日本外務省,『日本外交年表竝主要文書(下)』. 原書房, 1965.

──────,『外務省警察史 支那之部〈未定稿〉6』, 高麗書林, 1989.

日本外務省外交史料館,『新版 日本外交史辭典』, 山川出版社, 1992

朝鮮總督府警務局,『(極秘) 朝鮮警察關係年表』(1929), 朝鮮總督府, 1930.

──────,『米國ニ於ケル朝鮮獨立運動ニ關スル調査報告書』, 1921,

──────,『最近に於ける朝鮮治安狀況 昭和十三(1938)年』, 巖南堂書店影印版, 1966.

朝鮮憲兵隊司令部,『朝鮮三・一獨立騷擾事件 槪況・思想及運動』, 巖南堂書店影印版, 1969.

黃海道誌編纂委員會 編,『黃海道誌』, 黃海道誌編纂委員會, 1982.

Records of the Department of State Relating to Internal Affairs of Korea 1910~1929, vol. I. II. III., National Archives and Records Service, 1962.

Bureau of the Census, *Historical Statistics of the United States 1789~1945*, U. S. Department of Commerce, 1949.

Congressional Record, 66th Congress, 1st Session, vol. LVIII., Part 2.

Congressional Record, 66th Congress, 1st Session, vol. LVIII., Part 3.

Congressional Record, 66th Congress, 2nd Session, vol. LIX., Part 5.

Congressional Record, 66th Congress, 2nd Session, vol. LIX., Part 6.

Congressional Record, 66th Congress, 2nd Session, vol. LIX., Part 7.

村田陽一 編譯,『コミンテルン資料集(2) 1921~1924』, 大月書店, 1979.

──────,『資料集: コミンテルンと日本(1) 1919~1928』, 大月書店, 1986.

コミンテルン 編, 高屋定國・汁野功 譯,『極東勤勞者大會 議事錄全文』, 合同出版, 1970.

《구미위원부통신》,《國民委員會公報》,《檀山時報》,《大同》,《獨立》,《독립신문》,《獨立新聞》,
《東亞日報》,《每日申報》,《民國日報》,《신한민보》,《新韓民報》,《朝鮮獨立新聞》,《朝鮮日報》,
《태평양잡지》,《태평양주보》
The New York Times, The Washington Post, The Honolulu Commercial Advertiser,
The Honolulu Star Bulletin, The Pacific Commercial Advertiser, Korea Review.

2. 개인자료, 문집, 회고록, 전기 등

雩南李承晚文書編纂委員會 編,『梨花莊所藏 雩南李承晚文書 東文篇(二) 李承晚著作2』, 中
央日報社·延世大學校現代韓國學硏究所, 1998.

──────────,『雩南李承晚文書 東文篇(四) 3·1運動關聯文書1』, 1998.

──────────,『雩南李承晚文書 東文篇(五) 3·1運動關聯文書2』, 1998.

──────────,『雩南李承晚文書 東文篇(六) 大韓民國臨時政府關聯文書1』,
1998.

──────────,『雩南李承晚文書 東文篇(七) 大韓民國臨時政府關聯文書2』,
1998.

──────────,『雩南李承晚文書 東文篇(八) 大韓民國臨時政府關聯文書3』,
1998.

──────────,『雩南李承晚文書 東文篇(九) 歐美委員部關聯文書1』, 1998.

──────────,『雩南李承晚文書 東文篇(十一) 歐美委員部關聯文書3』,
1998.

──────────,『雩南李承晚文書 東文篇(十二) 하와이·美洲僑民團體關聯
文書』, 1998.

──────────,『雩南李承晚文書 東文篇(十六) 簡札1』, 1998.

──────────,『雩南李承晚文書 東文篇(十七) 簡札2』, 1998.

The Institute for Modern Korean Studies ed., The Syngman Rhee Telegrams, vol. I.,
2000.

─────────────, *The Syngman Rhee Telegrams*, vol. Ⅱ., 2000.

─────────────, *The Syngman Rhee Telegrams*, vol. Ⅲ., 2000.

─────────────, *The Syngman Rhee Telegrams*, vol. Ⅳ., 2000.

Young Ick Lew et al. eds, *The Syngman Rhee Correspondence in English, 1904~1948*, vol. 1, Institute for Modern Korean Studies, Yonsei University, 2009.

─────────────, *The Syngman Rhee Correspondence in English, 1904~1948*, vol. 2, 2009.

─────────────, *The Syngman Rhee Correspondence in English, 1904~1948*, vol. 5, 2009.

─────────────, *The Syngman Rhee Correspondence in English, 1904~1948*, vol. 6, 2009.

(리승만), 「공산당의 당부당」, 《태평양잡지》 1923년3월호(제5권 제1호).

리승만, 「한인들은 어찌하려는고」, 《태평양잡지》 1924년7월호(제6권 제7호).

─────, 「사회 공산주의에 대하야」, 《태평양잡지》 1924년7월호(제6권 제7호).

─────, 「평민시대」, 《태평양잡지》 1924년7월호(제6권 제7호).

─────, 「공화주의가 일러」, 《태평양잡지》 1924년10월호(제6권 제10호).

(리승만), 「공산주의」, 《태평양잡지》 1925년7월호(제7권 제7호).

Syngman Rhee, "Autobiography of Dr. Syngman Rhee", George A. Fitch Papers, Yenching Institute, Harvard University(unpublished).

"Autobiographical Notes of Syngman Rhee", Chongsik Lee, *Syngman Rhee: The Prison Years of a Young Radical*, Yonsei University Press, 2001.

Syngman Rhee, *Log Book of S. R.*(unpublished).

─────────────, "Story of How I Went to Shanghai"(unpublished).

George T. Ladd, "Causes of the Korean Uprising", *The New York Times Magazine*, May 11, 1919.

Syngman Rhee, "Korea Against Japan: A Reply to Professor Ladd's View on the Independence Movement", *The New York Times*, May 18, 1919.

Henry Chung, "Korean Independence: Not the Work of Agitators but a Popular Movement", *The New York Times*, May 21, 1919.

George T. Ladd, "The Korean Revolt: Professor Ladd Replies to Critics of His Defense of Japanese Position", *The New York Times*, May 25, 1919.

Syngman Rhee, Henry Chung, "Far Eastern Questions: Japan's Position Criticised in Regard to the Korean Independence Movement", *The New York Times*, Jun. 1, 1919.

Cyril A. Player, "Syngman Rhee", *Arms and the Men*, The Evening News Association, 1922.

Robert T. Oliver, *Syngman Rhee: The Man Behind the Myth*, Dodd Meed & Company, 1960.

도진순 주해, 『김구자서전 백범일지』, 돌베개, 1997.

白凡金九先生全集編纂委員會 編, 『白凡金九全集(4) 大韓民國臨時政府 I』, 대한매일신보사, 1999.

桂奉瑀, 『北愚 桂奉瑀資料集(1)』, 독립기념관 한국독립운동사연구소, 1996.

古下宋鎭禹先生傳記編纂委員會, 『古下宋鎭禹先生傳』, 東亞日報社, 1965.

古下傳記編纂委員會 編, 『巨人의 숨결: 古下宋鎭禹關係資料文集』, 東亞日報社, 1990.

김산·님 웨일즈, 『아리랑』, 동녘, 1994.

金相玉·羅錫疇烈士記念事業會, 『金相玉·羅錫疇抗日實錄』, 三慶堂, 1986.

金承學, 「亡命客行蹟錄」, 《한국독립운동사연구》 제12집, 독립기념관 독립운동사연구소, 1998.

金良洙, 「太平洋會議行(二)」, 《朝鮮日報》 1925년7월7일자.

────, 「太平洋會議行(五)」, 《朝鮮日報》 1925년7월25일자.

金乙漢, 『千里駒 金東成』, 乙西文化社, 1981.

金綴洙, 『遲耘 金綴洙』, 한국정신문화연구원 현대사연구소, 1999.

金弘壹, 『大陸의 憤怒』, 文潮社, 1972.

朴泰遠, 『若山과 義烈團』, 白楊堂, 1947.

宋鎭禹, 「太平洋會議에──今日부터 호놀룰루」, 《東亞日報》 1925년 7월 14일자.

申肅, 『나의 一生』, 日新社, 1963.

島山紀念事業會 編, 『續篇 島山安昌浩』, 三協文化社, 1954.

國會圖書館 編, 『島山安昌浩資料集(I)』, 國會圖書館, 1997.

도산안창호선생전집편찬위원회 편, 『島山安昌浩全集(1) 시문·서한I』, 島山安昌浩先生紀念
事業會, 2000.

주요한 編著, 『安島山全書』, 三中堂, 1963.

呂運弘, 『夢陽 呂運亨』, 靑廈閣, 1967.

夢陽呂運亨先生全集發刊委員會 編, 『夢陽呂運亨全集(1)』, 한울, 1991.

柳致松, 『海公 申翼熙一代記』, 海公申翼熙先生紀念會, 1984.

尹致暎, 『東山回顧錄: 尹致暎의 20世紀』, 삼성출판사, 1991.

尹炳奭 編, 『誠齋李東輝全書(上)』, 독립기념관 한국독립운동사연구소, 1998.

尹潽善, 『救國의 가시밭 길: 나의 回顧錄』, 韓國政經社, 1967.

元聖玉 譯, 『Frist Korean Congress,(Philadelphia,1919) 最初의韓國議會』, 汎韓書籍株式
會社, 1986.

李奎甲, 「漢城臨時政府樹立의 顚末」, 《新東亞》 1969년 4월호.

李光洙, 「나의 告白」, 『李光洙全集(十三)』, 三中堂, 1962.

──────, 「脫出途中의 丹齋印象」, 『丹齋申采浩全集(下)』, 螢雪出版社, 1987.

李元淳, 『世紀를 넘어서: 海史 李元淳自傳』, 新太陽社, 1989.

李正立, 『甑山敎史』, 甑山敎本部, 1977.

임영신, 『나의 40년투쟁사』, 민지사, 2008.

張德秀, 「美國 와서(十七)」, 《東亞日報》 1923년 12월 27일자.

──────, 「美國 와서(十八)」, 《東亞日報》 1923년 12월 28일자.

林炳稷, 『林炳稷回顧錄』, 女苑社, 1964.

전택부, 『人間申興雨』, 大韓基督敎書會, 1971.

정정화, 『녹두꽃』, 未完, 1987.

崔明植, 『安岳事件과 三·一運動과 나』(打字本), 兢虛傳記編纂委員會, 1969.

韓馨權, 「臨時政府의 對俄外交와 國民代表會議의 顛末」, 《카톨릭靑年》 6권7호, 카톨릭청년
　　　사, 1948년8~9합집.

──────, 「革命家의 回想錄: 레닌과 談判」, 《三千里》 1948년10월호.

David Hyun & Yong Mok Kim eds., Soon Hyun, My Autobiography (玄楯自史),
　　　　　Yonsei University Press, 2003.

長崎祐三, 「申興雨に對する檢事の訊問調書」, 《思想彙報》 (第16號), 高等法院檢事局思想部,
　　　1938年9月.

──────, 「同志會及興業俱樂部の眞相」, 《思想彙報》 (第16號), 1938年9月.

田中義一傳記刊行會, 『田中義一傳記(下)』, 原書房影印版, 1981.

千葉了, 『朝鮮獨立運動秘話』, 帝國地方行政學會, 1925.

3. 연구논저 – 단행본

강만길 · 심지연, 『우사 김규식 생애와 사상① 항일독립투쟁과 좌우합작』, 한울, 2000.

고정휴, 『이승만과 한국독립운동』, 연세대학교출판부, 2004.

구대열, 『한국국제관계사연구(1)』, 역사비평사, 1995

金元容, 『在美韓人五十年史』, Reedly, Calif, 1959.

金俊燁 篇, 『石麟 閔弼鎬傳』, 나남출판, 1995.

金俊燁 · 金昌順, 『韓國共産主義運動史(1)』, 청계연구소, 1986.

──────────, 『韓國共産主義運動史(2)』, 청계연구소, 1986.

金俊燁 · 金昌順 共編, 『韓國共産主義運動史 資料篇Ⅰ』, 高麗大學校亞細亞問題硏究所,
　　　1979.

金喜坤, 『中國關內韓國獨立運動團體硏究』, 지식산업사, 1995.

김명구, 『해위 윤보선』, 고려대학교출판부, 2011.

김용구, 『세계외교사』, 서울대학교출판부, 1998.

김창수 · 김승일 지음, 『해석 손정도의 생애와 사상 연구』, 넥서스, 1999.

盧在淵, 『在美韓人史略(上卷)』, 로스앤젤레스, 1951.

반병률, 『성재 이동휘 일대기』, 범우사, 1988.

白 鐵, 『朝鮮新文學思潮史 現代篇』, 白楊堂, 1949.

孫科志, 『上海韓人社會史』, 한울, 2001.

愼鏞廈, 『獨立協會硏究』, 一潮閣, 1978.

윤대원, 『상해시기 대한민국임시정부 연구』, 서울대학교출판부, 2006.

이덕희, 『한인기독교회·한인기독학원·대한인동지회』, 기독교역사연구소, 2008.

李明花, 『島山安昌浩의 獨立運動과 統一戰線』, 景仁文化社, 2002.

李庭植, 『金奎植의 生涯』, 新丘文化社, 1974.

──, 『서재필: 미국 망명시절』, 정음사, 1984.

──, 『여운형: 시대와 사상을 초월한 융화주의자』, 서울대학교출판부, 2008.

李海暢, 『韓國新聞史硏究』, 成文閣, 1971.

이현주, 『한국사회주의세력의 형성 1919~1923』, 일조각, 2003.

李炫熙, 『桂園盧伯麟將軍硏究』, 新知書院, 2000.

임경석, 『한국사회주의의 기원』, 역사비평사, 2003.

전택부, 『월남 이상재의 생애와 사상』, 연세대학교출판부, 2001.

──, 『한국기독교청년회운동사』, 범우사, 1994

정병준, 『우남 이승만 연구: 한국 근대국가의 형성과 우파의 길』, 역사비평사, 2005.

정진석 편, 『日帝시대民族紙押收기사모음Ⅱ』, LG상남언론재단, 1998.

최기영, 『식민지시기 민족지성과 문화운동』, 한울, 2003.

秋憲樹, 『한민족의 독립운동과 임시정부의 위상』, 延世大學校出版部, 1995.

홍선표, 『서재필: 생애와 민족운동』, 독립기념관 한국독립운동사연구소, 1997.

Carl Friedrich, *Constitutional Government and Democracy*, Ginn and Company, 1950.

Karl Loewenstein, *Political Power and the Governmental Process*, University of Chicago Press, 1965.

Philip Jaison, *My Days in Korea and Other Essays*, Yonsei University Press, 1999.

姜德相, 『呂運亨評傳(1) 朝鮮三·一獨立運動』, 新幹社, 2002.

―――, 『呂運亨評傳(2) 上海臨時政府』, 新幹社, 2005.

立作太郎, 『國際聯盟規約論』, 國際聯盟會, 1932.

長田彰文, 『日本の朝鮮統治と國際關係: 朝鮮獨立運動とアメリカ 1910-1922』, 平凡社, 2005.

澤柳政太郎 編, 『太平洋の諸問題』, 太平洋問題調査會, 1926.

ボリス・スラヴィンスキー/ドミトリー・スラヴィンスキー著, 加藤幸廣譯, 『中國革命とソ連: 抗日
　　　　戰までの舞台裏 1917-1937』, 共同通信社, 2002.

楊幼炯, 『近代中國立法史』, 上海商務印書館, 1936.

荊知仁, 『中國立憲史』, 聯經出版, 1962.

4. 연구논저 – 논문

高廷烋, 「大韓民國臨時政府와 歐美委員部(1919~1925) 研究」, 高麗大學校 박사학위논문,
　　　　1991.

―――, 「世稱 漢城政府의 組織主體와 宣布經緯에 대한 檢討」, 《韓國史研究》 97, 한국사
　　　　연구회, 1997.

―――, 「3・1운동과 天道敎團의 臨時政府 수립구상」, 《韓國史學報》 3・4호 합집, 高麗史學
　　　　會, 1998.

―――, 「대한민국임시정부의 성립과정에 대한 검토」, 《한국근현대사연구》 제12집, 한울,
　　　　2000.

―――, 「워싱턴회의(1921-22)와 한국민족운동」, 《한국민족운동사연구》 35, 한국민족운동
　　　　사학회, 2003.

―――, 「상해임시정부의 초기 재정운영과 차관교섭: 임시대통령 이승만의 역할을 중심으
　　　　로」, 《韓國史學報》 제29호, 高麗史學會, 2007.

―――, 「한국인민치태평양회의서(1921)의 진위논란과 서명인 분석」, 《한국근현대사연구》
　　　　제58집, 한울, 2011.

金炳基, 「서간도 光復軍司令部의 성립과 활동」, 《한국근현대사연구》 제9집, 한울, 1998.

金相泰, 「1920~1930년대 同友會・興業俱樂部研究」, 《韓國史論》 28, 서울大學校國史學科,

1992.

金容達, 「대한민국임시정부의 국내특파원」, 『대한민국임시정부수립80주년기념논문집(상)』,
　　　國家報勳處, 1999.

김영진, 「윤해 저격사건으로 본 상해지역 민족운동 내부의 갈등」, 《史林》 제29호, 수선사학
　　　회, 2008.

김춘선, 「庚申慘變연구: 한인사회와 관련지어」, 《한국사연구》 111, 한국사연구회, 2000.

박민영, 「도산 안창호와 임시정부 聯通制」, 《도산사상연구》 제7집, 도산사상연구회, 2001.

潘炳律, 「大韓國民議會의 성립과 조직」, 《韓國學報》 46, 一志社, 1987.

─────, 「大韓國民議會와 上海臨時政府의 統合政府 수립운동」, 《한국민족운동사연구》 2,
　　　지식산업사, 1988.

─────, 「대한민국임시정부와 노령지역 독립운동」, 『대한민국임시정부수립80주년기념논문
　　　집(상)』, 國家報勳處, 1999.

방선주, 「1921~1922년의 워싱턴회의와 재미한인의 독립청원운동」, 『한민족독립운동사(6)
　　　열강과 한국독립운동』, 국사편찬위원회, 1989.

─────, 「朴容萬評傳」, 『在美韓人의 獨立運動』, 翰林大學校아시아文化硏究所, 1989.

裵京漢, 「孫文과上海韓國臨時政府: 申圭植의廣州訪問(1921년9~10월)과 廣東護法政府
　　　의韓國臨時政府承認問題를중심으로」, 《東洋史學硏究》 제56집, 東洋史學硏究會,
　　　1996.

孫世一, 「大韓民國臨時政府의政治指導體系: 臨時憲法改定過程을 중심으로」, 『三·一運動
　　　50周年紀念論集』, 東亞日報社, 1969.

辛勝夏, 「觀申圭植과 中國革命黨人과의 관계」, 石源華·金俊燁 共編, 『申圭植·閔弼鎬와 韓
　　　中關係』, 나남출판, 2003.

愼鏞廈, 「백범 김구와 韓國勞兵會」, 『白凡金九의 思想과 獨立運動』, 서울대학교출판부,
　　　2003.

─────, 「新韓靑年黨의 獨立運動」, 《韓國學報》 12, 一志社, 1986.

안후상, 「普天敎와 物産獎勵旅動」, 《한국민족운동과 종교》 19, 한국민족운동사학회, 1998.

유영익, 「3·1운동 후 서재필의 신대한(新大韓) 건국 구상」, 서재필기념회 편, 『서재필과 그

시대』, 서재필기념회, 2003.

尹炳奭, 「研究노―트:《朝鮮獨立新聞》의 拾遺」, 《中央史論》제1집, 중앙대학교사학연구소, 1972.

李康五, 「韓國의 新興宗敎 資料篇 第一部 甑山敎系 總論」, 《全北大學校論文集》제7집, 全北大學校, 1966.

이덕희, 「이승만과 하와이섬의 동지촌」, 『미주한인의 역사(하)』, 국사편찬위원회, 2007.

―――, 「하와이의 한글언론 1904~1970」, 연세대학교 국학연구원 편, 『미주한인의 민족운동』, 혜안, 2003.

李明花, 「民立大學設立運動의 背景과 性格」, 《한국독립운동사연구》제5집, 독립기념관 한국 독립운동사연구소, 1991.

李相勳, 「金奎植의 歐美委員部활동(1919-1920)」, 翰林大學校 석사학위논문, 1995.

李延馥, 「大韓民國臨時政府의 交通局과 聯通制」, 《韓國史論》10, 國史編纂委員會, 1981.

―――, 「대한민국임시정부의 군사정책」, 『대한민국임시정부수립80주년기념논문집(하)』, 國家報勳處, 1999.

李炫熙, 「太平洋會議에서의 韓國外交後援問題」, 《韓國史論叢》제1집, 誠信女師大國史敎育科, 1976.

―――, 「天道敎의大韓民間政府樹立始末: 서울지방의民間政府樹立意志」, 《鄕土서울》제48호, 서울시사편찬위원회, 1984.

張錫興, 「朝鮮民族大同團硏究」, 《한국독립운동사연구》제3집, 독립기념관 한국독립운동사연구소, 1989.

―――, 「1920년대 초 國內秘密結社의 성격」, 《한국독립운동사연구》제7집, 독립기념관 한국독립운동사연구소, 1993.

―――, 「대한민국임시정부와 국내독립운동: 1920년대를 중심으로」, 『대한민국임시정부수립80주년기념논문집(상)』, 國家報勳處, 1999.

정병준, 「1919년 李承晩의 臨政대통령 자임과 '漢城政府' 법통론」, 《한국독립운동사연구》제16집, 독립기념관 한국독립운동사연구소, 2001.

鄭濟愚, 「대한민국임시정부의 비행사양성과 공군창설계획」, 『대한민국임시정부수립80주년

기념논문집(하), 國家報勳處, 1999.

曺圭泰, 「北京 '軍事統一會議'의 組織과 活動」, 《한국독립운동사연구》 제15집, 독립기념관 한국독립운동사연구소, 2000.

趙澈行, 「國民代表會前後 민족운동최고기관 조직론 연구」, 高麗大學校 박사학위논문, 2010.

蔡永國, 「3·1운동 이후 西間島지역 獨立軍團硏究」, 『尹炳奭教授華甲紀念韓國近代史論叢』, 知識産業社, 1990.

崔善雄, 「1924~1927년 上海청년동맹회의 통일전선운동과 대한민국임시정부」, 《한국근현대사연구》 제44집, 한울, 2008.

한규무, 「玄楯(1878~1968)의 인물과 활동」, 《國史館論叢》 제40집, 國史編纂委員會, 1992.

韓哲昊, 「대한민국임시정부의 대통령제」, 한국근현대사학회, 『대한민국임시정부수립80주년 기념논문집(상)』, 國家報勳處, 1999.

許善道, 「三·一運動과 儒教界」, 『3·1運動50周年紀念論集』, 東亞日報社, 1969.

麻田貞雄, 「ワシントン會議と日本の對應」, 入江昭·有賀貞 編, 『戰間期の日本外交』, 東京大學出版會, 1984.

森悦子, 「中國護法政府の大韓民國臨時政府正式承認問題について」, 《史林》 76-4, 1993.

有賀貞, 「ワシントン體制の形成過程I. 協助によりる抑制―アメリカ」, 『日本政治學會年報: 國際緊張緩和の政治過程』, 岩波書店, 1969.

"An Inside Story of the Institute", in Institute of Pacific Relations Document Collection.

Hugh Cynn, "Korean Asks Right to Determine own Future", *The Honolulu Star Bulletin*, July 1, 1925.

――――, "A Korean View of Pacific Relation", *Institute of Pacific Relations: Honolulu Session 1925*.

Hyun Soon to Korean National Association Honolulu, Mar. 29, 1919, 國立中央圖書館 소장 Hei Sop Chin Archival Collection 367, Box 2 Folder 8, Korean Provisional Government Papers, Cablegrams.

Kim KyuSik, "The Asiatic Revolutionary Movement and Imperialism", *The Communist Review*, July 1922, The Communist Party of Great Britain, Dae–Sook Suh ed., *Documents of Korean Communism 1918–1948*, Princeton University Press, 1970.

찾아보기

Korea) 91, 113, 114, 151, 152, 155, 164~166, 242, 246, 279, 287, 293, 380, 436, 437, 701

한국홍보국(Korean Information Bureau) 71, 91, 160, 167

한남수(韓南洙) 105, 106, 108, 109, 129

한명세(韓明世) 37

한병기(韓炳基) 128

한성오(韓聖五) 108

한성정부(漢城政府) 102, 104, 106~113, 116, 117, 119, 127, 129, 135, 146~148, 154, 171, 172, 174~176, 178~180, 190, 191, 205, 206, 208, 209, 288, 364, 397, 484, 548, 627, 652, 698, 700, 709, 714, 716, 719, 760

한용운(韓龍雲) 527, 529, 549

한위건(韓偉健) 46, 47, 61, 130, 191, 224, 225

한인공산당→한국공산당

한인기독교회 571~573, 582, 590, 616, 664, 668, 683, 747

한인기독학원 222, 571~578, 581, 582~584, 586, 590, 591, 596, 605, 606, 608, 616, 619, 658, 660, 663, 664, 668, 700, 747

한인기독학원 고국방문단 575, 577, 578, 579, 581~583, 586, 592, 594, 595, 597, 598, 600~602, 604, 608, 680

한인비행학교 226, 331, 486

한인사회당(韓人社會黨) 37, 175, 191, 272, 351, 383, 477

『한일관계사료집』 137

한진교(韓鎭敎) 46, 50, 51, 277

한태규(韓泰珪) 520, 614~616

한형권(韓馨權) 264, 351, 352, 355, 385~387, 433, 466, 467, 475~478, 488, 495, 512, 513, 518, 525, 541, 543

함태영(咸台永) 19

허성(許城) 669, 670

허성섭(許城燮) 599

허스먼(Hugh S. Hersman) 317, 318

허정(許政) 381, 659

허헌(許憲) 439

헐버트(Homer B. Hulbert, 訖法, 轄甫) 149, 155, 164, 216, 287

헤이(John Hay) 199, 200

현상건(玄尙健) 106

현상윤(玄相允) 28, 46

현순(玄楯) 17~22, 27~29, 31~35, 37, 41, 45, 46, 48~57, 80, 81, 83, 84, 89~93, 100, 102, 106, 108, 127, 138, 139, 146, 151, 172, 174, 175, 180, 189, 192, 208, 210, 218, 222, 229, 237, 263, 268, 276, 279, 288, 289, 298, 303, 330, 376~382, 399, 453~455, 465, 509, 511, 651, 701, 747, 761